西學東漸
中學西傳

甲午年陽春 崔爾范 題

总第二十六集
2019年春夏卷
CSSCI来源集刊
北京语言大学主办

阎纯德　主编

语言资源高精尖创新中心支持项目

漢學研究
Chinese Studies

北京外国语大学中国文化走出去协同
创新中心2018年度后期资助项目

学苑出版社

图书在版编目（CIP）数据

汉学研究． 总第二十六集 ： 2019年春夏卷 ／ 阎纯德主编． -- 北京 ： 学苑出版社， 2019.6
 ISBN 978-7-5077-5714-9

Ⅰ．①汉⋯ Ⅱ．①阎⋯ Ⅲ．①汉学－文集 Ⅳ．① K207.8-53

中国版本图书馆 CIP 数据核字 (2019) 第 110381 号

出 版 人	孟　白
责任编辑	杨　雷　张敏娜
封面题字	朱天曙
出版发行	学苑出版社
社　　址	北京市丰台区南方庄2号院1号楼
邮政编码	100079
网　　址	www.book001.com
电子信箱	xueyuanpress@163.com
销售电话	010–67601101（销售部）　67603091（总编室）
经　　销	新华书店
印 刷 厂	北京虎彩文化传播有限公司
开本尺寸	710×1000　1/16
印　　张	40.75
字　　数	650千字
版　　次	2019年6月第1版
印　　次	2019年6月第1次印刷
定　　价	80.00元

汉学研究编辑委员会

顾　　　问：汤一介　李学勤　袁行霈　李宇明
　　　　　　倪海东　崔希亮　李向玉　安平秋
主　　　任：刘　利
副　主　任：韩经太
主　　　编：阎纯德
副　主　编：周　阅
编辑部主任：陈　畠
编　　　委：乐黛云　王　宁　王晓平　方　铭
　　　　　　刘顺利　严绍璗　李明滨　李庆本
　　　　　　宋绍香　杜道明　张西平　张国刚
　　　　　　张　华　何培忠　杨玉英　陈戎女
　　　　　　周　阅　段江丽　耿　昇　耿幼壮
　　　　　　柴剑虹　钱林森　钱婉约　徐志啸
　　　　　　郭　鹏　阎纯德　阎国栋　黄晓敏
　　　　　　熊文华

卷前絮语

一

　　日出日落，花开花谢；过了2018年的无雪之冬，又遇上2019年的多霾之春。但是，冬天再冷，还是过去了，没有谁能阻挡住春天的到来。

　　当我们走过2018年，一踏过大年初一的时间线，走出家门，来到村口，站在无限辽远的大地的一端，望穿那个忽隐忽现地平线，前面正是等待我们的太阳。太阳总是从东方升起，西边落下，人类要掌控自己的命运，靠神仙永远也靠不住，一切福祉只能经过自己不懈的努力才能实现。英国的安东尼·詹托斯（Anthony Gentles）经常在伦敦地铁里书写金句，他写过"当爱的力量超过了对力量的爱，世界就会和平"和"在每一次逆境中寻找胜利的种子"，还写过老子《道德经》里的"千里之行，始于足下"，以此鼓舞跋涉中的人们。

　　自然界有风有雨有灾难，但也有明媚的风景和温暖的阳光。人类在任何困难的时候，都不能放弃勇气、信心、希望、善良和友谊！要相信，最美的日子一定会到来……

二

　　"闲话"之后，再回到汉学及其研究的本题。

　　2018年10月13日，北京语言大学举办了一次"汉学研究大系"专家学术咨询会。来自京津宁的学者对我校这个有着"小联合国"美称的"汉学研究"领域所做的成绩予以肯定。刘利教授和李宇明教授在致辞中都感谢学者们对我校学术发展的一贯呵护，把专家的支持视为前进的底气和信心。李宇明教授在《汉学研究一瞥》中说，"尊重科学，尊重科学家，尊重科学家的劳动"，这是北语和"语言资源高精尖创新中心"依仗和尊崇的学术精神，"北京语言大学以向世界传播汉语和中华文化为己任，语言资源高精尖创新中心所要收集开发的语言资源当然也包括汉学资源，所以支持汉学发展、促进汉学研究，是我们的分内之事、必肩之责"。他对"大系"的顾问和专家说，置身北语，可以登高望远；"汉学是中国学，数百年延绵不断，实可谓中外交流的文化典范。汉学从其文化的背景来观照中华文化，反映着海外对中国文化的认知，这必然不同于中国人的自我文化认知。两种认知可以相互参照，相互启发，相互补益，从而对中华文化的认知将更全面，更深入"。他还说，"历史上，因有汉学而使中华文化能够对西洋、东洋的思想发展、文化进步和社会变革发生重要影响，使中国智慧国际化……了解汉学及中华文化曾经对世界发生的影响，可以让今日之世界真正了解中国文化的世界意义，客观评价中国的历史及其今日的进步；也可以让国人树立文化自信，并借鉴汉学经验走稳改革开放的国际之路"。

这位语言学家将不东不西又东又西的汉学阐释得十分在本，说到汉学研究的两个视角即"中国视角"和"世界视角"又都十分到位。中国非常需要能把汉学及汉学研究看得如此精深剔透的领导和学者！

始自明末清初，中国文化与汉学已经拥抱在一起了；这是中国之幸，也是人类之幸！外国人关注和研究中国文化，中国人告别"闭关锁国"也要研究汉学，这就是文化的和谐。

走在几千年的岁月凝结的大地上，脚下的每寸土地都覆盖着我们的灿烂文化。这种亦道亦器铸成的文化，生生不息延续至今，依然像太阳一样照耀着我们广袤的河山并影响着世界。中国文化是一种道器并重的文化；何为道？何为器？先贤早有教诲："形而上者谓之道，形而下者谓之器。"（《易·系辞上》）"道"在前，"器"在后；"道"是本，"器"是末；道，高于器，道是精神；"器"是具体事物或名物制度。朱熹说："理也者，行而上之道也，生物之本也；气也者，行而下之器也，生物之具也。"道器互依，"无其器则无其道"，"道"又不能离开"器"；中国的传统文化普世性更强，"道"比"器"更具普世性。从中世纪开始，西方文化的核心更多的是征服，大航海时代之后至20世纪，这种表现愈发强烈，两次世界大战的文化之根就在这里。西方引领的全球化，能否给世界带来和谐，尚需拭目以待。现在，我们很少言说"道器"文化，但事实上，一切事理，依然还在按照道器之理而运行。

2017年7月24日，刘梦溪在"汉学与当代中国"座谈会上，以《六经的价值伦理与中国文化精神》为题发言，论及讲信修睦、怀柔远人的礼义文明时说,"《说文解字》主张'仁,亲也,从人二'。仁这种观念只有在两个人甚至更多人的关系当中才能表现出来。孔子弟子问他什么是仁,他讲'仁者爱人';汉代思想家董仲舒说'仁者所爱,人类也。'……《易·系辞》:'天下同归而殊途,一致而百虑。'孔子:'君子和而不同。''和而不同'就是中国人对待世界的基本观念,解释'和同'最好的是宋代思想家张载的'哲学四句教'——'有象斯有对,对必反其为,有反斯有仇,仇必和而解。'这个'仇'字,古代写作'雠',左边一个隹(zhui),右边一个隹(zhui),中间是言论的言字。'隹'是一种尾巴很短的鸟。试想,这个'雠'字,其象征意涵是:两只短尾巴鸟在那里说话,它们的话我们不懂,但是它们一定讨论得很热烈,讨论的结果不是这只鸟把那只鸟吃掉,而是和而解。'哲学四句教'对我们今天有很大的启示意义,今天的世界有差异,但是差异不必然发展为冲突,冲突不必然发展为你死我活,而是可以和而解……"

中国传统文化有的是"海纳百川"的包容之心与"和合"之气。老子说:"上善若水,水善利万物而不争,处众人之所恶,故几于道。居善地,心善渊,予善天,言善信,正善治,事善能,动善时,夫唯不争,故无尤。"这是一种水的文化境界,一种以超自然的心态俯视世界万物待人处世的品性和德行。天是道,地是道,中国大地无处不是道!这种文化境界,曾使那些踏入中国的耶稣会士心悦诚服于这种文化的至善至美。利玛窦说:"在这样一个几乎具有无数人口和无限国土,幅员辽阔、各种物产丰富的国家,虽然它有装备精良的陆军和海军,很容易征服临近的国家,但他们的皇上和人民却从来没想过要发动侵略战争,他们很满足于自己已有的东西,没有征服别人的野心。这方面,他们与欧洲人很不同,欧洲人常常不满自己的政府,并贪婪祈求别人享有的东西……我仔细研究了中国四千多年的历史,我不得不承认,我从未见过这类征服的记载,我也没有听说过他们对外侵略、扩疆拓土。"[①]

中国文化自先秦以降,无论是孔子所代表的"入世"的"儒",还是从印度传来在中国生根的"出世"的"释",抑或以老子庄子为代表的"道",虽然三者有过复杂的排斥,但最终还是握手言欢,彼此互相融合与吸收,被

---

① 利玛窦著,金尼阁整理,何高济等译《利玛窦中国札记》,中华书局,1983年。

认为"道根儒茎佛叶花，三教本来是一家"。它们之间的解释尽管不同，但是，它们都有"以人为本"的普世的价值观。

阎纯德
2019 年 3 月 8 日

目录

卷前絮语 阎纯德（1）

· "汉学研究大系"学术咨询会特稿 ·

刘利校长在"汉学研究大系"专家咨询会上的致辞 刘利（1）
汉学研究一瞥 李宇明（3）
文明交流互鉴的贡献
——"汉学研究大系"专家咨询会侧记 陈晶（6）

· 国学特稿 ·

人类第一学　文明第一法
——序《张闻玉文集·天文历法卷》 刘明武（15）
论中华文明中的数字与颜色伦理（下） 单纯　韩纪升（21）

· 张西平专栏 ·

卜弥格与中医的西传 张西平（42）

· 汉学家访谈 ·

欧盟外交官的中国古典情怀
——访欧盟驻华大使、汉学家郁白 姜红　王晓真（58）

· 法国汉学研究 ·

法国浪漫主义前驱作家瑟南古对中国的描述（上）
——19世纪中法文学交流史研究之一 钱林森（68）
《华北考古记》与鲁迅的金石学研究
——沙畹著作在中国最早的译介与影响 贺梦莹（84）
《中国历史概述》节选译文
　　［法］艾蒂安·皮维尔·德·瑟南古　著　陈沁　刘成富　译（103）
19世纪法国汉学家鲍狄埃与道家和道教 张粲（113）

1

· 美国汉学研究 ·

论卫三畏及其《中国总论》在美国汉学史和国际汉学史上的地位
　　　　　　　　　　　　　　　　　　　　　　　　　　　　黄　涛（125）

20世纪美国《金瓶梅》研究界的基本理论视角及其局限　黄文虎（135）

论美国汉学家珍·莫丽根对《琵琶记》的误读
　　——以蔡伯喈"牺牲者"形象为例　　　　　　　　　　陈雅雅（154）

· 俄罗斯汉学研究 ·

漫长道路的里程碑
　　——《巴金选集》俄译本序言　［俄］B. 索罗金　著　宋绍香　译（167）

试论俄国汉学家科瓦列夫斯基的《佛教宇宙论》　　　　　何冰琦（182）

· 德国汉学研究 ·

18—19世纪德国对中国文学的接受（下）
　　——以魏汉茂《德国对中国文学的早期认识》为中心的研究　李雪涛（197）

· 波兰汉学研究 ·

论所谓的"中华连锁推理"（下）
　　　　　　　　　　　［波兰］雅努什·赫梅莱夫斯基　著　钱　爽　译（215）

· 瑞典汉学研究 ·

瑞典东方博物馆及其馆刊初探　　　　　　　　　　　　　阿日娜（225）

· 新西兰汉学研究 ·

新西兰中国问题专家视野中的多维世界　　　　　　　　　熊文华（249）

· 中国文学的国际传播 ·

新世纪以来西欧五国学界的中国文学研究现状调查　　　　周　睿（261）

· 传教士及其汉学研究 ·

滇北禄武彝区基督教传播及柏格里彝文的创制使用与影响　普忠良（274）

明恩溥与中国谚语俗语研究　　　　　　　　　　　　　　崔若男（291）

陈垣批校《七克》述略　　　　　　　　　　　　　　　　谢　辉（305）

明清耶稣会版画中的神操模式与记忆术
　　——以《出像经解》"圣母领报"图为例　　　　　　张蓓蓓（315）

· 日本汉学（中国学）研究 ·

《都氏文集》写本《诗经》语词考释　　　　　　　　　　王晓平（326）

目　录

《游仙窟》与《崔致远》　　　　　　　［日］滨政博司 著　石云涛 译（339）
狩野直喜的中国小说研究　　　　　　　　　　　　　　　　胡珍子（350）
日本汉学家青木正儿的中国民俗研究
　　——以《北京风俗图谱》《中国童谣集》为中心　　　　辜承尧（364）
汉学家入谷仙介及其王维研究　　　　　　　　　　　　　　高倩艺（380）
试论盐谷温《中国文学概论讲话》的书写特色及学术价值　　胡　炜（389）

· 朝鲜半岛汉学研究 ·

批判与局限：丁若镛实学思想及其现实历史意义探析　　　　周月琴（403）
"老境忘怀履坦夷，乐天可作我为师"
　　——白居易在朝鲜　　　　　　　　　　　　　　［韩］金卿东（422）
朝鲜张维的诗学思想及其意义　　　　　　　　　　　　　　王　成（439）

· 南亚汉学研究 ·

越南汉文小说梦境文献与中国之关系
　　——以《越南汉文小说集成》为中心　　　　　　　　　张　蓓（450）
中国文学在印度：聚焦 2016　　　　　　　　　　　　　　曾　琼（467）

· 中国文化经典外译与研究 ·

从《召南·鹊巢》到《红楼梦·西江月》词
　　——论德庇时《汉文诗解》中的翻译问题　　　　　　　任显楷（477）
学兼东西　和而不同
　　——金安平《论语》英译本研究　　　　　　　　　　　朱　峰（488）
厄苏拉·勒奎恩英译《老子》研究　　　　　　　　　　　　李学萍（505）
翟理斯英译《聊斋志异》：传播与启示　　　　　　李海军　蒋凤美（519）

· 王阳明域外传播与研究 ·

1916 年前西方文献中的王阳明　　　　　　　　［美］伊来瑞 著　王 英 译（530）

· 春秋论坛 ·

夏目漱石汉诗的现代性刍论　　　　　　　　　　　　　　　王广生（543）
"汉学主义"的论争及思考　　　　　　　　　　　　　　　焦红乐（553）

·四季评论·

关于学术出版国际交流的新趋势
——在 2018 年 8 月"中国图书对外推广计划"专家座谈会上的发言
柴剑虹（564）

批评者与阐释者林语堂　　　　　　［美］陈荣捷　著　杨玉英　译（567）

日本现代化与 20 世纪初新小说在中国的出现
——梁启超研究　　［澳大利亚］Hiroko Willcock　著　廖芷蘅　译（576）

·汉语国际传播与研究·

《华语拼字妙法》初探　　　　　　　　　　　　　　　岳　岚（592）

克罗地亚汉学与汉语教学的发展和管理　　　　孟维亮　宋丽珏（603）

·书评与信息·

评《诠释的圆环：明末清初传教士对儒家经典的解释及其本土回应》
蒋　硕（612）

经典诠释与谱系传承
——试评吴伟明教授的"德川易学"研究　　　吴光辉　刘玥扬（618）

欧洲汉学学会第 22 届双年会综述　　　　　　　Jiagu Richter（626）

新时代的丝绸之路与中华文化海外传承
——"'一带一路'与中国故事国际学术研讨会"综述　　徐　臻（630）

Contents

Editor's Remarks　　　　　　　　　　　　　　　Yan Chunde　(1)

Special Manuscript on the Academic Consultation Conference for the Series of Sinology

Speech Made by President Liu Li　　　　　　　　　　Liu Li　(1)

A Brief Glimpse of Sinology　　　　　　　　　　Li Yuming　(3)

A Summary of the Expert Academic Consultation Conference for "the Series of Sinology"　　　　　　　　　　　　　Chen Xiao　(6)

Special Manuscript on the Studies of Chinese Ancient Civilization

A Preface to *Anthology of Zhang Wenyu*, *Astronomical Calendar*   Liu Mingwu (15)

On the Numbers and Color Ethics in Chinese Civilization (Ⅱ)

                                               Shan Chun, Han Jisheng (21)

Special Column Dedicated to Zhang Xiping

Michel Boym and the Western Transmission of Traditional Chinese Medicine

                                                        Zhang Xiping (42)

Sinologist Interview

An Interview with Niconlas Chapuis, an Eu Ambassador to China and a Sinologist

                                         Jiang Hong, Wang Xiaozhen (58)

Sinology in France

The Pioneer Writer of French Romanticism Etienne Pivert de Senancour's
    Description of China   Qian Linsen (68)

The Earliest Translation and its Influence of Emmanuel-èdouard
    Chavannes' *Mission archeologique daus la Chine*   He Mengying (84)

An Abridged Translation of *Resume de l'histoire de la Chine*

        [France] Etienne Pivert de Senancour, translated by Chen Qin, Liu Chengfu (103)

Jean-Pierre Guillaume Pauthier, a 19th-Century French Sinologist,
    Taoists and Taoism   Zhang Can (113)

Sinology in America

On the Place of Samuel Wells Williams and his *The Middle Kingdom* in the
    History of American Sinology and International Sinology   Huang Tao (125)

On the Basic Theoretical Perspective and its Limitations of *The Golden*
    Lotus in the 20th-Century America   Huang Wenhu (135)

On American Sinologist Jean Morrigan's Misreading of *Lute Song*   Chen Yaya (154)

Sinology in Russia

Preface to the Russian Version of *The Selected Works of Ba Jin*

                               [Russia] B. Sorokin, translated by Song Shaoxiang (167)

On *The Buddhist Cosmology* by Russian Sinologist Oship Kovalevsky

                                                             He Bingqi (182)

Sinology in Germany
On the Reception of Chinese Literature in Germany during 18—19
  Centuries (Ⅱ) ——A Study Based on Hartmut Walraven's *The
  Early Cognition of Chinese Literature in Germany*   Li Xuetao (197)
Sinology in Poland
On the So-called "Chinese Chain Reasoning" (Ⅱ)
          [Poland] Janusz Chmielewski, translated by Qian Shuang (215)
Sinology in Sweden
A Primary Study of Swedish Oriental Museum and its Library Journal
                                            A Rinuo (225)
Sinology in New Zealand
The Multi-dimensional World in the Eyes of the China Experts in New Zealand
                                            Xiong Wenhua (249)
International Spread of Chinese Literature
A Survey of the Status Quo of Chinese Literature Studies in the Five
  Western European Countries in the 21st Century   Zhou Rui (261)
Missionary Sinology Studies
Christianity Transmission in the Yi Nationality Area in the Northern
  Yunnan and the Creation, Usage and its Influence of Yi Language
  Invented by the English Missionary Samuel Pollard   Pu Zhongliang (274)
Study on Arthur Henderson Smith and Chinese Proverbs Cui Ruonan
                                            Cui Ruonan (291)
A Brief Summary of Chen Yuan's Collation of *Qike* by Spanish
  Missionary Didaco de Pantoja   Xie Hui (305)
The Mode of Spritual Exercises and Mnemonics in the Wood Blocks by the
  Jesuits in Ming and Qing Dynasties   Zhang Beibei (315)
Sinology in Japan
A Textual Research of the Words and Expressions in *The Book of Poetry*
  in *Miyako Yoshiko's Anthology*   Wang Xiaoping (326)
Youxianku and *Cui Zhiyuan*   [Japan] Hamase Hiroshi, translated by Shi Yuntao (339)

Kano Naoki and His Study on Chinese Traditional Novels　　　Hu Zhenzi（350）

Japanese Sinologist Aoki Masaru's Study of Chinese Folk Customs

　　　　　　　　　　　　　　　　　　　　　　　　　Gu Chengyao（364）

Japanese Sinologist Iritani Sensuke and his Study of Wang Wei　Gao Qianyi（380）

An Analysis of the Writing Characteristics and Academic Value of

　An Introduction to Chinese Literature by Shionoya Akira　　　Hu Wei（389）

Sinology on the Korean Peninsula

An Exploration of Jeong Yak-yong's Practical Science Thought and its Realistic

　Historical Significance　　　　　　　　　　　　　　Zhou Yueqin（403）

Bai Juyi in Korea　　　　　　　　　　　　　［Korea］Kim Kyung-dong（422）

On the Poetic Theory and its Significance of Korean Writer Jang Yu

　　　　　　　　　　　　　　　　　　　　　　　　　Wang Cheng（439）

Sinology in South Asia

A Case Study of *Integration of Vietnamese Chinese Novels*　　Zhang Bei（450）

Chinese Literature in Indian and South Asian（Focusing on 2016）

　　　　　　　　　　　　　　　　　　　　　　　　　Zeng Qiong（467）

Translation and Studies of Chinese Cultural Classics

On the Translation Problems in *On the Poetry of the Chinese* by

　Sir John Francis Davis　　　　　　　　　　　　　　Ren Xiankai（477）

A Study of Annping Chin's English Versions of *The Analects of Confucius*

　　　　　　　　　　　　　　　　　　　　　　　　　　Zhu Feng（488）

A Study of *Lao-tzu*: *Tao Te Ching*: *A Book about the Way and the Power

　of the Way* by Ursula K. Le Guin　　　　　　　　　　Li Xueping（505）

Spread and Inspiration: The English Version of *Strange Stories from a

　Chinese Studio* by Herbert A. Giles　　　　　Li Haijun, Jiang Fengmei（519）

Spread and Research of Wang Yangming Abroad

Wang Yangming: Western Studies and Bibliography before 1916

　　　　　　　　　　　　［America］George L. Israel, translated by Wang Ying（530）

Spring and Autumn Forum

On the Modernity of Natsume Sōseki's Chinese Poetry　　Wang Guangsheng（543）

Controversy and Consideration of "Sinologism"   Jiao Hongle (553)

Comments

On the New Trend of International Exchange about Academic Publishing
    Chai Jianhong (564)

Lin Yutang, Critic and Interpreter
    [America] Chan Wing-Tsit, translated by Yang Yuying (567)

Japanese Modernization and the Emergence of New Fiction in Early Twentieth Century: A Study of Liang Qichao
    [Australia] Hiroko Willcock, translated by Liao Zhiheng (576)

International Spread and Research of Chinese

A Primary Exploration of *Chinese Spelling Tips*   Yue Lan (592)

Croatian Sinology and the Development and Arrangement of Chinese Teaching
    Meng Weiliang, Song Lijue (603)

Information and Book Reviews

A Review on *The Circle of Interpretation: Missionaries' Interpretations to Confucian Classics and the Local Responses in Late Ming and Early Qing Dynasties*   Jiang Shuo (612)

Classic Interpretation and Genealogy Inheritance——A Review on Prof. Benjamin Wai-ming Ng's Studies of "*I Ching*'s Influence towards the Tokugawa Period Japan"   Wu Guanghui, Liu Yueyang (618)

A Summary of the 22nd Biennial Conference of European Association for Chinese Studies   [Austria] Jiagu Richter (626)

A Summary of "The International Symposium on the Belt and Road and Chinese Stories"   Xu Zhen (630)

Translated by Yang Yuying
Revised by Xiong Wenhua

·"汉学研究大系"学术咨询会特稿·

刘利校长在"汉学研究大系"专家咨询会上的致辞

尊敬的各位专家学者,亲爱的媒体朋友,大家上午好!

秋天有高爽的天空和丰实的蕴涵,是收获的季节。今天各位来到有"小联合国"之称的北京语言大学,讨论"汉学研究大系"的编写出版工作;我谨代表北京语言大学对本次学术咨询会的召开表示祝贺,对各位专家学者的莅临表示感谢!

北京语言大学是对来华留学生进行汉语言和中国文化教育最早、规模最大的大学。建校以来,学校已经为世界183个国家和地区培养了16万多名既懂汉语又熟悉中华文化的外国留学生。从我们学校走出的留学生,不仅有的当了总统、总理、外交部部长或是驻华大使,更有活跃在当今世界各国学术界的汉学家,他们几乎都曾在北京语言大学学习或研修过。德国汉学家顾彬、柯彼得和法国汉学家白乐桑和墨西哥汉学家丽莉亚娜等校友就曾在我校学习和成长,成为与中国文化交流的友好使者。北京语言大学堪称是名副其实的汉学家的摇篮。

由于阎纯德教授的执着与坚守,使北京语言大学成为汉学研究的一个学术重镇。1993年8月5日,阎纯德教授创办《中国文化研究》,自创刊号始,就开设了"汉学家研究""汉学家论坛""中国文化在国外"等多个汉学研究的栏目。俄国著名汉学家李福清,日本和韩国的汉学家,都给《中国文化研究》撰文介绍自己国家的汉学研究。1995年,阎纯德教授又创办了汉学研究所和《汉学研究》集刊。海内外的汉学研究领域的巨擘如斯洛伐克的高利克教授、斯洛文尼亚的罗亚娜教授、韩国的汉学家李充阳和朴宰雨教授等,都为《汉学研究》提供了高质量的稿件;经过20多年的辛勤耕耘,阎纯德教授主编的《汉学研究》和"汉学研究大系",汇聚了一批著名的海外汉学家和国内的汉学研究学者与专家，如严绍璗、李明滨、张西平、熊文华、宋绍香、钱林森、王晓平、刘顺利、阎国栋等，以及越来越多的年轻学者。

我们的新时代也给文化的发展与繁荣带来了大好机遇。国内的汉学研究之风方兴未艾。2014年，《汉学研究》进入CSSCI来源集刊之后，我们北京语言大学也加大了支持力度。阎纯德教授和吴志良博士主编的"列国汉学史书系"，已经出版了关于汉学史、汉学家研究及中国经典文化传播研究之《英国汉学史》《日本中国学史稿》《日本诗经学史》《京都学派汉学史稿》《法国汉学史》《荷兰汉学史》《美国汉学史》《意大利汉学史》《交错的文化史：早期传教士汉学研究史稿》《俄罗斯汉学三百年》《中国文学俄罗斯传播史》《中国新文学俄苏传播与研究史稿》《中国文学翻译与研究在俄罗斯》《朝鲜半岛汉学史》《〈心经附注〉朝鲜半岛流衍考》《巴拉第的汉学研究》《唐诗西传史论》《唐诗在法国的译介与研究》《汉诗英译：理雅各、翟理斯、韦利、庞德》《英语世界的陶渊明研究》《郭沫若在英语世界的传播与接收研究》《〈孙子兵法〉英语世界的传播与接受研究》《英语世界的〈易经〉译介与研究》等约50部，在国内外学术研究领域都产生了较大的影响。如今国内汉学研究领域的拓展与中青年学者的参与，使这一具有重大社会意义和学术价值的专题性的成果越来越丰厚，这种新的学术态势，为中国汉学研究的发展，开辟了更为广阔的天地；在阎纯德教授的带领下，北京语言大学将在此领域为学术做出更多的贡献。

现在，我们北京语言大学为深入和扩大汉学研究领域的学术成果和影响，更加科学地展现书稿的国际化和体系化，经阎纯德教授的整合，已将"列国汉学史书系"更名为"汉学研究大系"，下设多个"丛书"，这将使海内外学者可以在汉学研究诸多领域更好地施展自己的学术才华。

我校由北京市教委支持的"语言资源高精尖创新中心"成立以来，既关注语言，又重视文化，现在《汉学研究》和"汉学研究大系"得到了这个"中心"的全力支持，这一通力合作，既为专家学者提供了展示自己才华的平台，又为其学术成果高质量的出版提供了有力的保障。

欢迎专家学者莅临我校！再次感谢各位指导我们的工作！

（刘　利　北京语言大学校长，教授）

汉学研究一瞥

李宇明

北京之秋，一年中最好的季节。"汉学研究大系"专家咨询会沐浴着秋阳在北语举行，这是北语的荣幸，是语言资源高精尖创新中心的荣幸。刘利校长、希亮校长在致辞和发言中，都讲了一些感激之语，但是"重要的事情说三遍"（这是近年来的网络流行语），我还是要再讲一些感谢的话，与他们几位几乎是一个腔调。一个腔调表明我们的同心同德。

首先感谢阎纯德先生，有他的努力才有今天这个会。他"以学为业，以学为命，以命治学"，孜孜不倦地研究汉学，团结作者，编辑杂志，组织书系。他是真正的学者，他的精神是真正的"学者精神"。其精神值得敬重，其事业应当支持。我们高精尖创新中心的铭言就是："尊重科学，尊重科学家，尊重科学家的劳动。"

感谢各位专家拨冗出席今天的咨询会，发表了很多高见，还屈尊接受中心的聘请，出任"汉学研究大系"项目的顾问。有你们，我们的工作就有底气，就有信心。

感谢学苑出版社，一直持续出版汉学著作，支持汉学研究，必有非凡的理念与眼光。今后，我们愿与贵社通力合作，打造汉学研究精品，甚至可以发挥贵社的专长，在"科技汉学"方面再做些探索。

北京语言大学以向世界传播汉语和中华文化为己任，语言资源高精尖创新中心所要收集开发的语言资源当然也包括汉学资源，所以支持汉学发展，促进汉学研究，是我们的分内之事，必肩之责。

秋日，最适宜登高望远。在经济全球化、文化多元化的今天来看汉学，学术景观就可能与昨日不同。汉学是中国学，数百年延绵不断，实可谓中外交流的文化典范。汉学从他文化的背景来观照中华文化，反映着海外对中国文化的认知，这必然不同于中国人的自我文化认知。两种认知可以相互参照，相互启发，相互补益，从而对中华文化的认知将更为全面，更为深入。

历史上，因有汉学而使中华文化能够对西洋、东洋的思想发展、文化进步和社会变革发生重要影响，使中国智慧国际化。而今中国不再闭关锁国，正努力从亚洲的一个地区性国家迈步到世界舞台中央。了解汉学及中华文化曾经对世界发生的影响，可以让今日之世界真正了解中国文化的世界意义，客观评价中国的历史及其今日的进步；也可以让国人树立文化自信，并借鉴汉学经验走稳改革开放的国际之路。

汉学研究有两种视角。一种是"中国视角"，站在中国看汉学，看海外学人是如何接触和研究中华文化的，日韩汉学、欧美汉学和俄罗斯汉学的代表人物、代表著作和不同的研究风格与成就，汉学这种研究对中华文化的国际传播起到什么作用，对中国人自己的文化认知有何借鉴启发意义等。另一种是"世界视角"，站在世界看汉学，看汉学是如何在世界各地兴起、发展、蔓延的，如何把中华文化转化为本土思想的，如何形成了世界对中国的传统印象的，看汉学在人类文化交往中的意义，比较汉学与其他文化交往而形成的××学的异同等。

这两种视角都是必要的，且视野会有交集，但也必然有不同的视觉焦点。过去，我们较多地采用了第一种视角，今后也要重视第二种视角。刚才，有先生提出我们的项目成果出来，应听听海外汉学家的意见；法国汉学家郁白先生也提出，项目团队中应有海外汉学家参与。这就是在强调汉学研究的"世界视角"，汉学研究不仅是中国的，更是世界的；在研究中要有意识地听取海外汉学家的意见，要邀请海外汉学家加入汉学研究项目中。可以设想，通过汉学研究项目建造一座中外汉学研究的对话合作平台，在这个平台上交流材料、交换意见，甚至共同培养新一代的汉学家。

汉学研究的取材有精粗之分。"精取材"是只选那些有成就的汉学家进行研究，只使用那些被所在国认可的精材料。"粗取材"是凡是做过汉学研究的学者、凡是有关汉学研究的材料，都在取材之列。精取材的好处是研究有主次，集中精力研究最值得研究的，读者可以读到最为精要的。粗取材的好处是全面，适合用于建设汉学数据库。在汉学资料越来越多、国别与领域越来越丰富的情况下，建设"汉学（中国学）数据库"十分必要。数据库有研究上的很多优越性，是汉学研究的一项基础性工程。特别是要建立一套"共建共享"的规范，而且应符合国际学术界的数据库规范，以便海内外的学者共同建设，共同享用。而且还要便于更新，把历史汉学的新材料随时加进来，把新发生的中国学材料随时加进来。

今天的咨询会是一个新起点，"以学为业，以学为命"，我们愿意同海内外汉学研究者一起，推动汉学研究向新目标迈进，让汉学研究为人类的文化交流，为建立人类命运共同体做出新贡献。

（李宇明　语言学家，教授，北京语言大学语言资源
高精尖创新中心主任）

文明交流互鉴的贡献

——"汉学研究大系"专家咨询会侧记

陈 晶

为了响应习近平主席在哲学社会科学工作座谈会上支持和鼓励"推动海外中国学研究"的号召，总结多年来我国和北京语言大学汉学研究的成就，推动汉学研究的发展，培育汉学研究的学术团队和商讨"汉学研究大系"的编写出版工作，2018年10月13日，北京语言大学语言资源高精尖创新中心邀请了部分海内外汉学研究专家，召开了"汉学研究大系"专家咨询会。北京语言大学校长刘利教授、北京语言大学语言资源高精尖创新中心主任李宇明教授出席会议。出席会议的还有北京语言大学前校长崔希亮教授、中国社会科学院何培忠研究员、北京大学李明滨和严绍璗教授、南开大学阎国栋教授、南京大学钱林森教授、天津师范大学王晓平教授、北京语言大学熊文华和阎纯德教授，以及法国汉学家郁白先生、学苑出版社孟白社长兼总编辑、杨雷主任等，就汉学研究与国家文化战略、中国文化对世界文化的影响、国内与国际汉学研究的关系、人才建设与国际汉学家的交流与合作、项目团队建设以及项目质量控制等问题展开深入研讨。语言资源高精尖创新中心常务副主任杨尔弘教授、副主任刘晓海副研究员、副主任田列朋，项目组成员陈晶博士以及来自《光明日报》《文艺报》《中华读书报》《中国社会科学报》的媒体记者出席了本次咨询会。

校长刘利教授在致辞中回顾了北京语言大学的汉学研究传统。他提到，北京语言大学是在周恩来总理的亲自关怀下建立的，是对来华留学生进行汉语言和中国文化教育最早、规模最大的大学。建校56年以来，学校已经为世界上183个国家和地区培养了近16万名懂汉语、熟悉中华文化的外国留学生。北京语言大学的许多校友活跃在各国的政界、商界和学界，在汉学研究领域，成为中外文化交流的友好使者。刘利校长还高度肯定了阎纯德教授在汉学研究领域的学术坚守和取得的重要成就和贡献。他提到，曾经听学界的朋友提起，"阎纯德教授是在用命在做研究"，在北京语言大学接触到阎纯德教授，他的执着精神让人印象深刻。阎纯德教授1993年8月创办了《中国文化研究》，从创刊号开始，就设有数个汉学研究的栏目，吸引了部分俄国、法国、日本和韩国的著名汉学家亲自撰文介绍自己所在国的汉学研究情况。1995年，阎纯德教授又创办了汉学研究所和《汉学研究》集刊。这个专业的刊物专注于汉学研究，很快成为海内外学者和汉学家相互切磋的学术阵地，经过20多年的辛苦耕耘，《汉学研究》于2014年成为CSSCI的来源集刊。阎纯德教授还和澳门基金会主席吴志良博士主编"列国汉学史书系"，至今已经出版了近50部汉学研究的专题性书籍，影响巨大。受到阎纯德教授的影响，北京语言大学越来越多的中青年学者也加入了汉学研究的队伍。北京语言大学语言资源高精尖创新中心为《汉学研究》的出版提供了有力的资金支持，也将为"汉学研究大系"的编写出版提供支持。为使书稿更加国际化、体系化、学术化，进一步推动和扩大"列国汉学史书系"在汉学研究领域的影响，"列国汉学史书系"更名为"汉学研究大系"，下设多个丛书。刘利校长还强调，阎纯德教授为北京语言大学中国语言文学学科的建设开创了一片高地，也把《汉学研究》经营成为海内外学者展示自身学术身份和贡献的重要阵地，学校将在政策上、人员上进一步为北京语言大学汉学研究的发展提供支持。

阎纯德教授作为"汉学研究大系"的总主编、汉学研究项目负责人，介绍了"汉学研究大系"的具体情况，回顾了汉学的发展历程。他提到，人类文化在不断交流，从汉代开始，不仅有中国人走出去，如张骞通西域，也有外国的旅行家、冒险家和商人前来中国，他们笔下的游记、日记所积累的古老中国的历史记忆凝聚成最早的"旅游汉学"。汉学的历史是由中国文化经典的传播积淀而成的，以《周易》《诗经》《论语》《孙子兵法》、唐诗、宋词等为代表的中国文化经典被翻译为英语、法语、日语、俄语、意大利语、韩语等，在海外产生了重要影响。这些译介和诠释多种多样，也存在译文意思和原文意思相背离的情况，亟待研究。明末清初传教士开启了学术汉学，至今已有三四百年了，其间产生了许多重要成果。汉学的发展历程经历了从传统到现代的过程。自从20世纪40年代美国费正清开创了"中国学"研究，使汉学开始走进中国社会、政治、历史、教育、民俗及文化的各个层面。但对中国传统文学文化的研究依然是各国汉学家的研究重心。有着悠长历史和广阔内容的汉学,其研究深度和广度都需要进一步推进。阎纯德教授生动地比喻道,汉学根源于中国文化,它又有别于中国文化。中国文化和汉学是一根藤上的两个瓜,而一个是"东瓜",一个是"西瓜";它们虽有相同的文化DNA,但是,后者的基因却在异国他乡或多或少发生了变异,这种变异就是一种无害的文化"转基因"成果。这些文化转基因的成果,需要有一个系统性的平台来展示。阎纯德教授接着回顾了"列国汉学史书系"的出版历程以及更名为"汉学研究大系"的原因,介绍了"汉学研究大系"的出版计划。"列国汉学史书系"始于1997年,由于缺乏出版经费,许多有价值的研究成果只能暂且搁置。在时任北京语言大学校长崔希亮教授的支持下,"列国汉学史书系"得以在2006年开始陆续出版。澳门基金会和澳门霍英东基金会,也为"列国汉学史书系"的出版提供了一定的经费支持,出版合作方学苑出版社,孟白社长和杨雷主任也鼎力相助。刘利校长到任后,还亲自来到阎纯德教授家中拜访,了解《汉学研究》集刊的办刊情况和"列国汉学史书系"的出版情况,表示将继续对《汉学研究》提供支持。2016年,北京语言大学语言资源高精尖创新中心成立,积极落实建设"人类命运共同体"国家重大战略,努力开展世界语言文化资源保护、开发和利用工作。中心主任李宇明教授特别看重汉学研究,不但为《汉学研究》集刊的出版提供资金保障,也将为"列国汉学史书系"的出版提供资金资助。为沿袭《汉学研究》集刊20多年在学界的重要影响,"列国汉学史书系"将更名为"汉学研究大系",下设"列国汉学史丛书""中国文化经典与名人传播研究丛书""汉学家研究丛书""外国作家与中国文化丛书""西学中医丛书"等,整体计划将会出版一百多至二百部。阎纯德教授认为,汉学虽古老而年轻,它会像中国文化一样生生不息、无穷尽地发展下去。希望借由本次"汉学研究大系"的编写出版工作,北京语言大学能够培养更多汉学家和学术团队,开拓汉学研究的视野,促进中外文化的交流。

在发言中,阎国栋教授提到,第一,国际汉学教学需要"国际汉学史",建议能分地域对汉学史进行梳理,比如欧美汉学、俄罗斯汉学等;第二,世界汉语言学教育也可以作为汉学研究的一个重要方向,纳入课程体系建设;第三,通过"汉学研究大系"的编写出版工作,在作者群体中发掘青年学者,通过项目带领青年学者进行科研工作,培养汉学研究事业的接班人;第四,注重学生的培养工作,在日常的教学工作中,注重对学生学术兴趣的发掘,重视对有相关兴趣的学生的培养，进一步为研究队伍的扩大打下基础。

严绍璗教授回顾了近年来汉学研究的发展以及阎纯德教授与他的学术交往。他谈到，20世纪70年代以后，中国的先进知识分子意识到中国文化对于世界文化的影响应该是重要的学术课题；北京大学，自60年代以来就致力于了解日本的汉学研究情况。也有一大批学界前辈希冀了解中国与世界文化的关系。阎纯德教授主编汉学研究专业刊物《汉学研究》，在讨论稿子时，严绍璗教授从北京大学出发，阎纯德教授从北京语言大学出发，两人在清华大学门口碰面，就在大马路上讨论稿子。随着学者们的不断探索，在国内逐渐形成了以中国社会科学院、北京语言大学、北京外国语大学、北京大学为中心的四个学术高地。而阎纯德教授所在的北京语言大学和张西平教授所在的北京外国语大学作为汉学研究的重要据点，它们所开展的汉学研究介绍了中国文化如何走向世界、世界如何了解中国文化的历程。严绍璗教授针对"汉学研究大系"的编写工作提出了具体的建议。中国文化对欧洲启蒙运动、日本各种变革的影响，具有参考意义。第一，希望在"汉学研究大系"的编写过程中，书系中纳入各国的中国文化研究目录。作为学者，如果有这样一个工具，可以借助其了解某个国家百年来的中国文化研究状况，了解中国文化在世界上是个什么规模。也希望项目成果中能有《国际中国学家辞典》这样的工具类书籍。第二，"汉学研究大系"可以采用中国文化研究年鉴的形式出版，以便学者了解当年世界各国的中国文化研究状况。

熊文华教授在发言中提到，第一，过去对汉学的概念专家学者有不同观点，经过多年的努力和探究的深化，现在专家学者意见比较一致。希望"汉学研究大系"在编写过程中有一个相对明确的标准，对所涉及的国家和研究对象有所选择。第二，汉学研究涉及汉外翻译、文化对比等，这是一个广阔的研究领域。"汉学研究大系"的成果具有很高的学术价值，作者团队中不少人在海外历经艰辛搜集相关学术资料，倾注了大量精力。许多学者的研究成果是其一辈子的积累，也希望学界后辈能在前辈研究的基础上继续扩大、完善这项工作。第三，建议对"汉学研究大系"的编写提出相对具体的时间安排，和出版社、作者通力合作。

何培忠研究员提到，"汉学研究大系"项目对"中国文化走出去"的国家战略具有重要意义，也是其具体表现。"汉学研究大系"的成果也对中国语言文学学科、学术界、世界中西文化交流具有重要意义。习近平主席提出

"支持和鼓励建立海外中国学术研究中心""推动海外中国学研究",本项目恰逢迎接挑战的历史时机,有利于增强我们的文化底气和文化自信心。"汉学研究大系"的出版工作需要更多专业的意见,比如申请国家出版基金的题目和体系需要仔细斟酌。在项目的具体书目中存在着重复内容,需要与相关作者充分沟通,邀请专家对书稿内容充分审阅,以避免书稿的内容重复。此外,也要明确几大丛书的体系性。

学苑出版社孟白社长提到,阎纯德教授主编的《汉学研究》和"列国汉学史书系"都在学苑出版社出版。学苑出版社特别关注学苑出版社所出图书的海外传播情况。根据他了解的海外图书馆藏中文图书的情况,阎纯德教授主编的《汉学研究》和"列国汉学史书系",被一些海外图书馆所收藏,得到了许多海外读者的重视,拥有了相当的海外影响力。国内外研究体系不一样,研究传统着眼点不同。国内外的汉学研究实际具有互补性,"汉学研究大系"有利于我们更好了解外国人如何看待中国文化。孟白社长提到,海外汉学还有许多成果亟待整理,比如明清时期传教士来到中国,回国后写的关于中国经济社会文化等的报告在一些国家的图书馆中尚未整理;由于语言和现行的通用语言有差距,进行具体研究也存在困难,但很有研究价值,对中国的相关研究也有拾遗补阙的作用。关于"汉学研究大系",孟白社长建议进一步强化书目的体系,完善书目的框架,也可以考虑介绍文学语言以外的人文科学艺术的海外汉学研究成果,扩大读者群体。

李明滨教授针对目前"中国文化走出去"项目较多,但质量较高的项目较少的情况,对"汉学研究大系"的中外合作、研究对象选择等方面提出了具体的建议:第一,注重中外合作,重视原始资料的选择。建议"汉学研究大系"的作者在写作时,征求对方国家比较有分量的汉学家的意见,史学类书籍应该核实史料,并开展中外合作,请对方国家重要汉学家对内容审定,保证史料的翔实可靠。第二,专题研究尽量全面。如果做作家的专题研究,需要首先阅读这个作家的所有作品;其次要了解和这个作家属于同一流派的作家有哪些,他们的写作风格和具体作品;再次要了解这个作家所处的时代背景和社会环境。第三,考虑研究的时效性。"汉学研究大系"的某些书目可能只介绍到 20 世纪上半叶的情况,应该把 20 世纪下半叶的内容补充进来。现当代海外汉学的发展情况也应该在"汉学研究大系"的书目中有所反映。第四,书目选择应有所侧重。海外汉学在各个国家的发展程度不一,对研究国家的选择也应有所侧重。法国、美国作为汉学重镇，与其相关的研究应当适量丰富。某些不太有名的汉学家，也可以考虑不作为专题研究的对象。第五，考虑"汉学研究大系"的教学意义。"汉学研究大系"中的某些书目应该可以作为汉学相关课程的教材，用于教学。可以考虑整理某个国家每个世纪汉学相关的史料、档案。

崔希亮教授回顾了北京语言大学支持汉学研究以及国别和区域研究中心等相关平台的历程，并建议重视资料搜集。第一，在搜集资料上应当向海外学界学习取经。他以日本学者的搜集资料为例，研究铁路时搜集资料详尽到连铁路沿线一个村子的资料都有，建议"汉学研究大系"在编写过程中要重视资料的搜集，尽可能详尽。第二，建议重视语言，考虑搜集海外汉语教学的历史，把汉语在海外的传播研究纳入其中。第三，建议重视人才培养。"汉学研究大系"体量巨大，需要培养学术梯队，培育更多的青年学者参与具体工作，有效推进"汉学研究大系"的编写工作。

法国汉学家、欧盟驻华大使郁白先生回顾了他在法国国家东方语言文化学院学习汉语的历程，谈到外国人第一次与中国文化接触时汉语教师国学素养的重要性，具有丰富中国传统文化知识的汉语教师对学生的影响至关重要。他在学习过程中得到北京语言大学阎纯德教授的悉心教授，开启了他对中国文化的兴趣。谈到"汉学研究大系"的编写工作，他表示，第一，建议把汉学研究和中国现在正在恢复的国学研究相挂钩。哈佛大学出版社今年刚翻译出版了复旦大学葛兆光教授的著作《何为中国》，这可能是今年海外汉学界最重要的一部著作。海外汉学研究包括了比较文化、比较语言、中国传统文化和中国现当代文化。但对中国的历史文化进行研究依然是主流，需要重视这一部分研究。第二，建议加强中外合作。对中国文化的研究，中国学者一直是主力，外国学者多为"旁观者"，希望通过此项目协助当代外国学者更好地开展有关中国文化的研究，从"旁观者"变为"参加者"。汉学是关于外国人怎么研究中国的文化，"汉学研究大系"的编写工作如果只有中国学者的参与，可能就是一项孤单的工作，希望外国学者也有机会参与其中，充实丰富汉学研究的专家阵容。第三，建议注重年轻人才的培养。当今欧洲也希望了解中国的传统文化，希望借由这个机会也组织培养年青一代的海外汉学家，让外国的年轻人更加理解现代中国。

王晓平教授提出，第一，建议组建优质的学术团队，老一辈专家和年轻学者齐心协力进行"汉学研究大系"的编写工作，组织相关的学术研讨会。第二，建议建立平等的中外学者的对话平台，一方面请来外国的顶尖学者共同组织研究工作，中外学者共同对某一问题展开讨论，另一方面培育年轻汉学家和学界的后备力量。第三，要考虑"汉学研究大系"电子书的出版。许多学者写论文的时候，到处搜集汉学研究的相关资料，很大一部分资料来自网络，希望项目组能够将"汉学研究大系"的成果电子化，以方便学者查阅，进而扩大其影响力。第四，希望"汉学研究大系"加入汉学经典书籍校注系列。他以日本汉学家斯波六郎的《文选李善注所引尚书考证》为后来学者检索《文选》提供方便为例，强调偏门著作对学术研究具体工作推进的重要性。第五，梳理总结海外流传汉籍传播非常重要，建议"汉学研究大系"添加对海外流传汉籍的专门研究。

钱林森教授提出，第一，"汉学研究大系"需要重视选题，重视对汉学家的专题研究。根据国别，选择在学术史上重要的汉学家，对他们进行专题性研究。第二，建议考虑"汉学研究大系"的外语出版。"汉学研究大系"汇集了海外学者对中国的研究，为国内学者提供了重要的海外资料，但国外学者也需要了解他们自己国家的汉学研究成果。"汉学研究大系"要打造成精品，待时机成熟时将其译成外文出版，进一步扩大"汉学研究大系"的海外影响力。

北京语言大学语言资源高精尖创新中心主任李宇明教授在总结发言中提到，阎纯德先生长期以来"以学为业、以学为命"，精神感人，值得敬佩。"汉学研究大系"不仅是梳理外国学者如何研究中国文化的结果，更对中国未来发展和在世界上的定位有着重要的影响。语言资源高精尖创新中心秉承"尊重科学、尊重科学家、尊重科学家的成果"这一理念，将鼎力支持"汉学研究大系"系列丛书的编撰和出版，并为专家学者做好服务工作。语言资源高精尖创新中心希望以此为基础，通过长期努力，建立"汉学大数据库"，在中国走进世界舞台中央的过程中，树立中国的文化自信。

此前，2018年9月28日，"汉学研究大系"还举行了项目评审会。北京大学严绍璗教授、李明滨教授、欧阳哲生教授，中国社会科学院何培忠研究员，外语教学与研究出版社副总编辑章思英女士和该社综合语种出版分社副社长邹皛白女士，作为评审专家参与了"汉学研究大系"的项目评审会。会上对"汉学研究大系"的名称选定、具体书稿目录、书系名称和体系提出了宝贵建议。专家们提出，第一，建议明确项目名称，结合项目名称的英文翻译和对"汉学"概念的定义，完善调整项目名称。第二，项目中各书系书目存在对某个汉学家重复研究的情况，建议与作者沟通商议，避免内容重复。第三，建议项目中可以考虑书系以"国别篇""人物篇""典籍篇""文化篇""目录篇"等相区别。第四，从选题的角度应当注重亮点，不但关注汉学重镇的汉学研究，也对小国的汉学研究有所介绍。第五，注重书稿的体系性，注重原创书稿和再版书稿数量上的平衡，注重海外学者中国传统文化研究成果与海外学者中国现当代文化研究成果的选择，注重作者群体中国作者和国外作者的平衡。第六，关注书稿的开放性，结合当下时势，在书稿作者中建议纳入"一带一路"沿线国家如阿尔巴尼亚、保加利亚、波兰等国的作者。第七，考虑与国外出版机构的合作，项目前期与相关出版机构密切沟通，考虑项目成果的外文出版。

在这两次会议中，与会专家盛赞了阎纯德教授的敬业精神和丰硕成果，对"汉学研究大系"项目的学术价值给予了充分的高度肯定，并从汉学研究与国家文化战略、中国文化对世界文化的影响、国内与国际汉学研究的关系、人才梯队建设、与国际汉学家的交流与合作、项目团队建设及项目质量控制等多方面进行了深入交流。

汉学是一种与中国文化水乳交融的鲜活而又不断发展的文化，它反映了中国智慧对世界的影响，是世界文化的重要组成部分。随着"一带一路"建设的推进，"走出去"战略也进入了新的发展阶段，国家高度重视和推动中国优秀文化以及先进发展理念等"软实力"的"走出去"。阎纯德教授长期以来致力于汉学研究，自1993年始，阎纯德教授默默耕耘，持之以恒，苦心经营，提携后进，依托研究所和杂志，汇聚人才，凝聚思想，为北京语言大学成为汉学研究"学术重镇"做出了重要贡献。他创办《中国文化研究》，成立汉学研究所和编辑《汉学研究》集刊，筹划"列国汉学史书系"，经历了艰辛，但收获了国内众多著名专家学者的友谊支持，使这一前无古人的学术工程得以发展。

"汉学研究大系"由北京大学袁行霈教授、清华大学李学勤教授担任总顾问，北京语言大学李宇明教授和刘利教授担任编委会主任，北京语言大学阎纯德教授担任总主编；柴剑虹编审（中华书局）、崔希亮教授（北京语言大学）、何培忠教授（中国社会科学院）、李明滨教授（北京大学）、孟白社长

（学苑出版社）、钱林森教授（南京大学）、宋绍香教授（泰安学院）、王晓平教授（天津师范大学）、吴志良博士（澳门基金会）、熊文华教授（北京语言大学）、严绍璗教授（北京大学）、阎国栋教授（南开大学）、郁白先生（法国汉学家）、宇文所安（美国汉学家）、乐黛云教授（北京大学）、张西平教授（北京外国语大学）担任"汉学研究大系"顾问。"汉学研究大系"下设"列国汉学史丛书""中国文化经典与名人传播研究丛书""汉学家研究丛书""外国作家与中国文化丛书""西学中医丛书"等多个丛书系列。

"汉学研究大系"是我国学术史上第一个原创的学术书系，在北京语言大学语言资源高精尖创新中心全力支持下，它必将直接推动我国的汉学研究，为中外文化交流做出贡献。

（陈晶　北京语言大学中华文化研究院）

·国学特稿·

人类第一学　文明第一法

——序《张闻玉文集·天文历法卷》

刘明武

一、从两句民谣谈起

过了芒种，种了白种。过了立秋，种也没收。第一句是东北的民谣。第二句是湖南的民谣。芒种、立秋，是二十四节气中的两个节令。二十四节气，产生于立竿测影之下，属于太阳法则。两句民谣的直接意思是：种植必须严格地遵循太阳法则。间接意思是：没有太阳历，绝对不会有农业文明。

二、从人工水稻推测太阳历的出现

没有太阳历区分出的节令，盲目种植，绝对不会有收获。
有收获的种植，证明种植者已经认识并掌握了节令——太阳法则。
河南舞阳贾湖，发现了7000年前的水稻。
浙江余姚河姆渡，发现了7000—8000年前的人工水稻。
湖南临澧，发现了9000年前的人工水稻。
湖南道县，发现了1.2万年前的人工水稻。
有节令才有收获！
7000年前的人工水稻，是不是可以证明：7000年前就有了太阳历？！
8000年前的人工水稻，是不是可以证明：8000年前就有了太阳历？！
9000年前的人工水稻，是不是可以证明：9000年前就有了太阳历？！
1.2万年前的人工水稻，是不是可以证明：1.2万年前就有了太阳历？！

在中华大地上，太阳历的出现，应该远远早于文字。文字之前的太阳历，是用形象符号与抽象符号表达的。

岩画上有形象与抽象的太阳！

仰韶文化的陶罐上有形象与抽象的太阳！

各地出土的玉器、金器上有形象与抽象的太阳！

漫长的历史过程之后，形成了图书、八卦。

中华大地的第一部书表达的是太阳历。洛书，是中华大地的第一部书。第一部书，在民族大家庭中，有三个民族还有保留。这三个民族是汉族、彝族与水族。彝族与水族，是用太阳历解释洛书的。以彝族典籍《土鲁窦吉》（汉语意思为"宇宙生化"）解释得最为清晰。汉族的洛书，彝族称鲁素，汉语意思为龙书。稍加比较就可以发现，"洛书"与"鲁素"，语音上极为近似。《土鲁窦吉》解释，第一部书表达的是十月太阳历。十月太阳历分五季，五季称五行；五行金木水火土，一行72天，五行360天；360天之后的余数5—6天一不计入月，二不计入行，用于大小两个年节——冬至为大年节，夏至为小年节。大年节过三天，小年节过两天；四年一闰，大小两个年节均过三天。365、365、365、366，四个太阳回归年中三年365天，一年366天；总长度1461天，平均365.25天。华夏文化、苗族文化中同样有这几个数据。八卦表达的是太阳历。《尸子》："伏羲始画八卦，别八节而化天下。"八卦是什么？是太阳历的八节。八节为何？冬至夏至、春分秋分、立春立夏立秋立冬是也。尸子，先秦诸子中的一子。《尸子》属于华夏文化。华夏文化之外，彝族文化有如此解释，水族文化同样有如此解释。

三、从天文到人文

在欧洲，太阳历仅仅是一种天文历法。

在中国，以太阳历为基础，中华先贤创造出了永恒而常青的中华文化、中医文化。天道、阴阳五行，是中华文化、中医文化的理论基础，打开中华先贤创造的经典——《周易》《尚书》《黄帝内经》《周髀算经》《诗经》，天道与阴阳五行，无处不在。为什么？

天道者，太阳法则也。请看以下三个论断：其一，《周髀算经·陈子模型》："日中立竿测影,此一者,天道之数。"请看,日影即天道。其二,《逸周书·周月解》："万物春生夏长秋收冬藏,天地之正,四时之极,不易之道。"请看,四时即天道。春夏秋冬四时,区分于日影之下。其三,《管子·枢言》："道之在天者,日也。"请看,太阳本身可以代表天道。

阴阳五行者,太阳法则也。阴阳,发源于十月太阳历。十月太阳历有至关重要的两个节令,这就是冬至夏至。冬至夏至是阴阳的第一发源地,汉族、彝族、苗族都有如此解释。以苗族文化解释得最为简洁。《苗族古历》:"冬至阳旦,夏至阴旦。"元旦,是新年的第一天。阳旦,是阳气发生的第一天;阴旦,是阴气发生的第一天。冬至夏至,区分于日影的长短两极。《周髀算经·天体测量》告诉后人,日影最长点是冬至,日影最短点是夏至。站在今天的立场上看,冬至太阳相交于南回归线,夏至太阳相交于北回归线。冬至夏至一有严格的规定性,二有无限循环性。等量代换,发源于太阳的一阴一阳同样有着严格的规定性与无限循环性。

五行,发源于十月太阳历。五行,《土鲁窦吉》解释为十月太阳历的五个季节。《土鲁窦吉》是贵州毕节彝族同胞保留的典籍。《土鲁窦吉》的解释,在凉山彝族同胞保留的典籍里可以找到共鸣之音。四川三星堆出土的金器、铜器、玉器上有多个"五辐轮"。这种圆轮,外形是一个360度的正圆,内部被五根条辐均匀分为五等份。汉族学者解释,这是太阳轮。为什么是太阳轮?没有进一步的证明。凉山彝族同胞保留的典籍里,有相似相近相同的五辐太阳轮,彝族典籍解释:这就是五行十月太阳历的模型。五行金木水火土,以木一行为首,以水一行告终,以此顺序是木、火、土、金、水。一行含两个月,一月36天,一行72天,一行分公母,奇数月为公,偶数月为母。公母者,阴阳也。三星堆文明上限4500年,下限3000年,无论是上限还是下限,都早于老子与孔子,这说明阴阳五行的认识与界定,远远早于儒家道家。五行与阴阳一样,有着严格的规定性与无限循环性。

书中的道理在书外,人文的道理在天文。《周易·贲·彖传》:"观乎天文,以察时变;观乎人文,以化成天下。"在这一论断里,天文在先,人文在后。从天文到人文,落脚点在"以察时变",辉煌点在"化成天下"。理解了这一论断,知道了太阳历的常识,才会真正理解天文与人文的源流关系,才会真正理解人文与天下的源流关系。这里有必要追问一下,在中华大地上,谁是最早的天文观测者?在群经之首的《周易》里,包羲氏是最早的天文观测者。"仰观天文"一词,就是在《周易》里出现的。《周髀算经》记载,天文历法始于包牺。包羲氏、包牺,后世统称为伏羲氏。仰观天文,伏羲氏的伟大贡献是创作了八卦。八卦就是八节太阳历。按照《周易》与《周髀算经》的记载,伏羲氏应该是最早的天文观测者。八卦是圣人的作品,而图书是"圣人则之"的圣物。这一顺序明确指出,图与书早于八卦,如此推算,图书的作者才是中华大地上最早的天文观测者。

这里还要对比一下玛雅太阳历与中国阴阳合历的终结点。玛雅太阳历,被美国导演出的一部电影《2012》吓唬了整个世界。电影《2012》说,聪明的玛雅人,推算出2012年是世界的终结点。实际上,立竿测影的实测与实际之间有一定的误差,长期积累,误差变大,历就需要改革需要变动。2012年,是玛雅太阳历的变动点,而不是世界的终结点。整个世界有几人知道,东方的阴阳合历终结改动点在31920岁?《周髀算经·日月历法》:"极三万一千九百二十岁,生数皆终,万物复始,天以更元作纪历。"旧历结束,新历开始,终点之处又是一个新起点,与世界终结毫无关系。

四、张闻玉先生历法研究的意义与缺憾

就世界而言,天文学是人类第一学,历法是人类第一法;就中华大地而言,天文学是中华民族的第一学,历法是中华民族的第一法;而现实中的学界,研究天文历法的学者微乎其微,张闻玉先生历法研究的意义在此凸显了出来。没有历,称不起"文明"二字。世界历史上的四大文明都有历。没有历,构不成文化。华夏文化有历,彝族文化有历,苗族文化有历,水族文化有历。天文历法,是文化的根本,是文明的标志,张闻玉先生历法研究的意义在此凸显了出来。

中文系学习中文,仅仅读经读书,仅仅读诸子百家,是远远不够的!学习中文不学习天文历法,研究人文而忘记天文,犹如研究长江忘记了源头,犹如研究大树忘记了根本,张闻玉先生历法研究的意义在此凸显了出来。

文学创作,仅仅会讲故事,仅仅会歌颂会批判,是远远不够的!72与36这组神秘的数据,为什么会出现在《西游记》与《水浒传》之中?与孙悟空、贾宝玉出身相关的石头长宽高数据从何而来?天文历法在四大名著中的基础地位为何?文学界有几人清楚,有几人知道,张闻玉先生历法研究的意

义在此凸显了出来。现代化，发展与毁灭并行，这条路被西方后现代化学者所否定，这条路被日本学者所怀疑。今后的路怎么走？日本山口大学2009年召开了"东亚历法与现代化"的会议，会议提出重新从东亚历法再出发。东亚历法并不是出于东亚而是出于中国，越南、日本、朝鲜半岛、泰国，历史上采用的是中国的天文历法。这次会议，中国唯一的代表是张闻玉先生，张闻玉先生历法研究的意义在此凸显了出来。

考古，仅仅关注实物的发现，是远远不够的！一定要继续追问：中华先贤的创造，凭借的是什么思路，凭借的是什么方法？人工水稻，能离开太阳历吗？三星堆里精美绝伦的艺术造型与金沙遗址中的太阳鸟，与太阳历无关吗？再，夏商周年代的确定，能离开天文历法吗？具体能离开太阳历与太阴（月亮）历吗？张闻玉先生历法研究的意义在此凸显了出来。

今天的海峡两岸，把天文历法称为"绝学"。"绝学"之绝，灭绝也，即将灭绝也。"绝学"，即将失传之学也。失传了天文历法，中华文化就失去了根本。失去了根本，还会发扬光大吗？张闻玉先生历法研究的意义在此凸显了出来。

毫无疑问，张闻玉先生历法研究的意义是丰富的！但是，也是有缺憾的！

四分历之前还有历，张先生一生的研究中没有继续追问，这一点，在后学看来，是有缺憾的。贵州是多民族融合区，黔西南有彝族，黔东南有苗族、有水族。这些少数民族那里恰恰保存有中原已经失传了的天文历法，例如十月太阳历。张先生身处贵州，一生的研究中，没有挖掘少数民族保留的天文历法，这一点，在后学看来，是有缺憾的。

彝族文化的根本在太阳历，苗族文化的根本在太阳历，水族文化的根本在太阳历，以太阳历为根本，可以找出汉族与兄弟民族之间的同根同源性，如此根本性的问题，至今尚未引起关注。这一点不是张先生的缺憾，而应该是整个学界的缺憾。

贵州彝族学者龙正清先生，在其大作《夜郎史籍译稿》中谈到，彝族所宗的是颛顼八卦历。昆明，在彝语中有"高阳"之义。高阳者，颛顼之号也。颛顼，《史记》中的五帝之一，黄帝之孙。当时的颛顼，其教化范围已经达到"北至于幽陵，南至于交阯，西至于流沙，东至于蟠木"，这里显示的是"以人文化天下"的魅力。彝族文化与华夏文化，有着根本上一致性。整个学界没有注意到这一点，这应该是整个学界的缺憾。整个学界中，当然也包括张先生。二十八星宿，在新文化运动中，被疑古派界定为"舶来品"。实际上，二十八星宿，彝族有，苗族有，水族同样有。苗族文化中居然有二十八星宿与十二地支最小公倍数的84甲子。少数民族保留了如此重大的基础问题，是不应该被忽略的。不应该忽略的，偏偏给忽略了，这是不是一个缺憾?!

谈缺憾，其目的不是责备，而是求全。

五、从坚实的基础再出发

太阳历，是中华先贤为子孙留下的最为宝贵的文化遗产，也是中华先贤为子孙留下的最为坚实的理论基础。只要天上的太阳还在，中华文化与中医文化就不会失去常青的魅力。

冬至夏至，是太阳与地球两点一线关系确定的。冬至夏至，决定着气候中的寒暑，决定着"离离原上草"的"一岁一枯荣"，决定着运动中的一升一降。冬至夏至在时间与空间上有着严格的规律性与规定性，沿着太阳与地球两点一线关系的思路再向前跨一步，就可以找出天灾的规律性。寒往则暑来，暑往则寒来，这是正常的气候。该寒不寒，该暑不暑，这是异常的气候。气候异常，会引起大面积的疾病或疫病。仅仅以病毒、细菌，解释不了大面积疫病之因。"春行秋令，其民大疫。"春天刮西风，这就是"春行秋令"。如此判断标准，形成于太阳历，记载于《礼记》《吕氏春秋》，记载于中医经典《黄帝内经》。沿着"以太阳论气候"的思路，可以解答西医不能解答的难题。

一阴一阳，在中华大地上，是算术之源，是化学之源，是音律之源，是医学之源。中华大地上，没有形成现代物理学，但是西方一流的物理学家皆崇尚阴阳，包括量子物理学家玻尔，包括美国第一物理学家惠勒。发源于太阳的一阴一阳，可以统一数理化的基础，这恰恰是西方文化望尘莫及的。继续"以太阳论之"的方法，可以解答自然百科的统一基础，这是不是中国天文历法的一大贡献?! 以天文论人文，是中华先贤创造的基本思路；以太阳论阴阳，然后以阴阳论A论B论C论D，直至各个领域，是中华先贤创造的基本方法；如果继承先贤的思路与方法，以太阳历为基础再出发，中华民族一定会重新创造出领先于世界的、利用自然而不伤害自然的、新的中华文明。

（刘明武　文化学者）

论中华文明中的数字与颜色伦理（下）

单 纯 韩纪升

摘 要：数字和颜色在中国传统文化中具有超越数理和物理的性质，在"阴阳五行"思想和《周易》文献里表现为政治和社会伦理特性，奇数和偶数被赋予了宇宙生成论、人生论和政治伦理中的阳性和阴性涵义，以"九五之尊""九重天"等表达男性的政治权威，以"阴阳生物""八八六十四卦"表达女性的生养之德，亦以"奇数崇拜"的形式表现中华农耕文明自"父权制"以来所形成的"男尊女卑"和"权力本位"的政治和社会伦理传统。"奇数崇拜"在中国传统文化中还与自然地理中的方位和颜色相结合，系统地表达自然世界中的万物生命的生成和演变，以"五行相生相克"的宇宙生成论揭示《周易》中"生生之谓易"和"天地之大德曰生"的生命伦理，形成了一套稳定的"五行""五色""五德""五位"相互契合照应的特殊文化解释体系，以"东方青龙、南方朱雀、西方白虎、北方玄武"和"中部黄龙"这样的"灵兽"象征符号，将原始的动物图腾与中华民族的生产、生活和社会关系有机地结合起来，形成了独具特色的"龙凤呈祥""龙的传人""龙飞凤舞""龙腾虎跃"等民俗文化，亦以"红墙黄瓦""鎏金丹墀""青牛白马"之类的颜色与建筑或动物相联系，寓伦理奥义于直观色相之中，表达中华民族对于自然生态的伦理情怀和农耕文明的历史记忆。通过建筑术数和装饰颜色，中华文化展现出特殊的"自然与人文""理性与情感""制度与生活"以及"科学与艺术"之间水乳交融般的思想默契与心灵共鸣。

关键词：奇数崇拜　九五之尊　黄土地　丹心　龙凤呈祥

五、《周易》中的术数

我们日常生活中常听到"九五之尊"这样的说法，意思说"九"和

"五"这两个奇数在我们的文化传统中被赋予了超数值的伦理含义。最直观的情况就是北京紫禁城内的皇家建筑,其面阔向南都是"九开间",而进深南北向则都是"五开间"。这是因为在中国的十进位数字中,奇数最高的值是"九",这又是"阳数之极",有以十进位中最高数值表达奇数的最终目的的含义,而"五"则是一、三、五、七、九中居中的数,有"中正"且平衡左右两边均数的"公平"含义。"九"和"五"的组合形式来源于中国学者特别是儒家学者对《周易》图像的伦理解释,两千多年下来,渗透进中国社会生活的方方面面,尤其是体现在历代皇家的大型宫殿建筑之中。

  《周易》中有句话,说"《易》有太极,是生两仪,两仪生四象,四象生八卦。八卦定吉凶。吉凶生大业。是故法象莫大乎天地,变通莫大乎四时,悬象著明莫大乎日月,崇高莫大乎富贵,备物致用、立成器以为天下之利莫大乎圣人。"[①] 这是儒家学者对西周末年流行的"阴阳"观念的宇宙论和伦理学的解释,"太极"是"阴阳"的统一性,"阴阳"则是"太极"的实现原则和现象形式,在经验世界中表现为天地、日月、男女等,而在世界运动变化的过程——四季变化中,万物便由此"阴阳"的交互作用而产生了。圣人则是根据这些万物演变的现象推断出了器物和道体之间的辩证关系,以伦理的解释辨别天地万物演变的吉凶,为人与自然、人与人之间的关系确定"趋利避害"的原则。由于"太极"是"生象"之前的"道体",自然不用现象表现,但是道体生化出来的阴阳器物则是最基本的生化现象和形式,记为"阳爻(—)"和"阴爻(--)",两仪既然统一于"太极之道",就应该按照天地上下的方位形象地组合在一起,又因为"天地、阴阳"的组合须要"圣人""探赜索隐"并解释其吉凶,故一个基本的组合图像必须将"人"的因素加入进去,而人可以是"男女",故一个阴阳卦象的组合须多加一爻,以满足"天地人"三才的概念,这也是儒家的人常讲的"参天地、赞化育"的表现形式,也就是说,只有"圣人"参与天地万物演变的过程并对其吉凶进行解释,天地万物的意义才能被揭示出来,这就是对天地万物的"通情达理"。这一层奥义《周易》的作者也做了总括性的说明:"古者包羲氏之王天下也,仰则观象于天,俯则观法于地,观鸟兽之文,与地之宜,近取诸身,远取诸

[①] 邓球柏《白话易经》第425页,岳麓书社,1993年。

物，于是始作八卦，以通神明之德，以类万物之情。"① 包羲氏即伏羲氏，是中华民族的人文始祖，传说中人们相信是他通过观察天地万物的演变而将其归结为八卦，"八卦"取之他耳听"八面来风"而画出的图像，以表示天地间的万物。但是从上引《周易·系辞传下》的记述来看，他的贡献主要体现在两个方面：一是"参天地"，一是"作八卦"。"参天地"是以天地万物为其知识的对象，"作八卦"则是将"参天地"的思想成果用"八卦"表现出来，以说明其演变通达的道理，代表着中国文化"见仁见智"的开创性权威。

如果"天地人"以人"参天地"的图像形式表现为一个单卦，即阴爻、阳爻的三重合（三阴、三阳、二阴一阳、二阳一阴，两仪生四象），这也是人参与阴阳排列的四种可能的结果，那么一个重卦为什么要选择两个单卦的组合呢？这可能是古人长期辩证思维导致的必然结果。因为人们经验中的任何单一事物都蕴涵着它的对立面才能定义其本身，如阳蕴涵阴才成其为阳，阴也同样；天蕴涵地，地蕴涵天；人蕴涵禽，禽蕴涵人等，这样就形成了对立统一的辩证思维，如阴阳之辩、天地之辩、人禽之辩以及后来流行的天人之辩、古今之辩、体用之辩、义利之辩、礼法之辩、中西之辩等等。那么，一个重卦（两个独立的单卦之间的上下排列组合，重卦共有六十四个）为什么是"六爻"呢？从"天地人"三才所构成的每一个"自体（entity）"都蕴涵其对立面而言，一个单卦也蕴涵其对立面，这就构成了重卦；圣人的"参天地、赞化育"就是通过这种"对立统一"的方法表达出来的。这种"通情达理"的社会和政治伦理解释最终演变成了典型的中国人的思维方式，如中国文人画总喜欢以梅竹松为题材，以其"情""况"理，即"竹可以况幽人""梅可以况高士""松可以况傲骨"；这些中国文人雅士的"情况"自然还见于"林和靖妻梅子鹤"和苏东坡的"宁可食无肉，不可居无竹；无肉令人瘦，无竹令人俗"等。所以，重卦六爻中存有儒家对立统一的思维特征，《周易·系辞下传》也给予了概括性的说明："《易》之为书也，广大悉备，有天道焉，有人道焉，有地道焉。兼三才而两之，故六。六者非它也，三才之道也。"② 三才之道，两相重合，组成一个"重卦"，自然就有"六爻"，且一爻之中本身又蕴涵其对立面，所以每爻又多了"两之"的比较关系，一是一爻

---

① 《白话易经》第440页。
② 《白话易经》第477页。

之象与其蕴涵之对立比较；一是一爻上下之比较；再有就是三爻下卦与三爻上卦之比较。对这一系列对立统一关系的政治和社会伦理解释就构成了儒家的宇宙人文思想，即以"生生之德"解释宇宙万物的演变和社会关系的一切方面。故此，《周易·说卦》进一步解释说："昔者圣人之作《易》也，将以顺性命之理。是以立天之道曰阴与阳，立地之道曰柔与刚，立人之道曰仁与义。兼三才而两之，故《易》六画而成卦。分阴与阳，迭用柔刚，故《易》六位而成章。"① 不过，儒家是从"天人合一"的思维定式来解释"爻"和"卦"的内在对立统一关系，这就表明，对立是以统一为目的的，统一是以对立为基础的，其特点不是对立面的相互排斥和取消，而是相互补充和增益，这样"圣人"才能"参天两地而倚数，观变于阴阳而立卦"。② 这是儒家以三爻代表"天地人"设立"卦象"，在对立统一的"六位成章"中解释宇宙观和人生观，也是具有中国特色的"心性"哲学思想体系，即"穷理尽性以至于命"。

"天地人三才之道"，不仅仅是一个静态的结构，更重要的是一个动态的过程，特别是"圣人"解释"天地人三才之道"的思想过程。而这个动态过程又具有两重"交易"：一是"动"之"易"，这是一个基本"原则"；一是"过程"之"易"，这又是一个延续性"规则"，即"至诚无息"。"圣人"将这两者叠加起来解释就是"生生"，即生的原则与规则的统一，所谓"生生之谓易"。既然，"生生之谓易"是"圣人""参赞"天地阴阳变化的结果，实际上这个"参天地，赞化育"的思维过程也蕴涵了宇宙和伦理代数学，以"天地人三才之道"为一卦，以一卦蕴涵的"生生之易"，又根据"易有太极，是生两仪"，两仪即阴阳，阴阳为大象者天地，为数字者奇偶，"圣人""参赞"阴阳化生，即为一常数，或阴或阳，或男或女，代入阴阳变化后"生生之易"可以生成八种不同组合，即"八卦"：

阴阴阴（偶偶偶）、阳阳阳（奇奇奇）、阴阳阳（偶奇奇）、阳阴阴（奇偶偶）、阴阳阴（偶奇偶）、阳阴阳（奇偶奇）、阴阴阳（偶偶奇）、阳阳阴（奇奇偶）。

---

① 《白话易经》第510页。
② 《白话易经》第508页。

这八个卦象再进入"生生之易"的程序，自然就会被推演出"六十四卦"。就《周易》的术数讲，"三爻"成一单卦是中国人的主体性认识论原则，即"人为天地立心"，有别于西方文化的"上帝为宇宙立道"（God, the creator, is the law-giver），单卦"三才两之""六位成章"增益为重卦；单卦"两仪"之"生生"为"八卦"，"八卦"重卦之"生生"为"六十四卦"。而无论是单卦、重卦还是六十四卦，其所蕴涵的吉凶祸福皆在《周易》的术数解释之中。故此，《周易》的奇数偶数组合既不表示精确数学，也不属于模糊数学，而是中国特色的伦理代数学，是以奇数偶数的对立统一关系解释政治和社会关系中的吉凶祸福，是一种主观意义上的术数体系，而非客观意义上的科学体系。

"八卦"除了代表"阴阳化生"和"奇偶组合"之外，还用以象征化生和术数的八种基本因素，即天、地、雷、风、水、火、山、泽这八种宇宙演化的基本要素，而与其相对应的"卦名"和"卦象"分别为乾（☰）、坤（☷）、震（☳）、巽（☴）、坎（☵）、离（☲）、艮（☶）、兑（☱）。但是，此八种基本要素中的每卦又都有阴爻或阳爻，可以根据其中爻的线段为单元再统计成奇数卦和偶数卦，即阴卦系列和阳卦系列，如乾（☰，三段）、震（☳，五段）、坎（☵，五段）、艮卦（☶，五段），皆为奇数三或五，因此为"阳卦"，而坤（☷，六段）、巽（☴，四段）、离（☲，四段）、兑（☱，四段），皆为偶数六或四，因此为"阴卦"；阴阳单卦系列相互组合成"六十四"重卦，每卦六爻，共计三百八十四爻，成为解释全部重卦的数集。可见，此刻《周易》的卦象解释则不是根据阴阳线段之集，如乾卦为六爻六段或坤卦为六爻十二段。在解释重卦中的三百八十四爻时，"九"被规定为"阳数"之极、"六"则被规定为"阴数"之极，以"九""六"解释阳爻、阴爻在卦象中的吉凶祸福。

重卦"六十四"中的卦象解释是自下而上的，即下卦+上卦，六爻的解释分为"初九、九二、九三、九四、九五、上九"或"初六、六二、六三、六四、六五、上六"，而在六爻的解释中具体是用"九"还是"六"，要看对应的"阳爻"或"阴爻"来决定。如"乾卦"：

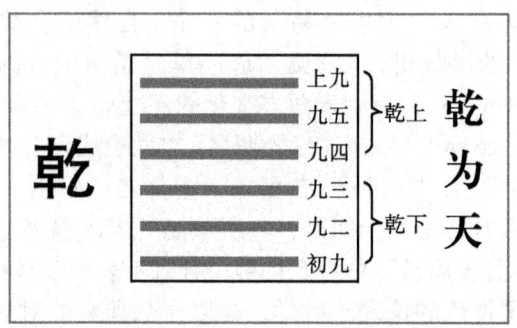

这是"乾下乾上"的卦象,用"象传"加以解释,其中每一爻都有特定的伦理解释,即"象传"。又如"坤卦":

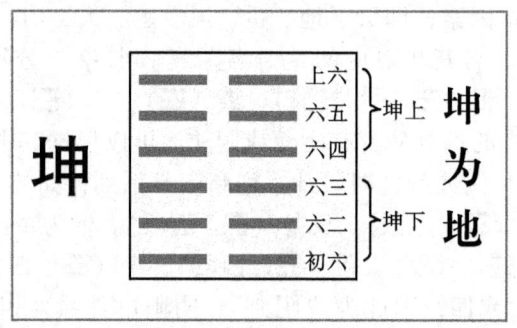

这是"坤下坤上",解释就从"初六"开始。乾坤两卦是纯阳和纯阴,故皆以"九""六"为"六爻"解释的"阳""阴"定性词,而非数学意义上的数值。再如"泰卦":

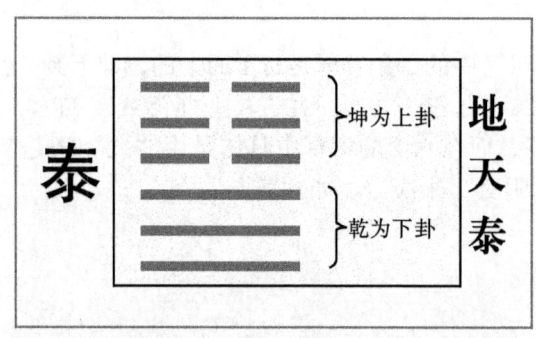

这是"乾下坤上",阴阳交合的卦象,记为"初九、九二、九三、六四、六五、上六";其相对应的"变卦"为"否卦":

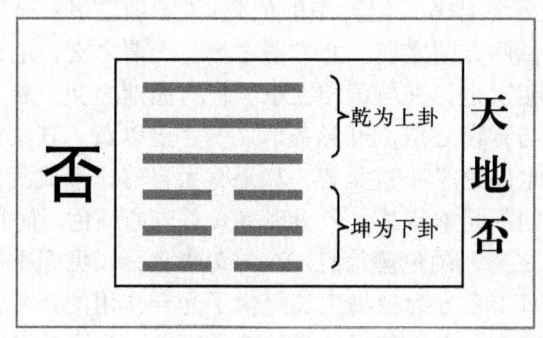

这是"坤下乾上",记为"初六、六二、六三、九四、九五、上九"。

这样的卦象共 64 个,其中卦爻总数为 384 个,它们构成了一个完整的符号系统,儒家学者用来解释宇宙万象的生成演变及人类社会的伦理体系。例如,儒家学者在解释"乾卦"的第五爻时,自下向上就是"九五"爻,即第五个阳爻,是六十四卦中的第一卦中的最好的爻,《象传》对"九五"爻的解释是:"飞龙在天,大人造也。"[①] "大人"在"造化"中的地位上升到"天"了,那就是"飞龙"的境界,成为帝王之相,这也就成了六十四卦、三百八十四爻中的"第一爻",其意并非序数值的"第一",而是伦理上的"至尊至贵"和政治上的"至高无上",是人们常说的"九五之尊"。《周易》中的数码起源于"占卜"而非"计算",故其数值不求"精准",唯在"利害";"九六"非关"奇偶",重在"阴阳";其"卦爻"赋值不在数量,无科学旨趣,唯在术数,以显伦理。

六、方位与颜色

传统中国文化中的"阳数"既是"奇数"也蕴涵"东南"方位的信息,

---

① 《白话易经》第 322 页。

这是涵摄在"天南地北""日出东方"及"夕阳西下"这样一些常言俗语之中的。由于"日出日落"给人们不同的光线视觉,中国人通常又将方位与颜色联系在一起,以宇宙万物中相应的颜色来解释《周易》的"生生之德"。

根据《周礼·冬官考工记》中的记载:"画缋之事:杂五色。东方谓之青,南方谓之赤,西方谓之白,北方谓之黑,天谓之玄,地谓之黄。青与白相次也,赤与黑相次也,玄与黄相次也。青与赤谓之文,赤与白谓之章,白与黑谓之黼,黑与青谓之黻,五彩备谓之绣。土以黄,其象方,天时变;火以圜;山以章;水以龙。"① 这是说,如果将大自然比拟成我们的绘画,宇宙万物在四时运转的不同季节其生命呈现有其对应的颜色,而且"相得益彰",亦透露出"生生之德"的伦理信息:东方为青色,以见春季温暖气候下植物生长的颜色,以日出东方为植物生长提供了光合作用的条件,在中国人对自然生长的经验观察中,东方蕴涵郁郁葱葱的颜色,为阴阳五行生灭关系中的"木";盛夏则是太阳最烈的季节,如火之燃烧显其红色,所谓"火红的太阳""赤日当空"都表示天上的太阳是火红色的,为五行中的"火";黄色为土地的颜色,而且处于天下四方的中央,中国人常说"黄土地"和"黄土高原",是夏商周三代的主要生息之地,是承载万物生长的颜色,为五行中的"土";白色为西方的颜色,代表秋季,万物萧瑟,为五行中的"金",其性质是坚硬,是事物从生长柔顺到收敛、凝固、僵化这样的过程,如灰土演变为石块、树木枝丫成长为树干以及流水结冰等性质;黑色为北方冬季的颜色,代表水的颜色,水积深渊直观看上去呈黑色,或森林草原的腐殖质土地上流淌的清水亦显黑色,如东北的"黑龙江"等。研究中国建筑史的日本学者认为,五行五色亦代表五种伦理取向:"青=永久平和;赤=幸福,喜;黄=力,富,皇帝;白=悲哀平和;黑=破坏。汉族在此理想之下,对于建筑之装饰,亦慎选其色,即为希望幸福与富计而多用赤,为祝平和计而用青。黄为皇帝之色,庶民不能滥用,只小部分稍用之耳。"② 他联系建筑的装饰色彩来解释中国传统文化中的方位与颜色之间的伦理关系,多少是看到了中国传统文化中"天人合一"和"生生之德"所蕴涵的伦理寓意。从"天人合一"的逻辑上讲,阴阳五行的"生克"理论既是大自然的生命现象也是相应的伦理条目,

---

① 《周礼·仪礼·礼记》第124页,岳麓书社,1989年。
② [日]伊东忠太著,陈清泉译《中国建筑史》第42—43页,湖南大学出版社,2014年。

其中的万物生长衰亡皆与地理方位和万物呈现的颜色有对应的关系,圣人也正是通过对这些对应关系的观察而总括出伦理条目的,这些"天人合一"的对应关系即木、火、土、金、水对应:东、南、中、西、北;生、长、化、收、藏;青、赤、黄、白、黑;仁、礼、智、义、信。①《周易》中对于"东南方位"的偏重也是从"生生之德"着眼的,其中也蕴涵了方位"利生"和颜色"显生"的伦理关系。其解释为:"万物出乎震,震东方也。齐乎巽,巽东南也,齐也者,言万物之洁齐也。离也者明也,万物皆相见,南方之卦也。圣人南面而听天下,向明而治,盖取诸此也。坤也者地也,万物皆致养焉,故曰致役乎坤。"②"震"是东方,万物发育,新绿萌芽;"巽"是东南方,风和日丽,风雨滋润,万物葱郁;"离"是南方,阳光普照,红红火火;"坤"卦位"北",以土地接受"乾"卦之光,承载万物生长,以土色"黄"而接"南"天之日光,此天子或"炎黄子孙"多尚黄红色(黄帝尚土德,炎帝尚火德)相配之缘由,"震""巽""离"是东南方向的"利生"之卦,以青色象征万物生、以红色象征阳光普照,圣人关照天下万物,体会万物生长的自然条件,坐"明堂",顺天意,南向而治天下,《春秋》"正德、利用、厚生""三事"皆在此方位与颜色的关系中得以显露。

  方位和颜色所体现的伦理关系在古代的都城建造中也比较盛行。首先,中国传统文化中的"天南地北、左东右西"并不是按照自然地理的意思讲的,而是根据《周易》中的"生生之德"的原理讲的。在中国的地理环境下,东南方向是天上太阳照耀的方向,利于万物生长,所以"坐北朝南"和"左东右西"不仅只是建筑物的自然方向,而且还是人据以判断"生生之德"的伦理。天子坐"明堂","南面听天下",所以是"向明而治";万物生长于"天下四方",也代表着生长盛衰、周而复始、生生不息的生命历程。在我们的直观经验中最显见的生命现象就是动植物;植物在四季中的演变多为文人所感怀,如"春风又绿江南岸,明月何时照我还"(王安石《泊船瓜洲》);"接天莲叶无穷碧,映日荷花别样红"(杨万里《晓出净慈寺送林子方》);"悲哉秋之为气也,萧瑟兮草木摇落而变衰"(屈原《九歌·湘夫人》)和"孤舟蓑笠翁,独钓寒江雪"(柳宗元《江雪》)。植物生命在四季的不同演变在

---

① 程建军《燮理阴阳——中国传统建筑与周易哲学》第45页,中国电影出版社,2008年。
② 《白话易经》,第514—515页。

诗人的眼中可以用颜色表现，即春绿、夏红、秋黄、冬白。而以动物表现方位和颜色则是中国古代都城建造的一大特色，称为"四方灵兽"，即东方青龙、南方朱雀、西方白虎、北方玄武，这四种"灵兽"代表四方，也蕴含四季、五行及其相应的伦理，符合周代"天人合一"的思维形态。根据《淮南子·天文训》的解释："南方曰赤天，其星与鬼柳七星。东南方曰阳天，其星张翼轸。何谓五星？东方木也，其帝太皞。（太皞，伏羲氏有天下号也，死托祀于东方之帝也），其佐句芒，执规而治春，其神为岁星，其兽苍龙……（木色苍，龙顺其色也）。南方火也，其帝炎帝（炎帝少典子也，以火德王天下），其佐朱明，执衡而治夏，其神为荧惑，其兽朱鸟（朱鸟朱雀也）……。中央土地也，其地黄帝（黄帝少典之子也，以土德王天下，号曰轩辕氏，死托祀于中央之帝），其佐后土，执绳而制四方，其神为镇星，其兽黄龙（土色黄也）……西方金也，其帝少昊（少昊皇帝之子青阳也，以金德王。号曰金天氏，死托祀于西方之帝），其佐蓐收，执矩而治秋，其神为太白，其兽白虎……北方水也，其帝颛顼，其佐玄冥，执权而治冬，其神为辰星，其兽玄武。"① 上述五行的方位、动物和颜色，只有北方的"玄武"在现代人阅读经验中有些陌生，其他四种动物和颜色都比较容易理解。《辞海》在解释"玄"字时，列有"玄石"和"玄武"两个词条："玄石，黑石，墓碑以黑石为之，故亦以指墓碑。王俭《褚渊碑文序》：'方高山而仰止，刊玄石以表德。'""《后汉书·王梁传》：'玄武，水神之名。'李贤注：'玄武，北方之神，龟蛇合体。'"② 此两个词条分别从动物和颜色提示了"玄武"在"四灵兽"和"五行"中的意义。而在这个"四季五行五德"的解释体系中，中央的地位、颜色和象征性动物都是最为重要的，是中华农耕文明的思维表达特征；中国人自称为"黄帝的子孙"或"炎黄子孙"，"黄袍加身"者即为"天下四方"的"中央皇帝"，阳光之下所映衬的皇家建筑垄断性地以"红墙黄瓦"呈现……，而中央、四方的四种动物中，最珍贵、最为人们崇拜的就是龙，因此，传统社会中的最高领导都被视为"真龙天子"，一般民众也乐以"龙的传人"自居。传统文化中这四种"灵兽"都有一定的客观实物基础，但是又都被赋予了特定的伦理含义：黄龙和青龙皆是基于经验物蟒蛇之上的尊严和吉祥物；

---

① 《诸子集成》(7) 第 37 页，上海书店出版社，1986 年。
② 《辞海》（缩印本）第 2015 页，上海辞书出版社，1989 年。

朱雀是基于经验物孔雀之上的神鸟；白虎是基于经验物老虎之上的神兽；玄武是基于经验物蛇头龟之上的猛兽。这四种灵兽既有方位的含义，也有颜色的含义，更有伦理的含义。在中国的图腾崇拜中，龙上天能腾云驾雾，入海可追波逐浪，是自由、尊严和权威的象征，不仅是历代皇帝的"垄断性"图腾，如"真龙天子""龙袍""龙颜""龙体"等称谓，也是民众社会生活的价值取向，如"望子成龙""龙凤胎""藏龙卧虎""龙腾虎跃""龙舟竞渡"等；朱雀的伦理意义多见于"丹凤朝阳""栽下梧桐树，自有凤凰来""百鸟朝凤""凤毛麟角""凤凰涅槃，浴火重生""龙飞凤舞"等，皆表示朱雀的高贵、祥瑞、平等和自尊等性质。中国人表达崇高和喜庆的图案多以龙凤表现，其颜色亦多配为黄龙丹凤。居西方的白虎是亚洲特有的动物，中国境内常见的虎种是东北虎和华南虎，老虎头上的花纹颇像汉字"王"，加上其威武凶悍的捕食秉性，中国人喜欢称其为"百兽之王"。东汉著名的"白虎观会议"使董仲舒提出的"罢黜百家，表彰六经"成为《白虎通义》的基本思想原则，这大体上可以说明在汉代人们对"白虎"有比较普遍的认知。根据东汉泰山太守应劭的《风俗通义》记载："虎者，阳物，百兽之长也，能执搏挫锐，噬食鬼魅。"[①] 这说明当时人们就相信虎是驱鬼辟邪的信物，多画在门上做守护神。由于"白虎"亦是代表二十八宿中西方的七宿，故凡涉及"西方"的文化现象中国人都喜欢以"白色"关照之，如西天传来的佛教建筑中著名的有"白马寺"和藏传佛教中的"白塔"等。综括而论，"老虎"在中国文化中代表着威猛活力、镇鬼禳灾、吉祥如意的意思；"白虎"则叠加其伦理以确定的方位感，这也是汉代"天人感应"思维模式中常见的现象。

在中国传统文化中，人们常讲的"四灵兽"实际是"天人感应"在"五行""四时"宇宙生成论模型中的反映，它们既蕴含着"五行"对应的"五方""五兽"和"五德"，而且这些"德""行""位""兽"之间也是有序的，即"东西南北中""木金火水土"和"仁义礼信智"；不过从曹植的《神龟赋》看，汉末的人主要还是讲"四灵""四方""四德"，所谓"嘉四灵之建德，各潜位于一方，苍龙虬于东岳，白虎啸于西岗，玄武集于寒门，朱雀栖于南方"。这种情况说明"中宫"的"轩辕星"被忽略了，汉代张衡亦对

[①]《风俗通义·桃梗苇茭画虎》(卷八)，见《百子全书》(四) 第 3633 页，岳麓书社，1993年。

此有所批评,《文献通考》转述了此批评:"中宫黄帝,其精黄龙,为轩辕。……按张衡《灵宪》,苍龙蜷于左,白虎猛踞于右,朱雀奋翼于前,灵龟圈脊于后,黄龙轩辕于中,则是轩辕一星,与苍龙、白虎、朱雀、玄武四兽为五矣。世之言星者,惟知四兽,而不知黄龙,是求之未尽也。"① 从这则批评来看,汉代人们就比较讳言"五行""五位"和"五色"中的"土""中"和"黄",估计是对于中央皇帝权威的避讳,因为"玄武"在北宋圣祖赵玄朗和清圣祖爱新觉罗·玄烨(康熙)名号中通讳犯忌,因而改为"真武",那么,对一般民众而言,"中宫明堂""中央天子""黄袍加身"之类关涉皇帝君临天下权威的名称绝对是有"杀身之虞"的禁忌,故刻意回避之。这大概就是我们在出土的"秦砖汉瓦"中,只看见"瓦当"中有"四灵兽"的图案,而没有见到"黄龙"图案的缘故吧!

与当作建筑材料的这四种"瓦当"相应的方位、颜色和伦理概念还被运用于中国古代社会的都城建造之中,成为中国"风水文化"的一种典型建筑思想,诸如"东南流水谓之青龙,西有长道谓之白虎,南有水池谓之朱雀,北有山丘谓之玄武,此为最佳吉形"②。而在各大朝代的都城,皇宫南面的街道通常被称为"朱雀大道",南大门为"朱雀门";由于"君人南面称王"的关系,而皇宫北边的道路就不称"大道",而是小路了,门虽然也称"玄武门",但比起南面的门也要逊色一些,有避讳时则称"真武门"。东西两边则无固定"大道"或"大门"称谓,一是"龙"为皇家图腾,此权力为皇家垄断,不能开放为随便出入的城门;西方的"白虎"性猛勇,明肃杀,有悖"生生之德"的风水取向,多凶杀而远吉利,不宜命之城门。故古都西安东有长乐门,西有安定门;老北京城则对"东西"两门有三组相应的称谓;即紫禁城的"东华门"和"西华门",内城的"东安门"和"西安门"以及外城的"左安门"和"右安门",三组称谓皆不用"青龙"和"白虎",以回避其方位所蕴含的伦理价值取向。

---

① http://new.060s.com/article/2016/05/03/2131141.21.htm/2017/04/15/。
② 柳肃《营建的文明——中国传统文化与传统建筑》第88页,清华大学出版社,2014年。

七、数字与颜色伦理在建筑中的体现

现在我们在中国许多城市建设中仍然能够感受到数字与颜色伦理留下的历史印迹，这也是我们社会生活的重要组成部分，是中华文明的重要特征之一，即历史文化仍然存活于我们当代的社会，当代社会亦生活在历史文化之中。不唯古都西安仍然有朱雀大街、玄武路、长乐门、阿房路等，南京有玄武湖、玄武大道、龙蟠路（玄武湖东）、虎踞路（玄武湖西）、朝天宫等，另外，像天津、郑州、济南这样的城市，其中都有几条东西走向的纬一、二、三……路或南北走向的经一、二、三……路，其中有些蕴含特别的方位、数字或颜色伦理信息。或许这些城市的居民并不理解这些地名的特殊意义，但是这些承载历史文化的信息仍然潜移默化地影响着现代人的生活，这种"历史文化磁场"在不同程度上有助于塑造当地居民的生活伦理。

中国人现在生活中讲的数字、方位、颜色和动物图腾与《周易》都有很多关联性，所以《周易》通常又被视为中国古典文献的"群经之首"。正如基督教最早的经典《圣经·旧约》一样，它也是古代希伯来人在《圣经》形成的数千年过程中的一种文化积淀，最后凝聚成希伯来人与其信仰对象——神的"契约"，之所以称为"旧约"是因为它是"新约"的源头。同样，《周易》也有一个漫长的思想源头，那就是《夏易》和《商易》。夏、商、周的三个《易》就是中国传统文化的源头活水。这三个"易"的传承关系，熊十力先生曾简要概括为："焦循《易图略》云：'说《易》者，必言《河图》《洛书》《连山》《归藏》。'《河图》《洛书》，经前儒驳正，无复遗说。……惟《连山》《归藏》，言人人殊。大率多以《连山》为伏羲，而夏因之。《归藏》为黄帝，而殷因之。"① "连山"和"归藏"即为周代之前的流行"易经"，其形式至周代有所变化，人文内涵基本保留，故"伏羲通神明之德，类万物之情，以乾坤为首而序六十四卦，无可移者也。取八卦以属八方，即以属四时，又取十二卦以属十二月，以为消息。于重卦《序卦》之外，别取一义。以始艮终艮，而目之为《连山》。以始坤终坤，而目之为《归藏》。与五运六气之说相为表里。后世谶纬术数之家多本之。余尝思其义，伏羲之卦，

---

① 《熊十力别集·读经示要》第220页，中国人民大学出版社，2006年。

明人道者也。《连山》《归藏》，明术数者也。"① 按照熊十力的想法，夏商周三代的"易"都有一个共同的生命伦理基础，即"通神明之德，类万物之情"，在《周易》里，此生命伦理被不断重申为"日新之谓盛德，生生之谓易"和"天地之大德曰生"，或人们常讲的"生生不息"。《连山》的"起于艮卦终于艮卦"，很可类比《圣经》的"来于尘土，归于尘土"（You were made from soil，and you will become soil again［创世记 3：19］）。山容易使人联想到土、木、植物和动物，这些都是人类生命早期主要和稳定的依凭，这或许可理解为生活在黄土高原上的华夏先祖的采集野果和狩猎动物的生存、繁衍的生命记忆和文化传承，及至《归藏》亦可多以"母系氏族"生存和社会治理方式的反映，即"女性"的采集经济较狩猎经济更为稳定，血亲成员的养育和维系因"母系"而更为确定，因而获得了更大的维系生命群体的权威，而到《周易》"乾卦"或"男性"获得了更大的权威，反映了"农耕"生存方式、"父系氏族制"和"军事民主制"出现的情况，所以"阳明"或"奇数""南方""黄龙"，甚至"九龙"等信息都或明或暗地表现在《周易》里了。因此，也可以说中华传统文化至《周易》而形成一个稳定的思想和制度体系，俾之后的文献和制度皆有所本。因此不妨说"群经之首"是就文献方面说的，而制度方面的"本源"则多见于古代的城市设计和建筑物诸多方面。

在"周公制礼作乐"、构建中华文明"礼乐之邦"的传统中，都城的建筑规划和建筑物都被赋予了政治和社会伦理的深意，影响着秦汉之后的中国社会。《周礼》中记述："匠人营国。方九里，旁三门。国中九经、九纬，经涂九轨。左祖右社，面朝后市。"② 这就是指，作为"天下诸侯"的"首都"，其城市规划中建筑物的方位和车道的宽度及走向都有确定的规制，否则就是"非礼"，就失去了"合法性"，其后果不仅仅是现代城建规划中的"违建"，更重要的是破坏"社会制度"，导致"礼坏乐崩"。因此，"周礼"体制下的"天子之都"都是九里见方，正四边形，按规制每边皆以三座城门进出，城中南北走向的"经路"分置东城西城，"纬路"则为东西走向，分置在南城北城。皇宫是坐北朝南，其左为东，置皇家祖庙；其右为西，置国家社稷坛，

---

① 《熊十力别集·读经示要》第 221 页。
② "周礼·冬官考工记"，见《周礼·仪礼·礼记》第 129 页。

皇宫正殿面南，皇帝及文武百官在此处理政务，皇宫后面则为都市的商品交易场所，经路和纬路皆以九条为标准设置，道路的宽度以九辆马车并行为宜。都城中心的位置就是皇宫，这样皇宫就有了居"中央"而统辖"天下四方"的政治寓意，通常皇宫建筑是以"九五之尊"的设置建设"殿堂"，即坐北朝南，面阔九开间，进深五开间，现存的建筑类型以"天安门城楼"最为典型。

以"五行五色"的标准，居中央土者为"黄色"，面朝南者为"赤色"，故皇宫建筑群皆以"红墙黄瓦"命色。①

《周易》所继承和阐发的"夏易""商易"和"阴阳五行"的思想，在《周礼》中都以"礼乐制度"的形式得以体现，如《周礼·考工记》言："周人明堂，度九尺之筵，东西九筵，南北七筵，堂崇一筵。五室，凡室二筵。室中度以几，堂上度以筵，宫中度以寻，野度以步，涂度以轨。庙门容大扃七个，闱门容小扃叁个，路门不容乘车之五个，应门二彻叁个。内有九室，九嫔居之。外有九室，九卿朝焉。九分其国以为九分，九卿治之。王宫门阿之制五雉，宫隅之制七雉，城隅之制九雉。经涂九轨，环涂七轨，野涂五轨。……九夫为一井。"②"九"即是"阳数之极"，且代表"父系制"的权威，故周人以为"权衡"单位，"九尺长"的筵席为一个度量单位，明堂东西宽九筵，即九九八十一尺，其他建筑空间尺度亦依"阳数（奇数）"递减，以成稳固而高大的矩形建筑，国都之车道规制亦复如此。还有"九室""九嫔""九卿""井田"等，皆以建筑规制形式表现政治和社会制度的最高权威，所以，后来又有朝廷管理中的"九卿"制度，农业生产和税收中的"井田"制度（九百亩为一井——作者注），这些都可视为"阴阳五行"和《周易》思想在社会制度方面的相关反映。

"周公制礼作乐"在建筑上的表现，除了"阳数之极"的"九五之尊"外③，其他阳数的政治和社会伦理意义亦有所体现。根据《周礼》的规制，皇亲国戚和朝廷大臣的宫室建筑多为七开间，朝廷中较九卿略低的官员或地

---

① 紫禁城大部分均重新组合成现代的"故宫博物院"，其皇宫的中央位置，九五之尊的殿堂和红墙黄瓦的尊贵颜色依然保留。

② "周礼·冬官考工记"，见《周礼·仪礼·礼记》第130页。

③ "五"为"阳数之中"，即一、三、五、七、九，有"居中"操控前后左右之意，故"九五"连用，为阳数或奇数崇拜中权重之数。

方政府建筑则以五开间居多，而老百姓的建筑最多只能以三开间，否则就有"犯上作乱"之嫌。但是，在现在北京紫禁城中居"故宫三大殿"之首的"太和殿"，其"十一"面阔开间看上去是有悖于"九五之尊"的皇家宫殿规制的，历史演义中有多种解释，其中有一个解释比较切近情理，即康熙十八年（1679）因太和殿西侧的御膳房不慎失火，大火向东蔓延最终引起太和殿被烧毁。之后直到康熙三十四年（1695）皇帝又决定重建太和殿。鉴于明永乐十八年（1420）以后发生了5次火灾，康熙对重建太和殿下旨，要求改造防火体系，于是工匠们就在原来"九开间"墙体的两侧增加了两堵防火墙并以左右挑檐下的廊子封闭起来，这样看上去就多了两开间，故此面阔展示为"十一开间"了。① 此后，紫禁城内的"三大殿"再没有发生火灾。不过，皇宫木结构建筑在没有"避雷针"技术的时代发生"雷击火灾"是比较常见的事，以太和殿"十一开间"加设"防火墙"来消除紫禁城的火灾并不能从根本上解决火灾隐患，1949年后，紫禁城全面安装了避雷针系统，但是"雷电"触发火灾的事仍有发生，好在现代消防是全方位的，像历史上发生过的"破坏性"的火灾已很难发生。不过，除现在"太和殿"的建筑有悖于传统的"九五之尊"的建造形式之外，紫禁城内的皇家大型宫殿建筑仍然保持着"九五之尊"的建筑规制，如"乾清宫""中和殿"等。

不过，像紫禁城中的"中和殿"和"交泰殿"则都是"三三制"的面阔和进深，均有"天地人"三才和谐之意。

皇宫建筑除了面阔和进深的"九五之尊"以外，还在宫殿建筑的斗拱、台阶、门钉、屋脊、照壁等方面都显示"阳数之极"的信息，如斗拱九踩、台阶九级、门钉九路、九龙照壁等。故宫的九龙壁中，一、五、九皆是"黄龙"，其余为二紫、二白和二蓝，黄色是最尊贵的颜色，故为奇数"三"所用，其余为"偶数二"；三黄龙中，一、九左右数可互为奇数之始终，"五"居奇数中央，亦含"九五之尊"之意，称为"正龙"，两侧分别为生龙和降龙。另外，等级制在建筑规制上的变化在数字上的反映也比较明显，如同样是故宫的"东华门"，其城楼为面阔五间，进深三间，为"五三"形制，门钉则为纵九横八，以示差别性的政治和伦理信息。

对于东华门门钉不用"九阳"重数，有一种说法认为是：清朝皇帝死后

---

① http://www.mugwum.com/shoucangwenhua/20087.html/2017/04/17/。

皆由东华门出入，因送殡迎灵都由东华门出进，东华门因此被称为"鬼门"，因此宜用与"阴间"相关联的"阴数"，即"八"的九倍数；"八"为偶数，"九"仍然代表"阳极"，其死而逊为"八"，门钉就用纵九横八七十二颗，总为偶数。而紫禁城的午门、西华门、神武门的门钉仍是尊贵的"九行九列八十一颗"，纵横皆为"阳数之极"，总数亦为"阳数八十一"，以此体现皇室的尊贵。

而百姓人家的建筑，除了不许用"九五之尊"的皇家数字之外，颜色亦多避讳，通常用白墙黑瓦。我们以著名的长沙"岳麓书院"为例，大体可以看出"周礼"中数字、方位、颜色中所蕴含的政治和社会伦理信息。岳麓书院左边的文庙完全是皇宫的建筑开间和颜色设置，因文庙是祭奠孔子的地方，而孔子又被封为"大成至圣先师"或"大成至圣文宣王"，其大成殿应该是"九五开间"制，曲阜"三孔"和北京文庙的"大成殿"都是"九五开间"和"红墙黄瓦"，而且都是在相关建筑群的左边或坐北朝南建筑群的东向位置，以示"东南向"尊贵的政治和社会伦理信息。

我们说《周易》与《夏易》重"艮（山土）"、《商易》重"坤（阴地）"不同，其重心偏于"乾（阳天）"，所以在周代确立的"礼乐制度"中"祭天"是一项至关重要的制度性措施，又根据"天南地北"和南阳利生的信念，祭天必在国都之南郊，故"郊之祭也，迎长日之至也，大报天而主日也。兆于南郊，就阳位也"①。而郊祭的社会伦理意义则在于："万物本乎天，人本乎祖，此所以配上帝也。郊之祭也，大报本反始也。"② 因此，"祭天"就是"天子"的一项至关重要的政治义务，其建筑设施必须完全表达此社会伦理和至高无上的政治义务，历史上"盛世"政治必须有与此"上层建筑"匹配的"建筑基础"——"天坛"。周代的"礼乐"制度中，"祭天"有几种主要的形式：郊祭、封禅、告祭和明堂祭。封禅是在泰山上筑土为坛祭天；告祭是"敬天祭祖"仪式中的祭宗庙告祖先；明堂祭是天子的"太庙之祭"，重点在"奉天承运"及"宣明政教"；郊祭与上述几种"祭天"形式所同者为"祭天"，所异者为代表的对象和期待的目的，即代表天下万物苍生祈求普天之下风调雨顺、万物茂盛、各正性命，具有超越家、国福祉而求"天

---

① "礼记·郊特牲"，见《周礼·仪礼·礼记》第382页。
② "礼记·郊特牲"，见《周礼·仪礼·礼记》第383页。

下太平"的无量宏愿。而最能表现中国"郊祭"宗法伦理的建筑当属目前仍然保存完好的北京"天坛"。

　　整个天坛位于紫禁城的东南方向，以满足"天南地北"的观念，与其对称的是紫禁城东北方向的"地坛"，由南端的"圜丘"及其正北的"祈年殿"两个相互对称的建筑体构成。"圜丘"四周以正方形的墙围绕，其通脊顶为蓝色琉璃瓦，墙身涂朱红色，围墙中央是三重圜丘，以汉白玉栏板、望柱封边，形成递升的三层圆台。"圜丘"是延续古代筑土建坛的传统，"圜"取"天圆地方"的概念，"丘"则象征"小山"，三层亦有"垒土"为台，期于九层（"九层之台，起于垒土。"《老子》六十四章）。"圜丘"的层数、台面、墁砌的石块、每层的栏板和望柱均以"天数"计算，即"阳数"或"奇数"，如一、三、五、七、九或其相应的倍数，表示天体的至高无上、至大无边。坛筑三层，最高层台面直径是9丈，名为"一九"；中间一层的直径为15丈，名为"三五"；最下层的直径为21丈，名为"三七"，三层直径相加为45丈（九的五倍数），寓意"九五之尊"。最高层台面的中央嵌一块圆形石板，称为"天心石"或"太极石"，从"天心石"向外围以扇形石铺开，第一圈为9块扇形石板，为第一重；第二圈是18块，称为第二重；依次外推，圈数增至9，铺在地面上的石板即以9的倍数递增，直至第九圈为81块，寓意"九重天"的"重阳之数"。中层从第十环的90块至十八环的162块，最下层从十九环的171块开始依照每外扩一圈加九块推算至二十八环的243块，三层共378个"九"，共计3402块大理石板。"圜丘"每层都有精雕细刻的汉白玉望柱（即栏杆）固定栏板，上层的望柱总数为72根，中层为108根，下层为180根，均为9的倍数。每层台面四方皆有台阶，各为九级，拾阶而上。最高层的台面栏板为72块，中间层的为108块，最底层是180块，共360块，正合古代一个圆周（天）的度数，且每层的总数及三层相加的总数均为9的倍数，与"天有九重""天坛祭天""阳数之极"及"奇数崇拜"等观念相吻合，是术数中最吉祥的排列与组合。

　　在"圜丘"北边的是"祈年殿"，殿为明清两代皇家专门的"祭天"神圣场所，意为向天祈求保佑来年风调雨顺、五谷丰登和天下太平，也是中国农耕文明赓续数千年的文化传统。这样一种蕴含政治和社会伦理的思想表现在建筑形式上也有其特殊的形式。首先是祈年殿的基座和殿堂皆为三层"阳数"，以示天数与天地人三才的和谐，其次基座和殿堂的建筑构型各三层均为

"圆形",寓意"天圆地方"中"天高地卑",最后是建筑颜色之间的辉映:三层基座为白色大理石,殿堂三层重檐皆以蓝色琉璃瓦覆盖,殿堂最高层束为圆锥形金顶,以示蓝天、白云和金色太阳三色交织,所谓"金顶碧瓦,朱柱白栏",使人置身其境多有天意宏博、阳光普照的感慨。祈年殿内的地面亦为圆形,中心铺一块圆形大理石板,其上显示出天然的龙凤花纹,亦称为"龙凤呈祥石",与殿顶的蟠龙藻井及其四周彩绘描金的龙凤和玺图案遥相呼应,大理石板周围以八卦方位以扇形规矩向外排列,寓意天圆无限广阔。殿堂内共有三十七根柱子。支撑整个殿堂重量的是殿内的二十八根金丝楠木柱子;殿堂中央四根巨柱称为"通天柱",代表天运四季;中层十二根鎏金柱代表一年十二个月;外层十二根檐柱则代表十二时辰。中外层相加为二十四柱,表示二十四节气;三层楠木总数二十八根意为二十八星宿。再加上柱顶上的八根童柱则为三十六数,代表星象中的三十六天罡。而殿堂尖端的鎏金宝顶下方有一根连接宝顶和殿内檐架的短柱被称为"雷公柱",表示皇帝受上天的委托一统天下,寓意"君权天授"。

  古代的皇家建筑一般情况下的色彩等级是,黄色为最高等级,其次是红色,再次是绿色,其他色彩则不分等级,仅做装饰,但是,"天坛却是一个特例,这里最重要的颜色是蓝色,因为这是天的颜色。天坛中最重要的建筑都是蓝色屋顶,在这里蓝色的地位高过了皇帝专用的黄色,甚至天坛中皇帝居住的建筑——斋宫也不敢用黄色,而用绿色。在'天'的面前,皇帝也不敢尊大。他只是上天之子——天子。明代最初建造天坛时,圜丘坛上是用蓝色琉璃砖铺面,大概是因为琉璃砖铺地不耐久的原因,清朝乾隆年间将其换为'艾叶青'石块。虽然不是蓝色,但还是青色。天坛祈年殿的三层蓝色圆形攒尖顶是象征天庭的最典型代表,然而最初明朝建造的祈年殿并不是三层蓝色屋顶,而是顶上一层蓝色,中间一层黄色,下面一层绿色,三层屋顶三种颜色。蓝色象征天,黄色象征地,绿色象征皇帝,也象征天下万物生灵。……清朝乾隆年间重修祈年殿的时候,将三层屋顶全部换成了蓝色"[①]。祈年殿建筑色彩的这种安排也反映了《周易》和"阴阳五行"思想中天地氤氲、化生万物和五德终始的思想,所不同的用颜色表现出来更为直观和艺术,是中国政治和社会伦理中寓教义于情景的现实主义手法。

[①]《营建的文明——中国传统文化与传统建筑》第62页。

八、结　论

纵观世界各大文明体系，中华文明体系在其数千年绵延不断的发展历程中，其创立、扬弃、继承和创新都展现出自己特有的性质，特别是在数字和色彩的运用方面，中华民族的先辈将宇宙论、自然观、人生观、宗教信仰、政治治理和社会伦理融为一体，在日常生活、社会经济体制以及建筑活动中都赋予了数字和颜色以特殊的政治和社会伦理含义，形成了一种中国特色的术数信仰和颜色伦理文化。

在术数信仰中，一、三、五、七、九及其倍数不仅仅表现为"奇数"，而且是"阳数"和"天数"，蕴含独立性、主动性、创生性、连续性这样一些政治、社会和生命伦理的关键信息，同时还与自然地理的方位和自然世界的颜色产生关联，使"一"与"太极之道"、"三"与"天地人三才"、"五"与"阴阳五行"或"九五之尊"、"九"与"九重天"或"一言九鼎"等都获得了超越数字在科学体系里的"精确性"和"连续性"的局限，蕴含了丰富的生命、政治制度和社会伦理的特殊意义。因此可以说，"奇数"在中国思想、政治经济体制、家庭伦理和建筑结构中都被赋予了特殊的含义，代表着权威、生命力、崇高性和幸运，是中国人喜好的吉利之数，散发出阳刚的气韵，可以名之为"奇数崇拜"。它有两个基本特征：一是"阳数"，象征父系社会的权威和男尊女卑的文化心理积淀；一是体现阳光在自然物中的利生功能和男性在社会关系中的管控活力。而以此"奇数崇拜"为一种中国特色的思考方式和线索，我们再研读中国历史中以"三皇五帝"为代表的男性权威现象，再探索作为"群经之首"的《周易》里的宇宙论和政治伦理思想，特别是中华文化传统中的"重生"思想，如"易有太极，是生两仪，两仪生四象，四象生八卦"或"飞龙在天""九五之尊"所体现的生命活力和男性权威，或如《道德经》中的"道生一，一生二，二生三，三生万物"的"生生不息"的宇宙观和自然观，不啻为深入中国文化"堂奥"的"方便法门"，更于解读"汗牛充栋"的中华文化经典有良多方法论和伦理学方面的启示意义。

同样，中国人也用"南开朱门，北望青楼""大红大紫"或"黑云压城"之类的说法来表达政治或社会情势，其主旨亦在讲客观的颜色在中国文化中的主观寓意。它不仅仅表现为人眼和大脑对于光的视觉效应,而是以之表达方位及其动物象征并暗示它们的伦理意义,如东方青龙,西方白虎,南方朱雀,北方玄武,东城崇文,西城宣武,南街朱雀,北街玄武。而在建筑的运用中,颜色和数字一样表达了政治权威和社会等级的不同特性,如故宫紫禁城中的皇家建筑,其各类宫殿的结构都是面阔九开间和进深五开间,以满足《周易》"九五,飞龙在天"的"真龙天子"权位。而在社稷坛的颜色运用上,阴阳五行的颜色也表现在建筑方位之上:东方青色,南方赤色,西方白色,北方黑色,中央黄色。根据皇帝居中央治理天下四方的思想意识,黄色自然成为最有权威的皇家专用颜色,如黄袍加身,而表现在皇家建筑上就是"红墙黄瓦"。在著名的岳麓书院建筑群里,书院全是白墙黑瓦,而左侧的文庙则是红墙黄瓦,左右交相辉映,揭示出国家权威的"文宣王孔子"与接受其思想教育的莘莘学子之间的社会和政治伦理关系。总括而言,颜色在建筑上和文化生活中的运用亦有两重特殊的含义:一是表达处于中国自然地理位置条件下万物生长的人文寓意;二是以"五色"配"五行"和"五德"的方式确立基于农耕文明传统之上的中国政治和社会伦理体系,表达中华民族特有的历史记忆和文化情感。

(单纯　中国政法大学人文学院教授;
韩纪升　深圳建筑设计院副总工程师)

·张西平专栏·

卜弥格与中医的西传

张西平

摘　要：本文分别从卜弥格对《黄帝内经》，对王叔和的《脉经》，对中医中草药的介绍，以及他的中医研究，中西医比较研究五个方面对卜弥格在中医西传方面的贡献做了初步的梳理和研究。

关键词：中西文化交流史　卜弥格　中医　西方汉学

卜弥格（Michel Boym，1612—1659），波兰来华传教士，出身望族，父亲是波兰国王的御医。他在中国和西方的文化交流史上有着重要的地位。[①] 卜弥格，这个对今天的中国人来说已经是一个十分陌生的名字，在历史上却是对中国和西方都有着重要贡献的来华传教士。对中国来说，他直接参与了南明永历王朝一些重大事件，并作为永历王朝的特使出访罗马教廷。这是中国和西方历史上，或者说是中国和罗马教廷关系上的第一次正式的外交活动。对西方来说，他第一次将中国的中医、中药介绍到了西方，在16—18世纪的中国文化西传欧洲的文化交流中，他做出了重要的贡献。本文仅就卜弥格在中医西传上的贡献做一个初步的梳理和研究，以求教于学界同人。

[①] 在波兰汉学家爱德华·卡伊丹斯基（Ambasador Państwa Srodka）和中国学者张振辉先生的共同努力下，中文版的《卜弥格文集》经过数十年的努力终于出版了。据我了解，这是在世界范围内第一次比较完整地整理出版卜弥格文集，而且这个文集首先是以中文形式出版，而不是以其他语言形式出版，这说明北京外国语大学的中国海外汉学研究中心在整理明清中西文化交流史的文献上已经走在了前面。在这里，我对波兰汉学家爱德华·卡伊丹斯基和中国社会科学院外文所张振辉先生的辛勤努力表示敬佩和感谢。

一、卜弥格对《黄帝内经》的介绍

《黄帝内经》是我国最古老的医学著作,《黄帝内经》最早载于《汉书·艺文志》。"《黄帝内经》是由《素问》和《灵枢》两大部分组成的,各有医学论述性文章81篇,内容涉及人体的生理、解剖、病理、诊断、治疗原则、疾病预防思想以及广泛引进的阴阳五行学说等。"① 卜弥格比较详细地介绍了《黄帝内经》的基本内容。1658年,他在暹罗王国为自己的《医学的钥匙》所写的"前言"中说:

> 现在,我们向你们,最有名的先生们和整个欧洲提供一部著作的纲要,这部著作是世界上最遥远的一个地区的一个最年长和最令人尊敬的医生的。你们应该知道,他是生活在比阿维森拉、希波克拉底、盖伦和塞尔苏斯要早许多世纪的一个地方的一位很有能力和高贵的皇帝。根据文献记载,他生活在洪泛前大约四百年,在基督诞生前2697年他就开始统治那个地方了。我们能不能了解到他的那个地方在哪里?这位大人物的那个地方叫Synpi,在中华帝国的河南省的开封市。他的名字叫黄帝,意思是'黄色的皇帝',他第一个在中国制定了中医技艺的原则,这个原则被人们接受了,并且世世代代地传了下来。他为他的帝国做出了很大的贡献,有许多事实都证明了,在运用这种技艺中的许多有名的事例不仅都有记载,而且也流传下来了。旅行者们经常谈到这种科学,它统治了半个世界,它传到了欧洲。②

《黄帝内经》的哲学基础是天人相应和阴阳五行说,黄帝将其引入医学之中是他的一大贡献。在学者们看来,天人相应的阴阳说和五行说的理论与医学的结合是全书的关键所在,"人体体表、内脏、人与疾病,人与自然环境,人与气候季节,以及疾病认识、处治原则等无不渗透着天人相应与阴阳五行

---

① 李经纬《中华医史》第48页,海南出版社,2007年。
② [波兰]卜弥格著、张振辉、张西平译《卜弥格文集》第483页,华东师范大学出版社,2013年。

说"①。

卜弥格对这一点十分注意，他说：

中国的医生们有以自己的原则和观点为依据的中国哲学的理论，这些原则和观点都反映在一部称为《内经》的有一百六十二章的最古老的法典（古书）中。我想一开始就具体地介绍一下中国哲学的一些基本的观点，所以我觉得有必要先来说明一下大自然中某些基本的规律和对应的现象。古代中国人的医学哲学的各种不同的原则一直没有得到充分的阐释，其中就包括五行的自然属性和它们活动的情况。关于这些东西，我们在这里，要在一定的范围内加以说明。实际上，这些原则并不符合我们已经检验过的那些原则，但是它们在中国却得到了承认，被认为是准绳。它们在它们的祖国的土地上，得到了那里古时候的学者们的权威的支持。这种技艺在那里得到了普遍的运用，这里可以看到，它是经过了很长时期的检验的，它的运用具有很大的科学性。

在谈到"阴阳"这一对概念时他解释说：

现在我们就来深入到问题的核心：这里有两个概念，我们的医生通常把它们称为温和天生的湿，即温和湿的因素，中国人称之为阳和阴。照他们的看法，这是所有的物质形成的基础，它们存在并以某种方式活动在物质的内部。中国人还说，气是阳的载体，血是阴的载体。从阳和阴这两个概念（被认为是明和暗）出发，又产生了一些其他的概念，如出生（产生）、缩小（消失）、太过、不足、连在一起和分开（分散）。此外还有一些互相对立和矛盾的现象，它们使五行和在天和地之间的世界上所有的东西中出现征兆，发生变化，这些变化在一年中的不同季节有所不同，它们也发生在人的体内。人体内的每个器官都具有阳和阴的自然属性，这些器官是从属于它们的，在或大或小的程度上要听从它们的命令。也就是说，这两种属性要影响到人的机体状况的好坏，决定一个人的生死。它们如果有了亏损，或者太过或不

---

① 《中华医史》第49页。

足，就得马上加以限制，或者重新建立起来，使两者回到原来保持平衡的状态。这两种属性相互之间也起作用，太过的温生寒，同样，寒也可以变成温。这些变化一个接着一个不断地产生，正像夏天过后，秋天就来了，然后是冬天和春天，它们都是互相矛盾和对立的。因此，具有轻的自然属性的自然和原始的温即阳都浮在面上，它是开放的，它不断地扩展，会变得稀疏。相反的是，湿的因素即阴的内部较重，很少活动，处于凝固和封闭的状态。①

很显然，卜弥格完全了解了《黄帝内经》的哲学基础，对阴阳五行说做了较好的介绍。我们发现卜弥格不是一般地在介绍《黄帝内经》，而是真正读懂了这部书，理解了它。在他谈到阴阳五行理论在身体内的脉搏跳动表现时他写道：

  在一次充分的呼吸的时间内，阳即气和阴即血在人体中流动六寸的距离，因此在我们的二十四小时（也就是呼吸一万三千五百次）的时间内，血和气要走八百零十丈远。在一次呼吸的时间内，血和气要走六寸远，一个健康人的脉搏要跳动四次到五次，这个规律的发现已经长时期地运用在中国的医学中。由此可以结论，既然人在一个天文日即二十四小时要呼吸一万三千五百次，那么照这个数，脉搏的次数就不应多于七万六千五百次，也不应少于五万四千次，这个数就是在生命的一次循环中的脉搏的次数，它和天周转五十亭相对应。如果在一次循环中脉搏动的次数比这个正常的次数少或者多，那就是说脉的搏动太慢或太小，或者太快或太大，说明一个人的健康状况不好，器官和脉的运动的规律不符合天的运动规律，其机件的功能不正常。

  这样他们又确定了对一个健康人和一个病人在特定时间内的测算脉搏的方法。一个健康人一刻钟要呼吸一百四十次半，他的脉搏的次数不应少于五百六十二次，也不应多于七百零三次。在这个时候，他的生命循环中的血和气流动了八丈四尺三寸远或者更远一点的距离。像中国人说的那样，血和气的循环也包括每一个重要和比较不重要的器

---

① 《卜弥格文集》第368页。

官的循环，它们的循环是通过属于它们的经来进行的，和气的不停息的流动一起，造成了一个生命的圆圈。我在这里述说的一切都已经写在表格中，这些不很精确的解剖图在中国的古代就已经制定和加以说明了。

　　中国的这个关于循环的理论是在一部很古老的书《内经》中提出来的，黄帝，也就是第三个皇帝，在基督前 2689 年①开始统治中国的一位君主被认为是它的作者。这个理论被他的后代们全部接受并加以运用，所有的医生都以它为依据，按照某个时间自然呼吸的次数（总是成比例的）来进行脉诊。②

这段话部分内容来自《黄帝内经》中的《灵枢·五十营》第十五篇：

　　黄帝曰："余愿闻五十营奈何？"岐伯答曰："天周二十八宿，宿三十六分，人气行一周，千八分。日行二十八宿，人经脉上下、左右、前后二十八脉，周身十六丈二尺，以应二十八宿，漏水下百刻，以分昼夜。故人一呼，脉再动，气行三寸；一吸，脉亦再动，气行三寸。……一万三千五百息，气行五十营于身，……所谓交通者，并行一数也，故五十营备，得尽天地之寿矣，凡行八百一十丈也。"③

从这里我们看到卜弥格对《黄帝内经》是比较熟悉的。

二、卜弥格对《脉经》的介绍

　　西晋太守令王叔和所撰写的《脉经》是我国最早的脉学专著。全书十卷，97 篇，分别讨论了 24 种病脉体象、脉理、诊脉法；寸、关、尺各部脉象的主病与治疗等各种脉诊与通过脉象治疗的方法，等。

---

　　① 爱德华·卡伊丹斯基注，这里大概在印刷中有错误（应当是 2697），因为在卜弥格的《给医生们的前言》中，更加详细地介绍了黄帝这个人物，他认为，黄帝在基督前 2697 年就开始统治中国。参阅《卜弥格文集》第 362—363 页。
　　② 《卜弥格文集》第 362—363 页。
　　③ 徐芹庭《细说黄帝内经》第 209 页，新世界出版社，2007 年。

卜弥格与中医的西传

卜弥格写有《对作者王叔和脉诊医病的说明》一文，文章的第一部分是讨论"七种外脉的治疗方法"，文章的第二部分是讨论"八根内脉的治疗方法"。王叔和的《脉经》中将脉象分为24种，卜弥格这里提到了15种，并列出每一种脉象所需治疗的药方。如说到治浮脉，他列出：

处方：取柴胡、黄芩、五味子、白芍药、人参、桑白皮各五钱，将它们捣碎，放在盛了水的玻璃杯里，加上姜片，放在火上熬煮，煮到只剩下十分之七的水，然后把剩下的渣滓和沉淀物去掉，将温热的药汤喝下去。①

卜弥格还介绍了中医望诊切脉的方法，他在《一篇论脉的文章》中说：

第一根上面的脉（叫天脉，和人体上面的区域对应）主阳，因此这里的自然脉是浮脉和洪脉。第三根下面的脉（叫地脉，和人体下面的区域对应）主阴，因此它跟中间和上面的脉相比较，就是深脉了。它和树根一样，跟树枝和树叶合在一起，就成了一株树。中间的脉（叫人脉，是天和地中间的脉，和人体的中间部分对应）既不是浮脉，也不是深脉，它是适中的脉，事实上就是中脉，其中有阳，在第一个位置上，也有阴，阴会落到地上，掉到下面，下面叫关，像我们所说的那样，中间受到了边缘部分的限制，就像树干一样，它的两个末端是树根和树枝。

中国人并不是按顺序看脉，而是——就像我已经说过的那样——在同个时候诊三次脉：首先用手指轻轻地按一下，诊面上的脉。在诊断中间的脉时，把手指稍微按重一点。下面的区域是基础或根，要使劲地按，按到神经和骨头上。用这个办法可以对脉搏进行全面的诊断，最后确定病是在表面上即人体的外部还是发生在内部的根上。因此，当人们知道根上的脉有偏差后，就可以确定它是不是危及了生命。

人体一部分器官在左边的一部分，另外一部分器官在右边，因此有些器官的状况是要通过诊右手上的脉，而另外一些器官的状况则要通过

---

① 《对作者王叔和脉诊医病的说明》一文，《卜弥格文集》。

诊左手上的脉来了解。我在这里说得很简单，但我在下面画了一个图像，可以说明我对这些事情一点初步的看法。①

对于如何切脉，他介绍得也很详细，在这篇文章中说：

首先要测定脉搏的次数，这个次数中如果发现了脉的不足或太过，快了或者慢了，就可以知道机体的状况。医生要确认他对病人的症状的看法，他首先要保持健康的状态，有充沛的精力，没有任何病痛，然后他才能用手去诊断病人。首先他要对病人进行检查，看这个人的状况怎么样，他的皮肤、姿态和自然体形，同时也要考虑到一年中他所在的季节以及他的外部的表现，然后再安安稳稳地把病人的手放在一个小枕头上，用自己右手的三个手指按在病人左手的第一个位置上：把中指按在稍微下面一点的手腕凸起的那块骨头上，把食指按在第一个位置上，把无名指按在下面的第三个位置上。

医生还要以同样的方法用自己的左手诊病人右手的脉，不管右手还是左手上的每一根脉都要诊断三次，就像上面所说的那样，表面上诊断一次，中度地诊断一次，再深层地诊断一次。因此对每只手上的脉一共要诊断三次，在三个不同的地方。此外，每次脉诊都要用呼吸九次的时间，这就是让它搏动四十九次。从脉搏的次数可以看出偏差：阳和阴不是太过就是不足。

通过对于脉的状况和搏动的次数的观察，可以看出在哪个位置上的脉是不正常和不自然的，阳是在它主宰的上面的第一个位置上，还是滑到了下面阴主宰的位置上，或者与此相反，阴从下面升到了上面。此外，脉是不是从下面的骨头旁边升到了皮肤的表面，或者从皮肤的表面落到了神经和骨头上，或者在下落的时候消失不见了。另一方面，我们要注意的是，这种长时间的耐心观察和运用就会使得人们有了经验，能够认识一些自然的规律，了解脉的各种不同和不断变化的状态。脉搏（令人奇怪的是）有重有轻，这也会表现出来。中国的医生们应当受到真正的赞扬，我们在这里很简单地介绍了他们的功绩。在一些

---

① 《一篇论脉的文章》一文，《卜弥格文集》。

书的复印本上,我们看到了各种不同的几乎令人难以置信的现象,因此要加以说明。①

卜弥格对王叔和在中国医学上的地位十分清楚,在《放在〈处方大全〉前的另一篇前言,这同一个神父》一文中他明确地说:

> 下面要介绍的这本书是一本关于治病的原则或方法的非常有用的指南,这些原则或方法是中国第一批功勋卓著的医生所发现和制定的。根据流传下来的记载,它们都经过了王叔和的整理和编纂。现在,所有中国的医生都极力想要继承他的这个传统,对他关于脉搏的论述没有任何怀疑,也完全相信他的这些治病的方法。根据这里所说的通过脉诊来治病,有他们长时期被认可的经验。这里介绍的药物也完全可以使病人恢复健康。②

三、卜弥格对中草药的介绍

卜弥格有《中国人用于医疗的简单药》一文,在这篇文章中他向欧洲介绍了289种中草药,根据我的初步统计,有91种在《神农本草经》中有,而且卜弥格所列的289种中草药中仅仅比《神农本草经》少了14种。他向欧洲所介绍的这本书的原本是什么,现在无法完全证实,但书中所介绍的内容绝大多数来自当时他可以查阅到的中国医学家的著作,例如书中介绍童尿的医疗作用,而李时珍的《本草纲目》就有一章专门介绍童尿的药效。所以,"卜弥格在这里参考了中国16世纪著名的医学家李时珍的伟大著作《本草纲目》"③,我们可以说,这是中国的中草药第一次大规模地向欧洲介绍,仅此一点就很有价值。同时,在元代时中国医学就传到阿拉伯世界,并经阿拉伯传向欧洲。④卜弥格的这本书将每味中药都配有中文和拉丁文,并标明药效,

---

① 《一篇论脉的文章》一文,《卜弥格文集》。
② 《放在〈处方大全〉前的另一篇前言,这同一个神父》一文,《卜弥格文集》。
③ 爱德华·卡伊丹斯基,张振辉译《中国的使臣:卜弥格》第276页,大象出版社,2001年。
④ 李经纬《中外医学交流史》,湖南教育出版社,1998年。

从而衔接起欧洲对中药的历史记忆。

下面我们从他的这本书择取五种中药，可以略见这本书的结构和内容。

1. 黄精 Polygonatum sibiricum Redoute

这是一种日本的树根，有甜味，药性平和，入肺和胃，补阴，能使病人恢复活力，呼吸畅通。把这种树根放在水中熬煮九次，让水汽蒸发掉，再把它晒干，就成了这种药。它的果实对人体有害。

2. 白菖 Acorus calamus L.

这种树根的拉丁语叫 Acorus，味涩，性温或者微温，入心和肺。治久治不愈的血管硬化，能使衰竭的器官恢复活力。

3. 甘菊花 Chrysanthemum morifolium Rama

这是一种苦中带甜的花，性温，入肺、肝、胃和肾，补阴、明目、祛风。

4. 人参 Panax ginseng C. A. Mey

这种根有甜味，性温，很珍贵。入肺，能提神，补血。可以从它那里提取人参精，像从茶那里提取茶精一样，但它作为一种药物不能和第三十二号的藜芦一起使用。

5. 天门冬 Asparagus cochinchinensis（Lour.）Merr.

这种根苦中带甜，性寒，入肺和肾，解渴，要把它的核即心挖出来。

卜弥格在谈到这本书时说：

> 这本书中所提到的药物，都是用脉诊的方法治病时所需要的，我要将它们介绍得详细一点，以便欧洲的医生们也能够用它们治病。如果这里有的说得不对，那是因为我缺乏经验，而不是我的本意。大概还有一些完全不为人知的药，因此难以确认，在欧洲的药书中也找不到。为了改变这种局面，我做过一些努力，比如我曾提议编制一个中药的标本集，介绍这些药物的用处，并配以图像。为此我虽长期以来，利用我空余的时间，一直在搜集材料，上帝要我完成这项工作，但是我所得到的材料并不很多。我从中国去欧洲的途中，曾在果阿停留，当时我有很多钱花，我在那里写给别人的信中，附上了我曾希望有人给我捎来的中药的名单，好把它们介绍给欧洲人，根据我的经验，来了解这些大概也还是有用的药品的性能。后来我又想从印度或澳门的商人那里买到这些药，但是我的这些愿望当时都没有实现。我要在我这本书中写上中文的药名。有几

味药的名称，如大黄和茯苓的中文名称我已复印了一份，寄到欧洲去了。还有一些珍贵的药生长在中华帝国各个不同的地方，我是在那些地方采集到的。①

从这里我们看到卜弥格为写作这本书花费了很大的气力，他的《中国植物志》中也有这本书中所提到的药，如上面我们展示的"大黄"。

四、卜弥格的中医研究

卜弥格不仅仅是对中医的翻译和介绍，将中国文化的瑰宝传播到欧洲，同时，由于他自己的对医学的热爱和家学的传统，他也是欧洲历史上最早对中医展开研究的学者，仅仅将其定位为翻译家是远远不够的。

首先，他所写的《耶稣会在中国的传教士卜弥格了解中国脉搏理论的一把医学的钥匙》（后称《医学的钥匙》）是一部重要的研究中医的学术著作。

这本著作共有十八章：

第一章：一个人的生命之源和健康之源在哪里？

第二章：人的生命在哪里？

第三章：通过哪些管道也就是经，那生命和健康的源头的实心器官和内里把生命和健康输送给人体的其他部分？

第四章：十二根经有什么自然的属性，这十二根管道是从哪里来的？在人的健康和生命中，会出现什么偏差？

第五章：人体中的五行是如何间接地通过十二根经被输送到它们该去的地方，怎样才能观察到那些自然和超自然的现象？

第六章：根据十二根经中的五行属性，人体什么地方最适合于脉诊？

第七章：除了以上提到的脉的位置外，在人体的三个部分中，还有没有别的位置可以用来研究十二根经和它们的属性呢？

第八章：组成人体的物质的最好的源头在哪里？能够反映十二根经

---

① 《卜弥格文集》第374—375页。

的状况的每一根脉都出现在什么地方？是不是只有汇集着动脉的手上才有脉，除了手上，别的地方还有没有脉？

第九章：难道只能在动脉源头所在的左手上去对脉进行诊断？也就是说，诊断左手上的脉就够了吗？是不是也要诊断右手上的脉？

第十章：为什么诊手上的脉最好，每只手上的脉都在什么位置上？

第十一章：脉在左手和右手的三个位置上如何反映生命源头的构建和状况？这些位置之间相互依存的关系表现在哪里？怎么去认识这些相互依存的关系和按脉的轻和重？

第十二章：如何测算右手和左手上各个位置的脉？血气的循环是怎么算的？在测算脉搏的时候，怎么知道它所反映的人体的状况是健康或者有病？测算的标准是什么？

第十三章：血和气的循环所引起的日夜不停的脉搏运动，是通过呼吸的次数和以小时和刻来计算的天体运动的时间来测算的。

第十四章：那种能够诊断出正常脉搏的最容易的方法是什么，从脉的本身怎么知道一个人的健康状况，他的病和死？

第十五章：孩子和成年人的呼吸量是不是一样的？男人和女人、瘦人和胖人、高个子人和矮人、行动迟缓的人和爱活动的人的脉搏的性质和质量是不是一样的？如果在某个时间内脉搏迟缓，这是不是说马上就要生病了，由于气（力量）之不足和脉搏动的次数不够，病人是不是马上就要死了？

第十六章：中国人分出来的脉的种类，他们对这些脉的介绍和他们绘制的插图。此外，在一年四时的脉中，哪些因素是主导的？实心和空心器官的属性是什么？

第十七章：右手和左手的三个位置上先天（自然）的脉和属于它们并且与六个实心器官和六个内里（空心器官）连在一起的十二根经是什么？

第十八章：一个健康人属于十二根经和气的源头的脉的位置是不是既在左手又在右手？随着季节的变化，它的搏动是否会变得紊乱？

通过这个纲目我们很清楚地看到，这里卜弥格不是在翻译中国医学的哪一部医典，而是根据自己的理解将中国医学的主要内容做了一个自己理解的梳理和研究。在这个纲目中，我们既可以看到《黄帝内经》的内容，也可以看到王叔和《脉经》的内容，既可以看到《难经》的内容，也可以读到《针灸甲乙经》和《神农本草经》的内容。整个书的逻辑是卜弥格的，从宏观的介绍到微观的介绍，逐步展开，层层深入，将整个中国医学融为一体做了较深入地研究和发挥。

其次，卜弥格在向欧洲介绍中国医学时做了创造性的发挥。他对王叔和的《脉经》一直很重视，在《脉经》中"原有明代袁表校本称'手检图三十一部'，沈际飞本作二十一部，今已亡佚"。① 现存的《脉经》只有文字没有图解，而卜弥格在《耶稣会在中国的传教士卜弥格了解中国脉搏理论的一把医学的钥匙》这部著作中绘制了不少诊脉的图解，这些图解即便在中国也是十分珍贵的。

另外，在介绍中医的舌诊时，他又绘制了三十六幅图，目前我们所常用的曹炳章的《辨舌指南》是民国时期的著作，配有各类舌诊的图解，② 但卜弥格给我们保留下了明代时的舌诊图解，这是十分珍贵的，其价值还有待中国医学史专家论证。同样，卜弥格在《医学的钥匙》一书中所绘制的人体针灸穴位图也有着重要的学术意义，他第一次将针灸的穴位以图解形式介绍给了欧洲，这些图后来在欧洲早期汉学时代不断被复制和描绘再版，从而大大扩大了中国文化在欧洲的影响。同时，我们应该特别注意，卜弥格在向欧洲介绍中医时，大量地运用了图表的方法，例如，为了说明阴阳在血气中的运行和脉的关系，他做了一个《阳和阴在血和气中的循环表》，这里卜弥格实际上希望通过表格来更为明确和科学地表达中医的思想和内容。卜弥格所做的这一系列的关于中医的表格是中外医学史上第一次这样对中医的表达，它代表了将中医科学化和现代化的一种事实，这种做法即使在今天也是很有意义的。

五、卜弥格的中医和西医比较研究

他在《耶稣会士卜弥格1658年在暹罗王国给医生们写的前言》中两次将

---

① 李经纬《中医史》第94页，海南出版社，2007年。
② 曹炳章《辨舌指南》，天津科学技术出版社，2005年。

西方的医学和中医做比较,以引起欧洲医学界对中医的重视,他说:

> 现在我来谈谈这部著作。最高贵的先生们,用你们的聪明才智去仔细地研究它和运用它吧!事实上,你们早就赞同和接受过盖伦、希波克拉底和你们伟大的祖先的学说,在夜以继日的辛勤劳动中,创造了许多成果,你们有过许多失败的教训,也创造了辉煌。因此,你们现在就应当争相研究和运用这些中国的经验,把这些关于脉诊的经验加以整理和介绍,用来给欧洲人治病。我听说全世界都利用过他们的经验,因此我最终还是决定推出我的这部著作,如果遇到反对者、不怀好意的人和有妒忌心的人对它的攻击,请你们维护它。我要为这个在治病的技艺中取得了成就的民族而祈祷,但愿他们也不缺少天上的医生诊治灵魂的药。因为天上的医生能够将死人一样苍白的颜色治好,使病人恢复健康,使他完全复活。光荣永远永远属于帝国。①

他在文章中还对盖伦的脉诊和中国的脉诊做了比较,他说:

> 这位黄帝也教中国人学习这种技艺,它已经被中国的医生们采用,他们正在利用这门学科,传承这门学科。可是我们要想一想,我们知不知道脉诊不是盖伦的发现,而是别人的发现呢?上面提到的脉诊,一般来说是没有人知道的,我在《医学的钥匙》中,要对它具体地介绍一下。所有的人从盖伦开始,都只是在一只手上进行脉诊,可黄帝不仅在左手上诊脉,他还要大家首先在右手上诊脉,因为在右手的脉上,也能看出生命的开始和结束的表象。盖伦只是对左手一个位置上的脉去进行诊断,但黄帝认为,既要对右手三个位置上的脉去进行诊断,也要诊断左手三个位置上的脉。他教导说,在右手和左手上,都能够对脉进行区分和诊断。不同的位置上的脉有深有浅,有重有轻。黄帝还说,脉能够准确无误地反映出一个人是死是活,要根据呼吸的时间来测定它搏动的次数。盖伦对脉研究过很长的时间,但他却不知

---

① 《卜弥格文集》第483页。

道如何测定脉搏的时间。①

卜弥格这里指出了西方医学起源于希腊的希波克拉底（Hippocrates of Cos，约公元前 460—前 377），指出了罗马时期医学集大成的盖伦（Claudius Galenus of Pergamum，129—199）。从卜弥格的这个介绍来看，显然他认为盖伦虽然也做过脉诊，但没有《黄帝内经》中对脉的分析深入，爱德华·卡伊丹斯基认为："盖伦除了知道正常的脉和过快或过慢的脉的区别外，不知道别的脉。"② 通过比较，他对中国古代医学给予了高度的评价，认为中华民族是"这个在治病的技艺中取得了成就的民族"，他号召欧洲人"你们现在就应当争相研究和运用这些中国的经验，把这些关于脉诊的经验加以整理和介绍，用来给欧洲人治病。我听说全世界都利用过他们的经验，因此我最终还是决定推出我的这部著作，如果遇到反对者、不怀好意的人和有妒忌心的人对它的攻击，请你们维护它"。

卜弥格的这个中西医比较虽然略显简单，但却开创了中西医比较的先河，他对中医的高度评价直到今天也值得我们认真的反思。③

---

① 《卜弥格文集》第 484 页。
② 《卜弥格文集》。
③ 区结成《当中医遇上西医：历史与省思》，生活·读书·新知三联书店，2007 年。

阴和阳在血和气中循环表

中国时辰	欧洲时间	正常的呼吸 呼吸次数	健康人的脉搏 不多于	健康人的脉搏 不少于	气和血在体内走过的距离 丈	气和血在体内走过的距离 尺	气和血在体内走过的距离 寸	经（来自生命的泉源，也就是来自那些多少具有本质意义、能够提供阴和阳的器官的经络）	在脉的各个位置上显示了什么经／手的各个位置上的脉所显示的状况	漏壶显示的时间 刻	漏壶显示的时间 分	天体的周转 天亭即度 刻	天体的周转 天亭即度 分
寅	3	562 1/2	2812	2250	33	7	5	从胸到手的肺太阴经	右手第一个位置寸	4	10	2	5
	4	1125	5625	4500	67	5	0			7	12	4	10
卯	5	1687 1/2	8437	6750	102	2	5	从手到头的大肠阳明经	右手第一个位置关	12	30	6	17
	6	2250	11250	9000	135	0	0			16	40	8	20
辰	7	2812 1/2	14062	11250	168	7	5	从头到脚的胃阳明经	右手第二个位置寸	20	50	10	20
	8	3375	16875	13500	202	5	0			25	10	12	30
巳	9	3937 1/2	19687	15750	236	2	5	从胸到头的脾太阴经	右手第二个位置关	29	20	14	35
	10	4500	22500	18000	270	0	0			33	30	16	40
午	11	5062 1/2	25312	20250	303	7	5	从心到手的心少阴经	左手第一个位置寸	37	40	18	45
	12	5625	28125	22500	337	5	0			40	50	20	50
未	1	6187 1/2	30937	24750	378	2	5	从手到头的小肠太阳经	左手第一个位置关	46	10	22	55
	2	6750	33750	27000	405	0	0			55		25	
申	3	7312 1/2	36562	29250	438	7	5	从头到胸的膀胱太阳经	左手第三个位置尺	54	10	27	5
	4	7875	39375	31500	472	5	0			58	20	29	10

卜弥格与中医的西传

续表

阴和阴在血和气中的循环表

	正常的呼吸	健康人的脉搏		气和血在体内走过的距离	经	在脉的各个位置上显示了什么经	漏壶显示的时间	天体的周转	
酉	5	8437 1/2	42187	33950	506 2 5	从脚到胸的肾少阴经	左手第三个位置尺	62	31 15
	6	9000	45000	36000	540 0 0			66	33 20
戌	7	9562 1/2	47812	38250	573 7 5	从胸到手的心包厥阴经	右手第三个位置尺	70	35 25
	8	10125	50625	40500	607 5 0			75	37 30
亥	9	10687 1/2	53437	42750	642 2 5	从手到头的三焦少阳经	右手第三个位置尺	78 10	39 35
	10	11350	56250	45000	675 0 0			83 20	41 40
子	11	11832 1/2	59062	47250	708 7 5	从头到脚的胆少阳经	左手第二个位置关	87 30	43 40
	12	12371	61245	49500	742 5 0			91 40	45 50
丑	1	12937 1/2	64637	52750	770 2 5	从脚到胸的肝厥阴经	左手第二个位置关	95 50	47 55
	2	13500	67500	54000	810 0 0			100	50

① 《卜弥格文集》第 374—375 页。

（张西平，北京外国语大学比较文明与人文交流高等研究院院长、中国文化走出去协同创新中心主任，《国际汉学》主编、国际儒学联合会副会长）

·汉学家访谈·

欧盟外交官的中国古典情怀

——访欧盟驻华大使、汉学家郁白

姜　红　王晓真

郁白（Nicolas Chapuis），法国外交官、汉学家，现任欧盟驻华大使。1957年生于法国讷伊，毕业于巴黎东方语言文化学院，后获巴黎第七大学汉学硕士学位。郁白与中国有着深厚渊源，曾5次代表法国出使中国，先后担任法国驻华大使馆文化参赞、法国驻上海总领事、法国驻华大使馆公使等职。他还曾担任法国外交部亚太司副司长，2018年9月出任欧盟驻华大使。

他曾将钱锺书的《诗学五论》、巴金的《憩园》、杨绛的《洗澡》《杜甫诗全集》等中国古典和现代作品译成法文出版，其中《杜甫诗全集》被列入法国美文出版社《中国书库》系列丛书，第一、二卷分别于2015年和2018年出版，其代表性专著有《悲秋：古诗论情》（Tristes Automnes：Poétique de l'identité dans la Chine ancienne）等。流利的汉语，深厚的中国文化底蕴，信手拈来的诗词经典……欧盟驻华大使郁白是一名资深的外交官，也是一位名副其实的汉学家。双重身份交织叠加，让他既能用西式思维、法式浪漫来体会中国的古典情怀，追溯中华文化中的人文渊源，也能在外交舞台上兼顾东西方智慧，审视彼此间的矛盾与相通点。

近日，这位刚刚上任不久的欧盟驻华大使欣然接受了我们的邀约。在一个明媚冬日，郁白同我们亲切分享他与中国的不解之缘，探讨欧盟的挑战及出路，也透露出他对中欧关系未来发展的积极期待。

欧洲一体化基础稳固

《中国社会科学报》：面对欧元区危机以及经济危机造成的社会分化，欧盟所出台的政策有何效果？还有哪些方面有待改进？

郁白：尽管危机并非源于欧洲，但是我们的金融业乃至整个欧洲经济都受到了严重影响。10年过去了，欧盟经济已经恢复增长，比以前更具弹性。我们的银行业框架已经基本上得到巩固，金融机制也更加安全、稳定。

在这方面，欧盟的当务之急是完成欧元区银行业联盟（Banking Union）的建设，进一步深化发展欧盟的资本市场。我们还需强化欧洲经济货币联盟（EMU）体系。欧元需要发挥其全球作用，充分反映出欧元区在政治、经济及金融方面的分量。

《中国社会科学报》：欧盟成员国有着不同的政治、经济及文化背景。您认为欧盟的核心价值观是什么？或者说，使得成员国凝聚在一起的关键因素是什么？

郁白：欧盟基于一个很独特的视野，成员国的利益框定在欧盟整体利益之内，有共同的价值观作为支撑。因而，我们相信更高意义上的欧洲利益：有些事物不是商品，有的事情不可交易。我们支持民主、法治及人权。欧盟也是一个发展变化的有机体：随着时间推移，欧盟又纳入了其他公共产品，比如应对气候变化。

《中国社会科学报》：欧盟成员国对于一体化的目标以及最恰当的实现方式存在争议。有鉴于英国"脱欧"，欧盟内部有反对一体化的声音，您如何看待欧洲一体化的未来？

郁白：在我看来，欧洲一体化的基础很稳固。在充满不确定性的时代，我们能够带来和平、繁荣，提供归属感。不过欧洲也需要不断努力。

我们的单一市场打破了欧盟内部边界，允许人员、商品、服务和资本的自由流动，或许最重要的是促进了思想的自由交流。单一市场还远未完成，总是会有新的领域加入，比如数码经济、数据流动以及隐私保护领域。

我们会继续与包括中国在内的世界各国精诚合作，拥护多边贸易国际秩序，引领应对气候变化，提供发展援助及人道主义援助。同时我们也在安全与国防等一些领域加强一体化。

与英国尽量保持亲密关系

《中国社会科学报》：欧盟领导人已经同意了英国"脱欧"协议草案，认为这是"最佳且唯一可能的协议"。很多专家都认为英国脱离欧盟后前景堪忧，那么英国"脱欧"对欧盟又意味着什么？双方的经贸关系将何去何从？

郁白：我们已经认可的协议是最佳协议，也是唯一可能的协议。这个协议已经没有任何重新协商的空间。不过，在这个前提下，我们有足够的空间对协议进行进一步澄清和阐释。

欧洲理事会（The European Council）已经同意了"脱欧"后欧盟英国关系政治宣言草案。欧盟决心与英国建立尽可能亲密的合作伙伴关系。

《中国社会科学报》：难民危机似乎是英国"脱欧"的重要导火索。然而，除了英国，欧盟其他成员国也弥漫着反对接收难民的情绪。对此欧盟如何应对？

郁白：前不久在摩洛哥马拉喀什举行的政府间会议上，通过了联合国安全、有序和正常移民全球契约。移民是全球性的现实问题，任何一个国家都不可能独自解决。因此，它需要全球解决方案及全球责任分担。欧洲较早引领了全球谈判。

欧盟在移民问题上取得了重要进步，而且综合性的战略加深了与相关合作伙伴的关系，以更好地保护外部边界，更有效地管理欧盟内部移民。非正常移民现已降至危机前的水平。为了长远考虑，现在应当巩固综合性的移民、边界和难民庇护制度。

促进欧亚互联互通

《中国社会科学报》：2018年9月，欧盟公布了《连接欧洲和亚洲：对欧盟战略的设想》，就欧亚互联互通提出全面系统的政策主张，积极评价欧亚互联互通对促进经济增长的作用，倡导"全面、可持续和以规则为基础的互联互通"。该文件表明，欧盟正在为更好地联通欧洲和亚洲而制定新的全面战略。这些新战略将为可持续的欧亚互联互通创造条件。该战略将怎样处理与中国"一带一路"倡议的关系？如何促进二者的战略对接？

郁白：我们传达的信息非常明确：欧盟已经做好准备，在共同利益与目标的基础上，进一步强化与亚洲伙伴的合作。我们将通过有原则的途径实现互联互通，同时认识到亚洲各区域的差异性，以及不同国家经济模式和发展程度的不同。显然，中国是其中发展程度最高的国家之一。

我们推行的路径在经济与环境上是可持续的，涵盖交通、能源、数字化连接、人与人之间的交流等诸多方面；致力于巩固基于规则的多边国际秩序，提供高质量的基础设施，在公共采购、商业机会等方面保证公平的竞争环境，同时保护知识产权。

《中国社会科学报》：当下国际上贸易摩擦、争端频发，欧盟将如何应对？欧盟是否会与中国一道维护和促进开放的世界经济？

郁白：坚持多边贸易体系的唯一途径便是巩固并促进其现代化。欧盟坚信，世界贸易组织在确保全球贸易体系的稳定和经济可持续增长方面发挥着不可替代的作用。自 2001 年加入世贸组织以来，中国也从该体系的可预测性与稳定性中大大获益。

欧盟方面十分关注中国领导人多次表示的对世界开放的公开声明，欢迎中国关于市场改革的声明。重要的是，这些声明能够得到切实、迅速的落实，为中国企业与在华欧洲企业提供公平竞争的环境。

《中国社会科学报》：一些欧盟国家仍对中国在欧洲进行的投资和企业并购等抱有不确定或质疑的态度。您对中国投资者有哪些建议？

郁白：欧盟坚持开放、公平、可预测的投资政策。欢迎来自各方的外商直接投资，其在就业、增长、创新等方面为欧盟经济发展带来了巨大效益。欧盟拥有全世界最自由的外商直接投资框架之一，中国对此十分了解。尽管中国对对外投资加以管控，2017 年，中国向欧盟的投资仍达到 280 亿欧元。

《中国社会科学报》：根据数十年的研究与个人经验，您如何看待中国与欧盟之间仍存在的一些误解？

郁白：通过 15 年的全面战略伙伴关系，欧盟和中国在学着如何互相合作。我们有时候会有不同的看法，我们之间仍存在着一些基本的分歧，双方都知道在一些议题上彼此有着不同的立场。作为全球两大经济体，我们都充分认识到，双方的合作对于解决我们所面临的主要挑战有多重要。我们在重新制定 2020—2025 年合作目标时必须考虑到这一点。

《中国社会科学报》：中国对欧洲的研究也经历了不同的发展阶段，对欧洲各国和欧盟的认识与了解也在不断深化，您对中国的欧洲研究有何看法？

郁白：中国的欧洲研究在过去 40 年取得了长足的发展。例如，中国社会科学院欧洲研究所向来保持着高水平的学术传统，不仅有权威杂志《欧洲研究》，还有每年出版的欧洲蓝皮书系列丛书。中国现代国际关系研究院和中国国际问题研究院的欧洲研究部门也与欧洲相关机构开展广泛的联系与合作。

中国大学也对欧洲文化、历史、法律等研究投入良多。例如，成立于2008年的中国政法大学中欧法学院已经发展了十余年。这些都为增进中欧青年学者和学生相互交流打下了牢固基础。

与钱锺书的相识改变人生

《中国社会科学报》：我们对您的中文名字"郁白"很好奇，它有什么渊源？

郁白：我的中文名是在学生时代起的，我希望它能体现中国的浪漫情怀。"郁"取自"郁达夫"。尽管现在中国的年青一代可能对他了解不多，但在20世纪二三十年代，郁达夫是中国重要的作家之一。在我还是青年学生的时候，他的作品对我触动很深。而且我很喜欢"郁"字的发音，这是一个不太常见、比较特别的姓氏。"白"则是取自"李白"。两位都是我很喜欢的中国作家、诗人。因为我的法语姓氏发音是两个音节，所以我的中文名字也只用了两个字。

我必须承认，目前中国人更熟悉的是我的中文名，尤其是在我的《悲秋：古诗论情》一书出版之后——这本书是我研究中国古典诗歌的法语学术专著，而后又被译为中文出版。

《中国社会科学报》：据闻，您创作《悲秋》是受到了钱锺书先生的鼓励。能谈谈您与钱锺书、杨绛夫妇的故事吗？与他们的交往对您的学术研究及人生带来了何种影响？

郁白：对每个人而言，都有一些邂逅会改变其人生，我与钱锺书、杨绛夫妇的相识就是这样。我初次见到钱锺书是在1981年春，那时我还是一个很年轻的外交官。我23岁，钱锺书已近71岁，然而我们一见如故。

那时《管锥编》刚出版不久。或许你们会觉得惊讶，我居然会阅读《管锥编》。《管锥编》让我发现了东西方之间的联系。钱锺书英文、法文、德文等都精通，令人叹为观止。他的《管锥编》展现出东西方之间没有割裂；割裂完全是人为的。实际上，中国的文本可以用来理解西方哲学，西方哲学也可以用来理解中国文本。钱锺书的出发点是"何为人"。

钱锺书告诉我们，中国和西方之间当然存在方法和看法上的不同，但是文化是全球性的。很多中国人以为只是"中国特色"的东西，其实是全球性的、关乎全人类的。

我曾经问钱锺书，为什么没有正史显示中国的文化或哲学出现过人文主义的时刻或者说人文主义运动。他回答说，中国当然有过。他认为中国的人文主义时刻出现于宋代——不是体现在朱熹那里，而是体现在苏轼、黄庭坚等人身上，从他们的诗词和散文中就可见一斑。他对我说，中国人的行事方式与西方人不同。西方人往往高声呼喊、尖叫，弄出很大阵势；中国人行事往往很低调、悄然进行。他告诉我，要揭开表面，不只是看表面，应该看更深处，这样会发现一切。

当然，钱锺书对儒学的看法颇具批判性，他尤其批判的是以朱熹为代表的新儒学——他们将秩序、纪律置于创造性思维之上。钱锺书本人颇为喜欢道家的观点，很喜爱庄子。他说，在庄子及玄学当中，甚至孟子身上，也有人文主义的时刻。

钱锺书很喜欢宋朝。他之后也告诉我，要理解宋朝就必须理解唐朝。他在《谈艺录》中就说，"非曰唐诗必出唐人，宋诗必出宋人也"。杜甫等人其实是"唐人之开宋调者"。这一点很有意思。

不读杜甫就不懂中国

《中国社会科学报》：您最欣赏中国诗词的哪些特质？

郁白：整体而言，中国的诗歌我都喜欢。我个人更为青睐南方诗词。比起《诗经》我更喜欢《楚辞》。南北朝时的诗歌颇有趣味。大部分唐朝诗歌延承了5世纪南朝宋时期的诗歌，有南朝的风韵。在我看来，宋朝时苏轼、黄庭坚等人的诗词也能体现南朝诗歌那种自由、人文的特质。在诗歌中，你可以发掘人性。中国古诗往往更加关乎个人情感，比如描述友情等，而不是为政治背书。

《中国社会科学报》：您似乎对王维和杜甫最感兴趣。

郁白：我以前很喜欢王维，他是一位伟大的唐朝诗人，同时他的作品也比较容易读懂。但是现在我完全专注于研究杜甫了。我正在翻译杜甫作品全集，这是一个长达三十载的工程。

杜甫很难读懂、很难翻译。我之所以翻译杜甫，是因为我觉得杜甫对于中国而言，就如同莎士比亚于英国、维克多·雨果于法国的意义。我认为，杜甫是中国的心灵之源。雨果是法国文化之根，莎士比亚是英国诗歌、戏剧及历史之根。不读莎士比亚，就不懂英国；不读雨果，就不懂法国；不读杜甫，就不懂中国。

杜甫被称为"诗圣"，绝非浪得虚名。在他所处的时代，杜甫并未受到赏识。到了宋代，人们才意识到杜甫的魅力。

《中国社会科学报》：感谢您这么评价杜甫。请问您是否与中国学者就杜甫研究进行过学术交流？这种交流和探讨对您有何启发？您觉得我们该如何在网络时代让年轻人进一步认识杜甫及其诗歌的价值？

郁白：在本质上，翻译杜甫是我独自进行的。我不仅阅读每首诗的各种经典评论，而且还阅读当今中国出版的现代学术文章或书籍。没有那些文学批评，我恐怕会一无所成。但我既没有时间也没有机会参与关于杜甫的学术交流，所以我的局限性在于这仅仅是我个人的。

如何理解杜甫，主要依赖于读者个人所处的时代和唐代文化。要理解世界文学史上任何一个重要的文学人物都是如此：你需要熟悉其政治、社会、经济和语言的背景。确切而言，前代文学经典尤其是《文选》是杜甫诗作的基石。因此，我鼓励年青一代学习这种经典知识，是因为它定义了中国文化，就如同拉丁文和古希腊文本定义了欧洲文化的过去和现在。

了解传统文化才能理解当代中国

《中国社会科学报》：您不仅是外交官，作为汉学家也成果颇丰。您是如何平衡外交官和汉学家这两个身份的呢？

郁白：就像一天之中白天和黑夜缺一不可，外交官和汉学家是我的工作，二者相互关联。我是汉学研究专业毕业，而非政治学或国际关系专业。后来法国外交部需要会汉语，懂中国文化、历史、经济的工作人员，我因此被雇用。之后，无论是在法国还是欧盟外交部门工作期间，我对中国的了解都得以进一步施展。算上为法国外交部工作那一回，我现在已是第六次来到中国。所以，我的外交官和汉学家两个身份之间有着非常密切的联系。

《中国社会科学报》：在海外，或者在您的祖国法国，是否看到汉学研究有新趋势出现？

郁白： 一直以来，关于汉学研究有一种争论，即汉学只是研究 1949 年前的中国古典文化，还是只对当代中国政治、经济、文化、社会进行观察。很多进行古典研究的学者不做当代研究。我则是二者兼顾。

我的硕士论文是有关华国锋的研究，后来因为结识了钱锺书，在其影响之下开始研究中国古典文化。那时我开始意识到，不了解古代中国就无法真正了解当代中国。虽然有人不认同这一点，但我认为其中有极强的连续性。随着年龄渐长，我对中国的文化根基也越来越感兴趣。例如，习近平主席经常会在发言或文章中引用中国经典名言。这或许会让一些对中国古典文化知之甚少的观察家感到一头雾水，而我则能从中看到古今之间的一脉相承。

如今，世界上有越来越多的人开始关注汉学。但在我看来，还有一种趋势，或者说一种必要，即跨越边界开展更多横向研究。作为一门研究学科，汉学研究不应被分割开来，而是应该更多地考虑其连续性。如今的汉学研究往往专业性很强，例如一些学者可能只从事古代中国研究，且在古代中国研究中可能只研究明朝……但也有一些学者开始研究中国复兴、中国梦等议题。事实上，要想解答这些问题，必须从现代追溯到过去。

在法国，值得一提的是，曾经整理编撰希腊文—法文、拉丁文—法文双语文献丛书的美文出版社（Belles Lettres）几年前编撰了中法双语系列丛书——《中国书库》（*Bibliothèque Chinoise*），囊括了孔子、老子、韩非子、杜甫等人的中国古代文学经典。将这些中国经典与希腊、拉丁文经典并列，也体现了其对中国人文研究的重视。

《中国社会科学报》： 如您所认为的，理解中国或者欧洲都需要结合历史与现实，过去与现在不可分割，您的研究历程很好地显现了这种有机的结合。在这方面，欧洲各国的汉学研究与当代中国研究是否有融合的趋势？如果有，那么这种新的研究取得了哪些具体成果？

郁白： 我想提一下最近法国的两个例子：第一个是程艾兰（Anne Cheng）在巴黎法兰西学院开设的关于中国思想史的课程，以"普遍性、全球主义、世界主义"为题，重新审视儒家传统以及中国、印度和日本之间的关系。第二个就是克劳德·迈耶（Claude Meyer）于 2018 年出版的新书《西方与中国的文艺复兴》（*The West and China's Renaissance*），探讨政治、经济、文化和哲学问题。这足以说明问题。

《中国社会科学报》： 您如何看待"中国复兴"或者"中国梦"？

郁白：清代末期，随着康有为"维新变法"等改革尝试的失败，中国错过了一个变革良机。有很多著作探讨这一主题，例如英裔美籍当代著名中国史研究专家史景迁（Jonathan D. Spence, 1936—）的《追寻现代中国》（*The Search for Modern China*），等。

尤其是在 20 世纪六七十年代的欧美，很多人探讨为什么中国会错过现代化的机会。如今，无论是中国复兴还是中国梦，都是中国追寻现代化的表现。尽管免不了有困难和挑战，但中国正在通往复兴的路上继续前行，并且越来越接近这一目标。中国的复兴掌握在中国人民自己手中。

《中国社会科学报》：作为中国改革开放 40 年的见证人，您所亲历和感受到中国最大的变化是什么？

郁白：在我看来一个有目共睹的最大变化，就是大家已然认定，未来世界离不开中国发挥领导作用。这与 40 年前的状况完全不同。中国的伟大复兴进程影响了世界，改变了人们的认知，"相互理解"空前突出。如何避免误解和误会？如何确保在相互依赖程度增强的背景下增进信任、减少摩擦？这些都是需要中国乃至全球社会科学家所探究的问题。

《中国社会科学报》：诗词是中国古代传统文化的重要组成部分。目前，中国正在大力推动中华优秀传统文化走向世界，比如，世界各地在兴建孔子学院。但是，目前世界上仍存在对中国的误解。您认为该如何增进世界对中国的理解？

郁白：如我之前所说，我们应当重视文化的连续性。欧洲人需要更多地去了解中国人的思维模式。我们需要像钱锺书那样，打破人为建立起来的中西方藩篱。我们需要进行对话。如果中国政府能够创造更多的对话机会，比如召开研讨会、进行作品翻译、提供资金支持，向西方学生开放中国国学研究，这对增进彼此的理解会很有利。

期刊《汉学研究》[①]就是一个很好的例子。在这个学术平台上，不仅中国人谈论汉学，还有外国人探讨汉学，这样有助于建立起有意义的关系。我们需要更多的中国学者赴欧洲进行交流。

我相信，会有越来越多的经济学家、历史学家、社会学家、批评家等陆续涌现，像钱锺书那样做出贡献，向世界展现中国真正的思想家的风采。

[①] 北京语言大学主办的汉学研究学术刊物，1995 年创刊——编者注。

《中国社会科学报》：您认为中国应如何更好地建设软实力？

郁白：可能我还没有资格评论中国该如何建设软实力。不过，我们必须围绕《中欧合作2020战略规划》的第四大支柱——文化教育与科学技术继续合作。2018中欧旅游年刚刚圆满落幕，这便是中欧文化与经济外交的一个具体表现。

（姜红　王晓真　《中国社会科学报》2019年1月31日）

·法国汉学研究·

法国浪漫主义前驱作家瑟南古对中国的描述（上）

——19世纪中法文学交流史研究之一

钱林森

摘 要：法国19世纪浪漫主义前驱作家艾蒂安·皮维尔·瑟南古是18世纪启蒙思想的信徒。他青年时代是在阅读伏尔泰、孟德斯鸠、狄德罗与卢梭中度过的，很早就为其导师所描写的东方国家着迷，尤其是为那个崇尚孔夫子思想的中国着迷。他在文学创作上的成就和建树，除去与歌德《少年维特之烦恼》相比肩的成名小说《奥贝曼》之外，他还撰写了《中国历史概述》《道德与宗教传统历史概述》两部有影响力的中国著作，成为我们研究19世纪初叶中法文学文化关系绕不开的课题和主题。本文试图从伏尔泰和卢梭"弟子"瑟南古与中国，《中国历史概述》之中国形象描述，《道德与宗教传统历史概述》之中国道德风俗描述三个方面，厘清、考析瑟南古阅读中国、思考中国、描述中国的历史轨迹与风采，揭示这位19世纪法国浪漫派前驱笔下中国形象新的特点和内涵，从而凸显出其中国形象再塑的时代特征和价值意义。

关键词：瑟南古 浪漫派前驱 中国形象塑造 中法文学交流史

艾蒂安·皮维尔·瑟南古（Étienne Pivert de Senancour，1770—1846），法国19世纪浪漫主义前驱作家，出身贵族，早年深受卢梭和百科全书派的影响，信奉唯物主义，自幼崇尚思想自由，厌恶宗教禁锢。家长为其设定了一个教会的人生前程，他为摆脱这可恶的营生，跑到了瑞士。资产阶级革命期间，由于出身，他作为"流亡贵族"一直待在瑞士，直到三执政时期才回到

法国浪漫主义前驱作家瑟南古对中国的描述（上）

巴黎，"过着隐居的生活，靠为自由主义的报纸撰稿为生"。瑟南古很早就开始写作①，1799 年首次正式发表的论著《关于人的原始本性沉思录》（*Rêveries sur la nature primitive de l'homme*），"根据卢梭的观点，指出人类已走上堕落的歧途，工业发展给自然带来破坏，流露出悲观主义思想"②。1804 年，其成名小说《奥贝曼》（*Oberman*）出版，当时并未引起公众特别的关注，后来再版多次，影响很大，人们把它与歌德的《少年维特之烦恼》相提并论。此后不久，他又相继发表了《从现实法律与两性结合的社会形式论爱情》（*de l'amourconsidéré dans les lois réelles et dans les formessociales de l'union des sexes*，1805）和《对〈基督教真谛〉的批判考察》（*Observations critiques sur l'ouvrageintitulé "Génie du christianisme"*，1816），"后者对复辟时期高度泛滥的封建教权主义和反动浪漫主义思潮的代表进行了批判，十分清楚地表明了作者和夏多布里昂之流在政治、思想和文艺上泾渭分明"③。1833 年，他还发表了一部小说《伊莎贝尔》（*Isabelle*）。1846 年，他在圣克鲁去世。

瑟南古被外国文学史家视为 19 世纪初法国文坛涌现出的为数不多，"虽然不重要但却值得注意的作家"。他与同时期浪漫主义前驱代表人物斯塔尔夫人（Mme de Staël，1766—1817）、贡斯当（Henri Benjamin Considant de Rebecque，1767—1830）一样，都是 18 世纪启蒙思想的信徒。他在斯塔尔夫人的小说《黛尔菲娜》（*Delphine*，1802）之后，以其代表作《奥贝曼》，"写出了与社会环境格格不入的资产阶级个性，为资产阶级浪漫主义的人物画廊，提供了虽然不够鲜明但却是较早的标本"④。事实上，瑟南古作为 19 世纪法国浪漫主义前驱作家这一方面的意义和价值，早就为同时代、同一营垒的同胞后辈圣伯夫（Charles-Augustin Sainte-Beuve，1804—1869）和乔治·桑（George Sand，1804—1876）所极力推崇："圣伯夫在分析瑟南古 1799 年的著作《关

---

① 他写的第一部作品《默默无闻的幸福》（*Aldomen ou le bonheur dans l'obscurité*）就表现出了他作为早期浪漫主义者的特点，但这部作品在其生前并未发表，直到 1925 年后才公之于世。参见柳鸣九主编《法国文学史》（修订本，第二卷）第 119 页，人民文学出版社，2007 年。

② Larroutis, Maurice. "*Monde Primitif Et Monde Idéal Dans L'œuvre DeSénancour*" in Revue D'Histoire Littéraire De La France, Vol. 62, No. 1, 1962, pp. 45-47.

③ Barbéris, Pierre. "*Chateaubriand Et Le Pré-Romantisme*：（*Essai Sur La Signification Critique Du-Pré-Romantisme*)." in Revue D'Histoire Littéraire De La France, Vol. 69, No. 2, 1969, pp. 226-235.

④ 参见《法国文学史》（修订本，第二卷）第 118 页。

于人的原始本性沉思录》时曾言勒内的世界早在勒内诞生四年前就已问世……瑟南古是比夏多布里昂更聪明的人,他赋予勒内的世纪病更明确、更深层的定义。"① 乔治·桑则为瑟南古的代表作《奥贝曼》撰写序言,认为这部书信体小说是"难得、严肃的作品,或许比世纪更替时期用于心理学研究的历史事件有更重要的价值,因为这部作品能使我们对文明世界各个年龄段人的心理与精神状态豁然开朗"②。

如此可见,瑟南古作为19世纪法国浪漫主义前驱作家,他在法国文学发展史中的建树、意义及价值定位,早就为法国文学界、学术界和外国文学史家所公认。那么,对于这样一个为法国文学史、学术史、思想史所公认、定论的作家,又何以能进入我们的视线,以至引发对他不懈的探求兴趣,进而成为我们今日再思、再议的对象和话题呢?"自青年时代起,瑟南古就深受18世纪启蒙思想家的影响,这也让他在很早的时候就接触到了'东方'与'中国'文化,并为此着迷。"③ "瑟南古的青年时代是在阅读伏尔泰、孟德斯鸠、狄德罗与卢梭中度过的……他为其中所描写的东方国家所着迷,尤其是那个崇尚孔夫子思想的中国。"④ 笔者以为,再思、再议瑟南古这一对象与话题,是因为瑟南古是我们今日梳理、考察中法关系有趣而有益的重要课题,特别是19世纪初叶中法文化文学关系史研究绕不开的话题和主题。

一、伏尔泰和卢梭的"弟子"瑟南古与中国

瑟南古生逢18世纪70年代至19世纪初叶,正是法国(和欧洲)"中国风""中国文化热"的退潮期,是法国和欧洲汉学崛起、兴盛尾声的时期,西

---

① Jules Lemaître (de l'Académie française), *Chateaubriand*, Paris, Éditeurs Calmann-Lévy, 1912, p. 126.

② George Sand, Préface d'*Oberman*, 1863, 参见 https://fr.wikisource.org/wiki/Page:Senancourt_Obermann_1863.djvu/1.

③ Texte, Joseph, "La jeunesse de Senancour d'après des documents inédits", in The Modern Quarterly of Language and Literature, Vol. 1, No. 3, 1898, p. 203.

④ Merlant, Joachim, "L'éVolution Religieuse De Sénancour", in Revue D'Histoire Littéraire De La France, Vol. 13, No. 3, 1906, p. 401.

法国浪漫主义前驱作家瑟南古对中国的描述（上）

方史学家所指称的"中国摈弃期"①。选择瑟南古为本文探究的中心主题、聚焦的首选对象，并以此列为19世纪中法文学交流史的开篇之作，实出于近代中法学者对这一课题长期、全面、深入研究之综合考量的结果。诚然，瑟南古的名字，对于我国当下广大读者来说，尚是相当陌生的名字，其熟悉的程度和知名度，自然远不及同一营垒的作家雨果、乔治·桑，乃至大仲马，但正如我在别处②已明确指出过的，瑟南古从西方文学界乃至音乐界汲取的光辉依旧璀璨夺目。瑟南古曾被今世法国学者不止一次、异口同声地赞为"启蒙运动的幸存者""伏尔泰的弟子""卢梭的弟子""卢梭的最后一个弟子"③等多种美誉。我们已经知道，身为法国19世纪第一代浪漫派作家之一员，瑟南古和其他浪漫主义著名前驱斯塔尔夫人、贡斯当等，具有某些共同点，他们都是18世纪启蒙思想的信徒。但我们还必须充分地认识到，在这一代浪漫派作家中，瑟南古"无疑是受启蒙运动思想影响最深，而且从未背弃过的一位。他还是论述中国最多的一位作家。这双重的特异性集于其一身并非偶然"④，且弥足珍贵。人们当然也可以列举出同时代另两位知名作家夏多布里昂（François-Renéde Chateaubriand，1768—1848）和斯塔尔夫人在他们作品中对中国的参照和描述：如后者在奠定其思想家、文艺理论批评家地位的论著《德意志论》（*Del'Allemagne*，1810，Ⅳ.195—196）中，充满敬意地描述了东方帝国这个天体学家如圣人统治的国家⑤，而前者则在其自吹自擂的自传

---

① ［美］史景迁（Spence）《文化雷同与文化利用》第68页，北京大学出版社，1990年。

② 参阅陈沁、钱林森《瑟南古的东方视野——"中国历史概述"中的华夏文明镜像》，载《华文文学》2017年第4期。

③ Cf. Béatrice Didier, *La Chine d'un Disciple de Voltaire：Senancour*. Zvi Lévy, *Senancour, dernier disciple de Rousseau*, publication de Zizet, 1979. Claudie Bernard, *Penser la famille au 19e siècle*（*1789-1870*）. p. 372. Publications de l'Université de Saint-Étienne. 2007.

④ Béatrice Didier, *La Chine d'un Disciple de Volltaire：Senancour*. Australie, 1997. 中文参阅［法］贝阿特丽丝-迪迪耶《伏尔泰的弟子瑟南古笔下的中国》，载乐黛云、张辉主编《文化传递与文学形象》第235—243页，北京大学出版社，1999年。

⑤ 斯塔尔夫人在其《德意志论》（*Del'Allemagne*，1810）第四卷第195—196页中这样写道："中国的君王们都是国中一流的天文学家；他们夜夜观测星辰的运行，对这些知识的出色掌握与非功利事务的处理体现了他们的为君之尊，使得他们超越了凡俗。这一绝妙的体制催生了源于宗教启示的文明，它建立在一种物质主义信徒们的见解难于企及的博学之上；对学术研究的全心投入几乎已经是理想主义了。"

《墓畔回忆录》(Les Mémoires d'outre tombe，1850)中对中国进行了妖魔化的负面描写。① 人们甚至还可列举出法布尔·德·奥里维(Fabre d'Olivet)，尤其是基内(Edgar Guinet，1803—1875)② 更多地写到中国的例证。然而，一如权威比较文学文化史家艾田蒲在其巨著《中国之欧洲》第二卷结论部分"从仰慕中国到排斥中国"(De la sinophilie à la sinophobie)所深刻揭示、准确指证的，自18世纪70年代末至19世纪初，法国和欧洲已由仰慕中国，进入排斥中国的时期，"中国之欧洲"的声名已然消失："18世纪末，'中国之欧洲'一说已大为过时，我重读《墓畔回忆录》第一卷时正巧找到一个不容置辩的证据。"③ 艾田蒲认为教皇对向中国传播基督教的指责是酿成"中国之欧洲"衰落的第一个原因，以后又有英国马戛尔尼(Macartney)派往中国(1793)的事件，强行签订苛刻的征服性条约及由此引发的鸦片战争，这使得中国在法国和欧洲享有的声誉早已荡然无存，法国人欧洲人已由仰慕中国而进入排斥中国的时期。因此，相较于如上所引举的这些作家对中国肯定或否定性的参照与描述，瑟南古对中国的了解、认知和描写，无疑是最多、最深刻的。他的确不愧是伏尔泰和卢梭的嫡传"弟子"。而就其在中国(汉学)研究领域以及其他领域的研究与建树而言，可称得上"是启蒙运动的幸存者"(comme un intéressant survivant de l'époque des Lumière)④。可以说，正是他的出现，才将"中国之欧洲"的一道靓丽风景延续到19世纪。

瑟南古认识、了解中国的渠道，主要是通过书本的阅读，如同前辈启蒙运动作家、哲学家一样。他在这方面的阅读，十分广博，且极其深入。他阅读的中国书籍，主要取自18世纪启蒙思想导师的相关著述，几乎全部是伏尔泰著的书，包括其他百科全书派作家狄德罗、卢梭的著作，和大量的欧洲传教士、旅游家所写的东方和中国游记，也不忽略新近出版物，只要是有关中国的材料，他都会及时参阅和做记录。这些阅读的广度和深度，我们可以从

---

① Cf. R. Etiemble, L'Europe chinoise, t. II. Conclusion, de la sinophilie à la sinophobie p. 381. Gallimard 1989. 中文参见许钧、钱林森译，[法]艾田蒲著《中国之欧洲》(下册)第389—390页，河南人民出版社，1994年。

② L'Europe chinoise, t. II. pp. 382-384. 中文参见《中国之欧洲》(下册)第390—392页。

③ L'Europe chinoise, t. II. Conclusion, de la sinophilie à la sinophobie pp. 381-383. 中文参见《中国之欧洲》(下册)第390—392页。

④ La Chine d'un Disciple de Voltaire：Senancour. Australie.

法国浪漫主义前驱作家瑟南古对中国的描述（上）

他生前保存下来的读书笔记和阅读记载的资料中得到印证，而这些文献资料，部分已经出版。如《百科全书注释集》（les Annotations encyclopédiques）一书，便是瑟南古从 1795 年开始，以毕生精力完成的一本注释集，从中人们可以对他的阅读有一个详细的了解。这部《百科全书注释集》是按主题分类，以字母顺序列出，以方便查询。假若遇到某些与"中国"词条相关的枝蔓难解、模糊不清的问题，这他总要设法搞清楚，加以说明，这证明瑟南古在研究过程中对其感兴趣的地方总会不断加入新的内容。如他为雷那勒神甫（l'abbé Raynal）的《哲学史》（l'Histoire philosophique）作的"Chine Wasbuston"注释，是关于中国文字的，不幸遗失。于是，他又参照《百科全书》和狄德罗的一些文章，补充了如下注释文字：惠特奈尔（Hütner）的《中国游记》（Voyage de Chine）、《中国历史》（Histoire chinoise de la Chine）①、《中国史新篇》（Nouvelle histoire de la Chine）②、《马戛尔尼游记》（Voiyage Demacartaney）、狄德罗的《论中国人的哲学》（De la philosophie des chinois）、勒·克莱尔（M. Le Clerc）的《中国史》（Histoire chinoise）、《中国语言》（Langue chinoise）（参见第 96 页）以及《法国水星》杂志（Mercure，1814 年 4 月）。

这部《百科全书注释集》最后附有珍贵的参考书目，按年代顺序排列，大部分注明日期。以下是与我们探讨瑟南古与中国有关的书目：帕斯托雷（Pastoret）的《拜火教、儒教和伊斯兰教》（Zoroastr, Confucius et Mahomet）、埃尔贝罗（Herbelot）的《东方图书馆》（La Bibliothèque orientale）、勒·克莱尔的《大禹和孔子》（YU le grand et Confucis）、古尔·德·热贝尔（Court de Gébelin）的《创世之初》（Le Momde primitif）、巴伊（Bailly）致伏尔泰的《关于科学和亚洲人起源的通信》（Lettres sur l'origine des Sciences et sur celle des peuples de l'Asie），此书是瑟南古于 1797 年 7 月在桑利（Senlis）参阅的。在这段孤独而辛苦的研究时期，他还阅读了昂克蒂勒·迪佩隆（Anquetil）的《东方司法》（La légistationg orientale）。另外还有拉·阿尔普（La harpe）的《旅游通史节略》（Abrégé de l'histoire généraale dees voiyages）、康菲尔（Kaempfer）的《日本史》（Histoiree du Japon）、耶稣会会士马亚（Mailla）的《中国史》

---

① 参见《法国水星》杂志，1813 年 6 月 12 日。
② 参见《瘸腿魔鬼》（Diableboiteux），1824 年 2 月 2 日。

（*Histoire de la Chine*）、德·古涅（M. de Guignes）于 1770 年写的中国经书之一《周易》（*Le Chou King*）、尤利斯·冯·克拉波罗特（Julius von Klaproth）的《论亚洲》（*Mémoires relatifs à l'Asie*）（1826—1828）、H. 埃利（H. Illis）的《中国游记——英国驻中国大使最后的日志》（*Voyage en Chine ou journal de la dernière ambassde anglaise*，1818）等。

瑟南古几乎在其所有文章中，都对中国问题倍加青睐。比如在其早期的《关于当今一代》（*Sur les Générations actuelles*）中，他借助中国抨击把人道主义当作罪恶的荒谬。在第一版的《遐想录》（*Les Rêveries*）中他略微评述了中国"博大而精深"（Savante et maniérée）的道德观，但奇怪的是孔子竟未被列入智者名单中①。在瑟南古的代表作《奥贝曼》（1804）中，中国几乎未出现。在他较晚才写的反对夏多布里昂的《论基督教精神》（*Obverssions sur le génie du Christiasme*）中，情况则已大有转变。中国的例子早在启蒙运动时期就被运用到宗教论战中。"我们认为在基督教的教义、思想和哲学中已经没有任何新的东西。可以说，亚洲也有基督教，只是名字不同。"② 瑟南古对中国怀有浓厚兴趣的时期主要在 1816 至 1825 年间，这个时期他强烈反对极端的天主教势力，渴望加深对宗教的理解和思考。对我们研究"瑟南古与中国"这一课题最关键、最重要的两部作品《中国历史概述》《道德与宗教传统历史概述》③，就是在这个时期写成出版的。前者于 1824 年由勒孔安特（Lecointe）和杜雷（Durey）出版社出版，1825 年再版，出人意料地获得成功；后者中的一部分是关于中国的，于 1825 年初版，1827 年再版，因为作者在该著中将基督称为"年轻的智者"而被起诉。

除了上述这两部最主要作品以外，在瑟南古这个时期的其他作品中我们也多少能见到中国。《箴言集》（*Le Petitt vocabulaire de sìuple vérité*）到 1833 年才出版，而写作时间早得多，此书是受中国智慧启发写成的。从 1825 年起，《法国水星》杂志上就有文章引述《箴言集》的片段，颂扬一首"耕者歌谣"（Chant du laboureur）中的中国智者。同年瑟南古在《法国水星》杂志上发表

---

① Senancour, *Les Rêveris*. Droz 1939，I . pp. 184-185.

② *Les Rêveris*. p. 25.

③ Senancour, *Résumé de l'histoire de la Chine*. 1824，1825 2ème éd. Lecointe et Durey, Paris. Senancour, *Résumé de l'Histoire des traditions morales et religieuses*，1825 et 1827 2éme éd. Lecointe et Durey, Paris.

一篇文章,"几个东方国家的民间歌谣",仍是他喜爱的中国题目。他在关于克莱芝斯·罗伯特(Clémence Robert)的文章中批评人们对中国的无知。1821年发表在《蜜蜂》(l'Abille)杂志上的几篇文章也总是谈到中国,另外就是虚构的作品,所有这些都是为了谈论中国。①

如此,林林总总,瑟南古对中国信息、中国资料的搜寻之细致与认真,对中国书本的阅读、中国知识的吸取之广博与深度,便一目了然。就其对中国了解、描述、研究的深度和广度而言,他不愧为19世纪初叶的"启蒙运动的幸存者",他将启蒙思想科学理性的光亮照射到19世纪法国和欧洲。

二、瑟南古《中国历史概述》之中国形象描述

瑟南古的《中国历史概述》(Résumé de l'histoire de la Chine,1824)首版,源自19世纪法国让利斯夫人(Madame Comtesse de Genlis)主编的丛书"世界历史概述总汇"(Collection de Résumés de l'histoire de tous les peuples)系列之一种,该丛书涵盖世界各个民族的历史概况近50卷,《中国历史概述》是其中重要的一卷。它由四大章节构成,按照编年体顺序依次简述华夏历史——中国上古时代、前四个朝代、后十五个世纪、近代中国简史;上古篇追溯至中国传说中的远古先祖有巢氏、燧人氏、伏羲氏与神农氏,直至近代中国篇的元明清三个朝代。这是瑟南古积毕生之精力,探索、研究中国历史、中国文化,理解、认知中国的最重要的成果。

《中国历史概述》,作为世界各民族历史概述汇编中的重要一卷,是瑟南古在启蒙运动后写给法国广大普通公众阅读的中国历史读物,要了解他这部描述中国、塑造中国形象的力作,究竟提供了怎样的中国形象,富有何种新的内容和色彩,具有怎样新的意义,我们得首先了解作者当年在撰写这部中国历史读物之际,有着怎样的叙述策略、编写宗旨的预设,以及美学和学理的追求。所幸,瑟南古在其《中国历史概述》前言里曾这样开宗明义地正告过他的读者:

---

① 更详细的列举,请参阅勒·加勒(B. L Gall)、迪迪耶(Didier)合著《瑟南古的想象》(L'Imagination chez Senancour)(第一卷)第538、539页和(第二卷)第226、227页。

如果想要出版一本更有广度和深度的历史学著作，我们就要考虑，与此相关的实际标准是否恰好能满足大多数评论家的要求；是否总是能引起人们强烈的兴趣；是否带有传奇色彩的历史事实不会被那些历史小说所掩盖；最后，每当我们设法把历史和文学巧妙地统一起来时，我们是否没有扭曲"真"——这一历史事实的唯一必然性，以及撰写整部严肃作品的唯一原则。

在这里，我们只想谈几点看法，以使读者大致了解我们的写作意图。我们尽量不让读者觉得我们把历史著作抬得过高，但只有一部作品臻于完美的时候，我们才应将之奉献给读者。这样的观点不适用于此部作品，因为它只是一部概要性的叙述罢了。①

在此，作者明确地告诉我们，他撰写的只是一部中国历史概要性著述，是奉献给启蒙思想运动落潮后法国广大普通读者的通俗易懂的公众读物。因此，面对19世纪初叶法国知识界批评家和广大公众读者不同的期待视野与阅读诉求，在致力于史实叙述的真实性、准确性和叙事的文学性、趣味性巧妙地融为一体而难能两全时，瑟南古毫无犹疑地以求"真""历史事实的唯一必然性"，即以史实叙述的真实性、准确性，作为撰写这一"整部严肃作品"的唯一宗旨和叙事方略的唯一原则。这就不仅必然赋予这部《中国历史概述》以启蒙前辈导师伏尔泰式的鲜明、强劲的论战主题，也必然使它的作者面临着多重严峻的挑战，从而使这部描述中国、塑造中国的历史读物，焕发出全新的色彩，开发出新的时代意义，使瑟南古笔下的中国形象富有新的风貌和光彩。

撰写这部中国历史读物，遭遇的首个难题是中国历史上限起点如何界定。中国历史年表和《圣经》年表的对立问题，向来为西方思想文化界争论不休、莫衷一是的难题。瑟南古没有回避这个问题，他在《中国历史概述》前言中就已经直接提出："人们已经习惯在麦兹拉伊姆（Mesraïm②）的土地上寻找那些不能归入亚伯拉罕后代的人的起源，一些博学者就这样勾画出中国先民出

---

① *Résumé de l'histoire de la Chine*, p. 1.
② 在《旧约》原文内，多用"Mesraïm"来指埃及。现代的埃及人、阿拉伯人和犹太人仍称此国为麦兹拉伊姆。

自埃及的路线。"① 他们声称,这个假设由"东方历史上大量确凿的材料"支持,不容置辩。圣经历史和中国历史的平行是这个前言的基础,也是中国的巨大荣耀。"幼发拉底河流域的居民似乎已拥有不同的法律,但是迦勒底人受统治者控制。中国的情况要幸运得多。"② 伏尔泰曾大量论述的主题是希伯来人在历史上经常遭受邻国的奴役。瑟南古另一个与基督教传统观点相对的是关于"经典",中国君主"尊重经典,从未从中读出反面的内容,承认经典是由人口述的"③。这里是双重反击,其一,《圣经》中的"摩西十诫"被公认为是随柳条框飘至的神旨;其二,对《圣经》有许多互为矛盾的论释,伏尔泰曾在《哲学辞典》中对此特别大加讽刺。瑟南古在《中国历史概述》中反复论述中国的古老和材料的确凿:"我们几乎未涉及埃及法老塞索斯特里,他的统治不及尧、舜和黄帝的统治稳固,中国人在亚洲建立强大的帝国。公元前1635年,大禹的宫廷前聚集了周边16个王国的王子"④。

对于中国历史上古年限这一极富有争议的论题,瑟南古丝毫没有回避,而以自己对中国的深度研究和认知的积累,广征博引,提取18世纪汉学研究名家的有益观点,熔铸自己独到的思考和见解。我们知道柏应理的《中华帝国年表(公元前2952年—公元1683年)》(*Tabula Chrbnologica TV Ionarochia Sinica* 2952*B. C* — 1683*A. D.*)作为欧洲当时颇具影响力的汉学巨作,将华夏文明史的开端追溯至伏羲统治时期,柏氏认为此前的神话故事不足为信。而以法国著名东方学家德经为首的中华文明"西来说"在欧洲逐渐兴起,德经认为"一个国家起源研究最确凿的证据应该回到其文字档案中去寻找"⑤。他坚决否定中国上古传说的真实性:"中国文字可以在象形文字中找到起源,是埃及人将自己的文字传播给中国人"⑥,进而提出"中国人为埃及殖民说"的

---

① *Résumé de l'histoire de la Chine*, p. 10.

② *Résumé de l'histoire de la Chine*, pp. 13-14.

③ *Résumé de l'histoire de la Chine*, p. 14.

④ *Résumé de l'histoire de la Chine*, p. 48.

⑤ A. de Gérando, *Essai historique des Hongrius*, Paris, Au comptoir des Imprimeurs-Unis, 1844, p. 120.

⑥ Joseph De Guignes, *Réponse de M. De Guignes, aux Doutes proposés par Monsieur Deshautesrayes, fut la dissertation qui a pour titre: Mémoire dans lequel on prouve que les Chinois font une Colonie Egyptienne*, Paris, Imprimeur-Libraire chez Michel Lambert, 1759, pp. 5-8.

理论。瑟南古在书中对这一立论表示质疑:"德经放弃了最古老的一段时间;不过他提出的假设,另外提一句,这是非常激进的假设,不能同东方历史中最确凿的文献资料达成一致。"① 瑟南古推崇并吸取法国耶稣会传教士冯秉正的观点,以冯秉正与弗雷莱的书信②以及由冯译朱熹的《通鉴纲目》③为立论依据,以上古时期有巢氏与燧人氏的故事作为中国历史的开端,始终坚守自己独立的思考,熔铸了他对中华文明史的真知灼见。

另一个更为敏感的论战问题是传教士的作用问题。瑟南古虽然不像伏尔泰那样使用犀利的讽刺,却也不止一次委婉而清晰地提出他反对传教士的根本观点。"欧洲人参与了什么?康熙皇帝对教皇克莱蒙四世的特使的拒绝不是合法的吗?也许他认为欧洲人计较人家是允许还是禁止他们的信仰是不好的……也许向一个满族人解释什么是教皇的枢机主教特使很困难。"④ 中国人皈依宗教全靠耶稣会会士使用机智的、模棱两可的表达方式。康熙皇帝觉得一个传教士的工作(记录长城的平面图)很严肃、在一封信中表示:"我确信您是诚实的,所以我要明确表示对您的信任。"殷弘绪(Entrcolles)神父承认许多中国人皈依基督教都应归功于传教士模棱两可的迂回策略。"这是一种基督教的仁慈可以屈尊接受的间接的方式。"⑤ 这与伏尔泰的观点相符。中国人之所以排斥宗教,是因为宗教产生迷信和政治动乱,而并非因为他们对外来思想不宽容。1721年康熙皇帝让特使向教皇转述以下答复:"这种教谕还是留给恶俗的欧洲人吧,他们甚至不懂中国人的语言,怎么想到对道德昌明的大国横加干涉?这种行为足以显示他们的宗派与喇嘛教、道教那些亵渎圣者的言论如出一辙,尽管他们之间争执不休。因此,必须阻止这些新喇嘛散布谎言,防患于未然。"⑥ 那些向中国人解释驱逐传教士的言论使我们不仅想到伏尔泰,还想到狄德罗及其《布干维尔岛游记续集》(*Supplément du Voyage de*

---

① *Résumé de l'histoire de la Chine*, p. 10.

② *Résumé de l'histoire de la Chine*, p. 8.

③ *Résumé de l'histoire de la Chine*, p. 16. Cf. Joseph-Anne-Marie de Moyriac de Mailla, *Histoire générale de la Chine ou annales de cet empire*, traduites du Tons-Kien-Kang-Mou, Paris, Chez Ph. -D. Pierres et Clousier, 1776.

④ *Résumé de l'histoire de la Chine*, p. 309.

⑤ *Résumé de l'histoire de la Chine*, pp. 310-311.

⑥ *Résumé de l'histoire de la Chine*, pp. 314-315.

Bougaainville):"如果我向你们的国家派遣一群喇嘛,你们同意吗?"①

与此相关的是早期传教士的西学东渐史考索,瑟南古对此极为关注,按照西学东渐编年史顺序,概述传教士文化在古代中国的接受史。他在《中国历史概述》中谈到,早期传教士进入中国时,首先面对的是古代中国对西方文化,尤其是西方宗教文化一无所知的状况。中国人把公元635年前进入的景教教士和亚洲僧侣混为一谈,在中国的编年史中,只要提到来自欧洲的基督教传教士或是中国西方的吐蕃僧侣,文人们总是不加区分。明清时期西学东渐步入热潮,得益于欧洲传教士的传教策略逐步奏效,皇权阶级逐步接受与容纳西方文化。康熙的"容教"态度可以视为一种历史的佐证,"康熙皇帝批复了礼部撰写的允许传教士的奏折,礼部认为他们铸造大炮的工作还是值得称道的,既然容许喇嘛修建喇嘛庙,那么也可以容忍传教士修建教堂;正好在此时,康熙皇帝突然高烧不退,中药无法治愈,而耶稣会修士用奎宁治好了康熙皇帝;康熙皇帝立刻赏给他们一套位于紫禁城内的住所,并且把礼物交给其中一位教士,命其带给法国国王"②。1717年,因祭祖拜孔等宗教礼仪问题引发的礼仪之争使中西文化关系再次遭遇重大转折。康熙帝禁止天主教在华活动的谕令成为排挤基督教徒的信号。此后,雍正、乾隆相继颁布禁教令,实行拆毁教堂、闭关锁国的政策。传教士自广东、福建被遣送至澳门,耶稣会在康熙帝治下饱受厚待和庇护的美好时代告一段落。

传教初期,传教士们面对上至皇权、下至百姓几乎统一的拒绝态度,逐渐认识到中国作为"礼仪之邦""中心之国"的文化优越性以及在东方传教的困难性。于是,他们改变策略,在政治上采取"分而传之"的策略,在翻译上倾向于中西结合、"有意误读"的策略,力求双管齐下,促进在中国的传教事业。

西方传教士这种带有权宜性质的迂回传教策略获得成功,成果之丰硕在《中国历史概述》中亦可见一斑:以西方医学等科学知识与王公贵族建立良好关系,运用天文学知识预防地震等自然灾害,经记载,德国传教士汤若望在中国官场具有较大的影响力,在康熙帝时期这位耶稣会修士在北京甚至被任命为钦天监监正;以亲儒近佛取信于文人与百姓,瑟南古以利玛窦神父的传

---

① *Résumé de l'histoire de la Chine*, p. 324.
② *Résumé de l'histoire de la Chine*, p. 304.

教策略为典型，指出"他引诱中国人；他向人们展示奇珍异品，为了随后让他们下定决心信教，他投其所好，用通俗的表达方式，绘制了一幅中国全图，地图上的中国位居世界中心"①。耶稣会士敏锐地捕捉到中国古代百姓的宗教信仰，在翻译策略上有意"误读"：一方面，他们自称大秦（来自罗马或巴勒斯坦）和尚，借此模糊中西方的文化差异点，瑟南古援引法国耶稣会传教士刘应（又称"刘声闻"，Claude de Visdelou, 1656—1737）翻译的碑文与基歇尔（Athanasius Kirche）《中国图说》中的相关资料进行考证；另一方面，为了迎合古代中国百姓的胃口，传教士们对西方教义进行丰富的演绎，通过佛祖之口向中国老百姓宣扬玛丽亚之子的教义。随着礼仪之争愈演愈烈，传教士为能继续留在中国传教，被迫遵循康熙帝谕旨，赞成孔子学说，认同祭祀仪式，宣誓永不返回欧洲。"正是因为这一点，皇帝才肯让他们负责长城沿线地区的地图测绘工作。他们同样绘制了辽东地区的地图。康熙皇帝对他们的工作十分满意，并给予好评，他希望其余的传教士们加入第一批测绘者的行列，完成整个帝国的地图"②，瑟南古如是评说道。

瑟南古《中国历史概述》展现的中国形象，如同伏尔泰笔下的中国，是自然神论和美德的故乡，道德至上的中国，儒家思想治理下的东方理想国。但较前辈导师，瑟南古笔下的中国形象显然被赋予了新的内涵和色彩。伏尔泰高度评价中国的道德伦理学，指出以儒家学派为代表的中国伦理学具有政治化的特点，而中国伦理优于西方。在《哲学辞典》"中国教理问答篇"中，伏尔泰援引孔子弟子与鲁公子貗的问答录就中国伦理展开对话（耶稣会修士福开神父译），"孔子'善终吾身，死而无怨；己所不欲，勿施于人'理应是人类的法典"，而"慎以修身，以和养体"为政治原则和卫生之道③。其后孟德斯鸠从专制中国论出发，以批判的精神考察儒家文化，认为中国政体的特质是立法者"把宗教、法律、风俗、礼仪都混在一起。所有这些东西都是道德。所有这些东西都是品德。这四者的箴规，就是所谓礼教"④。瑟南古反对中国伦理批判论，站在认可中国伦理学政治化特点的立场上推崇以德治国论。他认为孔子的儒家学说致力于恢复上古时代的道德准则，儒家学说盛行时期

---

① *Résumé de l'histoire de la Chine*, p. 311.
② *Résumé de l'histoire de la Chine*, p. 310.
③ [法]伏尔泰著，王燕生译《哲学辞典》第269—281页，商务印书馆，1991年。
④ [法]孟德斯鸠著，张雁深译《论法的精神》第313页，商务印书馆，1995年。

伦理道德与政治紧密相连，但儒家学说并不亚于其他任何哲学学说。"在中国，人们把道德准则摆在如此重要的位置上，以至于把道德准则变成了一种学说，一套法律以及全民族的德行；旧时道德上的完善不断缓和这极度不善的政治造成的后果。"① 儒家道德治理下的中国孕育了一个没有教义、仪式和狂热的宗教梦想。当启蒙思想家猛烈抨击教士与政权相互勾结时他们在中国找到了这个梦。瑟南古对此做了清楚的解释。在中国，制度的基础是道德，而不是教理，政教合一，权力由皇帝一人掌握，不会出现神权政治的弊端。政治带有它应有的宗教性质：上帝不介入人世的变迁，同时中国是一个对宗教很宽容的国家。"帝国允许各种信仰自由存在，只要不引起动乱。"② 伏尔泰也称赞过中国的宽容态度。

瑟南古笔下的中国是孔夫子思想的中国，以儒家道德观为治国理政的国度，他所塑造的是忠孝两全的中国。作为中华民族传统美德的孝道与爱国思想，是瑟南古极为关注的两个重要思想。一方面，瑟南古注意到中国人守孝三年的习俗，以《孝经》为道德和行为准则的风俗，提出当权者只有遵守孝义才能受到尊重的观点。此外，他特别强调了《孝经》的翻译问题，认为西方传教士在翻译《孝经》或其他道德论著时会"有意"削弱其中的观点，"他们担心会与西方对中国已经形成的概念相抵触，他们小心谨慎，只挑选西方能接受的名词"③。另一方面，南宋诸将拼死抵抗蒙古军的忠君爱国思想和英勇精神深深地震撼了瑟南古："在历史中也有类似的情况，在一贯的背信弃义和卑躬屈膝的包围下，当赋予那些敏感者截然不同的能量时，会涌现出许多顽强或者忠诚的杰出典范。后者震撼了我们的想象力。"④ 瑟南古向读者展示了中、欧在伦理学方面的文化差异。他以"刘邦编造莫须有的罪名诬陷田横，后者在回都途中自刎谢罪，跟随他隐退的所有手下也都跟着自杀了"为案例，指出亚洲伦理学对忠义精神始终持赞赏态度，但在其他国家立法者眼中，这种行为无疑是不可取的，并且应该受到更为严厉的处罚，表明了这位 19 世纪启蒙思想薪火传承的弟子，对中国的认识与研究，较前辈导师似乎更具扎实的功力和清醒的目光。

---

① *Résumé de l'histoire de la Chine*, p. 13.
② *Résumé de l'histoire de la Chine*, p. 329.
③ *Résumé de l'histoire de la Chine*, p. 69.
④ *Résumé de l'histoire de la Chine*, p. 227.

中国知识，汉学研究，作为 18 世纪启蒙思想哲学论战的一个热点话题和论据，中国被理想化，在这一点上瑟南古和伏尔泰一脉相承，因为他通晓老师的全部著作。但我们必须看到，相较于中国迷伏尔泰笔下"良风美俗"的一味理想化的赞誉和描述，瑟南古笔下的中国描述，除上述举世公认的道德至上、忠孝两全的"良风美俗"外，还有值得细究的"特殊风俗"，在他看来，堪称"陋俗"，值得思考和质疑。一是一夫多妻制。女性的权利与自由，向来深受欧洲学人关注，早期西方学者的视阈中，中国女性是完美的女神形象："她们很有姿色，并且是娇生惯养长大的，她们的绸缎服装和浑身珠宝的昂贵，是令人无法想象的。"① 随着对东方文化了解的进一步深入，加之中西权力的互动关系不断变化，欧洲人眼中的中国女性形象也在不断发生改变。瑟南古对此也有自己的观点，特别针对中国古代一夫多妻制的不合理性展开论述："一夫多妻制的合法化只会产生相当狭隘的特权；这种制度甚至只能适用于一种情况，即为保证君王能生下皇位的直接继承人而避免战争。无论在何处，公开或是私下，富人可以拥有多名妻子；我们严加指责东方人的这种社会陋习。中国还有一个特殊的地方，妻子一旦无法生育，就成为纳妾的合法借口。"② 二是惩罚制度：酷刑与连坐制。文艺复兴后，西方的刑法体系逐渐与自由、平等、博爱的人权价值观相融合，在《中国历史概述》中，中国古代的刑罚制度对这位 19 世纪的法国作家形成巨大冲击。他认为中国古代的刑罚存在不同程度的人为因素，没有依法量刑且伴有残酷的酷刑，此外，"一人犯罪，亲属连坐"的连坐制度也令他感到震惊："经保罗考证，这种法律源自斯基泰地区，但在中国已经流传相当长的时间，中国人把处罚的范围扩展到九族；这种法律有利于极端专制统治，它建在如下原则基础上，即人民的领袖被视作权力的继承人，而首任统治者则应该属于天生之列"③。由上我们不难看出，相较于前辈导师伏尔泰一味推崇、赞扬中国的理想化的描写，瑟南古笔下的中国形象描述，显示了更为清醒、科学、理性和开创的特点，正可谓"青出于蓝而胜于蓝"，足见伏尔泰的弟子瑟南古已将前辈导师对中国的研究和认知，推进到一个新的发展阶段。

---

① ［意］马可·波罗著，陈开俊、戴树英、刘贞琼、林键合译《马可·波罗游记》第 179 页，福建科学技术出版社，1981 年。

② *Résumé de l'histoire de la Chine*, pp. 144-145.

③ *Résumé de l'histoire de la Chine*, pp. 299-300.

法国浪漫主义前驱作家瑟南古对中国的描述（上）

瑟南古研究中国、思考中国、描述中国的深刻性和独特性，我们通读、细读《中国历史概述》，还可从中找到另一个例证，这就是他在研究中国历史的同时，也对他那一代人经历的法国大革命重新进行思考。1789年时，他们20岁，不难理解，这个惊人的事件对于生活在表面稳定的旧王朝的贵族公子们来说多么发人深思。夏多布里昂以《论革命》①命名他的第一本著作。那时人们一般认为大革命必须以历史周期性理论做出解释，"革命"一词来自天文学，指天体的有规律回归。并非瑟南古一人提出质疑，为什么中国没有发生像1789年那样的革命？思考的问题既涉及法国革命，又涉及中国的事件，有些是伏尔泰未能经历的，即"天道膜拜者"的1813年暴动。显然，将这些不满者与那些受"理性"思想启发的法国大革命的起义者相提并论，可以发现二者的联系。1824年，中国又发生了一次暴动。这些事实预示着怎样的未来呢？"直到现在为止，中国只出现了革命的初期征兆，那些既可怕又有益的革命，一代又一代改变着种族的状况，甚至个人的命运。有些国家的稳定似乎很特别，但是这只代表革命的时间有早有晚。"② 因此，革命的周期性是普遍的，而"中国"这"天体"的运转比欧洲慢。如果欧洲的思想和科学技术传入中国将会发生什么呢？"我们的奇幻出其不意地给全球每个角落施加影响，使得运动中的天体脱离既定轨道，带来新的灾难。"③ 因此，欧洲的影响有可能威胁中国，使按照自然规律晚到的革命提前降临。瑟南古以独特的、充满寓意的历史观分析了中国的例子，对亚洲大陆的将来提出了独到的见解。瑟南古对中国研究和认知的深入与独到之处，可见一斑。

（钱林森　南京大学教授）

---

① 夏多布里昂《革命论》(*politique et moral sur les révvolutions*)，1797年。
② *Résumé de l'histoire de la Chine*, p. 362.
③ *Résumé de l'histoire de la Chine*, p. 362.

《华北考古记》与鲁迅的金石学研究*
——沙畹著作在中国最早的译介与影响

贺梦莹

摘 要: 爱德华·沙畹是法国现代汉学的奠基人。他于1907年第二次来华时进行了为期一年的考古调查工作,返回法国后,于1909年将考古调查中搜集的金石拓片和拍摄的影像照片结集为《华北考古记》两卷图册出版。1913年初,民国教育部收到了这两卷图册,并很快在《教育部编纂处月刊》上连续三期刊载了图册目录的中文译文和简要介绍,这是迄今发现最早的沙畹著作的中文翻译。鲁迅是20世纪著名的文学家、思想家,也是金石收藏家和研究者。大量间接证据表明,鲁迅不仅看过沙畹的《华北考古记》图册,并且很可能还促成并参与了图册目录的翻译和出版工作。同时,也很可能在这本书的启发和影响下,鲁迅开始了持久而深入的拓片收藏、抄录和研究工作。沙畹首次将金石学研究纳入法国汉学的研究领域,他使用的西方现代考古学方法使得中国传统金石学研究焕然一新。鲁迅虽然仍主要遵循中国传统的文字考据方法进行研究,却在数量和深度上补充了沙畹以及传统中国金石学家的研究。他们的研究成果一直到今天都占据着不可替代的地位。

关键词: 沙畹 鲁迅 《华北考古记》 金石学 拓片

爱德华·沙畹(Édouard Chavannes,1865—1918)是法国现代汉学的奠

---

* 本文在研究写作过程中曾先后承蒙(按姓氏字母顺序): Marianne Bujard(吕敏)、李国强和Alain Thote(杜德兰)老师指导、点评及惠赐资料,特此鸣谢。本文法文版 "Édouard Chavannes, Lu Xun et la Mission archéologique dans la Chine septentrionale" (《爱德华·沙畹、鲁迅和〈华北考古记〉》),发表于《法国远东学院学刊》(*Bulletin de l'École française d'Extrême-Orient*),2017, Vol. 103, pp. 453-472。中文版吸收了一些新材料,在保持原文基本论点的基础上有一定程度的改写和增删。

基人,是他同时代学者中第一位全才的汉学家。① 他一生著述丰富,研究领域广泛,涉及中国历史、金石、考古、宗教、艺术等各个领域。学界以往认为,沙畹的研究最早被中国学者提及是在罗振玉和王国维 1914 年出版的《流沙坠简》② 一书中。而沙畹最早被翻译为中文的作品则是冯承钧于 1926 年出版的《中国之旅行家》。③ 然而,最新一项发现表明,沙畹的作品被翻译介绍到中国学界的时间可以提前至 1913 年。1913 年,民国《教育部编纂处月刊》第一卷上连续三期发表了关于沙畹的《华北考古记》④ 一书的图册目录的中文译本,题为《中国北方考古旅行摄影目录译汉》⑤,这是目前发现的沙畹著作最早的中文翻译。1907 年,沙畹得到法国教育部、铭文与美文学院(l'Académie des Inscriptions et Belles-Lettres)及法国远东学院(l'École française

---

① Henri Cordier(考狄),"Nécrologie-Édouard Chavannes", T'oung Pao(《通报》), Vol. 18, No. 1/2, 1917, pp. 114-147. 此文被转载在 Journal Asiatique(《亚洲学报》), XIe sér., tome XI, Paris, Ernest Leroux, 1918, pp. 197-248, 及考狄论文集 Mélange d'histoire et de géographie orientales, tome IV、VII, Paris, Librairie Orientale et Américaine, Jean Maisonneuve et fils Éditeurs, 4 volumes, 1923. pp. 222-272.

② Édouard Chavannes, Les documents chinois découverts par Aurel Stein dans les sables du Turkestan oriental, Oxford, Imprimerie de l'Université, 1913. 沙畹此书中研究的简牍是斯坦因(Aurel Stein)1906—1908 年在中国新疆、甘肃地区探险时发现并带回英国的,之后交由沙畹考释研究。罗振玉和王国维听闻这批简牍后立刻写信向沙畹咨询并请求简牍的照片。自 1912 年起,沙畹陆续将简牍照片及自己的研究成果寄给罗、王二人。罗、王二人在 1914 年发表他们对简牍的释文和研究成果《流沙坠简》(三卷,京都:东山学社,1914 年)。在罗、王分别为该书所作的"序"中,他们多次感谢沙畹的帮助并肯定了其研究贡献。

③ 沙畹(Édouard Chavannes)著,冯承钧译《中国之旅行家》,商务印书馆,1926 年。法文原文:Édouard Chavannes, Les Voyageurs chinois, Extrait des Guides Madrolle: Chine du Sud, Paris: Comité de l'Asie française, 1904. 在 Jean-Louis Boully 出版的《里昂中法大学 1921 年至 1946 年中文书目》(Ouvragesen langue chinoise de l'Institut franco-chinois de Lyon(1921-1946), Lyon: Bibliothèque municipale de Lyon, 1995)一书中,没有找到任何沙畹作品的中文翻译,但却有同一时期的一些法国文学家及社会学家的作品中文译本,由此我们推测,冯承钧的《中国之旅行家》一文是沙畹著作最早的汉译本。

④ Édouard Chavannes, Mission archéologique dans la Chine septentrionale, Planches, deux volumes, Paris: Ernest Leroux, 1909; tome I, Première Partie, La Sculpture à l'époque des Han, Paris: Ernest Leroux, 1913; tome I, deuxième Partie, La Sculpture bouddhique, Paris: Ernest Leroux, 1915.

⑤ 《中国北方考古旅行摄影目录译汉》,载《教育部编纂处月刊》第 1 卷第 2、3、4 册,1913 年 3 月、4 月、5 月教育部编纂处印行。其中第一篇题目中为"摄影",后面两篇题目中为"摄景"。因为"影""景"两字相通,文本以第一篇文章的标题"摄影"为准。

d'Extrême-Orient）的资助，对中国北方地区进行了为期约一年的考古调查，考察了辽宁、吉林、山东、河南、陕西、山西以及北京和天津地区。他不仅走访各地进行田野调查，拍摄大量的实景照片，同时拓印及购买了大量各地保存的和在市场上流传的金石拓片，为之后的研究做资料准备。1908年考察结束后，他先后出版了四卷本的学术著作，名为《华北考古记》，分为两卷图册集（1909年出版）及两卷研究论著（1913年、1915年出版）①。图册集分为六部分，第一部分"汉代雕刻"（共104张图版，内含199张图片）；第二部分"五世纪至八世纪佛教雕塑"（共182张图版，内含238张图片）；第三部分"唐宋皇陵"（共26张图版，内含30张图片）；第四部分"博物馆藏品"（12张图版，内含36张图片）；第五部分"石刻文字"（45张图版，内含241张图片）；第六部分"风景图"（119张图版，内含401张图片）。两卷研究论著分为"汉代石刻"（新增55张图版，内含94张图片）和"佛教雕刻"（新增44张图版，内含467张图片）两部分。1913年，中华民国教育部设立了三个司和三个处，其中编纂处负责编辑和出版《教育部编纂处月刊》。此月刊于1913年2月开始发行，停刊于同年11月，共发行了十期，内容主要涉及教育，而沙畹的这篇关于考古调查的文章在月刊上连载三期，无论在内容上还是篇幅上都属特例。在对此篇译文的内容及其发表的时代背景分析后，笔者认为，文章的发表很有可能和当时在教育部社会教育司任职的鲁迅有关。② 事实上，在这篇翻译文章发表几个月后，即从1913年9月起，鲁迅便开始大规模系统性地收集、整理、抄写和考释拓片，这一活动在某种程度上很可能是受到了沙畹考古图册的启发和影响。然而，不知出于何种原因，鲁迅一生从未在任何地方提及沙畹其人或是其作品，因此，我们无法对这一推测给出确定的答案。

　　下文首先介绍沙畹《华北考古记》图册目录译文的案语及翻译，通过分析研究，推测鲁迅在这篇文章的选定和翻译中可能起到的作用。其次，通过对比沙畹和鲁迅收集和研究拓片的方法，探讨沙畹的图册对鲁迅及当时的中国学界可能带来的影响。

---

① 1913年和1915年两册研究论著被标为第一卷（Tome I），但是全部四册中没有出现第二卷。所以，笔者猜测，很可能沙畹是将1909年先发表的两卷图册集认为是第二卷。

② 鲁迅（1881—1936）自1912年2月起接受教育部部长蔡元培的邀请在民国教育部任职直至1926年。

一、沙畹《华北考古记》图册目录译文的案语及翻译

在1913年3、4、5月的《教育部编纂处月刊》的附录上,连载了题为《中国北方考古旅行摄影目录译汉》一文,内容为沙畹《华北考古记》图册目录的翻译,译者不详。译文前有一小段案语:

沙畹(Edouard Chavannes)此人在本国所用华文名刺乃此二字,故仍用之主撰,一九〇九年清宣统元年法国极东学会(Ecole française d'Extrême-Orient)俗译法国博古学堂刊行。法国教育部及古文字学院助刊

谨案。此景片凡二巨帙,于民国二年一月二十七日邮寄到部,系前清驻法使署寄致前清学部之件。逾岁而始达也。别无书牍,不知其所自来。遥揣当是极东学会于光绪末年遣员游历我邦,归有所记,此其附图。沙畹氏固彼邦考古学名家,为会中重人,故此书题沙畹氏主撰。顾氏果与此旅行与否,未敢必也。西例,学子新著及官刻图书,往往遍赠各使署,转寄各国,以为誉。此殆其类。所惜有图无说,不克窥其所考订。虽然,已觉所见之超出前人记载矣。①

此案语向我们传达了几个信息。首先,沙畹的书于1913年1月27日被邮寄到民国教育部,原本是前清驻法使馆寄送给前清学部的。今天在法国吉美博物馆(Musée Guimet)所藏"伯希和档案"②中,保存有一封沙畹的妻子爱丽丝(Alice Dor)于1920年3月25日(即沙畹去世两年后)写给伯希和(Paul Pelliot)的信③,信中列出了沙畹当年赠送过《华北考古记》一书的所有外国人和外国机构的名称以及所赠卷号的名单。名单中就包括"中国公共教育部"(Ministère de l'Instruction publique chinois),即当时的清朝学部。由此得知,1909年,沙畹《华北考古记》两卷图册集出版后,沙畹将它们通过

---

① 此处中文部分将原文繁体字转换为简体字,法文部分完全遵循原文,保留原文格式,小号字为注释,标点系作者依据文章上下文逻辑所加。
② 感谢戴仁先生(Jean-Pierre Drège)告知我在巴黎吉美博物馆(Musée Guimet)的"伯希和档案"(Fonds Pelliot)中存有沙畹的信件。
③ 收藏于巴黎吉美博物馆"伯希和档案"中,编号:Fonds Pelliot, Pel C71a, Correspondance Pelliot, 1920, Musée Guimet.

前清驻法使馆赠送给了前清学部。之后,由于政局的变动,两卷书被前清学部移交给了民国教育部。其次,虽然译者在案语中正确写出了Édouard Chavannes的中文名字"沙畹",但这很可能是因为他看到了沙畹赠书中的签名①。因为,"沙畹"这个名字当年在中国还不广为人知。在1918年沙畹去世后中国学界所写的悼文中,沙畹的名字时而被译为"夏樊纳",时而被译为"沙完氏"。② 同样,译者似乎并不清楚沙畹的真正身份。案语中提到的沙畹是"考古学名家"的论断,可能是从《华北考古记》的书名中推测出来的。其实,沙畹自1893年起就是法兰西学院(Collège de France)的教授,对汉学最重要的贡献是翻译了司马迁的《史记》③。他在当时的法国学术界并不被认为是考古学家。因为不了解沙畹的真实身份,译者才会怀疑沙畹是否是此书的真实作者。不过可以看出,译者精于金石学,也因此能立刻评定出沙畹图册的价值。此外,译者似乎比较了解法国极东学会(今法国远东学院)。"法国极东学会"原是法国1898年在越南西贡(今胡志明市)建立的"印度中国古迹调查会"(la Mission archéologique d'Indochine),1900年1月20日改为现通用名"法国远东学院",校址迁往河内。④ 它在当时被中国人熟知,毫无疑问是由于它的第一位成员伯希和(1900年入会)。伯氏于1910年前后到达北京,并将其在敦煌藏经洞发现的珍贵经卷向北京的学者展示。⑤ 由此,"伯希和博士""敦煌藏经洞",以及"法国极东学会"在中国学界名声大噪。

二、图册目录的翻译

关于《华北考古记》图册目录的译者信息我们并不知晓,但是,通过对

---

① 笔者猜测,沙畹应该会在赠送给中国教育部的书中留下中文签名。但是到目前为止,笔者只在一些沙畹当年赠予法国机构和友人的书中见过他的法文签名,还未曾见过沙畹的中文签名。

② 参见《法国著名汉学家逝世纪闻》,载《东方杂志》1918年第15卷第10号;《法公使莅本校演说纪事》,载《北京大学日刊》第162期。

③ Édouard Chavannes, (trad. et annot.), *Les mémoires historiques de Se-ma Ts'ien*, 5 tomes, Paris: Ernest Leroux, 1895-1905. Réimpr., Tomes 1 à 6, Paris: Adrien Maisonneuve, 1967-1969.

④ 参见 Pierre-Yves Manguin, Chercheurs d'Asie: *Répertoire biographique des membres scientifiques de l'École française d'Extrême-Orient*, 1898-2002, Paris: École française d'Extrême-Orient, 2003.

⑤ 桑兵《伯希和与近代中国学术界》,载《历史研究》1997年第5期。

原文和译文的对比研究,我们可以对译文的质量和特点以及译者的翻译水平有一个大体的了解。已知图册目录的译文分三期发表在《教育部编纂处月刊》,第一期为"第一编"(译文用词,下文引号中均采用。即原书第一卷上册第一节)"汉刻"(图版 1 至 104),包括"河南登封县石阙、四川雅州府石阙、孝堂山石室、武梁祠、两汉诸石刻";第二期为"第二编"(即原书第一卷第二节)的大部分,"景纪五期至八期间佛教雕刻"的前两章(图版 105 至 264),包括"附近大同府之云冈诸石窟、河南府附近龙门窟";第三期为"第二编"的剩余部分,包括"河南省巩县石窟寺、济南府千佛山、佛教碑刻杂集"(图版 265 至 286),"第三编"(即原书第一卷下册第三节)"唐宋陵墓"(图版 287 至 312),"第四编"(即原书第一卷下册第四节)"各博物藏品"(图版 313 至 324)以及"第五编"(即原书第一卷下册第五节)"石刻文字"(图版 325 至 369)。"第六编"(即原书第一卷下册第六节)"景物"(图版 370 至 488)的目录全部被省略,只给出了总页数和图片总数。译者总共翻译了 488 张图版中的 369 张,即 1179 张图片中的 778 张图片的标题。从翻译的内容来看,译者最关注的是汉代石刻、佛教雕塑以及唐宋陵墓,而对实景图片不是很关注。并且,尽管沙畹目录中的专有名词都只使用了远东学院的拼音标注,但是译者却能准确地译出中文原名,这恐怕不仅有赖于图片所提供的信息,而是译者熟悉法国的拼音系统。此外,译者还对沙畹给出的图片信息进行了补充。例如,在对地点的处理上,译者在标题"昭陵,太宗的陵墓"(Tchao ling, sépulture de l'empereur T'ai tsong)的前面加入了"陕西省醴泉县"。① 在对时间标注方式的处理上,译者将原书中西方的表达方式转换为中国读者能读懂和接纳的信息。文本中所有涉及的公元后的年份(文中仅涉及公元后的年份)都被译为"景纪②×××年",后面加注这个时间所处中国年代的年号和年份。第 199 号图片,"105p. C."被译为"景纪一〇五年元兴元年"。同样,对西方的标记方式,人名后面所加的十字架符号(即剑标 dagger †),译者也深谙其中的意义,将其翻译为"卒"。由此可以看出,译者对法文

---

① 今作礼泉县。参见《中国北方考古旅行摄影目录译汉》,载《教育部编纂处月刊》1913 年第 1 卷第 4 册。及 Édouard Chavannes, *Mission archéologique dans la Chine septentrionale*, Planches, 1909, Vol. 1, Table des planches, et Vol. 2, pl. CCLXXVII, no. 438.

② 笔者推测,此处的"景"字来源于"景教",即基督教最早传入中国的一个分支聂斯托利派在中国所用的名字。"景纪"用来表示基督教的公元纪年法。

学术著作的标注方式比较熟悉,应该是一位接受过西式或西方教育的学者。

此外,译者在译文中对沙畹原书进行了仔细核对。当发现图册中缺少目录所列的图片时,译者会一一标明"谨案此图未见"。据笔者统计,在778个被翻译的图片标题中,总共有86个标题缺少相应图片。笔者认为,这些图片很可能是在运输过程中丢失了,或者是在译者拿到图册前被其他阅读过此书的人拿走了。译者不仅将原书中出现的错误图片标号都更正过来,而且还对沙畹参考过的书目内容进行了核实,更正或者补充信息。例如,沙畹考古图册中第142号图片是武梁祠内部的一张画像石拓片,沙畹标明此处是引用的《金石索》里的图像,并注明画像石所处位置为"左室第二石锐顶刻画"(Pignon de la deuxième pierre des chambrettes de gauche)。而译者对比完《金石索》原图后发现,《金石索》中标记的图片位置为"前室",和沙畹所说不一致,因此加注"《金石索》作前室,原文【指沙畹书中的内容】如此,兹仍之"。今天,通过更权威的武梁祠拓片的出版物我们知道,《金石索》中所记图像的位置是正确的。①

其实,沙畹书中的大部分石刻拓片早已被他之前的中国金石学家收录在书中,例如:毕沅和阮元的《山左金石志》,或者黄易的《小蓬莱阁金石文字》。所以,当沙畹的图片标题中提供的信息不足时,译者基本都能在中国金石书中找到相关的图像和信息。当然,也有一些沙畹新发现的、未被中国学者收录的石刻拓片,以及一些只收录在书中,但是沙畹在实地没找到的石刻碑铭。这时候,沙畹都会标出拓片来源。对于沙畹书中新收录的一些物品的图片或者石刻拓片,译者往往采取谨慎的态度进行翻译。例如,有一组潍县张氏的私人藏品的图片,沙畹虽然给出了收藏者的全名"Tchang Yu-ts'ong",但是由于图册中有关此收藏的图片全部遗失,译者无法看到藏品,也就无法判断是哪位张氏的收藏,只能标注为"潍县张□□氏"。后来,在沙畹的另一篇文章中,我们得知这个收藏者是张毓琮。② 张毓琮是前广东巡抚(1861—1878)兼署两广总督(1872—1878)张兆栋③的第五个孙子,是潍县最大的药庄颐寿昌的经营者。沙畹当年路过潍县时,还特地拜访了这位收藏

---

① 中国画像石全集编辑委员会《中国画像石全集》第1卷《山东汉画像石》第36—37页,第57号拓片,山东美术出版社,2000年。

② Édouard Chavannes, "Note sur les 488 planches de la Mission archéologique dans la Chine septentrionale", *T'oung Pao*, 1909, pp. 538-547.

③ 赵尔巽等《清史稿》卷458《列传二百四十五》第12687页,中华书局,1977年。

家并对他的藏品拍摄了照片。

通过译文我们还可以看出,译者的金石学和佛学造诣很深,对文中出现的各种专业词汇都能给出准确的中文翻译。如:阙（le pilier）、刻画（le bas-relief）、奥壁（la paroi）、直亘（la dalle verticale）、辅壁（le contrefort）、窗限（l'embrasure de la fenêtre）、户限（l'embrasure de la porte）、龛（或佛龛）（la niche）、偶（或隅）（l'angle）、碑侧（la tranche de la stèle）、碑阴（le revers de la stèle）、郭门（la porte donnant accès dans l'enceinte）、华表（l'obélisque）,释迦族（Çakyas）、沙门（le Çramana）、菩提萨多（或菩提萨埵）（le bodhisattva）。这些词汇直到今天仍在使用。

三、鲁迅与金石学

从十岁起,鲁迅就养成了抄书描画的爱好,整本的字典、整套的书籍都成为他的选择,例如《康熙字典》《唐代丛书》《尔雅》等。① 青年时期起,鲁迅开始对金石学感兴趣,赵明诚的《金石录》、吴玉搢的《金石存》等书籍开始陪伴鲁迅左右。② 这一兴趣在鲁迅1912年5月定居北京并在教育部工作后,又被重新拾起,并且这一次,鲁迅还对收藏拓片产生了浓厚的兴趣。1912年6月26日,在到达北京一个多月之后,鲁迅在日记中第一次记下购买拓片的记录:"石鼓文拓本十枚,元潘迪《音讯》二枚。"③ 1913年9月11日,他收到同乡友人胡孟乐赠送的山东画像石刻拓本十枚。④ 这次赠拓被认为是鲁迅收藏汉画像拓片的开始。⑤ 据专家统计,在1912年至1918年七年间,鲁迅共抄写、辑录和校勘石刻790余种,1700余页。⑥

很长时间以来,学界都在试图探寻鲁迅那些年沉醉于金石学的原因。其弟周作人在文章中认为,袁世凯复辟帝制时期,政治气氛紧张,像众多知识分子

---

① 周遐寿［作人］《抄书》,《鲁迅的故家》第70—71页,人民文学出版社,1981年。
② 赵成杰《鲁迅金石学研究的实践与开拓》,载《聊城大学学报》（社会科学版）2015年第6期。
③ 鲁迅《日记》,《鲁迅全集》第15卷第7页,人民文学出版社,2005年。
④ 鲁迅《日记》,《鲁迅全集》第15卷第78页。
⑤ 陈洁《论鲁迅钞古碑与教育部职务之关系》,载《鲁迅研究月刊》2014年第6期。
⑥ 北京鲁迅博物馆,上海鲁迅纪念馆《鲁迅辑校石刻手稿:碑铭,造像,墓志,校文》第1卷《编辑说明》第1页,上海书画出版社,1987年。

一样，鲁迅为躲避迫害而必须选择一种业余爱好，"钞碑的目的本来也是避人注意，叫袁世凯的狗腿看了觉得这是老古董；不会顾问政治的"。① 当时，在鲁迅的同事中也掀起一股收集古董热，鲁迅因为收入不高，只能选择拓片、古书这种低价的古董进行收藏。鲁迅的一些朋友也直接问过他抄古碑的原因，他则表示"没有什么用""没有什么意思"。② 一些学者猜测，当时鲁迅对母亲安排的婚姻生活很苦恼，抄古碑是希望占据自己闲暇的时间来逃避现实生活。还有学者认为，鲁迅抄古碑与他在教育部的工作密不可分。社会教育司第一科职务的首项任务就是"博物馆图书馆事项"，又有"调查及搜集古物事项"。鲁迅还曾写下《古物调查表钞》，对河北、山东、河南的造像及碑铭进行了调查。③

虽然我们可以肯定，在定居北京之前鲁迅已经对金石学有了解，但是没有任何证据表明他对石刻拓片曾表现出特殊的兴趣。如果我们忽略1912年6月份的拓片购买，鲁迅是从1913年9月份开始，即沙畹《华北考古记》图册目录翻译出版几个月后，才真正开始系统的拓片收集、抄录和研究工作。虽然到目前为止，没有任何证据能将鲁迅的拓片收藏和沙畹的考古记图册直接联系在一起，但是下文笔者将用间接证据证明，鲁迅与沙畹的《华北考古记》确实存在联系，并且，在某种程度上，鲁迅是受到沙畹《华北考古记》图册的影响而开始收集研究拓片的。

四、鲁迅及《教育部编纂处月刊》的编辑们

鲁迅的好友朱希祖④在日记中曾记录下，他1913年2月11日访钱稻

---

① 周遐寿（作人）《抄碑的房屋》《抄碑的目的》《抄碑的方法》，《鲁迅的故家》第199—201页，人民文学出版社，1981年。
② 鲁迅《〈呐喊〉自序》，《鲁迅全集》第1卷第440页，注释13。
③ 陈洁《论鲁迅钞古碑与教育部职务之关系》，载《鲁迅研究月刊》2014年第6期；赵成杰《鲁迅金石学研究的实践与开拓》，载《聊城大学学报》（社会科学版）2015年第6期。
④ 朱希祖（1879—1944），史学家、藏书家。1905年官费留学日本早稻田大学，攻史学专业。1908年在东京与鲁迅同随章太炎学习《说文解字》。1909年归国后受聘于浙江两级师范学堂任教，翌年改就嘉兴府中学任教。1913年为教育部起草国语注音字母方案，后历任北京大学、清华大学、辅仁大学等学校教授。

孙①父亲在北京的家时,在钱稻孙的书桌上所看到的一幕:

> 观稻孙书案上有法国考古家摄影中国唐以前画像数十种,如武梁石刻、云冈佛像等,皆在其列内,有多种不见于中国金石书者。窃谓中国唐以前古画不可得而见矣,赖兹石刻犹可考见源流,而金石学家专讲文字,图画不甚措意,宜著一唐以前图画考,源流派别,分别部居,亦一不朽之作也,不独历史画之赖以考见已也。②

这里所谈到的"法国考古家"及"摄影中国唐以前画像",毫无疑问是指沙畹及其《华北考古记》图册。此书1913年1月27日到达教育部,2月11日便出现在钱稻孙家中,这很可能是因为钱稻孙曾在比利时留学、掌握法语,所以受命对书做一个初步的阅读和评价。对于一本当时很难获得的且具有学术价值的外文图册来说,如果只翻译其目录而没有提供相应的图片,也没有关于图片的研究,它的受众人群就不是普通大众,而是专家和学者。目的是让他们根据图册目录来了解外国学者的最新研究成果以及研究方法。正如朱希祖所说,沙畹的书"有多种不见于中国金石书者""赖兹石刻犹可考见源流"的价值,打开了中国学者进行图像研究的新视野,也因此促成了编辑部对此书图册目录的翻译和出版。朱希祖与鲁迅曾于1908年至1909年在日本一起上过章太炎的古文字课,次年二人均回国,又都受聘于浙江两级师范学堂。1913年2月11日,朱希祖来北京参加教育部全国读音统一会,鲁迅也参与了此大会。③ 也就是在这一天,朱希祖见到了钱稻孙并看到了沙畹的书。钱稻孙和许寿裳④自1912年起供职于教育部编纂处,他们同样是鲁迅的好友和同事。在1912至1929年的鲁迅日记中,钱稻孙的名字出现了163次,出现

---

① 钱稻孙(1887—1966),翻译家、教育家及作家。1900至1910年,随外交官父亲去日本,之后游学比利时和意大利。1912年开始在民国教育部任职。
② 朱希祖《朱希祖日记》(上册)第90—91页,中华书局,2012年。
③ 王福基《人间何地可埋忧——朱希祖与鲁迅》,《人间直道——嘉兴作家与鲁迅》第31—68页,中国文史出版社,2015年。
④ 许寿裳(1883—1948),1902年公费留学日本,期间认识了鲁迅。自1912年起,在民国教育部工作,并推荐鲁迅也来任职。鲁迅去世后,许寿裳整理出版了大量鲁迅的遗稿,并写下多篇纪念鲁迅的文章。

的频率高峰期是在 1912 至 1915 年间。① 1913 至 1915 年间，朱希祖的名字出现了 45 次②，其中多次都是记录鲁迅向其赠送拓片。至于许寿裳，更是鲁迅一生的至交，经常被鲁迅在日记中提起。鲁迅、钱稻孙、许寿裳和朱希祖常常在下班后一起去逛琉璃厂的旧书摊和古董店。在教育部的工作中，鲁、钱、许三人也有过不少重要的合作。鲁迅在《教育部编纂处月刊》上曾用本名周树人发表过几篇文章，例如：《致国务院国徽拟图说明书》《拟播布美术意见书》《儿童之好奇心》。③ 这说明鲁迅对《教育部编纂处月刊》非但不陌生反而很熟悉，甚至参与了撰文。1912 年 8 月，他们三人合作设计了中华民国国徽"龙凤十二章图"的图样，由钱稻孙画出图例，鲁迅撰写说明。④ 按鲁迅的解释："作绘之法，为嘉禾在于中，是为中心。嘉禾之状，取诸汉'五瑞图'石刻。"⑤ 五瑞图在《金石索》和《金石萃编》中都有收录。可见三人对中国金石学的重视。

钱稻孙和朱希祖都阅读过沙畹的考古图册，并且朱希祖非常赞赏（钱稻孙也可能持同样观点），他们一定会和同样热爱金石学的鲁迅提起并分享。此外，鲁迅于 1913 年 9 月 11 日将刊有沙畹考古图册目录译文的《教育部编纂处月刊》寄给弟弟周作人。⑥ 据此推断，鲁迅一定阅读过沙畹的《华北考古记》，并且很有可能，他还促成并参与了此图册的翻译和出版。因为虽然钱稻孙会法语，许寿裳或是教育部的其他同事们对金石学和拓片收藏也可能感兴趣，但是如果没有像鲁迅一样对碑铭石刻有浓厚的兴趣，并且有扎实的文字学功底，可能很难会选择带有考古金石学性质的文章刊登在一本以教育为主的杂志上，且能非常熟练地使用金石学和佛教术语进行翻译。鲁迅很早就开始了传统文字学的学习，小时候他喜欢抄录古籍，在日本时跟随章太炎学

---

① 陈珂瑶《〈鲁迅日记〉中的钱稻孙》，载《现代中文学刊》2013 年第 4 期。
② 王福基《人间何地可埋忧——朱希祖与鲁迅》，《人间直道——嘉兴作家与鲁迅》第 31—68 页。
③ 周树人《致国务院国徽拟图说明书》，载《教育部编纂处月刊》1913 年第 1 卷第 1 册；《拟播布美术意见书》，载《教育部编纂处月刊》1913 年第 1 卷第 1 册；上野阳一著，周树人译《儿童之好奇心》，载《教育部编纂处月刊》1913 年第 1 卷第 10 册。
④ 1913 年至 1928 年期间，该图案被用在不少外交场合，1923 年天津造币局所铸的银币也采用了这一图案。参见陈珂瑶《〈鲁迅日记〉中的钱稻孙》，载《现代中文学刊》2013 年第 4 期。
⑤ 周树人《致国务院国徽拟图说明书》，载《教育部编纂处月刊》1913 年第 1 卷第 1 册。
⑥ 鲁迅《日记》，《鲁迅全集》（第 15 卷）第 78 页。

《说文》打下文字学根基,以及他博览杂涉的阅读,都为其之后整理金石文字打下了良好的基础。在图册目录的选定和翻译过程中似乎都离不开鲁迅的参与。因此笔者推测,很可能钱稻孙就是这篇法文文章的译者,而这份译稿及案语的撰写,是在钱稻孙、鲁迅和许寿裳等人的通力合作下完成的。

五、沙畹和鲁迅的拓片收藏

沙畹早在鲁迅之前就开始收集拓片了。1893 年,他的首部研究性作品《两汉石刻考》[1] 中就收录了 66 张他第一次来华时(1889—1893)收集的汉画像和碑文拓片。1909 年,《华北考古记》图册中刊出了约 460 张他第二次来华时收集的河南、山东等地的石刻拓片。1913 年出版的《华北考古记》研究作品中,沙畹详细地记录了每一块石刻的来源、尺寸和内容。此外他还参考中文金石书籍,对石刻的文字和图像内容进行详细的翻译和解释。由此看来,沙畹认为中国古代的石刻是有考古和艺术的价值的,这对清代以来多以文字训诂为治学之基本功的中国金石学家是一种全新的研究视角。

鲁迅曾在日本留学,使其有机会接触西方先进的思想和方法论,他一定非常容易就可以从沙畹的作品中受到启发,在其基础上展开更丰富更深入的收藏和研究。鲁迅广泛地搜求金石拓本及相关著作,在民国金石学界是独树一帜的。[2] 从 1912 年起,特别是 1915 至 1919 年,鲁迅购买了大量画像石和碑文拓片,以及金石学书籍。据统计,1912 至 1926 年间,他总共去过琉璃厂及北京各种旧书市场 480 余次。1915 年购买拓片约 610 张,1916 年 1110 张,1917 年 1810 张,1918 年 620 张,1919 年 960 张,五年之内共购入拓片约 5110 张。[3] 同时,他还委托家人和朋友帮忙代购各类拓片和书籍。他一生共购入约 5100 种、6200 张拓片,其中汉画像拓片约 700 张。[4] 不过,鲁迅虽然对拓片有着收藏家的热情与执着,却对宋拓或古董文物级的流传有序的拓片染指甚少,他的主要目的不是珍品收藏,而是学术研究,这当然也是其财力

---

[1] Édouard Chavannes, *La sculpture sur pierre en Chine aux temps des deux dynasties des Han*, Ouvrage publié sous les auspices du ministère de l'Instruction publique et des Beaux-arts, Paris: Ernest Leroux, 1893.

[2] 赵成杰《鲁迅金石学研究的实践与开拓》,载《聊城大学学报》(社会科学版)2015 年第 6 期。

[3] 夏晓静《鲁迅的书法艺术与碑拓收藏》,载《鲁迅研究月刊》2008 年第 1 期。顾农《从〈"吕超墓志铭"跋〉看鲁迅抄录和研究碑刻的方法》,载《上海鲁迅研究》2015 年第 2 期。

[4] 北京鲁迅博物馆《鲁迅藏拓本全集——汉画像卷》,西泠印社出版社,2014 年。

所决定的。他所购入的拓片大致在一元①一幅上下,最贵的也只有十几元(即:1917年10月14日买魏《安乐王元诠墓志》12元),而当时唐碑《九成宫》的宋拓本党崇雅藏本在1934年曾被卖出6000元的高价。② 鲁迅收藏的拓片数量远远多于沙畹收藏的约1500张,③ 并且生活在中国的客观条件,以及他的学养及社会地位为其搜罗质量好、数量多的金石文献资料提供了坚实的基础。然而很可惜,虽然他花费大量时间收藏和研究各类拓片,并积极联系出版事宜,却最终没能像沙畹一样,在生前将自己的收藏和研究成果出版。在其给同事及友人的信中,鲁迅曾多次提到出版愿望。例如,1926年在致书局编辑李小峰(1897—1971)的信中他写道:"希望将先前所集成的《汉画像考》和《古小说钩沉》印出。这两种书自己印不起,也不敢请你印。因为看的人一定很少,折本无疑,惟有有钱的学校才合适。及至到了这里,看看情形,便将印《汉画像考》的希望取消。"④ 六年后,即1932年,在致姚克⑤的信中,他再一次提到自己出版汉画像的计划:"汉画像模糊的居多,倘是初拓,刻比较的清晰,但不易得。我在北平时,曾陆续搜得一大箱,曾拟摘取

---

① 此处鲁迅所记载的"元"应为"袁头币",即1914年2月北洋政府推出的银圆,为中华民国货币。银圆又被称为大洋。造币总厂及江南造币厂先后开铸一圆银币,币面镌刻袁世凯头像,俗称"袁头币"或"袁大头",逐渐成为银圆流通中的唯一主币。1935年,国民政府实行法币改革,并禁止银圆的流通,将白银收为国有。

② 参见曹鹏《鲁迅的碑石拓片收藏》,《保定晚报》2016年6月24日,第26版。

③ 沙畹收集的拓片今天大约存有1500张,分别保存在法国吉美博物馆(Musée Guimet)、亚洲学会(Société asiatique)、法国国家图书馆(Bibliothèque nationale de France)、法兰西学院高等汉学研究所(Institut des Hautes Études chinoises),以及赛尔努奇博物馆(Musée Cernuschi)。参看 Jean-Pierre Drège (dir.), *Catalogue des estampages chinois de la Société asiatique* (en collaboration avec Richard Schneider et Michela Bussotti), Paris: Société asiatique, 2002 (Cahiers de la Société asiatique, nouvelle série n°3) (cédérom) et édition en ligne. *Catalogue des estampages chinois de l'Ecole française d'Extrême-Orient* (en collaboration avec Richard Schneider), Paris: Ecole française d'Extrême-Orient, 2004 (cédérom) et édition en ligne. *Catalogue des estampages chinois de l'Institut des hautes études chinoises du Collège de France* (en collaboration avec Richard Schneider, Michela Bussotti, Olivier Venture), Paris: Collège de France, Institut des hautes études chinoises, 2005 (cédérom) et édition en ligne.

④ 鲁迅《厦门通信·三》,《鲁迅全集》(第3卷)第413页。

⑤ 姚克(1905—1991),原名姚志伊,字莘农,翻译家、剧作家。毕业于东吴大学文学系和耶鲁大学戏剧系。30年代初为向世界介绍中国的作家,翻译完成了鲁迅《短篇小说选集》的英译本,并与鲁迅成为交往密切的朋友。

其关于生活状况者，印以传世，而为时间与财力所限，至今未能，他日倘有机会，还想做一做。"① 1960 年，鲁迅去世 24 年后，《俟堂专文杂集》② 出版，这是首部有关鲁迅收藏拓片的著作。书中共收录鲁迅生前收藏和编辑的古砖拓本 173 件，包括汉魏六朝 170 件、隋朝 2 件和唐朝 1 件。1986 年至 1991 年，两卷本的《鲁迅藏汉画像》③ 先后出版，遗憾的是，书中只包含了 438 张汉画像，而没有包括鲁迅的注释和校勘。1987 年，《鲁迅辑校石刻手稿》④ 被整理出版，书中包括 790 余种碑文，1700 余页手稿。自 2014 年起，北京鲁迅博物馆对所藏鲁迅的拓本进行全面整理和出版，编为"鲁迅藏拓本全集"系列丛书。目前已出版了两卷《汉画像卷》，其中不仅包含鲁迅收藏的全部汉画像拓本，还有其所标注的说明、原石出土时间、地点、保存情况等信息。⑤

六、沙畹和鲁迅的金石学研究方法

中国的金石学研究自北宋时就形成体系。沙畹和鲁迅二人的研究都是在中国金石学研究的基础上展开的。他们二人都拥有大量的金石学著作，沙畹约有 100 本［今藏于法国亚洲学会（Société asiatique）］，鲁迅有 70 多本。⑥ 在获取材料的方法上，沙畹与传统中国金石学家有本质的区别。中国传统的金石学家往往只依据已有的碑拓进行研究。清代的黄易⑦是金石学家中寥寥无几的去实地考察过的一位。清末时也只有个别几位大的金石学家会专门请拓工去原石所在地访碑拓碑，获得质量好的或者未曾流通的拓片以便收藏和赏玩。⑧ 此外，传统金石学家往往注重文字考据，而不太看重图像资料。沙

---

① 鲁迅《书信》，《鲁迅全集》（第 13 卷）第 38—40 页。
② 鲁迅《俟堂专文杂集》，文物出版社，1960 年。
③ 北京鲁迅博物馆，上海鲁迅纪念馆《鲁迅藏汉画像》，上海人民美术出版社，第 1 卷，1986 年；第 2 卷，1991 年。
④ 北京鲁迅博物馆，上海鲁迅纪念馆《鲁迅辑校石刻手稿：碑铭，造像，墓志，校文》18 卷，上海书画出版社，1987 年。
⑤ 北京鲁迅博物馆《鲁迅藏拓本全集——汉画像卷》。
⑥ 依据鲁迅 1912 年至 1931 年书帐，见《鲁迅全集》第 15 卷。
⑦ 黄易，清代金石学家。1834 年撰写《小蓬莱阁金石文字》一书，是第一位亲自去实地考察武梁祠的人，还帮助修复武梁祠的一些原石、建立石碑保管室。
⑧ 程章灿《玩物：晚清士风与碑拓流通》，载《学术研究》2015 年第 12 期。

畹为做研究专程来到中国北方地区对重要古迹进行系统的考古调查，不仅亲自拓印，并购买了大量碑文拓片，还拍摄了大量古迹照片，准确并客观地记录下当时的历史风貌，伴随着许多古迹的消亡，这些资料在今天显得更为珍贵。通过把拓片、照片和田野考察的文字记录联系在一起，他构建出了一个丰富的原始资料库，进行历史研究。这些方法对传统中国文人来说是全新的、具有革命性的。当然，所谓的考古，和今天我们普遍意义上的地下考古是不同的，沙畹进行的是地上考古，地上文物的保护。这也是为什么他当年不被认为是一名考古学家。鲁迅对于在19世纪末伴随着外国武力的入侵而传入中国的西方考古学，以及西方来华考察的外国人并不陌生。他多次在文章中谈论过考古以及探险家斯坦因在中国的考古发现。① 然而，鲁迅并没有采纳西方考古学领域的新方法进行实地考察，而是依赖在市场上流通的拓片和传统金石学著作，遵循中国金石学以文字考据和目录学为主的方法研究拓片。

  在处理碑文的方法上，沙畹会给出拓片原图，并将汉文内容全篇译成法文。翻译文本的过程一方面需要对每个文字细致入微的理解，另一方面需要对整句话和行文上下进行整体把握。鲁迅会先将石刻文字逐字抄录。鲁迅抄碑的方法有两种，一种是用自己风格的小楷，一种是用碑文的原字体。② 同时，鲁迅和沙畹都会给出拓片原石的相关信息（如：题名、日期、所处地点、碑文大小、行列数及文字总数），再对文本内容进行简要介绍，以及文本加注。除此之外，鲁迅还会进行系统的编目和校勘工作。他的石刻文字拓片主要包括三大类：碑铭、造像和墓志。基于此，他整理出了好几类拓片目录。③ 虽然有关文字考证的研究，鲁迅只有八篇，如《〈吕超墓志铭〉跋》

---

① 在《不懂的音译》一文中，鲁迅提到了罗振玉、王国维的《流沙坠简》，这本书的原始材料就来自斯坦因在中国甘肃新疆一带探险所得的汉晋木简。本篇最初发表于1922年11月4日、6日的《晨报副刊》。鲁迅《热风》，《鲁迅全集》第1卷，第417—422页。在《忽然想到·六》（1924年）中，他指出："现在，外国的考古学者们便联翩而至了。他们活有余力，则以考古，但考古尚可，帮同保古就更可怕了。有些外人，很希望中国永是一个大古董以供他们的赏鉴，这虽然可恶，却还不奇，因为他们究竟是外人。"鲁迅《忽然想到·六》，《鲁迅全集》第3卷，第45—46页。此外，鲁迅还直接写道："洋大人斯坦因博士，不是从甘肃敦煌的沙里掘去了许多古董么？"鲁迅《靠天吃饭》，《鲁迅全集》第6卷，第380页。

② 夏晓静《鲁迅的书法艺术与碑拓收藏》，载《鲁迅研究月刊》2008年第1期。

③ 《汉石存目》《六朝造像目录》《唐造像目录》《六朝墓名目录》，北京鲁迅博物馆、上海鲁迅纪念馆《鲁迅辑校石刻手稿：碑铭，造像，墓志，校文》18卷，上海书画出版社，1987年。

《〈郑季宣残碑〉考》《〈□胘墓志〉考》,① 但这些碑文字迹残缺漫漶,研究起来非常困难。而鲁迅凭借他深厚的传统文字学功底,最终能从残缺的文字中提取出有用信息,考订、分辨前人未释或误释之石刻,补全碑文并进行细致深入的解读。②

此外,据笔者推测,沙畹的拓片研究主要是参照冯云鹏和冯云鹓的《金石索》进行的。由于《金石索》全面收录了当时各类金石书中的作品,并尽可能详细地附带图片和解释文字,相对于其他传统金石学著作几乎只收录文字的特点,此书更便于沙畹的研究,尤其是在他在中国考古寻找碑文原石的过程中。《金石索》中的石刻类内容按地区和年代分类,沙畹的拓片分类和《金石索》基本一致。当然,沙畹当年不仅按图索骥考察金石书中已有的记载,也很注重对新发现文物的收集。当他发现一些新的、金石书中未曾收录的拓片时,会标注"新发掘石刻""未考定""真实性存疑"等文字。③ 沙畹在对拓片的研究中注意到了汉画像对研究古代社会和历史的重要价值。他于1889 至 1893 年第一次在华期间时就探访了山东的武梁祠。1893 年出版的第一本研究性专著《两汉石刻考》④ 中包含有山东武梁祠、孝堂山与刘村的55 张画像石拓片。在这本书中,他对画像石的内容进行阐释和解读,并与相关史书核对考证历史。1907 年他第二次来华时,再次考察了河南、山东地区存有画像石的遗址,主要包括河南登封的太室、少室和开母庙以及山东孝堂山和武梁祠的画像石。《华北考古记》图册中包含的 199 张画像石拓片都集中在图册的第一部分。沙畹在之后出版的《华北考古记》研究著述中,对这些石刻画像也一一进行了图像解读和历史民俗的研究。之所以认为鲁迅对石刻拓片的关注从某种程度上来说是受到沙畹图册的启发,是因为从其收藏和关

---

① 《鲁迅全集》第 8 卷。

② 赵成杰《鲁迅金石学研究的实践与开拓》,载《聊城大学学报》(社会科学版)2015 年第 6 期。顾农《从〈〈吕超墓志铭〉跋〉看鲁迅抄录和研究碑刻的方法》,载《上海鲁迅研究》2015 年第 2 期。

③ 沙畹原文中分别标为 "pierre nouvellement exhumée" "estampage nonidentifié" "authenticité douteuse"。例如,沙畹图册中录入有四张焦城地区的拓片(书中图片编号 149—152),但是《金石索》中只记载了其中的两张,另外两张新发现的拓片被标记为"真实性存疑"。

④ Édouard Chavannes, *La sculpture sur pierre en Chine au temps des deux dynasties Han*, Ouvrage publié sous les auspices du Ministère de l'Instruction Publique et des Beaux-arts, Paris: Ernest Leroux, 1893, pp. XL-88.

注的拓片内容中可以找到些端倪。如同沙畹一样,鲁迅也注意到了汉画像中保存的艺术和民俗价值。尽管鲁迅从来没有出版过任何汉画像方面的研究,他却留有一份 50 余页的《汉画像考》的编目手稿。其中首次对汉画像按种类进行分类,共分为八篇(其中第六篇总目中缺):第一篇阙,第二篇门,第三篇石室,第四篇食堂,第五篇阙室画像残石,(第六篇缺),第七篇摩崖,第八篇瓦甓。其次,他对每一篇画像列出细目和注释。① 在给姚克的一封信中,鲁迅谈道:"[秦之]生活状态,则我以为不如看汉代石刻中之《武梁祠画像》,此像《金石萃编》及《金石索》中皆有复刻,较看拓本为便。汉时习俗,实与秦无大异,循览之后,颇能得其仿佛也。"② 事实上,笔者认为,鲁迅对佛教造像和石刻拓片的兴趣很可能也受到了沙畹《华北考古记》图册集的影响。因为《华北考古记》图册中收录了数量庞大的云冈和龙门石窟的照片和拓片,共包括 78 张云冈石窟照片、121 张龙门石窟照片及 217 张石刻文字拓片。1912 年 5 月 24 日,鲁迅收到教育部同事、中国佛教会会员梅光羲赠送的佛教会第一、二次报告,这是鲁迅阅读佛教书籍的第一次记载。次日,他购买了第一本佛经《观无量寿佛经图赞》③。从 1914 年起,他开始大量购买佛教书籍。1915 年,他开始收集佛教碑拓。碑拓主要包括三方面内容:造像记、赞/颂、佛经。他的收藏中主要一部分是关于云冈和龙门石窟的。④ 1915 年 3 月,胡绥之⑤赠送给鲁迅 23 张龙门造像题记拓片。1917 年 3 月,鲁迅又购买了龙门全拓约 1320 张。1921 年 3 月,鲁迅首次购买了云冈石窟第十一窟《邑义五十四人造像》的拓片,这也是云冈石窟现存时间最早、文字最多的题记。1923 年 7 月,他从位于北京的山本照相馆购入云冈石窟佛像照片 14 张。同年 12 月,他收到日本近代著名东洋美术史研究学者、京都帝国大学文学部教授泽村专太郎于 1917 至 1918 年在云冈石窟考察时拍摄的 24 张照片。试想,泽村教授一定是了解到了鲁迅的喜好后,才赠送他云冈石窟的照片的。

---

① 叶淑穗《鲁迅遗编〈汉画像考〉应整理出版》,载《鲁迅研究月刊》2013 年第 4 期。
② 鲁迅《书信》,《鲁迅全集》第 13 卷,第 23—25 页。
③ 鲁迅《日记》,《鲁迅全集》第 15 卷,第 2—3 页。
④ 鲁迅《日记》,《鲁迅全集》第 15 卷。
⑤ 胡玉缙(1859—1940),字绥之,自 1912 年起,为中国近代第一个国立历史博物馆筹备处主任、处长,后任北京大学、北京高等师范学校教授。

《华北考古记》与鲁迅的金石学研究

1925年12月，鲁迅的至友之一张凤举①又赠送给他云冈造像题记拓片一张。需要指出的是，鲁迅曾留学日本，精通日语，而日本学者当年也十分注重对中国的古迹古物的调查。所以，我们也有理由猜想，鲁迅对碑铭石刻、画像石和佛教石窟的兴趣是否是受到日本学者的影响。早在沙畹之前，日本建筑家学者伊东忠太（Itō Chūta）就于1902年去过云冈石窟考察，还撰有一篇英文文章"The Cave Temple at Yün-kang, China"（《中国云冈石窟寺》），于1906年发表于日本英文杂志 *Kokka*（《国华》）②。但是文章主要探讨的是石窟建造的历史、所受犍陀罗风格的影响以及石窟保存的现状，并没有留意石窟内的铭文。且文中只包含了两张佛像雕塑的照片、一张拓片，更多的是一些石窟建筑装饰纹饰的手绘图。1908年，日本考古学家关野贞对山东孝堂山和武梁祠进行了考察，同年发表了考察报告，该报告很快被译为中文出版，名为《后汉画像石说》，但其中也没有给出任何图像资料。③ 并且，没有任何迹象表明鲁迅在这两篇文章发表时，即1902至1909年在日本留学期间，曾对碑文、画像石拓片以及佛教石窟产生过兴趣。那段时间，他先是主攻医学，之后又投入到文学创作的革命斗争中。留学结束回国后的前两年，他先是在杭州和绍兴两地学校教书，财力和地域的限制也很难让人相信他当时会对金石拓片的收藏和研究感兴趣。因此笔者认为，也只有在1912年鲁迅定居北京以后，才有了资金和机会去接触并购买各类拓片和金石学、佛学书籍，并且这一兴趣在他看到沙畹的图册后被进一步激发起来。

沙畹的《华北考古记》运用了现代考古学的方法，他使用的实地调查、原始材料搜集、传世文献与考古文献对比互证的西方科学方法在中国传统金石学研究中显得尤为瞩目。鲁迅的研究虽然在方法上仍主要遵循中国传统金石学的研究道路，但其研究成果对沙畹和以及传统金石学的研究起到了不可替代的补充和延续作用。

---

① 张定璜（1895—1986），别名张凤举，20世纪20年代任北京大学和北京女子师范大学教授。

② Itō Chūta, "The Cave Temple at Yün-kang", China, *Kokka, An Illustrated Monthly Journal of the Fine and Applied Arts of Japan and other Eastern Countries*, Tokyo, Japan, part I, 1906, No.197, pp. 447-455；part II, No.198, p. 483-494.

③ 原文刊于日本1908年《时事新报·文艺周刊》。笔者暂未获得日文原文，因此不知晓原文中是否包含图片。中文译本见：关野贞著，姚振华译《后汉画像石说》，载《东方杂志》1908年第10期。

七、结　语

众所周知,艺术品收藏在中国自古就有,盛世太平会有收藏,乱世动荡也有,尤其是文人圈里。晚清时代盛行碑学学风,文士热衷于碑拓的收集。他们访碑求拓,题品赏鉴,相互交流。当时有名的拓片收藏家有缪荃孙、叶昌炽、王懿荣、端方等。[①] 这一风气一直持续到民国初年。鲁迅的收藏爱好符合那个时代文人的雅兴,除了对拓片和古籍感兴趣外,他后来还对木版画、古钱等收藏产生了兴趣。然而即使这样,本文试图提出一个全新的假设,即,鲁迅对拓片的收藏和研究的兴趣也可能是受到了法国汉学家沙畹的影响。

通常,当我们提及20世纪初的法国汉学与中国学界的交流时,关注点多集中在与中国学者有过直接接触的汉学家身上,例如,沙畹的学生伯希和与葛兰言(Marcel Granet)。当提及沙畹时,多是强调其对罗振玉和王国维《流沙坠简》出版的帮助。关于沙畹与其同时代中国学界的互动、对同时代中国学者的影响则很少被人所知、所研究。本文通过搜集和分析大量的间接证据,试图证明沙畹最重要的作品之一《华北考古记》的图册目录在1913年时的民国知识界产生了反响。更确切地说,这本书很可能影响到鲁迅,促使其在之后搜集了大量的石刻文字和画像拓片,并且进行了深入的文字校刊和释文等研究。沙畹的《华北考古记》一书在内容和研究方法上为中国的传统金石学研究注入新的活力。他的研究不仅启发了同时代的中国学者,也毫无疑问因其研究视角的创新性而在民国知识界产生回响。

本文是笔者在撰写博士论文《法国现代汉学的奠基人沙畹》的过程中对一些意外发现的材料进行的些许思考,意在抛砖引玉,引起学界对沙畹的著作在20世纪初于中国学界的影响给予更多的关注。

(贺梦莹　法国高等研究实践学院历史、文本、文献学系博士研究生)

[①] 程章灿《玩物:晚清士风与碑拓流通》,载《学术研究》2015年第12期。

《中国历史概述》节选译文*

[法] 艾蒂安·皮维尔·德·瑟南古 著
陈 沁 刘成富 译

选段一

  如果要写一部更为博大精深的历史著作，我们就必须要认真地想一想，实际的写作标准是否能满足广大评论家的要求；是否能激发广大读者的强烈兴趣；带有传奇的故事是否能与历史小说比高低；最后，当我们试图把这些都巧妙地结合在一起的时候，我们是否会歪曲"事实的真相"——历史事实的唯一必要性以及撰写这部严肃之作所遵循的唯一准则。

  从体系的角度看，如果把喜闻乐见的故事凌驾于不断重复的历史事实之上，则意味着过于简单的插科打诨将取代如实的、充满教益的叙事，而那些喜欢趣味历史的人则把我们对历史的解读当作辅助的工具。当然，是当阅读经验不能说服自己的时候，也就是当著名的历史学家被引用了若干次，因缺乏其他任何可以援引的对象而成为独一无二的模板时，他们也会犹豫不决。我们先撇开目的论而以成败论结果，如果这部作品能激发百无聊赖者的好奇，那么我们则认为我们的创作是成功的。"趣味比什么都重要"，这就是我们的座右铭；但是，在一个即将到来的严肃时代，这样的格言似乎只能对昙花一现的作品起作用。在评论家的眼里，最重要的就是要抓住读者的眼球而不是说服他们，就是要有所取舍而不是事无巨细地解释，就是注重修饰言辞而不是谨言正意。他们甚至不希望我们引经据典，宁愿我们忽视真凭实据；更为重要的是，要用叙述的魅力去吸引或征服读者。骗人，那些人说，只要能骗得轻松就行。艺术中包含一切，真相又算得了什么？

---

  * 应钱林森教授之邀，南京大学外国语学院法语系刘成富教授与陈沁博士共同承担《中国历史概述》一书的迻译，此著系国内首次翻译，为钱林森教授主编的"走进中国"文化译丛续编"窗外的风景"书系之一，将由中央编译出版社出版。

在这里，我们只想谈几点看法，想让读者大致了解我们的写作意图。我们尽量不让读者觉得我们把历史著作抬得过高，但是，只有一部作品臻于完美的时候，我们才应将之奉献给读者。这样的观点不适用于这部作品，因为这只是一部概要性的叙述罢了。

我们曾对日本岛和大不列颠岛进行过比较，前者坐落于古老世界的另一端，同样也孕育了一个满怀骄傲、人口众多的民族。我们发现大洋彼岸的中国似乎与欧洲大陆交相辉映，其原因不仅在于幅员辽阔，与众不同的特质其实也是另一个重要的原因。中国与西方国家形成了鲜明的对比：那里有着不同的产业结构，那里的人们有着不同的爱好，信奉着不同的处事准则。这三者作为人类世界的普遍规律使我们的比较成为可能：全世界可能还没有意识到，经过若干世纪的更迭，两个地区孕育了两种截然不同的思想。对此，我们必须做几点特别的说明。但是，由于篇幅所限，我们也只能简明扼要地说一说。我们对大多数重要国家的历史没有展开叙述；但中国不在其中，中国的历史概述不应只谈政治：本书要阐述的是那幅宏大画卷中的几个特征。在中国，也有和我们一样的暴力、激情和灾难，但是在那里几乎看不到和我们一样的外交手腕。历史发展的航迹不尽相同，从国家内部来看，突发的叛乱或更为常态化的屈服，代替了我们因滥用权力而对抗黑暗统治所进行的长期抗争。中国的盛衰跟欧洲的兴衰毫无关联，就像一幕幕戏剧：朝代更迭，我们可以看到国家的命运并没有发生很大的变化。正如一位英国人所说，中国的人制观念以及政治体系的普遍稳定性，源于一开始他们就过着富裕而令人满足的生活，同时长期的闭关锁国也有利于这种观念和政治体系的形成：由于对理性的赞同，中国人的精神状态习惯于一种唯命是从的软弱，或是一种灰心丧气的心态。而在其他国家，专制主义把人们扔进了苦难的深渊。

有记载的中国历史可以追溯到相当久远的年代，以至于没有给上古传说留下多少空间，更何况我们也无法确定这些故事的真实性。这些真实的历史是在很晚之后才为我们所了解，甚至直到今天，仍然有许多谨慎的智者并不完全认同这些故事的记叙方式。如果对这些比希腊人的建筑和法老的梦境还要古老的历史事件没有什么怀疑，不把它们当作东方人的夸夸其谈或虚构之物，我们或许就会认为第一手研究资料是靠不住的。尽管如此，那些最严厉的批评家到最后还是不得不承认这个拥有近42个世纪历史的伟大帝国。中国的历史可以和美第奇家族、腓特烈家族齐名，或者说如同阿尔弗烈德家族、

《中国历史概述》节选译文

克洛维家族一样经得起考证,除去几个记忆比较混乱的统治时期之外,总的历史还是真实可靠的。这个国度与恒河文明以及作为西方发源地的尼罗河文明一道,共同分担了在混沌初开的黑夜里追寻永远未知的人类起源的权利。①

弗德烈(de Freret)②的反对意见,以及德保(de Paw)③、德经(de Deguignes)④和其他许多学者在这一点上所提出的大胆观点,都被那些既拥有在中国长期居住的宝贵经历、又仔细推敲过中国语言和文学的人所推翻;传教士们证明了一件事,无论一本多么有年头的历史著作,都没有科学的正常顺序来得可靠。我们还注意到,在中国,立法机构似乎比割礼的形成和第七天休息这两项习俗出现得还要早,而后者是中国人所不了解的。

其中一部分篆写历史的人更相信老百姓而非文人所说的故事,这些作家使得老子的宗派信徒人数越来越多。热衷历史的人各有不同的推论,更何况他们不会忘记追本溯源。有的人会回溯到最初的第一个人,另一些人则回溯到我们星球上最早的居民,回溯到那个完全不同的种族,或者甚至是其他的物种统治的时代。我们在冯秉正(P. Mailla)⑤写给弗德烈的第一封信中可以看到,中国历史学家罗泌(Lo-Pi)⑥所记录的传说故事:这些传说中的确有值得注意的东西。传说中提到的十个时代,让人联想起古代波斯帝国琐罗亚斯德教的宗教节日、古代印度吠陀教的四个时代和创世记里所记载的六日之内创造世界的故事,传说中想象的都是现代人类出现之前发生在我们所居住的这片土地上的故事⑦:人们用在亚欧大陆上寻找到的化石作为推测依据。另一方面,这些推测中确实有一部分是建立在抽象概念的基础之上,然后再按

---

① 柏应理(Philippe Couplet)汇集了追溯到公元前2697年的73个详细记载的年表,即起始于黄帝统治时期,其中记载黄帝是传说中伏羲的第二代或是第九代继任者。老实说,其他学者所承认的中国正史可以追溯到欧洲时代之前的九到十个世纪;但是这并不能作为质疑之前数个世纪存在的必要依据,至少到尧的时代,他已经是人数众多的部落的首领。中国的第76个年表于1863年完成。
② 弗德烈(Freret Nicolas,1688-1749),法国思想家。(系译者注)
③ 德保(Corneille de Pauw),18世纪尼德兰哲学家。(系译者注)
④ 德经(Joseph Deguignes),18世纪法国东方学学者。(系译者注)
⑤ 冯秉正(Joseph Marie de Mailla,1669-1748),耶稣会传教士。(系译者注)
⑥ 罗泌(Lo-pi),字长源,号归愚,宋朝历史学家,著有《路史》《易说》等。其中,《路史》保存了大量古代逸闻和上古神话传说。(系译者注)
⑦ 在一些年代已久的古迹上,伏羲的形象兼具猿猴和现代人类的特征。也许,那些试图在难以参透的古代文明中寻找蛛丝马迹的人早就发现了这一点。

照字面意义来理解。无论怎样，道士，这些老子的信徒拘泥于对世间万物起源的推测，认为人类已经存在278000多年或是969617个世纪。道士们没有把荒谬的无稽之谈传播开来，这是一件多么值得庆幸的事啊！

很久以前，人们认为最早的人类曾经来到过日出之国。无知的、居无定所的游牧民族想要在通向东方的道路上寻找到更为纯净的空气和更加幸福的生活，他们感激太阳的馈赠，相信人类越靠近太阳，就会被赋予越强大的力量。因此，或许是在想象的指引下，生活在亚洲中部高地上的部落南下中国，留在他们停下来的地方，留在他们自认为是最受上天眷顾的土地上。事实上，在古老世界里有两大河，从西到东①贯穿这片地区，最辽阔、最富饶的两河流域朝着太阳的方向顺势而下，直到与大海相接，自古就被人们视作是一切迁徙的终点和混沌初开的地方。

人们习惯在米兹辣殷②之地寻找所有不能归入亚伯拉罕家族的东西的源头；因而博学之士沿着最早的中国人来自埃及这一线索继续研究。德经放弃了最古老的一段时间；不过他提出的假设，另外提一句，这是非常激进的假设，不能同东方历史中最确凿的文献资料达成一致。不幸的是，其他人错的更加离谱。但是印度教教徒③确信，是有一支严格种姓制度的印度人开启了这个古老的帝国，威廉·琼斯④与他们的观点相差不远："中国"这个名字从"中国人"这一称呼演变而来，之后一直传到我们这一代。⑤

然而在那个艺术渗透到中国、距离恒河最近的省份，在那个时代似乎没有任何有关这些的古老传说被保存下来。相反，那些说伏羲是一代君王的人坚称，伏羲一宗出自河南，而且从人们已知的最早的年代开始，陕西便已经有人居住了。正是紧邻黄河流域的部落奠定了帝国的基础；某种文字传入了

---

① 通常，两个半球上靠雨水补给的大河中，多数河流自西向东流，或者说至少河流的大部分流向都如此；没有任何一条河流的最初流向与此相反。

② 在《旧约》原文内，多用"米兹辣殷"（Mesraim）来指埃及。现代的埃及人、阿拉伯人和犹太人仍称此国为米兹黎。（系译者注）

③ des brahmes，来源于梵文 Brahmā，指印度教的创造之神，梵天。

④ 威廉·琼斯（W. Jones，1746-1794），英国语言学和东方学家，专攻梵语。

⑤ 这也是波斯人和阿拉伯人根据不同的发音曾经使用过的表示中国的称呼。日本人习惯把中国称为"某某朝"。中国人更倾向于使用含有引申义的名称；最为常见的似乎就是"中国"，意为"中心之国"或"联盟之国""强大之国"。

《中国历史概述》节选译文

靠近西北方的地区，或许是立法者自己创造的，也有可能只是其他一些部落早就创造出来再传到这些未开化的游牧部落的，用这些看上去像是被发现的文字来驯服那些天真的人。

中国可能也是从外面吸收了这种古朴的道理，虽然避免不了滥用的成分，但是唯有如此才能代代相传。尽管如此，在这片越来越美、尚未被零散的殖民者破坏过的新大陆上出现如此道理，从某种意义上来说是令人惊叹的。当无数家庭的心愿摇摆不定，他们认为最正义的力量日渐式微，开始以借口在专横跋扈的统治中寻找非道德的对策时，这种道理就不再具有说服力。

有的人为了减少研究工作，宣称具有延续性的制度便是智慧的制度，如此一来便混淆了扬扬得意的立法者的真实用意。这些人一定会毫无保留地提倡文人大夫的法则；没有任何其他人能得到知识阶层的长期尊敬。立法者保持强势，因为他引用了没有任何争议的道德准则。或许对所有的民族来说这是正常的，但在中国，人们把道德准则摆在如此重要的位置上，以至于把道德准则变成了一种学说、一套法律以及全民族的德行。旧时道德上的完善不断缓和着极度不完善的政治所造成的后果。政府的不同形式本该由其他的原则来决定，但单纯的感觉是造成这种偏差的罪魁祸首，权力自称为公众利益而设，把民众说成是家人也并非是彻底的恶性谬见，甚至这种谬见或许还有助于维系人民对制度的爱戴，维护团结起来的人民的最基本的幸福。尽管如此，我们也不能单纯地认为，如此谬见就是相当长时期文明延续的推动力。靠近幼发拉底河的地区似乎也有极其类似的法则；不过迦勒底地区却是征服者手中的玩具。同是位于大洋与沙漠之间的地区，中国的条件要更优越一些。当条件恶劣的山地或久未开垦的高原最终住满居民，当浩浩荡荡的骑士们策马驰骋的时候，保存于尊贵典籍中的旧时法则进化成了几乎令人无法抗拒的习惯，帝国里极端的居民要求胜利者隐忍相当长的时间，以至于后来连胜利者自己都屈服了。由此可以解释历史中独一无二的现象：有这样一种人民，道德准则的威力远大于武力，后来又对征服他们的人说："屈服吧！"他们的君主必须听取大众批评者的意见，必须明确承认他的特权就是诸多的任务或者职责且不能回避，完全不知道史官们如何描绘他所统治的时期；他们的首领，唯一合法的祭祀者，尊重法典，绝不从这些典籍中读出反面的内容，并且承认必须遵从民意；最后，所有最见多识广的人士4000年前就开始反对封建迷信，而其他的地方常常屈服在封建迷信的淫威之下，读书人和普通人的灵魂是自由而虔诚的。

选段二

中国是古代文化主要的活化石。至少在本书中，年轻的欧洲应该充满热情地学习中国的个性，或许这种个性有所衰弱，但仍值得尊敬：与其说知识渊博，不如说富有教养，与其说天赋异禀，不如说富有智慧；祥和、充满人情味、谨小慎微，至少习惯如此；极度隐忍克己，却又极易激发强烈的感触；受所处的环境所限可以抛弃率真和价值准则，然而也能为证明自己的忠心投入最大的热情；像所有东方人一样，敏感而富有诗意，行事巧妙；渴望和谐，却又不懂得我们的契约精神；手足无措，却又巧言善辩，这与其他任何民族都有很大的不同①；在绘画艺术以及医疗技术上，至少有20个民族比中华民族更优秀，但后者保持着令人叹为观止的、最朴素且最庄重的宗教思想；对社会等级和僧侣道士的管理没有前瞻性；相当宽容，时常缓和奴役制，但还没有正义到要废除奴役制，而最终，若专制君王降恩，宣称公众利益是其唯一的权力，他们又屈服于这些人的脚下。

或许在浏览中国最近的历史时，我们应该考虑把速度放慢些，但这段被看作近代史的时期并没有多少令人感兴趣的东西，与历史长河中所占的重要地位不成比例。中国横跨相隔遥远的纬度，在这片广袤的大地上，半个世纪的时间几乎不能给中国社会或思想带来任何改变，而在这个半个世纪里载入史册的是另一片大洋两岸发生的事。英国人和法国人开启了"新世界"，在欧洲本土，这两个国家很早便决定着文明的水平。英法的历史中不是只有几位君王，或许我们更有优势，我们的历史没有那么浪漫，因为我们并不爱幻想，或为空想而悔恨。维也纳、伦敦、罗马、彼得堡的不同影响力，其他国家的首都更稳定的优势，利马、加拉加斯、维拉克鲁斯的命运，所有这一切都吸引着欧洲公众的注意力。他们并没有像关注上述民族那样关心满族人的骄傲，注意在这个人口最多的帝国里，古老的民族是否真心实意的臣服。不过，可

---

① 汉语是种古老的象形文字。汉语中大量的关键符号或者基本文字，并没有像简化成我们从中世纪传承下来的字母，也没有合并成另外的字，而是经历无数变化后保持着分拆开的结构。一种生命力顽强的语言应运而生，既难写又难懂，语言与字形不一致；或许这种永远无法逾越的障碍正是造成中国人言行不一致的原因，即便这个民族总的来说并不缺乏能力。中国人保存着，或许是最原始的，竖直排列并且从右至左的书写习惯。

《中国历史概述》节选译文

以感受得到,历史教给人们最重要的一课,在世界任何一个角落都是相同的,即道义必不可少,道义需要获得理性的认可。如此一来,受理性支配的民族的重大利益问题便可迎刃而解。不过,在飘摇动荡的岁月中,不安分者或贪得无厌者充斥着时代舞台;在安顺平和的日子里,又会涌现出许多圆滑、机灵却缺乏个性的人。人们经常凭借这两点来评判一些民族。当我们带着偏见把最致命的过失以及最根深蒂固的错误都怪罪在他们头上的时候,这些民族似乎是可以蔑视的,但是,我们忘记了在这些民族的各位领路人身上,几乎不可能将天赋、正直或公允系于一人,更何况后者比天赋本身更重要。

选段三

比起荣誉来,孔子更重视理念能否施展。他能言善辩,时刻谨记自己的唯一使命,即古老智慧之光重新普照人间,恢复尧舜禹时代的道德准则。据部分人的观点,孔子有可能进一步美化了古代的传说故事。我们无法辨别存世的书籍到底是出自他本人,还是他的弟子们对老师言行的整理记录。但是,最终我们可以确定的是,《诗经》中有关朴实的行为准则的记录出自孔子之手,或者更古老的圣贤。没有必要更深一步核实其中的真实性。举例来说,正如眼下我们所关注的热点话题,夜柔吠陀是否真实可信。倘若夜柔吠陀纯属捏造,那么欧洲修道士是否仿造或者戏说吠陀教的行为方式和行事准则,以便拐着弯地哄骗印度人,令他们更容易接受某些新观念。公元前8世纪古罗马崛起前,长江流域的高度文明就已经出现了很长时间,这一点是毋庸置疑,在恒河、阿拉斯河和尼罗河流域可能也早有文明出现。我们知道这些就足够了。

经传教士证明①,儒家学说并不亚于其他任何哲学学说,在儒家学说中,孔子提出要遵循五种美德,便于履行社会生活中方方面面的责任:此五美分别是恭、宽、信、敏、惠。上苍知晓人之所行,通明人心中之所想。智者如此说:

---

① "我们可以说,这位哲学家的品格极其高尚,但同时他又很质朴……;他远胜于许多信奉异教的作家,……以及许多观点错误或是过于狡猾,处处把责任挂在嘴上的基督教作家……"此外还应该注意到,传教士们在翻译《孝经》(据说是孔子所作,但未能确认)或者其他道德论著时,有时削弱了其中的观点,他们自己也说,他们担心会与西方对中国已经形成的概念相抵触,他们小心谨慎,只挑选西方能接受的名词。参照《关于中国人的论文集》(第四卷)第36页。

刚正不阿，行事坦荡；然身死而魂魄净。己所不欲，勿施于人：仅此一条行为准则就已足够。人们应以德报怨；唯有万不得已时才可兵戎相见，勿持复仇心而大动干戈。正直者一旦克服自身缺点，则行事不露声色；如遇善恶，喜怒皆不形于色。道德本质可归结为一点——勿做背离自己身份之事。因此圣贤者思谨慎、行谦逊。谦逊是财富；为人坦荡才是名副其实的赞誉。即便身处不幸，得道亦有裨益：正所谓朝闻道，夕可死。最卑微的人也可以行善，但倘若当权者忽视他们，此人便没有履行职责；他不应歧视地位低下者；许多人虽胸无点墨，但人人皆可行善。

孔子体魄强健，身材高大，容貌庄重、和蔼又不失威严。他研习法律，一有机会就推行改革，因此有时他也被视为立法者。但大多数情况下，孔子被看作是道德家。这位东方智者①被认为是世界上最伟大的人之一：在儒家学说盛行的国度，伦理道德实际上与政治紧密相连，希望只通过说教的方法令当权者时常展现出公正与智慧的一面。

孔子盛名远播，各国诸侯领悟到贤能的名声比荣华富贵更加持久。孔子去世 70 余年后，魏文侯②登门拜请段干木③，一位朝臣感到惊讶，于是魏文侯回答道："段干木凭借功绩树立威信，而我身为帝王，不过是因为生来国土便属于我罢了。"④ 魏文侯要设置宰相，他向另外一位饱学之士请教，这位大臣回答他道："君弗察故也。居视其所亲，富视其所与，达视其所举，穷视其所不为，贫视其所不取，五者足以定之矣，何待克哉！"根据这几条选拔人才的

---

① 通常，提及从前的哲学家时，费奈隆和许多其他人都会忽略孔子以及那些所有非希腊和罗马的哲人。
② Ouen-kong，此处指魏文侯。（系译者注）
③ Touan-Kan-Mou，段干木，战国初期魏国名士。（系译者注）
④ 段干木辞禄而处家，魏文侯过其闾而轼之。其仆曰："君何为轼？"文侯曰："段干木在，是以轼。"其仆曰："段干木布衣之士，君轼其闾，不已甚乎？"文侯曰："段干木不趋势利，怀君子之道，隐处穷巷，声施千里，寡人敢勿轼乎！段干木先于德，寡人先于势；段干木富于义，寡人富于财。势不若德尊，财不若义高。干木虽以己易寡人不为，吾日悠悠惭于影，子何以轻之哉！——《魏文侯礼贤者》，摘自《资治通鉴》。（系译者注）

标准，魏文侯确定了宰相的人选并且予此人充分信任。我之所以列举这些相似的事例，是因为通过梳理他们德行的差别，你们就能从字里行间对这些遥远的国度勾勒出一个大致的概念轮廓。

选段四

互为敌人或对手的耶稣会修士和多明我会修士在基本报告中，对中国文人学说的解释不尽相同，这两种不同观点在欧洲平分秋色，耶稣会的修士们在罗马上下活动，教廷态度模棱两可：他们坚持允许新教徒祭祖、尊孔。钦天监监正闵明我神父携身居北京的其他三位耶稣会修士向皇帝求助，请他用无法被拒绝的方式确定中国文人赋予的这种宗教仪式的意义，反对派神学家将之视作偶像崇拜。皇帝宣布，耶稣会修士对文人宗教思想的阐释恰到好处；康熙批准了他们的请愿书，尽管多明我会的修士们认为请愿书中充斥着含混不清的内容：

> 我们恳请陛下恩准以下几点：欧洲的文人获悉中国人有尊孔子的仪式以及祭祀上天、祭拜祖先的特殊仪式，欧洲文人信服这些仪式、祭祀和祭拜活动，但他们并不知道其中的真正含义，恳请您让这些人明白个中究竟。我们一向认为，中国人把孔子视作先贤来尊敬，人民举行向他致敬的仪式正是基于他独特的品质和独一无二的观点。我们相信，祭拜祖先的仪式唯一的目的，是让人们体会到自己对先人的爱戴，纪念先人们有生之年所施的善行。至于祭天，我们认为祭祀的并非肉眼能看见的天空……但这些仪式把天、地、万物的创造者和守护者的身份献给至高无上的主。这就是我们通常赋予中国仪式的意义。然而，在这一重要问题上，外邦人并不像中国人那样坚信无疑，所以我们斗胆恳请陛下不要拒绝开化我们，因为我们需要开化。

1792年，还有传教士在宁波定居。不仅是因为宁波是高度商业化的港口——据说在中国，商人比文人更温顺——而且宁波沿岸距离日本不远。传教士遭到日本永远驱逐的事他们闭口不谈。① 克雷芒十一世派出教皇特使，起

---

① 《耶稣会士书简集》，1293年11月26日。

初,这位教士受到礼遇,但很快受到康熙皇帝的冷落。或许是因为皇帝对于欧洲人探讨是准许还是禁止中国人的信仰心怀不快,或许是因为耶稣会修士们看到特使带来违背他们意愿的秘密裁决,因此有意阻止皇帝去了解他,又或许是因为向一位满族人难以说清何为由枢机主教(又称红衣主教)担任的教皇特使。先是受到耶稣会修士排斥,随后葡萄牙的主教们又设置重重障碍,教皇特使最后死在澳门。或者是抑郁而终,或者死于人们无法证实的其他事故。中国礼仪之争——大臣们竟然觉得可耻——造成的结果是,1706年,皇帝颁布圣旨禁止传教士在中国逗留,除非获得正式批准,而如此批准是我们不可能获得的,因为必须要赞成孔子的学说以及那些我们刚刚轻率提出异议的仪式。

([法]艾蒂安·皮维尔·德·瑟南古;译者:陈沁 南京大学外国语学院;
　　　　　　　　　　　　　　　　刘成富 南京大学外国语学院)

19 世纪法国汉学家鲍狄埃与道家和道教*

张 粲

摘 要：19 世纪法国汉学家鲍狄埃翻译了《搜神记》之"道家源流"和《道德经》前九章，将《搜神记》和《道德经》与印度宗教哲学典籍相比附，并在印度典籍中寻求道家思想和道教教义的来源。这是19 世纪欧洲对中国缺乏认识的真实写照。但鲍狄埃翻译《道德经》时参照《道德经》权威注本的方法，则是法国汉学界《道德经》译介史上的革新和突破。

关键词：法国汉学 鲍狄埃 道家 道教

一、鲍狄埃简介

关于法国汉学家让·皮埃尔·纪尧姆·鲍狄埃（Jean Pierre Guillaume Pauthier, 1801—1873）的生平事迹，文献记载颇为有限。根据另一汉学家马塞伦（Jean Baptiste Merceron, 1823—?）的记载①，鲍氏于 1801 年生于贝藏松，青年时代曾在一个步兵团服役，后于 1826 年开始学习东方语言。曾翻译英国拜伦的诗歌，随后学习梵语，并写有《印度哲学评论》（*Essai sur la Philosophie des Hindous*, 1834）。几年后，鲍狄埃决心从事汉学研究，并跟随法兰西学院首任汉学讲席教授、法国汉学鼻祖雷慕沙（Abel Rémusat, 1788—

---

* 本文系国家社会科学基金项目"道教典籍在法国的译介与传播研究"（16CZJ019）；中央高校基本科研业务费专项资金，西南交通大学青年教师成长项目"法国汉学对《道德经》的翻译与研究"（2682018WQN12）；中央高校基本科研业务费专项资金，西南交通大学"中国宗教研究"创新团队建设项目（2682018WCX04）的阶段性研究成果。

① D. Marceron, *Bibliographie du Taoïsme*. Paris：Ernest Leroux, 1898, p. 112.

1832）学习汉语。他一进入这个领域，便引起了德国人克拉普罗特（Julius Klaproth，1783—1835）和法国汉学家儒莲（Stanislas Julien，1797—1873）的敌意。此二人均曾跟随雷慕沙学习汉语，而儒莲与鲍狄埃实乃师出同门。儒莲是雷慕沙的高足，学识渊博，却因脾气暴躁、大权独揽而著称，常与从事汉学研究的同事们争吵，鲍狄埃就曾被他当成攻击对象。

鲍狄埃翻译了不少中国（及印度）哲学和宗教典籍，涉及儒家、道家和道教。以其著作出版的时间来看：1831年，鲍狄埃为《亚洲杂志》（*Journal Asiatique*）撰写了长篇论文《论老子所创"道"之教义的起源和传播》（*Mémoire sur l'origine et la propagation de la doctrine du Tao, fondée par Lao-tseu*），文中将《搜神记》之"道教源流"译为法文。1837年，他翻译了儒家典籍《大学》（*Ta-hio, le premier des Quatre livres moraux de la Chine*）。随后，鲍狄埃在阅读来华传教士的著述的过程中，对老子哲学产生了极大的兴趣，遂决心翻译《道德经》。其时，儒莲已在翻译此书，而鲍狄埃宣称他于1838年完成了欧洲首个《道德经》法译全译本而成功领先。① 1840年，鲍氏又翻译出版了《东方圣书》（*Les Livres sacrés de l'Orient*），其中包括《书经》（*Chou-king*）、《四书》（*Sse-chou*）、《摩奴法典》（*les Lois de Manou*）、《古兰经》（*Koran*）。此外，他的《中国图识》（*Chine ou Description historique, géographique de ce vaste empire*, 1ère partie, 1837）亦为他赢得了较高的声望。1859年，鲍狄埃成为巴黎民族志学会（Société d'Ethnographie de Paris）的会员。1873年，鲍狄埃逝于巴黎。

二、鲍狄埃翻译《搜神记》之"道教源流"

在1831年撰写的论文《论老子所创"道"之教义的起源和传播》中，鲍狄埃将《搜神记》之"道教源流"译为法文。他评价《搜神记》"算不上是关于老子思想的理性著作，它实乃一部搜集了民间道教传说和传统的集子；但正因为此，该书才更显珍贵，因为人们可以从中发现最原始、最古老的道教信仰观念"②。此外，该论文中还包含《道德经》的部分篇章的汉法对照译

---

① 鲍狄埃的《道德经》译本是否为欧洲首个全译本，将于下文探讨。

② Guillaume Pauthier, *Mémoire sur l'origine et la propagation de la doctrine du Tao, fondée par Lao-tseu*. Paris：Imprimerie de Dondey-Dupré, 1831, p. 23.

文，以及两篇《吠陀经》的梵文、法文、波斯文翻译。

该论文的副标题明确指出，论文对印度梵文典籍和《道德经》做了评述，以"确立中国某些哲学思想与印度思想的相同性"。在论文的引言中，鲍狄埃又开宗明义道："本文旨在说明老子思想的来源，以及其与印度某些哲学体系的同一性（identité）。"① 随后又在正文中进一步明确："本论文的主要目的是在印度去重新寻找老子，或者至少是老子信徒的思想。"②

纵观鲍狄埃的道家道教研究著述，几乎无一例外地将老子及道教教义归于印度。鲍氏何以会有这样的"奇思妙想"？实际上，早期欧洲汉学家往往习惯于在中国以外的国家寻求中国文明、历史的起源，而这种研究方法可以追溯到明清之际来华传教的法国耶稣会士"索隐派"。他们从传教的宗旨出发，竭力在中国古籍中寻找与基督教教义相符的蛛丝马迹，如白晋（Joachim Bouvet，1656—1730）即称"中国历史典籍中记载的洪水就是《圣经》中的大洪水"，"中国人就是诺亚长子闪的后裔"③；马若瑟（Joseph Henri-Marie de Prémare，1666—1736）则宣称在《道德经》第 14 章发现了"雅赫维"（即"耶和华"）的名字，可谓"达到走火入魔的程度"④；钱德明（Jean-Joseph-Marie Amiot，1718—1793）在翻译该章"视之不见名曰夷，听之不闻名曰希，搏之不得名曰微"时宣称在"夷、希、微"中发现了"三位一体"。鲍狄埃的老师雷慕沙依然沿袭了耶稣会士的旧见，甚至在索隐的道路上比前者走得更远。他曾在《论老子的生平及其学说》（*Mémoire sur la vie et les opinions de Lao-tseu*，1823）一文中提出"老子的思想可以归于毕达哥拉斯和柏拉图以及二者的弟子们"，并结合老子西游等传说，宣称证明了之前的耶稣会士的论断。⑤

对于这个早期汉学研究中的命题，鲍狄埃也进行了思考：

> 雷慕沙先生在其论文《论老子的生平及其学说》中，曾指出老子思想与毕达哥拉斯和柏拉图思想之间的相似关系。那么，这些相似关系源

---

① *Mémoire sur l'origine et la propagation de la doctrine du Tao, fondée par Lao-tseu*, Introduction, p. 1.
② *Mémoire sur l'origine et la propagation de la doctrine du Tao, fondée par Lao-tseu*, p. 11.
③ [德] 柯兰霓著，李岩译《耶稣会士白晋的生平与著作》第 122 页，大象出版社，2009 年。
④ 张西平《中国与欧洲早期宗教和哲学交流史》第 327 页，东方出版社，2001 年。
⑤ 详见张粲《法国经院汉学鼻祖雷慕沙的道教研究》，载《宗教学研究》2017 年第 1 期。

于何方，产生于何处？是老子借鉴了希腊哲学家们的思想，还是正好相反？如果说当时的交流因为如此遥远而显得如此困难，那么，又是什么中介物将老子和希腊哲学家们联系起来呢？抑或，是否存在一个二者共同的来源？若是，我们应当去哪里寻找这个源头？曾经有一位知名学者指出，我们首先应当确定的是，是否应当在印度这个产生了世界上众多思想观念的地方，或者巴比伦、波斯、腓尼基，去探寻中国思想的源头和起点。因此，本论文将力求解决，或者至少澄清这些问题。①

可见，鲍狄埃认为老子的思想来源于印度。他的论文主旨即在于"说明老子思想的来源，以及其与印度某些哲学体系的同一性"②。他指出：

  如果雷慕沙先生否认《道德经》中存在着印度思想的痕迹，那么他的论文《老子的生平及其学说》必将显得轻率。因为按照他的观点，老子的思想与某些古希腊哲学家的思想之间存在着惊人的相似性，那么，这种相似性在老子思想和印度思想之间也同样可能存在。③

为了证明这种观点，鲍狄埃处处将老子思想与印度的宗教思想，将《道德经》与《吠陀经》等印度宗教典籍相比附，具体而言，体现为以下方面：

（一）关于"道"和"玄"

鲍狄埃认为，《道德经》称"同谓之玄""玄之又玄"，这说明老子用"玄"字指称天地的起源"道"或先于宇宙存在的"最高神"（divinité suprême），它具有"黑"（Noir）的意象，或指"蓝色、黑色之神"（Divinité bleue, noire）④。而他认为"玄"字系由 Krichna 翻译而来⑤。Krichna 意为"黑色"，是印度的"黑天神"。同时，鲍狄埃又在中国辞书中寻找"证据"。他指出，《康熙字典》对"玄"字的解释为"北方神"，传说中这位神居于昆仑山，从地理上讲昆仑山位于中国的西北（西藏以北）。《搜神记》之"道教

---

① Mémoire sur l'origine et la propagation de la doctrine du Tao, fondée par Lao-tseu, Introduction, p. 1.
② Mémoire sur l'origine et la propagation de la doctrine du Tao, fondée par Lao-tseu, Introduction, p. 1.
③ Mémoire sur l'origine et la propagation de la doctrine du Tao, fondée par Lao-tseu, p. 29.
④ Mémoire sur l'origine et la propagation de la doctrine du Tao, fondée par Lao-tseu, p. 46.
⑤ Mémoire sur l'origine et la propagation de la doctrine du Tao, fondée par Lao-tseu, p. 39.

源流"有记载,谓昆仑山恰是老子的退隐之地。因此鲍氏认为老子极有可能是在昆仑山上接受并学习了印度的宗教和哲学;此外,"北方神"从字面意义上讲,应是蒙古之神,而蒙古的宗教信仰也来自印度;鲍狄埃于是推断"北方神"——即"玄"——实乃印度神黑天。

(二)关于"有"和"无"

鲍狄埃将"有"和"无"分别译为法文单词"l'Être"(存在、本质)、"Rien"(无),并认为这两个词分别对应于《吠陀经》中的"sat"(有)和"a-sat"(无)。

(三)关于"阴"和"阳"

鲍狄埃认为,这二字的字面意思为"阴暗"(Obscurité)、"明亮"(Clarté),中国人用它们来表示"静止的事物"(Matière en repos)和"运动的事物"(Matière en mouvement),或者"被动的因素"(Matière élémentaire passive)和"积极的因素"(Matière élémentaire active)。这二者对应于印度数论哲学①(Sânkhya)中的两种基本要素和基本概念——Prakriti(原质)和 Pouroucha(原人)。② 此外,"阴""阳"还是《易经》的理论基础,《易经》深奥至极,连中国人自己也未必理解,因此连《易经》最初也极有可能是由印度引进而来的。③

(四)关于"大梵"

《搜神记》云:"道君告早帝曰:昔天地未分,阴阳未判,濛洪杳冥,溟涬大梵,寥廓无光。结空自然中有百千万重正气,而化生妙无圣君,历尊号曰妙无上帝自然元始天尊,一号灵宝丈人。"鲍狄埃认为这段文字对于探寻老子的思想来源十分重要,因为作为"道君"的老子在此处使用了"大梵"来指称世间万物的主宰;而"大梵"正是印度教三大主神之一梵天(Brahma)的汉译名称。"倘若这段文字据实可靠,那么,老子思想的来源便可确定了……(实际上)以上整段文字均来自印度,正是《吠陀经》中关于宇宙起源的描述。"④

(五)关于老子的生平传说

首先,鲍狄埃认为从老子诞生的传说中可以明显看到印度神毗瑟弩

---

① 数论是印度哲学的一个派别,被认为是最古老和最重要的流派之一。
② *Mémoire sur l'origine et la propagation de la doctrine du Tao, fondée par Lao-tseu*, p. 8.
③ *Mémoire sur l'origine et la propagation de la doctrine du Tao, fondée par Lao-tseu*, p. 12.
④ *Mémoire sur l'origine et la propagation de la doctrine du Tao, fondée par Lao-tseu*, p. 7.

(Avatâra)化身的故事。此外,他的另一有力"证据"便是"连老子的注解家们也常把老子诞生与佛诞生的故事视为等同"①。其次,鲍狄埃认为老子西游的故事真实可信。他指出,《搜神记》中记载的传说——"自太清当道境,乘太阳日精,化五色玄黄,大如弹丸,时玉女昼寝,流入口中,吞之有孕",至后来老子诞生,"秦昭王九年西升昆仑,计九百九十六年"——纯粹是"印度式的"(purement indienne),这一传说中的"神奇成分"占了主导地位,以至于鲍氏认为这一传说实际上就是印度佛陀的故事。另外,他指出,关于老子退隐、老子西游的传说中,有部分材料乃依据历史记载而成,这让人相信老子到了印度并从印度的宗教或某个哲学派别中吸收了养分而形成了他的思想,或者他的部分思想:"一个似乎比较确切的事实便是:老子曾经游历了中国西部以外的地区。在这些地区中,他应该不会错过当时亚洲最令人惊奇,也是文明程度最高的国家——印度。"②

(六)关于老子的思想

鲍狄埃认为,老子的思想也与印度某些典籍所宣扬的思想十分相似。例如,老子主张抛弃欲望、弃绝所有使内心不宁、灵魂不安的事物,提倡使民无知;他认为圣人应处在"无为"(Inaction)的状态之中,这也就是印度人所称的Nivritti,即"回转到内里心灵之路或真实意图"。他告诫人们勿念过往、勿忧来日,他斥责人们的财富、欲念以及所有扰乱内心安宁的想法。"所有这些老子的思想和主张都在印度的《吠陀经》等经典中有所记载。"③

通过以上比附,最后,鲍狄埃以较肯定的语气得出以下结论:1. 老子的思想及道教的信仰观念是从印度借鉴而来的,主要与印度的数论哲学和吠檀多④(Védânta)以及二者的分支相联系;2. 老子的思想并非起源于中国,老学研究应置于印度的思想体系中进行;3. 老子的思想在《道德经》中得以集中体现,对于《道德经》的完整翻译和全面分析或许将进一步肯定以上1、2两种观点;4. 印度是东方几乎所有文明和信仰的发源地,这些文明和信仰后来传到世界各地。⑤

---

① *Mémoire sur l'origine et la propagation de la doctrine du Tao, fondée par Lao-tseu*, p. 20.
② *Mémoire sur l'origine et la propagation de la doctrine du Tao, fondée par Lao-tseu*, p. 24.
③ *Mémoire sur l'origine et la propagation de la doctrine du Tao, fondée par Lao-tseu*, p. 49.
④ 吠檀多,正统的古印度六派哲学之一,是影响最大的一派。
⑤ *Mémoire sur l'origine et la propagation de la doctrine du Tao, fondée par Lao-tseu*, pp. 49-50.

综上可见，鲍狄埃翻译《搜神记》之"道教源流"，以及所有的中印典籍对照翻译，皆为证明"老子的思想来源于印度"的观点并为此服务。他与雷慕沙的观点似乎大相径庭，实则如出一辙，均将老子的思想归于中国以外的来源。

三、鲍狄埃与《道德经》

在1831年发表的《论老子所创"道"之教义的起源和传播》一文中，鲍狄埃已将《道德经》第1、6、14、42章译为法文①。他高度称赞《道德经》，指出《道德经》是道教徒眼中的"真教"（Vraie religion, vraie doctrine, écrits primordiaux）；"《道德经》之于道教徒，就如同《吠陀经》之于婆罗门、《圣经》之于犹太人、《古兰经》之于穆斯林、《福音书》之于基督徒。"②1838年，鲍狄埃宣称全译了《道德经》，书名为 Le Tao-te-king, ou le Livre révéré de la raison suprême et de la vertu，即《道德经：关于最高理性和美德的书》，并宣称该译本是《道德经》在欧洲的第一个法文全译本。

关于鲍狄埃与《道德经》，笔者试从以下方面分析：

（一）鲍狄埃《道德经》译本是否为欧洲首个法文全译本？

这个问题关系到是鲍狄埃，还是其竞争对手儒莲在欧洲率先全译了《道德经》。在鲍狄埃《道德经》译本的扉页上，鲍氏自称"为欧洲首个全译本"，但该译本仅包含《道德经》前9章译文。译本末页称此为《道德经》译本的第1册，"译本的第2册正在印刷之中，全书译本将不会超过5册或6册"。或许正因为此，学界多认同鲍狄埃的译本是第一个法文全译本，如许光华《法国汉学史》③、福井文雅《欧美的道教研究》一文④、林富士《法国对中国道教的研究》一文⑤。而法国著名的比较文化大师艾田蒲（René

---

① 译文分别见于 Mémoire sur l'origine et la propagation de la doctrine du Tao, fondée par Lao-tseu, pp. 39-40, p. 30, p. 32, p. 42, p. 31.

② Mémoire sur l'origine et la propagation de la doctrine du Tao, fondée par Lao-tseu, p. 6.

③ 许光华《法国汉学史》第134页，学苑出版社，2009年。

④ ［日］福井康顺、山崎宏、木村英一、酒井忠夫监修，朱越利、冯佐哲译《道教》（第三卷）第226页，上海古籍出版社，1992年。

⑤ ［法］戴仁主编，耿昇译《法国当代中国学》第274页，中国社会科学出版社，1998年。

Étiemble,1909—2002)在为《道家哲学家》(Philosophes taoïstes,1980)所作的序言中则显得极为谨慎,他仅称儒莲的译本为"第一个严谨的法译本"①而未讨论这个问题。

然而,笔者迄今未见除第1册之外的译本,因而对鲍氏的说法产生怀疑,但未敢妄言。后发现法国道教学者马塞伦的《道教研究文献目录》(Bibliographie du Taoïsme,1898),作者言及鲍狄埃的《道德经》译本实际上"并未完成"②。由此,笔者倾向于采用马塞伦的说法,认为鲍氏的《道德经》法译本仅是节译本。

(二)鲍狄埃对于《道德经》第1章以及"道"的理解

《道德经》第1章为全书总纲,且老子在此章中开宗明义地提出了道家哲学的一系列重要概念,如"道、名、有、无、玄"等,因此,古今中外,举凡研究《道德经》者,必谈此章,并对"道"的涵义各抒己见,亦聚讼纷纭。

在《论老子所创"道"之教义的起源和传播》一文中,鲍狄埃分析了儒家的"道"与老子的"道",认为二者的含义和性质均不相同。他指出,孔子的"道"并不指"神"或"神性"(divinité),而指"正确的道路"(voie droite)、"美德之道"(voie de la vertu)、"至善至美之道"(chemin de la perfection)、"正义之感"(sentiment du juste),是规范人们行为的伦理准则。人人均可"识道""行道","道"近在咫尺、无时不在。而老子的"道"具有比孔子的"道"更高的含义,因为老子的思想打上了更多的宗教印迹和"神"的印迹,此"神"高于人类,其力量无穷无尽。老子的"道"受到了神化(divinisé),它是"最高的智慧、最原始神圣的理性"(l'intelligence, la raison suprême et primordiale)③。

较之于1831年,在1838年发表的《道德经》译本中,鲍狄埃的理解趋于深刻。他指出《道德经》第1章乃是全书最晦涩、最具争议的篇章。他认为,该章是全书的开场白(exorde)以及序言(préambule),"表现出了人类智慧所构想的最高层次的形而上学(la métaphysique la plus haute)"④。老子

---

① René Étiemble, Préface xxx, dans *Philosophes taoïstes*. Paris: Gallimard, 1980.
② D. Marceron, *Bibliographie du Taoïsme*, p. 113.
③ *Mémoire sur l'origine et la propagation de la doctrine du Tao, fondée par Lao-tseu*, p. 5.
④ Guillaume Pauthier, *Le Tao-te-king, ou le Livre révéré de la raison suprême et de la vertu*. Paris: F. Didot Frères, 1838, p. 5.

在该章中对他的"道"定义为"第一因"（Cause première）、"万物的起源"（origine des choses）及"生命的性质"（nature des êtres）。"道"由"辶"（意为"行走、朝前运动"）和"首"（意为"头、原理、初始"）两部分组成，"道"的最初含义是"思维的发展"，后来有了"道路"之意；到了老子那里，"道"有了形而上的意义，即"道德之路"（chemin de la vertu）、"言行之准则"（règle de conduite, parole）。他借此来指称"第一因"，但同时又将它的含义上升到"支配世界的最高智慧"（souveraine Intelligence directrice）、"最原始、最神圣的理性"（Raison primordiale suprême），就如同柏拉图等古希腊哲学家宣称的"λóγοs"（逻各斯）。老子的"道"是"最初的存在及本质"（Être primordial），他在解释"道"的性质时，除了"永恒性"（éternité）、"不变性"（immuabilité）、"绝对性"（absolu）以外，没有任何多余的用词。老子认为"道"的哲学属性中，仅有这三者是最根本的；而他同时又认为这三种属性又不够完整，因此他继而认为"道"是除其自身外，对一切事物的否定；它是"无"（Non-être, Rien），与"有"（Être）相对立；它又是"有"，与"无"相对立。

鲍狄埃还指出，老子将"道"，或者"第一因"的性质定为"永恒性、不变性"之后，人们便可以从两方面将"道"区分为"两种性质"（deux natures）或"两种存在模式"（deux modes d'être）。在第一种性质中，"道"是"无"（Non-Être），是天地的本源，此所谓其"神圣性"（nature merveilleuse et divine）、"无限性"（nature illimitée）、"无形性"（incorporéité）；在第二种性质中，"道"是"有、存在"（Être），它是万物之母（la mère de tous les êtres），此所谓其"可感知性、有形性"（nature corporelle phénoménale）、"有限性"（nature limitée）、"物质性"（corporéité）。由"道"的第一种性质——"神圣性"产生了所有的精神活动，由第二种性质——"可感知性"则使所有的物质（êtres matériels）得以存在。这两种性质具有共同的来源，二者共同结合便构成了"道"，即"最初的理性"（Raison primordiale）或"最神圣的法则"（principe suprême）。

纵观鲍狄埃的论述，他并未用某个特定语词来翻译"道"，而是用"最高的智慧、最原始神圣的理性"（l'intelligence, la raison suprême et primordiale）、"最神圣的法则"（principe suprême）等对"道"进行解释，这明显受到其师雷慕沙的影响。雷慕沙曾将"道"比作"逻各斯"（λóγοs），也曾将"道"

译为"理性"(Raison)。此外,鲍狄埃也常常直接采用"le Tao"进行音译。

(三) 鲍狄埃眼中的"夷、希、微"

如果说鲍狄埃在理解"道"的过程中确曾受到过雷慕沙的影响,那么,他在"夷、希、微"的理解上则与雷慕沙分道扬镳。对于雷慕沙将《道德经》第14章中"夷、希、微"的发音等同于"耶和华"的做法,鲍狄埃并不赞同:"在三个连续的句子中分别取三个字而形成一个发音,这是错误的。"① 然而,他认为在印度典籍中可以找到"夷、希、微"的实实在在的含义,而并非雷慕沙宣称的它们"对于汉语而言只是完全陌生的、外来的符号而已"②。

诚然,鲍氏认为该章"解释了'三重性的统一'(unité trine)、或'三重性的象征'(triade symbolique)"③,但他所理解的这种"三重性"却非基督教的"三位一体",他也并未像雷慕沙那样到古希腊哲学中寻求解释,而是转向了印度的宗教哲学典籍。他根据《河上公章句》,为《道德经》第14章加上了章名"赞玄",法译为"le Noir Défini",并称这即为"印度神黑天的标志和属性"④。他说,《道德经》第14章"所表现出的印度色彩如此浓厚……与印度《娑摩吠陀》(Sâma-Véda)⑤ 的记载如此相似,我们几乎可以说二者就是相同的"⑥。

他还提出,《道德经》第14章中体现的"三重统一"(trinité, triade),先是由"原初的统一"(unité primitive)产生"二元"(dualité),继而随着"精气"(énergie vivifiante, esprit vital)的作用而形成,且这种思想观念在很多国家和民族中广泛存在,这说明远古时期的哲学和宗教思想具有一个共同的来源,这个来源即印度。⑦ 这样一来,老子向印度的宗教哲学吸收了养分,并体现在《道德经》中便不足为奇了。于是,鲍氏主张"要对《道德经》这样一部晦涩而简短的著作做出最好的评价,或许有赖于深入研究印度的哲学

---

① *Mémoire sur l'origine et la propagation de la doctrine du Tao, fondée par Lao-tseu*, p. 37.
② 张粲《法国经院汉学鼻祖雷慕沙的道教研究》。
③ *Mémoire sur l'origine et la propagation de la doctrine du Tao, fondée par Lao-tseu*, p. 31.
④ *Mémoire sur l'origine et la propagation de la doctrine du Tao, fondée par Lao-tseu*, p. 32.
⑤ 《娑摩吠陀》(梵文:सामवे),汉译名称为《赞颂明论》,是四大《吠陀经》之一。
⑥ *Mémoire sur l'origine et la propagation de la doctrine du Tao, fondée par Lao-tseu*, p. 35.
⑦ *Mémoire sur l'origine et la propagation de la doctrine du Tao, fondée par Lao-tseu*, p. 38.

和宗教体系,尤其是数论和吠檀多"①。

(四)鲍狄埃对于《道德经》注本的使用

对于哲学书籍的翻译,难点在于精准地解释哲学词汇。鲍狄埃面临的是汉语这样一门象征性极强的语言,又是老子的作品,可谓难上加难。幸而鲍狄埃参考了《河上公章句》、薛蕙《老子集解》、焦竑《老子翼》等《道德经》注本,且相当重视:"若是没有中国注解家的注疏(虽然这些注疏本身通常令人困惑),我们就无从解释《道德经》,或者仅能莫衷一是地解释《道德经》。"② 这也是鲍狄埃在翻译和解读《道德经》时不同于前人之处。

《道德经》原书并无章名,而鲍狄埃以《河上公章句》为依据,在每章译文前均加上章名及其译名。译文各章均先以梗概介绍主旨,继而是《道德经》汉语和拉丁语文本对照,继之以译文或在译文前插入注本的评论。鲍狄埃所译《道德经》共9章,章名分别是:"体道"—Du Tao ou Principe suprême ("道"或神圣法则),"养身"—De l'amélioration de soi-même (个人的改善),"安民"—De la pacification du peuple (人民的安宁),"无源"—De l'origine du Non-être ("无"的起源),"虚用"—De l'usage du Vide (利用"虚无"),"成象"—De l'image du Parfait (完美之象),"韬光"—Lumière du Caché (隐藏的光亮),"易性"—Nature du Facile ("易"之性质),"运夷"—Mouvement circulaire des Êtres (生命的周期性运动)。

四、评价鲍狄埃

首先,从1831年的《论老子所创"道"之教义的起源和传播》到1838年的《道德经》节译本,从不厌其烦地在印度宗教和哲学典籍中寻找老子思想源于印度的证据,从借用梵语指称《道德经》的核心术语到采用《道德经》的注本进行原文的翻译和诠释,鲍狄埃对于中国道家和道教的认识经历了一个渐趋客观的过程。

在他的研究早期,鲍狄埃时刻不忘将《道德经》与《吠陀经》等印度典籍进行对照比附,并仅由中印宗教哲学之间存在相似性这一现象即得出中国

---

① *Mémoire sur l'origine et la propagation de la doctrine du Tao, fondée par Lao-tseu*, p. 38.
② *Le Tao-te-king, ou le Livre révéré de la raison suprême et de la vertu*, p. 18.

文明源于印度的结论，确实过于轻率武断、缺乏严谨。而后，在《道德经》的节译本中，他或许对此有所意识，提出"应该对《道德经》进行深入的分析，以发掘其中的核心思想，并确定这些思想属于老子本人，或是如雷慕沙所谓的归于毕达哥拉斯和柏拉图、抑或是本人主张的归于印度"①。实际上，在当时的欧洲，如鲍狄埃这样进行比附的汉学家并非少数，与其将此归咎于汉学家本人的学识或研究方法，毋宁说这正体现了19世纪早期欧洲对中国文明仍感陌生、缺乏了解的事实。

其次，鲍狄埃的《道德经》节译本由于编排繁复，汉语、拉丁语、法语时常相互混杂，译文既欠流畅又佶屈聱牙，故而欧洲汉学界对它的评价并不高；加之儒莲对于鲍狄埃的排挤和打击，更使该译本的影响甚微。然而，平心而论，鲍狄埃对于《道德经》的哲学阐释不乏真知灼见，明显高于前人；此外，他在法国较早采用了参照《道德经》权威注本的方法翻译《道德经》，体现了初步的科学意识，这也是法国汉学界《道德经》译介史上的革新和突破。就连认为鲍狄埃译本"不值一提"的儒莲亦采用了这种方法，最终完成了《道德经》第一个法文全译本，并受到极高的评价。可以说，法国汉学重视文本文献的传统的形成和巩固与此莫无关系。

总而言之，鲍狄埃对于中国道家和道教的研究是19世纪欧洲对于中国缺乏了解之状况的真实写照，既存在时代的局限，又在一定程度上激发了欧洲汉学界对于《道德经》和道教的好奇与讨论，促进了道家和道教文化在欧洲的传播。

（张粲　四川大学道教与宗教文化研究所，西南交通大学外国语学院）

---

① Guillaume Pauthier, *Le Tao-te-king, ou le Livre révéré de la raison suprême et de la vertu*, p. 24.

·美国汉学研究·

论卫三畏及其《中国总论》在美国汉学史和国际汉学史上的地位

黄 涛

摘 要：卫三畏是美国著名汉学家，所著《中国总论》是对中国文明认识的最基础载体。在他心目中，中国是属于半文明、半野蛮的"中央之国"，是需要基督拯救的现实国家。在这种中国文明观的指导下，卫三畏近乎一生致力于中国研究，为美国早期汉学创建奠定了重要基础，被誉为"美国汉学之父"。其中国研究的内容和方法在国际汉学史上也占有重要地位。

关键词：卫三畏 《中国总论》 美国汉学史 国际汉学史

卫三畏（Samuel Wells Williams，1812—1884），出生于美国纽约州伊萨卡。1832年被美国对外传教机构美部会正式任命为广州传教站的印刷工，负责编辑和印刷《中国丛报》，是美国早期来华的新教传教士之一。从1833年10月25日抵达广州，到1876年10月25日离开北京南下返美，在华凡43年（其间有1844年10月—1848年10月回美探亲与成亲），是当时在华时间最长的西方人。1856年他脱离美部会，开始在美国驻华使团任职，长期担任中文翻译和秘书工作，其间曾九次代理美国驻华公使之职，1876年底辞职回美。次年，他被美国第一个汉学（中国语言与文学）讲座——耶鲁学院汉学讲座聘为首任教授，成为美国第一位职业汉学家。1881年，他当选为美国东方学研究权威机构美国东方学会的会长。卫三畏一生致力于研究和介绍中国传统文化，在当时的来华传教士中，他的汉语研究成果最为丰富，而且在中国文化和中国问题研究方面也有独到的见解，被誉为"美国汉学之父"。

他的巨著《中国总论》共2卷26章，内容包括中国的自然地理、行政区划、人口民族、各地物产、法律政府、语言文字、历史文化、衣食住行、社会生活、工艺美术、科学技术、对外交往等诸多方面,是第一部美国人撰写的有关中国的百科全书式的著作,也是当时西方世界研究中国的最全面、最真实、最具权威的著作,开启了美国人认识中国的新纪元。① 总览全书,卫三畏的书写具有很强的内在逻辑性,首先是物质层面,其次是教育科举和法律制度层面,然后进入文化层面,最后记述中国的精神层面,循序渐进、由表及里、由浅入深,层层递进。该书结合举例和图片说明,用夹叙夹议的手法把中国的各个层面描写得栩栩如生。这部里程碑式的著作,是美国汉学学科的嚆矢,开创了美国自己的汉学研究领域,助其成为与欧洲汉学分庭抗礼甚至后来居上的一门学问。该书几乎涵盖了中国社会与文化的所有重要方面,虽然有一些与史实有出入,甚至是错误的观点,但在当时仍具有较深的影响,曾被美国许多大学采用为中国史课本达一个世纪之久。卫三畏同时也因此巨著而"确立了他在研究中国问题方面权威的地位"②。

一、卫三畏和《中国总论》在美国汉学史上的地位

对卫三畏来说,中国不仅是他的研究对象,更是他的第二故乡。在中国的生活和研究,让卫三畏对中国及其对中国文化的认识超越了那些走马灯似的来华西方人,《中国总论》便是他为了增进美国人对华了解的心血之作,更是他为了传教事业在华发展的用心之作。不可否认的是,卫三畏对中国文化的系统分析中不免带有片面性和西方传教士对华固有的偏见,但总体说来,卫三畏对中国文明是持肯定态度的,并相信"汉人的子孙有着伟大的未来"③。因此,从客观而公允地看待中国和基督教在华的传教事业的两大核心动机出发,作为传教士、外交官和汉学家的卫三畏表现出了一种难能可贵的人格品质,他的"生活是多方面的,而且在各种条件下,他都显示出一种有

---

① *Dictionary of American Biography*, Charles Scribner's Sons, New York, 1936, Vol. XX, pp. 290-291.

② [美] 韩德《一种特殊关系的形成》,《中山大学史学集刊》(第二辑)第 30 页,广东人民出版社,1994 年。

③ [美] 卫三畏著,陈俱译《中国总论·序》第 2 页,上海古籍出版社,2005 年。

条不紊和勤勉的非凡能力"①。正是在这种非凡能力之下,"他拓阔了对中国历史及文化的了解"②,也因之成为"近代美国汉学研究最有成就者之一"③。卫三畏投入巨大精力而著就的《中国总论》,不期成了美国早期汉学发展史上的一项壮举。

  与19世纪的英国同行相比,美国传教士显然更关注近代中国的变化,而不是古代中国的传统。卫三畏虽然写过关于孔子生平的文章,翻译过古代历史小说,但其注意力的焦点始终是中国的变革和近代化问题,以卫三畏为中心的传教士汉学预示了美国汉学的现代形态——以费正清为代表的"地区研究"框架下的"中国学"的出现和壮大。④ 在中国学术界,对卫三畏和《中国总论》的评价也是中肯的。卫三畏在成为美国学院式汉学讲座的第一位教授前,是美国历史上最早由传教士、"中国通"向传教士汉学家、职业汉学家转型的代表人物。尽管他不是美国人中最早懂得利用中文进行汉学研究的人,但从严格意义上来说,卫三畏是美国最早的专业汉学家。虽然他一生都在致力做好一个传教士,但他的丰硕的汉学成就已然足以证明他是一位真正的汉学家,正如台湾学者李定一指出:"在20世纪以前美国唯一的所谓汉学家,不过卫三畏一人。"⑤ 张宏生先生在《卫三畏与美国汉学的起源》一文中认为,比起欧洲来,美国的汉学研究起步较晚,但起点较高,发展也比较快,而且在不长的时间里,即跃居国际汉学研究的前列。在这一过程中,卫三畏的影响不容低估。卫三畏是美国第一位汉学教授,他的《中国总论》试图把中国文明作为一个整体去研究,也是美国最早的汉学研究著作。张西平先生在《卫三畏:美国汉学第一人》一文中,也旗帜鲜明地界定了卫三畏在美国汉学史上的不可撼动的历史地位:奠基者。

  1840—1842年,鸦片战争虽然没有彻底改变中国社会的性质和中国人的生活方式、思维习惯,但却大大地改变了中国和西方的关系。卫三畏抓住了

---

① [美]丁韪良著,沈弘等译《花甲忆记:一位美国传教士眼中的晚清帝国》第10页,广西师范大学出版社,2004年。
② 黄文江《欧德理的汉学研究》,《国际汉学》(第14辑)第113页,大象出版社,2006年。
③ 仇华飞《早期中美文化交流中的人物与书刊》,《上海档案史料研究》(第2辑)第180页,生活·读书·新知三联书店,2007年。
④ 顾钧《卫三畏与美国早期汉学》第142页,外语教学与研究出版社,2009年。
⑤ 李定一《中美早期关系史》第154页,北京大学出版社,1997年。

这个契机大做文章,在整合前人有关中国事务研究成果的基础上,并结合自己的知识和经验有所突破和创新,终于完成了《中国总论》。当时一位评论者就这样说道:"这是美国最好的对中国的介绍,是作者的一座丰碑。"① 美国公理会传教士、汉学家明恩溥在其1894年出版的《中国人的素质》中文版译注中称卫三畏的《中国总论》为"过去一直是外国人研究中国的必备之书",《中国人的素质》始终关注和重视其当时所在的中国的现实,从研究中国现状入手,谈论和把握中国人的民族性特征。从卫三畏的《中国总论》、卢公明的《华人的社会生活》、倪维思的《中国和中国人》,到何天爵的《真正的中国佬》和《真正的中国问题》等,都是整个19世纪美国汉学研究的主流传统的学术思维的反映。美国汉学家马森(Mary Gertrude Mason)在1938年出版的《西方的中华帝国观》(*Western Concepts of China and the People*)一书中还对《中国总论》予以甚高的评价:"也许有关中国问题的最重要的一本作品是卫三畏的《中国总论》,它在西方广为传阅并受到好评……这部描写中国人生活方方面面的著作,是对这一时期普通作品中所涉及的问题的范围和种类的最好说明,卫三畏用如此清晰、系统、博学的方式为读者呈现了他的资料,以至于他的著作在今天的有关中国问题的美国文献中仍占有令人尊敬的地位。"② 美国当代中国学家费正清对卫三畏的《中国总论》的评价更具有代表性。费正清指出:"卫三畏的学术成果中最重要的不是汉英字典,也不是关于扶桑和苗族的考证,而是《中国总论》,其副标题'关于中华帝国及其居民的地理、政府、教育、社会生活、文艺、宗教等的概观'完全可以作为地区研究的'课程提纲'(syllabus)来使用。从卫三畏一生的研究理路来看,他从总体上来说更接近于新的美国'中国学'模式,而不是老的欧洲'汉学'模式,应该说,他是20世纪出现的这一新的美国模式的先导。"③ 这是一个很重要的结论,由此,我们看到美国的传教士汉学和美国中国学之间的内在的逻辑联系,传教士汉学再不是游离于美国中国研究学术脉络之外的非学术的东西,而是整个今天美国中国学开端的一个基础。④ 作为美国中国学研究的领导

---

① *Christian Review*, Vol. 13, No. 50, June 1848, p. 296.

② [美] 马森著,杨德山等译《西方的中华帝国观》第38—39页,时事出版社,1999年。

③ John King Fairbank, *China Perceived: Images and Policies in Chinese-American Relations*, New York: Alfred A. Knopf, 1974, pp. 214-215.

④ 张西平《卫三畏——美国汉学第一人》,载《中华读书报》第262期,2009年4月1日第3版。

论卫三畏及其《中国总论》在美国汉学史和国际汉学史上的地位

者和积极推动者,"美国中国学之父"费正清在他主编的《剑桥晚清史》中,就把《中国总论》誉为"百科全书式的著作",在《我们70年代的任务》一文中,将之称为"一门区域研究课程的教学大纲"。

《中国总论》自1848年出版以来,反响巨大,在美国境内,多年之后"德庇时的《中国人》已经难得一见,《中国总论》成为唯一的经典"。① 而实际上,《中国总论》不仅成为研究中国的学者们的标准参考书,而且也被一些教育机构采用为教科书,到1857年便出到第四个重印本,30年后的1879年纽约的威利公司(J. Wiley)还重印了一版。② 1883年,《中国总论》修订版发行后,影响更大,在美国被重印的次数难以准确统计,至少在1895年、1899年、1900年、1904年、1913年、1966年就有过不同的出版商重印,2001年Simon Publications出版社重印,2000年日本的景仁文化社也重印过一次。

《中国总论》自出版之后,从史料价值和学术观念等角度上,都成为学者引用的对象。明恩溥在其著《中国人的素质》一书中指出:"中国古籍之中,根本没有任何会使人们的心灵变得低级下流的东西。人们经常指出这个最重要的特点。这也是与古印度、古希腊、古罗马各种文献作品的根本区别。"③ 这一看法,正出自卫三畏对"中国宗教"的论述。④ 美国中美早期关系史专家、耶鲁学院教授的赖德烈(Kenneth Scott Latourette,1884—1968)先生不仅称誉卫三畏为"美国第一位伟大的汉学家。……《中国总论》是美国公民所写的、最早以学者的眼光来看待中国的研究著作"⑤,而且更在其著《中美早期关系史(1784—1844)》中大量引用《中国总论》相关史料,"尽管它已经陈旧,但仍不失为一本了解中国的标准参考书。因其涉猎领域广泛而不够专深,但内容很好,尤其在传教、外交史等方面。许多内容作者都是

---

① *China Review*, Vol. 12, July 1883-June 1884, p. 196.
② Henri Cordier, *A Catalogue of the North China Branch of the Royal Asiatic Society*, Shanghai, 1872, p. 53.
③ [美]明恩溥著,林欣译《中国人的素质》第275页,京华出版社,2002年。
④ Samuel Wells Williams, *The Middle Kingdom*, Vol. II, 1848, Chapter XVIII, p. 193.
⑤ Kenneth Scott Latourette, "Far Eastern Studies in the United States: Retrospect and Prospect", *The Far Eastern Quarterly*, Vol. 15, No. 1, Nov., 1955, p. 3.

亲身参与者"①。如此深刻的评论，除了赖德烈与卫三畏和卫斐列之间有师承关系外，主要的还是《中国总论》的丰富素材和真实认识成为他写作《中美早期关系史》《中国人》《基督教在华传教史》等书的基础，"《中国总论》长期以来占据关于中国比较好的资料书的首席位置，整整影响了一代人。在它的基础上，赖德烈才能写出《中国人：他们的历史和文化》（The Chinese, Their History and Culture）"②。

二、卫三畏和他的《中国总论》在近代西方汉学史上的地位

《中国总论》出版后还受到了欧洲人士的关注和欢迎，并被翻译成德语、西班牙语等文字发行。《中国总论》使西方世界在中国问题上首次听到了美国的声音，改变了美国长期以来依赖欧洲了解中国的局面。从汉学研究的内容上看，《中国总论》在其所处时代被称为汉学成果的总汇和集大成者，在写作的两版《中国总论》时，卫三畏均大量参考前人和时人的汉学研究成果。这样，卫三畏的汉学研究在论述的广度和理解的深度上都超过前人，具有起点高、内容全的特点。因此，《中国总论》充分展现出了对中国更深入的了解，以及独到而深邃的个人见解和思想认识，激起了欧洲学术界的关注和研究。

法国学者考狄（Henri Cordier，1849—1925）虽不识中文却被誉为人文科学式汉学的代表人物，考狄曾在中国逗留了7年，回到法国后在东方语言学院执教长达43年。他对欧洲汉学做出的贡献首先在目录学方面，陆续编辑、出版了《西洋人论中国书目》及补编（1878—1924），他还整理、编辑了欧洲中世纪的旅行家赴中国游览后写作的游记。他在《西洋人论中国书目》（Bibliotheca Sinica）中将《中国总论》放在第一部分《中国总说》的第一类"综合著作"中。③ 1857年，英国驻华公使包令曾给伦敦统计学会写信谈及中国人口数字问题，内容几乎全都直接引自1848年版《中国总论》中关于中国人口统计的大量分析内容，并盛赞卫三畏的研究精神，"当时在中国少有西方人

---

① Kenneth Scott Latourette, *The History of Early Relations between The United States and China 1784-1844*, New Haven: Yale University Press, 1917, p. 199.

② Teng, S. Y. "Review, A Short History of the Chinese People", *The Journal of Religion*, Vol. 24, No. 4, Oct. 1944, p. 294.

③ Henri Cordier, *Bibliotheca Sinica*, Paris 1904, p. 85.

论卫三畏及其《中国总论》在美国汉学史和国际汉学史上的地位

能比卫三畏更加勤勉,和能使人获得教益",所以他建议学会与卫三畏交流,请教卫三畏对中国人口问题的看法。这封信同时刊发在英国皇家亚洲文会中国支会的刊物上。① 德国的政治经济学家和社会学家马克斯·韦伯(Max Weber,1864—1920)曾经研究过中国宗教,并在《中国的宗教:儒教与道教》一书中参考了卫三畏《中国总论》的相关研究成果。② 1895 年出版的澳大利亚记者莫理循(George Morrison)的《中国风情》(*An Australian in China*: *Being the Narrative of a Quiet Journey across China to British Burma*. London: H. Cox)引用了《中国总论》第一卷中关于鸦片的论述。③ 1901 年,曾任职上海南洋大学历史教授的英国人列文华兹(Charles S. Leavenworth)写作有关第二次鸦片战争的专著时,所列的第一本中国历史参考书就是《中国总论》。④

《中国总论》除了产生上述的社会文化影响之外,在学术观念上也呈现出了很强的汉学意识。这种汉学意识和卫三畏的中国观一起构成了其中国研究的思想基础,也潜在地影响了西方对华的认识。作为早期中美关系史上的最大和最权威的中国观载体,《中国总论》所内含的卫三畏汉学观主要包括三方面内容,即观念形态、精神产品和生活方式。在观念形态方面,卫三畏认为中国是一个多宗教信仰的国家:儒教、佛教、道教,但三教并不互相干扰,人人信仰自由,是中国人的开放之处,是在"纯粹专制政府理论下坚持民主习惯的唯一异教国家"⑤。但中国人的宗教总是和儒教联系在一起,形成了对儒教崇拜的偏执之一:祖先(包括天地、圣人)崇拜。"如果要寻求一个对中国各社会阶层均具有巨大和统治作用的宗教力量,我们会发现:那就是祖先崇拜。在信仰领域中,没有谁可以替代它们的位置,哪怕只是一瞬间的。"⑥ 当然,祖先崇拜是遭到卫三畏反对的,因为这妨碍了基督福音在华的

---

① John Bowring, "The Population of China, A Letter Addressed to the Registrar-General London", *Journal of the Statistical Society of London*, Vol. 20, No. 1, Mar., 1857, p. 41.

② O. B. van der Sprenkel, "Chinese Religion", *The British Journal of Sociology*, Vol. 5, No. 3, Sep., 1954, p. 275.

③ [英]莫理循著,张皓译《中国风情》第 46 页,国际文化出版公司,1998 年。

④ Charles S. Leavenworth, *The Arrow War with China*. London: Sampson Low, Marston & Co., 1901, p. 222.

⑤ [美]卫三畏著,陈俱译《中国总论》第 715 页,上海古籍出版社,2005 年。

⑥ [英]麦高温著,朱涛、倪静译《中国人生活的明与暗》第 74 页,中华书局,2006 年。

唯一性传播。与儒教至上性相对应的便是中国政治制度的"宗法"专制性特征。卫三畏指出,"皇帝是父,他派出的官员是省、地区、县的父母官,就像他治下的每一户的父亲一样"。正因为皇帝是天下最大的大宗,因此皇帝是"法律的源泉",是"至高无上的,拥有最高的立法权和行政权,不受任何限制和支配","任何权利都不能违背他的愿望,任何要求都不能忤逆他的意志,任何特权都不能在他的愤怒之下得到保护",他是"世界上最大权利的拥有者"。[1] 这样的皇权和专制现象早在卫三畏之前,西方学者就有明确的认识,如德国哲学家黑格尔就曾指出:在中国,皇帝"是中心,各事都由他来决断,国家和人民的福利因此都听命于他"[2]。在这种专制体制之下,官员的行政能力和法律作用都严重滞后,尽管中西相较中国为甚:

> 在中国,和其他地方一样,善和恶混在一起……就像在我们的国家,每天报纸送进我们眼帘的是关于罪恶和暴行的记述,这些不是社会一般状况的标志,我们很容易忘记这一点;在中国也一样,虽然情况大大不如,我们还是要注意到同样的说法也是适用的。[3]

其次是精神产品方面,在卫三畏眼中,中国是一个文化大国,这点较其他亚洲国家突出,主要在于中国人"早就拥有并广泛使用至为重要的印刷术","他们的每一种作品可以以低廉的价格大量复制,传送到遥远的地方",因此,中国人是一个"爱读书的民族",他们的"戏剧、诗歌和小说组成的纯文学领域,在我们的眼光中总是具有最高的地位"。而且,中国文字是"一种神秘的文字","是人类最聪明、最有价值的心灵连续许多年代辛劳的成果","中国语言文字的知识是取得人们信任的护照,外国人一旦学会了,当地人就会卸下偏见和歧视"。但是,在中国这样的文化大国里,教育却显得举步不前,它只重视道德修养,而不关注学生智力培养,尤其是忽视科学知识。最后是生活方式方面,在卫三畏眼中,"中国人的各个学科的学问都是不科学的;尽管他们收集了大量事实,发明了许多工艺,有些进入高度精美的水平,

---

[1] 《中国总论》第278—279页。
[2] [德]黑格尔著,王造时译《历史哲学》,第119页,上海书店出版社,2006年。
[3] 《中国总论》第358页。

然而他们从来没有按照特意设计的道路来追寻一项单一目标,求得正确的理解,也没有对已经占有的信息进行恰当的分类整理"①。这是造成中国科学落后的重要原因。由于各种社会惯例和生活方式的千年一致性,中国人生活显得缺乏活力,杂乱而落后。

通过综合观察,卫三畏总结道:

> 总的说来,中国人表现为奇特的混合体:如果有些东西可以赞扬,也有更多的应予责备;如果说他们有某些显眼的罪恶,他们比大多数异教国家有更多的美德。虚饰的仁慈与内在的猜疑,礼仪上的客气与实际上的粗奢,部分的创造力与低下的模仿,勤俭与浪费,谄媚与自立,还有其他黑暗与光明并存的品质,奇异地结合在一起。试图以法律制约和普及教育来补救性格上的缺点,他们无疑抓住了正确方法;他们的不足表明了这两者多么不灵,要等到福音来帮助统治者和被统治者提高全民族的道德观念。②

这种福音拯救的结论自然归因于卫三畏的传教士信仰,但还是应本着客观的态度来对待卫三畏的诤友之言。

三、结　论

从世界汉学发展史的角度上看,《中国总论》是 19 世纪西方最有代表性的汉学著作,其中深含着美国第一位汉学家卫三畏强烈的个人色彩以及当时时代气息。

> 人文学科的知识生产永远不可能忽视或否认作为人类社会之一员的生产者与其自身生活环境之间的联系,那么,对一个研究东方的欧洲人或美国人而言,他不可能忽视或否认他自身的现实环境:他与东方的遭遇首先是以一个欧洲人或美国人的身份进行的,然后才是具体的个人。

---

① 《中国总论》第 672 页。
② 《中国总论》第 583 页。

在这种情况下，欧洲人或美国人的身份决不是可有可无的虚架子。它曾经意味着而且仍然意味着你会意识到——自己属于一个在东方具有确定立意的强国，更重要的是，意识到属于地球上的某个特殊区域，这一区域自荷马时代以来一直与东方有着明确的联系。①

正是这样的个人色彩和时代气息，不仅使包括《中国总论》在内的西方汉学著作大量保存了中外关系的历史痕迹，也彰显和预示着美国早期汉学和西方近代汉学的真实状态和发展趋势，成为重要的历史资料。《中国总论》的独特视角和观点，以及书中时常出现的智慧之光，对当今读者来说仍颇富启迪。

总之，《中国总论》作为美国研究中国的最早的权威性汉学著作，显然具有其他汉学著作所不具备的时代特点。正如卫三畏所言："一部作品在人们心目中的地位如何，并不取决于关于它给人们说了些什么，而是取决于作品本身说明了什么。"②《中国总论》同先前的门多萨的《中华大帝国史》和杜赫德的《中华帝国全志》相比，可谓是一部美国汉学的开山之作，别具一格。因为后两书都是经过二手资料编辑而成，两位作者都未到过中国，不懂中文；杜赫德甚至只是一位书斋里的教徒，不是活动家。③ 卫三畏则是一个"中国通"，精通汉语，其书是个人所见所闻所思所想而成的，具有强烈的个性色彩。此外，门氏和杜氏的著作分别是16世纪和18世纪的百科全书，都是在"中国热"的背景下产生的，完全集中于一种用赞美的态度来书写中国，而《中国总论》产生于鸦片战争之后，中国的变革问题和近代化问题逐渐成为焦点，对中国的偏见也逐渐增多。因此，"卫三畏的著作应受到特别的注意。作为中国历史的资料书看，《中国总论》仍居于举世无匹的地位"④。作为一部历史性和实录性的汉学著作，《中国总论》更是卫三畏所处时代的一种西方人对中国认知的一次重要转折意义上的总结。

（黄涛　江西师范大学瑶湖校区历史文化与旅游学院副教授，博士）

---

① ［美］赛义德著，王宇根译《东方学》第15页，生活·读书·新知三联书店，1999年。
② ［美］卫斐列著，顾钧、江莉译《卫三畏生平及书信》第185页，广西师范大学出版社，2004年。
③ 阎宗临《传教士与法国早期汉学》第48页，大象出版社，2003年。
④ ［美］泰勒·丹涅特著，姚曾廙译《美国人在东亚——十九世纪美国对中国、日本和朝鲜政策的批判的研究》第584页，商务印书馆，1959年。

20世纪美国《金瓶梅》研究界的基本理论视角及其局限

黄文虎

摘 要：20世纪以来，不少美国学者运用西方现代批评理论，使《金瓶梅》这部明代奇书得以在西方文论体系的参照之下生发出新的理论视角和阐释空间，反映出美国《金瓶梅》研究界独特的理论特色，同时显示出这本奇书跨文化、跨地域、跨民族的"世界性"和"共通性"。具体来看，美国金学界主要可以概括为前现代批评视角、现代批评视角、后现代批评视角三个基本维度。通过梳理和比较三种不同的理论视角，有助于呈现《金瓶梅》在"他者"视域之下的传播、接受和变异现象，从而揭示出《金瓶梅》在美国话语体系观照之中"再经典化"的演化历程。

关键词：美国金学界 前现代 现代 后现代 批评视角

20世纪以来，美国学界对《金瓶梅》进行了全面而系统的研究，是海外金学研究的重要组成部分，值得国内外学者的共同关注。总的来说，美国金学界主要可分为前现代批评视角、现代批评视角、后现代批评视角三个基本理论视角。综合美国《金瓶梅》研究现状，本文将选取每一类批评视角中较为典型的研究者进行论述，力图展现出美国金学研究界的整体理论特色和问题所在。关于三类视角的分类，并非是将美国《金瓶梅》研究简单化和主观化，而是为了展示出美国学界最重要的理论话语阐述方式和最具特色的研究理路。因此，需要做出几点说明。

第一，前现代、现代、后现代之间并非线性的时间关系，而是按照理论视角的内在逻辑，进一步打通和融合不同研究方法和理路之间的内在关联，从而呈现出理论自身所构建的发展脉络，而非时间上的先后关系。

第二,"传统"与三类视角之交互关系。在文学进化论的影响下,"传统"很容易被解读为与现代对立的对象。因而,在三类视角中,本文避免使用"传统视角",而代之以"前现代视角",那么,这就容易给人一种错觉,认为三类视角是以"现代视角"为中心向前后两端延展而成的演进过程。然而,传统总是当下的传统,是在场的传统,传统从来不会缺场,任何时代的言说都难以逃避传统的力量,无论是现代或后现代从来都是在传统包裹下变形或增值的产物。因而,用"前现代视角"并非回避传统话语,而暗示的是传统话语与现代话语的交互关系。换句话说,传统话语虽然不同于现代话语,但已经潜藏着现代话语的思想观念和言说规则,因而称为前现代话语。

需要注意的是,此处所说的"传统"指涉的是过往不同时期关于文本所形成的"阐释的集合",即一种"文学批评的传统"。具体来看,《金瓶梅》自16世纪问世,经历了明清传统文化到20世纪以来现代文明的剧烈转型,不同历史时期显然形成了风格迥异的文学批评,而这种对文本各个时期阐发之总和恰好形成了有关《金瓶梅》这一作品的"批评的传统"。而不少现代学者(尤其是华裔学者)的研究思路中一方面带有现代文学批评话语的思想意识和精神,另一方面又受到传统言说方式及话语规则的影响,这可以视为一种传统的批评视角,或者说是前现代的视角。

第三,"现代视角"与"后现代视角"的矛盾关系。本文之所以用"现代视角"与"后现代视角"的区分,其划分基础仍然建立在美国《金瓶梅》研究的批评理论实践之上。通俗地说,"现代视角"关注的是文本想要"言说什么","后现代视角"要探讨的是文本"如何言说"。总的来看,对于《金瓶梅》的解读,持"现代视角"与持"后现代视角"的理论家最大的区别在于,前者试图想要建构文本的特定意义,想要透过文本表面发现其内在的、核心的真实意图所在。而后者并不企图探究文本的终极意义,也不认为可以回溯到所谓真实的"作者意图",而是试图展示出文本无限衍义的内涵,使文本通向一个开放、多元、变化不定的意义阐释空间。对《金瓶梅》的两种不同视角的解读符合现代理论话语与后现代理论话语的基本特征,因而本文采取了这种划分方式。

然而,这两种视角并非决然对立,而是同样存在相互渗透的关系。因为"现代视角"下的某一种文本意义的建构总是同时在解构或排斥另外的意义,"后现代视角"下的文本意义的解构仍然可以表现为某一种阐释观念的建构,即便这是一种开放性的、意图未定的或意义不断延展的游戏态度,也同样展示了某种有效的意义或关于意义的意义。因而,这种区分是理论上的,正如传统与现代的区别,并非是从实践操作的角度来看的。

以下本文将在三种视角中各选取几位具有代表性的理论家来展示美国《金瓶梅》研究的基本理论视角及其特色。

一、前现代批评视角

对于《金瓶梅》,夏志清是持前现代批评视角的典型代表之一。在传统批评话语之下,小说的"现实性"往往是关注的焦点,夏志清十分强调这一点。不过,他批评《金瓶梅》不是一部合格的"现实主义"作品。在他看来,小说作者大量引述外在材料(如诗词歌赋)破坏了人物形象的写实性和文本内在的统一性,"作者这种明显的粗心大意,这种抓住机会不放,喜欢使用嘲讽、夸张的冲动,这种大抄特抄词曲的嗜好,——所有这一切,都损害了这部小说的现实主义外观"①。同时,夏志清还指出了《金瓶梅》在结构上的杂乱与主题思想上的混乱。他说:"一部文本作品的结构上显得如此凌乱,我们也就不可能指望它会具有思想上或哲学上的连贯性了。"②

此外,对于小说中的一些关于性变态的描述他也多有指责。夏志清甚至认为《金瓶梅》缺乏中国文化精神,赵毅衡则对此进行了质疑,并指出中国文化的文类或许不是"金字塔型",而是"并置型",因此任何一类文本都代表了该文化一部分"真精神"。③ 对于夏志清对《金瓶梅》的负面评价,不少学者都提出了质疑,如丁乃菲指出:

> 显然,对于夏志清来说,相比于欧洲小说的典范,《金瓶梅》的弱点在于结构和主题——文体缺乏一贯性,内容混杂明显("小说几乎是叙事框架中的诗文总集"),而且作者沉迷于创作的技巧,牺牲创作法则

---

① [美]夏志清著,胡益民等译,陈正发校《中国古典小说导论》第 195 页,安徽文艺出版社,1988 年。
② 《中国古典小说导论》第 197 页。
③ 赵毅衡《苦恼的叙述者——中国小说的叙述形式与中国文化》第 198—199 页,北京十月文艺出版社,1994 年。

("他对于插入外部材料的超常热情")。①

在丁乃菲看来，夏志清的问题在于套用西方小说的标准来衡量《金瓶梅》。夏志清对于西方小说的态度暗示了"西方文化优越论"，对此，丁乃菲指出："西方小说超越了历史的特殊性，处于不可挑战的制高点，而另一方面，中国古典小说只能被视为已经过时的文化残留物。"② 这种二元化的划分，使夏志清对中国古典小说充满偏见，丁乃菲说："夏志清将中国古典小说视为'低等'和'通俗'文化的产物，认为其针对的是当时非精英化的读者阶层，这看上去像是一种带有批判性的评论，实际上表现出一种轻视。"③ 同样，凯萨琳·克里兹对于将西方现实主义作为《金瓶梅》的标准也持反对态度。④

可以说，在对中西小说进行比较的过程中，夏志清将西方小说视为典范，对中国古典小说多有指责和批评。同时，对于美国学者对《金瓶梅》的评价，他也认为赞誉过高，不符合实情。⑤ 总体来看，他仍然持一种"以西阐中"的思路。有学者认为，夏志清对中国古典小说的偏见是因为运用新批评的解读方法所致。⑥ 或许新批评"封闭式阅读"存在着一定的问题，但方法论并不是关键所在。在夏志清看来，尽管《金瓶梅》在写实方面有欠缺，但他还是将其定位为一部杂糅了现实主义、自然主义或其他风格的作品，只是这种杂糅导致了混乱而不是有机的融合。他认为《金瓶梅》是"一部可怕的道德现实主义作品"。⑦ 显然，他所依靠的参照系是 19 世纪以来西方现实主义或自

---

① Naifei Ding, *Obscene Things*: *Sexual Politics in Jin Ping Mei*, Durham: Duke University Press, 2002, p. 34.

② *Obscene Things*: *Sexual Politics in Jin Ping Mei*, p. 13.

③ *Obscene Things*: *Sexual Politics in Jin Ping Mei*, p. 14.

④ Katherine Carlitz, *The Rhetoric of Chin P'ing Mei*, Bloomington: Indiana University Press, 1986, p. 6.

⑤ 可参见夏志清《中国古典文学：作为传统文化的产物在当今的接受》(*Classical Chinese Literature: Its Reception Today as a Product of Traditional Culture*)、《中国小说与美国批评家：对结构、传统和讽刺作品的思考》(*Chinese Novels and American Critics: Reflections on Structure, Tradition, and Satire*), C. T. Hsia, *On Chinese Literature*, Columbia University Press, 2004.

⑥ Wong, Timothy, C., "The Original Evolutionary Nature of Chinese Vernacular Fiction", *Comparative Literature: East & West*, Sichuan University Press, 2011, pp. 57-64. 曹顺庆主编《比较文学：东方与西方》，四川大学出版社，2011年。

⑦ 《中国古典小说导论》第 190 页。

然主义文学标准。问题是这一参照标准是否适合评判《金瓶梅》呢？

显然，夏志清并不承认或忽略了《金瓶梅》所可能蕴含的"现代性"，他只是将《金瓶梅》看作一部反映现实主义（或自然主义）风格的作品，这正是一种前现代的视角。本质上来看，他并不认为中国古典小说《金瓶梅》作为17世纪中国专制文化的产物存在表现"现代性"的可能。从夏志清对《金瓶梅》的评价来看，可以发现他所参照的主要是巴尔扎克、托尔斯泰等19世纪西方作家所奠定的现实主义传统，这种传统强调的是真实客观的再现社会现实，注重典型人物的刻画，内容上贴近于普通人的日常生活，情节发展具有内在的连贯性，思想上具有现实批判性，并表现出人道主义观念。

因而，夏志清之所以批判《金瓶梅》，原因在于他是以西方19世纪出现的注重"写实性"的现实主义（自然主义）传统观念为基准，是以西方近代现实主义小说标准来统摄中国古典小说，这种"以西释中"的单向阐发显然带有"西方中心论"的阴影。比如说，《金瓶梅》中大量诗词歌赋的插入能够使主叙述层与次叙述层之间形成一种"间离效果"，属于中国古典文学长篇叙述体裁中一种惯用的叙述手法，这并非是创作者没有能力统摄文本素材的表现，因而不能以此来证明《金瓶梅》结构上的混乱。

从本质上来看，夏志清还是持一种前现代的批评视角，他并不认为《金瓶梅》可以被视为一部带有"现代意识"的作品来解读，或者说，他根本就否认这本明代奇书有任何可以挖掘的"现代性"。极富对照色彩的是，有些美国学者试图将《金瓶梅》作为一部具有现代意义的文学作品，甚至挖掘其"后现代"的叙述特征，因而得出了与夏志清完全相异甚至相反的观点。

对于《金瓶梅》，田晓菲也主要持一种前现代批评的视角。她的研究思路和言说方式接近于传统的"点评式"批评。在其专著《秋水堂论金瓶梅》一书中，论者不仅对《金瓶梅》进行了全面的文本分析，而且还对词话本与绣像本进行了对比研究。尤其值得一提的是，田晓菲完全将此书按照《金瓶梅》一百回的回数来分节，其论述形式类似于明清时期的"回评"，如张竹坡、文龙及不知名的绣像本评论者显然都采取了"回评"及"夹批"等形式。当然，这仅仅是批评形式上的相似，并非是说田晓菲就是受到明清文论家的直接影响。不过，从文本的具体分析中，可以发现，田晓菲的研究理路的确更倾向于传统批评的言说方式。

在思想主题上，田晓菲认为词话本倾向于儒家"文以载道"的教化思想，而绣像本则主要反映出俗世的空无和佛家的慈悲精神。① 论者这一观点的重点在于将词话本与绣像本区分开来,甚至作为两部书来看待。在此,需要注意的不仅仅在于结论本身,而在于她先验性地预设了两个版本各自具有一个中心观念的文本意图。同时,论者也假设整部作品将依照内在的统一性和逻辑性来贯穿这一中心。比如田晓菲对于《金瓶梅》第一回的解读,她认为,此回已经明确显示出了词话本偏儒家而绣像本偏佛家这一主题上的差异。她指出:

> 词话本谆谆告诫读者如何应付生命中的"万事",而绣像本却意在唤醒读者对生命本体的自觉,给读者看到包围了、环绕着人生万事的"无常"。绣像本不同的开头,就这样为全书奠定了一种十分不同于词话本的基调。②

可以说,词话本关注"万事"是入世的,而绣像本围绕"无常"更具有出世色彩。但问题在于,《金瓶梅》是否果真体现出如此连贯而一致的中心意图呢?很显然,在词话本中,也十分容易发现文本对佛家思想的表述,而在绣像本中,也不难找到有关儒家观念的叙述。同时,两个版本都还涉及道家思想等各类思潮的交织,如新兴的商业阶级思潮、市民阶层的观念等等。因而,当论者认定文本的某一种"中心意图"之时,实际上就有意无意将文本中的其他思想观念边缘化了。关于《金瓶梅》的主题思想,学界存在各种不同的说法,却莫衷一是。而田晓菲对于小说主题的解释仍然追求的是一元化的文本中心意图,它建立在文本叙述的统一连贯的结构之上。但是,这种预设是否能成立存在疑问。因为《金瓶梅》本身存在着各种相互矛盾的叙述视角,其文本意图在不同叙述话语之间显示出一种明显的"意义的分裂",而正是在这种文本意义断裂之处,形成了多元叙述话语对话和交流的可能。因而,强调一种贯穿于整部作品的统一化中心观念实际上十分可疑,无论是儒家、佛家、道家或其他思想观念。

总的来看,田晓菲对于小说主题的探讨主要出于她的个人体会和阅读经

---

① 田晓菲《秋水堂论金瓶梅》第6页,天津人民出版社,2002年。
② 《秋水堂论金瓶梅》第8页。

20世纪美国《金瓶梅》研究界的基本理论视角及其局限

验,往往在理论性的论述之中蕴含着强烈的情感冲击力,有"以己之情揣度作者之意"的倾向,符合中国传统批评中"以意逆志"的文论观。这种"以意逆志"的观念更明确地体现在她对《金瓶梅》作者意图的解读上。

关于作者的态度,田晓菲认为,"《金瓶梅》的作者,绝非一味以道德正统自居的人。他对瓶儿与西门庆的私情,其实有很多同情"①。在谈到第三十八回,王六儿与丈夫韩道国公开谈论自己与西门庆通奸带来的好处之时,论者指出:"道德家就会骂没廉耻,但是《金瓶梅》的作者不是道德家而是菩萨;他对他们只有怜悯。"②王六儿尽管出卖身体,在肉体上"背叛"了丈夫,但并未"精神出轨",正相反,她以"色相"换取金钱的举动甚至得到了韩道国的支持,两人"妇唱夫随",后来虽遭受磨难,但患难之中仍然闯出一条活路,得以善终。可见作者(隐含作者)对市井小民的"小罪小恶"抱有同情。论者还指出,慈悲情怀更深刻地体现在绣像本的作者身上,"《金瓶梅》的作者——尤其是绣像本的作者——对人生百态更多的是同情、是慈悲、是理解,而不是简单的、黑白分明的褒扬或指责"③。

从上述田晓菲对于小说主题的解读,可以发现她深受"以意逆志"这种传统文论话语规则的影响,倾向于以己之意迎作者之意。很多时候,她是以一名普通读者的"审美心态"来进入小说世界,而非以理性的批评家的眼光来审视文本,如在评论第九十七回之时,她曾不无动情地说:"《金瓶梅》,只是一部书而已。一部书,只是文字而已。然而读到后来,竟有过了一生一世的感觉。"④从这个意义上说,田晓菲所持有的是一种前现代批评的视角。

除了夏志清与田晓菲两位华裔学者,还有不少美国学者也持这种"前现代视角"。如玛丽·斯科特的博士论文《青出于蓝而胜于蓝:〈红楼梦〉对〈金瓶梅〉的借鉴》、常靖宛的论文《〈金瓶梅〉中的缠足及其装饰》、王辰晨的论文《中国传统家庭内部女性等级变化之探究:从〈金瓶梅〉到〈红楼梦〉》等,都表现出比较鲜明的"前现代视角"的特征。

总体来看,持前现代视角的美国学者主要呈现出以下几个特点:

第一,将作者意图等同于文本意图。从现代叙述学隐含作者的概念来看,

---

① 《秋水堂论金瓶梅》第48页。
② 《秋水堂论金瓶梅》第122页。
③ 《秋水堂论金瓶梅》第49页。
④ 《秋水堂论金瓶梅》第295页。

文本意图与作者并无直接关系，作者意图虽然可以通过各种外在材料得到一定程度上的体现，但这种追溯是有限度的，其最为原始的意图是无法还原的，所能还原的只是作者思想感情和价值观念投射在文本中所显现的"抽象人格"。这就是说，知不知道作者是谁，并不能从根本上影响现代读者对《金瓶梅》的有效解读。退一步讲，假如有学者考证出作者的确是明代某位大名士，如王世贞、汤显祖之类的著名文人。那么根据"索隐派"的方法，或许能够进一步推测出作品、作者与当时其所生活的时代之间的内在联系（比如西门庆隐射了某某皇帝之类），但并不一定能够从审美意义上反证作品的艺术价值。与此同理，若考证出《金瓶梅》的作者只是一个名不见经传的小人物，那么也不会削弱文本的美学价值。第二，将文本的叙述世界等同于现实世界，注重现实主义所强调的文本再现现实的创作观念。持前现代批评视角的几位批评家主要关注的是作品的"现实性"要素，而对于"虚构性"要素的关注度明显不够。第三，强调作品结构上的连贯性和故事时间上的延续性。比如夏志清就一再批判《金瓶梅》不符合现实主义的"写实"原则。第四，强调主题思想上的一元性和统一性。比如田晓菲认为词话本倾向于儒家思想，而绣像本倾向于佛教。总的来看，前现代批评视角并不试图挖掘《金瓶梅》在创作技法和创作观念上可能存在的现代意识，而只是将其视为一部"非现代"的中国古典名著而已。

二、现代批评视角

维多利亚·卡丝是用现代批评视角来阐释《金瓶梅》的代表人物之一。她将整部小说分为两部分，前八十回是"悲剧"（tragic），后二十回是"喜剧"（comedy）。而"悲剧"可分为两个阶段，分别是以潘金莲（前二十九回）和李瓶儿（三十回到七十九回）为中心，而"喜剧"为第三阶段，即以庞春梅（八十回之后）为中心。根据这三个阶段来看，整部小说经历了从邪恶的扩张到正义的恢复、从分裂走向秩序的过程。

维多利亚·卡丝不仅借用神话学来解读《金瓶梅》的叙述结构，还尝试用原型批评来探讨作品中的人物形象。关于《金瓶梅》人物原型的分析，论者认为在《金瓶梅》中最为重要的原型人物有三个：西门庆、潘金莲和李瓶儿。关于潘金莲，其具有原型意义的核心表现在三重身份："魅惑的配偶"（a bewitching consort)、"浪荡的求爱者"（a lascivious alliance-seeker）、"毁灭的代言人"（an agent of destruction）。① 论者认为，潘金莲"魅惑的配偶"的身份的原型是嫦娥和金朝的潘夫人，"魅惑的配偶"的重要特点是"偷"（theft），金莲及其衍生女性人物所偷的正是情人。潘金莲"浪荡的求爱者"的身份是明清文学中的"媒人"（matchmaker）形象，"媒人"形象如同神秘的女巫，能够裁决他人的命运，而潘金莲"毁灭的代言人"的身份是中国民间宗教及佛道中的各种神怪。② 潘金莲如同"魔鬼判官"（the Demon-Judge），③ 她名字之"潘"谐音"判"，④ 她就如同佛教中的阎罗，道教中的玉皇，另外，与她有关的判官原型还有钟馗、五道将军等，她如同地狱审判者，葬送了李瓶儿与西门庆。⑤

原型人物之所以构成原型，因为每一种原型都代表了一个特殊的类别并滋生出相似的"阴影人物"。比如，潘金莲作为原型人物，以她为原型所衍生的"阴影人物"并不少，如宋蕙莲、李桂卿、李桂姐等，但阴影人物的负面特质显然被弱化了。李瓶儿作为原型人物也具有不少阴影人物，如庞春梅。春梅嫁入守备府后，得到主人宠爱，拥有地位、财富、权力，并生育了子女，如同李瓶儿的化身。⑥ 与此相似，小说中也有不少以西门庆为原型的阴影人物，这些角色类似于喜剧性的镜像形象，如"帮闲"应伯爵，还有恶行被弱化的陈敬济等。在第三阶段，即以庞春梅为中心的喜剧阶段，充满着对前面两个阶段的戏仿（parody），如在第八十六回"雪娥唆打陈敬济"的情节中，陈敬济显露阴茎作为武器以抵御西门庆家众姬妾对他的围攻，显得滑稽而可笑。因此，陈敬济对于西门庆的种种模仿并不构成一种毁灭性的力量，而是一种愚蠢的表现，是被弱化的邪恶，带有喜剧色彩。⑦

总的来看，维多利亚·卡丝采取了结构主义的方法分析《金瓶梅》的叙

---

① Victoria Baldwin Cass, "Celebrations at the Gate of Death: Symbol and Structure in Chin P'ing Mei", Ph. D. dissertation, University of California, Berkeley, 1979, p. 130.
② "Celebrations at the Gate of Death: Symbol and Structure in Chin P'ing Mei", pp. 130-131.
③ "Celebrations at the Gate of Death: Symbol and Structure in Chin P'ing Mei", p. 152.
④ "Celebrations at the Gate of Death: Symbol and Structure in Chin P'ing Mei", p. 156.
⑤ "Celebrations at the Gate of Death: Symbol and Structure in Chin P'ing Mei", pp. 159-160.
⑥ "Celebrations at the Gate of Death: Symbol and Structure in Chin P'ing Mei", p. 51.
⑦ "Celebrations at the Gate of Death: Symbol and Structure in Chin P'ing Mei", p. 57.

述结构特色,并用神话学原型批评来阐释小说的主要人物与次要人物之间的衍生关系,显示出了现代批评视角的眼光。但在对原型人物的追溯之中,各种阴影或镜像人物与原型之间是否存在着神话学意义上的原型关系,也还存在可商榷之处。

对于《金瓶梅》的阐释,浦安迪的"反讽"理论与"百回"结构说体现出一种较为鲜明的现代批评视角。在浦安迪看来,"反讽"作为一种美学原则和修辞手法在奇书文体中得到广泛运用,这正是"奇书文体"作为一种成熟而精巧的叙事文体在叙述语言上的独特性所在。不少中国学者如胡适、鲁迅、郑振铎都曾批评明代四大奇书在写作本身存在一些前后不一致或自相矛盾之处,这种缺陷往往使文本显得含混不清或模棱两可。① 而在浦安迪看来,这很可能恰恰是作者有意或无意制造的一种"反讽"效果。② 比如在《金瓶梅》中,时常会出现大段琐碎、重复、游离于主情节之外的宴会与节日的场景描写,这在夏志清看来是作者文笔上的失误,是语言与结构上散漫、繁冗,甚至矛盾的表现。而浦安迪则试图证明这种场景复现也可能预设着某种深意,暗含"反讽"的动机。因而,浦安迪将"反讽"视为奇书文体修辞上的核心要素,显然是将《金瓶梅》视为一部具有现代意识的古典小说。当然,"反讽"到底是奇书文体的一种偶然出现的修辞手法还是一种文体上的风格特征,这仍然存在一些争议。

在探讨包括《金瓶梅》在内的奇书文体的结构问题上,浦安迪深受西方结构主义叙事学的影响,其显著的标志在于他试图为明代四大奇书寻找一个共通的、具有普遍意义的标准结构范式。他首先批驳了某些西方汉学家的观点。浦安迪指出,某些汉学家以西方小说(Novel)的结构准则出发,认为中国明清长篇章回小说呈现出"缀段性"(episodic)特征,一段一段的故事,形如散沙,不像西方小说有"头、身、尾"的统一结构,因而缺乏艺术整体感和结构意识。③ 这种观点在他看来是套用西方叙事理论的结果,而没有认识

---

① 可参见鲁迅《中国小说史略》,郑振铎《中国俗文学史》《插图本中国文学史》,以及胡适对于《水浒传》《西游记》等明清长篇白话小说的考证。

② 如浦安迪所指出,在对刘备、宋江之类的主流正面人物的描述之中,小说作者巧妙地运用了一种反讽的笔法,质疑和映射了英雄人物本身存在的弱点,从而对人物性格制造出一种模糊的效果。而夏志清认为这可能是作者笔法上的疏忽。

③ 浦安迪《中国叙事学》第56页,北京大学出版社,1996年。

到中国叙事传统的特殊性。

浦安迪并不认为中西叙事文学中"缀段性"与"统一性"之间存在不可跨越的鸿沟。因而,他提出了奇书文体的"百回"定型结构和"十回"主结构的说法。印证"百回"定型结构和"十回"主结构说法的范例当属一百回的《金瓶梅词话》及一百回的《忠义水浒传》。在此,浦安迪尝试建构一套严密而自洽的奇书整体框架。为了进一步说明奇书文体结构的内在规律,浦安迪进一步提出"十回"主结构中的次结构,如广泛出现在奇书文体中的"三、四回次结构法",即在每个十回叙事单元的三、四回会出现一个用以引入本题的转折结构。① 尽管在《金瓶梅》及明代几部奇书中存在一些文本细节上的不符,浦安迪仍然试图运用一种"统一性"的原则证明奇书文体在表面的"缀段性"背后存在一整套具有普遍意义的叙事美学结构,而这种宏观意义上的"有机论"却在不同程度上消解了奇书文体叙事结构上所潜藏的多元叙述话语。② 因此,浦安迪所强调的共通性的文体观是否能用来套用《金瓶梅》在内的奇书文体也存在一定疑问。

此外,彼得·拉什顿在《道教的镜子:新儒学的受众和〈金瓶梅〉修辞之研究》中,从文本、作者、读者之间的交互关系阐释了《金瓶梅》中的色情叙述话语所构建的读者反映机制,也显示出现代批评的理论视角。另外,玛丽·斯科特的《〈金瓶梅〉与〈红楼梦〉中的花园意象》、凯瑟琳·克里兹的《〈金瓶梅〉中戏剧的作用:从小说与戏剧的关系看16世纪的中国人》、茵迪拉·萨蒂延德拉的《面向中国小说中的诗学:关于〈金瓶梅词话〉序诗的研究》、简镆镆的《女性的争权斗争:对中西方若干代表性的小说的比较研究》、杨毅的《月亮和皮革袋:〈金瓶梅〉与〈肉蒲团〉中的戏仿》、吕彤邻的《欲与爱:一个比较性的叙事研究》等研究论文也从不同角度运用现代批评视角来阐释了《金瓶梅》的文本特点。

---

① 关于"三、四回次结构法"在《西游记》《水浒传》《三国演义》几部奇书文体中的具体分析,参见浦安迪《中国叙事学》第68—71页,北京大学出版社,1996年。

② 如果要证明"奇书文体"表现了一种文类的总体特征,那么浦安迪需要证明几部奇书具有共同或者说相似的叙事美学结构,否则"奇书文体"就不能归为同一文类。而一旦将明代几部奇书作为一种共同的结构范式来研究,又可能会忽略不同奇书文本结构上所存在的多元化色彩,如浦安迪自己也指出,《西游记》对"九"的数象结构的注重显然与其他几本奇书是存在差异的。因而,"百回"定型结构或"十回"次结构都有把问题简化之嫌。

总的来看，现代批评视角至少有三个特点：第一，从结构主义的角度，强调小说叙述结构的整体性及封闭特征，与前现代视角所注重的结构的连贯性不同之处在于，前者是从现实主义的角度，强调一种线性的、逻辑化的故事结构，而现代视角下的文本结构注重的是"有机论"，即部分与整体之间互相影响的关系；第二，强调接受者的能动性，重视文本与受众之间的互动，这实际上已潜藏了后现代批评的要素；第三，汲取了神话学、精神分析等理论来阐释文本中的各种象征意象，但这种"以西阐中"的方法也难免会存在有意或无意的"过度阐释"，因而需要审慎地看待美国金学界《金瓶梅》研究的"跨文化变异"现象。

三、后现代批评视角

彼得·拉什顿在《〈金瓶梅〉与中国传统小说的非线性维度》中，从后现代批评的视角对小说进行了分析。论者认为，《金瓶梅》是由各类具有先天差异甚至相互矛盾的"声音"（叙述话语）构成，声音背后涉及不同的思想观念，如儒家、道家、佛家及三教合一的思想，同时，又吸取了当时新的社会思潮，如享乐主义、商业主义及反映市民阶层的观念等等。论者关注的是具有竞争性的核心声音，如儒、佛、道及强调人欲的欲望话语。不同声音既有融合也有竞争，尽管儒家似乎占据了小说所描绘的世俗世界的中心，但其他各种宗教意象又不时冲淡了儒家所统治的领域。[①]

因此，各种声音交织在一起，并非是相互压制或排斥的关系，而是在竞争、冲突和融合中不断形成新的意义和内涵。论者还指出，《金瓶梅》的这种竞争、互动的多重声音有些类似于巴赫金的多声部及复调的话语理论。同时，从接受者的角度来看，《金瓶梅》创造了一个多元化的话语体系，因而很容易导致不同的阐释，如果只是以某种单一的声音为标准，就不可避免会忽略其他声音，而无法全面理解小说。论者甚至认为，《金瓶梅》比明代其他三大奇书更符合伊瑟尔的读者反应理论。[②]

---

① Peter Halliday Rushton, *The Jin Ping Mei and the Non-Linear Dimensions of the Traditional Chinese Novel*, Lewiston: Mellen University Press, 1994, p. 5.

② *The Jin Ping Mei and the Non-Linear Dimensions of the Traditional Chinese Novel*, pp. 31-32.

论者还从跨学科研究的角度，尝试运用"混沌理论"（Chaos Theory）来阐释《金瓶梅》多层次、互动性的话语体系。关于"混沌理论"，论者指出：

> 它揭示出自然界的现象，虽然表面上无序，譬如气流和各种看似任意的活动，但仔细调查，便可发现深层次的、难以想象到的新秩序。而且，混沌理论还无比清晰地阐明了：深刻欣赏自然界的"无序"过程能发现富有美学意义的美。①

彼得·拉什顿认为，从文本结构来看，《金瓶梅》十分妥当地处理了秩序与混乱的关系，② 这就是说，看似无序的小说文本实质上体现着一种更深层次的秩序。因此，他不同意夏志清等学者对于《金瓶梅》结构混乱的批评。③

关于"混沌理论"中的"蝴蝶效应"，论者认为可以用来比拟小说中"三教合一"的思想。关于儒释道三种观念，论者指出："分析的关键点在于，当研究内容由两个学派的交互关系变成三个学派的交互关系的时候，用非线性方法来推算会得出更为复杂的状况。"④ 这就是说，小说中所体现的儒教、佛教、道教三种思想并不存在一种固定的主次关系，而是处于一种不断发生流变并相互牵制的状态，只要其中任何一种观念发生变化，其他观念也会随之发生变化。同时，彼得·拉什顿还用数学的三色叠交理论比拟小说中儒、道、佛思想之间的综合。任何一点都指向三种颜色的混杂，正如小说中任何角色的行为在复杂的叙述世界中都有着很大的不确定性，因而难以预测人物未来的发展走向。对此，论者举出了一些例子，如就韩爱姐这一人物来看，由于她身份比较复杂，任何微妙的因素可能使她走向无法预知的结局，影响她命运走势的因素类似于物理学中的"吸引子"（attractor）。她后来为陈敬济"守节"到最终出家为尼，读者才会发现她受到多种"吸引子"的影响，而她这种戏剧化的转变就如同"蝴蝶效应"。对读者来说，由于任何微妙的变化都可能使人物命运发生改变，而小说只给予了人物有关的有限信息，因而读

---

① *The Jin Ping Mei and the Non-Linear Dimensions of the Traditional Chinese Novel*, p. 8.
② *The Jin Ping Mei and the Non-Linear Dimensions of the Traditional Chinese Novel*, p. 10.
③ *The Jin Ping Mei and the Non-Linear Dimensions of the Traditional Chinese Novel*, p. 3.
④ *The Jin Ping Mei and the Non-Linear Dimensions of the Traditional Chinese Novel*, p. 206.

者无法预知其结局。①

彼得·拉什顿还认为,韩爱姐皈依哪派宗教,也存在模糊性。他假设,如果韩爱姐不皈依佛教,就可能会皈依道教。同时,论者认为,有必要分清人物的可预测事件与不可预测事件,因为有些人物可能超出可预测的范围(如韩爱姐)。② 从理论上看,文本中人物潜在的行为也是可以预测和得到定位的。然而,从读者这一端来看,实际上不可能绝对性地预测或定位人物的行为倾向,因为不应当完全排除外在事件及可能使人物转换方向的"方案"。③ 论者认为,《金瓶梅》准确无误地展现了"一个有规则的碎片式的故事结构",这体现在小说的所有层面,从其结构表面上看是混乱的,但这种"碎片式的结构"赋予了对"自然秩序的特殊认识",而且这种"秩序"显得更为丰富和真实。比如说,西门庆与潘金莲偷情之间夹入王婆,这是较小的插入,再比如,在西门庆与潘金莲偷情不久,在第七回忽然插入西门庆娶孟玉楼一事,这是较高层次的"插入",两者都展现出"有规则的碎片式的故事结构"。④ 总的来看,彼得·拉什顿对《金瓶梅》的多重叙述声音和"混沌理论"的讨论都充满着解构主义的色彩,强调小说文本中多元叙述话语的相互影响和融合。

顾明栋是华裔学者中持后现代视角的代表人物之一。他认为:"按照现代小说的观念,这部小说(《金瓶梅》)可被视为一种新的小说。它甚至比一些后现代小说的创作技法更超前。"⑤ 如上文所述,夏志清曾指出《金瓶梅》存在大量结构上的矛盾和不连贯之处,然而,在顾明栋看来,小说中种种结构不连贯或思想主题上不一致之处是创作者有意为之,它反映出一种解构性的创作观念:

> 正如许多学者所指出,这部小说精心"缝合",但作品中看似不一致和矛盾之处不可能是作者的笔误。我斗胆提出,《金瓶梅》的作者对所有的

---

① The Jin Ping Mei and the Non-Linear Dimensions of the Traditional Chinese Novel, pp. 213-214.
② The Jin Ping Mei and the Non-Linear Dimensions of the Traditional Chinese Novel, p. 214.
③ The Jin Ping Mei and the Non-Linear Dimensions of the Traditional Chinese Novel, p. 215.
④ The Jin Ping Mei and the Non-Linear Dimensions of the Traditional Chinese Novel, p. 225.
⑤ Mingdong Gu, "Literary Openness and Open Poetics: A Chinese View in a Cross-Cultural Perspective", Ph. D. dissertation, University of Chicago, 1999, p. 335.

主流思想意识都不再抱希望,无论是儒家、佛家还是道家。他对于人生和社会的深刻体悟给予了他一种视角,这种视角既不是对主流思想的融合,也不是世俗信仰的杂糅,而是一种对人世的荒谬和生命的矛盾本质的存在主义视角。这种视角是一种自觉的解构,一方面,它是希望幻灭后的思想真空所需的一种意识形态视角,另一方面,它是主导作者文学创作的美学视角。当将这种视角用到创作小说上的时候,它一定会超越普遍接受的文本模式——这种模式依据"不矛盾原则"组织文本材料,并且强调使作品中不同材料糅合在一起的"黏合性"。然而,由这种视角所形成的文本超越了反讽和含混的原理。因为很多小说中的反讽是由修辞所产生的,或说得更具体些,是运用语言,所以《金瓶梅》的创作观正巧与解构主义的观念相通。从根本上说,它正是巴特所说的"可写的文本"。①

在论者看来,《金瓶梅》的作者(隐含作者)并未受制于某一种特定思想观念,而是对一切现存的意识形态的根基持彻底怀疑的态度,这使其能够自由游走在各种思想观念的边缘和交叉之处,它并不妄图追求"前现代视角"所强调的逻辑上的"一致性",而是带有一种试图挑战一切主流或世俗观念的反思精神,这使小说表现出解构色彩,而这种"解构性"不仅表现在语言修辞上(反讽或含混),而且更深地体现在创作观念层面。论者进一步指出:

> 我认为,小说中所有不同(文本)元素聚在一起形成了一个统一的整体。统摄各种不同元素的基本原理并不存在于任何一种主流意识形态的视角之中,而存在于本质上具有解构特性的艺术视角之中。这种视角可以被称为"作为形式的意识形态"和"作为视角的形式",因为它源自视角和形式之间的相互渗透和相互交织。它不单单是哪种叙述形式下包含意识形态,也不是哪种意识形态的视角成为叙述形式。耐人寻味的是,意识形态的视角和叙述形式之间相互交织,以至于二者的界限变得十分模糊。最吸引人之处在于,叙述形式所展示的艺术视角将小说的结构和肌理的基础建立在一种语言之上——这种语言转化、戏仿文本的表层意义,同时使其充满矛盾,而且瓦解其意义。这或许可以解释不同读

---

① "Literary Openness and Open Poetics: A Chinese View in a Cross-Cultural Perspective", p. 377.

者会发现不同的意义层面,这些层面之间相互矛盾、冲突。从这个方面看,我敢说,这部小说的创作具有现代意识。它或许可以与一些现代作家(乔伊斯、陀思妥耶夫斯基)的小说相比较。这些作品正如巴赫金所说,其特征是"一种独立的、非融合的话语和意识的多元性,一种真正、有效的多声部话语的融合"。①

在此,为了说明《金瓶梅》的解构色彩,顾明栋特别提出了一对概念——"作为形式的意识形态"(ideology-as-form)和"作为视角的形式"(form-as-vision)。论者所谓"作为形式的意识形态",指的是小说中表现出的意识形态可能并不直接对应于作品的主题思想,而是作为支持小说故事情节发展的叙述形式。比如说,有学者(如廖朝阳)认为,《金瓶梅》只是借用了佛教中"因果轮回报应"这一传统思想观念作为小说的基本结构与叙述形式,并不代表作者(隐含作者)信仰佛教思想,也不代表故事情节必然围绕佛教的果报思想,这可以说是"作为形式的意识形态"。与此相反,不少学者尤其是国内学者则认为佛教观念反映出了小说的主题思想,这样一来,佛教就成为小说故事内容背后所要表达的核心意识形态。这显然与顾明栋所说的"作为形式的意识形态"相反。

与此同理,小说叙述者借用"家国一体"的故事叙述形式,也并不代表文本意图就必然在传达儒家思想观念。不少学者将儒家思想视为小说所要表现的核心观念,同样不符合论者的这一概念。关于"作为视角的形式",首先必须注意论者所说的"视角"(vision)。顾明栋从词源学的角度对视角进行了追溯,然后转向文学中的视角,② 并借用了《新普林斯顿诗歌与诗学百科全书》(*The New Princeton Encyclopedia of Poetry and Poetics*)中关于"创作中的视角"(creative vision)的概念,来说明文学作品中的视角。③ "一般认为,创

---

① "Literary Openness and Open Poetics: A Chinese View in a Cross-Cultural Perspective", pp. 394-395.

② "在文学中,视角经常指涉的是作者通过外在感官、想象活动或内在精神的方式来观察和记述外物。从读者角度来看,视角或许指的是文学作品持续的激起读者想象性的体验。""Literary Openness and Open Poetics: A Chinese View in a Cross-Cultural Perspective", p. 350.

③ "在文学批评中,作者视角,或者说'创作视角',是用来指涉某一文学作品中、某一作家诸作品中或特定年代的典型文学作品中所体现的'世界观'。""Literary Openness and Open Poetics: A Chinese View in a Cross-Cultural Perspective", pp. 350-351.

作中的视角指的是,构建特定文学作品内容的价值观思想体系。"① 这样来看,视角(创作中的视角)的概念就接近于作品的"主题思想"。按照这种传统的看法,(形式上的)视角与作品内容就紧密联系起来了。同时,顾明栋提到高友工(Yu-kung Kao)关于中国传统叙述体裁中的抒情视角,在高友工看来,相对于形式,视角与内容的联系更为紧密。② 但顾明栋所要强调的不是形式与内容的分离,而是两者之间的不可分,因而,视角就不仅关系到内容,也牵涉到形式。

进一步来看,论者所提出的"作为视角的形式"这一概念,指的是小说的叙述形式及语言修辞对形式层面的超越,进而融汇到小说主题和内容之中。比如说小说中常用的双关法,尤其是对各种人名的双关修辞。如"普静"法师的名字可作"普静"(universal cleanliness)之意,也可表"不净"(unclean)(谐音)来解。③ 前者表现出佛教"普度众生"的慈悲之意,后者则表现出对佛教观念的嘲讽。这绝不能仅仅视为语言层面的文字游戏,而是从形式中透露出了小说所力图表现的思想意识,这种矛盾的修辞中蕴含着复杂的叙述张力,这正是"作为视角的形式"。

综合来看,顾明栋认为,"作为形式的意识形态"和"作为视角的形式"共同赋予了《金瓶梅》的解构特性,使小说文本得以在不同的"意图定点"之间游移,使其统一的、权威化的主题思想无法成形,给予了接受者充足的阐释空间,这正反映出了《金瓶梅》这一文本的解构色彩和开放性。他说:"关于小说的主题,我已经指出,学者还没有一致的结论。在此,我认为,每一个现存观点都捕捉到了小说的一面或多面,但没有任何一种观念捕捉到小说的全部。"④

同样,肖恩·凯利·加沙在斯坦福大学博士论文《日常经验中的礼仪和小说点评家的艺术:张竹坡评〈金瓶梅〉》中也体现出一种后现代批评视角。他认为《金瓶梅》显示出了各种不同叙述话语之间的对话关系。论者将张竹坡对小说的评点理论与巴赫金狂欢化、复调理论相对比,指出张竹坡的评论表现出了中国古典文学批评中对于文本、作者、读者之间互动关系的注重,

---

① "Literary Openness and Open Poetics: A Chinese View in a Cross-Cultural Perspective", p. 351.
② "Literary Openness and Open Poetics: A Chinese View in a Cross-Cultural Perspective", p. 351.
③ "Literary Openness and Open Poetics: A Chinese View in a Cross-Cultural Perspective", p. 360.
④ "Literary Openness and Open Poetics: A Chinese View in a Cross-Cultural Perspective", p. 403.

揭示了《金瓶梅》作为一个开放性、多元化的文学文本之特质。

此外，丁乃菲《淫秽之物：〈金瓶梅〉中的性政治》、黄卫总《中华帝国晚期的欲望与小说叙述》第四章、廖朝阳《解读〈金瓶梅词话〉的三个章节》、刘易斯·罗阿丝和杰里米·坦布林合写的《"盈余"如何建构文本结构：读〈金瓶梅〉》等，也从不同角度以后现代批评视角对作品进行了阐发。总的来看，后现代批评视角的主要特点是：第一，强调文本主题的多元性和开放性，反对某一种具有权威色彩的"意图定点"，而倾向于"无限衍义"。第二，注重挖掘多层次的叙述视点和叙述声音，承认每一种叙述话语的合法性和平等性。第三，将非线性、片段式的叙述结构视为一种常态，注重从文本缝隙、断裂甚至空白之处来"打入"文本。总的来看，后现代批评视角深受解构主义和后结构主义思潮的影响，并融合了现象学与阐释学的观念，这一视角强调受众解释对文本的决定性作用，淡化作者的权威性和文本外部因素。不过，其缺陷在于它试图将文本从具体的创作语境和接受语境中抽离出来，否定从历史维度来探讨文本在某一特定时段针对特定群体所可能产生的"有限度的阐释"，从而存在将文本泛化为一种缺乏阐释边界的带有符号能指意味的"阐释游戏"的危险。

四、结　语

相对于本土学界，20世纪美国《金瓶梅》研究界无疑是一种另类的"他者"视域。这种"他者"视域是一种跨异质文化之间的"理论旅行"。只要涉及跨文化，难免就会存在文化过滤，从而有可能造成理论与文本之间的错位或变异，这是跨文化交流的常态，不应该被视为一种消极的"异化"现象。比如从前现代视角来看，夏志清认为《金瓶梅》结构混乱无序，不符合现实主义标准。然而，从后现代视角出发，彼得·拉什顿则认为作品的无序是有意为之，甚至体现出复调和多元的叙述声音。之所以出现此类争议，根本上与如何看待《金瓶梅》的"文本身份"有关。

持前现代视角的美国学者往往注重文本的"写实性"，而持现代视角或后现代视角的美国学者则更在意其"虚构性"。前者过于强调文本再现现实的功能，所持的是一种单一、封闭的批评模式。而后者存在一种"去历史语境化"的危险，但所表现出的是一种多元、开放的阐释态度。相比较而言，前者否定作品的现代性意识,而后者则尝试呈现文本内在的"现代性"。

"现代性"与学术界热议的"中国古典文学的现代性转化"密切相关。"现代性转化"自然不能等同于建立在"西方中心主义"话语霸权之下的"自我异化"。总的来说,所谓"现代性转化",就是要让中国古典文学能够被现代读者与海外读者接受、理解并产生认同感,这种认同与反馈的过程就是古典文学再度"经典化"与"去魅化"的过程。

然而,如果要真正实现"中国古典文学的现代性转化",就必须承认中国古典文学名著属于世界文学的重要组成部分。从世界文学的宏观视角来看,中国古典文学名著(如《金瓶梅》)中的"现代性"则表现为不同地域、不同民族或不同时代的受众都能在文本中找到"共通性"的美学价值和审美体验,因而这种"现代性"内化于文本自身,并非西方理论家施舍或赋予文本的"现代性"。因此,从"古典文学的现代性转化"的自我演化的角度来看,持现代视角和后现代视角的美国学者并未拓展和提升《金瓶梅》的经典意义,而只不过是运用不同于中国传统批评话语的理论方法呈现出了文本原有的多元、开放的阐释空间,而这正是这部明代奇书历久弥新的魅力所在。

(黄文虎　华侨大学新闻与传播学院讲师,文学博士)

论美国汉学家珍·莫丽根对《琵琶记》的误读

——以蔡伯喈"牺牲者"形象为例

陈雅雅

摘　要：《琵琶记》作为"传奇之首"历来享誉中外，国外亦不乏对其进行研究的学者，如美国汉学家珍·莫丽根（Jean Mulligan）就在其《琵琶记》英译本的长篇导言中对该剧进行了探讨。但中西方文化存在诸多分野，以西方视野去观照《琵琶记》易使莫丽根对其产生误读。珍·莫丽根对蔡伯喈的形象分析具体是聚焦在其"孝子"身份上，她先有对"孝"本质两种定义的解读，继而将"孝子"蔡伯喈定义为客观环境下单方面遭受压迫的"牺牲者"。此种误读，究其原因主要在于莫丽根未考虑到中西方"孝"文化所具有的差异，先入为主地以西方视角观照《琵琶记》中的"孝"，为蔡伯喈做辩护。此外，她也未捕捉到蔡伯喈身上这种中国文人士子性格上所特有的软弱与矛盾，这势必影响其对蔡伯喈"牺牲者"形象的分析。由此可以看出不同文化背景的读者对《琵琶记》的探讨，同时亦丰富了有关《琵琶记》的研究。

关键词：蔡伯喈　牺牲者　孝　士子

《琵琶记》享有"南曲之祖"的美誉，在中国戏曲史上占有重要地位，但其成就并非局限于国内，早已声扬海外。1841 年，巴赞（Antoine Bazin, 1799—1863）出版了法译本《琵琶记》，这是最早将《琵琶记》翻译为西方文字的译本。之后威尔·厄文（Will Irwin, 1873—1948）、西德尼·霍华德（Sidney Howard, 1891—1939）据此创作了音乐剧《琵琶歌》，于百老汇演出并颇受好评。以上大体可见《琵琶记》的海外输出情况。1980 年，美国学者珍·莫丽根在哥伦比亚大学"东方典籍译著"项目的资助下翻译出版了《琵琶记》,这是《琵琶记》迄今为止唯一的英文全译本。而此译本的长篇导言即莫丽根的博士论文《〈琵琶记〉及其在传奇发展中的作用》,主要对《琵琶记》的体裁、作者、源流、意蕴、文学艺术等方面分别进行了评述。

珍·莫丽根身处西方文化下,对中国文学具有独特的学术视野与见解。国外学者的批评方法、分析角度,以及其文艺观、价值观和爱好品位等皆与国内学者不尽相同。倘若能从受西方文化熏陶下的"他者"角度观照《琵琶记》,或能与国内学者的研究成果形成互补。秉着"他山之石,可以攻玉"的观点,本文将重点置于分析珍·莫丽根对蔡伯喈"牺牲者"形象的探讨,以此入手并试分析其原因。

一、莫丽根关于"孝"本质的两种定义

黄仕忠先生曾说:"作者虽有其创作的缘起和'本义',但读者却可以无视其由,取自己之所需,并将自己的理解注入作品,化身为作者的'本义'。"① 众所周知,《琵琶记》是高明在《赵贞女蔡二郎》的基础上改编而成,作者一改原故事中"旧伯喈弃亲背妇,为暴雷震死"② 的结局,而以蔡伯喈携二妇回乡服孝三年后满门旌表的大团圆作结。因此学界对作者的编纂动机历来众说纷纭、莫衷一是。即使高明已于第一出副末开场的【水调歌头】中表明:"不关风化体,纵好也徒然。论传奇,乐人易,动人难。知音君子,这般另做眼儿看。休论插科打诨,也不寻宫数调,只看子孝与妻贤。"③ 但无论高明究竟是出于何种意图进行撰写,每位读者自有他自己的《琵琶记》。

莫丽根认为的《琵琶记》,是高明发现一位历史上受尊敬的文人被不公正地以不孝之名污蔑有所触动欲为蔡邕"雪耻"而作。这一"雪耻"的观点同明徐渭于《南词叙录》中提到的如出一辙:"惜伯喈之被谤,乃作《琵琶记》雪之。"④ 莫丽根进一步指出"雪耻"可能是因为:"大众熟悉蔡邕的名字,又将民间传说中的'蔡中郎'与蔡邕的官职'中郎将'混为一谈了。"⑤ 既然

---

① 黄仕忠《〈琵琶记〉研究》第41页,广东高等教育出版社,2011年。
② 徐渭著,李复波、熊澄宇注《〈南词叙录〉注释》第131页,中国戏剧出版社,1989年。
③ 高明著,钱南扬校注《元本琵琶记校注》第1页,中华书局,2009年。
④ 《〈南词叙录〉注释》第5页。
⑤ Jean Mulligan, *The Lute*, Colombia University Press, 1999, pp. 10-11.

是"雪耻",那么高明势必要为蔡伯喈澄清名誉,最直接的方法就是将不孝之名以"孝"洗之,但莫丽根认为高明对蔡邕"孝子"形象的塑造更多是表现为当时客观环境下的"牺牲者"。虽然高明意在将蔡伯喈塑造为一个"全忠全孝"的人物,但从全剧情节来看,蔡伯喈仍是不忠不孝,未能做到生养死葬是为不孝,而抗旨不从请求回乡可视为不忠。如今国内学者对蔡伯喈"忠孝"行为的解读上,认为不出蔡伯喈主观和环境客观两因素的范围,但莫丽根对蔡伯喈"不忠不孝"的解读却更多是从客观角度上进行而忽视蔡伯喈的主观因素。

历史上多将《琵琶记》归为"孝道剧"。明太祖朱元璋以孝治天下而极力推崇《琵琶记》,曾云:"五经、四书,布帛、菽粟也,家家皆有;高明《琵琶记》如山珍、海错,富贵家不可无。"① 这与朱元璋对元统治阶层"其于父子、君臣、夫妇、长幼之伦,渎乱甚矣"② 的声讨是一致的。与其作为"孝道剧"相对应的,学者们多将焦点置于对蔡伯喈"孝子"身份的剖析上,莫丽根同样在导言中提道:"现当代或古代学者对这一问题的讨论通常以蔡伯喈是否可称得上是作者所授予的'孝子'为关注点。"③ 正如明代学者李卓吾对蔡伯喈虽有"孝子、孝子"④ 的赞叹,但亦有"杀才!不孝子!(中略)可恨,可恨"⑤ 的谴责。

与国内大部分学者的理解一致,莫丽根也认为高明对蔡伯喈孝子形象的塑造与其创作意图相悖。她进一步指出:"虽然高明未能成功解决遗留自将蔡伯喈刻画成恶人的早期作品中的蔡伯喈的动机问题,但《琵琶记》明显传达的是蔡伯喈对孝道的恪守及最终对孝道的履行。一个更复杂的问题进而显露——孝道的本质。"⑥ 可见,在她看来,剧作的冲突便在于到底如何理解"孝"的本质,这在一定程度上影响了她对蔡伯喈形象的探讨。

"孝"字,上为老、下为子。《说文解字》有云:"善事父母者。从老省,

---

① 《〈南词叙录〉注释》第6页。
② 宋濂《谕中原檄》,转引自罗月霞《宋濂全集》第2216页,浙江古籍出版社,1999年。
③ The Lute, p. 19.
④ 侯百朋《〈琵琶记〉资料汇编》第219页,书目文献出版社,1989年。
⑤ 《〈琵琶记〉资料汇编》第231页。
⑥ The Lute, pp. 10-11.

从子。子承老也。"① "子承老"即子能承其亲,并能顺其意。这在讲究宗法制的中国封建社会中,是一种稳定的伦理纲常关系,中国早有"百行孝为先"的谚语,更有二十四孝的故事来宣扬"孝"理念。然而,莫丽根指出《琵琶记》内存在着对孝道的两种不同定义,即对同一原则的不同解释而引发的冲突。她分析道:"第一种介于对父母的顺从与当父母存在过失时是否责难他们,甚至在需要时是否为自己的利益而违背父母的意愿之间。"② 简言之,即子女无条件地服从父母和根据原则纠正双亲错误之间的冲突。而关于第二种冲突,莫丽根指出其"展开得更为全面,且位于全剧的中心"③,即供养父母和光耀门楣间的冲突。在莫丽根看来,第二种冲突构成了《琵琶记》的核心和基础。

蔡伯喈和赵五娘都认为奉养父母才是孝道根本,蔡伯喈甚至以孔夫子的言论劝解父亲:"凡为人子者,冬温而夏清,昏定而晨省,问其寒燠,搔其疴痒,出入则扶持之,问所欲则敬进之。是以父母在,不远游;出不易方,复不过时。古人的大孝,也只如此。"④ 但对蔡父来说,"孝"则是儒家经典中的"立身行道,扬名于后世,以显父母,孝之终也"⑤,也就是"改换门闾"方为"孝"。这就是蔡伯喈与父亲对同一概念的不同解读引起的冲突。莫丽根认为蔡伯喈本欲做一个侍养双亲的孝子,恪守道德要求,遵从伦理纲纪,但恰恰为了实现他父亲的愿望而导致自己无法在父母身边行孝,甚至被逼无奈失去了"孝子"的身份,他无疑是一名受害者。

显然,莫丽根对蔡伯喈的形象定位在"牺牲者"上。在她看来,蔡伯喈分明欲"尽心甘旨,功名富贵,付之天也"⑥,"甘守清贫,力行孝道"⑦,未成想"父亲严命怎生违?一举首登龙虎榜,十年身到凤凰池"⑧。莫丽根将身陷窘境的蔡伯喈定义为完全值得同情的人物。一个努力按照封建伦理行事的"孝子",却因伦理纲纪的不合理以及伦理纲纪自身具有的矛盾,为了实现父

---

① 许慎著,段玉裁注《说文解字注》第398页,中州古籍出版社,2006年。
② The Lute, p. 20.
③ The Lute, p. 20.
④ 高明著,钱南扬校注《元本琵琶记校注》第28页,中华书局,2009年。
⑤ 《元本琵琶记校注》第29页。
⑥ 《元本琵琶记校注》第5页。
⑦ 《元本琵琶记校注》第26页。
⑧ 《元本琵琶记校注》第30页。

亲的宏愿沦为时代环境下可怜可悲的牺牲品。蔡伯喈的"三被强、三不从"甚至最后陷入无法尽人子供养义务的处境，皆是客观环境所逼，其身不由己亦皆因他人过失。然而关于这一点，明代学者陈眉公却曾发出质问："果然有三强，你何不强一强？"① 可见，陈眉公从蔡伯喈的主体出发对其行为持谴责态度。与莫丽根不同，他并未一味将蔡伯喈酿成的悲剧归咎于客观环境。

莫丽根会产生这样的误读，最大的原因是她处于不同于中国文化的他者文化环境中。由于中西方本身存在的文化距离，导致她对儒家学说的理解较平面化，对"孝"的解读也存在隔阂，关于中国古代文人士子的性格特点更是存在知识空缺。自然而然，莫丽根对蔡伯喈形象的探讨便多有失误，不曾看到他性格上的复杂性与多样性。

二、西方观念下莫丽根对"孝"的理解偏差

在中国古代宗法制社会中，儒家文化一直处于主导地位。而儒家学说中关乎的"孝"理论在《尚书》《论语》《礼记》《大戴礼记·曾子大孝》等作品中一路沿袭发展，大抵于《孝经》中集大成。这些儒家经典基本上体现了传统"孝"观念与孝道理论的信仰核心和发展脉络。此外，在众多其他著作中，"孝"观念也几乎是被视作最高伦理范畴而存在。如《诗经·小雅·蓼莪》中有："父兮生我，母兮鞠我，抚我畜我，长我育我，顾我复我，出入腹我。欲报之德，昊天罔极。"② 父母悉心养育儿女，儿女不知何以为报以显"孝"，顺应父母似乎成为最基本也是最情理之中的要求，即"盖孝无形而顺有迹"③，但莫丽根恰恰对"顺亲"这一概念有所误解。毕竟她处于西方社会，其潜意识中受到的西式文化观念使她的理解产生偏差也无可厚非。

清人汪辉祖曾说："'顺亲'二字，见于《中庸》。谚云：'孝不如顺。'"④ 宋陈师道《代贺生皇子表》之二中亦云："臣闻王者之孝，以继体为先；人子之心，以顺亲为乐。"⑤ 可见，顺亲极为重要，顺若未能，则孝何有？

---

① 《〈琵琶记〉资料汇编》第259页。
② 王秀梅译注《诗经》第473页，中华书局，2015年。
③ 夏家善《双节堂庸训》第58页，天津古籍出版社，2016年。
④ 《双节堂庸训》第58页。
⑤ 曾枣庄、刘琳主编《全宋文》第123册，卷二六六四，第278页，巴蜀书社，1994年。

然而儒家虽有"事父母几谏,见志不同,又敬不违,劳而不怨"①的言语以强调敬亲顺亲,却也反对愚忠愚孝及无条件的服从。因为"孝"的内容除"顺""养""敬"外,也有孔子提出的"谏诤"说,明确"孝"非盲目顺从。恰恰相反,子女还需谏亲,在看到父母犯下过错时能及时规劝。《礼记·孝经》有:

> 曾子曰:"敢问子从父之令,可谓孝乎?"子曰:"是何言与,是何言与!……父有争子,则身不陷于不义。故当不义,则子不可以不争于父。故当不义,则争之。从父之令,又焉得为孝乎!"②

孔子的态度从中可见一斑,他明确反对无是非原则的顺从。而《琵琶记》中,在父亲力以"是以家贫亲老,不为禄仕,所以为不孝"③劝蔡伯喈进京科考时,蔡伯喈明知父母业已年迈不可缺少自己的照顾,面对这一"不合常理"的情况,他未坚持谏父,仍选择顺从父亲,甚至回应道:"爹爹说得自是。"④李卓吾和陈眉公于此处的点批均发出同样的疑问——难道做官就是孝?可见李、陈二人对蔡伯喈未坚持谏诤而屈从去应试的行为并不苟同。李卓吾还进一步指出蔡伯喈"只要行吾孝耳"⑤,认为蔡伯喈只需坚持自己所认定的孝即可,何必任人摆布?陈眉公亦有"虽吐孝词,却是不孝题目"⑥之语,同样指摘是蔡伯喈自己的愚孝使他陷入不孝的境地。然而与陈、李的点批不同,莫丽根却根据自己对中国儒家伦理中"孝"的理解,单方面地将"孝"中的父辈权威立于蔡伯喈作为子的对立面,认为蔡伯喈之所以妥协是由于与权威对立而受到压迫只能选择绝对服从,未曾全面了解中国伦理社会中的"孝"并非指单纯的愚孝即无条件的服从。

那么莫丽根对"孝"的理解来源又出自何处呢?这不得不提及西方的基督教文化。同儒学在中国传统社会占统治地位的情况相对应,基督教文化于

---

① 朱熹《论语·大学·中庸》第54页,上海古籍出版社,2013年。
② 胡平生、陈美兰译注《礼记·孝经》第267页,中华书局,2007年。
③ 《元本琵琶记校注》第29页。
④ 《元本琵琶记校注》第29页
⑤ 《〈琵琶记〉资料汇编》第217页。
⑥ 《〈琵琶记〉资料汇编》第270页。

西方社会中发挥着主导作用。基督教作为以上帝信仰为核心的典型的一神论宗教，同样满载着伦理学的含义。

基督教的圣经中曾提道："孝敬父母，使你的日子在耶和华神所赐你的地上得以长久。"① 新约中亦有"你们作儿女的，要在主里听从父母，这是理所当然的，……要孝敬父母，使你得福，在世长寿"②。于上述言论中可以看到，基督教中的"孝"显然与"神""主"相互联结，他们的"孝"实际上是一种"信仰之孝"。即"孝"在基督教中是上帝对子女的要求，子女行孝是基于对上帝的信仰。子女与父母的关系并非像中国宗法社会那般紧密联结，而以两个相互平等的个体存在，他们共同从属于上帝。

《塔木德》中提道人皆由上帝依照自己形象去创造。既然子女和父母一样都是上帝的造物，那么在人格尊严上就皆为平等。受此平等思想的影响，西方人的"孝"便不会过于强调尊卑等级，自然弱化了对父母长辈的敬畏程度，以致父母与子女间的关系不似儒家那般等级森严。虽然西方也存在"养"父母、"敬"父母的言论，但主要不体现在子女对父母的行为上，更多熔铸于宗教文化中。如"你们作儿女的，要凡事听从父母，因为这是主所喜悦的"③。前述中的"在主里听从父母"和此处"这是主所喜悦的"等等措辞，均可看到基督教"孝"观念源于神又服务于神。可以想见，基督教文化中孝敬父母固然重要，其地位却远没有其在儒学体系中所占据的那般显要。

而且，在后期的西方社会中，父母和子女关系的平等日益成为社会共识，资本主义社会利益至上的原则亦愈演愈烈，西方人的家庭观意识逐渐淡薄，继而演化出一系列西方特有的原则与制度。卢梭（Jean Jacques Rousseau，1712—1778）就曾提道：

> 一切社会之中最古老的而又唯一自然的社会，就是家庭。然而孩子也只有在需要父亲养育的时候，才依附于父亲。这种需要一旦停止，自然的联系也就解体。孩子解除了他们对于父亲应有的服从，父亲解除了他们对于孩子应有的照顾以后，双方就都同等地恢复了独立状态。如果

---

① 库根著，张贤勇、陆巍译《〈旧约〉入门》第92页，外语教学与研究出版社，2015年。
② 加尔文著，赵中辉译《加尔文文集》第405页，华夏出版社，2011年。
③ 鲍会园《歌罗西书注释》第119页，上海三联书店，2012年。

他们继续结合在一起，那就不再是自然的，而是志愿的了；这时，家庭本身就只能靠约定来维系。①

此言论放之现代西方仍可依作准绳，西方家长普遍认为只需将子女抚养成人即可，也不要求他们在日后对自己尽孝。此外，西方社会自有一套先进完善的社会养老福利制度，当父母年迈后，子女赡养的义务便依靠国家通过社会保障制度完成。这便使西方家长在抚育子女时不注重培养他们对自己的服从意识以求得日后赡养，而是更注重子女独立人格的树立，崇尚他们个性的张扬和自由的实现，希冀子女能学会做出自己的判断。反观《琵琶记》中的蔡伯喈在面对冲突时做的妥协，在西方人看来自然是无法完全理解的。在他们的观念里，对父母的爱应建立在与父母平等交往的过程中，不存在一方对另一方的绝对压迫，他们不强调子女对父母的绝对服从。

上述可见西方文化的"孝"观念与中国古代的传统孝道存在明显差异。自然，莫丽根便会认为蔡伯喈的"孝"是压迫下的存在。因为在她看来，"孝"本应是父母子女平等基础上提出的伦理要求，继而便认为中国伦理中的"孝"更侧重单方面的义务，强调父辈宗亲于家族内部的统治地位，子女必须心存敬畏并绝对服从，无法拥有自己的话语权。就像美国传教士明恩溥（Arthur Henderson Smith，1845—1932）所说："我们认为，中国人实践孝道的真正根源，半是恐惧半是自爱，这两个最有力的动机影响着人们的内心。"② 莫丽根对中国"孝"文化的解读或与上述所言异曲同工。

明恩溥还曾于《中国人的素质》一书中分析道：

> 讨论中国人的特点而不提及中国人的"孝心"，那是绝不可能的。但是，中国人的孝心这个课题，也不容易做。"孝心"一词，与我们曾经不得不使用的许多词语一样，给中国人的感觉，与我们习惯赋予它的意思之间有很大的不同，而且无论怎样准确地翻译成英语，却还有许多词语及其意义为汉语所特有，是无法翻译传达的。③

---

① 卢梭《社会契约论》第9页，商务印书馆，2001年。
② 明恩溥著，林欣译《中国人的素质》第176页，京华出版社，2002年。
③ 《中国人的素质》第166页。

诚如明恩溥在中国社会生活之久都不能精准地把握"孝"字及其词汇背后赋予的种种内涵,那么长期在不同文化语境下生活的莫丽根认为蔡父及儒家孝道伦理所代表的权威是压迫性的,难免对其产生抵触心理,进而对蔡伯喈的处境表示同情也就可以理解了。但也正由于此种不同的社会语境,使莫丽根更倾向于为蔡伯喈未尽赡养父母的义务而辩护,将责任归咎于儒家伦理制度甚至蔡父身上,进而将蔡伯喈定义为"牺牲者",这又是过于片面的。

三、莫丽根对于中国士子性格把握的误区

早在先秦时期,便有文人阶层的存在,彼时还未有专门的划分,统称为"士"。对于这个阶层,先秦典籍内有诸多论述,如子贡问曰:"何如斯可谓之士矣?"子曰:"行己有耻,使于四方,不辱君命,可谓士矣。"① 显然,先秦时的"士"是从道德及政治角度来定义,他们皆有"士不可以不弘毅,任重而道远,仁以为己任"的理想,并于春秋战国时期游说四方,穿梭于各国间纵横捭阖。在"百家争鸣"的时期,虽然大部分文人如子夏所言追求"学而优则仕",依附诸侯君王进而成为政治上的附庸,但仍尚有独立的人格和自由的思想。直到历经秦始皇大一统,中央集权政权的建立,汉武帝的"罢黜百家",以及科举制度的兴起等,统治者借着国家机器树立起更强大的政治权威,并取得了绝对的话语权。绝大部分文人士子的思想便从依附政治的"百家争鸣"到单方面受到政治阶层的压迫。他们作为文人的身份不再独立,往往与政治阶层紧密联系,并依附在伦理纲纪之上。在宗法制的中国社会,伦理纲纪又与血缘关系密不可分,故而冷酷理性与温情感性间的冲突无法避免。

可以想见,文人们依附于伦理纲纪却又因此备受禁锢,这便注定了他们性格的复杂与多样,继而引申出中国文人性格上特有的矛盾性。所谓矛盾性,简言之即理想与现实的冲突。士子们对社会政治的热心多出自理想范围内为拯时救世一展宏图的责任感,但"不仕无义"的现实理念却要求他们必须进入庙堂依附伦纲,受其压迫且无法挣脱。士子们往往虚怀若谷却为世俗桎梏,正如他们总是能在大是大非上保持自己的操守,发出"宁为玉碎不为瓦全"的慷慨之声,但面对伦理纲常范围内的冲突却不知所措,如有"清官难断家

---

① 朱熹《论语·大学·中庸》第 158 页,上海古籍出版社,2013 年。

务事"的无奈哀叹,进而在主观上采取逃避退让的态度,自然流露出他们性格上软弱无力的一面。

除此之外,同样能看到中国古代文人性格中潜藏的过于理想化的一面。他们习惯将希望寄托在君王甚至一些虚无缥缈的东西上,对现实抱迂腐幻想,这实际是逃避态度的再现。即使不看蔡伯喈在行孝与科考间的冲突,历史中比比皆是的出仕与归隐的事例也足以证明中国文人士子们的进退两难。因此,在中国古代社会绝对的子从父、君从臣这样冷酷的伦理纲常规则下,蔡伯喈作为一名饱受封建礼教熏陶的士子便注定拥有多样且复杂的性格,展现出多思犹豫并且软弱的中国封建社会文人士子典型形象。

事实上,蔡伯喈并非完全没有自主能力,面对蔡父在不合情理的情况下提出的要求,蔡伯喈更应对他进行委婉劝谏,而非盲目服从。他的无条件顺从恰是他软弱性格的体现,以致后使父母死于饥荒,这是愚孝产生的后果,也是他怯懦性格造成的悲剧。即使他信奉"父母在,不远游",但他的实际行为已违背了家庭伦理要求的事亲之道。客观环境固然有理由牵绊住蔡伯喈,但蔡伯喈本身绝不无辜。在他"争(怎)奈父母无人侍奉,如何去得"的一番表白中,陈眉公便一针见血地点出其"非真心"[①]的虚伪,甚至在他念着"俺早晚回来"时径直怒骂道"更是马扁头"[②] 看到蔡伯喈对老丈人牛丞相心存惧怕而不敢让牛小姐对岳父谏言回乡时,陈眉公也有谴责之辞:"宁可饿杀爹娘,不可恼了丈人。"[③] 这些批语句句严厉指责出蔡伯喈性格上的软弱与无能,这是莫丽根未曾捕捉到的。

蔡伯喈抱着"儿今去今年便还"的侥幸心理,希望暂时避开眼前的冲突做出退让,进退失据间却使他再无法掌握自己的命运。毕竟在履行孝道问题上起决定作用的主体仍是蔡伯喈,之所以发生剧中悲剧与其软弱性格必然有密切联系。这是封建士子们普遍的性格缺陷,但这种软弱并非我们平常理解的意义,更多是指当面对冲突,力争回避,希冀有转圜的出现好解决问题。好比那些选择归隐的士子,虽然表面上选择了"隐",但鲁迅先生便曾直接揭露出他们"隐"背后的"身在山林,而'心存魏阙'"[④],即使登仕不得,也

---

① 《〈琵琶记〉资料汇编》第243页。
② 《〈琵琶记〉资料汇编》第261页。
③ 《〈琵琶记〉资料汇编》第263页。
④ 鲁迅《集外集拾遗》第200页,人民出版社,1973年。

仍存征君念想。这是士子们软弱的逃避,也是他们虚伪的自慰。

此外,从文本中亦可清晰地看到蔡伯喈内心并非没有求取功名的欲望。中国古代的文人阶层,尤其是胸怀大志的士子们绝不可能真的甘于沉溺,碌碌一生。"学而优则仕,不仕无义"本就是千百年来士子们根深蒂固的价值观念,通过科举入仕也是自科举制实施以来像蔡伯喈这类寒门士子"扳桂步蟾宫"的唯一道路,更是他们获得高官厚禄并立身扬名的最佳途径。这便形成了士子们"无论文武,总以科甲为重,谓之正途。否则胸藏韬略,学贯天人,皆目为异路"① 的情形。

北宋张载有"为天地立心,为生民立命,为往圣继绝学,为万世开太平"②。正如蔡伯喈也有"十载亲灯火,论高才绝学,休夸班马。风云太平日,正骅骝欲骋,鱼龙将化"③ 的慷慨陈词。此处毛纶的批语:"潜修如此之久,抱负如此之宏,遭时如此之盛,可以出仕矣。"④ 便将蔡伯喈内心的雄心壮志一一道出。甚至在第十八出"伯喈牛宅结亲"中,蔡伯喈所唱的"扳桂步蟾宫,岂料丝萝在乔木。喜书中今日,有女如玉"⑤ 中也能看到他在实现"书中自有颜如玉"这一士子们希冀通过读书娶得美娇娘的愿望后的满足心理。

由此,中国文人性格上的软弱动摇性,以及士子对仕宦功名潜藏的欲望,使蔡伯喈在主观上选择消极逃避以至于一步步走向对孝的背叛。

再看莫丽根生存背景下的西方社会,未有中国古代"士"的概念,只有"知识分子"一说,两者虽有相似性,却绝不能等同。爱德华·沃第尔·萨义德(Edward Waefie Said,1935—2003)曾提出:"真正的知识分子在受到形而上学的热情以及正义、真理的超然无私的原则感召时,叱责腐败、保卫弱者、反抗不完美的或压迫的权威,是他们的本色。"⑥ 此言论将"知识分子"定义

---

① 李东沅《论考试》,转引自郑振铎《晚清文选》第254页,中国社会科学出版社,2002年。
② 张载《张子语录·中》,转引自《四部丛刊续编》第18页,上海书店出版社,1984年。
③ 《元本琵琶记校注》第5页。
④ 高明著,毛纶批注,邓加荣、赵云龙辑校《第七才子书·琵琶记》第277页,线装书局,2007年。
⑤ 《元本琵琶记校注》第114页,中华书局,2009年。
⑥ 爱德华·沃第尔·萨义德著,单德兴译,陆建德校《知识分子论》第13页,生活·读书·新知三联书店,2002年。

为独立于世俗社会的边缘人,他不依附于任何权力组织,而坚守普世价值;他始终是"社会的良心",并敢于抗衡权势,表达普民的诉求。

卡尔·曼海姆(Karl Mannheim,1893—1947)同样在其著作《意识形态与乌托邦》一书中指出知识分子能够超越狭隘的族群利益和意识形态,是"自由漂浮的、非依附"的特质所致。[①] 显然,西方社会中的知识分子并不依附政治。即使历史上的他们曾在中世纪大受宗教神学打击,但在积极挣脱出来后便强势进入文艺复兴、启蒙运动的辉煌时期。彼时的西方知识分子仍多属独立平等的思想派,这与西方社会中讲求自由平等的思想观念一以贯之。他们崇尚自由,就如中国古代文人对世俗政权顶礼膜拜一样。在西方人看来,自由与人的生命一样不可剥夺,美国帕特里克·亨利就曾发出"不自由,毋宁死"的宣言。

无论是他们的"自由漂浮的、非依附",还是对自由独立精神的追求,均与中国古代文人士子依附于封建政治伦理纲常的生存状态及受此压抑的软弱人格存在较大差异。在莫丽根的观念里,暂且不论其是否有以西方"知识分子"的概念去观照蔡伯喈,但对中国古代"士子"这样一个独立概念的把握不够清楚却是显然易见的,自然也就不会看到蔡伯喈性格上的软弱与矛盾。这无疑是使她一味地对蔡伯喈表示同情并给他贴上"牺牲者"的标签的原因之一。

四、结　语

莫丽根对剧中坚持伦理原则的蔡伯喈持同情的态度,而将代表封建权威的蔡父作为对立面,以此消解蔡伯喈的过错,是因为她不仅从西方文化特别是基督教文化中的"孝"观念来解读中国传统家庭伦理,对儒家伦理做简单化处理,而且对"孝"的冲突、本质和蔡伯喈的窘境做过多分析,并且未考虑到蔡伯喈作为中国文人士子本身具有的性格特点,反而过于强调对他的理解与同情,将他定义为"牺牲者",撇去他本应背负的责任,这是有失偏颇的。

---

① 卡尔·曼海姆著,黎鸣、李书崇译,周纪荣、周琪校《意识形态与乌托邦》第157—167页,商务印书馆,2000年。

莫丽根作为一名"他者",对《琵琶记》的解读有诸多不同于国内学者的地方,暂且不管其论述是否正误,无疑都丰富了《琵琶记》的相关研究。学术乃天下之公器,用西方的文化去观照中国的作品,往往会有不同于中国人的新鲜见解,亦可给国内学者一些新的启发。且就目前形势而言,如《世界中国学家名录》一书中曾提道的那般:

> 面对具有如此规模和生气勃勃的海外中国学,如果像过去那样采取闭目塞听的政策固然很不明智,即使我们采取"他山之石,可以攻玉"的开明态度,也已经不够开明了。因为,我们自己的研究未必全是美玉,他人的研究岂能都是顽石。在一个全球都在改革开放的信息时代,如果不充分利用世界的智力来研究中国,受到最大损失的,首先是我们自己。[①]

所谓"奇文共欣赏,疑义相与析",若能及时考察西方汉学家对我国文学文化的解读,不仅可以看到他山之石的成果,亦可拓宽我们自己的研究道路。

(陈雅雅　温州大学硕士生)

[①] 中国社会科学院文献信息中心《世界中国学家名录》第5页,社会科学文献出版社,1994年。

·俄罗斯汉学研究·

漫长道路的里程碑*
——《巴金选集》俄译本序言

[俄] B. 索罗金 著 宋绍香 译

  20世纪中国最伟大的作家之一巴金的创作道路延续了60多年。这期间中国和全世界经历了巨大的变迁。自然,作家在许多方面,创作内容、艺术表现手法等,也都发生了变化。然而,其主要的东西仍旧未变:作家对人的责任意识,作家对真理和正义的追求,作家对解放全人类思想的忠诚没有变——决心使人类摆脱各种社会与精神的奴役状态!

  巴金出版了数十本著作:长篇小说、中篇小说、短篇小说、政论与传记著作、翻译著作等。正如在一本书中只能容纳"选集中的选集"一样,在本序中我们仅能试图指出作家巴金面貌的主要特点,阐释其漫长文学生涯的主要阶段。

  1904年,离当今世道似乎不可思议的遥远。清王朝,就像统治俄国至少300年的罗曼诺夫王朝,似乎还稳坐在北京的"金銮殿"上。但事实上,清朝的统治已经不能独占——在许多大城市,主要是沿海城市,西方列强都已签订了租让合同;而在东北,皇帝的家乡,沙俄和日本为了在这块富庶的边疆地带争夺势力范围,进行了日俄战争。就连在帝国的臣民中,也出现了许多要求改革的叛乱者和极端分子,企图动摇清王朝制度的统治基础。然而在内地,如在四川省,这些状况暂时还很少令人感觉到。

  四川省府——成都,庞大地坐落在自古人口密集的、富庶的大平原上。市内有许多古塔、竹舍、园亭和富足的庄园:庄园关着红漆大门,门口有两只石狮守护着。就在这样一个庄园里,1904年11月25日,李姓家中诞生了

---

 * 译自[俄] B. 索罗金主编《巴金选集》俄译本,莫斯科:"虹"出版社,1991年。

第二个儿子。孩子的父亲，就像他的祖父和曾祖父那样，属于有官衔的读书人；父、祖、曾祖三人的官职均达县官级别，此后便告老还乡。孩子起名叫李尧棠，过了不多久又给他起了个"学名"叫李芾甘，通常在传记词典中才能查到。

据作家回忆，他的童年过得非常安逸，一直在"父母疼爱和家庭温暖"的氛围中度过。他所受的教育，如同家教一样：教四书五经和识字，进庙宇给佛祖烧香，教他给祖先的牌位叩头等。庄园大墙外，发生了重大事变——1911年的辛亥革命推翻了清朝皇帝，在军阀集团之间不可避免地发生了内战。而在李家大院里却依然如故，甚至连其父母的早逝都很少引起变化，老太爷紧紧握住了抚养教育孙子们的大权。

巴金15岁时，1919年爆发的五四爱国运动席卷了全中国。运动在首都开始后，很快便蔓延到全国各地。这是一种思想更新和纳入现代世界文化的热潮，这是对第一次世界大战后世界"巴黎和会"事件的一种强烈的反应；当然，也是对俄国革命的一种积极响应。大学生和青年教师是这次运动的骨干，对他们中的大多数人来说，参加运动则确立了其未来的人生道路，引导他们走上了文学、科学、政治斗争之路。巴金也不例外，他回忆几十年前的许多往事时说，他开始领会了五四运动时期的新思想，突然展现的全新的世界，使他感到震惊。但是，他渴望全身心地接受这些全新的思想，他感到通俗易懂，他爱上了一切进步的新思想，憎恨一切落后的旧思想。

1920年，巴金的祖父打算给他安排一个虽很一般但却很有希望的职业——邮政部门的工作，巴金违背祖父的意愿，与哥哥一起报考了外语学校英语部（在这之前，他在传教士学校培训班学习）。3年后，兄弟俩离开了成都，为了继续深造，他们来到了比较发达的沿海城市——先到上海，后到南京。但巴金没有直接就去，而是采取了有意识地脱离旧的环境，告别旧的生活方式的行动，开始在这矛盾重重的动乱世界里寻找独立自主的人生道路。寻找的共同方向是清晰的：从黑暗走向光明，从奴隶走向自由，从传统的压迫走向人的个性的解放。但是，怎样的道路能引领他尽快达到目的呢？五四运动后全国风行许多政治派别，究竟献身于哪种派别好呢？

巴金选择了无政府主义。那年他刚满16岁。当时他初步接触了几位著名的无政府主义活动家和理论家诸如克罗泡特金（П. А. Кропоткин）和艾玛·戈勒德门（Эмма Голдмэн）的某些著作，他就加入了无政府主义组织，同其联系20多年。"无政府—共产主义"乌托邦和克罗泡特金的个性魅力给年轻人留下了深刻印象。巴金不但坚持翻译了克罗泡特金的《伦理学》和《革命者回忆录》中的某些篇什,而且还从中选择了未来作为作家使用的文学笔名,这都足以证明巴金当年对无政府主义的倾心。事实上,"金",按上海口音读"Кин",没有其他意思,就是克罗泡特金的姓的最后一个音节。笔名的第一个音节是"巴",有人称这个"巴"字在某种程度上与巴枯宁的名字有关。但是,需要记住,"巴"还是作家家乡四川的简称。关于巴枯宁的事,巴金在自己的著作中很少提及。很显然,巴金更亲近其他的俄国虚无主义者和民粹主义者,尤其喜欢薇娜·妃格念尔和 C. M. 斯捷普尼阿克-克拉弗钦斯基。后来,巴金同样使这些人的著作变成了中国读者的精神财富。

巴金对无政府主义的迷恋,在其创作中有明显的体现。在其20年代的政论文中,他以其信仰学说的勇气,不但批判资本主义共和国,而且还批评无产阶级专政思想,批评苏联的社会制度。在巴金早期创作的艺术作品中都能发现这种影响的痕迹。

笔者认为,是巴金的年龄、气质、敏锐高洁的处世态度,以及从个人生活经验中产生的那种认为封建社会压抑人的个性发展的意识,使巴金走上了信奉无政府主义的道路。出身于富豪家庭的巴金难得接触到社会问题的真面貌。但是,他个人物质生活的富足,使他产生了——起初是潜在地,而后是显意识地———一种对大多数不幸同胞的道德责任感。责任是什么呢,年轻的巴金这样说道:要为创建一个"人人都能安居乐业","迅速铲除恶势力"的新社会而斗争。实现这种社会的方法,就是要"通过拨乱反正,通过解放思想",通过否定"社会、国家、宗教、家庭赋予个体的一切负担"。这些话很具体地谈到了旧社会、旧国家、传统的父权制家庭,但是,其理想所探讨的却是建立在共同财产均衡基础上的没有政府、没有社会等级制度的人的共性。要达到这一状态,必须进行社会变革;这种变革"不是靠政党,而是靠群众的直接行动"实现的。

这些理论学说的诱惑力是显而易见的,它们的乌托邦性没有立刻显露出来。在无政府主义的影响下,过去哪里能找到像这位成都青年这样成熟的活动家呢?热情的、急躁的,为自己家庭的特权状态而感到某种罪恶感的巴金,在无政府主义的理论中,看到了迅速实现公平正义,让人尽快甩掉传统道德束缚的道路。由此,不能不称赞这些中国文学家,他们指出,斗争的目的和理想，归根到底，不是分离，而是联合。巴金及其志同道合者们与中国成长起来的共产主义运动联合在了一起，作家的生平和活动最终都极其令人信服地证明了这一点。

与迷恋政治并行不悖，年轻的巴金又爱上了文学。他在家时接触了中国古典文学，现在又接触了用口语写作的新文学。巴金立刻就挑选出了充满严肃的生活真理和深刻的心理描写的鲁迅的短篇小说；他总是称鲁迅是他的第一位导师——因为，他个人的艺术手法与鲁迅的区别不大。在这方面，毫无疑问，他也接近于他的外国导师——И. С. 屠格涅夫。巴金翻译了屠格涅夫的许多作品（主要译自英语）：《父与子》《春水》《处女地》《木木》和散文诗等，极具感染力。他敏锐地关注当代社会的思想进程，关注正确对待妇女的青年人的思想探索，将这些互不相似的作家连接了起来。

Л. 托尔斯泰（"我在他的作品里首先看到的是通向真理的道路，我沿着这条道路拿起了笔……"）和 A. 契诃夫（1955 年巴金发表了研究契诃夫的随笔）对于作家巴金的形成给予了极其重大的影响。最近数十年，巴金尤其钟情于革命者、思想家、艺术家 A. И. 赫尔岑，他完成了《往事与随想》大部分篇章的翻译，这便是有力证据。当然，年轻作家的形成不只是受俄国文学的影响，他还吸纳了欧洲经典著作，获得了西方和东方（尤其法国和日本）当代文学成就的滋养。正是这一切，巴金自己也承认，他的许多创作同行（从伟大的鲁迅开始）的作品，俄国古典文学和后来的苏联文学作品，对他都具有特殊的意义。这里所谈的这一切，无论减少点，或是添加点都没什么，问题不在于俄罗斯古典文学的最高质量，而是在于两国、两社会的国情亟待解决问题的相似性。

1925 年，巴金获得了东南大学附中毕业证，他试图报考北京大学，但因患结核病，不允许他报考。通过上海医疗训练班，巴金于 1927 年 1 月来到了法国，以便"更深地研究"无政府主义。在路途中他写了第一篇比较长的文学作品（他发表诗歌和散文较早），那就是《航海笔记》——即他后来发表的许多《旅行札记》的雏形。在《航海笔记》中，我们发现了一句格言："除了反抗，没有其他挽救人类的办法！"（按俄文译出）这句格言，我们可以认为它是作家信念的象征之一。

搬到拉丁街区后，离潘捷昂不远，巴金孤自住在这里——白天自修，晚上到法语培训班听课。但是，医生禁止他住在巴黎，他只好又搬到沙托-季耶利亚市马尔那河岸边,在这里,他住了一年多。

半个世纪之后,巴金称这一时期是他生活的幸福的时期之一。但是,很快,外界的情况令他心中感到很沉重,而从国内又传来了这种消息:在他离开中国时刚刚聚集力量的革命浪潮,现在正走向衰弱。接着,又传来恐怖杀戮和反动势力进攻的噩耗。从大西洋也传来了工人卡克和王某被诬告而遭杀害的消息,对此,巴金尤其感到震惊,因为他曾与蹲在监狱中的王某通过信,赞扬了他的勇敢精神和战士的智慧。巴金的感情难以遏抑地一泻而倾注于纸端:于是便产生了中篇小说《灭亡》。它于1928年被发表在重要的文学杂志《小说月报》上。现在,苏联读者早就同它见面了。

该中篇小说中活动的时间和地点写得很清楚:20年代中期,上海笼罩在反动将军孙传芳的军事专政之下(我国文献中似乎通常称他是一个从英语中借来的术语"军阀")。小说的第一章就描写了军事专政笼罩下的城市的悲惨气氛,写得笔调生硬,色彩粗俗。在桥上——躺着一具被汽车轧死的人的尸体——遍体血污,脑浆挤出,惨然至极!一位穿着讲究的轿车主人偕同自己的摩登女伴急急忙忙仿佛要办一件"很重要的事"。殷勤的警察,准备在10分钟内完成车主的指示:将这个"畜生"扔到远处去。这时来了一帮人,他们十分激昂,无比愤怒,他们是自愿来控告这一事件的,不过不是控告这位大轿车的车主,他算不得什么重要人物,充其量是领导卫戍区的一个秘书。事件的见证人是一个长着一双发光的眼睛的坏青年。他就是小说的主人公——杜大心。

作者给杜大心赋予了坚定、热情、复杂的性格气质,具有承担超过个人痛苦的他人痛苦的能力。他为在桥上惨死的亡人哭泣,但也可能是,为更多的不明白其痛苦根源的人们哭泣,以便发动他们,同他一起进行斗争。他需要帮助,杜大心也应该这么做。为此他开始了自己的政治活动,并为此拒绝了自己的幸福爱情,毫不犹豫地走向了忠贞的死亡。

杜大心从外省来到上海开始在大学读书后,他参加了"信仰社会主义思想"的组织(1957年作者做了最后的修订,在小学教本中讲述了关于无政府主义的事)。他很快就放弃了学业,全身心地埋头于工会工作。在这种情况下,在工会委员会的20名委员中,只有一位是他的真正的志同道合者,他就是青年工人张为群。为群热情地期盼着革命,并为接近它做好了一切准备。但是,当他试图扩展地下文学组织时,军警逮捕了他。

作品对张遭残杀的描写，是小说最重头的场面；然而，血腥的惨象与围观群众的举止之间却截然相反，他们并不觉得这是多么惊人的惨景。革命者在这漠不关心的当地群众中产生了孤独之感。笼罩着杜大心的这种感觉，促使他反思这种"直接行动"，在这之前，他似乎并不是这种人。当他认为这个年轻工人的悲惨遭遇有自己的责任时，小说主人公决定对镇压机关的主要代表人物——卫戍区司令采取报复行动。他知道，在这种情况下自己将会牺牲，最终还是采取了行动，不过，司令命大仅仅受了一点轻伤。

这种不幸事件的发生有何规律性？主人公的这种自我牺牲精神能为其奋斗的事业带来现实的利益吗？没有直接回答，然而，小说最后的结束语却引领我们去思考，杜大心的牺牲促使他心爱的李静淑参加了革命，牺牲首先是为政治让路。

著名中国现代文学研究家 B. B. 彼特罗夫，为向苏联读者介绍巴金的创作，做了大量工作；他撰写了论述杜大心形象矛盾性的文章，为此，他援引了主人公本人的话："矛盾，矛盾，矛盾构成了我的全部生活。"笔者仍然认为，这个形象具有内在的统一性，因为杜大心经常碰到矛盾的事，所以，他顺理成章地决定不能放弃自己的原则。这首先就得涉及自己如何对待爱情的问题。他以极大的意志力，拒绝了自己爱情中的所谓"美的享受"，平心静气地、专心致志地投入到人民教育界的工作中去。推动他这么做的因素，主要是对那些多灾多难和极端贫困人们的一种责任感。这种责任感，杜大心还在童年时就产生了。当时他看到了许多被饿死的人的尸体被胡乱扔到了公用的大坑里。这时他的同情心、责任感就产生了，而且每碰到上头来人的专横与霸道、下头穷人遭受的磨难时，这种同情心与责任感就更加强烈起来。"革命究竟何时到来？"——工人张为群问杜大心，关于这个问题，杜大心也在问自己。杜大心是一个感情易于激动，而且难以控制的人，也是一个疾病缠身的人。他采取自杀立功方式，当然，这种行动并非单纯为了给朋友报仇，而且也希望引起社会的强烈反响。

巴金在中篇小说《死去的太阳》（1930）中，再次描写了"直接行动"的主题。厂领导王学礼认为在外国资本企业中举行罢工没有成功的可能，于是放火烧了工厂。结果，王牺牲了，而停产也给工友们增添了额外负担。作者消极地对待恐怖活动，这在《死去的太阳》中表现得比较明显。

巴金于1931年写完并于次年修改完毕了中篇小说《新生》。在该作品中我们遇到了在《灭亡》中已经熟悉的人物李静淑和她的哥哥李冷,但是,他们发生了多么惊人的变化!李冷是一位温情的、有理智的、善待周围人的大学生,为了度过残酷的失望生活,他屈服于"否定一切"的情绪,逐渐走向了自觉革命的道路。他有自己崇敬的榜样——他的妹妹及其女友文珠便是;他们都走到了"人民"中,走进了工厂,以便帮助工人提高自觉意识。巴金的早期作品,在被评价时,经常因为"太黑暗"、传播"无信仰和悲观主义",而被否定;而中篇小说《新生》,在这方面,不会再受到指责了:作品中散发着希望的曙光。虽然李冷牺牲了,但他的妹妹及其女友已经逃出了监狱,并准备继续投入战斗。

"我们的事业是不会死的。"他们说,"我们会活在事业里,在事业里我们也会得到新生。"

有趣的是,在《新生》中,巴金拒绝了那个最重要的,列宁同志定义的,无政府主义的个人主义特点。"我们应该在大众的幸福中去求自己的幸福,在大众的解放中去求自己的自由。"(赵科员语)小说将读者引向了这方面。为了实现这一事业口号,只有先进战士的决心是不够的,应该在"集体生活"和"群众感情"中发生质的变化。小说的主人公们为此而生活和劳动着。

30年代上半期是巴金创作积极性最高涨的时期,他的笔不知疲倦地创作出了长篇小说、中篇小说、短篇小说集、随笔、散文诗。回忆这些年时,作家写道:"过去的回忆又来折磨我了。我想到在上海的生活,我想到那些在斗争中的朋友,我想到过去的爱和恨。悲哀和快乐,受苦和同情,希望和挣扎,我想到过去的一切。"(《巴金选集·自序》)于是,他不停地写呀写,不考虑健康和疲劳的事……他的手不间断地,在纸上迅速地移动,仿佛许多人在利用他的笔,发泄自己的痛苦。

巴金参与文学和社会活动变得更加明显。他没有加入文学社团和派别,他接近进步文学运动中心——中国左翼作家联盟,接近它的主要代表人物。对他来说,与鲁迅的相识具有特殊意义;鲁迅首先高度评价了巴金的创作,称"巴金是一个有热情的有进步思想的作家,在屈指可数的好作家之列的作家"。他参加过抗日运动,参加过反对国民党镇压和"礼貌"限制的活动,使自己吃了不少苦头。

这一时期的左翼文学运动给自己提出了新的任务:尽量充分地抓住处于极其复杂和矛盾中的中国的社会现实,确定社会发展的主要趋势,创作出鼓舞群众及其先锋队的各种代表人物的典型形象（典型这一词，最早被广泛运用）。这一任务的提出，证明了这一时期创作状况的繁荣，但是，这其中也隐含着文学创作过于政治化和公式化的危险。明显的愿望就是扩大作家的眼界，描写尚未形成艺术描写对象的社会现实，巴金推动了这一工作。煤矿生活给他提供了某些创作素材：短篇小说《煤坑》、中篇小说《砂丁》、长篇小说《萌芽》《雪》。在这些作品中有许多"溶胶体"，它源自作家的想象力，但主要还是源于生活。矿工的命运很悲惨，他们的劳动负担很重，他们的饭碗很苦。井下经常发生的坍塌和水灾，是极大的死亡威胁，反抗政权的想法在所难免。但这仍然是自发行为，不够成熟。此后便产生了阶级意识，痛恨压迫者。这样有关暴动的易燃素材足够多，但是当开始写时，如何开头，作者还拿不准，这是真实的。

自然，巴金几乎尚未关注中华民族的基本成分：农民的生活，作家太"城市人"了。他去深入了解农民心理，以便观察其是否真正发生了变化，就像最耐不住气的左翼文学家们所宣扬的那样。短篇小说《五十多个》就证实了这一点。作品中描写了一个农民，他打算离开因洪水和土匪而遭破产的农村，去寻找工作和饭碗。疲惫不堪的路途走了整半年，但是，困难拉近了农民的关系，他们增强了意志。他们冲过黑暗和严寒，战胜密林和群山，终于来到了他们相信会有光明的世界。当他们的领导，一位农村的铁匠，高呼"我相信夜就要完了"时，世界发生了明显的变化：呈现在我们眼前的不再是农村现实生活的场景，而是人的精神战胜一切障碍的象征性的浪漫主义的画面。

巴金的许多作品（主要是短篇小说）证明了作家的体裁范围扩大了。其影响已传播到国外，作品中的许多主人公都是外国人。读者在第一部短篇小说集《复仇集》中就同他们见面了；他们都是普通人，通常是些讨人喜欢的人物——法国寡妇和波兰政治侨民，意大利革命者和提着"沉默的巴拉莱卡琴"的俄罗斯犯人。小说集中的许多短篇小说，譬如稍后的《马赛的夜》，都是用第一人称写的。尽管不一定在每个事件中都能找到符合作者传记痕迹的引领故事的人物，但是描写的可信度却大为增强。于是，这些作品的没有用语言表白的主旋律也显得更加令人信服：所有的人，中国人和外国人，尽管生活方式不同，但他们的爱、恨和欢乐却是一致的。

法国大革命历史小说系列，尤其值得提及的有 3 部书：编入我们文集的《丹东的悲哀》《马拉之死》和《罗伯斯庇尔的秘密》。巴金在不同的创作时期，都非常关注法国大革命的教训，关注其领袖人物的形象，而得出的思考结论也并非都是相同的。作家在思考在历史的关键时刻武力的作用问题。反革命的恐怖（杀害了"人民的朋友"马拉）必然引起革命的恐怖。但是，那次革命，革命者却成了牺牲品；丹东失去了盟友，最终——巴金描写了——他又回到了凶残的暴君罗伯斯庇尔的足下。值得注意的是，这一小说系列完成于1934年，当时反动派和法西斯分子在中国、德国、日本和其他国家，正扩大实施恐怖手段，但是巴金的预先警告，极大地引起了进步力量的关注：不要重犯惨痛的错误，要牢记行动后果。

不管高超描绘之作的主题对巴金的早期创作多么重要，作家关注的中心问题仍然是中国青年：他们寻找生活出路；关注个人幸福和服务社会的问题；征服陈腐的禁区或公开进行暴动等。就连那种仿佛有魔力的，在一些刻板肤浅的变态之作中被"进步批评家"公开指责的题材，在巴金的作品中还在出现。但充满了现实的，有分量的内容。巴金于1931—1933年创作的长篇小说《爱情的三部曲》（包括中篇小说《雾》《雨》《电》）就证明了这一点。

所有三部中篇小说的情节都是独立的，但是，某些共同的人物却是有联系的。在三部曲中展现的主要是当时和前不久的一些大学生，他们比较富裕（显然靠父母供给），在一切事件中，物质生活问题是不必担心的。他们中的许多人赶上了这样的时代，正如无比幸福的至圣所说："我还不去爱，但是，当我有了意中人时，我便去爱，寻找一个我爱上的人。"读者认识了三部曲中的第一部中篇小说《雾》中的人物：从日本归国想重新开始的作家周如水和女大学生张若兰，他们处在恋爱之中，幸福仿佛近在咫尺。但是，在这年轻人的内心深处也有不喜欢的人，父母给他娶的不识字的妻子，以及儿子。良心不允许他正式坚持实际上的离婚，将命运同爱情连在一起。可能，他担心来自父亲的经济供给问题。无论如何，周放弃了自己的幸福，后来，他才知道，妻子早就死了，新婚的障碍已经不存在了。反面榜样周如水教我们拒绝陈腐的观念，加强决定自己命运的决心。

在三部曲的第二部小说中，周如水又在恋爱，又没有得到幸福。他的新女友李佩珠，太独立自主，幻想参加革命工作，而他却害怕这事。个人碌碌无为的意识使他走上了自杀之路，但是，他的行动是秘密进行的，连他的朋友们都未发现。他有两个朋友：一个是社会工作狂——也就是革命工作者、禁欲主义者和讽刺家陈真；另一个是热情的，有时喜怒无常的吴仁民。对第一位朋友来说，爱情只是其工作的绊脚石，他赋有许多优秀品质，他能远离吗？但是，作者准备让他突然死于车轮之下。可能，巴金这样的打算是想展现这种自我克制和奋不顾身，并不是奔向崇高目标道路上可信赖的品质。

吴仁民，正如在其热情洋溢的政治计划中所设想的那样，经历了最为复杂的历练。由于接受了启蒙教育，他参与了革命行动；由于坚信爱情的力量，他的希望破灭了。他失去了，同时，又重新获得了爱情；他陷入了人生的矛盾网中，但又重新找到了出路。他仍然没有丧失信心，他深信"革命不会死亡，光明的未来一定会到来"！在这方面，李佩珠支持了他。李佩珠已成为三部曲最后一部小说的核心人物了。在追忆人物信念的影响下，中篇小说的女主人公——朋友们称她是早期标准的"小资产阶级女郎"，开始锻炼作家的意志和勇敢精神，与过去决裂，以坚定的步伐，沿着为人民事业而斗争的道路阔步前进。在这里，诞生并巩固了李佩珠与吴仁民的爱情。于是，青年人也来关注这一问题："个人幸福与集体幸福并不矛盾，爱情不是不规行为。"

《爱情的三部曲》描写了青年人，是为青年人而写的。就是说，它进入了生活，它是被内战的炮弹和演说家的语言所震撼的产物；它描写了城市的中心大道——这里，与工人居住区的黑暗与贫穷截然相反，街上五颜六色的各种旗帜和店铺橱窗的刺眼光芒，使人眼花缭乱。年轻人找到了独立自主的道路，但是还需要帮助。其珍贵价值在于，巴金为努力帮助年轻人，与他们平等对话，与他们在一起，共同思考、争论、吃苦和享乐。他不是预言家，不是导师，而是谋士和朋友。这其中似乎是很幼稚的问题，其实，它完全展现了一位冷静的思想家的作为，作家已十分严肃地回答了这一问题。他没有隐瞒可能出现的风险和障碍，他仍然希望说服他们，号召他们要有争取正义和自由的理想。巴金的描写手法使年轻人倾心——它令人激动，使人产生动力，具有浪漫主义精神，具有从光明向阴暗、从胜利向失望急剧转变的力量。巴金一鼓作气写成的早期作品，读者一口气读完之后，便原谅了作品中有时碰到的一些重复的情节和相似的描写语言。

毫无争议，在巴金早期的创作中，过去最受欢迎，今后将长期受到欢迎的，仍然是长篇小说《家》（1931）。它的自传性根基十分明显，但是它的概括力是毫无疑义的；作者利用这种力量，从自己的童年和青年时代的记忆中，挑选出了最本质的，对大家都很重要的素材，创作出了内部分成若干等级的，即将崩溃的父权制封建大家庭的生动画面。

漫长道路的里程碑

高家这个富裕的大家庭的家规似乎是很牢固的。和过去一样，它的年迈主人，因家人议论有关儒家教义和仁爱与道德问题，大发雷霆，压制家人，给家庭造成了一种可怕的氛围。家中严格遵守祭祖仪式和其他许多古人流传下来的礼仪和礼节。但事实上，家中成年人的态度中已经渗入了许多伪善的、令人质疑的东西，反而引起了公开的抵制。老高家的孩子们是在无所事事、饱食终日和拼命玩耍中度过时光的，而且，每个人的内心深处都有些背着别人的个人爱情的打算。家中的老太爷至高无上地保持着家庭内部的体面，为此，他把个人的年轻的女佣人赠给了老色徒儿子做小，致使年轻的女佣因此自杀；为了履行老太爷的指示，其同伙把其孙子之妻从家里偷偷拉出去生孩子，因失去了医生的帮助，结果孕妇身亡。高老太爷全然不是那种恶人，不，他是真诚地想帮助家庭，只是他看到的家庭的利益，是通过腐朽传统的棱镜观察的。他最后的后悔和死亡，就意味着反人道的旧家庭制度崩溃的开始。

这个家庭未来会怎样呢？小说中老高家的三个孙子又使它活现起来。老大觉新，心里同情新思想，谴责老太爷的专制，但是，他已经颓废了，丧失了生活意志，准备自我牺牲。老二觉民，天生比较积极，他身上有许多长处，但是他自私自利，他需要社会利益，他希望有的都得到了——他同自己爱的姑娘结了婚，他拒绝参加暴动而留在家中。只有三弟觉慧，他不仅意识到要战胜家庭的危机，而且知道这些家庭制度是与时代的要求和理想不相容的。由于认同五四运动的口号，他坚决参加了五四运动；由于对家庭制度不满，他转而参加了反对封建主义道德的暴动。这一形象特别吸引众多青年读者，他们中的许多人，都想那样度过人生，或只是表示要实现这一选择。

过了一段时间，巴金又回到了描写高家命运的写作，他创作了两部长篇小说：《春》（1938）和《秋》（1940）。这样，就形成了"激流三部曲"。如果试图用某些语言表达这部容量庞大、人物密集众多的作品的基本内容的话，那么，应该说，在《春》中，其关注的焦点是那些深受封建婚姻制度之苦的青年妇女的命运。他们中的一部分人，很快就被摧毁；另一部分人，企图徒劳地反抗；第三部分人，包括长篇小说的主要人物，由于具有先进思想，他们有力量，并取得了胜利。在《秋》中，高家最后分裂阶段很惨。当时，觉新颤抖着手，决定要独立自主地生活下去。但是，随着他的儿子——这个老高家的唯一继承人的死亡，这个大家庭仍然没有"合法的"主人，年轻一代按着自己的生活方式生活，"并没有一个永久的秋天"。结尾时，一位女主人公(琴)说:"秋天过了,春天就会来的。"从巴金的其他许多著作中,读者也晓得了春天来得总是缓慢而且艰难!

"激流三部曲"的最后两部,较之第一部作品,没有引起读者的多少关注,部分原因是,那些年国家生存出现了其他许多值得关注的问题。开始于1937年的日本帝国主义的侵华战争,迅速蔓延全中国,带来了极大的牺牲和破坏,要求全中国军民高度紧张抗敌。在最早一批奋起抗日的知识分子中,就有巴金。1937年10月19日,他给一位日本作家写了一封公开信。信中说:"我们素来憎恶战争。但我们绝非是甘心任人宰割的民族。当我们的自由与生存受到威胁的时候,我们是知道怎样起来防卫的……中国人民是流了够多的血以后才来发动抗日运动的。这是自发的民众运动,没有力量可以阻止它,也没有力量可以抗拒它。"

巴金最早正式参加了社团组织——中华全国文艺界抗敌协会。他主编了几种爱国文学期刊,当然,写了许多时评、随笔、短篇小说(其中一篇《蒙娜丽莎》选入本卷)。长篇小说《火》是巴金对抗战文学的重要贡献。《火》由3部小说组成,写于1940年至1943年之间。该长篇小说的创作意图,是展现奋起与侵略者搏斗的上海青年的爱国主义精神,主要在前线附近农村进行宣传鼓动工作,联合社会各阶层力量共同抗日。优秀的长篇小说作品把作者的爱国热情和小说人物的志向,很快传播到全国各地,迅速变成了抗日救国的现实行动。但是,小说中描写的是一支进行自己的恐怖和冒险行动的独立部队,所以没搞出什么名堂。也就是说,巴金似乎还没有发现,抗日战争时期的年轻人在寻找而且已经找到了同进步力量联系的组织关系。在《火》的艺术蓝图中,巴金很难取得明显成功。

在战争年代,巴金经常不得不到全国转转,沿途看到了平民百姓的困苦、军队的虚弱和无任何战备、国民党政权的软弱无力和贪污受贿。战争初期的动员鼓励变成了灰心丧气,周围社会似乎陷入了更加寒冷与黑暗状态。随着作家内心世界的变化,其创作方法也发生了重大变化:浪漫主义的满腔热情、热烈的争论不见了;加强了心理描写,注意具体情节和环境,描写容量变得更大,更匀称、谐和、优美。40年代中期的短篇小说集《小人小事》、中篇小说《憩园》《第四病室》,尤其长篇小说《寒夜》,都证明了这一点。作者的自我评价也通常是满意的。通常认为,在其长篇小说中使人明显感到了契诃夫的影响,他似乎继承了赋有俄罗斯文学特征的,生活在丑恶大世界的

"小人物"主题。读者自己能够判定这些指责的正义性，我们只是发现，在巴金的处世中，显现出中国的前辈作家们——鲁迅、郁达夫及其他作家。

该长篇小说结束于1946年的最后一天，其活动是发生在抗日战争时期的临时首都重庆；在空袭前线，物价昂贵，拖延了7年的战争使人们疲惫不堪。这里描写了一家，按当时的概念，平庸的中等知识分子家庭：他，是一位出版社的校对员；她，是一个银行职员；还有他的母亲和13岁的儿子——大家仿佛都很喜欢这孩子，但是谁也没有真正地去关照他。日子过得平庸知足：丈夫谦虚、知爱，在班上吃尽了"逆来顺受"的苦头，工资微薄，又添了新病；妻子显得年轻，讨人爱恋。她相信现在一切都很好，将来混的钱更多；母亲非常疼爱儿子，自然不大喜欢儿媳妇。每一个人物有权按自己的方式生活，但是，每个人还可相互指责，这样，这个家庭剧便演得很入迷。剧终时，丈夫去世了（具有命运讽刺意味的是，这一天正是日本投降纪念日），而妻子，早就走了，现在在已经成了寡妇，又回到家中，既没找到带着儿子的婆母，也没找到丈夫的墓地。仿佛找不到事故的任何肇事者。这是这种社会环境的反映，展现了这种价值连城的社会风尚和社会制度。

不用进行复杂的计算便可得知，《寒夜》中的人物是巴金早期作品中人物的同龄人（比如《爱情的三部曲》的人物），很可能他们还是同窗好友。他们没有辜负作家的期望，但是，作者在《寒夜》中把他们视为，按布洛克的外国话说，"善良的无望人"。尤其是他们的其他一些同龄人，在共产党领导下，同那些巴金一直与其搏斗的旧社会势力进行了最后的坚决的斗争。巴金更加注意倾听共产党的声音，开始结识马克思列宁主义。当中华人民共和国的胜利到来之时，巴金在社会主义新文化建设队伍中占据了重要的位置。

上述几十年，巴金很少脱离工人阶层，回避一切"例行公事"的形式主义，所以，应该说是巴金自己改变了自己的生活形象。巴金当了上海作家协会主席、中国作家协会副主席，担任了两个大型文学期刊的主编，还成了世界保卫和平大会委员会委员，他曾作为中国代表团成员出席世界和平大会并在会上做了发言。他还出版了许多随笔集、旅行笔记。其中有1篇《友谊》是献给苏联的，在50年代，巴金曾5次出访苏联。在这里，在其他一些政论文中，巴金曾以最热情的语言，讲述了他对苏联文化的热爱和向往，讲述了发展两国友好关系的期望。

朝鲜战争时期，巴金两次造访了这个多灾多难的国家，在那里住了大约

1年，出版了4部短篇小说集和随笔集。在这些作品中，作家记述了中国同胞帮助朝鲜兄弟的精神面貌和光荣事迹。《一个侦察兵的故事》，正如我们感觉到的那样，符合巴金这一系列作品的概念，指出了其不变的国际主义精神。

巴金曾不止一次地谈到文学理论与实践的问题，每次他都强调，他自己也提不出什么绝招和处方。他只好参加50年代开展的思想改造运动，在运动中，他尽量做出了自己最起码的"贡献"。同时，作家也参加了其他类型的运动。那是在1958年，他屈从政治宣传热潮，也参加了歌颂"大跃进"的"大合唱"，因为他是真诚的，正如后来他承认的：很可惜，"自己没能追上这飞快的"，痛苦实现"冒进"的速度。这并未改变社会舆论，上级的指示十分清楚，这一年要在许多机关刊物上开展对巴金创作的"大讨论"（预先确定了批判结论）。批评家姚文元，未来的"四人帮"分子，他将批判巴金的作品，作为无产阶级思想同资产阶级、小资产阶级及其他阶级思想之间的阶级斗争。这一次，没有做出组织结论，但是，至少直到"文化大革命"前，巴金没有出版一部新书，只是完成了14卷本文集的出版，远不够全集的数量。为此，作家重新编辑了自己早期的作品加入其中，有时难免出现一些更改。

应该说，"文化大革命"这杯苦酒没有绕过巴金，同样，也没有绕过所有正直的中国知识分子。已经远不是年轻的艺术家，而是被宣布为"反革命分子""资产阶级作家"的巴金，只好在"地狱"里转了一圈——被侮辱和殴打、上"批斗会"和进"牛棚"（一种即兴创作的监狱），禁止干业务工作，要进行"劳动改造"。巴金之妻是一位忠贞、勇敢的女性，在她的支持帮助下，丈夫才免于自杀。当她不幸去世并同时出现了某些宽松政策时，巴金开始寻找自己的"避难所"，在翻译赫尔岑的《往事与思考》中汲取坚毅之力。赫尔岑及其战友们同专制制度斗争的榜样使巴金产生了信心并增强了希望。此事绝非偶然，巴金将"文革"后创作的5部政论文集收集在一起出版，书名为《随想录》。

在这几部文集中，每一部都有自己独特的标题，总共有150篇独立的作品，每篇的容量都在一页半至数十页之间。它们的表现形式多种多样，内容丰富多彩。回忆录、公开信、随笔、致读者、关于阅读与对当前事件的反响的谈话（有时也不是些大事）——这一目录可能会被延续下去。巴金这个系列作品的创作始于1978年12月，完成于1984年5月。这样，摆在我们面前的，年近85岁的巴金撰写的这部书，就是他创作生涯的总结。这是从多灾多难的痛苦教训中聪明起来的人的一种思考；思考个人和国家的大事；他思考一生中哪些事办成了，哪些事没办成，哪些事还没做；思考生活中起重要作用的人的故事；思考他曾访问过的国家和城市；思考储存在他脑海中的书。

作者在其作品的具体描述中，不管谈论什么，都能提出一些当代中国的迫切问题。当他讲到，经过半个世纪的隔绝后，他又重新来到巴黎时，他阐释了世界文化联系和消除隔绝状态的重要性。当他抱怨自己的朋友和亲人艰难的、悲惨的命运时，他决心要为关怀和保护人而斗争！——尤其要为关怀和保护像蒙难惨死的优秀作家老舍那样的人而斗争！"文化大革命"时，巴金曾多次从各种不同的视角关注活过来的人。他坚定地昭示同胞们，要全面、深刻地接受这个痛苦的教训，以避免类似事件的重演。"文革"这场灾难过去了才3年，有些人就提出要停止回忆和揭露"文革"活动，劝告"不要播种苦恼"，要"鼓励人们往前看"！巴金对这种人的指责，就表现出了其有力的驳斥。与他们恰恰相反，巴金建议成立"文化大革命"博物馆，以便不仅使当代人，而且也使后代人都能了解国家和人民所经历的这场灾难的真相。

要讲真话，不要害怕真理，比如痛苦就是痛苦，要具体分析某种错误和错误意见——作家做出了榜样，引导读者要这样做。要勇敢承认，不是一切都能发现的，"文化大革命"初期，他"没有登上讲坛，没有揭发其他人，仅仅是因为，他没有那种可能，如果有，也会认为是很大的幸运"，这就使人意识到，当时他接受了蛊惑宣传，也想成为那种类型的艺术家。

老作家巴金在其《随想录》中，讲了许多对其祖国，对我们大家都很重要的东西。他缝制作品的每一道细密的针脚，都在述说着对人类和祖国人民未来前途的关怀，都在深刻思考中国的福祉。"我家乡的泥土，我祖国的土地，我永远同你们在一起接受阳光雨露，与花、树、禾苗一同生长。"

苏联读者结识巴金已经几乎40年了，我们已经出版了他的两卷本文集和许多少数民族语言版的巴金著作单行本。要相信，当前我们同这位已经很熟悉的现代中国老作家作品的相识，大大拓宽了中国作家协会的代表人物、优秀的语言大师、爱国主义者和国际主义者——巴金的艺术面貌和创作道路。

（译者：宋绍香　泰安学院教授）

试论俄国汉学家科瓦列夫斯基的《佛教宇宙论》

何冰琦

摘　要：俄罗斯的佛教研究可追溯至 18 世纪，初步发展于 19 世纪上半期，繁荣于 19 世纪下半期。真正意义上的佛教研究则始于汉学家施密特，科瓦列夫斯基作为施密特的学生及同时代人亦在佛教研究方面做出了杰出贡献，其奠基之作《佛教宇宙论》是欧洲首部分析佛教徒观点的作品之一。《佛教宇宙论》阐释了"宇宙论""三界""六道""世界的形成与毁灭"等佛教概念，且"精神与物质（灵魂与肉体）的斗争"这一佛教宇宙论的本质内容贯穿全篇。同欧洲相比，科氏以《佛教宇宙论》为代表的佛教研究具有学术特色，其在研究动机、研究对象和研究态度上具有独特性，且对俄国以及欧洲佛教研究具有重要影响。因此对科氏的《佛教宇宙论》进行研究有其必要性与重要性。

关键词：俄国　科瓦列夫斯基　《佛教宇宙论》

俄罗斯汉学与西方汉学、东方汉字文化圈共同构成当今国际汉学的三大板块，在世界汉学史上占有极为重要的地位。[①] 俄罗斯汉学史可追溯至 18 世纪，至今已有 300 多年的历史。作为俄国汉学的一部分，俄罗斯的佛教研究亦可追溯至该时期，彼时其主要任务为搜集资料以便为将来依国家需要而进行学术研究做准备。自彼得一世起俄国就十分重视对中国文献的收集，在清朝后期着重搜集蒙藏文献。该时期沙俄不仅派遣传教团赴京搜集汉文图书，还通过官方渠道与清廷进行图书互赠，并多次组织所谓的科学考察队赴西藏等少数民族地区搜集文献，其中就包括佛教文献。在俄国国内，随着藏传佛

---

① 阎国栋《俄国汉学史（迄于 1917 年）》引言，人民出版社，2006 年。

试论俄国汉学家科瓦列夫斯基的《佛教宇宙论》

教在卡尔梅克、布里亚特等地区的广泛传播，当地寺庙开始大量印制西藏论藏——《甘珠尔》《丹珠尔》中的佛学文献。这样一来，佛教文献就成为俄国亚洲博物馆（建于1818年）的基础，此时俄国已初步具备对中国佛教进行科学研究的条件。19世纪初佛教研究逐步兴起，这一时期的佛教现象成为俄罗斯东正教传教士的研究对象，以解释政府何以在俄罗斯的历史文化进程中不断地接收来自卡尔梅克、布里亚特等地区的新移民。俄罗斯真正的佛教研究可追溯至19世纪20—30年代，始于俄国汉学家、圣彼得堡科学院院士施密特（Я. И. Шмидт，1779—1847）。[①] 施密特比科瓦列夫斯基大22岁，对后者而言，他是导师、权威学者也是同事。[②] 作为施密特的学生以及同时代人，科氏同样从事了佛教研究，"他是首批对佛教进行科学研究的奠基者之一"[③]。然而目前为止，对科氏的研究主要集中在其蒙古学、蒙语教学、日记以及书信的研究上[④]，针对其佛教著作进行的个案研究少之又少。因此在精读科氏的代表性著作《佛教宇宙论》的基础上，概括其主要内容，考察作者的研究方法进而探究其学术特色及学术影响有其必要性与重要性，有利于填补早期俄罗斯佛教研究的空白，揭示俄国早期佛教研究的特点及其世界地位。

---

① Е. А. Торчинов, Введение в буддологию: Курс лекций.. СПб.: Санкт-Петерпурское философское общество. 2000. c. 209.

② О. Н. Полянская, У истоков научного монголоведения в России: И. Я. Шмидт и О. М. Ковалевский. //MONGOLICA-XⅢ Сборник научный статей по монголоведению Посвящается 235-летию со дня рождения И. Я. Шмидта (1779-1847), Санкт-Петербург. 2014. c. 10.

③ О. Н. Полянская, Дневниковое наследие Монголоведа О. М. Ковалевского (1828-1833 гг.).《Дневник занятий за 1832 г.》-источник по истории народов Внутренней Азии.. Улан-Удэ.: Изд-во Бурятского госуниверситета, 2012. c. 12.

④ "我们目前所知的这位杰出的蒙古学家、俄罗斯蒙古学奠基者的科学遗产只不过是冰山一角"（见 Н. П. Шастина, Ученная корреспонденция монголоведа О. М. Ковалевского //Академия наук Содза ССР Советское востоковедение. 1956. №1, c. 155-161），直至今日其教学、科研及书信遗产仍吸引着俄罗斯及欧洲的东方学家、历史学家及语言学家，以至于"对其书信集的各类研究已经构成19—20世纪俄罗斯及欧洲蒙古学史上引人注目的一页"（见 Р. М. Валеев, Р. З. Валеева, Л. С. Минибаева. Эпистолярное наследие О. М. Ковалевского: Итоги и перспективы изучения. //《Санкт-Петербургские Монголоведные Чтения》научная конференция памяти Алексея Георгиевича Сазыкина (1943-2005). Санкт-Петербург. 2016. c. 7.）（笔者注）

一、生平简介

奥西普·米哈伊洛维奇·科瓦列夫斯基（Осип Михайлович Ковалевский, 1801—1878）是杰出的俄罗斯以及波兰东方学家，精通蒙古各族的宗教与历史，是俄罗斯蒙古学的领导者，也是高等教育及学科的组织者，曾担任喀山大学校长，华沙大学历史语文系系主任。此外科氏亦为巴黎"亚洲协会"的荣誉会员，"北哥本哈根古迹协会"的正式会员，莫斯科"俄罗斯历史与古迹协会"的正式会员，圣彼得堡科学院通讯会员。总体来说科氏的一生及其学术活动可分为3个时期：喀山时期（1824—1862），在西伯利亚、蒙古、中国的科学考察时期（1828—1833）和华沙时期（1862—1878）①。喀山时期可划分为出国考察前时期（1824—1828）和回国后时期（1833—1862），出国考察前科氏主要"在喀山大学从事东方语言的研究"②，回国后则主要从事东方语言的教学工作。在科学考察时期（1828—1833），科氏"同蒙古学家波波夫（А. В. Ппопов）一道收集了极为丰富的蒙古、汉、满语书籍与手稿"③，"在1828到1833年这五年时间中有四年是在外贝加尔地区的布里亚特人中间度过的……在这里他思考并开始撰写一些与蒙古语以及佛教有关的著作，这些著作确立了俄罗斯本土蒙古学发展的新阶段"④。而在华沙时期，科氏"主要从事东方历史及佛教史的研究"⑤。作为一名杰出的东方学家以及佛学家，科氏的学术活动是19世纪俄罗斯东方学研究史上浓墨重

---

① О. Н. Полянская, Научное наследие монголоведа О. М. Ковалевского в освещении российской и зарубежной историографии. // Вестник ВЭГУ № 1（51）. 2011. с. 171.

② Г. Ф. Шамов, Профессор О. М. Ковалевский. Очерк жизни и научной деятельности.. Казань.: Издательство Казанского университета. 1983. с. 19.

③ О. Н. Полянская, Переписка востоковедов О. М. Ковалевского и В. П. Васильева как источник по истории монголоведения. //Вестник Бурятского государственное университета. 2015. № 7. с. 130-136.

④ О. Н. Полянская, Дневниковое наследие Монголоведа О. М. Ковалевского（1828-1833 гг.）.《Дневник занятий за 1832 г.》источник по истории народов Внутренней Азии. Улан-Удэ.: Изд-во Бурятского госуниверситета. 2012. с. 10.

⑤ О. Н. Полянская, Научное наследие монголоведа О. М. Ковалевского в освещении российской и зарубежной историографии // Вестник ВЭГУ № 1（51）2011. с. 171.

彩的一页，其一生笔耕不辍，在蒙古学方面卓尔不群的学术成果使其成为俄罗斯与波兰蒙古学及俄罗斯大学东方学的奠基人之一。①

二、《佛教宇宙论》的主要内容

科氏在蒙古学、佛学以及藏学领域撰写了许多奠基性的、知名的著作以及教科书，其著作至今仍不失其现实意义，而作为一名东方学家，他的作用怎么估计都不为过。② 其中与佛教有关的著作如"《蒙古文选》（《Монгольская хрестоматия》）、《佛教宇宙论》（《Буддийская космология》）、《蒙俄法词典》（《Монгольско-русско-французский словарь》）等被选入俄罗斯及世界蒙古学与佛学精选"③。科氏认为前人的佛教著作"仅揭示了佛教的表象，祈祷的礼仪，僧侣的地位以及部分教义"，因此对佛教的内部实质进行研究有其必要性。④ 于是在本书伊始科氏就解释了何为"宇宙论"，而宇宙论的核心——精神与物质（灵魂与肉体）的斗争也贯穿全文。此外，《佛教宇宙论》还阐释了几个重要的佛教概念，并对宇宙论的本质进行了剖析。

1. 宇宙论

科氏是"首个不间断地对佛教哲学原理进行详细说明的人"⑤，他认为：

"宇宙论"的内容指的就是最古老的哲学文献，这些文献为有信仰的

---

① О. Н. Полянская, Дневниковое наследие Монголоведа О. М. Ковалевского（1828-1833 гг.）.《Дневник занятий за 1832 г.》источник по истории народов Внутренней Азии. Улан-Удэ.：Изд-во Бурятского госуниверситета. 2012. с. 4.

② О. Н. Полянская, Дневниковое наследие Монголоведа О. М. Ковалевского（1828-1833 гг.）.《Дневник занятий за 1832 г.》источник по истории народов Внутренней Азии. Улан-Удэ.：Изд-во Бурятского госуниверситета. 2012. с. 4.

③ Р. М. Валеев, И. В. Кульганек. Россия-Монголия-Китай：Дневники монголоведа О. М. Ковалевского 1830-1831 гг. Казань.：Изд-во《Таглимат》Института экономики управления и права, 2005-2006. с. 5.

④ Г. Ф. Шамов. Профессор О. М. Ковалевский. Очерк жизни и научной деятельности. Казань.：Издательство Казанского университета. 1983. с. 44-45.

⑤ Монголовед О. М. Ковалевский：биография и наследие（1801-1878）. Казань.：Алма-Лит, 2004. с. 3.

民族确立了知识的广度及智慧的力量。众所周知，人类通过时间及经验获得的概念必然是逐渐扩散的，由可感、可视的物体扩散至不可视、抽象的物体。尽管智慧自身存在弱点，然而在追本溯源并试图达到目的的过程中它始终是积极活跃的。年轻的民族有着如此炽烈的想象力，智慧在这些想象力的作用下创造了属于自己的更高世界，这个世界的两端即上帝——这一无法用言语形容的造物主和他非凡的创造——宇宙。①

科氏指出彼时人们并不知道存在着至高无上的神，因此将精神与物质这两种原始力量视为万能的神。精神与物质是对立的，物质易朽，而精神是永恒的、有自我意识且不受物质束缚的，是打败物质的胜利者。精神与物质的斗争使得世界产生、完善、毁灭，并如此反复，这种斗争就是"佛教宇宙论"的本质。当精神获得物质形式后，二者开始斗争，精神获得自我意识后就战胜了物质，这时物质随着精神的增长而弱化、衰弱并完全崩溃，反之，若物质取得胜利则精神部分就会弱化。科氏认为"佛教宇宙论的整个体系、世界形成与毁灭的全部概念都建立在这个基础之上"②。

2. 三界

科氏提出"三界"的概念以进一步解释物质与精神的斗争。三界即第一世界、第二世界和第三世界，第一世界指最顶层的世界，是真理的、永恒的、具有奥义的世界，以"至空"而闻名。第二世界的本质为极乐，充满了有生命的、自我意识的、活跃的精神实体（成佛者）。第三世界指感官世界，其不仅包含所有可视的、有生命的众生，还包括地上的、水里的、天上的鬼神。③

科氏进一步剖析了宇宙论的实质，即精神与物质（灵魂与肉体）的斗争，在"三界"中的体现：在第一世界中，精神处于静止状态，摆脱了物质的所有形式，已达到至真至善的状态；在第三世界中，被物质外壳束缚的精神是不自由的，二者相互斗争，且后者试图战胜前者，战胜了物质的精神飞升至第二世界，之后还可以上升至最高世界，反之，被物质战胜的精神就会跌落

---

① О. М. Ковалевский, Буддийская Космология. Казань．: Университетская Типография. 1837. с. 1-2.

② О. М. Ковалевский, Буддийская Космология. с. 21.

③ 梵语中第三世界又被称为"轮回"世界，众生以各种形式不断转世再生，因此这里的精神与物质始终处于相互斗争之中。（笔者注）

至地府，在那里接受饥饿及地狱的折磨。① 第二世界则向众人展示了达到极乐的过程：当精神战胜物质后，通过自省飞升至第一世界，其视野可延伸到六大边界，脱离所有的物质外形，从此便可生活在虚空，即"般若"之中。

3. 六道

六道即天道、阿修罗道、人道、牲畜道、饿鬼道、地狱道，前三道被称为上三道，后三道被称为下三道。上三道又叫白道，即幸福、崇高的国度；下三道又叫黑道，即黑暗的国度。宇宙论在六道之中亦得到了体现，科氏认为在精神同物质的斗争中，人或做出功绩或犯下罪孽。神用白色的笔标记人所做的善行，黑笔标记恶行。死亡被视为转生的开端，阎罗王依据人生前做了多少好事、多少坏事，按照报应规则，将其升入更高一道或者堕入更低一道。

4. 世界的形成与毁灭

在阐释世界的形成与毁灭时，为了避免不理智的评论，科氏主张听取有大量译经经验的佛教作者的意见。后者认为造物主就是不得违抗的命运法则，宇宙按这一法则在既定的时间诞生并毁灭，宇宙的形成与毁灭均伴随已知条件逐渐发生，并非一蹴而就。世界的形成呈由高至低的顺序：空虚→物质（空气、水、土）水→云彩→雨→大海→须弥山、七金山、铁围山→四大天。② 世界的毁灭与形成呈由低至高的顺序③：第一世界→第二世界→第三世界。佛教宇宙论在世界的毁灭中体现得最为淋漓尽致。科氏认为众生皆有菩提心，最底层的地狱众生在忍受了所有折磨后会升至四大部洲，而刑期未满的地狱众生也会迁移至其他地方，地狱众生逐渐减少直至消失，饿鬼道与牲畜道中的众生亦是如此。第二世界的众生从第一部洲逐渐迁移至第二、第三、第四部洲直至下三道后均被毁灭变为空虚。第三世界的众生在菩萨与佛祖的帮助下战胜肉体飞升至更高世界，该界的众生变少且逐渐消失。同样地，第

---

① 这也为众生指明了成佛的方法——使被物质束缚的精神重新获得自觉意识，严密警惕所有激情与欲望，怀仁慈之心、做善事，这是战胜肉体进而达到圣人的境界的最好方法。（笔者注）

② 佛教徒认为初始的一切均为空虚。从天蓝色的空虚中衍生出物质……空气的流动形成了珍贵的云彩，下起了雨，若干年后就形成了大海。须弥山从最顶层的海浪中升起，七大金山则自中部的海浪中升起，铁围山则自最底层的海浪之中升起此后四大天（四大部洲）从海上各处升起来。见 O. M. Ковалевский, Буддийская Космология. Казань: Университетская Типография. 1837. с. 147.

③ 科氏认为"毁灭始于较低的国度一直延伸到较高的国度"，详见 O. M. Ковалевский, БуддийскаяКосмология. с. 162.

二世界乃至最高世界最终也毁灭回归空虚。

三、学术特色

1. 研究动机：国家需要与个人兴趣

与科氏同时期的欧洲佛教研究主要为了"还原亚洲佛教的历史与文献以建构纯粹佛教"[①]，因此其多致力于在国内进行佛教文献研究，鲜少前往对象国进行实地考察（大多前往印度）。与欧洲不同，俄国的佛教研究更具实用性。[②] 俄国与蒙古早在13世纪就已有全面接触，与蒙古有关的知识历来是俄国学术界关注的课题之一。同欧洲相比，俄国蒙古学的优越条件在于，其不仅在地域上同蒙古地区相毗邻，在俄国境内还有蒙古族部落，如土尔扈特人、布里亚特人、卡尔梅克人等，其聚居地成为科氏等蒙古学家学习的场所，其历史和文化则成为后者的研究对象，因此许多学者被派往上述地区考察[③]，科氏对上述地区的佛教研究就服务于这一国家目的。此外，科氏的教学需求及学术兴趣亦推动了其佛教研究。一方面，教授、学习蒙古语及藏语必须了解佛教知识。科氏在喀山大学创建了欧洲首个蒙古语教研室[④]，以教授蒙古文、

[①] 李四龙《论欧美佛教研究的方法论困境》第14页，载《第二届中国南北哲学论坛暨"哲学的当代意义"暨学术研讨会论文集》，2005年。

[②] 正如上文所述，19世纪初俄国的佛教研究逐步兴起，这一时期的佛教现象成为俄罗斯东正教传教士所研究的问题，国家需要导致俄国解释政府何以在俄罗斯的历史文化进程中不断地接收来自卡尔梅克、布里亚特等地区的新移民的佛教研究同欧洲相比更具实用性。（笔者注）

[③] 科氏在卡尔梅克草原、蒙古各部族以及中国的实地考察经历使其成为"佛教科学研究的最早奠基人之一"，他是"第一个利用传教团在北京的有利条件来华学习蒙藏语言、搜集佛教经籍的人"，（见 О знакомстве европейцев с Азией, Речь произнесенная в торжественном собрании Императорского Казанского университета, в 8-й день августа 1837 г. ординарным профессором Осипом Ковалевским. с. 15.）。其"在北京停留期间每天都写日记"，"较多地关注了与中国相关的问题，对佛教、梵文、汉学以及满学的研究做出了十分显著的贡献"（见 О. Н. Полянская, Дневниковое наследие Монголоведа О. М. Ковалевского (1828-1833 гг.). 《Дневник занятий за 1832 г.》-источник по истории народов Внутренней Азии. Улан-Удэ.：Изд-во Бурятского госуниверситета. 2012. с. 12.）。

[④] 科瓦列夫斯基对喀山大学的蒙古语教研室及其亚洲语言教学感到十分自豪。他在《现代人》（Современник）杂志上强调："……放眼欧洲，没有任何一个地方能像我们喀山一样，可以幸福地、大规模地教授亚洲语文学。见 Г. Ф. Шамов. Профессор О. М. Ковалевский, Очерк жизни и научной деятельности, Казань.：Издательство Казанского университета. 1983. с. 91.

试论俄国汉学家科瓦列夫斯基的《佛教宇宙论》

藏文。而俄国搜集的蒙古、藏文献多为佛教文献(佛经书、佛教故事等),涉及大量佛教知识,若对佛教一无所知则难以读懂这些文献,因此对佛教进行研究成为教授以及学习蒙古文、藏文的必要前提。另一方面,科氏的佛教研究亦服务于其学术兴趣。科氏对亚洲语言尤其是中国的汉、满、蒙古、藏各族语言充满了兴趣,他"认为在难度以及同欧洲语言的区别度上,亚洲语系占了上风,且将为我们带来显著的利益"①,不仅如此科氏还"试图揭露萨满教和佛教之间的相互关系,企图弄清佛教在蒙古人以及布里亚特人之间迅速传播的原因"②。

2. 研究对象:藏传佛教

欧洲主要研究的是印度佛教,而科氏则主要研究藏传佛教。欧洲佛教奠基人之一、法国印度学家皮优奴(Eugène Burnouf)奠定了欧洲佛教研究的文献学基础,力图通过研究尼泊尔的梵文文典及锡兰的巴利佛典找到印度"佛教的基本原始成分"③。在其影响下,欧洲几大佛学派如英国—日耳曼学派对南传佛教及巴利文佛经予以特别关注(将大乘佛教视为并非真实存在的佛教形式)、法国—比利时学派则对印度佛教史及印度哲学有十足的兴趣,因此可以说欧洲的佛教研究更多隶属于印度学。而科氏的《佛教宇宙论》则主要研究在西藏、蒙古地区流传的藏传佛教,他阅读了大量的蒙古文文献,其著作中许多佛教术语均有蒙古语译文。科氏的佛教研究对象之所以不同于欧洲主要包括个人原因、学术原因及国家原因。

个人原因。与欧洲佛教学者鲜少前往对象国进行考察不同,科氏曾在卡尔梅克草原、蒙古部族聚居地以及中国进行了长达5年的实地考察,在此期间他跟随当地的蒙古、西藏喇嘛学习蒙古语和藏语,研究当地的宗教(藏传佛教)与文化,研究基础即为藏传佛教文献,因此藏传佛教成为其佛教研究的主要对象。独特的国外考察经历使得科氏对佛教概念"宇宙论"的批判性评述、对佛教的基本概念及论旨的阐述建立在蒙藏文献的基础之上。④

---

① O. знакомстве европейцев с Азией, Речь произнесенная в торжественном собрания Императорского Казанского университета, в 8-й день августа 1837 г. ординарным профессором Осипом Ковалевским. с. 15.

② О. Н. Полянская, Дневниковое наследие Монголоведа О. М. Ковалевского(1828-1833 гг.).《Дневник занятий за 1832 г.》-источник по истории народов Внутренней Азии, с. 12.

③ 狄雍原《世界佛学名著译丛71·欧美佛学研究小史》第24页,华宇出版社,1986年。

④ 且科氏的其他佛教相关著作如《蒙俄法辞典》《蒙古文选》均参考了大量的蒙古文、藏文原始文献。

学术原因。一方面，蒙古的喇嘛教源于西藏，属于藏传佛教，且喇嘛教的佛经主要译自藏文，因此俄国蒙古学家在研究喇嘛教的过程中必然涉及藏学问题。① 另一方面，蒙古族、藏族之间有着深刻的宗教与文化联系。蒙古与西藏的历史关系源远流长，忽必烈统治时期，以八思巴为代表的西藏宗教领袖人物前往蒙古宣讲藏传佛教教义、创制蒙古文字，此举动得到蒙古统治者的支持，此后蒙古统治者与藏传佛教首领建立了密切关系。随后蒙古建造了大量藏传佛教寺院，大批藏传佛教高僧来到蒙古弘扬佛教教义，最终藏传佛教取代萨满教成为蒙古社会宗教文化的主流。故而在卡尔梅克、蒙古部族地区主要流传的是藏传佛教，因此藏传佛教成为科氏的研究对象。

国家原因。首先，作为沙俄与清政府建立关系的重要桥梁和纽带，蒙古在地理位置上具有重大战略意义，因此其历来被俄国所觊觎。随着对外扩张政策的推动，对蒙古的研究在某种程度上亦为沙俄侵略后者做好了准备。其次，俄国重视对西藏的研究有其经济、政治以及外交动因。在经济方面，俄国最早关注西藏的原因之一即为经济利益。早在1711年沙皇彼得一世听闻西藏生产黄金时便下令与达赖喇嘛辖地通商往来，"但此商务往来的目的不在牟利，而在派遣机敏人员随同商人一起活动，以便探明何地出产黄金，产量如何，欲往其地，何路可通，即便路途艰险，亦须查明能否到达其地，并加以占领"。② 在政治方面，沙俄需要利用藏传佛教以巩固国内统治并为侵略蒙古做准备。俄国境内的卡尔梅克及布里亚、土尔扈特地区均信奉藏传佛教，"留居的卡尔梅克人和沙俄政府矛盾重重，卡尔梅克人信仰的藏传佛教也成为双方拉锯战中的重要筹码"③，故而仔细研究藏传佛教文献是俄国佛教研究的重点。在外交方面，沙俄试图通过占领西藏进而同英国争夺亚洲霸权（因为"与西藏毗邻的南疆是俄国势力范围，俄国不愿意同其他大国共享。一旦英国人控制了西藏，就有可能潜入新疆，由此进入俄国的中亚"④）。

---

① 科氏在卡尔梅克地区掌握了蒙古语、藏语，研究了蒙藏文献，其蒙古学、藏学均有颇深造诣，他不仅是蒙古学家，也是藏学家。（笔者注）

② 《俄罗斯帝国1649年以来法令全集》（第六卷）第313页，圣彼得堡，1830年。转引自张晓梅《俄罗斯对藏文史籍的翻译及其藏学研究》第14页，中央民族大学博士论文，2012年。

③ 赵学东、朱丽霞《中国藏传佛教》第253页，青海人民出版社，2009年。

④ Белов Е, Политика по Тибете в россии// Восток. №3. 1994. С. 98-99.

3. 研究态度：客观的批判性态度

同时代的欧洲佛教研究者大多秉持"欧洲中心论"的思想，欧洲佛教奠基人物之一、法国印度学家皮优奴（Eugène Burnouf）明确表示其欧洲中心论立场，其学生施格莱尔（Étienne Geoffroy Saint-Hilaire）直言不讳道："研究佛教最大的好处在于，通过将我们的宗教（基督教）同其进行对比我们更好地理解了基督教的优势。"① 不同于前者的"欧洲中心论"立场，科氏"抱着极大的责任感来看待佛教研究，他十分肯定地认为宗教能够让我们了解一个民族的许多特点，他的这一立场也教授给了他的学生"②。科氏对佛教研究持批判性态度，并无任何倾向性，这主要取决于俄国佛教研究的实用性③以及科氏个人的治学态度。

科氏继承了老师施密特④的"批判性视野"。施密特在《佛教的几个基本概念》中指出理解佛教本质概念须"具备哲学知识，并且对佛教这一影响人类命运的宗教体系具有批判性的视野"⑤，并着重批判了同时代的民族学家帕拉斯，指责后者对翻译助手伊耶里格⑥的译文不加考察、盲目引用的行为，认为伊耶里格"是一个完全没有能力做科学研究的人，在汇编中但凡与历史及

---

① Торчинов. А. Е. Введение в буддологию: курс лекций, Санкт-Петербурское общество. 2000. с. 220.

② О. Н. Полянская, Переписка востоковедов О. М. Ковалевского и В. П. Васильева как источник по истории монголоведения. // Вестник Бурятского государственное университета. 2015. № 7. с. 130-136.

③ 不同于欧洲试图争论基督教与佛教的长短乃至于证明基督教优于佛教，这一时期的佛教现象成为俄罗斯东正教传教士所研究的问题，用来解释俄国政府何以在俄罗斯的历史文化进程中不断地接收来自卡尔梅克、布里亚特等地区的新移民的佛教研究同欧洲相比更具实用性。（笔者注）

④ Я. И. Шмидт，施密特，1779—1847，圣彼得堡科学院院士，俄国首个研究中国佛教的学者。很早就开始撰写宗教著作，主要研究西藏及蒙古的宗教，其于1824年在圣彼得堡卡尔·克莱出版社用德文出版的《施密特：对中亚地区优秀民族——蒙古族、藏族古老的宗教、政治和文学教育史的研究》（《Forschungen im Gebiete der älteren religiösen, politischen und literärischen Bildungsgeschichte der Völker Mittel-Asiens, vorzüglich der Mongolen und Tibeter》, SPbg 1824.），之后又在对萨囊彻辰所著《蒙古源流》的注解中以及圣彼得堡皇家科学院学报上揭示了许多关于宇宙论的有趣的细节。（笔者注）

⑤ Чтения Императорской Академии Наук в Санкт-Петербурге за 1829 и 1830 годы, Книга 1, Санкт-Петербург, 1831. с. 41.

⑥ Иериг, 1747-1795，伊耶里格，德国人，自学成才，在圣彼得堡科学院工作期间帕拉斯是他的导师。（笔者注）

外部祈祷仪式无关的内容都十分模糊，且杂乱无章"①。科氏在《佛教宇宙论》中同样秉持客观批判性的态度，主张听取具有丰富译经经验的佛教徒的意见以避免做出错误论断。作者在本书开篇部分对此前涉及"佛教宇宙论"的几部著作做出了简明扼要的评价，其中就包括帕拉斯②的《蒙古各部族历史资料汇编》（下文简称《汇编》）。科氏指出，虽然《汇编》中所引用的文章"在未来很长一段时间内都将是一座珍贵的宝库"③，然而在第二卷中关于佛教信仰的部分，帕氏的研究方法不科学且研究内容不全面。在研究方法上，科氏同施密特一样指责帕拉斯原封不动地使用了伊耶里格提供的与佛教信仰有关的所有材料。对于这一类不相信自己所搜集的资料，反而用他人的观察来丰富自己研究的现象，科氏批评道："……这些现代人积累了大量前人的错误观点，并用新的个人臆想抑或肤浅的评论进一步扩大了这些错误观点，用冠冕堂皇的理由为自己辩解……"④，他建议学者们将帕拉斯的观点同其引用的伊耶里格的知识区分开来，因为后者提供的材料存在大量错误。在研究内容方面，科氏认为"帕拉斯主要研究了佛教的第三世界即欲界，未臻完善"⑤。在帕拉斯的科学考察结束30年后，伯格曼⑥开始沿伏尔加河考察卡尔梅克人，翻译了一本名为《宇宙宝鉴》（Зерцало Вселенной）的小册子，其内容涉及宇宙论。科氏认为其在卡尔梅克草原停留时间过短，可能导致他无法继续自己的研究，因此其佛教宇宙论没有"充分满足我们的好奇心，并未揭示佛教中宇宙这一概念的整个体系"⑦。此外，科氏还将批判的刀锋指向欧洲，

---

① О некоторых основных положениях буддизма, Читано г-ном Шмитом в заседание 9-ого декабря 1829 года//Чтения Императорской Академии Наук. Отд-ния наук ист, филол. Кн. 1. 1831. с. 41.

② Петр Симон Паллас, 1741-1811，帕拉斯，德国百科全书式的学者，著名的自然科学家，于1767—1811年间在俄工作，在西伯利亚以及俄罗斯南部地区进行科学考察，对生物学、地理学、民族学、地质学以及语文学的形成与发展做出了实质贡献。（笔者注）

③ О. М. Ковалевский, Буддийская Космология. с. 6.

④ О. М. Ковалевский, Буддийская Космология. с. 6.

⑤ О. М. Ковалевский, Буддийская Космология. с. 8.

⑥ Вениамин Густавович Бергман, 1772-1856，德国人，路德教会牧师、翻译，大学毕业后曾在莫斯科工作，1802年俄国皇家科学院派他前往卡尔梅克草原考察，其见闻于1804年在里加用德文出版，名为《Кочевнические скитания среди калмыков в 1802-1803 годах》。（笔者注）

⑦ О. М. Ковалевский, Буддийская Космология. с. 8-9.

试论俄国汉学家科瓦列夫斯基的《佛教宇宙论》

虽然他对英国人在印度发现的大量关于佛教的资料表示感谢,还提到了法国汉学家雷慕沙①,认为后者"描绘了中国人文章里写的'宇宙论'"②,但科氏对欧洲佛教信仰的著作整体评价并不高:"欧洲的其他作家也重复了罗马天主教教士及新教传教士大量关于佛教的观点,这些观点早已过时,他们毫不在意这些观点是对是错,在没有对文献本身进行研究的情况下,他们几乎每一天都在传播自己的空想和推测。"③总而言之,科氏最为赞同施密特的客观批判性研究态度,认为此前由于陈旧的偏见、固执抑或对研究对象的一无所知,许多东方学家在叙述宇宙论时都犯了错误。而施氏那严谨、批判的学术精神使其避免了这一错误,科氏指出:"在学术竞赛中胜出的是真理,我们应将对佛教宇宙论中最困难、最重要部分的补充归功于施密特。"④

四、结　语

科氏"是首批对佛教进行科学研究的奠基者之一"⑤,《佛教宇宙论》不仅是其在佛教领域的奠基性及代表性科学著作,同时也是"欧洲首部分析佛教徒观点的作品之一"⑥,《佛教宇宙论》对俄国以及欧洲佛教研究具有重要影响。

(一)首创性。科氏是欧洲首个试图研究佛教世界观的人,他力求揭示佛教各个分支尤其是喇嘛教出现的原因,且试图解释为何各个分支在亚洲传播的如此迅猛,其所掌握的蒙古语和藏语知识使得他能够进行深入的观察并做出结论,后者获得了同时代人的高度评价。⑦ 1857 年著名的突厥学家别列津(И. Н. Березин)在王西里《佛教及其教义、历史和文献》的书中特别强

---

① Жан-Пьер Абель-Ремюза,1788-1832,法国汉学家,现代西方汉学的奠基者之一。(笔者注)
② О. М. Ковалевский,Буддийская Космология. с. 11.
③ О. М. Ковалевский,Буддийская Космология. с. 10-11.
④ О. М. Ковалевский,Буддийская Космология. с. 12.
⑤ О. Н. Полянская,Дневниковое наследие Монголоведа О. М. Ковалевского(1828-1833 гг.).《Дневник занятий за 1832 г.》- источник по истории народов Внутренней Азии. с. 12.
⑥ О. Н. Полянская,Дневниковое наследие Монголоведа О. М. Ковалевского(1828-1833 гг.).《Дневник занятий за 1832 г.》-tсточник по истории народов Внутренней Азии. с. 12.
⑦ Г. Ф. Шамов,Профессор О. М. Ковалевский. Очерк жизни и научной деятельности. Казань.:Издательство Казанского университета,1983. с. 87.

调，正是科瓦列夫斯基用自己的著作奠定了俄罗斯佛学的基础，遗憾的是，欧洲东方学家对此避而不谈，但是我们却不能忘记。① 从这里我们可以从侧面看出科氏的佛教研究不仅在俄罗斯，更在欧洲具有首创性。②

（二）传承性。科氏的《佛教宇宙论》在俄罗斯佛教研究史上有承上启下的作用。一方面，其传承了导师施密特的批判性藏传佛教研究。如上文所述，科氏十分推崇导师的研究，在《佛教宇宙论》中不止一次赞扬导师的批判精神，肯定其在佛教研究中的功绩。另一方面科氏还对后继佛教研究者产生了影响。在喀山大学执教期间，科氏建议其学生、日后俄国佛教研究巅峰时期的领军人物王西里从事包括佛教在内的东方思想研究。③ 在研究方法上，科氏还嘱托王西

---

① Г. Ф. Шамов, Професор О. М. Ковалевский. Очерк жизни и научной деятельности. с. 88.

② 尽管欧洲东方学家并未正面肯定科瓦列夫斯基在佛教宇宙论领域的研究在欧洲具有首创性，然而他们同科氏保持着密切的学术联系，并对科氏对学术权威深信不疑。科瓦列夫斯基在东方学领域的成就被俄罗斯以及西欧的学者高度赞扬。俄罗斯以及欧洲东方学家弗伦（Х. Д. Френ, 1782-1851, 俄国东方学家、阿拉伯语学者、彼得堡科学院院士）、多恩（Б. А. Дорн, 1805-1881, 彼得堡科学院院士、东方学家、伊朗研究者）、希弗涅尔（А. А. Шифнер, 1817-1879, 彼得堡科学院院士、佛学家、东方学家）、施密特（И. Я. Шмидт, 1779-1847, 德国和俄国蒙古学家、藏学家、佛学家）、伯特林克（О. Н. Бетлинг, 1815-1904, 德国和俄国语文学家、印度学家、彼得堡科学院院士）、比丘林（Н. Я. Бичурин, 比丘林, 1777—1853, 东方学家、俄国汉学奠基者之一）、格里戈里耶夫（В. В. Григорьев, 1816-1881, 俄国东方学家、圣彼得堡大学教授）、王西里（В. П. Васильев, 1818-1900, 彼得堡科学院院士、汉学家、佛学家、梵文学家）、卡缅斯基（П. И. Каменский, 1765-1845, 俄国传教士、第十届驻北京传教团领班、东方学家）、皮优奴（Е. Бюрнуф, 1801-1852, 法国著名东方学家、佛学家）、儒莲（С. Жульен, 1797-1873, 法国著名汉学家）、福科（Ф. Фуко, 1811-1894, 法国藏学家、梵文学家、佛学家, 西方最早教授藏语的学者之一）、萨尔万迪伯爵（Сальванди, 1795-1856, 法国政治家、历史学家、出版家）、法特尔（Фатер, 1810-?, 德国和俄国语文学家）、加别（Габе, 1808-1853, 法国旅行家、藏学家）以及许多伦敦、柏林、巴黎的东方学机构中的东方学家们均同科瓦列夫斯基有着通信往来，这些人均承认科瓦列夫斯基是最伟大的东方学家之一，认为他是非常睿智且深刻的蒙古语言文学领域的专家。科瓦列夫斯基在俄罗斯以及国外的同事和朋友都请求他邮寄他的著作，邀请他前往伦敦、柏林、哥本哈根以及其他欧洲城市的藏书及手稿基金会工作，对于他们所藏的藏文、梵文、蒙古文乃至韩文书籍和手稿中不明白的、"含糊不清"的问题向科瓦列夫斯基请教，请求他就这些问题阐述自己的观点。（见 Г. Ф. Шамов, Професор О. М. Ковалевский, Очерк жизни и научной деятельности. Казань: Издательство Казанского университета, 1983. с. 91-92.）（笔者注）

③ 王西里对自己的老师"科瓦列夫斯基的态度始终都是尊敬的、温顺的"，在两人的书信中经常可以见到王西里称呼科氏为"我亲爱的老师与领导者"（见 Н. П. Шастина, Ученная корреспонденция монголоведа О. М. Ковалевского.//Академия наук Содза ССР Советское востоковедение, 1956. №1. с. 155-161.），其1838年的硕士论文答辩题目就是《佛教哲学基础》，科氏为喀山大学搜集的蒙古语藏书成为后者从事佛教研究的主要资料。（笔者注）

试论俄国汉学家科瓦列夫斯基的《佛教宇宙论》

里"在科学研究中时刻保持头脑冷静，公正无私，既不能做中国的爱国者，也不能做中国的鄙视者"①，这极可能受到了导师施密特"批判性"研究方法的影响。不仅如此，科氏的佛教著作还激发了俄罗斯学者和社会对佛教的兴趣，其创建的"喀山蒙古学派"为俄罗斯佛教研究做出了巨大贡献。②

（三）补充性。作为"欧洲首部分析佛教徒观点的作品之一"③，《佛教宇宙论》不仅以其参考的蒙古文文献补充了欧洲佛教知识，而且在真正意义上为欧洲揭示了"佛教宇宙论"这一概念。一方面，欧洲早期的佛教研究致力于"还原亚洲佛教的历史与文献"以建构"纯粹佛教"④，因此其研究的多为

---

① А. Н Хохолов, В. П. Васильев в Нижнем Новгороде и Казани. //История и культура Китая. Сборник памяти академика В. П. Васильева. М.: ГРВЛ. 1974. Часть I. Памяти академика В. П. Васильева.

② 巴扎洛夫（Банзаров）的副博士论文亦研究了蒙古人的宗教信仰；十二月党人别斯图热夫（М. Ф. Бестужев）仔细研究了科瓦列夫斯基的《佛教宇宙论》并为这本书编写了详细的提纲。科氏所创建的喀山蒙古学派在整个19世纪于俄罗斯处于领先地位。在这里需要说明一点，当时的佛教研究隶属于"蒙古学"这一框架之下，科瓦列夫斯基强有力地证明了，蒙古学是一个综合体，它涵盖东方各民族的历史和文学领域重要的、复杂的问题，它不仅仅是蒙古语文学，更是梵文、藏语、满语、汉语、波斯语、阿拉伯语，还包括突厥语、佛教及其分支。因此他的学生不仅只有蒙古学家，还有梵文学家、藏学家、佛学家、蒙古语学者、汉语学者、突厥语学家以及阿拉伯语学者。这一学派诞生了第一位布里亚特学者、唯物主义者、民主主义者班扎罗夫（Д. Банзаров），著名的汉学家、佛学家王西里，睿智的语法学家博布罗夫尼科夫（А. А. Бобровников），以及他们的接班人波滋德涅耶夫（А. М. Позднеев, 1851-1920, 俄国东方学家、蒙古学家）、科特维奇（В. Л. Котвич, 1872-1944, 俄国及波兰语言学家、东方学家，俄国科学院通讯院士）等。王西里院士在1878年写道：他们所有人都是"俄罗斯也是欧洲首位蒙古语教授的学生"。西欧东方学同样也十分感激科瓦列夫斯基。不仅仅因为他经常向西欧提供的帮助或建议，更是因为他用自己的著作为蒙古学的发展奠定了基础。在欧洲的大学很长时间都用科瓦列夫斯基编写的教材来研究蒙古语并教授蒙古文学，他所编纂的词典至今仍不失其价值。上世纪（即19世纪，笔者注）40—50年代从俄罗斯及国外东方学家们寄到喀山的信件、欧洲发出的邀请其进入亚洲协会工作的官方或个人信件抑或是邀请其前往巴黎、伦敦或柏林定居的信件均极具说服力地证明且承认了科氏在东方学领域的成就。见 Г. Ф. Шамов, Профессор О. М. Ковалевский. Очерк жизни и научной деятельности. Казань: Издательство Казанского университета, 1983. с. 89; 104.

③ О. Н. Полянская, Дневниковое наследие Монголоведа О. М. Ковалевского (1828-1833 гг.). 《Дневник занятий за 1832 г.》-тсточник по истории народов Внутренней Азии. Улан-Удэ: Изд-во Бурятского госуниверситета. 2012. с. 12.

④ 李四龙《论欧美佛教研究的方法论困境》第14页，载《第二届中国南北哲学论坛暨"哲学的当代意义"学术研讨会论文集》，2005年。

梵文、巴利语文献①，故而科氏的《佛教宇宙论》以其参考的蒙古文文献补充了欧洲的佛教知识。另一方面，科氏的著作在真正意义上为欧洲揭示了"佛教宇宙论"这一概念。回顾科氏之前的欧洲佛教研究，我们会发现此前的佛教著作并没有在真正意义上解释何为"佛教宇宙论"，要么根本就未涉及这一概念，要么仅流于表面并未触及实质。《佛学大词典》编纂者、著名佛学家丁福保指出，欧美各国在佛教研究初期"不过仅街谈巷议，试其臆说耳"。法国汉学家歧尼（Joseph de Guignes）首次将《四十二章经》从汉语翻译为法语，据此经文他提出："佛教是泛亚洲宗教，具有两大分支：一为显教，信仰灵魂转生、偶像崇拜与迷信；二为密教，向世人传授一神教。"②虽然歧尼的这一论点影响了不少同时代人，但是佛教研究及佛学著作在其研究中并不占据主要地位，因此其佛教研究在欧洲的影响并不深远。1796年，Hullmaun K. D. 用德文出版《喇嘛教之历史的及批判的研究》，亦未在学术界产生广泛影响（仅在丁福保"欧文佛书"中有记载）。1802年德国东方学泰斗克拉罗普特在其创办的《亚洲杂志》发表《论中国佛教》一文，实质上是对歧尼著作的引用与评述，且克氏的著作中仅有此一文涉及中国佛教，因此其佛教研究亦未对欧洲造成实质影响。"1817年法国人已经在巴黎出版了一本《佛教之研究》，可惜该书并未引起大家的关注"③；1819年德国哲学家叔本华的《意志及表象世界》引用了佛教内容，然而该内容亦为科氏的老师施密特关于印度哲学的德文译作。唯一早于科氏且涉及宇宙论概念的即为其导师施密特的著作，然而后者对宇宙论概念的阐述没有科氏深入、全面。由此可见，《佛教宇宙论》的学术特色、对俄国以及欧洲佛教研究的重要影响使得对其进行研究有着必要性与重要性。

（何冰琦　南开大学博士生）

---

① 18世纪印度沦为英国的殖民地，英国统治者鼓励研究当地的宗教与文化。1784年英国皇家亚洲学会创始人琼斯（William Jones）及其他当地统治者最早关注的是印度教及梵文语言学，之后才对佛教产生了兴趣。此后英国驻尼泊尔公使霍格森又在当地搜集了近400部梵文佛典，这使得欧洲早期的佛教研究以梵文、巴利文佛教文献为主。（笔者注）

② Urs App. "Arthur Schopenhauer and China: A Sino-Platonic Love Affair, *Sino-Platonic Papers*, 200, America: Department of East Asian Languages and Civilizations, University of Pennsylvania. 2000. p. 7.

③ 李四龙《论欧美佛教研究的分期与转型》第66页，载《世界宗教研究》，2007年。

·德国汉学研究·

18—19世纪德国对中国文学的接受(下)^{*}
——以魏汉茂《德国对中国文学的早期认识》为中心的研究

李雪涛

四、新发现的中国诗德译本

在第三部分"诗歌"(Dichtung)之下,魏汉茂选取了4首从法文译成德文的中国诗。

(一)《木兰辞》

花木兰替父从军是中国文学创作的古典主题。最初是以诗的形式广泛传播,其后这些题材被加工成戏曲,不过也有以散文的方式叙述这个故事的。最新的相关研究成果是柯嘉敏(Shiamin Kwa)和伊维德(Wilt L. Idema)对五个版本的木兰故事的比较研究:Mulan: Five Versions of a Classic Chinese Legend, with Related Texts(Indianapolis/Cambridge: Hackett, 2010)。这本书除了对文本进行比较外,同时也讲到木兰的动画片以及广为人知的近代革命家秋瑾(1875—1907)。性别角色的互换在欧洲文学传统中也是一个经久不衰的题材。在这里我们只要举出圣女贞德(Jeanne d'Arc)的例子就可以说明一切了,伏尔泰在题为《圣女》(La pucelle)的一首诗中将她歌颂为女英雄。

最早的两个版本的"木兰辞"都出自郭茂倩(1041—1099)编辑出版的

---

* 这里所指的"德国"包括1871年由普鲁士王国统一除奥地利帝国以外的日耳曼各邦国,而建立的德意志帝国,以及之前的德意志各邦国。

《乐府诗集》。《木兰诗》没有作者，也没有日期，而第二首可以追溯到8世纪中叶的韦元甫（？—771）。伊维德将这两个版本的"木兰诗"都翻译成了英文，比较容易辨识的是：匿名的那一首在结尾处将性别的差别用奔跑的兔子来作比喻，而韦元甫的版本最后则强调了孝道。

这一研究是以中文的5个文本为依据的，但并不涉及欧洲语言的译本。最早的欧洲精确译本出自儒莲的法译本，他将《木兰诗》作为匿名的一首唐诗，之后不久就被翻译成了德文。

法文原文：Romance de Mou-lan.*Revue de Paris* 37. 1832, 193-195.

德文译文：Eine chinesische Romanze.*Ausland* 1832, 527-528.

其后一个新的版本重印本附在了儒莲《赵氏孤儿》的译本之后：赵氏孤兒 *Tchao-chi-kou-eul ou L'Orphelin de la Chine*, drame en prose et en vers, accompagné des pièces historiques qui en ont fourni le sujet, de nouvelles et de poesies chinoises.Traduit du chinois par Stanislas Julien.Paris：Moutardier 1834.（XXXII, 352 S.）, 325-331.

另外的重印本见：*Les Avadânas*.Contes et apologues indiens inconnus jusqu'à ce jour, suivis de fables, de poésies et de nouvelles chinoises.Traduits par M.Stanislas Julien.Tome deuxième.Paris：Benjamin Duprat MDCCCLIX.（VIII, 251）, 157-166.

法国哲学家、著名学者朱尔斯·巴泰勒米-圣-希莱（Jules Barthélemy-Saint-Hilaire, 1805—1895）在评论上述儒莲《百句譬喻经》的译本时，也附上了《木兰诗》的法文译文：*Journal des savans* 1860, 329—342, 406—421.

阿道夫·埃里森（Adolf Ellissen）在1840年将儒莲的《木兰诗》意译成了德语，收入在他编译的一本汉语、希腊语和其他语种翻译成德语的诗集中：*Thee-und Asphodelos-Blüten*. Chinesische, neugriechische und andere Gedichte. Herausgegeben von Adolf Ellissen. Göttingen：Vandenhoeck & Ruprecht 1840, 30—35：Mu-Lan.

20世纪上半叶的两个德文译本，均出自中国的译者：Claude du Bois-Reymond †：Mu Lan, die chinesische Heldenjungfrau.Herausgegeben von der Witwe des Verfassers.Übersetzt von Liu Tjing-yü. *Artibus Asiae* 2. 1927, 213—217. Chiang Hsüeh-wen：Hua Mu Lan, eine Amazone aus der Zeit der Tang-Dynastie. *Sinica* 14. 1939, 28—29.

1927年译本的作者Liu Tjing-yü，不知道汉字的名字如何写，也不知道其具体的生平。1939年的译本的作者，按照魏汉茂给出的汉字名字应为"江雪雯"。根据波恩大学汉学系所藏《民国二十五年九月中国留德同学录》的记载，江雪雯的籍贯为山东泰安，在德国学习教育学。而1937年和1939年的同学录中已经没有她的名字了，很可能已经毕业了。

此外的德文译本有，译自韦利（Arthur Waley）的版本：*Chinesische Lyrik aus zwei Jahrtausenden*.Hamburg：Marion von Schröder 1951；Die Ballade von Mulan. (*Chinesische Lyrik*, von Arthur Waley.Ins Deutsche übertragen von Franziska Meister. München：Goldmann o. J., 102—104). Alfred Forke：*Blüten chinesischer Dichtung*. Magdeburg：Faber 1899, 112—114；Mulan.

在其后的文选中，魏汉茂选择了刊载在《外国》（Ausland 5. 1832, 527—528）的译文（S. 148—150），以及埃里森的译文（S. 150—152）。

（二）《中国叙事诗》

这一所谓的"叙事诗"（Ballade）所指的实际上是《尼姑思凡》。是阿道夫·埃里森根据儒莲的法文译文，用德文重写的，之所以翻译成"叙事诗"体，原因也不太清楚，因为除了传统戏曲中有《思凡下山》之外，并没有叙事诗形式的《尼姑思凡》。至今中文的出处不是很清楚。

法文的出处是儒莲的《赵氏孤儿》和《百句譬喻经》译本的附录部分：Ballade Ni-Kou-sse-fan, ou la religieuse qui pense au monde.-Kouan-fou-youan. Élégie sur la mort d'une épouse. S. Julien：*Orphelin de la Chine*. 1834, Anhang. *Les Avadânas, Contes et apologues indiens inconnus jusqu'à ce jour suivis de fables, de poésies et de nouvelles chinoises* traduits par M.Stanislas Julien, Membre de l'Institut, Professeur de langue et de literature chinoise, Administrateur du Collège de France, etc.Paris：Benjamin Duprat 1859. XX, 240, Ⅷ, 251, 272 S.

魏汉茂在这里所选的德文的《尼姑思凡》，源自阿道夫·埃里森（Adolf Ellissen, 1815—1872）的译本：*Thee-und Asphodelos-Blüten*. Chinesische, neugriechische und andere Gedichte.Herausgegeben von Adolf Ellissen.Göttingen：Vandenhoeck & Ruprecht 1840, 22—29；对法文的改写：Die junge Nonne, die an die Welt denkt.（想念尘世的年轻尼姑）

尽管作为诗歌形式的《尼姑思凡》并不多见，但戏曲形式的却有一些，英文中有：Longing for worldly pleasures.In：A.C.Scott：*Traditional Chinese plays*. 2. Madison：University of Wisconsin Pr. 1969, 3—37. 魏汉茂认为，叙事诗形式的

《尼姑思凡》是在女主人公唱词的基础上编写的。

《尼姑思凡》的译诗之前有一个题记，交代了一些早期汉学史的背景，我认为非常重要，抄录如下：

> 在巴黎的王室图书馆藏有几千卷的中文藏书，这些珍贵的藏书大都是由上世纪初（指18世纪初——本文译者注）的法国传教士从中国寄往法国的，他们认为这些汗牛充栋的诗歌、叙事歌谣、叙事诗、哀歌、民歌等等，在北京随处可以见到，因此不值得花气力去做什么研究。伦敦会的马礼逊（Robert Morrison，1782—1834）博士收藏了1.2万册相关的中文图书，从而弥补了这一缺陷。此处所选的一首叙事诗便是其中一例，是首次被译为欧洲语言的中国诗之一，是由法兰西学院的中国语言与文学的教授——儒莲翻译，并在《欧洲文学》（*Europe littéraire*）上发表的。我们是从法语转译成德语的。(S. 153)

接下来魏汉茂选登了刊载于《外国》(*Das Ausland* 1833,427—428) 上的《尼姑思凡》(*Die Nonne, welche an die Welt denkt*)，合计共6页（S. 153—158）。

（三）《一首中国哀歌》

德文译文的标题作：*Kuan-Fu-Yuan. Klage um eine verstorbene Gattin*，有可能的中文原名为《鳏夫怨》，德文的副标题意为：为死去的妻子而悲痛不已。魏汉茂指出，中文的原本并不清楚。他认为，Kuan-Fu-Yuan 应为"鳏夫冤"，显然不对。"Yuan"应为"怨"。法文译文的出处为：*Kouan-Fou-Yuan. Élégie sur la mort d'une épouse. Europe littéraire* 1. 1833,74—75，法文译者为儒莲。魏汉茂所选的德文译文共12节（S. 159—162），原文刊载在1833年的《外国》(*Ausland* 1833,475—476) 上。

（四）《独乐园记》

神宗熙宁年间，王安石（1021—1086）推行新法，司马光（1019—1086）由于反对新法而被贬为西京（洛阳）御史台。熙宁六年（1073年，魏汉茂误作1071年，S. 163），司马光购地二十亩，筑独乐园，并写成《独乐园记》一文。此文之所以能在欧洲流传，这要归功于法国耶稣会的传教士韩国英（Pierre-Martial Cibot，1727—1780），他将司马光的《独乐园记》的法文译文发表在了他著名的《有关中国的回忆》一书中：*Mémoires concernant les Chinois*, 2. 1777, 645—650; 第15卷重又收录。

费赖之（Louis Pfister, 1833—1891）的《在华耶稣会士列传及书目》中"列传"（四一九）将韩国英此书译作《关于中国之记录》，① 其中有两个条目记载王安石此文，却分别被译作：

（十一）《说娱乐庭院》，凡二十八页，撰于一七七四年，一七七五年寄往圣彼得堡斯特林（Stehlin）君，写本藏圣热内维夫学校图书馆，中国书类编二八号。（索默尔沃热尔《书目》卷二，一一六九栏。）②

（三十二）《说中国之娱乐庭院》，并言历代以来庭院大小与装饰之变化。收入同上书，卷八，三一至三二七页。③

这两篇应当是魏汉茂提到的韩国英的《独乐园记》的法文译文，而并非如冯承钧的译文所言"撰于1774"。书目第32条中有关的内容陈述也是错误的。在原文的基础之上添枝加叶的译本是耶稣会士王致诚（Jean-Denis Attiret）那封著名的有关圆明园园林建筑的书信。威廉·钱伯斯（William Chambers）在有关中国园林建筑的原典文献中也提到了这篇译文。魏汉茂所谈到的王致诚的书信，按照费赖之的记载，应当是1743年11月1日寄自北京的一封信：

一七四三年十一月一日自北京致多耳城阿索（d'Assaut）氏信札（《传教信札》，卷Ⅳ，七八六页以下。《威尔特-博特》，六七九号记圆明园事）。略云："此园大逾戌（Dijon）城。园内有宫殿甚多，其间皆有广大庭园、花台。宫殿正面，金碧辉煌。内里陈设精选中国、印度、西洋贵重物品。人造山丘上与溪流旁皆有游宫，美丽可爱。"（《传教信札》，卷Ⅳ，七八七页。）此信札颇有兴趣，应全读之。未言北京与中国之教务状况。④

---

① 费赖之著，冯承钧译《在华耶稣会士列传及书目》第941页，中华书局，1995年。
② 《在华耶稣会士列传及书目》第943页。
③ 《在华耶稣会士列传及书目》第946页。
④ 《在华耶稣会士列传及书目》第825页。

作为园林建筑师和旅行家的钱伯斯,曾多次到中国旅行,他游记中所插的中国园林版画,使得中国式的楼台歌榭就像其他异国风景一样出现在英国式的园林之中。但钱伯斯的著作阅读量毕竟有限,其后同样的《独乐园记》译文被收录在了两位法国遣使会神父(Lazaristen-Patres)古伯察(Évariste Régis Huc)和秦噶毕(Joseph Gabet)有关中华帝国的游记之中,而这部游记被广泛阅读:*L'empire chinois* faisant suit à l'ouvrage intitulé Souvenirs d'un voyage dans la Tartarie et le Thibet par M. Huc, ancien missionnaire apostolique en Chine. Paris:Imprimerie nationale 1854. 2 vols。

除了法文版外,这部两卷本的著作也被翻译成了英文:*The Chinese Empire, forming a sequel to recollections of a journey through Tartary and Thibet*. By M. Huc, formerly Missionary Apostolic in China. Tr. Mrs. Percy Sinnett. London: Longmans, 1855, 189—194。德文译本产生于 1856 年:*Das Chinesische Reich von Huc*, früherem apostolischen Missionar in China. Leipzig: Dyksche Buchhandlung 1856. I, 111—114。此书的德文版有多种,直至 1987 年依然在重印:Évariste Regis Huc, *Das Chinesische Reich*. Hrsg. v. Wolfgang Rieland.(2 Teile in 1 Band). Basel/Frankfurt: Stroemfeld/Roter Stern, 1987。

稍有不同的是另外一个版本:Huc,(Regis Evariste) und (Joseph) Gabet, *Wanderungen durch die Mongolei und Thibet zur Hauptstadt des Tale Lama*. Von Huc und Gabet. In deutscher Bearbeitung herausgegeben von Karl Andree. Leipzig: Lorck, 1855. 76—80. 这个版本中的《独乐园记》的德文译文为以善于描写异域探险故事的小说家卡尔·迈(Karl May, 1842—1912)在他有关中国的小说中引用。迈很喜欢其中有关中国园林的描写,因此他在书中将《独乐园记》的德文译文作为他小说中主人公的即兴引文来使用。魏汉茂专门指出了相关的段落。(S. 163. Anm. 105)因此,《独乐园记》的德译文拥有成千上万的德语读者,当然主要是青少年读者。

其后的德文译本有:译自法文的 Marie-Luise Gothein, *Geschichte der Gartenkunst*. Jena 1926. II, 327—330. Osvald Sirén, *Gardens of China*. New York 1949. 77—78(Tu-lo-yüan, A garden for private pleasure)。由于喜龙仁(Osvald Sirén)本人是著名的艺术史家,在他的书中所收录的《独乐园记》英文译文,一定是很有价值的。

Ji Cheng, Alison Hardie(trans.) a. Maggie Keswick(forword), *The craft of gardens*. New Haven, London 1988. 123—124。这是明代著名造园家计成(1579—?)

于崇祯七年（1634）刊行的《园冶》的英文译本。《独乐园记》的英文译文系译自中文。后来此书又从英文被翻译成了德文：Chinesische Gärten, Geschichte, Kunst und Architektur. Übers. V. Ulrike Stopfel. Stuttgart: DVA 1989。

《独乐园记》新的德文译文要感谢汉学家德博（Günther Debon, 1921—2005），作为汉学家的译者，既可以参考译自法文的译文，同时也直接从司马光中文原文翻译：China zu Gast in Weimar. Heidelberg: Guderjahn 1994. 252—256: Der Garten des Sse-ma Guang. Ein Gedicht。这一部分译自法文的 Mémoires。256—258: Sse-ma Guang: Die Aufzeichnung vom Garten der einsamen Freude。这一部分是从汉语直接翻译成德文的。

德博同样提出了这样的问题：司马光的这个文本是什么时候在德国广为人知的？为什么这样的一篇题为"记"的散文，在法文中会被呈现为一首诗的形式呢？德博因此研究了德文译文与司马光独乐园的关系。[1] 这个文本是由弗里德里希·贝尔图赫（Friedrich Justin Bertuch, 1747—1822）从法文翻译成德文的：Der Garten des Seeh-Ma-Kouang, Allgemeines Teutsches Garten-Magazin 2. 1804, 55—59, 发表在《德意志普通园林杂志》（Allgemeines Teutsches Garten-Magazin）上。贝尔图赫本人很喜爱园林，他拥有一座令歌德赞赏不已的园林，并曾在魏玛的学者协会（Weimarer Gelehrtenverein）中做过关于英国园林起源的报告。因此他会用诗的形式来翻译司马光的《独乐园记》。

德博在文中同样征引了从艺术的角度对独乐园进行描述的西文文献：Ellen Johnston Laing, Qiu Ying's depiction of Sima Guang's Duluo yuan and the view from the Chinese garden. Oriental art 33. 1987, 375—380; Eight dynasties of Chinese painting. The collections of the Nelson Gallery-Atkins Museum, Kansas City, and the Cleveland Museum of Art. Published by the Cleveland Museum of Art in cooperation with Indiana University Press 1980. 206—208。

在所提到的第二本的专著中，也选登了明代绘画大师仇英（1494—1552）的《独乐园图》片段。呈横卷式构图的《独乐园图》，主要是依据司马光文中的描写顺序绘制而成，这幅作品现藏于美国克利夫兰美术馆。

魏汉茂选登的《独乐园记》的德文译文共有两个版本：其一刊载于1804年，是上文提到的贝尔图赫的译文（S. 164—167）；其二是卡尔·迈的

---

[1] Günther Debon, China zu Gast in Weimar. Heidelberg: Guderjahn 1994. 79 ff.

《江龙》一书之中的部分（S. 167—170）：Karl May, Der Kiang-lu. *Deutscher Hausschatz* 7. 1880, 172—173。

上述第二个版本对于比较文学的影响研究，以及文学中的中国形象都是极为重要且珍贵的文献资料。

五、新发现的中国哲学-蒙古学文献的德译本

第四部分是哲学—蒙古学文献，所收录的基本上是迄今仍不为学术界所知的早期哲学—蒙古学的德文译文。其中包括：

（一）《大学》

"四书"之中的《大学》的欧洲语言译本最早出自韩国英（Pierre-Martial Cibot，1727—1780）《有关中国的回忆》一书：*Mémoires concernant les Chinois*, I. 1777, 432—498。

依据韩国英的法文译本翻译成的德文译文，见：*Abhandlungen sinesischer Jesuiten, über die Geschichte, Wissenschaften, Künste, Sitten und Gebräuche der Sinesen. Erster Band. Aus dem Französischen; mit Kupfern. Mit Anmerkungen und Zusätzen versehen von Christoph Meiners, Professor der Weltweisheit in Göttingen. Leipzig: Weygand 1778.*（806 S.），704—746。

之后有从中文直接译为德语的译本：*Confucius. Tá-hio. Die Erhabene Wissenschaft. Aus dem Chinesischen übersetzt und erklärt von Reinhold von Plaenckner. Leipzig: F. A. Brockhaus 1875.* XX, 358 S. 此外，在论文中也有《大学》的德文译文：*Die Philosophie des Kong-dsy (Confucius) auf Grund des Urtextes. Ein Beitrag zur Revision der bisherigen Auffassungen von Dr. Fr. Kühnert, I. Das Hjo. Sitzungsberichte der philosophisch-historischen Classe der k. Akademie der Wissenschaften* 132. 1895：8. 52 S.。

有关《大学》的德文解说，见：Ta-hsüeh. *Kindlers Literatur Lexikon*. Sonderausg. 1970. 9210—9211（R. Trauzettel）。魏汉茂所选的《大学》（*Ta-Hio*）德文译文，分为两个部分：一、"附记"（Vorbericht），主要介绍"大学""中庸"的来历以及与"孔子""孟子"的关系（S. 171—173）；二、"大学"正文的翻译，德译者将正文分为两部分，从"大学之道"至"故君子必诚其意"作为导论（S. 173—175），将其后的部分分为 I—IX。（S. 175—182）

魏汉茂在书中还刊载了巴伊尔（Gottlieb Siegfried Bayer, 1694—1738）

1730年出版的《中文博览》(Museum Sinicum, Petropoli：Academia imperatoria MDCCXXX)中的由巴伊尔手写的"孔夫子大学"的第一部分。(S. 174)

（二）王吉的《上言得失书》

为了让当时的阿尔巴津人（Albasiner，亦即雅克萨俄俘）都能得到宗教上的关怀，允许东正教的使团驻扎北京，自1715年开始，俄国以此为借口把东正教使团派到了北京。1727年签订的中俄《恰克图条约》确定了十年为期按时轮换每届中有学语言的学生随行。这些神职人员和学生在10年间只被允许在北京活动，并且无法像耶稣会士一样进入钦天监，由于清廷经常请东正教使团成员翻译与俄国、欧洲来往的书信，他们常常要去理藩院。他们当时请了中国的先生教他们学汉语。在北京的东正教使团在这许多年中编写了无数的词典，并将很多中国典籍翻译成俄文，但大部分都没有正式出版，因为毕竟公众对这些内容的兴趣并不大。其中仅有阿列克谢·列昂季耶夫（Aleksej Leont'ev，1716—1786）① 和第九届使团（1807—1821）的团长修士大司祭亚金夫（Iakinf，俗名：尼基塔·雅科夫列为其·比丘林 Nikita Jakovlevič Bičurin，1770—1853）② 出版了他们的相关著作。

列昂季耶夫的中文最初是跟一位受了洗的中国人周戈（Fedor Džoga，?—1751）学的，并于1742年作为第三届使团（1736—1743）的随团学生到了北京，并驻扎十年之久。他回到俄国之后便成了外交部的译员。其后他曾有机会作为科罗波托夫（Kropotov）上校的秘书再次到了北京。列昂季耶夫出版的文献中最重要的是这本译自满文和中文的《中国思想》：Kitajskija mysli. Perevel s Manžurskago na rossijskij jazyk Kollegii Innostrannych Del sekretaŕ Aleksěj Leont'ev. V Sanktpeterburgě, pri Imperatorskoj Akademii nauk, 1772 goda. 206 S.

在这部文献集中收录有皇帝的诏书以及政治家的散文，有些文章出自御选的古文选集，如《古文渊鉴》。③ 此书卷前有康熙二十四年（1685年）《御

---

① 请参考："第三届俄国东正教主背景使团（1736—1742）"，收入阿夫拉阿米神父辑，柳若梅译《历史上北京的俄国东正教使团》第21—24页，大象出版社，2016年。

② 请参考："修士大司祭亚金夫和他的使团"，《历史上北京的俄国东正教使团》第54—59页。另请参考：H. Walravens, *Iakinf Bičurin, russischer Mönch und Sinologe. Eine Biobibliographie*. Berlin：Bell 1988. 70 S.（Han-pao tung-Ya shu-chi mu-lu 34.）

③ 请参考：H. Walravens, Aleksej Leont'ev und sein Werk. Eine Bibliographie. *Aetas Manjurica* 3. 1992，404-431.

制古文渊鉴序》,序末钤有康熙"稽古右文之章"及"体元主人"宝玺各一。列昂季耶夫的这部俄文著作,很快就有了德文的译本《中国思想》:*Chinesische Gedanken* nach der von Herrn Alexjei Leont'ev, Secretair bey dem rußisch-kaiserlichen Collegio der auswärtigen Geschäfte aus der manshurischen Sprache verfertigten rußischen Übersetzung ins Deutsche übersetzt. Weimar: Karl Ludolf Hoffmann 1776, 164—169 (相当于1786年俄文版的第115—119页)。①

原文出自列昂季耶夫所使用的满文版的《古文渊鉴》中:Wang Gi 王吉 (?—前48):Jabśaha ufaraha babe gisureme wesimbuhe bithe. *Die Kaiserliche Ku-wen-Anthologie von 1685/6 Ku-wen yüan-chien in mandjurischer Übersetzung*. Hrsg. Von Martin Gimm. Bd. 1. Wiesbaden: Harrassowitz (1969), Nr. 280 (S. 288—289)。

魏汉茂所选的这个1776年的德文译文是译自俄文的(S. 184—185),而俄文又是从满文翻译而来的。原科隆大学的汉学—满学教授嵇穆(Martin Gimm, 1930—)对《古文渊鉴》的满文版做过深入的研究。魏汉茂在书中刊印了列昂季耶夫《中国思想》(1786年第2版)一书的扉页书影。(S. 186)

(三)《忠经》

本书由库尔茨(Heinrich Kurz, 1805—1873)从中文翻译成德文。被归于,马融(79—166)的《忠经》最初被翻译成的西方文字是俄语:Džungin ili kniga o vernosti. Perevedennaja s Manžurskogo i kitajskogo jazyka na Rossijskoj Gosudarstvennoj Kollegii Inostrannych Del perevodčikom Alekseem Agafonovym. V Irkutske 1874 goda, po otkrytii togo namestničestva. Moskva: Tipografija Kompanii tipografičeskoj 1788. 56 S。

在清代的时候,《忠经》和《孝敬》在一起用满、汉合璧的方式刊出。这一合璧的版本显然是阿加福诺夫(Aleksej S. Agafonov, 1764—1794?)俄文译文的底本。② 阿加福诺夫系列昂季耶夫的继任,从北京东正教使团回俄国后

---

① "254.《中国思想》(译自满语、汉语)第209页,彼得堡,1772年。见《中国书目》第1259条。内容概要:雍正圣谕;从2世纪到18世纪中国有学问的官员给皇帝的谏言;孙子兵法。再版情况:第2版,共331页,彼得堡,1786年,在第1版的基础上增加了《世袭官员德佩》一文。"上揭阿夫拉阿米神父辑,柳若梅译《历史上北京的俄国东正教使团》第231页。

② 有关阿加福诺夫,请参考:H. Walravens, *Aleksej Agafonov. Ein unbekannter russischer Ostasienwissenschaftler des 18. Jahrhunderts. Eine Biobibliographie*. Hamburg: C. Bell 1982. 3 S. 4 (Han-pao tung-ya shu-chi mu-lu. 7)。

在中俄边境工作，后来在外交部接替列昂季耶夫当翻译。魏汉茂所选的库尔茨的德文译文，刊载在 1828 年的《外国》(Das Ausland 1828, 1023—1024, 1029—1030, 1039—1040) 上 (S. 187—194)。共 18 章，没有每一章的标题。库尔茨曾在巴黎跟随雷慕沙学习汉学，回到德国的奥古斯堡之后，作为一份报纸的主编而与当局发生冲突。之后他逃往了瑞士，并在那里以日耳曼学家而著称。有关他的生平请参考：Herbert Franke, Heinrich Kurz (1805—1873), der erste Sinologe an der Universität München. *Studia Sino-Altaica. Festschrift für Erich Haenisch zum 80. Geburtstag*. Wiesbaden: Steiner 1961, 58—71; H. Walravens, *Zur Geschichte der Ostasienwissenschaften in Europa. Abel Rémusat* (17888—1832) *und das Umfeld Julius Klaproths* (1783—1835). Wiesbaden: Harrassowitz 1999. 183 S (Orientalistik Bibliographien und Dokumentationen 5)。

（四）《三字经》

这是一部青少年的启蒙读物，据说是宋儒王伯厚（王应麟，1223—1296）为了更好地启蒙本族子弟，编写的融会经史子集的三字歌诀。

由于是启蒙的读物，因此外国人也觉得非常有趣，也成为很多外国人学习汉语的基础读物。第一个用于欧洲人识字用的三字经课本系 1779 年出版的俄文本：*Bukvaŕ kitajskoj sostojaščej iz dvuch kitajskich knižek*, služit u Kitajcev dlja načaľnago obučenija malolětnych dětej osnovaniem; pisan na stichach, i soderžit v sebě mnogo kitajskich poslovic/Perevel s Kitajskago i Manžurskago na Rossijskoj jazyk prozoju nadvornyi sovetnik Aleksěj Leontiev. Sanktpeterburg: Imp. Akademija nauk 1779. 49 S。

这尽管不是一本汉语入门的书，但却是汉语的基础读物。这部俄语的版本出版后，出现了众多英文的译本，硕特（Wilhelm Schott, 1802—1889）提到过其中的部分译本。他提到了当时最著名的汉学家比丘林的译本，比丘林曾作为俄国东正教使团的团长，在北京常驻多年：*Sań-czy-czin ili troeslovie s litografirovannym kitajskim tekstom*. Perevedeno s kitajskago Monachom Iakinfom. St. Petersburg 1829. 83 S. 4。

此书的优点在于，同时附上了中文的原文。著名发明家、东方学家、印刷方面的先驱者路德维希·谢林·冯·卡恩施达特（Ludwig Schilling von Canstadt, 1786—1837）设计了书中的汉字，并使用了中文的注释文献。硕特在他选译的一部分篇章中，首次向德语读者介绍了《三字经》。其后内曼也以德-汉对照的方式，首次在德国对《三字经》进行了翻译和解释：Die

Encyklopädie der chinesischen Jugend. In: C. F. Neumann: *Lehrsaal des Mittelreiches*. Zum ersten Mal in Deutschland herausgegeben, übersetzt und erläutert. München: Dr. Carl Wolf'sche Buchdruckerei 1836, 19—26。

不过其后硕特的《三字经》德文译文还是一再被引用，上文提到的 20 世纪德国著名的通俗小说家卡尔·迈在他有关中国的小说中，所引用的也是硕特的译文。①

进入 20 世纪之后，还有两种《三字经》得以刊行：1）卫礼贤（Richard Wilhelm, 1873—1930）的译本：San-Tzu-Ching, der Drei-Zeichen-Klassiker. Von R. Wilhelm. *Der ferne Osten* 1. 1902: 2, 169—175. 2）尤里乌斯·梅德（Julius Maeder）的译本：San-tse-king, die Fibel der Chinesen. Ins Deutsche übertragen, mit Einführung und Schlußwort von Dr. Julius Maeder. Zürich: Hofmann, 1945. 61 S (Hofmann-Bibliothek 111)。

魏汉茂从 1834 年的《外国文学杂志》（*Magazin für die Literatur des Auslandes* 1834, 445—446）所选的 6 页（S. 197—203）对《三字经》的介绍，是非常全面的。他同样选登了 1819 年圣彼得堡版扉页上卡恩施达特所设计的"三字经"三个汉字（S. 196）、硕特的照片（S. 197），以及内曼《三字经》译文中的汉字（S. 204），这些都是弥足珍贵的史料。

（五）《哲学家孟子的谈话》（Unterhaltungen des Philosophen Mencius）

《孟子》是"四书"之一，早期已经有了耶稣会翻译的拉丁文的译本。而德文的译本直到 1877 年才由同善会（AEPM）的传教士花之安（Ernst Faber, 1839—1899）翻译成德文：*Eine Staatslehre auf ethischer Grundlage oder Lehrbegriff des chinesischen Philosophen Mencius*. Elberfeld: Friedrichs 1877. Ⅷ, 273 S。

今天通用的《孟子》的译本，是卫礼贤 1916 年翻译的：*Mong Dsi*. Jena: Diederichs 1916。

19 世纪上半叶的一个非常严肃认真的拉丁文译本出自儒莲之手：*Meng Tseu vel Mencium inter Sinenses Philosophos, ingenio, doctorina, nominisque claritate Confucio proximum*, edidit, latina intertretatione, ad interpretation Tartaricam utramque recensita, instruxit, et perpetuo commentario, e sinicis deprompto, illustravit

---

① 请参考：H. Walravens, Eine chinesische Jugendschrift（Sanzijing 三字經）. *Mitteilungen der Karl May-Gesellschaft* 30. 1998: 116, 28-30。

Stanislaus Julien. Lutetiae Parisiorum：Societas Asiatica et Comes de Lasteyrie MDCCCXXIV—XXIX.XXXI,230,248,84,161 S。

这个版本不仅提供了中文原文，也有供比较的满文本。此书之后由"年轻汉学家"哈尔贝格（Edme de Halberg）译成了法文，并附在了达庇时（John Francis Davis,1795—1890）的《中国手册》（Chinabuch）的附录之中：John Francis Davis：La Chine…T.Ⅱ.Paris：Paulin 1837,353—367。

魏汉茂所选刊的《孟子》部分德文翻译（S.205—209），摘自1837年的《外国文学知识报》（Blätter zur Kunde der Literatur des Auslands 1837,161—163,166—167,169—171,176,178—180）。显然是从儒莲的拉丁文译文（第一卷）间接转译而来的，或者可以说是从上述的法文译本直接翻译而来的。在德语中，如果这不是《孟子》最早译本的话，也是最早的之一。魏汉茂也刊载了儒莲1824年《孟子》拉丁文译本的扉页书影（S.206）。

（六）《范螺山忠烈传》（Der politischer Märtyre Fan Loschan）

范承谟（1624—1676），字觐公，号螺山，辽东沈阳（今辽宁沈阳）人，清朝大臣，大学士范文程次子。范承谟进士出身，曾任职翰林院，累迁至浙江巡抚。后升任福建总督。三藩之乱时，范承谟拒不附逆，被耿精忠囚禁，始终坚守臣节。康熙十五年（1676年），范承谟遇害，后追赠兵部尚书、太子少保，谥号忠贞。

作为汉学家，硕特曾有专门研究范承谟的文集——《忠贞集》的论文，其中最主要的是范承谟在狱中的墙上写下的诗稿，1708年得以刻印流传，同时也被译成满文。魏汉茂认为，范承谟出身于声名显赫的满人家庭（S.211），实际上他的祖上是汉军镶黄旗。硕特于1840年曾为柏林的王室图书馆所藏的中文、满文等语言的图书编写过一部目录，① 因此他仔细地审查过范承谟的著作。至今，硕特的论文还是有关范承谟著作唯一的研究文献：Tondo unenggi Fan gung-ni wen ji bithe（忠贞範公文集），② Sin.；Libri sin. 32（现藏于波兰克

---

① Wilhelm Schott, *Verzeichniss der Chinesischen und Mandschu-Tungusischen Bücher und Handschriften der Königlichen Bibliothek zu Berlin*. Berlin, 1840. 邵特《柏林王室图书馆中文、满语-通古斯语图书与手稿目录》，中文书名为《御书房满汉书广录》。

② 魏汉茂将此处的中文署为《忠贞烦恼公文集》，估计是《忠贞范公文集》的误植。参考：H. Walravens, *Mandschurische Handschriften und Drucke im Bestand der Staatsbibliothek zu Berlin*. Stuttgart：Steiner 2014, S. 90。

拉科夫大学图书馆）请参考：Schott, *Katolog*, 96—97. 以及 H. Walravens, *Mandschurische Handschriften und Drucke im Bestand der Staatsbibliothek zu Berlin*. Stuttgart: Steiner 2014, S. 90。

法国国家图书馆 Gallica 数字图书项目已经可以查到此书，非常精美的印刷。在此编号下，除了《忠贞范公文集》之外，还有《盛世刍荛》的满文译本：Tractatus varii de deo et creatione, de peccato Adæ et redemptione mundi, de anima, de remuneratione justorum et pœnis malorum, de falsis religionibus。

这是耶稣会会士冯秉正（Joseph Marie Anne Moyriac de Mailla, 1669—1748）的一部中文著作，共五卷，最早的版本系 1733 年的北京刻本。[①] 魏汉茂认为，可能是由于新旧的编号错乱而搞混的。（S. 211）

硕特的译文出自满文版《忠贞范公文集》前面所附的范承谟的传记。范承谟的传记有多种，硕特翻译的这个传记出版于 1708 年，显然早于戴震（1724—1777）的《范忠贞传》以及后来的《清史稿·范承谟传》（1914—1927）。

六、结　语

魏汉茂在本书中所列举的中国文学作品早期译本丰富的史实，复杂的迻译轨迹，以及对德国思想界深远的影响，这些都为比较文学的影响研究提供了广阔的用武之地。魏汉茂给我们展示和提供的有关中国文学在英、法、德语地区早期传播史的原始文献，对于我们了解中国文学的外渐轨迹至关重要：在早期的德语世界的中国文学译介中，大都由法语译本转译而来。只有了解了这些中国文学外传的基本形态和特征，才有可能把握中外文学接触和交流的潜在规律。也只有在此基础之上，才有可能在跨文化的视域下——而非在单一、同质的文化传统之中——认识中国文学的特质，彰显中国文学的世界性意义，真正在世界文学中为中国文学定位。对这些重新发现的中国文学译本的研究，可以拓展中国文学翻译研究的维度，并能够系统地揭示中国文学

[①] 费赖之《在华耶稣会士列传及书目》"二六九冯秉正"："《盛世刍荛》五卷，一七三三年、一七九六年、一八一八年北京刻本；一八六三年、一九二六年有土山湾重刻本。（一九一七年书目补目一四二号。）"上揭《在华耶稣会士列传及书目》第 610 页。

外译以及中国文学本身的一般特征，结合比较文学理论深化对中国文学外译和传播的认识，同时也可以反哺中国文学本体的研究。

与英雄主义的欧洲传统相比，中国文学作品中的离愁、悲伤以及日常事务和自然景色，更让欧洲读者感受到了普遍人性的东西。在文学的传播过程中，通过其他语言对中国文学作品的迻译，并非对原著的准确对应翻译，当然也不是按照迻译者的观点对原著进行随心所欲的改写，而是既有一致之处，又有不同之处，多次迻译的结果是一个既不同于原著又不同于译者的观点的新作品出现了。从本质上来看，翻译就是一种基于母语文化经验所进行的文化调试。译者的特殊条件，欧洲当时的社会氛围都决定了德国当时对中国文学的选择，经过选择后重新形成的迻译文本是一个出自中国文学，但又与中国文学相区别的文本。

早期德译的中国文学作品，所显示的是中欧文学之间的影响问题，这包括了影响者与接受者的复杂关系。影响者影响了什么，并非由其自身决定的，在一定程度上是由接受者来决定的。接受者也不是任由影响者向其灌输，而是主动选择。这样我们才可以知道伏尔泰的五幕剧《中国孤儿》并非纪君祥的《赵氏孤儿》；布莱希特的《灰阑记》也绝非元杂剧的《灰阑记》。无论如何，我们可以从中看到接触、模仿、过滤与阐释及最终创造出新的文学形式的过程。这些相关的文学作品是否揭示了共通的审美机制或更深层次的文化内涵，它们之间有相同或相似之处，存在着相同或不同的张力等等，而这些正是文化对话的基本特征。文学间的互相接触、理解、吸收及排斥都是不可避免的。

通过法国、英国汉学家的努力，以及德国译者的迻译，此时的欧洲文学研究者力图在本民族文学事实之外去寻找文学内容，与其他民族文学的交流，特别是对于中国文学的接受，同时也是建构本民族文学传统的过程。此时的欧洲人从中国发现了文学的他者，从这时起，欧洲人不再仅仅将文学研究的眼光停留在了欧洲，而获得了具有更加丰富内涵的整体文学。欧洲的文学研究者也开始逐渐将目光转向了东亚，尝试着在文化传统差异中揭示存在于一切文学中的共同规律及审美机制。也正是在这个时期出现了众多的欧洲民族国家的文学史。法国学者巴尔登斯伯格（Fernand Baldensperger，1871—1958）指出："赫尔德和维柯，他们将文艺复兴以来从未被人遗忘的思想明确起来，把各国人民的语言、文学和精神状态当作一个整体来看待,……"①

16世纪以来地理大发现之后,对欧洲以外区域的发现,基督教对异教地区的征服……这些让很多有识之士更加强调各民族语言、文学和精神状态的整体性和联系性。因此,可以毫不夸张地说,对欧洲来讲地理大发现更是一次世界文化的大发现。也正因为此,欧洲人在自身之外找到了一种参照,文学创作和文学研究从此不仅仅是欧洲人的"专长",更多的文学作品通过译介进入欧洲的视域本身也说明了,文学本身是全世界的。而在"世界文学"观念的建构中,中国文学又起到了很重要的作用。

今天看来,任何一个民族的文学都不可能在一个封闭、孤立的文化空间中发展,相互渗透、影响是一种常态。即便对本国的文学进行研究,也必须改变以往所固有的一元的、封闭的眼光,应当在与其他文学的关系中认识自我。因此,要理解此时的欧洲文学乃至文化,不仅需要在欧洲文学自身的传统中进行,也需要在魏汉茂所钩沉出的这些中国文学的德文译文中进行。

德国汉学有一个很好的传统,就是特别重视中文文献的翻译,特别是从原文翻译成德文的文献。在德国出版的众多的"目录"(Kataloge)或者各类"学科史"中,都有大段的引文。福兰阁(Otto Franke,1862—1946)5卷本的《中华帝国史》(*Geschichte des chinesischen Reiches*. 5. Bde. Berlin 1932—1952)、佛尔克(Alfred Forke,1867—1944)3卷本的《中国哲学史》(*Geschichte der alten chinesischen Philosophie*, Berlin 1927; *Geschichte der mittelalterlichen chinesischen Philosophie*, Berlin 1934; *Geschichte der neueren chinesischen Philosophie*, Berlin 1938)乃至哈克曼(Heinrich Hackmann,1864—1935)的《中国哲学》(*Chinesische Philosophie*, München 1927)都有大量的原文译文。后来我在读德国哲学家雅斯贝尔斯(Karl Jaspers,1883—1969)的《大哲学家》(*Die großen Philosophen*. 1957)"龙树"一章时感到特别吃惊,因为他不断引用《四十二章经》《景德传灯录》中的内容,通过反复查找,才知道是从哈克曼的《中国哲学》中来的。

魏汉茂继承了这样的传统,在本书中他除了对版本、译者、内容做了介绍外,还收录了很多的原文,而对于很多读者来讲这些原文今天不是那么容

---

① 巴尔登斯伯格著,徐鸿译《比较文学:名称与实质》,见干永昌等选编《比较文学研究译文集》第35页,上海译文出版社,1985年。

易获得的。

魏汉茂为我们提供了丰富的一手资料,这些文献所呈现的是文学生态的多样性,对于研究中欧文学关系史,例如中欧共同的审美机制、文化心理或更深层系的文化内涵等等,都提供了重要的文献。今天看来,对任何一种文学的研究都只能从比较的视野去理解作为一个整体的世界文学,从而为所研究的民族文学予以定位。中国文学的参与,也时刻提醒着欧洲的文学研究者和读者应当具有并保持一种开放的视域来认识文学。

中国文学作品在欧洲文学视域中的意义与中国文学自身视域中的意义并不完全一致。德语世界在19世纪所翻译的中国文学作品,实际上是中德或中欧之间文学对话的结果。而进入20世纪以后,大量的欧洲文学作品也被译介到了中文世界。世界进入了一个在多元文化中理解文学,在多元文化的语境下相互参照、解释的时代。反过来,我们今天也不能仅仅从自身的文化传统去理解中国文学了,迂回诸如译成德文、法文、英文的中国文学作品,重新进入中国的文学世界,常常会有意想不到的结果。

早期中国文学与德国的交涉最起码有以下几个方面的认识意义:首先,中国文学的译本与德语文学之间在历史上存在过联系;其次,中国文学在早期所产生的影响绝不仅仅局限于中国文化的近邻,如朝鲜、日本、越南,魏汉茂的钩沉让我们可以在一个十分广阔的空间中去重建中国与欧洲的文学关系史,特别是与德国的关联性;第三,所谓的世界文学实际上是在不断吸收异民族文学来丰富自身并发展自身的产物,是与其他文学互动的结果。

魏汉茂在书中提供了大量有关实证性的影响研究的史料,如伏尔泰有关《赵氏孤儿》的接受和再创作的版本情况等等,这些对研究早期中国文学在德语世界的传播史都是弥为珍贵的文献资料。除了一些比较明显的影响例子之外,还有一些间接影响的例子,只有通过深入的比较研究才能得出结论。不过,对于早期德语世界的中国文学作品译介的研究目前尚未真正得以展开,因此在本书中,有些人名还没有辨认出,例如1927年《木兰诗》的德文译者Liu Tjing-yü 的中文姓名并不清楚,而1939年翻译《花木兰》的江雪雯,也没有任何相关的研究文献支撑(S. 148);《鳏夫怨》的中文原本究竟是什么,至今仍然悬而未决(S. 159)……

魏汉茂从早期德文的报刊、图书中所钩沉出的这21个中国文学、哲学的德译本，尽管其影响是不言而喻的，但在此之前的汉学家、研究者很少有关注到的。这也说明了中国文学翻译研究缺乏全面性和连续性的事实，学术思想同样缺乏传承，整体学术史的梳理和研究是远远不够的。

  最后应当指出的是，此书中的汉字排列不太规范，大小不一，并且有一些错误。其中"目录"（S.6）中将"孟子"误作了"猛子"，"忠贞范公文集"误作了"忠贞烦恼公文集"等，显然都是电脑输入时的误植，希望在再版时予以更正。

（李雪涛　北京外国语大学教授、全球史研究院院长）

·波兰汉学研究·

论所谓的"中华连锁推理"(下)*

[波兰] 雅努什·赫梅莱夫斯基 著
钱 爽 译

　　自不待言的是，倘若对表现为诸蕴涵——它们转而又构成了正在讨论中的这类中华推理之连锁——的诸原子构件的诸特殊蕴涵加以批判性考察的话，则它们大多都是模糊的、隐喻性的，甚至是毫无意义的；关于它们的真值，它们本身是假的或者无法证实的。由此可得组成这样的诸模糊的原子命题的诸特殊蕴涵本身就是极为无效且荒诞不经的，更何况正如中文的蕴涵，就我们所知，表示的是联结意义上的意思，并要求在其前件和后件之间建立起一个必然的联系。事实上，中文连锁的诸特殊蕴涵多半都是准蕴涵，换言之即蕴涵形式的分子结构，但由于它们的模糊性（或缺乏意义）而无法证实；在其他情况下，当它们从经验主义的立场出发足够清晰地加以证实的时候，它们显然就成为假的了。① 但要强调的是，对由两个原子命题组成的一个特殊蕴涵（尤其是在其联结意义上）进行建构，还有对它的有效性加以证实，这并不属于形式逻辑（formal logic），形式逻辑通过定义（definition）只关心什么是推理的形式方面。对一个特殊蕴涵的有效性进行批判性考察是一个认识论的任务，而不是逻辑学的任务，而且中华连锁推理（chain-reasoning）所实际缺乏者正是认识论上的批判。换句话说，在早期中华思想者中，可以正确地予以反对的就是他们对诸蕴涵结构（它们要么是假的，要么是无法证实的，甚至是毫无意义的）的自由使用，以及——如果对连锁推理做出的推理性诠

---

　　* 本文是原文出处为"Notes on Early Chinese Logic（Ⅱ）", *Rocznik Orientalistyczny*, XXⅥ：2, 1963, pp. 91—105 之节译。

　　① 另参见 Bodde, *China's First Unifier*, pp. 231-232.

释被接纳了的话——坚称整个由这样一些分子结构组成的连锁的这种不可抗辩的行为，——尽管该推理的逻辑形式本身仍是正确的。因此，中华连锁推理所具有的不可否认的谬误特征（卜氏所正确强调的）并不在于（正如卜氏所认为的）推理"包含了逻辑谬误"（实际上并没有）这样一个事实，而是在于事实上推理是在别的有效式和命题演算的诸规则的框架范围内来运算认识论的谬误的。如果我们想要看清早期中华逻辑实际是什么样子的话，那么中华推理的这两个方面——形式的（或逻辑的）方面以及认识论的方面，就应当清楚地分隔开来，而且我也将在我的研究得出结论的章节中回到这一点上来。

马森乌瑟尔对"中华连锁推理"范围内的诸子形式做出的区分依然要回过头来加以考察。关于这一点，须注意的是，有关传统连锁推理而做出的类似之区分已经在非数理逻辑学家那边遭遇到了批评①。独立于该批评之外，不止一个原因表明因循这位法国学者是不可能的。就我们所知（参见前文），所宣称的中华连锁推理的纯粹后退式子形式——据马森乌瑟尔本人所说——减少至单个实例，亦即"《大学》中的第二个连锁推理"，也就是理雅各（J. Legge）的 *Chinese Classics*, I, pp. 357-358，§4 和顾赛芬（S. Couvreur）的 *Les quatre livres*, pp. 3-4 中的文段。可以容易看出的是，所提及的《大学》文段被这位法国学者误认为是一个推理的实例。从逻辑上说该文段根本不构成推理，但最佳的说法是它显然意指对被认为是古代圣王过程的描述，并作为典范由该文本的编纂者提出。② 所以，有待

---

① 另参见 L. Robin in Lalande, *Vocabulaire*, p. 991.

② 《大学》中的连锁推理问题要比它可能从所说的话中显露出来的要复杂得多，但是我不想在这里评论它，并且我要把我自己限定在以下评论。马森乌瑟尔表示（*Esquisse*, p. 812），正在讨论中的文段是中文文本中紧随其后的（Legge, pp. 358-359，§5 以及 Couvreur, pp. 4-5）、也是他认为是对应于"前进式连锁推理"的"后退式"的对应部分。这两个文段之间紧密的实质性联系是很清楚的，但这却使我想到它们两个可以最好被看作是基于一个（空想的）"时间—原因"联结的过程描述。在第一个文段中，后者由时间连词"先"（"prius"【有"在前的"之意——译注】。"甲先乙"，与"后—前"或"果—因"相对应）指明，而在第二个文段中则由"而后"（'and afterwards'【有"这以后、这然后"之意——译注】。"甲而后乙"，与"前—后"或"因—果"相对应）指明。如果是这样的话，那么所提及的两个文段都没有直接关系到中华连锁推理的形式方面，而这才是我们首要关心的地方。还必须强调的是，即便第二个文段被看作是连锁推理的一个例证（带有作为蕴涵算符的连词"而后"）而不是一个描述，正在讨论中的第一个文段所具有的描述性特征（从语境中它是足够清楚的）也绝不是被证明为无效的，因此所宣称的"纯粹后退式连锁推理"的唯一实例无论如何都是不复存在的。但是在后一种情形中，我们必须考虑到这样一个事实，那就是第一个文段（描述性的连锁）实质上是建立在第二个（连锁推理）基础之上的。这就导出了以下结论：首先，对与逻辑以外的"时间—原因"联结所具有的蕴涵联系产生混淆；其次，中华思想者倾向于根据假公式 * （甲⊃乙）⊃（乙⊃甲）进行推理。不计这里正在讨论中的对《大学》诸文段做出的诠释，从其他文献来源那儿也有充足的证据支持这些结论。

论所谓的"中华连锁推理"(下)

解决的问题就是马森乌瑟尔的其他两个例证,它们两个都来自《孟子》一书,他描述它们为"混合式"。我将只分析它们中的一个,较为简单的那一个,取自《孟子·离娄上》第九章①。中文文本如下所示:

(1) 得天下有道 (2) 得其民斯得天下矣 (3) 得其民有道 (4) 得其心斯得民矣 (5) 得其心有道 (6) 所欲与之聚之所恶勿施尔也 [斯得其心]②

翻译即(与理雅各的翻译稍微不同,但下面的翻译要更贴近中文文本,也更符合我们的目的):

(1) In order to obtain the kingdom there is a way; (2) If one obtains the people, one obtains the kingdom; (3) In order to obtain the people there is a way; (4) If one obtains the hearts of the people, one obtains the people; (5) In order to obtain the hearts of the people there is a way; (6) If one collects for the people what they like and does not impose on them what they dislike, [one obtains the hearts of the people].【大意即:(1) 为了获得王国,有一种方法;(2) 如果一个人获得了人民,那么他就获得了王国;(3) 为了获得人民,有一种方法;(4) 如果一个人获得了民心,那么他就获得了人民;(5) 为了获得民心,有一种方法;(6) 如果一个人为人们收集他们所喜欢的东西,而不是强加给他们他们所不喜欢的东西,[那么他就获得了民心]。】

我不太清楚当马森乌瑟尔把该文段描述为"混合式推理"(mixed reasoning,"后退式和前进式交替")时他心中所怀目的为何。他关于这一点所说的只是如此:"之前的每一步代表着一个预期,这个预期是因为如下公式而被之后的步骤加以合理证明的:为了得到作为'丑'的'有道',之前

---

① Legge, *Chinese Classics*, Ⅱ, p. 300; Couvreur, *Les quatre livres*, p. 471.
② 中括号部分是我补充的,它由语境和逻辑必然性加以清楚暗示。

217

还'有'一个'道';倘若'子',那么就('斯')得出'丑'。"① 这意味着"后退式"局限于第(1)(3)(5)句而剩下的部分都是"前进式"吗？但是第(1)(3)(5)句——所有这些句子都有这样的形式："得……有道"(in order to obtain…there is a way②)——只是些附加元素,对于推理本身而言并没有逻辑意义。严格来说,它们不属于推理,并且应当从逻辑分析中省略掉。构成连锁推理的只是相关联的第(2)(4)(6)句,并且我认为,这位法国学者把该推理描述为部分的后退式主要是因为构成该逻辑连锁的诸特殊蕴涵有着相当不同寻常的顺序,就这一意义而言他这边一定有些许困惑。把我们自身限定在连锁推理本身上,也就是说限定在相关联的第(2)(4)(6)句上,加之用甲、乙、丙、丁替换相继出现在推理中的诸特殊的（原子）命题（"得其民"＝丙,等）,我们便获得了以下蕴涵之连锁（带有作为蕴涵算符的助词"斯"）：（丙⊃丁）·（乙⊃丙）·（甲⊃乙）这一连锁——根据这样一个正确的公式：[（丙⊃丁）·（乙⊃丙）·（甲⊃乙）]⊃（甲⊃丁）——在中华思想者那里当然表示出了蕴含有（甲⊃丁）的意思——也就是说,"所欲与之聚之所恶勿施尔也,斯得天下矣"。

这里所说到的连锁推理的独特性就在于这样一个事实,即（不像"常规的"情形,例如先前所分析的《老子》推理）我们在这里不仅必须要处理蕴涵的传递性(transitivity),还须处理逻辑积中因子的交换性(commutativity)。根据交换律(the law of commutativity)——其最简单的形式可以表述如下：甲·乙＝乙·甲——乘积中的因子顺序在逻辑上是无关紧要的,我们可以把《孟子》的推理简化为等价的"常规"公式,任何"后退式"的意见就都从中消失了：[（甲⊃乙）·（乙⊃丙）·（丙⊃丁）]⊃（甲⊃丁）换言之,正在讨论中的《孟子》推理里面蕴涵的特定顺序可能有一些文体的（或其他逻辑以外的）重要性,但是在逻辑上它与所宣称的连锁推理之"后退式子形式"不相关也不相干。可能表现为"后退式"的东西事实上被证明是交换律的实际应用,而且当前分析在逻辑上最重要的结果恰恰就是这个：我们已经发现了早期中华思想者们——特别是孟子——实际上是在他们的连锁推理中

---

① *Esquisse*, p. 813.
② 【译注】"为了获得……有一种方法。"

论所谓的"中华连锁推理"(下)

使用(即便是在潜意识层面)逻辑积中诸因子的交换律①。

还有一个例证也值得相当详细地加以分析。我的意思是《系辞上》一开始的连锁推理②,这据我所知到目前为止尚未被注意到。该推理固然是为特别粗放的推测服务的,但是它本身却是很有趣的,因为它涉及迄今为止尚未被提及的逻辑定律的应用。严格来说,该推理由两个有区别但又相交织的连锁组成,并且整体显然意味着是二者的逻辑积。此为该文段之中文文本:

(1)易则易知(2)简则易从(3)易知则有亲(4)易从则有功(5)有亲则可久(6)有功则可大(7)可久则贤人之德(8)可大则贤人之业

翻译即③:

---

① 关于交换性的相同结论可以从马森乌瑟尔所引用的其他例证——《孟子·离娄上》第十二章(Legge, pp. 302-303; Couvreur, pp. 473-474)——中得出,但是该情形更为复杂,并值得一提。有四个特殊蕴涵,都是由前件和后件的纯粹并置组成(含未表达出来的蕴涵算符),并都由否定的诸原子命题构成。因此,连锁可以用这样的公式($\bar{x}$丁⊃$\bar{x}$戊)⊃($\bar{x}$丙⊃$\bar{x}$丁)⊃($\bar{x}$乙⊃$\bar{x}$丙)⊃($\bar{x}$甲⊃$\bar{x}$乙)表现出来,这当然等同于($\bar{x}$甲⊃$\bar{x}$乙)⊃($\bar{x}$乙⊃$\bar{x}$丙)⊃($\bar{x}$丙⊃$\bar{x}$丁)⊃($\bar{x}$丁⊃$\bar{x}$戊),并且在形式上也意味着($\bar{x}$甲⊃$\bar{x}$戊)。根据文本,后一个结构代表的是分子句(the molecular sentence):"不明乎善,不获于上。"到目前为止,我们必须处理如之前的情形般的诸因子之交换性。但是在当前的情形中,不像之前的情形那样,从整个语境中(特别是从该形式的附加命题:"……有道"——它引出构成连锁的每一个蕴涵——中)显现出来的是,该连锁推理表示出了论证(甲⊃戊)的意思,也就是说:"明乎善,获于上",而不是去论证($\bar{x}$甲⊃$\bar{x}$戊)。不过,这表明孟子认可了假等式*($\bar{x}$甲⊃$\bar{x}$乙)≡(甲⊃乙),或者至少他倾向于根据同样假的公式*[($\bar{x}$甲⊃$\bar{x}$戊)·甲]⊃乙(这后来在希腊逻辑学一个略有不同的公式化中被明确公认为是无效的,另参见 Bocheński, *Acient Foemal Logic*, p. 35 和 p. 100)来推理。由此可得,在中华连锁推理中被加以正确开发的东西,就是蕴涵的传递性(the transitivity of implication)和因子的交换性(the commutativity of factors),而另一方面,中华思想者们并没有意识到蕴涵的非对称性(the non-symmetricity of implication)(另参见前文脚注),也无法正确运用否定算符(the functor of negation)。这些事实上是早期中华命题逻辑最严重的缺陷。

② 《十三经注疏》(上册)第76页,世界书局。

③ 我手头仅有的对这篇文段的翻译就是卫礼贤(R. Wilhelm)的翻译(*I Ging*, Vol. Ⅰ/Ⅱ, p. 216)以及贝恩斯(C. F. Baynes)的英译本(*The I Ching or Book of Changes*, Vol. Ⅰ, p. 308)。这两种翻译在很大程度上都是不恰当的,因为它们完全抹去了该推理的形式方面特别是诸交互的原子命题的同一性。我个人试探性的迻译主要是受孔颖达疏的启发,但是我必须强调的是我一点也不胜任对《易经》的"哲学"诠释,我的迻译只意味着是逻辑分析的一种支持。严格来说,该文段可以被任何有能力识别出文字同异的人以及知道作为蕴涵算符"则"的逻辑价值的人在形式上进行分析——而无需任何有关原子命题意义的知识。

(1) If one is easy, one is easy to know; (2) if one is simple, one is easy to follow; (3) if one is easy to know, one has affection; (4) if one is easy to follow, one has efficacy; (5) if one has affection, one can last for long; (6) if one has efficacy, one can attain greatness; (7) if one can last for long, one has the virtue of the sage; (8) if one can attain greatness, one has the activity of the sage.【大意即：(1) 如果一个人很容易，那么他就很容易知道；(2) 如果一个人很简单，那么他就很容易顺从；(3) 如果一个人很容易知道，那么他就有感情；(4) 如果一个人很容易顺从，那么他就有功效；(5) 如果一个人有感情，那么他就可以持续很久；(6) 如果一个人有功效，那么他就可以实现伟大；(7) 如果一个人可以持续很久，那么他就有圣人的美德；(8) 如果一个人有圣人的美德，那么他就有圣人的行动。】

不难看出，有两个有区别的连锁，第一个连锁由第（1）(3)(5)(7)句组成，第二个连锁由第（2）(4)(6)(8)句组成。第一个连锁可以由公式（甲_⊃乙_）·（乙_⊃丙_）·（丙_⊃丁_）·（丁_⊃戊_）表现出来——根据传递律，它蕴含了（甲_⊃戊_），也就是："易则贤人之德"（无论这会意味着什么）。第二个连锁相对应的公式，除下标外（"_"代替"_"）都是一样的，它反过来又蕴含了（甲_⊃戊_），也就是："简则圣人之业。"可是，正如该文本实际所持的观点，它只能被如下公式表现出来：（甲_⊃乙_）·（甲_⊃乙_）·（乙_⊃丙_）·（乙_⊃丙_）·（丙_⊃丁_）·（丙_⊃丁_）·（丁_⊃戊_）·（丁_⊃戊_），并伴有由两个相交织的连锁（甲_⊃戊_）·（甲_⊃戊_）所共同蕴含的（未被表达出来但却能被理解的）后件。但是，该文段构成了一个如此紧密结合在一起的整体，这个事实恰恰表明——尽管它具有逻辑上的合成特征——它被认为是推理的一个单一连锁，这意味着论证的是（甲_·甲_⊃戊_·戊_）而不是（甲_⊃戊_）·（甲_⊃戊_）。这不可避免地使我们想起了在形式上是［（甲⊃乙）·（丙⊃丁）］⊃（甲·丙⊃乙·丁）的在现代命题演算中所熟知的派生律 (the derivational law)。的确，《系辞》文本本身在直接跟着正在讨论中的推理的句子中直接作甲₁（易）和甲₂（简）的逻辑积①：易简而天下之理得矣【作者英译："If one is easy and simple, the principles of the world are attained [by him]"。大意即："如果一个人很容易也很简单，那么世界的原则就都[被他]实现了"。】——这些原则的实现当然是"贤人"的属性，这几乎等同于他拥有特定的"德"与"业"。晋代注者韩伯（韩康伯）在所说到的这一点上也许更明确些，因为他插入了以下注解：有易简之德则能成可久可大之功【作者英译："If one has the virtue of being easy and simple, one is able to attain achievement making him lasting and great"。大意即："如果一个人有容易且简单的美德，那么他就能够实现使他持久且伟大的成就"。】尽管有某些文体上的重组重构，但该注解（放在第（6）句之后）对第（1）（2）句的前件——也就是甲₁和甲₂，以及对第（5）（6）句的后件——也就是丁₁和丁₂，在（甲₁·甲₂⊃丁₁·丁₂）的意义上有明确的暗指。但是《系辞》文本所直接蕴含的是（甲₁⊃丁₁）·（甲₂⊃丁₂），因此韩伯的注解似乎是基于公式［（甲₁⊃丁₁）·（甲₂⊃丁₂）］⊃（甲₁·甲₂⊃丁₁·丁₂）——它严格对应于刚才所援引的逻辑定律。简言之，现在正在讨论的连锁推理中似乎所涉及的不仅是［（甲⊃乙）·（乙⊃丙）］⊃（甲⊃丙）这个蕴含的传递律以及（甲⊃乙）≡（乙⊃甲）诸因子的交换律，而且还有派生律［（甲⊃乙）·（丙⊃丁）］⊃（甲·丙⊃乙·丁）。

与连锁推理相联系的诸问题在本章中已经做了简要概述，这似乎构成了关于何者可以被正确地称为早期中华命题逻辑以及何者可以从早期中华思想者的实际实践中提取（或重构）出来的最重要的部分——如果不是全部的话。自不待言的是，迫切需要对现存的诸哲学文本进行一次更为彻底的检查，而且只有完成了它之后，我们才能对中华命题逻辑到底是什么样的有一个明确的图景。但是即使在有限且已然知晓的材料范围内进行运算——正如在本章中所做的——我认为我已经能够展示出这种逻辑正反两方面最为重要的诸独有特征。尤其是，我已经论证了早期中华思想者们正确地运用了某些简单但

---

① 对于非汉学的读者来说，须注意的是在文言文中，一个单独的字往往孕育着一个完整的命题。类似地，一个名词性的句段［例如第（7）句中的"贤人之德"，与戊₁相对应］可能代表了一个命题。后一种情形使我们想起了赵元任所谓现代汉语中的"谓语类型的名词性小句"（"nominal minor sentences of the predicate type"）；参见其 *How Chinese Logic Operates*, "Anthropological Linguistics", January 1959, p. 3。

却重要的命题演算规律，——哪怕是在潜意识层面上或者是为了达到认识论上无可辩驳的思索目的。我也顺便强调了该逻辑一些明显而严重的缺陷所在（另参见前文脚注），这也因此似乎既狭隘又有瑕疵。对中华命题逻辑（以及一般而言的中华逻辑）做出的更为综合的评价将在本研究做出结论的章节中给出，但在此完成之前，我应该要指出的是，中华命题逻辑的一些缺陷是有语言根源的。具体来说，我的意思是一些不仅在现代演算中，而且在希腊和印度哲学中也很普遍的二进制运算（也就是说，涉及不止一个命题的运算），它们必定是漏过了中华思想者，因为中文正好缺乏清晰且恰当的语言手段来表达它们。

　　自然语言表达对于前符号形式逻辑（pre-symbolic formal logic）的正反面影响早已被大家认可，而且中华逻辑（及其所有局限）由于中文（尤其是早期中文）与希腊文或梵文相比有其结构的多样性，当然对这一方面有着特殊的兴趣。正如我们所看到的，早期中文拥有相当多的语言手段（从最典型的"则"到纯粹的并列，另参见例如《孟子》的推理，前文脚注）来表达并强调在很大程度上与逻辑中是蕴涵的东西以及——顺便说一下——是最基本的逻辑运算的东西相对应的条件序列（conditional sequence）。因此，我们并不惊讶于正是蕴涵——连同一些与之有关的简单且不证自明的逻辑规律——在中华命题逻辑中——也即以所谓连锁推理的形式——得到了相当大规模的开发。另一方面，中文里的特殊用词"和"的阙如并不能成为现在被称为"逻辑积"（事实上涉及连锁推理）的运算得以广泛使用的一个严重障碍，因为，首先，该运算经常用纯粹并置的方式来加以表达（因此后来这被认为是达到这一目的的具体手段①）；其次，该运算本身是非常基本的，以至于实际上任

---

① 正如赵元任所表示的，"中文里既没有逻辑上的'和'，也没有语法上的'和'，关系是用简单的并列加以表达的，通常被翻译为'和'的中文字词实轾是动词或副词"（*Notes on Chinese Grammar and Logic*, "Proceedings of the Twenty-Third International Congress of Orientalists-Cambridge 1954", p. 252）。后面的评述指的是有时被用来强调乘积运算的迂回手段，而且我认为赵氏的第一个评述最好还是重述一下：从语法上说，中文不用一字一词就能表达出非强调的逻辑积。在这一点上重要的东西是，我们有直接的证据证明中华思想者有意识地把诸术语（或诸命题）的并置认为是逻辑积，正如《公孙龙子·白马论》中的"白马者白与马也"【作者英译："White horse is white and horse"。大意即："白马是白和马"】。另参见本研究的第一部分，*Rocznik Orientalistyczny*, XXVI: 1, 1962, p. 12。这直接指的是类积（class-product），但是也必定和诸命题因子之乘积（product of propositional factors）的情形是一样的。

何的推理形式（以及一般而言的思维形式）没有它将会是不可能的。但是对于某些不那么基本的且不太能不证自明的逻辑运算来说则并非如此，故此，中文并没有共同的和适当的（直接与恰当的逻辑算符相对应的）语法词（grammatical word）①。

现在，对早期中华文本的逻辑分析感兴趣的学生被这样一个事实所震惊，即逻辑和或其替代性选择方案（"甲˅乙"，也就是"甲或乙"）——如果真有的话——在中华推理中扮演了如此微不足道的角色；无论如何，它都不属于构成早期中华命题逻辑的运算存量。所以，我们可以想当然地认为这种运算本身正好漏过了中华思想家。我认为，这一定是由于这样一个事实造成的，那就是早期中文（不像希腊文注意斯多噶学派命题逻辑中 ἤ τοι② 的作用③）没有合适的字词用于命题间的（interpropositional）"或"——这一事实据我所知到目前为止在"文言文"语法中还没有明确的表述。语法书和字典表明，与之相对应的字词可能是"或"（或者"或……或……"），但是我并不知道早期中文文本中任何一个严格对应于"甲˅乙"的"或……或……"结构的清晰例证。在这种结构的大多数中，"或"最好可以诠释为"能动主体的周延"（agential distributive）（"有一些能动主体……"），而且恰当地说，它还是构成诸原子命题的主语（the subject），而不是一个连词④，而它作为（"替

---

① 中文缺乏直接表达某些逻辑运算的语法手段——以及正如我们马上要看到的，尤其是缺乏表达命题总和（propositional sum）的语法手段——这种表述并不意味着取消了资格，而仅是简单的事实陈述。严格来说，对于一种语言而言，拥有所有体现在其语法中的诸逻辑运算绝是不必要的，因为每一个二进制运算都可以依据其他的运算来加以定义，并因此而可以用它们来代替。因此，众所周知，乘积、蕴涵和等价都可以用逻辑和（logical sum）以及否定（negation）来加以定义，而逻辑和本身（甲˅乙）可以用否定以及作为（甲'⊃乙）的蕴涵来重新表述——这是一个在中文里被实际利用了的事实。另一方面，外延逻辑（extensional logic）中理论上有可能不少于十六个二进制运算，但它们中实际使用的只有少数。

② 【译注】有"两者择一"之意。ἤ τοι（ētoi）与ἤ（ē）配对形成一个"或者……或者……"（"either…or…"）的结构。它既可以表现为第一种形式"ἤ τοι…ἤ…"（ētoi…ē…），也可以表现为第二种形式"ἤ…ἤ τοι…"（ē…ētoi…）。它还可以引入两个以上的替代性选择方案"ἤ τοι…ἤ…ἤ…"（ētoi…ē…ē…）。在较早的语言中，ἤ τοι（ētoi）要比ἤ（ē）更具有强调性，但在后来的语言中却并不必然是如此情形。

③ Bocheński, *Acient Foemal Logic*, p. 90.

④ 另参见 Dobson, *Late Archaic Chinese*, p. 82.

代模式"的)"模态决定因素"的功能,正如杜百胜(W. A. Dobson)诸例证所清晰展示的那样①,与命题间的替代性选择方案"甲ⅴ乙"无关。我认为,"或"有不止一个的语法功能——而不像杜氏所列出的那样——它有更密切相似于逻辑算符"ⅴ"的语法功能,而且在它不是表达命题间的,而是表达指称谓词的命题内之间的(intrapropositional)替代性选择方案的范围内还与之不同。我的意思是"某或甲或甲₁"——也就是"某(或者是)甲或者是甲₁"——这一形式的诸结构(其中"某"代表主语,"甲"和"甲₁"代表谓词)。它的使用在现代汉语中发展成为复合形式"或者甲,或者乙"或"或是甲,或是乙"中用于命题间替代性选择方案的语法表达,这可能来自"或"的这一功能——但是这又不是没有些许限制的。正如赵元任所评述的,后一种类型的诸结构是可能的,而且它们正好发生在现代口语用法中,但是首选的替代"甲ⅴ乙"的口语是"不是甲,就是乙"(if not p, then q②),它与"甲'⊃乙"直接对应——这在逻辑上等同于"甲ⅴ乙",③ 而赵氏却没有注意到它。现代汉语口语不愿意使用命题间的替代性选择方案是有其中华语言遥远的过往根源的,如果我们记得这样的运算在早期中文里是不存在的话,那么这就很容易理解了。另一方面,赵氏精妙的评述还另外彰明了这样一个事实,那就是早期中华命题逻辑——不像希腊逻辑那样——缺乏相对应的运算。

(雅努什·赫梅莱夫斯基(Janusz Chmielewski,1916—1998)
已故波兰汉学家,曾任波兰华沙大学东方学院中文系教授;
译者:钱爽 比利时根特大学汉学博士研究生、
荷兰莱顿大学哲学博士研究生)

---

① *Late Archaic Chinese*, p. 48.
② 【译注】也有"如果不是甲,那么就是乙"之意。
③ 最早提到这一事实的是在 *Cantonese Primer*, 1947, p. 115 中,但是赵氏在许多情况下重提这个有趣的问题:*Mandarin Primer*, 1948, p. 56 及脚注 23;*Notes on Chinese Grammar and Logic*, 1954, p. 251;*How Chinese Logic Operates*, 1959, pp. 6-7.

·瑞典汉学研究·

瑞典东方博物馆及其馆刊初探[*]

阿日娜

摘 要：瑞典东方博物馆是享誉世界的中国文物收藏博物馆及汉学研究机构，与博物馆同时创立的《东方博物馆馆刊》同样是世界汉学领域重要的研究刊物，很多汉学方面开拓性的研究成果都首发在该馆刊之上。本文从瑞典东方博物馆的历史与发展入手，着重从写作语言、论文作者以及论文内容等方面对《东方博物馆馆刊》发表的论文进行一次全方面的分析，并以此探析瑞典乃至北欧对中国文化的研究与接受，为中国文化对外传播提供一定的辅证。

关键词：瑞典东方博物馆 《东方博物馆馆刊》 中国文化

一、瑞典东方博物馆的建立与发展

建于1929年的瑞典东方博物馆（Östasiatiska museet）位于斯德哥尔摩市中心的船岛上，毗邻瑞典国家博物馆、现代艺术博物馆和皇家艺术学院。这座看似不起眼的明黄色三层建筑却以其丰富的东亚文物馆藏以及高水平的汉学研究闻名于世。据统计，东方博物馆现有馆藏文物约10万件，其中中国各类文物占到80%以上，以中国自新石器时代至晚清民国的文物为其主要特色，目前瑞典东方博物馆收藏的中国文物数量在西方博物馆中排名第二，仅次于大英博物馆。

不同于西方其他博物馆取得中国文物的方式，这里的藏品主要来自安特

---

[*] 北京外国语大学中国文化走出去协同创新中心立项资助，项目批号CCSIC2018-ZD04。

生（Johan Gunnar Andersson，1874—1960）在中国的探险考察。这位被称为"中国的古纳"的考古学家、地质学家也是东方博物馆的创始人和第一任馆长。

1. 安特生与东方博物馆

约翰·古纳·安特生 1874 年生于瑞典辛斯塔（Kinsta），1892 年进入乌普萨拉大学（Uppsala University）学习地质学，1901 年取得该专业博士学位。他曾参加过多次北极和南极的科考活动，具有丰富的勘察、探测以及标本采集的实战经验和敏锐的科学判断能力，被公认为当时最优秀的地质学家之一。

1914 年，安特生辞去了瑞典地质测绘所所长的工作，应民国政府的邀请，来华担任农商部矿政顾问，负责调查中国北方煤矿和铁矿的分布与储藏情况。另外，他还积极参与了培养中国地质勘探和地理学研究者的工作。安特生在从事资源勘探的同时也喜欢收集各种化石标本与古代文物，正是因为这一业余爱好引发了他后来工作性质的彻底转变。

当时的中国正值军阀混战，地质勘探工作很难顺利进行。安特生便将精力主要集中在采集古生物化石方面。与此同时，瑞典方面发起组织了中国研究会，以支持安特生在中国的科研活动。1920 年安特生在河南仰韶地区调查哺乳动物化石的过程中，意外地获得了很多新石器时代的石器工具与陶片。1921 年，安特生带领中国地质研究所的工作人员对这个地区进行了系统的勘测与发掘，发现了震惊世界的"仰韶文化"。这是第一次在中国，也是第一次在亚洲发现新石器时代人类文化遗址。从此安特生的考古发掘工作便一发不可收，先后发现并发掘了齐家坪、朱家寨、马家峪、新店等几十处黄河流域的文化遗址。

按照中国与瑞典的官方协议，安特生先将全部考古发掘所得文物运去瑞典进行记录和初步研究，再将其中的一半归还给中国。1925 年，安特生将考察所得文物经北京运至瑞典。1926 年，瑞典国会通过了文物收藏国有化的提案，决定成立东方博物馆用以保存这批来自中国的珍贵文物，安特生同时被任命为博物馆首任馆长。

安特生回到瑞典后，在第一时间便开始了对这批文物进行拍照、分类、描述和修复的工作。为了避免混淆，他将每件文物都标上了它们的归属地，归属北京的标有字母 P（Peking），留在斯德哥尔摩的标有字母 S（Stockholm）。在经过初步的研究整理后，安特生又开始着手向中国退还文物的工作。自1927年至1936年,东方博物馆分七次将所有标有P的文物运回中国。但遗憾的是,这些文物抵达中国之后正逢抗日战争爆发,绝大多数文物至今下落不明。而留在瑞典的中国文物便成为东方博物馆最初的藏品,部分文物还是该馆的镇馆之宝。

在担任东方博物馆馆长期间,安特生一直坚持不懈地积极奔走,他多次访问其他国家,继续调查和收集各种中国史前文物,博物馆也不断从社会上得到很多文物馈赠,馆藏逐年增加。安特生本人也在中国古代文化与考古研究领域具有独到建树。他将中国上古史带入现代考古学和世界文明史研究的整体框架,被视为构建中国上古史的第一人。另外,安特生在东方博物馆建立之时也创办了博物馆馆刊,它其实是一本东方学论文集,内容涵盖考古、文学、哲学、艺术、历史、建筑、语言等诸多方面,其中汉学研究比重最大,该馆刊也成为世界汉学研究领域最重要的刊物之一。

2. 东方博物馆的发展

东方博物馆的壮大与发展,还离不开两位与安特生志同道合的战友,一位是当时的瑞典国王古斯塔夫六世(Gustaf Ⅵ,1882—1973),另一位是曾经在中国京沪铁路工作的瑞典铁路工程师奥瓦尔·卡尔贝克(Orvar Karlbeck,1879—1967)。

瑞典国王古斯塔夫六世攻读的便是考古专业,特别对中国历史以及中国艺术品格外着迷。1921年起,古斯塔夫便开始担任前文提到的瑞典中国研究会主席。正是这一研究会一直支持着安特生的全部考古研究工作,东方博物馆也是在研究会的倡议下建立的。1973年古斯塔夫六世在去世前将自己一生收藏的全部中国文物赠予的东方博物馆,大大扩充了博物馆馆藏。

奥瓦尔·卡尔贝克20世纪初期被中国铁道部聘为京沪铁路浦口路段总工程师。工作之余他在淮河流域的特别是安徽寿县地区发现了大量战国时期的青铜器,从此开始了他对青铜器的收购工作。1928年至1935年,东方博物馆委托卡尔贝克收购中国文物,进而使馆藏量大增,一大批带有鲜明楚文化特色的寿州青铜器在瑞典安了家,关于青铜器的收藏与研究也成为东方博物馆的一大特色。

1939年,安特生退休,已在世界汉学界享有盛名的汉学家高本汉(Bernhard Karlgren,1889—1978)成为博物馆馆长以及馆刊主编的最佳人选。高本汉本人也意识到这个职务对于汉学研究的重要性,便毅然放弃了哥德堡大学校长的职务，举家迁往斯德哥尔摩，接替了安特生的工作，并在这一岗位一干便是 20 年。

高本汉早年因其对中古汉语和上古汉语语音的拟构而蜚声国际。之后他又着手在古籍辨伪领域和青铜器领域进行研究。高本汉担任东方博物馆馆长期间在这两个研究领域都取得了令人瞩目的成绩，先后发表了多篇相关学术论文。高本汉本人还积极推进博物馆馆刊论文内容多样性与研究深入性的工作。他本人也是馆刊最主要的撰稿人之一，无论工作多么繁忙，高本汉都坚持为馆刊写稿，直到他离世，几乎每一期馆刊上都能够看到他的文章。高本汉 1945 年开始同时担任斯德哥尔摩大学汉学教授后，他带领一批来自北欧各国的青年学者投入对中国以及中国文化系统的研究之中，他们的很多研究成果都首发于东方博物馆馆刊之上，东方博物馆馆刊在世界汉学研究领域的名声与地位日益增强。

1959 年，高本汉从东方博物馆馆长之位卸任，也正是这一年，瑞典政府决定将国家艺术博物馆的远东艺术部与东方博物馆合并。至此瑞典东方博物馆建立了一个真正具有代表性和综合性特点的中国古代工艺品收藏体系。馆长之职由高本汉的学生、专门研究中国绘画艺术的博·叶林斯韦德（Bo V. Gyllensvärd，1916—2004）接任。1982 年，继任馆长韦俊（Jan C. Wirgin）是著名的中国古瓷器研究专家。2000 年，人类学家和考古学家马思中（Magnus Fiskesjö，生卒年不详）接任馆长，2005 年至 2010 年，该职位由历史学家苏姗妮·海伦妮·霍比-内尔森担任（Sanne Helene Houby-Nielsen，1960—），现任馆长为迈克尔·李（Michel Lee，生年不详）。

二、东方博物馆馆刊

东方博物馆馆刊创刊于 1929 年，至今共发行了 78 期（第 79 期已确定收入论文，但至今尚未出版）。2004 年以前馆刊每年发行一期，连续发行 76 期，之后馆刊成为不定期出版物，分别于 2006 年、2009 年出版了 78 期、77 期①。在 79 期东方博物馆馆刊上共有 288 篇学术论文，其中仅有 8 篇完全涉及中国

---

① 第 77 期《东方博物馆馆刊》为青铜器研究专辑，于 2009 年出版，晚于 2006 年出版的第 78 期馆刊。

以外的亚洲国家，其他论文几乎全部与中国有关，因而该馆刊可视为汉学研究的一本重要学术期刊。我们将从写作语言、论文作者以及论文内容等各个方面对东方博物馆馆刊进行一次全方面的分析。

1. 论文写作语言

在馆刊全部 288 篇论文中，英语论文共有 276 篇，占总量的 96%，另外的 4% 分别是法语论文 9 篇以及德语论文 3 篇。无论是英语、法语还是德语都体现了东方博物馆馆刊立足世界的视野，从数量上来看，英语论文占有绝对的优势，这与 20 世纪以后，英语成为世界各国通用学术语言有直接关系。而如果仔细研究另外 9 篇法语论文以及 3 篇德语论文发表的时间与内容，也能够说明一定的问题（见表 1 与表 2）。

表1　东方博物馆馆刊发表的法语论文

时间	作者	论文题目
1929	BOUILLARD, G	《北京地域的历史：关于城墙的各种说明》 Note succinte sur l'histoire du territoire de Peking et sur les diverses enceintes de cette ville
1930	JANSE, O	《关于在中国发现的一些古剑的研究》 Notes sur quelques épées anciennes trouvées en Chine
1930	JANSE, O	《带有哈尔斯塔特文化特征的一些中国古董》 Quelques antiquités chinoises d'un caractère Hallstattien
1931	JANSE, O	《一组符合远东南部亚洲风格的古代青铜器》 Un Groupe de bronzes anciennes propres à l'Extrême-Asie méridionale
1932	BYLIN, M	《关于在福尔摩沙（台湾）发现的几个新石器时代器具的研究》 Notes sur quelques objects néolithiques trouvées a Formose
1932	PELLIOT, P	《玉皇大帝的牌板》 Les Plaques de l'Empereur du Ciel
1932	JANSE, O	《在欧亚大陆发现的十字型管道和按钮》 Tubes et boutons cruciformes trouvés en Eurasie
1937	VESSBERG, B	《在罗马发现的一个淮风格的青铜器》 Un Bronze du style Houai Découvert a Rome

续表

时间	作者	论文题目
2002	VENTURE, Olivier	《书写及与古代中国学者的交流》 L'écriture et la communication avec les espirits en Chine ancienne

表2 东方博物馆馆刊发表的德语论文

时间	作者	论文题目
1929	安特生 ANDERSSON, J. G	《跨越草原之路》 Der Weg über die Steppen
1933	ARNE, T. J	《关于滦平与宣化的考察记录》 Die Funde von Luan P'ing und Hsuan Hua
1934	KOCH, A	《淮河流域的考古发现》 Die Frage der Huai-Tal-Funde

　　从表1、表2可以看出，除2002年的一篇法语论文外，其余8篇法语论文和3篇德语论文全部集中在20世纪30年代发表。这也体现了东方博物馆馆刊从欧洲传统汉学出发的特点。众所周知，西方汉学在经历了游记汉学、传教士汉学之后，正式在法国发展为一门现代学科。整个19世纪法国都是西方专业汉学的领袖。虽然在20世纪初期，英语逐渐显露出成为世界通行学术语言的势头，但法语研究论文在汉学领域仍然不可小觑。而德国在这一方面虽属后起之秀，但发展十分迅猛，加之许多瑞典研究者都曾在德国求学，因而德语研究论文在当时也占有一定的地位，1929年，博物馆馆刊创刊号上的一篇德语论文就是由安特生本人撰写的。从论文内容来看，除1929年一篇关于地域历史的论文《北京地域的历史：关于城墙的各种说明》以及2002年一篇关于语言文学的论文《书写及与古代中国学者的交流》之外，其余10篇论文全部有关考古发掘，这与20世纪初期大批欧洲人在中国探险考察有直接关系，关于这一点下文会有更为详细的论述。另外，从作者来看，除安特生之外，目前尚不能确定其他研究者的身份，特别是发表了四篇论文的Janse, O的身份还有待进一步确认。

2. 论文作者

在《东方博物馆馆刊》上发表论文的作者绝大多数来自瑞典，其中包括瑞典著名的汉学家安特生、高本汉、喜龙仁、马悦然、罗多弼等，也有来自欧洲其他国家的学者，如丹麦东方语言学家索伦·艾格罗德（Søren Egerrod，1923—1995），德国汉学家何可思（Eduard Erkes，1891—1958），英国汉学家鲁惟一（Michael Loewe，1922—），奥地利历史学家黑尔芬（Mänchen Helfen，1894—1969）、卡尔·耶特马（Karl Jettmar，1918—2002），等。

美国学者在馆刊上发表论文的数量仅次于瑞典学者，比较著名的有汉学家亚瑟·韦利（Arthur Waley，1889—1966）、班大为（David W. Pankenier），收藏家候时塔（W. Hochstadter），艺术史学家包华石（Martin Powers），等。

20世纪80年代以后，越来越多的来自不同国家，不同研究领域的学者都纷纷在馆刊上发表论文，使馆刊呈现出更强的多样性。值得关注的是几位曾在馆刊上发表过论文的中国学者，其中包括书画家，也就是民国古物陈列所第四任所长周肇祥（1880—1954）、中国地质学奠基人丁文江（1887—1936），他们都在《东方博物馆馆刊》创刊号（BMFEA 1，1929）上发表了文章，分别是《周朝的陶器》以及《广西北部壮族语言注解》。但在这之后的30余年中，馆刊上没有一篇来自中国学者的文章，考虑到当时中国的时局背景，这一点也很容易被人理解。直至1963年在英国剑桥大学任教的考古学家郑德坤（1907—2001）在馆刊上发表论文《史前和商代中国的动物风格》。两年后他又发表了论文《商周时期的彩绘器皿》。同年时为澳大利亚国立大学中文系教授的柳存仁（1917—2009）也发表了论文《中国史学史光照下的文人墨客》。之后的10年又是一个停滞期，进入80年代，随着馆刊多样化的实现，中国学者的名字又再次出现在馆刊之中。已经退休的美籍华裔学者王方宇（1913—1997）于1981年发表了论文《八大山人作品题写日期的方法》。1986年，还在伦敦大学读书的台湾东方艺术史学者徐文琴将自己的博士论文提纲发表在馆刊之上，题为《过渡期的中国瓷器及其装饰来源的虚构场景》。1991年同样来自台湾的艺术史学者王德育发表了论文《从折中到融合——对董其昌两个理论的再评价》。1994年研究宗教艺术的学者景安宁发表论文《佛教道教的斗争及一系列道教壁画》。这一段时间是对东方艺术以及艺术史的再发现时期，因而论文多与艺术有关。而进入20世纪，又有一批来自大陆的学者先后在馆刊上发表了自己的研究成果，包括社会人类学学者王爱和的论文《相关的宇宙论：从思想结构到具体实践》、考古学研究者刘莉与陈星灿合著的论文《城市和市镇：中国早期国家控制的自然资源》、哥伦比亚东亚语言与文化教授李峰的论文《穿越文化边界的书写：西周铜器铭文中的证据（公元前1047—前771）。2003年，共有三位中国学者在馆刊上发表了论文，他们分别是北大考古学院教授李水城（《欧亚大陆和中国西北地区古代的相互作用：重温安特生的遗产》）、中国社科院考古所的袁靖（《关于中国古代被驯养马的两个问题》）和陈星灿（《中国皮革筏来自哪里？——对古代东西方文化相互交流研究中一个被遗忘的问题》），他们的三篇论文都涉及考古问题，因为这是一期考古专题的集刊，关于内容这一点本文下文会有详细说明。台湾大学艺术史研究所教授陈芳妹在第77期馆刊上同时发表了两篇文章《殷墟时期使用青铜器是身份和地位的象征》和《瑞典远东博物馆收藏的商代青铜器目录》。考古学出身的学者张良仁的文章《吴城与商：一个南方青铜文明的新历史》是目前为止最后一篇来自中国学者的论文。

表3 东方博物馆馆刊上发表论文的中国学者及其著作

时间	作者	题目	分类
1929 BMFEA 1	周肇祥 （高本汉译 安特生注释）	《周朝的陶器》 Pottery of the Chou Dynasty	历史/ 艺术
1929 BMFEA 1	丁文江	《广西北部壮族语言注解》 Notes on the Language of the Chuang in N. Kuangsi	语言/ 民族
1963 BMFEA 35	郑德坤	《史前和商代中国的动物风格》 Animal Styles in Prehistoric and Shang China	历史/ 艺术
1965 BMFEA 37	郑德坤	《商周时期的彩绘器皿》 The T'u-lu Colour-Container of the Shang-Chou Period	历史/ 艺术
1965 BMFEA 37	柳存仁	《中国史学史光照下的文人墨客》 Men of Letters in the Light of Chinese Historiography	历史/ 文学
1981 BMFEA 53	王方宇	《八大山人作品题写日期的方法》 Bada Shanren's Methods of Inscribing dates on his works	历史/ 艺术
1986 BMFEA 58	徐文琴	《过渡期的中国瓷器及其装饰来源的虚构场景》 Fictional Scenes on Chinese Transitional Porcelain and their Sources of Decoration	历史/ 艺术

续表

时间	作者	题目	分类
1991 BMFEA 63	王德育	《从折中到融合——对董其昌两个理论的再评价》 From Eclecticism to Syncretism. Reevaluation of Tung Ch'i-ch'ang's Two-school Theory	历史/艺术
1994 BMFEA 66	景安宁	《佛教道教的斗争及一系列道教壁画》 Buddhist-Daoist Struggle and a Pair of "Daoist" Murals	艺术/宗教
2000 BMFEA 72	王爱和	《相关的宇宙论：从思想结构到具体实践》 Correlative Cosmology：From the Structure of Mind to Embodied Practice	哲学/社会
2001 BMFEA 73	刘莉 陈星灿	《城市和市镇：中国早期国家控制的自然资源》 Cities and Towns：the Control of Natural Resources in Early States, China	历史/社会
2002 BMFEA 74	李峰	《穿越文化边界的书写：西周铜器铭文中的证据（公元前1047—前771）》 Literacy Crossing Cultural Borders：Evidence from the Bronze Inscriptions of the Western Zhou Period (1045—771 B. C.)	历史/语言（青铜器）
2003 BMFEA 75	李水城	《欧亚大陆和中国西北地区古代的相互作用：重温安特生的遗产》 Ancient Interactions in Eurasia and Northwest China：Revisiting Johan Gunnar Andersson's Legacy	历史/民族（文化交流）
	袁靖 付罗文	《关于中国古代被驯养马的两个问题》 Two Issues Concerning Ancient Domesticated Horses in China WAGNER	历史
	陈星灿	《中国皮革筏来自哪里？——对古代东西方文化相互交流研究中一个被遗忘的问题》 Where Did the Chinese Leather Raft Come From? -A Forgotten issue in the Study of Ancient East-West Cultural Interaction	历史
2009 BMFEA 77	陈芳妹	《殷墟时期使用青铜器是身份和地位的象征》 The social use of bronzes for the expression of distinction and identity during Yinxu period II	历史/社会（青铜器）

续表

时间	作者	题目	分类
2009 BMFEA 77	陈芳妹 史美德	《瑞典远东博物馆收藏的商代青铜器目录》 The collection of Shang period bronzes in the Museum of Far Eastern Antiquities: A catalogue	其他 （青铜器）
2013 BMFEA 78	张良仁	《吴城与商：一个南方青铜文明的新历史》 A New History of a Bronze Age Civilization in Southern China	历史

从表3可以看到，一共有16位中国学者在《东方博物馆馆刊》上发表过论文，其中郑德坤、陈星灿以及陈芳妹三位学者分别发表过两篇论文。相较其他国家，无论从学者数量还是从论文数量来看，中国学者都属于小众。再从发表论文的时间分析，创刊号上刊登文章的周肇祥与丁文江都与在中国工作多年的安特生相识，这也促成了二人文章的发表，但在这之后中国学者与馆刊之间便没有了任何联系。直到20世纪60年代旅居海外的华人学者才开始注意到馆刊，并在上面发表自己的研究成果，事实上，从60年代到90年代在馆刊上发表论文几乎都是在西方国家工作或学习的中国学者，直到21世纪才有来自中国大陆的学者陆续在馆刊上登出自己的文章，从2000年至2003年可以算作一次小高潮，这期间每年都有中国学者的文章出现在馆刊之上，特别是2003年就有三篇之多。但其后又是一个沉寂，只有2006年的张良仁和2009年的台湾学者陈芳妹有文章面世。最后从文章内容分析，中国学者的文章多集中在历史与艺术两个领域，极少涉及语言、文学、哲学以及宗教方面的内容。

从单个学者发表论文的数量来看，一共有30位学者在馆刊上发表两篇及两篇以上的论文，其中高本汉以67篇论文居于榜首。从馆刊1929年创刊至1976年，几乎每一期都有高本汉的研究论文发表，很多时候一期会有多篇他的文章，有时甚至整本馆刊全部由他一人的文章撑起，如1936年第8期、1941年第13期、1944年第16期以及1948年第20期。在高本汉全部67篇文章中，除一篇是翻译周肇祥的《周朝的陶器》外，其余66篇全部是独立完成的作品。（见表4）从内容看，高本汉的研究涉及多个领域，其中语言类论文40余篇，主要关于音韵研究、古文注释以及古籍辨伪，另外有17篇论文涉及青铜器研究，这也是高本汉一个重要的研究领域，其他论文还包括宗教、艺术、历史等各个方面,可见高本汉研究领域的宽泛。

表4 高本汉在东方博物馆馆刊上发表的论文

	时间	题目	分类
1	1929 BMFEA 1	《周朝的陶器》(周肇祥著,高本汉译) Pottery of the Chou Dynasty	历史
2		《中国古书真伪之辨》 The Authenticity of Ancient Chinese Texts	语言
3	1930 BMFEA 2	《论中国古代多种象征》 Some Fecundity Symbols in ancient China	宗教
4	1931 BMFEA 3	《周礼和左传语篇的早期历史》 The Early History of the Chou Li and Tso Chuan Texts	语言 历史
5	1932 BMFEA 4	《诗经研究》 Shi King Researches	语言 文学
6	1933 BMFEA 5	《汉语词类》 Word Families in Chinese	语言
7	1934 BMFEA 6	《早期中国的青铜镜铭文》 Early Chinese Mirror Inscriptions	语言 青铜器
8		《宝山文化的日期》 On the Date of the Piao-bells	历史 语言
9	1936	《殷周青铜器》 Yin and Chou in Chinese Bronzes	历史 青铜器
10	BMFEA 8	《周朝的手稿》 On the Script of the Chou Dynasty	历史 语言
11	1937 BMFEA 9	《中国青铜器的新研究》 New Studies on Chinese Bronzes	历史 青铜器
12	1938 BMFEA 10	《秦山影集注释》 Notes on aKin-ts'un album	语言

续表

	时间	题目	分类
13	1940 BMFEA 12	《汉文典——中日造字谐声论》 Grammata Serica, Script and Phonetics in Chinese and Sino-Japanese	语言
14	1941 BMFEA 13	《淮和汉》 Huai and Han	历史 青铜器
15		《早期东索恩文化的年代问题》 The date of the early Dong-so'n culture	历史
16	1942 BMFEA 14	《中国史前的祭祀对象》 Some ritual objects of Prehistoric China	宗教
17		《国风注释》 Glosses on the Kuo Feng Odes	语言
18		《中国早期的青铜器大师》 Some Early Chinese Bronze Masters	历史 青铜器
19	1944 BMFEA 16	《诗经小雅注释》 Glosses on the Siao Ya Odes	语言
20		《诗经、国风和小雅》 The Book of Odes, Kuo Feng and Siao Ya	语言
21	1945 BMFEA 17	《诗经、大雅和颂》 The Book of Odes, Ta Ya and Sung	语言
22		《殷代的一些武器和工具》 Some Weapons and Tools of the Yin Dynasty	历史 青铜器
23		《诗大雅和颂注释》 Glosses on the Ta Ya and Sung Odes	语言
24	1946 BMFEA 18	《古代中国的传说和迷信》 Legends and Cults in Ancient China	宗教
25		《殷商青铜器中A和B风格再议》 Once again the A and B styles in Yin ornamentation	历史 青铜器

续表

时间		题目	分类
26	1948 BMFEA 20	《赫尔斯特伦藏中国青铜器》 Bronzes in the Hellstr. m Collection	历史 青铜器
27		《书经注释Ⅰ》 Glosses on the Book of Documents，Ⅰ	语言
28	1949 BMFEA 21	《东方博物馆中的一些青铜器》 Some Bronzes in the MFEA	历史 青铜器
29		《书经注释Ⅱ》 Glosses on the Book of Documents，Ⅱ	语言
30	1950 BMFEA 22	《书经注释》 The Book of Documents	语言
31	1951 BMFEA 23	《早期青铜器的装饰语法》 Notes on the Grammar of Early Bronze Décor	语言 历史 青铜器
32		《汉语文学转录》 The Transcription of Literary Chinese	语言
33		《汉语语法探析》 Excursions in Chinese Grammar	语言
34	1952 BMFEA 24	《远东文物博物馆中的新铜器》 Some New Bronzes in the MFEA	历史 青铜器
35		《汉语语法新探》 New Excursions in Chinese Grammar	语言
36	1954 BMFEA 26	《古代与远古中文语言学概论》 Compendium of Phonetics in Ancient and Archaic Chinese	语言
37		《四件中国青铜器》 Notes on Four Bronzes	历史 青铜器
38	1956 BMFEA 28	《汉语语音系列中的同源词》 Cognate Words in the Chinese Phonetic Series	语言

续表

	时间	题目	分类
39	1957 BMFEA 29	《〈汉文典〉修订本》 Grammata Serica Recensa	语言
40	1958 BMFEA 30	《维森收藏的中国青铜器》 Bronzes in the Wessén Collection	历史 青铜器
41	1959 BMFEA 31	《青铜注解 I》 Marginalia on some Bronze Albums	历史 青铜器
42	1960 BMFEA 32	《青铜注解 II》 Marginalia on some Bronze Albums，II	历史 青铜器
43		《古汉语音韵》 Tones in Archaic Chinese	语言
44	1961 BMFEA 33	《缅怀安特生》 Johan Gunnar Andersson. In Memoriam	其他
45		《一些青铜器杂记》 Miscellaneous Notes on some Bronzes	历史 青铜器
46	1962 BMFEA 34	《殷代艺术的一些特点》 Some Characteristics of the Yin Art	历史 青铜器
47		《古汉语的 R 和 D》 Final d and r in Archaic Chinese	语言
48	1963 BMFEA 35	《汉朝以前文献中的假借字 I》 Loan Characters in Pre-Han Texts，I	语言
49		《一些汉代以前的镜子》 Some Pre-Han Mirrors	历史 青铜器
50	1964 BMFEA 36	《汉朝以前文献中的假借字 II》 Loan Characters in Pre-Han Texts，II	语言
51		《诗经注释与书经注释索引》 Index to Glosses on the Book of Odes and Glosses on the Book of Documents	语言

续表

	时间	题目	分类
52	1965 BMFEA 37	《汉朝以前文献中的假借字Ⅲ》 Loan Characters in Pre-Han Texts，Ⅲ	语言
53	1966 BMFEA 38	《汉朝以前文献中的假借字Ⅳ》 Loan Characters in Pre-Han Texts，Ⅳ	语言
54		《瑞典收藏中的中国搭扣》 Chinese Agraffes in two Swedish Collections	历史 艺术
55	1967 BMFEA 39	《汉朝以前文献中的假借字Ⅴ》 Loan Characters in Pre-Han Texts，Ⅴ	语言
56		《索引：汉朝以前文献中的假借字Ⅰ—Ⅴ》 Index to Bernhard Karlgren：Loan characters in Pre-Han Texts Ⅰ—Ⅴ	语言
57	1968 BMFEA 40	《周代中国的一些牺牲品》 Some Sacrifices in Chou China	宗教
58		《中国古镜》 Early Chinese Mirrors	历史 青铜器
59	1969 BMFEA 41	《左传注释Ⅰ》 Glosses on the Tso Chuan	语言
60	1970 BMFEA 42	《左传注释Ⅱ》 Glosses on the Tso Chuan，Ⅱ	语言
61		《司马迁语言侧记》 Sidelights on Si-ma Ts'en's Language	语言
62	1971 BMFEA 43	《礼记注释》 Glosses on the Li Ki	语言
63	1972 BMFEA 44	《汉语典籍词汇拾遗Ⅰ》 Gleanings for a Lexicon of Classical Chinese	语言
64	1973 BMFEA 45	《汉语典籍词汇拾遗Ⅱ》 Gleanings for a Lexicon of Classical Chinese，Ⅱ	语言

续表

	时间	题目	分类
65	1974 BMFEA 46	《汉语典籍词汇拾遗Ⅲ》 Gleanings for a Lexicon of Classical Chinese，Ⅲ	语言
66	1975 BMFEA 47	《〈老子〉注释》 Notes on Lao-Tse	语言
67	1976 BMFEA 48	《〈庄子〉某些篇章中的疑难词》 Moot Words in some Chuang-tse Chapters	语言

博物馆的首任馆长安特生共发表了14篇文章，除了一些纪念性的文章外，他的研究领域主要集中在陶器和青铜器等考古历史研究。（见表5）另外，高本汉的几位学生如马悦然、毕汉思都有十余篇论文，而在高本汉之后的两任馆长叶林斯韦德与韦俊也都有多篇论文。（见表6至表9）

表5　安特生在馆刊上发表的论文

	时间	题目	分类
1		《瑞典国家远东文物博物馆的起源和宗旨》 Origin and Aims of the Museum of Far Eastern Antiquities	
2	1929 BMFEA 1	《中国史前彩绘陶器的象征》 On Symbolism in the Prehistoric Painted Ceramics of China	历史 艺术
3		《跨越草原之路》 Der Weg über die Steppen	考古
4		《缅怀》 In Memoriam	考古
5	1930 BMFEA 2	《瑞典的中国研究委员会十周年纪念及卡尔贝克展》 The Tenth Anniversary of the Swedish China Research Committee and the Karlbeck Exhibition	考古

续表

	时间	题目	分类
6	1932 BMFEA 4	《考古研究的发起人王储古斯塔夫·阿道夫》 Crown Prince Gustaf Adolf as a Promoter of Archaeological Research	考古
7		《动物风格的狩猎魔幻和神奇》 Hunting Magic in the Animal Style	历史 艺术
8	1933 BMFEA 5	《鄂尔多斯青铜器选》 Selected Ordos Bronzes	历史 艺术
9	1935 BMFEA 7	《中国古代的金匠》 The Goldsmith in Ancient China	历史 艺术
10	1939 BMFEA 11	《远东地区的地形和考古研究（包括安特生在越南和中国西南的研究报告）》 Topographical and Archaeological Studies in the Far East (Contains reports on Andersson's research in Vietnam and Southwest China)	考古
11	1942 BMFEA 14	《中国北方哺乳动物化石地点》 Some fossil mammal localities in Northern China	考古
12	1943 BMFEA 15	《中国史前文化研究》 Researches into the Prehistory of the Chinese	历史 文化
13	1945 BMFEA 17	《朱家寨文化地址》 The Site of Chu Chia Chai	考古
14	1947 BMFEA 19	《河南的史前遗址》 Prehistoric Sites in Honan	考古

表 6　毕汉思发表的论文

	时间	题目	分类
1	1947 BMFEA 19	《公元 2—742 年中国的人口普查》 The Census of China during the period 2—742 A. D.	历史

续表

	时间	题目	分类
2	1950 BMFEA 22	《对前汉书征兆的解读》 An Interpretation of the Portents in the Ts'ien-Han Shu	历史
3	1954 BMFEA 26	《汉代中兴 I》 The Restoration of the Han Dynasty I	历史
4	1959 BMFEA 31	《汉代中兴 II》 The Restoration of the Han Dynasty,II	历史
5	1967 BMFEA 39	《汉代中兴III》 The Restoration of the Han Dynasty,III	历史
6	1976 BMFEA 48	《汉末时期的洛阳》 Lo-Yang in Later Han-times	历史
7	1978 BMFEA 50	《是否存在中国朝代循环?》 Is there a Chinese Dynastic Cycle?	历史
8	1979 BMFEA 51	《汉代中兴IV：政府》 The Restoration of the Han Dynasty, vol. IV: The Government	历史
9	1984 BMFEA 56	《汉朝的征兆和预言》 Han Portents and Prognostications	历史
10	1987 BMFEA 59	《公元2—1982年中国历史人口统计学》 Chinese Historical Demography A. D. 2—1982	历史 统计
11	1992 BMFEA 64	《清代进士的地域来源》 The Regional Provenance of Chin-shih during Ch'ing	历史
12	1993 BMFEA 65	《水经注》 Notes on the Shui ching	历史
13	1996 BMFEA 68	《六个朝代，卷1》 The Six Dynasties Vol. I	历史
14	1997 BMFEA 69	《六个朝代，卷2》 The Six Dynasties Vol. II	历史

表7 马悦然发表的论文

	时间	题目	分类
1	1961 BMFEA 33	《四川话中的结合形式语法》 The Syntax of Bound Forms in Sich'uanese.	语言
2	1962	《古汉语中的 er 和 ed》 On Archaic Chinese er and ed	语言
3	BMFEA 34	《西方汉语音韵研究》 Studies in Western Mandarin Phonology.	语言
4	1968 BMFEA 40	《周祖谟切韵研究》 Chou tsu-mo on the Ch'ieh-yün	语言
5	1971 BMFEA 43	《公羊和谷梁评论研究 I》 Studies on the Gongyang and Guuliang Commentaries，I	语言
6	1972 BMFEA 44	《一幅牡丹画上的六首诗》 Six Poems on a Painting of Peonies	语言 文学
7	1973 BMFEA 45	《荀子的承山民谣》 The Cheng Shiang Ballad of the Shyun Tzyy	语言 文学
8	1974 BMFEA 46	《辛弃疾的抒情诗（1140—1207）》 On the Lyrical Poetry of Shin Chihjyi（1140—1207）	语言 文学
9	1975	《公羊和谷梁评论研究 II》 Studies on the Gongyang and Guuliang Commentaries，II	语言
10	BMFEA 47	《唐朝三台诗散记》 Random Notes on a Santair poem of the Tang Period	语言 文学
11	1977 BMFEA 49	《公羊和谷梁评论研究 III》 Studies on the Gongyang and Guuliang Commentaries，III	语言
12	1978 BMFEA 50	《公羊评论的两项最近研究》 Two Recent Studies in the Gongyang Commentary	语言
13	1983 BMFEA 55	《现代主义诗歌在中国的兴起》 On the Emergence of Modernistic Poetry in China.	语言 文学

表8 叶林斯韦德发表的论文

	时间	题目	分类
1	1957 BMFEA 29	《唐朝的金银器》 T'ang Gold and Silver	艺术
2	1962 BMFEA 34	《中国青铜器的第一个花卉图案》 The First Floral Patterns on Chinese Bronzes	艺术
3	1964 BMFEA 36	《厄内斯特埃里克森收藏的一些中国画》 Some Chinese Paintings in the Ernest Erickson Coll	艺术
4	1965 BMFEA 37	《肯普收藏中的一个植物游览》 A Botanical Excursion in the Kempe Collection	艺术
5		《王原祁的三件画作》 Three Paintings by Wang Yüan-Ch'i	艺术
6	1967 BMFEA 39	《魏书的六幅画》 Six Paintings by Hsü Wei	艺术
7	1969 BMFEA 41	《斯德哥尔摩一些早期的中国人物画》 Some Early Chinese Figure Paintings in Stockholm	艺术
8	1971 BMFEA 43	《两件元代银杯及其对鉴定一些木质和犀角石雕年代的重要性》 Two Yüan Silver Cups And their Importance for Dating of some Carvings in Wood and Rhinoceros Horn	艺术
9	1972 BMFEA 44	《珍珠母贝装饰的两件漆器》 Lo-Tien and laque Burgautée. Two kinds of Chinese Lacquer Inlaid with Mother-of-Pearl in Swedish Collections	艺术
10	1973 BMFEA 45	《中国陶瓷的最近发现Ⅰ》 Recent Finds of Chinese Ceramics at Fostat, Ⅰ	艺术
11	1975 BMFEA 47	《中国陶瓷的最近发现Ⅱ》 Recent Finds of Chinese Ceramics at Fosta, Ⅱ	艺术
12	1977 BMFEA 49	《阿克塞尔和诺拉伦德格伦的中国青铜器遗产》 Axel and Nora Lundgren's Bequest of Chinese Bronzes	艺术
13	1978 BMFEA 50	《卓汀尔摩皇宫中国馆的两幅中国地形画》 Report from a Journey to Kai (Kyochukiko). The first two days	艺术

表 9 韦俊发表的论文

	时间	题目	分类
1	1960 BMFEA 32	《辽代陶瓷的一些注解》 Some Notes on Liao Ceramics	艺术
2	1962 BMFEA 34	《智州的一些陶瓷制品》 Some Ceramic Wares from Chi-Chou	艺术
3	1965 BMFEA 37	《劳里茨收藏中的明瓷》 Ming Wares in the Lauritzen collection	艺术
4	1966 BMFEA 38	《一个15世纪早期的漆盒》 An Early 15th Century Lacquer Box	艺术
5	1970 BMFEA 42	《宋朝陶瓷设计》 Sung Ceramic Designs	艺术
6	1972 BMFEA 44	《元明时期的一些中国雕漆》 Some Chinese Carved lacquer of the Yüan and Ming Periods	艺术
7	1974 BMFEA 46	《康熙瓷器》 K'ang-hsi Porcelain	艺术
8	1978 BMFEA 50	《阿克塞尔和诺拉伦德格伦的中国青铜器遗产》 Chinese Ceramics from the Axel and Nora Lundgren Bequest	艺术
9	1991 BMFEA 63	《瑞典远东文物博物馆收藏明朝洪武—成化的瓷器》 Ming Porcelain in the collection of the MFEA. Hongwu to Cheng-hua	艺术

由此可见，高本汉是东方博物馆及其馆刊的灵魂人物。不仅是因为他发表的论文数量最多，还因为他对于馆刊的改革。高本汉继承了安特生任馆长及馆刊主编时着眼中国以及亚洲地区古代文物研究的传统，并将馆刊涉及的研究领域逐渐扩充，使馆刊文章内容更加丰富，在他的带领下，他的学生也将各自的研究领域论文纷纷发表于馆刊之上，馆刊渐渐成熟完善，并发展为世界一流的学术刊物。在馆刊上发表论文的一些欧洲与美国学者也曾在瑞典接受教育，可以说馆刊为这些学者的研究提供了一片沃土，而他们的研究也从多方面丰富了馆刊的内容与形式，使之更加多样性。

3. 馆刊的内容

东方博物馆馆刊第一任主编安特生从一开始就定下了馆刊中国历史研究

的基调，因为无论从博物馆的建立还是馆刊的发行都与他在中国进行的考古文物发掘有着直接联系，加之20世纪初是西方国家对世界各地考古勘探的兴盛时期，馆刊的创刊可以说顺应了时代的需要，馆刊在最初的十年，也是安特生担任博物馆馆长及馆刊主编的10年（1929—1938），其论文内容大多涉及考古发掘与文物研究。这10年间馆刊共发表论文49篇，其中考古类论文就多达33篇，而关于陶器与青铜器研究的论文又成为其中涉及内容最多的。仅1929年馆刊创刊号上就有《周朝的陶器》《中国史前彩绘陶器的象征》以及《墓葬陶器的象征》三篇有关陶器研究的论文。当然，安特生从一开始也没有忽视其他领域关于中国文化的研究，例如创刊号上的《广西北部壮族语言注释》研究的是中国少数民族语言、《中国古书真伪之辨》是从现代语言学角度入手进行的训诂考据研究。

在馆刊上发表论文最多的高本汉可以说是一位跨界研究的高手，前文提到他的研究领域涉及语言、宗教、历史等多个方面，而他的研究总能够将之融会贯通，从新的角度提出新的观点。例如他研究青铜器不似其他学者以图案或铸造方式入手，而是更多从语言入手，如他的论文《早期中国的青铜镜铭文》《殷周的青铜器》以及《中国青铜器的新研究》。而在他接替安特生担任博物馆馆长与馆刊主编后的20年间（1939—1958），高本汉更是借助博物馆馆刊将自己的研究发挥到了极致。他的全部67篇馆刊论文中有28篇是在这期间发表的。而这20年中馆刊共发表了58篇论文，其内容也逐渐从考古文物研究为主扩展到更多的领域，其中对中国经典文献的注解解读类论文占据了很重要的比例，这类论文大多出自高本汉本人之手，如《国风注解》《诗经小雅注释》《诗经大雅和颂注解》《书经注释》《〈汉文典〉修订本》等。对于中国古代艺术的研究也开辟了新的领域，如喜仁龙先后发表了论文《转型期的中国大理石雕塑》（Chinese Marble Sculptures of the Transition period，BMFEA 12，1940）、《宋辽金代的中国雕塑》（Chinese Sculptures of the Sung, Liao and Chin Dynasties，BMFEA 14，1942）以及《画家、诗人与理论家石涛》（Shih-t'ao, Painter, Poet and Theoretician，BMFEA 21，1949）。

1954年，高本汉同时担任了斯德哥尔摩大学汉学教授，他的学生也开始纷纷将自己的研究成果刊载于馆刊之上，例如这一年毕汉思发表了他的四卷本汉代历史研究巨著《汉代的中兴》（The Restoration of the Han Dynasty）的第一卷，这也是他本人的博士论文，高本汉的第一位女博士高葛兰（Kallgren G.）也将自己的博士论文《从〈朱熹全书〉看宋代白话文研究》（*Studies in Sung Time Colloquial Chinese as Revealed in Chu Hi's Ts'üanshu*）发表在 1958 年的馆刊之上。

1959 年，东方博物馆迎来了第三位馆长——博·叶林斯韦德，他是高本汉的学生，也是研究中国艺术史的专家，在他任职的 22 年间（1959—1980）馆刊更加成熟，论文发表者的研究专业性更加纯粹单一，除了高本汉仍然自由游走于多个研究领域外，其他学者都将某一研究领域深入发掘，如研究艺术史的叶林斯韦德、研究陶瓷艺术的韦俊、研究汉史的毕汉思、研究满文的罗恩斯特罗姆在这一时期都表现得十分活跃，马悦然也在这一时期陆续发表了自己的研究成果，与其他学者略有不同，他的研究方向从 60 年代到 70 年代经历了由语言学逐渐向文学的转变。1961 年，马悦然在馆刊上发表了第一篇研究论文《四川话中的结合形式语法》，当时马悦然已经取得斯德哥尔摩大学汉学博士学位，四川方言正是他的研究课题，整个 60 年代马悦然的研究都紧随着高本汉音韵学的教导，先后发表了四篇关于音韵研究的论文。到了 70 年代他的研究方向便发生了转变，1972 年的《一幅牡丹画上的六首诗》成为他第一篇刊登在馆刊上的文学研究类论文。事实上，从 1971 年到 1978 年马悦然几乎每年都在馆刊上发表一篇论文，而在这八篇文章中有四篇是关于中国诗歌研究的，另外四篇是关于《公羊传》和《谷梁传》的研究。1983 年马悦然在馆刊上发表了自己的最后一篇研究论文《现代主义诗歌在中国的兴起》，之后他便全身心地投入到文学翻译的领域中了（见表 7）。

从 80 年代起韦俊接替叶林斯韦德担任博物馆馆长及馆刊主编至 2000 年卸任。前文提到馆刊也是在这一时期开始变得更加多样，越来越多的来自世界各国的学者纷纷将自己的研究成果刊载于馆刊之上，文章所涵盖的领域也越来越多，除考古、历史、语言、艺术、文学外，还有很多涉及天文、教育、哲学与社会学的文章出现，如哈格曼的《明朝国子监的章程》[*The Statutes of the National University*（*Kuo-Tzu Chien*）*in the Ming Dynasty*, BMFEA 52, 1980]、罗多弼的《马克思主义、新儒学和文学》（*Marxism, Neo-confucianism and Literature*, BMFEA 55, 1983）等等。也许是因为韦俊是艺术专业出身，所以这一时期艺术研究类文章格外被青睐。从 1981 年到 1999 年馆刊共发表 43 篇论文，艺术类论文就有 20 篇，前文提到的几位研究艺术史的中国学者也都集中在这一时期在馆刊上发表了自己的论文。值得注意的是身为馆刊主编的韦俊在这一时期仅有一篇论文发表，这与他的几位前任形成了鲜明的对比。

(见表9)可以说这一时期是馆刊的平稳过渡时期，同时也是馆刊形成了以艺术研究为特色的时期。

2000年，马思中成为新任东方博物馆馆长，他在这个位置仅做了5年，但对馆刊却进行了一次深入的改革。之前的每期馆刊都会收录涉及不同研究领域的论文，但自2000年第72期开始，每一期馆刊都会有一个研究主题，如2000年的哲学主题、2001年的历史主题、2002年的语言学主题、2003年的东西文化交流主题、2004年的文化误读主题。2005年以后，馆刊成为不定期出版物，但这一改革一直延续至今，2006年第78期馆刊为比较诗学主题，2009年第77期馆刊为青铜器主题，尚未出版的第79期馆刊为中国文化对话主题。可以看到馆刊正在从单一的学科领域研究向跨学科的文化领域研究转变，这也是顺应了新时代汉学研究转变的需求。

三、小　　结

瑞典东方博物馆即将迎来建馆九十周年纪念。这90年来，东方博物馆从一个存放与保管安特生考古发现的场所，逐渐发展成为中国文物收藏量仅次于大英博物馆的欧洲知名博物馆；与博物馆同时创立的《东方博物馆馆刊》也成为世界汉学研究领域重要的学术刊物。从博物馆及其馆刊的发展历程，我们可以看到学者们对中国及中国文化的研究，从20世纪初比较单一的考古发掘逐渐过渡到对中国艺术、历史、宗教、哲学全方面的探求，再到近年跨学科跨文化的深层文化分析。随着近些年瑞典对中国的研究逐渐从实用战略角度入手，以美国汉学为榜样的中国学研究成为热门。立足中国传统文化研究的东方博物馆也面临着各方面的挑战与考验。2000年以后，东方博物馆进行了比较大规模的整改，并入了瑞典世界文化博物馆体系。[①] 另外还由于资金等方面的问题，馆刊出版自2010年以后基本处于停滞状态。如果这样一份发展成熟的学术研究刊物就此停刊，不得不说是极大地损失。对于博物馆及其馆刊的研究映射的是瑞典专业汉学很重要的一部分历史。而对于整个瑞典汉学的研究这仅仅是一个开始。

（阿日娜　北京外国语大学欧洲语言文化学院瑞典语专业教师）

---

① 其他博物馆还包括地中海博物馆与人类学博物馆。

·新西兰汉学研究·

新西兰中国问题专家视野中的多维世界

熊文华

摘　要：1972年12月22日，新西兰与中华人民共和国正式建立了外交关系，推广中文研究中华文化被视为对国家未来的投资。新西兰政界和学界越来越关注中国，关注华人，关注中国文化和社会。中新关系的架桥人路易·艾黎、对新西兰早期汉学研究有开创性贡献的贝特兰、中国地理学研究的先驱布坎南都是政界和学术界的知名人物。此外，包逸之、阿谢德和狄宇宙等许多学者，都长期为中新友好做出了突出的贡献。

关键词：区位分析　评价体系　多元文化　人文实证主义

　　1972年12月22日，新西兰与中华人民共和国正式建立了外交关系，从此新西兰外交政策把亚太地区定位为对外关系的优先领域，两国经贸关系逐步朝着稳定、双赢和多元方向发展。中新关系的发展结束了冷战时期的对立状态，对两国教育、文化和学术研究环境的改善和提高产生了前所未有的推动力。许多政界和学界人士认识到：新西兰需要越来越多能适应中文工作环境的人员，推广中文被视为对国家未来的投资。

　　学习汉语的热潮先后出现在新西兰奥克兰理工大学、尤尼坦理工学院和惠灵顿维多利亚大学。2009年，孔子学院成立时，南岛只有5所开设中文课的学校，学生人数100多人，2016年，南岛开设中文课的学校已经发展到90多所。20世纪90年代初，新西兰政府设立了亚洲2000年基金会，为中国与新西兰两国文化艺术及大专院校之间的学术交流、研究、合作项目提供了资助。2014年，多数接受资助的新西兰学校开设了中文课程，大学招生考试也把中文纳入了可选外语的评价体系。

近年中国经济的快速发展,移民新西兰的华人人数增加,中国在国际事务中的作用得到了更充分的发挥。中国的存在给新西兰的经济、政治、文化、教育和社会生活带来的影响也越来越广泛。新西兰政界和学界越来越关注中国,关注华人,关注中国文化和社会。从世界经济一体化的角度考察,新西兰在放弃对移民的同化政策之后转向了多元文化的发展。许多新西兰人认为,应该学会了解中国文化、中国思维和中国方式,而不是期待中国人对新西兰社会的适应,或向西方世界的融入。加强中新友好关系,加强与华人的交流,对今日世界和未来社会的发展都是有益的。

随着新西兰汉学研究的升温,涌现了一大批新西兰中国问题专家,其中一些有眼光有魄力被尊称为"中国通"的高手,见证并参与了中新国家关系黄金时期丰功伟业的建构。

一、中新关系的架桥人和教育家路易·艾黎

路易·艾黎(Rewi Alley,1897—1987)出生于新西兰坎特伯雷斯普林菲尔德镇(Springfield),祖籍爱尔兰,父亲曾担任过小学校长,母亲知书达理,是女权主义者,兄弟姊妹六人在家中受过良好的教育。艾黎先后在安伯利(Amberley)和瓦拉努伊(Wharanui)上过小学,1912年升入基督城男中。1916年,艾黎服役的新西兰部队开赴法国,他在战斗中受过两次伤,曾荣获勇士勋章嘉奖。战争结束后他回到了新西兰,在韦弗利(Waverley)与几位校友合办农场,虽然艰苦奋斗了六七年,收益却不令人满意。1927年,艾黎以一位远洋海轮无线电操作员身份来华,先后担任过上海公共租界工部局的消防督察和车间检验总管。1929年夏天,绥远发生旱灾,艾黎利用假期去萨拉奇帮助华洋义赈会修建民生渠。1932年,武汉发生水灾,在泽国水乡中他积极投身抢险救助,视灾区为自己家园,待灾民为自己同胞,及时给灾民送去了食品和衣物。

1934年,艾黎在上海参加了一个国际性的马克思主义小组,并和中国共产党人建立了联系。当时他住在愚园路1315弄4号一幢砖木水泥结构的三层西式楼房,室外有扶梯通二楼居室,底层为会客室和餐室。他利用自己住所的条件为上海地下革命工作者的聚会提供了方便。这段时间他还和史沫特莱(Agnes Smedley,1892—1950)等人为红军购买医疗器械和药品,前往太原为

中国红军兑换地方票券，积极支持美国友人迈克斯·格兰尼奇（Max Granich）与格雷斯·格兰尼奇（Grace Granich）夫妇主办的进步英文刊物《中国呼声》(The Voice of China)，与鲁迅、茅盾、丁玲、胡愈之等中国文化界左翼作家交往密切。

1938年，国民政府军队从上海撤离，苏州河以南的公共租界和法租界被称为"孤岛"。当时80多万失业者中的一部分人为求生计先后涌入，被安置在难民收容所。艾黎和斯诺夫妇等人发起组织"工合"（Chinese Industrial Co-operation）运动。这一安排得到了宋庆龄、周恩来和当时英国驻华大使阿奇博尔德·克拉克·卡尔（Archibald Clark Kerr，1882—1951）的支持，艾黎被任命为行政院的技术顾问和代理工合总干事。至1942年，在汉口和宝鸡等地3000多个工业合作社出现在抗日大后方和抗日根据地，他们汇集了一批能工巧匠向工人传授技术，组建了数十个合作社，生产了数十种包括食品、鞋袜、棉纱、毛毯、毛巾等民用消费品和军需品，每月生产总值高达2500万元。此外他们还先后组建了机器、造纸、制革、纺织合作社，成立了医院、小学和幼儿园，成为支援抗战的重要力量。当时这类合作社遍及中国近20个省，社员多达2万多名。第二年年初，中国工业合作社国际促进委员会在香港诞生，艾黎作为执行秘书，先后去菲律宾、缅甸和新加坡等地筹募资金。由于工合运动的大力宣传和介绍，国外的捐款源源不断汇入。从1940年起艾黎开始在中国各地兴办培黎学校，陕西秦岭山区双石铺镇柏家坪村的职业教育学校就是其中之一。该校实行半工半读、手脑并用创造分析的教育方式，招收学生十多名。因为条件艰苦，一年中八任校长先后辞职，第九任校长为英国记者乔治·何克（George Aylwin Hogg，1915—1945）。

随着抗战的深入，形势危急，加上艾黎被国民党定性为亲共危险分子，使他承受到巨大的政治压力。1942年9月21日，重庆国民政府电告艾黎："行政院决定终止你在中国工业合作社技术专家的职务。"艾黎把学校搬迁到更安全的地区，便于当年12月21日组织全校师生将学校拆除，租用一辆旧卡车，带领第一批学生到丝路省份甘肃的一座半荒废古城山丹重新建校。整个迁校过程持续了三个月。经过一年的努力，山丹培黎工艺学校得到进一步发展，学员规模超过了600人，设有近20个供学生实习的生产组，深受当地群众的欢迎。

因为艾黎经常为工合办学事务出差，就任命何克为校长，掌管日常教务。

一年多后何克感染破伤风不幸去世，艾黎便亲自挑起了办学重担，组织包括新西兰教师在内的数名外籍人士参与教学。几年后山丹培黎学校培养出数百名技师，为战后中国的重建做出了巨大的贡献。

1952年，路易·艾黎倡导成立新中友协时，曾庄重地声明协会应该执行的三大宗旨：阻止任何歪曲中国言论的散播、帮助中国获得国际社会的承认、帮助中国贫困地区和人口改变现状。他在新中国成立百废待兴的岁月里，如此真情实意帮助中国，令人感动。

1953年，培黎学校迁往兰州，改名为兰州培黎石油技工学校，艾黎为名誉校长，为新中国的石油和工业战线培养了一大批技术人才。该校就是现在甘肃省兰州城市学院的前身。对于艾黎来说那是一个困难时期，新西兰政府受美国的影响保持与台湾的国民党政府的外交关系，但是很多新西兰人支持艾黎。1953年，他定居北京后曾多次参加国际和平会议，在世界各地介绍中国革命和建设的成就。1960年、1965年、1971年，他三次返回新西兰探亲，常常向故旧亲朋介绍自己在中国的所见所闻。1972年，新西兰政府正式承认了中华人民共和国后对艾黎的态度有明显的改变。他在新西兰获得了各种荣誉，还荣获女王服务奖章。

艾黎每年都要到中国各地参观访问，根据自己所掌的材料，用客观报道和新旧对比的方式，讲述新中国翻天覆地的变化。他写了许多诗文，还翻译了一些中国古诗和现代文学作品，先后出版了66部著述和译作，其中《艾黎自传》是他不平凡生涯的重要记录。他的学识渊博，对中国社会有深刻的了解，对中国人民和社会主义事业有深厚感情。

为应对不断恶化的沙漠侵害，艾黎80岁高龄时还设计出一所新型的山丹培黎学校，以体现公平、公正、民主的合作社价值观。根据培养"手脑并用，创造分析"实用人才的目标，在甘肃省政府和海外朋友的支持下新型学校于1987年4月21日挂牌运作。

艾黎终生未婚，然而他却有一个特殊的家庭。20世纪20年代他在内蒙古和洪湖救灾时曾收养孤儿阿兰和迈克，他们长大成人后都到延安参加革命事业。40年代他收养了母亲病故、父亲居留延安的聂家四兄弟。他还帮助革命烈士邓中夏的侄儿邓邦镇完成了学业。山丹培黎学校的几百名毕业生，常常从全国各地向他汇报工作成绩，使他感到无比欣慰。他一生无私奉献，赢得了不少的荣誉称号：作家、诗人、教育家、历史学家、考古学家、社会活动家、"工合之父"和中新关系架桥人。1987年12月27日,艾黎因脑血栓并发心功能衰竭在北京逝世,终年90岁。遵照他的遗嘱,他的骨灰撒在了山丹。

二、对新西兰早期汉学研究有开创性贡献的贝特兰

詹姆斯·门罗·贝特兰(James Munro Bertram,1910—1993)出生于新西兰奥克兰一个牧师家庭,第一次世界大战爆发时全家移居墨尔本,后来又迁居悉尼,他先后在当地教会学校就读了十年。平时他从母亲讲的故事和朗诵的诗歌以及圣经中受到了许多人生哲理的浸润,但是对于父亲的训诫虽然不敢顶嘴却并不以为然。1929—1931年,贝特兰在奥克兰大学研修,课余时间曾与同学合作编辑一份名为《开放窗口》(Open Windows)的学生基督教运动刊物,此外贝特兰个人还承担过文学刊物《凤凰》(Phoenix)前两期的编辑工作。

1932年4月,因经济不景气大批工人失业引起奥克兰市皇后大街的骚乱,他一度加入纠察维持秩序,对此他感触良多,觉得无论从教义上还是美育上对他来说都是生动的一课,领悟到出身非权势家庭的人应该受到宽容对待。

这一年贝特兰在奥克兰学院获新闻学证书,罗德斯奖学金(Rhodes Scholarship)资助他进入了牛津大学。他在新学院主修英语,同时还学习了其他几门现代语言。他积极参加左派俱乐部的各项活动,忙里偷闲打打橄榄球,把英式信念视为一种消遣而不是专职,绝对对自己的口味。他打算将来以国际新闻采访为业,牛津大学的名声正好为他在《泰晤士报》社赢得了一份美差,但是他很快就意识到此事欲速则不达。1935年下半年,他终于从罗德斯信托获得一份访华奖学金,第二年便到燕京大学一边学习汉语普通话一边研修远东政治。他一度与黄华和张兆麟等爱国学生为室友,跟美国记者斯诺(Edgar Snow,1905—1972)及其夫人海伦·斯诺(Helen Foster Snow,1907—1997)交情深厚。在中国的所见所闻加深了贝特兰对当局腐败和人民大众贫困问题的认识,对中国人民反对外来侵略,反抗黑暗统治的斗争深表同情。一些英国报刊先后约他写稿,他的记者生涯便从此开始。

1937年,贝特兰被告知他的罗德斯奖学金获准延长。贝特兰参加了北平学生的抗日大游行并立刻把情况转告斯诺。几天后东北军少壮派军人苗剑秋秘密拜访了斯诺,希望跟他一起去西安。斯诺因故无法成行,他的夫人便提

议由贝特兰陪同她前往。他们从北平乘火车到太原，11天后才到达西安。旅途中苗剑秋向贝特兰讲述了有关张学良与东北军一些鲜为人知的事情，加深了他对中国政坛和军界的了解。后来贝特兰在西安又跟张学良的秘书长应德田和卫队营营长孙铭久有过几次长谈，他由此预感到中国将面临一场史无前例的政治风暴，但是事态如果得不到控制将可能影响抗日联合阵线的建立。西安事变发生期间，贝特兰采访了东北军司令张学良（1901—2001）和十七路军将令杨虎城（1893—1949）以及社会各阶层人士，还与史沫特莱在西安广播电台联合主持了一次英语节目。贝特兰后来在英国麦克米伦公司出版的《中国危机》一书中向国际社会全面报道了震惊中外的西安事变实情。

1937年10月，贝特兰访问了延安，毛泽东多次接见了他并回答了他提出的各种问题。他还访问了晋南八路军总部和120师，随一支小分队走访了华北战线前沿地区。中共其他领导人朱德、周恩来、彭德怀、张闻天、关向应、贺龙、萧克和左权也分别会见了他，谈话内容涉及中共和八路军的方方面面情况。他的客观公正报道和相关著述为国际社会了解中国军民当时的英勇抗战提供了第一手真实资料，也为中国人民赢得了同情与支持。

1938年2月，周恩来通过贝特兰把一份有关八路军伤员的医疗情况报告转交给正在香港筹建保卫中国同盟的宋庆龄。在同盟发起人的一次聚会上，贝特兰向宋庆龄推荐了两位外籍人士，一位是港英当局医务总监司徒永觉（Sir Selwyn Clark）的夫人希尔达·塞尔温-克拉克（Hilda Selwyn Clark）；另一位是香港大学高级讲师诺曼·法朗士（Norman France）。后来贝特兰还专程前往菲律宾、北美和英国等地为保卫中国同盟的成立筹资。同盟成立后贝特兰被委任为中央委员会委员。1940年夏，他和德国医生汉斯·米勒为保卫中国同盟护送12辆卡车和600箱医药用品到西北国际和平医院；还把英国工业家约翰·桑尼克罗夫特（John Thornycroft）捐赠的1辆带手术设备的救护车送达延安。1941年6—12月，贝特兰编辑的《保卫中国同盟新闻通讯》第17—24期刊发了《同日本摊牌》《纪念白求恩》《日本在华北的进攻》《关于国际和平医院的报告》《穿越中国战场、随救护车赴西北的行程》等文章。

国民政府迁往陪都重庆期间，贝特兰被英国驻华使馆聘任为新闻专员，与此同时他还兼职保卫中国同盟的秘书。1941年11月，他曾随宋庆龄从重庆飞赴香港，为救助抗战伤员和孤儿募集资金。太平洋战争爆发时他奋不顾身地加入了后备炮手队伍，不幸落入日军手中，在战俘营中被囚禁四年多时间。

这一段难忘的经历在他的专著《战争阴影》中得到了充分的演绎。出狱后他在东亚和东南亚海外救济服务组织理事会（Council for Organization of Relief Services Overseas）担任援助工作。

第二次世界大战结束后，贝特兰领导了一个"中国游说团"，建议维多利亚大学将1966年成立的亚洲研究中心重点转为东亚研究。1972年该校决定把汉语纳入教学大纲。20世纪80年代之后维多利亚大学的中国研究发展与贝特兰的个人的努力和贡献是分不开的。

中华人民共和国成立后，贝特兰于1957年、1962年、1978年和1986年四度访华，客观报道中国的发展和变化，他是新中友协的见证人和参与者。1986年，贝特兰以新西兰维多利亚大学教授的身份来华参加西安事变50周年纪念活动，与多位老友重新聚首。1988年，他为纪念中国福利会成立50周年撰写了《保盟的早期岁月》，表达了对当年患难之交岁月的缅怀。

三、热爱中国传统艺术和文化的包逸之

包逸之（Tony Browne）是20世纪70年代新西兰派送到中国香港学习中文的三个人之一。1973年，他进入新西兰外交部工作，1976—1978年，首次出任新西兰驻华使馆外交官，1994—1997年，担任新西兰驻台北商务办公室的负责人，2000年兼任新西兰外交部北亚区负责人。2002年后，他作为新西兰外交部北亚司司长曾来华访问15次，先后三次前往西藏：2002年，陪同新西兰外长访问，2005年第二次访问西藏，第三次访问西藏的时间是2007年。2004—2009年，任驻华大使，后任新西兰当代中国研究中心主席，兼惠灵顿维多利亚大学孔子学院院长，以及新西兰—中国关系促进会理事。2004年4月14日，新西兰正式宣布承认中国市场经济地位，这是第一个给予中国市场经济待遇的发达国家外交决策。同年12月，中国和新西兰进行的自由贸易协定谈判在北京启动，这是中国与发达国家之间的第一个关于自由贸易区（FTA）的对话，意义重大。2007年6月，中新两国代表在华进行了关于自贸协定签署的第十二轮谈判，取得了重大进展，2008年4月，签署了关于建立自由贸易区协定。以上重大外交决策是在包逸之大使任期前后完成的，他是新西兰的国家代表，是两个重大举措的参与者和见证人，他的眼光、智慧、才干和贡献举足轻重。

四、新西兰中国地理学研究先驱布坎南

1953 年，基思·布坎南（Keith McPherson Buchanan）受聘于惠灵顿维多利亚大学地理系，开设了中国研究课程，为该校的汉学研究打下了坚实的基础。

布坎南是新西兰早期的马克思主义地理学家，他所追随的学派是 19 世纪在地理学研究中对空间科学（atmospheric science）、区位分析（location analysis）和人文实证主义（humanities and positivism）持批判立场的激进学派。马克思主义地理学，是指用马克思主义的分析方法和理论对传统的人文地理学进行重新定义和解释的一门科学。传统的地理学研究习惯于使用空间分析法，研究人员通常根据地理信息系统中的客观数据进行推论归纳。新创建的马克思主义地理学派认为，单纯的定量空间分析法不再适用于各类地理学意义的研究，对于空间理论的依赖势必引起对空间社会背景的忽视。学者们从超物理的角度提出了相对空间概念，以期通过认知革命摆脱分析社会问题时碰到的理论和方法的困惑。诚然，学术上的马克思地理学有别于政治上的马克思主义，但不可否认的事实是，用马克思主义哲学和政治经济学的理论来研究地理学，并通过跨学科的和多学科的体制来审视人文地理和自然地理的手段不是不可能而是大有可为。19 世纪 60 年代该系统已经进入主流学科，并出现了人文主义地理学和马克思主义地理学等流派，建立在这一理论基础上的潮流已经逐渐从欧洲转向美国。

马克思主义地理学的广义研究与传统地理学的差别体现在以下方面：

1. 马克思主义地理学认为地理概念就是在广阔社会背景下以政治和经济为主导的关系和作用的过程与结果。2. 资本主义地理学的结构永远充满建设与破坏，经济危机促使资本寻找空间转移，资本的投入和积累依靠时间来消灭空间。3. 过去地理学家可参与生产单位的调整或关闭的决策，按照结构分析方法（structural approach）的观点，区位决策理论只是投资理论的一部分，经济活动地理格局既是资本主义生产关系的体现，也是社会关系演变的反映。4. 经济地理学应该关注空间化的社会关系、劳动地域分工所引起的社会组织空间形式及其彼此之间的依存关系。5. 不能脱离社会性来研究地理空间，应该从重构和超物理进程提出其相应概念，自然与环境的辩证关系应纳入其

选项。

布坎南是新西兰早期的马克思主义地理学家,虽然当时还未明确形成新的理论系统和学术派别,但是他毫无隐晦地表明自己的学术主张和政治倾向,在当时是为数不多的。

布坎南对新中国和中国共产党的理解和亲近与他的阅历和学术观点分不开。从 1964 年到 1966 年间他多次来华进行深入考察,曾在一篇文章中对"文化大革命"的总体目标表示理解。他认为,这场运动是为清除资产阶级意识形态残余,防止资产阶级复辟和修正主义抬头所做的一次全国性努力。他高度评价了"文革"前十年中国在各个领域所取得的进步,同时也驳斥了西方媒体对中国知识分子的改造、人民公社成立和教育改革的歪曲报道。

布坎南是维多利亚大学荣誉教授、多产作家和评论家,78 岁时去世。他知识渊博,勤于思考,先后出版了 9 部著作,与他人合作撰写两部专书,发表了 200 多篇散文和书评。作为一位思想激进的地理学家和社会学家,他是一位被排挤者的代言人,不屈不挠的权威批评家,他的著述是矛头指向 20 世纪下半叶的邪恶势力和危险潮流的檄文。他是《亚太观察》(*Asia Pacific Viewpoint*,原名《太平洋观察》)的创始人之一,在 20 世纪 60 年代与同事一起协助把维多利亚大学地理系建成研究并记述亚洲与第三世界具有首创精神的中心。

五、研究中华文明与超级文明之间关系的阿谢德

阿谢德(Samuel Adrian Miles Adshead)曾就读于牛津大学和哈佛大学,20 世纪 70 年代,他受聘于坎特伯雷大学历史系。他专攻中国历史,特别是中国盐政管理史,硕果累累。

1988 年,他出版的《世界历史中的中国》是一部系统研究中国历史的著作,全书正文六章,分别为:第一章世界的一部分:古代中国(公元前 200—公元 400 年);第二章世界的中心:后古代中国(公元 400—1000 年);第三章世界的中枢:中世纪中国(公元 1000—1350 年);第四章世界的地平线:文艺复兴时期的中国(1350—1650 年);第五章世界中的世界:启蒙时期的中国(1650—1833 年);第六章两国世界之间:现代中国(1833—1976 年)。该书展示了中华文明的发展脉络,中华文化同西欧、东亚、非洲和美洲文明

之间的关系，中华文明与超级文明的比照，以及中国对世界体系建构所做出的贡献。作者认为人类文明在更新世（pleistocene）早期就打下了基础并延伸到新石器时代，中国汉朝也有这样的基础，但却是以一种独立形式发展起来的，与其他文明接触有限，因而只能以世界的一个组成部分出现。要了解中国与其他古代文明的关系，首先必须对古代中国在世界文明之中的地位进行评价。通观全书，气势恢宏，视域宽广，内容丰富。

从以上目录介绍中可以看出，作者在分析某一阶段历史时尽可能将中国与同一时期的其他文明进行联系和比较，这一良苦用心对读者有很大启发。我国史学界过去在编撰史书时通常采用单线条就事论事的方法，把人物或事件孤立在境内或境外的背景和环境中去分析解读。论述中国时基本上不涉及外国，谈贞观之治不涉及秦皇汉武，肯定丝绸之路却不跟地理大发现的史料比照，因而显得简单化，不顺理成章，缺乏说服力。在经济发展一体化的当代环境中，学术思路不能割断跨文化和多视角手段的运用。

严格地说，该书对历史人物的定位以及对重大事件的评估还有一些不到位之处，小而言之是对史料的辨伪和对译文的审读章法不严，广而言之是该书基本上在西方中心论的视角下编写出来的，这就直接影响到编写权威、读者定位、编审环节科学化以及成果的开发。作者在书中提出了"西欧亚"（Western Eurasia，包括北部、地中海、大伊朗和印度）的新概念，显然是为了便于对"世界与中国"主题而不是"东方与西方"的政治语汇的描述和扩展。

1997年，由夏威夷大学出版社出版的《1400—1800年欧洲和中国的物质文化：消费主义的兴起》，全书共七章，共279页，是阿谢德多年来在历史、哲学、汉学、神学、政治学、社会学和心理学广泛研究后写出的另一部力作。开篇一章是对后续主要章节的物质文化和消费主义现象的综合介绍。作者从三个方面对消费主义进行分析：1. 消费主义与食品（第二章，第31—66页）；2. 消费主义与服饰（第三章，第67—101页）；3. 消费主义与住房（第四章，第102—137页）。欧洲和中国在消费潮流方面的相互影响，构成了衣食住行、信息和象征消费主义的智识基础，是一种自由和理性的表现，在建构现代社会方面可发挥建设性的作用。但是作者没有预料到今日很多中国消费者的购物思想和方式正受到西方消费主义价值观念的冲击，随着经济全球化的发展，域外意识形态对国内市场的渗透不可低估。

六、长期从事东亚和中亚古代史研究的专家狄宇宙

狄宇宙（Nicola Di Cosmo，1957— ）1982 年攻读意大利威尼斯大学东方学学士课程，其间在南京大学访学一年，1991 年，获印第安纳大学乌拉尔—阿尔泰研究系欧亚研究博士学位。1989—1992 年，他任剑桥大学克莱尔学院（Clare Hall）研究员，1992—1993 年，任印第安纳大学洛克菲勒研究员和讲师，1993—1997 年任哈佛大学助理教授。1997—2003 年，他以高级讲师身份接任阿谢德在新西兰坎特伯雷大学历史系的教职，长达 6 年之久。2004 年，他转任美国普林斯顿高等研究院鲁斯基金会东亚研究教授，2015 年，兼任纽约大学上海校区的访问教授。

狄宇宙长期致力于东亚古代史的研究，是新西兰晚清和满族研究专家之一。他也是 1999 年出版的《剑桥中国古代史》（The Cambridge History of Ancient China，鲁惟一和夏含夷编著）和《中国的国家和礼制》（State and Ritual in China，约瑟夫·麦克德尔莫特编著）的特约作者，曾主编《中亚战争中的战争》（Warfare in Inner Asian Warfare），参与编写《17 世纪中国：一个满族士兵的日记》，与怀亚特合编《中国历史上的政治边疆、种族分界与人文地理》等。2009 年，他主编《帝制时代中国的武文化》（Military Culture in Imperial China）和《剑桥内亚史：成吉思汗时代》（The Cambridge History of Inner Asia: The Chinggisid Age），并兼任《亚洲研究学刊》（Journal of Asian Studies）、《泰东》（Asia Major）和《东亚考古杂志》（Journal of East Asian Archaeology）编委。他先后发表的论文和出版专著多达 109 篇（部）。

2002 年，剑桥大学出版社出版的《古代中国及其敌人：东亚历史上游牧强国的兴起》（Ancient China and Its Enemies: The Rise of Nomadic Powers in East Asian History），是狄宇宙多年研究内亚史（history of Inner Asia）的一部力作。该书覆盖了公元前 900 年至公元前 100 年中国北疆的历史，特别是草原游牧民族与内地军民由对抗到统一的过程。作者充分利用历史文献和考古资源：由早期部落之间防御边界墙所连接成的著名长城，匈奴帝国版图的构建和发展的前因后果，以及中亚商贸通道的开通和丝绸之路的延伸。作者对汉匈关系的探索深入到包括传说和野史在内的尘封收藏和公开的官方文献，甚至有关中国史学传统对待游牧帝国官员所持的礼遇态度都给予了充分关照。

几年前，狄宇宙又开始了一个研究蒙古高原气候变迁的研究项目，其成果可为成吉思汗蒙古帝国崛起时期的气候特征提供印证，还可突破许多学者在内亚史研究中所采用的语文学方法（philological approach），进而可了解内亚游牧社会的组织架构、宗教信仰和内外互动的情况。过去史学界许多学者认为中国的农耕社会是比北方游牧社会更高一级的生产形态，前者对后者的影响巨大，但实际上影响都是双向的。作者强调撰写该书的目的主要为了建立一个全新的学术模式，有助于正确认识北方游牧民族的社会架构和政治组织，以及中国与北方民族之间的关系。把比较纳入史学研究领域可以在更高层次上考察问题，创建新方法，提出新观点。例如在欧洲和中国历史上都出现过外族入侵导致旧帝国解体的情况，其结果是大动荡大崩溃大迁徙。如果用世界史的眼光来分析，草原游牧民族的大迁徙同时也促进了各种形式的知识传播和技术交流，显然这就是比较史学打造了有别于传统研究的新维度。

2003年，布利尔出版社出版的《满族入关前的满蒙关系》（Manchu-Mongol Relations on the Eve of the Qing Conquest）一书。通过翻译、注释和解读有关满族入关前的外交信函、军情往来、法律案例和纳贡记录，作者展示了17世纪蒙古族各部落间的关系和处境。中国东北满洲原住民有女真（包括建州女真、海西女真和野人女真）、汉族、蒙古、朝鲜、呼尔哈（东海女真三部之一）和索伦（黑龙江土著）等多个民族。1635年皇太极将所有原住民统归"满洲"名下，满族共同体自此形成。为了扩大实力统一北方，满族在入关前与努尔哈赤家族和科尔沁蒙古族之间实行联姻。据载，满蒙联姻共595次，包括出嫁蒙古草原的公主和格格432人，以及迎娶蒙古族公主163人。这一制度对于降伏蒙古族漠南部、抗击明末政府军并归顺朝鲜半岛发挥了积极作用。入主中原的满人与边区的蒙古族通婚关系保持了三个世纪，但是嘉庆朝后人数逐渐减少，主要原因是大清帝国江山稳定，皇族内部派系斗争加剧，汉族女子知书达理三从四德对朝廷新贵更有吸引力。明代中晚期是蒙满关系发展高峰的年代，通过联姻、黄教和结盟，满人在满蒙关系中占据了主导地位。

（熊文华　北京语言大学教授）

·中国文学的国际传播·

新世纪以来西欧五国学界的中国文学研究现状调查[*]

周 睿

摘 要：新世纪以来，伴随着时代风潮与重心转移，西欧诸国的传统汉学（Sinology）出现了新的发展态势和研究方向。就地理版图上的西欧包括英国、法国、西班牙、葡萄牙、荷兰、比利时、爱尔兰、德国、奥地利、瑞士和意大利的中国文学研究和翻译现状展开调查，能够清晰展现中国文学研究在欧洲汉学界的传承与新变、反思和困境。本文以荷兰、比利时、西班牙、葡萄牙及爱尔兰五国为例，抽样二十四家学术机构、四十位研究学者为样本，专论西欧五国学界的中国文学研究详情，总结出传统汉学和新兴中国学兼顾、中国文学研究与翻译并重、学术传承与人才流动共存等转向特征，以期在研究全球共享与想象中的学术共同体的建构中，将西欧五国汉学的关注和推介以又一重要的参考系的身份，推动中国本土学术界的学术转型与参与中国学术的大叙事话语中来。

关键词：欧洲汉学 荷兰汉学 比利时汉学 西班牙汉学 葡萄牙汉学 爱尔兰汉学 中国文学研究

新世纪的海外汉学研究出现了诸多转向，其中颇令学界瞩目的现象之一，是传统汉学和中国文学研究的重心已从欧洲转移到北美。尽管欧洲汉学研究在欧洲汉学学会（European Association for Chinese Studies）的联络下依然遍地开花，在传统的语文学（philology）及其相关的文献学、哲学、历史学、宗教

---

[*] 基金项目：重庆市社科规划项目《基于语料库的杜诗英译规范研究》，2016 YBWX073；中央高校基本科研业务专项基金《海外唐诗的交互传播与术语规范》，SWU 1509468。

学等研究，欧洲诸国的汉学家们以其多年的沉淀底蕴和传统厚度，仍具有领先的话语权；但无可否认的是，在中国文学研究领域，欧洲汉学家们的研究成果则已经明显为北美学界所赶超，甚至有难以为继的尴尬和困境。本文先有英法二国的学术机构现状调查报告，此处以荷兰、比利时、西班牙、葡萄牙、爱尔兰五国高等教育和学术机构中的中国文学研究学者为研究对象，梳理和总结西欧汉学在新时代的时代特征和发展趋向。

一、荷兰的中国文学研究现状

荷兰汉学以欧洲汉学重镇莱顿大学（Leiden）一枝独秀，其中文专业开设于1851年，汉学教授职位始于1876年。20世纪30年代，汉学研究院（Sinological Institute）成立，侧重在中国语言、文学、文化、宗教和历史等传统语文学领域的研究，历任院长包括戴闻达（J. J. L. Duyvendak）、何四维（A. F. P. Hulsewé）、许理和（Erik Zürcher）、伊维德（Wilt Idema）、柯雷（Maghiel van Crevel）、施舟人（Kristofer Schipper）等知名汉学家。此外，莱顿大学汉学研究还有引以自傲的"三宝"：一是主编西方世界最古老也最具影响力的汉学研究期刊《通报》（*T'oungPao*，Brill出版，法荷合作）；二是与博睿（Brill）合作出版莱顿汉学书系（*Sinica Leidensia*）142种（截至2018年），是欧洲地区学术最有分量、历史最为悠久、出版最为延绵、领域最为全面的汉学研究系列丛书；三是2017年重组开放的亚洲图书馆下属中文图书馆藏书30万册，馆藏量在欧洲仅次于柏林国家图书馆，拥有许多珍稀古籍善本以及高罗佩（Robert Hans van Gulik）特藏遗书。随着汉学研究的转向，汉学院机构随之调整而退出历史舞台，划归到区域研究中心（LIAS）亚洲研究所（SAS）属下的中国研究系（Chinese Studies），并与国际亚洲研究院（IIAS）、莱顿亚洲中心（LAC）、亚洲现代与传统项目（AMT）深入合作。

现在的中文系仍然保持强大的实力和沛沛的活力，尤其是在传统汉学领域。古典文学方面，几位前辈学者建树卓绝，如荷兰皇家科学院院士伊维德曾任汉学系主任，现为哈佛大学东亚语言与文学系教授，仅在莱顿保留荣誉教授的头衔；汉乐逸（Lloyd Haft）对中国古代和现代诗的翻译和研究都很勤力，译有孟郊诗选《杏殇》（*Jonggestorven Abrikozen*，Singel Uitgevers，2003）以及卞之琳、闻一多、何其芳、李广田、臧克家等的新诗选集，与伊维德合著《中国文学导论》(*A Guide to Chinese Literature*, U Mich, 1985/1997)。但时至今日，古典研究稍显青黄不接。李友仁（Paul Vierthaler）在堪萨斯、耶鲁和哈佛接受美式系列教育，长于文本数据挖掘，以数字人文的定量定性分析运用于明清小说研究与印刷史，例如对《金瓶梅》的个案研究，采用序列对比、文体测定、机器学习等手段考察其书的文本史，显得标新立异，惜尚未有专著问世。毕业于本校的叶波（Paul van Els）研究早期中国哲学，包括战国思想家的战争观、早期中国议论文中的修辞学，旁及古典文学与文献，著有《史思之间：古代中国的轶事》(*Between History and Philosophy: Anecdotes in Early China*, SUNY, 2017)、《〈文子〉：早期中国哲学中的独创性和互文性》(*The Wenzi: Creativity and Intertextuality in Early Chinese Philosophy*, Brill, 2018)。此外，在莱顿和北京学习的京以虓（Fresco Sam-Sin）研究满族文化，对子弟书的研究和荷文翻译值得关注；章因之（Yinzhi Zhang）偏重于翻译实务，早年有对《绿野仙踪》《红楼梦》的研究或翻译之文。现当代文学方面，前院长柯雷毕业于莱顿，曾在美国、中国、德国、澳大利亚学习或工作，现为本系中国语言文学教授，多从文本、语境、元文本等维度置于历史社会学背景中、并结合广泛的实地调查为基础来研究中国当代诗以及其他文化领域，思路清晰而活跃，著有《精神与金钱时代的中国诗歌》(*Chinese Poetry in Times of Mind, Mayhem, and Money*, Brill, 2008)，在 Meulenhoff 出版社接连推出北岛、多多的小说、诗歌、散文等作品荷译本［或与贺麦晓（Michel Hockx）、汉乐逸合作］，以及与马高明合著《荷兰现代诗选》中文简繁体译本，推动中荷双方文学互涉。同样也致力于此的还有亦毕业于本校的哥舒玺思（Anne SytskeKeijser），其研究着力于中国文学与电影及其翻译，代表作包括高行健《灵山》、叶兆言《一九三七年的爱情》等荷译本。

二、比利时的中国文学研究现状

比利时的汉学研究规模和影响都相对较小，零散分布在数个科研教学机构中。比利时高等汉学研究院（BIHCS）成立于1929年，挂靠在皇家美术与历史博物馆（MRAH），虽然历史悠久，藏书丰富（与比利时皇家图书馆、荷语鲁汶大学东方图书馆、南怀仁研究中心司各特图书馆并为比利时四大汉籍中心），但发展有限，且并未实质开展中国文学方面的研究。比利时有两所大学设立了汉学系/中国研究系，一是堪称比利时汉学研究的龙头的天主教荷语鲁汶大学文学院（Sinologie, KU Leuven），其不仅坐拥比利时汉籍资源的半壁江山，而且连续出版以研究天主教与中西文化交流为主的鲁汶中国研究丛书（Leuven Chinese Studies）39 种（截至 2018 年）。系主任钟鸣旦（Nicolas Standaert）毕业于巴黎塞夫尔（Sèvres）神学系、辅仁神学系和莱顿汉学系，现为比利时皇家科学院院士，主要研究明末清初的中欧文化关系交流史和天主教文献，著有《杨廷筠：明末天主教儒者》（Yang Tingyun, Confucian and Christian in Late Ming China: His Life and Thought, Brill, 1988）、《文化接触视野下的方法论》（Methodology in View of Contact Between Cultures: The China Case in the 17th Century, CSRCS CUHK, 2002）、《礼仪的交织：明末清初中欧文化交流中的丧葬礼》（The Interweaving of Rituals: Funerals in the Cultural Exchange between China and Europe, U Washington, 2008）等，偏于宗教历史与文献研究而非文学研究。戴卡琳（Carine Defoort）也侧重于哲学研究，她先后在荷语鲁汶、夏威夷大学和台大学习汉学和哲学，是学术期刊《当代中国思想》（Contemporary Chinese Thought）的主编，主攻以先秦诸子哲学为中心的中国早期思想史及其阐释，在墨子、杨朱、《鹖冠子》的研究上首屈一指，独著《解读〈鹖冠子〉：从论辩学的角度》（The Pheasant Cap Master: A Rhetorical Reading, SUNY, 1996）、合著（与钟鸣旦）《嬗变中的〈墨子〉文本》（The Mozi as an Evolving Text: Different Voices in Early Chinese Thought, Brill, 2013）等。

另一所大学是根特大学（Ghent Wniversity），其原有的汉学系已并入文哲学院语言文化系降为汉学部（Sinologie, UGent），研究仍在继续，且几乎都与佛教研究相关，与根特佛教研究中心（GCBS）并行。巴德胜（Bart Dessein）毕业于本校，主要从事以"说一切有部"为中心的佛教哲学与中国佛教史研究，出版《佛学传统中的阿毗昙》（Text, History, and Philosophy: Abhidharma across Buddhist Scholastic Traditions, Brill, 2016）；跟他教育背景和研究领域近似的是安海漫（Ann Heirman），代表作有《佛教的传播》（The Spread of Buddhism, Brill, 2007）。该系还有唐麦轩（Mathieu Torck）、劳伦特（Laurent Van Cutsem）等年轻学者。此外，列日大学文哲学院现代语言系也有中文专业，与文学研究相近领域的是涂建平（Stijn Deklerck），他在当代中国酷儿与同志电影研究和号召上很有影响力；China Conduct ⓒ 的包德贞（Jeanne Boden）则把苏童、马原、格非、陈村、北村、残雪等作家作品译成荷兰文。

比利时的汉学研究还保持着传统汉学的路子。

三、西班牙的中国文学研究现状

十六七世纪伴随西班牙的海外殖民扩张和基督福音传播而兴起的西班牙汉学是谓西方汉学研究的先驱,但在传统汉学领域一度萧条衰落。新世纪以来的西班牙的中国学偏向于当代中国,但仍有为数不少的汉学研究者在各大学东亚系从事传统语文学和中国文学的翻译与研究,尤其聚集在巴塞罗那、马德里和格拉纳达三大中心,并有西班牙东亚研究会(EAO)、亚洲之家(Casa Asia)这样的学术组织在开展互动交流。

加泰罗尼亚地区。新建的高水平公立大学庞培法布拉大学的东亚研究院(Escola d'Estudis de l'Àsia Oriental, UPF)成立于1996年,拥有不俗实力,创始院长是荣誉教授福奇(Dolors Folch Fornesa),她在巴塞罗那大学、巴塞罗那自治大学学习工作后一直在UPF,研究侧重在明代中欧关系及西班牙的中文典籍编目,著有《郑和之旅》(*Els grans viatges de Zheng He*, Angle, 2008)等;欧阳平(ManelOllé Rodrígue)研究十六七世纪的中国海上史与中欧关系及东南亚离散华人,合著有《十六七世纪有关中国的南欧史料》,在文学翻译上与常世儒合作编有入选"大中华文库"的汉西对照《唐诗选》(五洲传播,2015)。巴塞罗那自治大学东亚研究院(CERAO, UAB)和翻译研究与东亚研究系(Estudis de l'Àsia Oriental, UAB)研究较为传统,荣休教授拉米雷斯(Laureano Ramírez Bellerín)毕业于本校翻译系,曾在北京工作学习的他不遗余力推广中国文化,编有《西语中文翻译手册》(*Manual De Traduccion Chino-Castellano*, Gedisa, 2004),翻译《聊斋志异》(*Cuentos de Liao Zhao*, Alianza, 1985, Laura Rovetta 合译)、《儒林外史》(*Los mandarines: Historia del Bosque de losLetrados*, Seix Barral, 1991)、鲁迅《故事新编》(*Contarnuevo de historiasviejas*, Hiperión, 2001)以及沈从文《丈夫》、张天翼《华威先生》和叶圣陶《倪焕之》(外文,1984)等小说、《孙子兵法》(*Arte De La Guerra*, Esfera de Los Libros, 2006)等子书以及《坛经》(1999)、《维摩诘经》(2014)等佛经,译笔不辍。CERAO前院长高迷(Seán Golden)是出生于伦敦的爱尔兰人,在美国圣十字学院和康涅狄格大学学习研究爱尔兰学和乔伊斯,在天津工作之后转向于中国思想政治与国际关系研究,他在中国文学研究方面与哲学和思想史有关，如与玛丽莎（Marisa Presas）合著《道德经》《孙子兵法》等（*Laozi. Daodejing*, *El Llibre del "dao" i del "de"* / *Sunzi. L'Art de la guerra*, Edicions Proa, 2000）并不断修订；也倾力于中国文学翻译，如与闵福德（John Minford）、庞秉钧合作编译《中国现代诗一百首》（香港商务印书馆、北京国际书店，1987），与朱志瑜合译《顾城诗选》（CUHK，1990），独译《鲁迅〈野草〉》（Edicions 62，1994），还翻译了不少中国诗人特别是台湾女作家的作品，如杨炼、钟玲、席慕蓉、骆英、林泠、蓉子等。先后毕业于巴黎七大、北大和 UAB 的苏亚蕾（Anne-Hélène Suárez Girard）活跃于中国文学研究和翻译，译有《李白诗选五十首》（*Cincuentapoemas de Li Bo*, Hiperión，1988，2005 增订）《苏东坡：〈赤壁怀古〉及其他》（*Recordando el pasadoen el Acantiladorojo y otrospoemas de Su Dongpo*, Hiperión，1992）、《王维与圈中友人的九十九首绝句》（*99 quartets by Wang Wei and his circle*, Pre-texts，2000）、《白居易绝句 111 首》（*111 quartets by Bai Juyi*, Pre-texts，2003）等文学文本，以及《论语》（Kairós，1997）、《道德经》（Siruela，1998/2003）等哲学文本，并将多个法文版中国思想史著作如程艾兰（Anne Cheng）《中国思想史》、毕来德（Jean Frangois Billet）《庄子四讲》、葛浩南《庄子的哲学虚构》等译成西班牙语，她还与同系的瞿向红（Xianghong Qu）合译严歌苓《金陵十三钗》（2012）、张悦然《十爱》（2013）、余华《在细雨中呼喊》（2016）、张爱玲《倾城之恋》（Asteroide，2016）等现当代文学作品。毕业于那不勒斯东方大学和 UAB 的张晓东（Antonio Paoliello）则致力于华语语系文学，特别是马华文学研究。加泰罗尼亚开放大学人文艺术学院（FAH，UOCatalania）查理士（Carles Prado Fonts）毕业于 UAM、威斯敏斯特大学、UCLA，从事中国古代和现代文学、华语语系文学、中国文学文化等研究，译有鲁迅《狂人日记》（1984）、汪晖《中国新秩序》（2008），等，发表《东方主义三十年》（*Orientalism*: *thirty years on*, Digithum，2008），此外他还在加泰罗尼亚语—西班牙语版《中国叙事学》（*Narrativaschinas*: *ficcione y otrasformas de no-literatura*, EDIUOC，2008）专著、中国—西班牙交流史档案定性定量分析的项目上与同事马大伟（David Martínez Robles）合作，后者毕业于马德里大学（UB）和 UPF，出版了关于中国语言文字研究的加泰语和西语专著，侧重于语言、历史和文化研究。

马德里地区。西班牙首都高校也汇聚了一些中国文学研究的学者，以马德里自治大学东亚研究中心（CEAO，UAM）为翘楚：伊莎贝拉·塞尔维拉（Isabel Cervera Fernández）在马德里康普顿斯大学和北京大学学习艺术史，研究中欧艺术关系、中国书画史，涉及一些文学副文本研究。一直在 UAM 供职的菲萨克（Taciana Fisac Badell）毕业于那不勒斯东方大学、UAM 和罗马教皇大学，研究当代中国政治经济文化女权方方面面，涉及文学领域，著有专书《中国的女性、文学与社会》（El otrosexo del dragón: Mujeres, literatura y sociedaden China, Narcea, 1997），中译西班牙诺奖诗人作品《小银和我》（Platero y yo, 人民文学, 1984），以及巴金《家》（La familia Kao）、铁凝《没有纽扣的红衬衫》（La blusaroja sin botones）、钱钟书《围城》（La fortaleza-asediada）、阎连科《四书》（Los cuatrolibros）等现当代文学作品，编有《西班牙图书馆中国古籍书志》（上海古籍，2010），领域广阔而有建树。毕业于康普顿斯、波尔多三大和 UAM 的毕菈（Pilar González España）身兼诗人、剧作家和翻译家身份，译有西班牙语《庄子·内篇》（与克罗德合作，Trotta-Unesco, 1998/2005）、《李清照集》（Poemasescogidos de Li Qingzhao, Málaga, 2003; Poemascompletos de Li Qingzhao, EOM, 2010）、《王维〈辋川集〉》（Poemas del río Wang de Wang Wei, Trotta, 2004）、《陆机〈文赋〉》（Prosopoema of the art of the writing of Lu Ji, Cátedra, 2010）、《司空图〈二十四诗品〉》（The 24 poetry categories of Si Kongtu, Trotta, 2012）等，还有一些相关研究论文。杨德（Andreas E Janousch）先后在波恩、海德堡和剑桥主修汉学，关注中古中国（南朝隋唐）佛教、礼仪、制度和物质文化，兼及文学文献研究。马德里康普顿斯大学文学理论与比较文学系（TLLC，UCM）的马康淑（Marco Martínez Consuelo）从事中国语言文学教学工作，侧重在语言领域，文学方面编译有《中国民间故事》（Relatostradicionales chinos, 1—2, 台湾编译馆, 2001/2002），为西班牙语在线百科全书 Enciclopedia Universal Enciclonet 编撰《中国文学史》《中国现代文学》条目（1997—9）。

安达卢西亚地区。格拉纳达大学（UGranada）翻译系（TI）、语言学与文学理论系（LGTL）的汉学研究持续发展，形成与巴塞罗那、马德里三足鼎立之势。加百利（Gabriel García-Noblejas Sánchez-Cendal）毕业于奥维耶多大学（Oviedo），他将十数种中国文学翻译成西班牙文，如在 Alianza 出版社的 AL、SL 两大系列丛书推出《唐宋传奇选》（El letrado sin cargo y el baúl de bambú: Antología de relatos chinos de las dinastías Tang y Song, 2003）、《中国神话选》

(*Mitología de la China antigua*, 2007)、《中国诗选》(*Poesía popular de la China antigua*, 2008)、《诗经》(*Libro de los cantos*, 2013)、《孙子兵法》(*Arte de la guerra*, 2014)、《道德经》(*Tao Te Ching*, 2017)、《易经》(*Libro de loscambios*, 2017) 等；在 Trotta 出版张华 (*Zhang Hua*, *Relación de las cosas del mundo*, 2001)、公孙龙子 (*Libro del maestro Gongsun Long*, 2001) 的研究专著，颇有影响力。该校亚洲研究学会会长胡安何塞 (Juan José Ciruela Alférez) 曾在北大学习和西班牙大使馆工作总计十五年，主要从事汉语教学翻译与语言学研究，但也以余力翻译中国文学，例如莫言《十三步》(*Trece-Pasos*, 2015)、香港小说的首部西班牙语译作——谢晓虹《头》(*La cabeza*, 2017) 和一些剧本（待刊）。格拉纳达大学孔子学院外方院长雷林科 (Alicia RelinqueEleta) 先后在马德里自治、巴黎七大、北大学习，并在本校获得博士学位，也曾在牛津、SOAS、香港城大、北大、上外任教，研究中国古典文学、古代文论批评、戏剧与电影，在《文心雕龙》上着力甚多。她发表有多篇研究论文，编著有《中国古代权力制度》(*La construcción del poderen la China antigua*, U Granada, 2009)，但其翻译作品更引人注目，包括《文心雕龙》(*El corazón de la literatura y el cincelado de dragones*, Comares, 1995)、《中国戏剧三种（窦娥冤、赵氏孤儿、西厢记）》(*Tres dramas chinos*, Gredos, 2002)、《金瓶梅》(*Jin Ping Mei*: *en versoy enprosa*, Atalanta, 2011)、《牡丹亭》(*El Pabellón de las Peonías o Historia del alma que regresó*, Trotta, 2016) 等，还与雷伊娜 (Regina Llamas)、苏亚蕾合译西班牙语和加泰罗尼亚语《中国文学》(*Literaturaxinesa/china*, UOCatalunya, 2004/2005)，2017 年她同时获得中华图书特殊贡献奖和黄玛赛中国文学翻译奖两大重量级奖项。毕业于本校的雷马汀 (José Javier Martín Ríos) 曾在浙大、云大、上海交大学习，研究偏于中国现当代文学，出版过《明月无声：唐诗导读》(*El silencio de la luna*, Azul, 2003)、《中国现代文学研究》(*Estudios de literatura china moderna*, Comares, 2013)，西语翻译诗歌诸如闻一多《死水》、戴望舒《我的记忆》(2006)、顾城诗选 (2014) 及与范晔合译《当代中国诗歌十人选》(*La Niebla de NuestraEdad*, Ficciones, 2009)，小说诸如刘震云《温故一九四二》(2013)、史铁生《我与地坛》(2015)、麦家《两位富阳姑娘》(2017)，等。整体而言，格拉纳达的汉学实力实在不容小觑。

除了上述三大汉学中心之外，西班牙其他东亚研究机构中的中国文学研究则不多见。阿利坎特大学（UAlicante）之前的东亚研究已更名为亚太关系研究，重心放在外交与经贸合作上；巴利亚多利德大学（UValladolid）东亚研究中心挂靠在商学院下；马拉加大学（UMálaga）开设了社会心理学、社会工作、社会人类学与东亚研究系，但目前东亚研究仅有的三位老师全数研究当代韩国学；塞维利亚大学（USevilla）语文学系的米兰达（Gonzalo Miranda Marquez）获得格拉纳达博士学位，教授东亚古典文学课程，以中国语言及比较研究为主——这两所大学资源互补，联合授予东亚研究学位。萨拉曼卡大学（USalamanca）东亚研究系中国文学方向的导师是毕业于UAM、UCLA、台大，并在台大任教十年的龙本善（Luis Roncero Mayor），研究兴趣在中国传统思想与道教、中西翻译和汉学史，发表了《西班牙汉学现况概略》等文章。巴斯克大学（UBasque，UPV/EHU）哲学系的艾伯特（Albert Galvany）就读于本校、巴黎七大和格拉纳达，曾在法、德、西工作，研究领域在中国早期思想史和哲学史，集中于庄子、韩非子、孙子研究上，间及早期中国文学文本阐释，出版《庄子五论》（*La palabra transgresora：cincoensayossobre Zhuangzi*，Bellaterra，2012），等；此外，该校还可攻读中国研究的硕士学位，另有鲁迅中国文化研究中心，但都未偏重文学。瓦伦西亚大学（UValencia）提供东亚语言文化与思想的学位课程，但本校并没有中国文学研究的导师，而是延请高遁、加百利、龙本善、艾伯特等担任相关指导。总体来说，西班牙的中国文学研究处在从传统到现代的转型与发展期，还有很多领域值得拓深。

四、葡萄牙的中国文学研究现状

早至十五六世纪大航海时代，有关中国的文献资料就由当时的海上帝国葡萄牙传入欧洲，开启了欧陆与汉文化接触的重要途径。虽拥有以澳门为中介的直接平台，但葡萄牙的中国研究（包括文学）却远不能比肩其他欧洲国家。葡萄牙在过去数十年加大了交流和研究的广度和深度，成立了葡萄牙汉学研究所（IPSinologia），组织汉学国际论坛年会，创办《中国研究》（*Revista de EstudosChineses*）刊物等，但遗憾的是，葡萄牙的汉学研究机构中极少真正从事中国文学研究的学者。里斯本大学社会政治学高等研究院（ISCSP，ULisboa，原属TUL）曾拥有中国文学翻译领域最杰出的学者戈振东（Joaquim

Guerra），他不仅为葡汉语言转换设计了罗马式拼写系统，还身体力行翻译了儒家经典"四书""五经"、《道德经》（1979—1987），但现在的东方学院（IO）的东亚研究倾向于国际政治与外交以及澳门学，出版刊物《大西洋国》（*Revista Portuguesa de EstudosAsiáticos*），并未涉足文学研究。里斯本大学文学院（FLUL）联合葡萄牙天主教大学（UCP）、澳门科技文化中心和里斯本孔院提供亚洲研究硕士学位，亦未及中国文学研究。值得一提是比较研究所（CEC）的获得本校翻译学硕博学位的马尔塔（Marta Pacheco Pinto），她对中葡交流史、葡萄牙东方主义在文化接触和翻译中的呈现与再现感兴趣，多有涉及葡国汉学如象征主义诗人/汉学家庇山耶（Camilo Pessanha）、第一本中诗葡译本——费约（António Feijó）的《汉诗集》（*CancioneiroChinês*）的研究，其与林宝娜（Ana Paula Laborinho）合著《书写澳门与澳门书写》（*Macau naescrita, escritas de Macau*, Húmus, 2010）是非常重要一本澳门文学史，后者也毕业于本校，曾长住澳门，执教澳大，担任过澳门葡萄牙东方学会（IPOR）和贾梅士学院（Camões）主席，研究方向包括澳门文学、殖民地文学、东方主义与后殖民主义，特别关注16世纪葡萄牙传教士在中国的文本与发现。科英布拉大学文学院（FLUC，UCoimbra）周淼（Cristina Zhou）在本校获得葡萄牙文学的硕博学位并担任中文讲师及该校孔院外方院长，她一度开设过中国文学课程，研究领域涉及澳门文学。阿威罗大学亚洲研究中心（CEA，Aveiro）的汉学教授阿布列乌（AntónioGraça Abreu）算是目前葡国最知名的中国文学研究学者，除了《中国之行》（*Toda a China*, Vol. 1-2, Guerra & Paz, 2013/2014）记录自己三十五年的中国经历以外，被授予葡萄牙翻译协会的国家翻译奖的他在澳门翻译出版葡语版的《西厢记》（1985）、李白（1990）、白居易（1991）、王维（1993）、寒山（2009）、杜甫（2016）等诗人诗选，以及《道德经》（2013），还与《今日澳门》社长左凯士（Carlos Morais José）合译《中国诗五百首》（*Quinhentos Poemas Chineses*, Nova Vega, 2014）。莱利亚理工大学教育与社会科学学院（ECS，IPLeiria）语言文学系设有中葡翻译的学士和硕士学位，在本科三年级开有一门《中国文学》课程，但未见专门学者。综上，葡萄牙的中国文学研究虽然并非空白，但与其他欧洲汉学比起来尚有不小的差距，研究也多局限在葡萄牙亚洲扩张史上衍生出具有东方主义烙印的澳门文学，对中国古典和现代文学的翻译和研究都没有形成生生相续的趋势，倒是澳门本身成了推动中葡文学交流的中转繁荣地，无论是协会组织，还是翻译出版，以及文化推动，澳门比其前宗主国的中国文学研究显得更具活力。

五、爱尔兰的中国文学研究现状

地缘上属于西欧的爱尔兰在文化话语场中却相对边缘化，在当今几乎没有专职研究中国文学的学者。都柏林大学语言文化学院（SLCL，UCDublin）2017年起新设中国研究系，系主任是毕业于牛津、研究中国政治的Phil Entwistle，但该系并不提供语言文化类的教学。都柏林大学中国研究院和孔子学院联合培养中国语言文化教育硕士，外方副院长李岚毕业于人大和贝尔法斯特女王大学，主攻社会人类学，研究中国通俗宗教和传统思想史，但她早年研究古典文学起家，发表了一些研究庾信的论文。科克大学亚洲研究院（SAS，UCCork）虽然有中国研究的课程，但偏于政治、外交、艺术，也没有中国文学研究，倒是哲学系曾拥有研究中国古代哲学的德国学者梅勒（Hans-Georg Moeller），他著有《〈道德经〉的哲学》（*The Philosophy of the Daodejing*，Columbia UP，2006）、《庄子哲学研究》（与德安博合著，*Genuine Pretending*: *On the Philosophy of the Zhuangzi*，Columbia，2017），译注《道德经》（2007），不过他目前去了澳门大学任教。总体来说，爱尔兰高校似乎已经开始中国研究，但较多关注当下政治，假以时日或许会出现文学研究的学者。

六、西欧五国汉学界的研究特点与发展态势

西欧汉学曾一度是海外汉学研究的中心，但无论是投入还是声望，已无法与北美汉学分庭抗礼。以荷兰、比利时、西班牙、葡萄牙和爱尔兰为代表的西欧中国文学研究的学者现状，呈现出较为突出的几大研究特点与发展态势：

其一，基于本国东方殖民史的研究，兼有传统汉学学科界限模糊和新兴中国学重视实用目的的意味。在这些国家学术机构里的中国研究专家多是着眼于过去和未来与中国的殖民史（与后殖民）关系，以西班牙和葡萄牙两个传统海上强国为典型，尤其重视挖掘17世纪以来与中国的海上交流和文化传

播的文献资料,鲁汶中国研究丛书也以天主教与中西文化交流为主。正是如此,这些学术机构仍在传统汉学的余荫下持续在中国哲学、宗教、思想、历史、考古、艺术等学科领域,承袭早期汉学家的研究思路与研究方法,而非单纯的文学研究,不脱传统汉学文史哲不分家的跨学科/泛学科研究视野,成果多以莱顿汉学书系等学术出版为市场推动。而更为严峻的情况是,传统汉学在这些机构中正在加速走向边缘化,中国研究逐渐沦为服务于国际政治和经贸关系的工具,例如荷兰莱顿汉学院解散之后精简为区域研究中心亚洲研究所下的中国研究系,比利时根特汉学系也被降格为文哲学院里语言文化系的一支,西班牙的多所大学如阿利坎特、巴利亚多利德、马拉加的东亚研究局限在外交与经贸,葡萄牙里斯本大学东方学院的东亚研究倾向于国际政治外交以及澳门学,爱尔兰都柏林大学中国研究系挂靠语言文化学院却不提供语言文化类教学,这些因素无疑限制了中国文学研究在西欧五国的进一步发展。

其二,基于本国文化传播与接受的需求,兼有对中国文学的研究与翻译齐头并进的意味。就研究而言,传统西欧汉学以古典为主,前辈学者如莱顿的戴闻达、许理和、施舟人、伊维德、汉乐逸,庞培法布拉的福奇、里斯本的戈振东等,几乎都偏向于前现代中国的研究,现有五国学术机构中从事中国古典文学及其相关学科研究的学者年龄层上较为偏大;而随着中国学在新时代西方"理论转向"、现代文学学科的成熟和"文化研究"的兴起,越来越多学者关注中国现代文学的研究,同时涵盖视觉媒体、性别种族等非文本领域,与传统汉学研究异曲同工地形成"跨学科"特色。尽管对汉学或中国学的关注应更多集中于研究专著和论文方面,但无可否认的是,涉及中国文学文本翻译还不能被忽视,这也一方面跟西欧汉学界一以贯之地重视语文学(philology)的学术传统有关,另一方面也跟不断提升国际地位的中国文学以译文形态参与他国文学接受与传播的现状有关,出现了许多优秀的中国文学荷译本(柯雷、哥舒玺思、包德贞)、葡译本(阿布列乌)等。西班牙对中国文学的翻译热情尤其引人瞩目,加泰罗尼亚的米雷斯、高逦、苏亚蕾、欧阳平,马德里的毕蕥、菲萨克、马康淑,安达卢西亚的加百利、雷林科、胡安何塞、雷马汀等,都是鼎鼎大名、在中国古典与现代文学的西班牙语及加泰罗尼亚语的翻译上做出了卓绝贡献的译者。还有一个值得注意的现象是一些意识形态较为敏感的作品的关注度远不如英法汉学界,尽管也不乏诸如高行健、北岛、顾城及港台作家译作的问世。

其三，基于本国学术传统的特点，兼有传承与流动共存、古典与新兴并重的意味。过去汉学研究在欧洲曾一度辉煌，西班牙、葡萄牙是欧洲汉学的先驱，莱顿大学汉学院一度扮演欧陆汉学一骑绝尘的桥头堡的角色；然而新世纪以来对中国文学的研究与翻译较之上世纪已显颓势，最直接的表现为西欧诸国学者的外流：荷兰的伊维德去了哈佛大学，施舟人退休后去了福州大学，西班牙的雷伊娜之前在布里斯托大学工作、后来去了斯坦福大学，龙本善在台湾大学工作十年，玛娅莲（Maialen Marín-Lacarta）去了香港浸会大学，葡萄牙的罗汇（Rui Oliveira Lopes）去了文莱达鲁萨兰大学等。尽管汉学界从来不是死水一潭，但由此可管窥中国文学研究在本国学术传统中的边缘性。流动并非单向，五国也有不少学者拥有北美教育背景，诸如莱顿的李友仁、鲁汶的戴卡琳、巴塞罗那自治的高迪、萨拉曼卡的龙本善等，而曾在欧陆如剑桥、莱顿、海德堡、巴黎七大、那不勒斯东方大学，东亚如北大、台大、辅仁等名校接受教育或任职科教的也不在少数，但更多学者都是毕业于本国甚至本校。此外，几乎所有从事中国文学研究的学者都有曾在中国大陆、香港、澳门、台湾学习或交流的经历，更有部分学者还在大中华地区从事外交、文化、教育等工作，还有部分学者担任着当地孔子学院外方院长的职务，这都为他们的研究和翻译注入了独特而有益的活力。欧盟内部其他国族或国籍的学者在上述五国供职的情况并不如英法多见，仅见爱尔兰籍高迪在巴塞罗那自治、德国籍梅勒曾在科克。

总之，西欧五国中国文学研究有着欧洲传统汉学的基本特点，在新时代也呈现出诸多新变，在研究全球共享与想象中的学术共同体的建构中，对西欧汉学的关注和推介将对中国本土学术界的学术转型以又一重要的参考系的身份参与中国学术的大叙事话语中来。学界也并不认同欧洲当下汉学能够延续后殖民主义视阈中的文化霸权话语身份来对中国学术颐指气使，但对它们当下的研究方向、体系、方法、批判的了解才能知己知彼，建立起有效的学术对话，提供给本土学界更为清晰的海外研究范式和思路，这是不无裨益的。

（周睿　西南大学文学院副教授）

·传教士及其汉学研究·

滇北禄武彝区基督教传播及柏格里彝文的创制使用与影响[*]

普忠良

摘 要：在一个多世纪以来，基督教得以在滇北禄武彝区传播，柏格里彝文得以创制和使用有其客观的历史原因。虽然在一些方面有其积极的一面，但对彝族传统文化传承而言，它无疑促使了彝族传统文化和原始宗教信仰发生了非本体化的变异，很多优秀的彝族传统文化逐步流失，处于无人传承甚至濒危的境地。

关键词：滇北　禄武彝区　基督教　柏格里彝文　创制使用

彝族有自己的语言和文字。彝语属汉藏语系藏缅语族彝语支。彝文，史称"爨文""韪书"或"罗文"，是彝族使用的一种历史悠久的表意、方块的音节文字。新中国建立后，为了配合民族识别工作，政府组织科研人员深入彝族地区进行彝族语言文字调查，在20世纪50年代初期，设计了拉丁字母式彝文，简称"新彝文"，[①] 20世纪70年代末80年代初，滇、黔、川三省彝区根据各省不同的彝文实际，分别对传统彝文进行了整理规范，在各省彝族聚居区推行使用规范彝文。[②] 从现有的资料来看，彝族除使用"爨

---

[*] 本文系中国社会科学院国情重点调查项目（2009年至2011年）成果《云南省传教士创制民族文字的使用与影响调查报告》之一，文中有关民族宗教较敏感内容，发表前已做了大量的删减，特此说明。

[①] 这套拉丁字母化的"新彝文"在凉山彝区有过短暂的试验推行，因为这套符号字母脱离了传统彝文和彝族社会生活实际，试验推行没多久就失败。

[②] 其中于1975年制定的四川《彝文规范试行方案》确定819个规范彝文字，1980年经国务院批准，在四川凉山彝族自治州推行使用，效果良好，一直使用至今。

文""新彝文"、传统规范彝文外,在云南禄劝还使用过一种带图画性质的文字;在云南楚雄姚安的鲁国洪老人还创造了一种彝文字,并在本村一定范围内传播。在云南武定、禄劝的彝族(以下简称"禄武彝区")基督教徒至今还使用着一种由外国传教士创制的柏格里苗文式的彝文,俗称"柏格里彝文"。

一、洋教士对基督教的传播及柏格里彝文的创制与使用

(一)洋教士对滇北彝区的基督教传播

基督教于公元1世纪产生于巴勒斯坦,是世界上最有影响的五大教之一。基督教传入中国最早的确切记载是唐太宗贞观九年(635),当时称为景教。基督教大规模传入中国是在鸦片战争以后。就云南来说,基督教传入云南是通过两条线路,一条是由沿海城市上海、广州传入,另一条是由重庆经昭通传入。传入最早的基督教派内地会[①]于1881年(清光绪七年)派遣传教士进入云南,并在大理、昆明开办了教堂。随后蔓延到云南省的大部分地区。内地会是英美等国传教士对中国派遣传教士的差会组织,1865年由英国人戴德生(James Hudson tay-Ior,1832—1905)在英国创立。其总会设在英国,并在美国和澳大利亚设有分会。云南的内地会又有英美系统和德国系统之分,以英美内地会势力最大。

内地会是基督教在昆明地区影响最大,分布最广的一个教派,总部设在昆明武成路中和巷四号,礼拜堂叫三依圣堂。拥有1000多教徒,经常到三依圣堂做礼拜的有300—500人不等,参加者成分有工人、职员、家庭妇女、医生、联大学生,这是在昆明地区其他教派所无能及的,教徒几乎遍及云南100多个县(市)。在云南滇北彝族和苗族地区,内地会也是云南众多基督教派中势力最大。至1949年,英美内地会在云南的60多个县(市)发展教徒5万多人,设有教堂300多座、中小学及诊疗所10所。[②]

英美内地会在云南的传教活动,由英国传教士党居仁于1903年在昆明建

[①] 云南省编辑组编,中国少数民族社会历史调查资料修订编辑委员会《昆明基督教情况》,载《昆明民族民俗和宗教调查》第93—94页,民族出版社,2007年。

[②] 参阅肖耀辉、熊国才《云南基督教》第12—22页,宗教文化出版社,2004年。

立的"总会计处"负责，它把云南划分为两个相对独立的传教区即滇西传教区和滇北传教区，负责人称为"监督"，其中，滇北传教区由英籍澳大利亚传教士郭秀峰负责任监督。内地会基督教派在滇北传教区的活动主要在以武定县洒普山为中心的包括禄劝县在内的苗族和彝族地区。

1906年，滇北传教区监督郭秀峰到武定洒普山传教，开办教堂。随后在滔谷、阿谷米、老把，禄劝县撒老坞、寻甸县先哨建立了传教基地。1923年郭秀峰在洒普山主持成立了"基督教内地会滇北六族联合会"，并根据上述教堂所在地的民族分布做了划分，设立了6个总堂：洒普山苗族总堂、滔谷傈僳族总堂、阿谷米干彝族总堂、撒老坞黑彝族总堂、老把傣族总堂、新哨白彝族总堂。至1949年，上述6个总堂之下共辖51个分堂，支总堂200余个，有教牧人员约600人，教徒2万多人。先后开办了诊所7个，小学30余所，中学2所，圣经学校2所。① 随着滇北六族联合会的不断扩大，1944年，在洒普山召开了各地总堂联合会年会。各总堂会长及长老、传道员等70多人参会，会议决定在武定滔谷建立了滇北神学院，在禄劝撒老坞建立西南神学院。经过两年的筹备工作，西南神学院于1947年2月开学。董事会由李发献以及当时永山、永安、镇康、云龙等地的长老组成，聘请辽宁人甄开源任院长，经费主要由上海总会拨款，还有少量信徒捐献学生学费。西南神学院下设神学部、初中部和小学部。每部招生一个班。神学部学制3年，每期招生20人（其实是招生正科班学生14人，预科班25人），学生免交学杂费，课程主要有神道学、宣道学、教牧学、圣经大纲、圣经史地、国文、英语和音乐，教师由牧师、会长等神职人员担任，另外还从外地聘请文化课程的教师。小学和初中②除了开设普通初中课程外，加上圣经圣歌课，并规定一律参加主日学和各种礼拜活动。一年后小学和初中停办。1950年，在撒老坞的外籍牧师相继离去，西南神学院在第二期神学部学生毕业后停办。

（二）洋教士创制柏格里彝文

1. 柏格里彝文的创制

在禄武彝区，除使用千百年流传下来的彝族传统表意音节文字"爨文"

---

① 1942年在武定滔谷建立了滇北神学院，1947年禄劝撒老坞建立了西南神学院。

② 设初中班和初小班各30人。

滇北禄武彝区基督教传播及柏格里彝文的创制使用及影响

"趧书"或"罗文"外,自 20 世纪初期至今还使用着一种非拉丁字母的音素符号文字,这种文字至今仍然在彝族基督教民中广泛使用,由于这种文字是仿照乌蒙地区的柏格里苗文制定的,具有明显的柏格里苗文的特征,但它并不是简单地照搬,而是在苗文字母的基础上参照彝语语音特点设计的,是带有彝语特色的一种文字,人们习惯上把它称为"柏格里彝文"。

柏格里苗文是由英国传教士柏格里(Samudl Pollald)创制,这种文字又称为"波拉字母"或"格柜文字"。使用过柏格里文字符号系统的民族先后有苗瑶语族的苗族、藏缅语族的彝族、傈僳族,壮侗语族的傣族等分布在乌蒙地区的 4 个少数民族。

现在流传于禄武彝区的柏格里彝文就是借自柏格里苗文。1905 年,滇北传教区责任监督英籍澳大利亚传教士郭秀峰到武定洒普山传教。1914 年英籍澳大利亚传教士张尔昌到撒老坞传教。1917 年张尔昌结合武定、禄劝彝语的语音特点,用 47 个声母 27 个韵母,借用柏格里苗文的一些特点,请彝族牧师与人员参与创制了一种拼音式的音素文字,即柏格里彝文。并逐步用新创制的柏格里彝文翻译了《新约全书》《颂主圣歌》等,[①] 张尔昌创制的柏格里彝文在以彝族教徒为主的新哨白彝族总堂、阿谷米干彝族总堂、撒老坞黑彝族总堂得到了推行。由于这套柏格里彝文充分考虑了禄劝彝语的语音特点,很多不认识汉字的彝族信教群众也能在很短的时间内学会并掌握这一文字,受到当时信教的彝族教民的喜爱。自此以后,柏格里彝文在阿谷米干彝族总堂、撒老坞黑彝族总堂、新哨白彝族总堂三个彝族总堂得到很好的普及。能够用柏格里彝文进行传教的本地彝族基督教教徒也逐渐增多。

2. 柏格里彝文的书写符号系统

柏格里彝文是一种拼音式的音素文字,它是按照禄武彝区彝语音位系统数量来设计的,禄武彝语有多少声母就有多少个声母字符,有几个元音就有几个韵母符字。

柏格里彝文在结合禄武彝语言特点基础上,首先从几个可数的服饰图案,按照一定法则繁衍成有理有序的文字体系。它的繁衍方式是依据彝语语音发音部位的自然类别或发音方法等不同归纳为若干类,每一类又用该类特有的

---

① 参阅《云南基督教》第 45—46 页。

造字法造出既有区别又有内在联系的字。

柏格里彝文有 45 个声母，11 个韵母，以韵母位置的高低来表示声调的高低。

柏格里彝文的构形由竖、横、竖折横、点、半圆等基本笔画构成。柏格里彝文的每一个音节字中，能分析出声母、韵母、声调等音素，是一种表音节的音素文字。在造字中充分考虑了彝语声母清浊的语音特征，因为彝语清浊对立，在词义方面有区别意义的作用，在语法上有自动和使动的意义。

用一定的符号区别字母的送气与不送气是格里文式彝文造字法之一。禄劝彝语塞音和塞擦音的清音有送气与不送气之分，塞音和塞擦音的浊音也有与之相对的鼻冠浊音送气，造字者根据彝语清浊有严整的送气与不送气的对立，在区别送气与不送气的字时，不再造形体有较大差别的字，而是在塞音和塞擦音或浊音字母基础上加送气符号")"来表示塞音和塞擦音的清音送气，用简单的符号表达若干字母。

在浊音字母上加一定的符号来表示鼻冠音字母是柏格里彝文造字法之一。鼻冠音在各地彝语语音中发展情况不平衡，有些方言有鼻冠音，有的方言却没有。彝语鼻冠音现象主要反映在北部方言和东部方言。但两个方言鼻冠音有区别。相同点是两个方言的鼻冠音均在浊音上。不同的是东部方言禄劝彝语鼻冠浊音要送气，北部方言的不送气。造字者根据禄劝彝语鼻冠音符号"("，构成鼻冠音字母。基于禄劝鼻冠浊音无送气与不送气之分特点，在浊音字母上不用加送气符号")"，只需加鼻冠音符号"("，构成的字母以表示鼻冠浊音送气。①

综上所述，柏格里彝文是分别由声母、韵母组成的音素文字。其字源于服饰图案和拉丁字母，它的直接来源是柏格里苗文，在用苗文演变为彝文时，依据彝语语音特点，在清、浊，送气与不送气，鼻冠与非鼻冠间，用不同的方法构成既有相互关联，又互有区别的字，来表示禄劝彝语语音。

柏格里彝文的声母、韵母及声调设计具体如下：

---

① 除了舌尖后鼻冠浊音送气直接用舌尖后鼻 Ó 的"字母"作表鼻冠符号外，其余都以"("表作鼻冠浊音送气符号。

声母

柏格里文式彝文	ㄥ	ㄥ﹃	⊃	⊃ᒣ	∨	Γ
国际音标注音	p	ph	b	mbh	m	f v

柏格里文式彝文	T	T﹃	T⌐	T⌐﹃	C	Lᒻ
国际音标注音	t	th	d	ndh	n	l ɬ

柏格里文式彝文　T₁　T⌐₁　[　c[
国际音标注音　ʈ　ʈh　ɖ　nɖh

柏格里文式彝文　Ť　tct　c t　S　з
国际音标注音　tɕ　tɕh　dʑ　ndʑh　s　z

柏格里文式彝文　T　c T　כ﹃　J　T
国际音标注音　tɕ　tɕh　dz　ndzh　ʂ　z

柏格里文式彝文　C　⌐כ　C﹃　-cC　ח　Λ
国际音标注音　tɕ　tɕh　dʑ　ndʑh　ɲ　ç

柏格里文式彝文　J　J﹃　J⌐　c J　G　ʔ　ſ　Γ
国际音标注音　k　kh　g　ngh　ŋ　x　ɣ　ɦ

韵母

符号　ᴜ　∩　=　-　ɒ　"　O　b　u　ᴄ　ᴦ
注音　i　e　ɯ　ɿ　a　ɑ　o　ɤ　u　ʮ　ʯ

柏格里文式彝文在书写时，声母字体写得较大，占整个音节的大半，显示出它在文字中的主体作用，韵母字写得相对小些，附在声母字体之上，并依据它所在位置的高低来表示声调的高低。如声母T [t]与韵母-[a]相拼时，用它所居位置的高低分别代表 55 调、33 调、21 调：

T⁻　[ta⁵⁵]
T-　[ta³³]
T_　[ta²¹]

3. 柏格里彝文的使用与发展

1917 年，英籍澳大利亚传教士张尔昌结合武定、禄劝彝语的语音特点，借用柏格里苗文的一些特点创制了一种拼音式的音素文字，即柏格里彝文。并用新创制的柏格里彝文翻译了《新约全书》《颂主圣歌》等，最初以蜡刻的形式分发给彝族教民进行传道，同时也用柏格里彝文翻译蜡刻了一些《颂主圣歌》赞美诗等在彝族教民中进行传唱。

张尔昌创制的柏格里彝文在以彝族教徒为主的新哨白彝族总堂、阿谷米干彝族总堂、撒老坞黑彝族总堂得到了推行。由于这套柏格里彝文充分考虑了禄劝彝语的语音特点，很多不认识汉字的彝族信教群众也能在很短的时间内学会并掌握这一文字，受到当时信教的彝族教民的喜爱，很多彝族群众纷纷脱离彝族祖先神灵崇拜、彝族毕摩宗教祭祀等活动的原始宗教信仰形式，加入到信奉内地会基督教义的行列中。柏格里彝文在禄劝和武定彝区迅速铺开，信仰内地会基督教的彝族教民日益增多。至云南解放前为止，前述六个总堂共设立分支总堂200余个，有教牧人员约600人，教徒2万多人。随着滇北六族联合会的不断扩大。1947年2月，撒老坞内地会西南神学院开学，80多名学生分别来自滇东北六族联合会各总堂外，还有富民县、嵩明县、呈贡县、新平县、元江县、镇沅县以及四川西昌、会理等地教会选送而来。学院聘请辽宁人甄开源任院长，在1947年到1949年两年间，西南神学院共举办了四个柏格里苗文式彝文培训班，招生正科班学生14人，预科班25人，并附设初中班和初小班各30人。西南神学院学制为三年，第一年为预科，第一年预科合格者方可升入神学正科，三年学业结束合格者发给"西南神学院"毕业证书。开始时设有小学部、中学部、神学部。所附设的小学部和中学部的目的是为神学部储备神学生源。部分的教室和寝室都分开来管理，除音乐课和体育课全联合上课外，其他各科全校统一开展。神学部开设的学科有：神道学、宣道学、教牧学、《圣经》史地、《圣经》大纲、宗教对比学、新约讲义、旧约讲义、先知学、英语、国文等。西南神学院先后毕业了两届学生，第一届毕业生12人，第二届毕业生7人。

从西南神学院培养出来的二届掌握柏格里彝文的学员，1949年以后成为禄劝、武定，甚至昆明地区内地会基督教堂牧师或基督教神职人员。英籍澳大利亚传教士张尔昌创制的柏格里彝文至今仍在禄劝、武定、寻甸等县的彝族基督教徒中使用。

二、1949年后的基督教传播及柏格里彝文的使用

（一）1950—1980年基督教传播及柏格里彝文的使用

1950年2月22日，云南和平解放以后，党在各条战线上对旧的机构进行了接收工作，宗教界也不例外。1950年9月全国基督教爱国委员会主席吴耀

宗根据广大基督教徒的要求，号召基督教派、团体开展自治、自养、自传的"三自革新"运动。1951年，云南省各地的内地会外国传教士在昆明集中，年底大多数外国传教士都回国，只有少数几个没有离开。西南神学院在第二届神学部学生毕业后，禄劝、武定彝区的教堂也随之关闭，在撒老坞的外籍牧师相继离去，西南神学院只有本地教牧人员李发献、沙玉廉二人继续办了一班小学，学生是各地分堂、支堂送来撒老坞总堂学习的小学生，学校教的是小学课程和彝文班。1952年小学也停办，只有李发献会长留在总堂，负责总堂工作。西南神学院至此自行终止。

随着"三自革新"运动的进一步深入和发展，昆明地区的基督教割断了同帝国主义的联系，开始走上了自办教会的崭新阶段。1951年以后，禄劝、武定彝区的基督教神职人员都是本地人，教堂活动经费由教徒自己劳动或捐款所得来维持，许多教徒和神职人员用柏格里彝文布道，除礼拜、传教外，都参加秋收秋种，植树造林，修筑河道等活动。一直到1957年，禄劝、武定的基督教活动都得到正常进行。1951年至1957年，禄劝、武定彝区民族团结，社会稳定，生产生活一片喜人景象。1957年后，禄劝、武定彝区与全国一样掀起了生产"大跃进"运动，由于干部在执行党的宗教信仰自由上受到极左思潮的影响，特别是十年"文化大革命"，禄劝、武定彝区的基督教信仰受到极大的冲击。

由于在十年"文化大革命"期间，许多基督教徒备受打击，广大基督教徒对当地政策缺乏信心，甚至隐瞒自己的信徒身份。一些基督教教牧人员和信徒没有正确、全面理解党的宗教信仰自由政策的内涵，出现了局部乱传、不服从政府的领导和管理，小团体非正常信教组织此起彼伏，一些地方干部没有正确执行宗教信仰自由政策，干涉信教群众正常的宗教生活和合法的宗教活动现象。在"左"的错误路线的指导下，把宗教政策当作"修正主义"，"投降主义"加以批判，一些宗教爱国人士受迫害，宗教活动被迫停止，禁止一切与基督教等有关的宗教活动，基督教的书籍被烧毁，传教布道时用的柏格里彝文也被禁止使用。直到党的十一届三中全会后，禄劝、武定彝区与全国其他地方一样，党的宗教信仰自由政策才重新获得执行。

（二）1980—2010年基督教传播与柏格里彝文的使用

1. 1980—2010年基督教的传播与管理

（1）1980—2010年武定彝区基督教的传播与管理

武定县是一个多民族聚居的国家重点扶贫县,也是宗教工作任务比较重的一个县。境内包括部分汉、苗、彝、傈僳和傣等民族不同程度地信仰佛教、基督教和伊斯兰教三种宗教,县级宗教团体组织有 3 个,即基督教"三自"爱国委员会、基督教协会、佛教协会。信教群众 23334 人,占全县总人口的 8.8%,少数民族信教公民 15793 人,占信教人数的 67.7%,批准依法登记的宗教场所 227 所,其中佛教有活动场所 14 所,信教人数 6968 人,教职人员 2 人,伊斯兰教有活动场所 2 所,信教人数 633 人,教职人员 8 人,基督教有活动场所 211 所(2009 年县宗教整顿试点后,开放登记的 53 所,小教堂 200 多所),信教人数 15733 人,教牧人员 228 人(长老以上教职人员 60 人)。信仰基督教的人数较多。

根据武定县民族宗教局的统计数据（2010 年 7 月前）,全县 26 万多人口中,彝族人有 8 万多,有 4523 人信仰基督教,有 21 个长老,22 个传道员。若在有不同民族参加的大教堂做礼拜时,传道员讲经布道基本用的是汉语,若在村寨小的彝族礼拜堂做礼拜,使用的圣经书是柏格里苗文式彝文,传道用的都是当地的彝语。一周内有两次礼拜活动,分为小礼拜和大礼拜。小礼拜活动在周二、三早或晚进行,以就近为原则,一般是在村里的小礼拜堂进行礼拜,来参加礼拜的基本以本村和相邻村的彝族信教群众为主。大礼拜活动一般在星期天,基本集中到几个村中心点的大礼拜堂进行礼拜活动。在大礼拜堂做大礼拜,还有其他民族如傈僳族、汉族等教民会来参加,传道时候用的都是汉语,做祷告时候除主祷人用汉语外,下面各民族都用本民族的语言祷告。

根据县内宗教点多面广、"小众教"问题反弹、邪教渗透等复杂特点,自 1981 年以来,设立了宗教工作管理部门,配备了宗教专职干部。县、乡两级都建立了宗教工作领导机构,县委、政府设立了宗教工作领导小组（即综合治理工作领导小组）,由联系民族宗教工作的县委副书记任组长,由县政府分管副县长、县政协副主席、统战部长、民族宗教局长为副组长,公安、司法、文教、卫生、扶贫等 18 个成员单位组成。各乡镇也相继建立了宗教工作领导小组,组长由分管民族宗教工作的副乡（镇）长或书记担任,并设有宗教工作办公室,配备专职干部。

目前全县有县、乡宗教工作领导机构 14 个,其中县级 1 个,职数 18 人,乡（镇）13 个。在 28 个宗教工作重点村委会建立了宗教工作热点处置领导小组，由村支书或村主任担任组长，建立县、乡、村宗教工作目标管理考核制度。在宗教组织中先后建立了三个宗教团体组织，在基层建立了以乡（镇）为单位的教务管理组织，在宗教活动场所建立了宗教活动场所管理组织，建立和完善了宗教活动场所自我管理制度，宗教教职人员队伍管理采取分块、分级管理的办法，形成宗教工作网络管理体系，为确保做好宗教工作，维护社会稳定奠定了基础。

综合治理领导小组根据"热点""难点"问题分别制定了综合治理工作方案，并把工作责任化解到具体单位和个人。采取以点带面的办法，由县五大机关主要领导负责联系相关单位，分片负责，并具体抓好一个点，同时采取领导帮教的方法，即由五大班子领导每人负责挂一个片，并对"小众教"骨干进行结对帮教。"小众教"问题突出的乡（镇），由每个副科级以上干部负责帮教一名"小众教"骨干，县级有关单位负责"小众教"重点村社和面上"小众教"人员思想教育转化工作和扶贫工作等。经过多层次、多渠道的综合治理，使"小众教"综合治理工作取得了明显的效果。目前发窝乡小石板村"小众教"问题严重的重点村大部分信教群众已向政府靠拢，已有两名"小众教"转化人员参加入党分子培训班，并书面向党组织提交了入党申请书。很多不愿意用自来水、电的越来越少，科学种田已经成为信教群众的自觉要求。同时为了解决和落实宗教团体和宗教教职人员社会保障问题，尽县财政能力，积极落实经费，从2008年开始，对三个县级宗教团体每个每年安排1万元工作经费；对三个县级宗教团体住会人员确定生活补助，并按照医保政策纳入新型农村合作医疗；对全县各宗教活动场所教职人员给予一定的生活补助，基督教牧师等每人每月补助50元，基督教长老每人每月补助30元，传道人员每人每月补助20元。由于党政干部发挥了主导作用，宗教"热点""难点"问题得到了较好的解决。做到小事不出村、乡，大事不出县，从而有效地维护了武定县的社会安定，促进了经济的发展。

（2）1980—2010年禄劝彝区基督教的传播与管理

禄劝县是一个有24个民族聚居的民族自治县，也是一个宗教工作任务比较重的民族贫困县。境内包括部分汉、苗、彝、傈僳、傣等民族不同程度地信仰佛教、基督教和伊斯兰教等宗教。其中信仰基督教的人数最多。根据禄劝民族宗教局的统计数据（2010年7月前），禄劝县现有的45万多人口中，彝族人口有10万多，约有2万多人信仰基督教，苗族人口有2.3万多，有三分之一的人信仰基督教，傈僳族人口有 1.4 万多，有四分之一的人信仰基督教，另外，还有部分汉族信仰基督教或佛教。可以看出，在禄劝县，彝族是信仰基督教的主体民族，约占 6%，傈僳族、苗族、汉族等其他民族约占 4%。

自 20 世纪初基督教在云南滇北禄武彝族地区开始传播以来，基督教的传播在禄劝彝族有较大的市场，有不少信仰基督教的彝族信徒。虽然在 20 世纪 60 年代到 70 年代末，禄劝县境内的彝族基督教教民在"文革"和"左"倾路线的影响下，一切与基督教等宗教有关的宗教活动禁止，但在禄劝的基督教传播有一定的信仰群体，不少基督教徒在不能公开基督教活动的情况下，部分虔诚的信徒还是在暗中以小群体的形式偷偷进行地下的宗教活动。党的十一届三中全会后，禄劝、武定彝区与全国其他地方一样，由于党调整了宗教信仰自由政策，禄劝境内的基督教信仰又重新获得新生，而且规模也不断扩大，一些非传统的基督教群体也随相邻的武定县传入，虽然与传统的基督教信仰群体而言，这部分被称为"小众教"的非传统基督教小群体人数不多，但给禄劝的宗教信仰管理工作带来了混乱，部分村寨还出现过传统基督教与非传统基督教教民相互拉拢或争取信教教民的混乱局面。特别是在 20 世纪 80 年代末 90 年代初，禄劝县境内的传统基督教群体和非传统的基督教（即小众教）群体因受到国内外"世界末日论""苏联解体""自由论"等等多重信仰言论和国际形式变化的影响，信仰传统基督教的彝族教民一度猛增，非传统的"小众教"群体也有逐渐泛滥的局面。在很多彝族村落，傈僳族村落和苗族村落出现了很多一直不信仰基督教的人员几乎全部加入到基督教信仰队伍的现象，甚至部分考上大学的民族大学生、中专生，以及部分的在校就读的高中生、初中生、小学生都去参加各种宗教活动，参加大小礼拜的信仰活动，甚至辍学去信仰基督教的现象，致使禄劝境内的基督教管理一度出现政府很难控制的局面。针对这种信仰混乱局面，从 20 世纪 90 年代末到 21 世纪初，禄劝县政府及宗教管理部门加大了对基督教的管理工作，制定了符合禄劝实际的宗教管理措施。对境内的基督教加强了管理工作，并根据禄劝县宗教的发展特点，逐步摸索出县、乡（镇）、村分工明确的三级管理模式，这种管理模式如下：

  县、乡两级都建立了宗教工作领导机构。县政府有专门分管民族宗教工作的民族宗教局和统战部，县委、县政府设立了宗教工作领导小组

（即综合治理工作领导小组），配备有宗教专职干部。由联系民族宗教工作的县委副书记任组长，由县政府分管副县长、县政协副主席、统战部部长、民族宗教局长为副组长，公安、司法、文教、卫生、扶贫等18个成员单位组成。

各乡镇也相继建立了宗教工作领导小组，组长由分管民族宗教工作的副乡（镇）长或书记担任，并设有宗教工作办公室和专门的行政编制宗教助理，配备专职干部。

村委会设有专管村民族宗教工作的干部，由村支书分管。目前全县辖18个乡镇，192个村民委员会、2个社区居民委员会都建立了宗教工作热点处置领导小组，由村支书或村主任担任组长，建立县、乡、村宗教工作目标管理考核制度。

在宗教工作重点即县、乡（镇）、村的宗教组织中，建立了三个宗教团体组织。县上有由县政协副主席负责分管的县三自爱国委员会，乡（镇）设有由爱委会负责指导下的乡基督教教务组，村级有在乡教务组指导下的村教堂堂务组。在宗教活动场所建立了宗教活动场所管理组织，建立和完善了宗教活动场所自我管理制度，宗教教职人员队伍管理采取分块、分级管理的办法，形成宗教工作网络管理体系，为确保做好宗教工作，维护社会稳定奠定了基础。

在此基础上，在政府管理下的宗教团体（教堂），政府每年拨补一定的活动经费，其他的教堂等基督教团体的经费由各教堂教务组和信徒自筹。教堂形成自养、自传、自办的良好形式。县内的教职人员都是本地人员，教堂在县、乡（镇）、村三级管理下，通过县、乡、村三个宗教团体组织，进行对全县神职人员和教职骨干的培训工作。每年在全县内不定期培训10多期（班），对教职人员的培训内容主要包括国家的宗教政策、农村科技、法律、生产安全、公民道德等。这些培训一般用汉语进行，若有不懂汉语的信教人员参加时，用其本族语言进行宣讲培训内容。基本形成全县的神职人员传教牧师不出县，长老不出乡、传道人员不出村，循回布道组由通过培训的神职人员组成的教服管理模式。

通过这种模式的管理，近30年来，禄劝县境内的信仰基督教教民与非基督教公民和谐相处，社会和谐，人民的生活得到全面改善，没有出现过民族宗教问题。在20世纪80年代末90年代初一度滋生的非传统基督教"小众教"团体,在政府宗教管理部门和工作人员的教育下逐步走上正常的基督教信仰。抛弃了对基督教义断章取义,反社会反对政府援助的过激信仰行为。而禄劝的宗教管理模式后来也成为全省基督教管理的成功典型,逐步在全省范围内进行推广,包括邻县武定的宗教管理模式也是从禄劝的管理模式中借鉴的。

2. 社会阶层对柏格里彝文的态度

现在禄劝、武定彝族地区,还使用着两种彝文,一种是彝族千百年传承下来的彝族传统文字老彝文,一种是在基督教信徒中使用的柏格里彝文。

在基督教信徒中继续使用的柏格里彝文,在禄劝彝族中仍然使用广泛,40岁以上的彝族基督教徒基本都能懂。

对于柏格里彝文,非基督教徒认为用不用都关系不大,但认为对本县的基督教管理工作而言,彝族基督教徒使用这种文字,对执行党的爱国爱教的宗教信仰政策,增强民族团结和构建社会和谐很有用。

基督教徒认为彝族传统上的老彝文已经仅限上层研究人员在使用,懂老彝文的人很少。而柏格里彝文在彝族基督教信徒中一直在传播和使用,社会使用功能上远远超过老彝文,特别是在信徒中有些彝族老人不懂汉字,只懂用柏格里彝文来读《圣经》,认为政府领导下的教会应该加大对彝族基督教信徒的柏格里彝文使用和培训工作,让越来越多的彝族基督教信徒能够掌握柏格里彝文,更好地在爱国守法,发展生产的前提下从事宗教信仰活动,这样对国家稳定、社会和谐有利,同时对彝族基督信徒正确理解《圣经》中基督教义,按照国家的宗教政策从事宗教信仰活动有利。认为,只要有彝族基督教信仰群体存在,柏格里彝文会一直在信徒中使用。

三、基督教传播与柏格里彝文使用对彝族的影响与导致的问题

从20世纪初刚进入禄武彝区时基督教与彝族本土传统文化之间的冲突与相持(1905—1949年),到"文化大革命"期间的抵制与感化(1950年到"文革"结束),改革开放初期的彝族本土传统文化与基督教文化在相互融合(1980—1989年),到基督教文化逐步在彝族本土传统文化对峙中渐占优势(1989—2010年)状况说明,近百年来,基督教在禄武彝区的传播,特别是

柏格里彝文在基督教传播中对彝族传统文化传继和宗教信仰等方面所造成的影响和导致问题是十分明显的。

特别是 20 世纪初基督教传入滇北彝区以来，禄武彝区的不少彝族却皈依了基督教信仰，使禄武彝区的彝族传统文化受到极大的冲击，产生了前所未有的变化，这些文化上的变异涉及了彝族传统核心文化的诸多方面：

（一）宗教信仰发生变异

彝族是一个宗教祭祀文化和祖先崇拜文化比较厚重的民族，具有千百年来传承不息的彝族核心的文化域。以父子连名谱系为中心的祖先崇拜文化，以毕摩教祭祀仪式为服务的原始宗教信仰形式，以彝族语言、文字与彝族历法为纽带的彝人活态文化保持、呈现与发展，自成体系的彝族文化始终以强大的力量承传不息。

云南禄劝、武定彝区的宗教文化与其他彝族区一样，有着浓厚的原始宗教色彩，以祖先崇拜为核心，集万物有灵，自然崇拜，神灵崇拜为一体。彝族信奉自然万物有灵的自然崇拜，认为天地、日月、山川、河流等都有灵，都存在着阴阳或公母（雌雄）的平衡理念。认为山有公山母山、水有公水母水。彝族认为"灵魂不死"，人的灵魂可以离人的形体而存在着，人有三个灵魂，生时附体，死后游荡人间。人的灵魂一旦脱离形体，人就会生病，必须请彝族祭司毕摩念经做法事，进行招魂或驱魂。毕摩是彝族社会生活中专门从事神职活动的宗教祭司。他们上知天文，下知地理。他们在彝族社会中具有极其重要的作用。凡是灾病、集会、年节、生死等都要请毕摩念经作法。基督教传入禄武彝区后，逐步瓦解了彝族传统的原始宗教信仰体系，彝族宗教信仰从原初的多神崇拜向耶稣基督-神信仰转化。

首先，信仰基督教的彝族教徒信仰耶稣基督是唯一的真神，信仰耶稣基督就不能崇拜或参与彝族传统的祭祀活动，他们把彝族传统的祖先崇拜，自然崇拜及万物有灵魂的传统崇拜文化视为是违反基督教义的"偶像崇拜"。进而抛弃了以祖先崇拜为核心的彝族传统祭祀文化，有的甚至带头捣毁祖灵筒，烧毁传承了几千年手抄的家支家谱。还认为世界万物是耶稣基督创造的，耶稣基督才是创造人类的始祖。只有耶稣基督才能从苦海中将人类拯救出来，其他彝族传统的祖先崇拜或围绕祖先崇拜文化的祭祀活动都是违背耶稣基督的"迷信"活动，杜绝或放弃参加任何的彝族传统崇拜文化与祭祀活动。

其次，彝族原始宗教观念认为万物有灵，人死后要请彝族祭司毕摩念诵

《指路经》，引导死去的亡灵回归祖界，与祖先团聚。而彝族基督徒的家人死后，请的是教会牧师或教会主持者向耶稣基督去祈祷，祈求亡灵跟着耶稣基督升入天国，享受永生的幸福快乐。彝族传统的丧葬仪式转为由唱诗祈祷代替毕摩念诵归祖的《指路经》，放弃了彝族传统的丧葬各种祭祀仪式。

（二）婚俗节庆发生变异

彝族社会生活中，无论是婚嫁还是节庆活动，都与喝酒歌舞不分开。婚庆从开始到结束有一套完整的婚庆仪式或礼仪活动伴随始终，举办婚礼的男方或女方都会设宴接待宾朋，宴请酒是不缺少的，要祭祖先，出嫁的女儿要唱出嫁歌。敬酒歌动天，歌舞声达旦，同时会举行各种祭祀礼仪，组织各种比赛活动，场面呈现的是一派喜庆之气。逢年节庆要过隆重的彝族火把节，彝族年。但信仰基督教后，基督徒家庭的婚庆活动只请基督教教会主持做祷告，唱圣歌，不举行任何祭祀活动，不唱出嫁歌，婚庆宴席不允许上酒喝酒。他们视彝族传统节庆为迷信活动，过年过节聚教徒一起到教堂做礼拜，唱赞美耶稣基督的圣歌，做祈祷祈祷耶稣基督保佑平安。最终导致了禄武彝区的彝族传统优秀文化逐渐处于失传，处于濒危或荡然无存的状况。

（三）传统饮食习惯发生变异

基督教没进入禄武彝区前，彝族传统的饮食习惯除了不吃狗肉、马肉和水牛肉、猫肉之外，没有过多的饮食禁忌。而基督教的传入，彝族传统的饮食习惯发生了很大的变化。彝族基督教徒信基督教义，不食牺牲之血，不饮酒，不吃星期天宰杀的牺牲，星期天不杀牲，不祭供祖灵酒牲物品，认为祭供祖先祖灵物品是祭鬼魂的迷信，会给基督徒带来邪气。这么多的生活饮食禁忌给彝族基督徒的出行带来不便。因此，彝族的基督教信徒信仰基督教后基本放弃了彝族传统文化中的很多饮食习惯进而皈依基督教教义。

（四）族群认同关系发生变异

"族群是人们在交往互动中和参照对比过程中自认为和被认为具有共同的起源和世系，从而具有某些共同文化特征的人群范畴"。[①] 彝族有几千年传继下来的父子连名的谱牒制。通过谱牒，彝族同一家族或家支的血缘关系得以代代传承。彝族是个族群或家支认同意识很强的民族，通过家支血缘作为纽带关系，形成了独具彝族文化特点的父子连名的家支谱牒（或谱系）文化。

---

① 庄孔韶《人类学通论》第 352 页，山西教育出版社，2002 年。

所以，彝族在发展过程中，彝族共同体的认同是比较稳定的。但基督教传入禄武彝区后，虽然已经皈依基督教的禄武彝区的彝族也认同自己的族属，但传统信仰与基督教信仰文化的差异，也导致了文化传承上的明显差异。皈依基督教的彝族信徒无意识间慢慢丢弃自己的民族文化传统，但也不是完全抛弃彝族文化，进而在滇北禄武彝区中存在着独特的基督教彝族文化，这种基督教彝族文化包含了基督教文化因素的大部分，但这种文化又打上了彝族文化的诸多烙印。在禄武彝区蔓延至今的基督教彝族文化现象，在新的历史阶段越发表现出它的独立性。在族群认同的强力下，一些重大的家支活动，一些基督教徒也参加到活动中，履行一些族群或家支传统活动，如家支会议等，但家支活动中免不了酒宴，在这种情况下，作为基督教徒，他们参与活动，但或不喝酒不吃星期天宰杀的牺牲，或者参加活动后不参与酒宴，直接回家自己安排饮食等，但在一定范围内，这些彝族基督教徒会自然形成一个小团体，在人类起源认知问题上，他们始终信仰上帝造人论，认可耶稣基督是人类的始祖和万物之神的基督理念，认同自己是彝族六祖（武、乍、糯、恒、布、默）的后裔，把自己排除在族群或民族历史的起源之外，把耶稣基督作为万物之神来加以信仰。这自然形成的小团体，排斥彝族传统文化，否定彝族族源历史与文明成就，并阻止子女与非基督教徒联姻。甚至现在的彝族的基督徒，在清明节或需要祭祀祖灵的时候，基本不做祭祀仪式，不上祖坟为逝去的先人祭祀。族群认同很大程度上是文化认同，但这种盲目的宗教观严重影响了彝族内部的团结，分散了彝族族群认同的力量，大大削弱了彝族传统文化认同所形成的族群内部凝聚力。

（五）意识形态发生变异

基督教作为世界上最有影响的五大教之一，它留存至今，自有它存在的力量与生命力。但基督教所宣扬的"信仰耶稣，死后会上天堂，不会下地狱，来生不再吃苦受累"这种"来世"理念，极大地影响了禄武彝区的彝族基督教徒。受这种"来世"理念的蛊惑，很多虔诚的彝族基督徒自觉给教会或教堂募捐财务，从信仰心理上博得耶稣基督的宽恕与豁免，希望"来世"可以到天堂安享幸福"来生"。特别在禄武彝区的部分信仰非基督教的"小众教"团体拒绝接受国家贫困财物，有病不打针不吃药，不买国家化肥、农药，甚至不让自己的儿女上学读书，不经商，不外出打工，认为经商打工是吃人害人的行为，更有甚者强行阻止自家儿女弃学信教做虔诚的基督徒，认为只有虔诚信仰耶稣基督,"来世"才能得救过幸福"来生"。让儿女们把宝贵的青春年华浪费在做礼拜,读《圣经》,唱赞美耶稣基督的圣歌上。这种属于信仰非基督教的"小众教"团体对滇北禄武彝区的彝族教育和民族素质的提高产生了严重影响。

四、结　语

基督教在滇北禄武彝区得以传播有其客观的历史原因,在一些方面虽然有其积极的一面。但对彝族而言,在一个多世纪以来,它无疑促使了彝族传统文化和原始宗教信仰发生了非本体化的变异,很多优秀的彝族传统文化逐步流失而无人传承,甚至走向濒危境地。这不能不说是基督教传播过程中柏格里彝文使用带来的影响。

[普忠良（彝名：普驰达岭）文学博士,中国社会科学院民族学与人类学研究所教授]

明恩溥与中国谚语俗语研究

崔若男

摘 要：从16世纪天主教传教士入华至1949年，传教士搜集了大量中国谚语俗语并形成了诸多论述。除却这些著作背后的宗教诉求外，传教士对谚语俗语的科学研究也作出了推进。以美国公理会来华传教士明恩溥的《汉语谚语俗语集》为例，该书不仅收录了多种类型的谚语俗语，还就谚语俗语研究中的诸多问题进行了探讨。相较之下，传教士群体在谚语俗语搜集研究方面的前瞻性与开拓之功，一定意义上也与五四知识分子形成了学术对话。

关键词：明恩溥 谚语 俗语 传教士

明恩溥（Arthur Henderson Smith，1845—1932），美国公理会（American Board of Commissioners for Foreign Missions）来华传教士。其在华50多年，主要传教区域在山东西北部。[①] 明恩溥一生笔耕不辍，留下了较多著述，但对中国读者而言，其传播最广、影响最深的当属《中国人的特性》（Chinese Characteristics，1890）[②] 与《中国乡村生活：一项社会学研究》（Village Life in China: A Study in Sociology，1899），这也是学界予以较多关注的。[③] 此外，有一

---

* 本文系国家社科基金重大项目"海外藏珍稀中国民俗文献与文物资料整理、研究暨数据库建设"（编号16ZDA163）阶段性成果。

① 有关明恩溥的详细生平，可参见翁伟志《他山之石：明恩溥的中国观研究》第19—21页，博士学位论文，福建师范大学，2007年。该文附录中另有明恩溥的年谱及明恩溥作品名录。

② 该书目前在国内有十多个中译本，译名不一。

③ 明恩溥的其他著作还包括《动乱中的中国》（China in Convulsion，1901）、《基督王：关于中国的概括性研究》（Rex Christus: An Qutine Study of China，1903）、《中国的上升》（The Uplift of China，1906）、《今日的中国和美国》（China and America Today，1907）、《前往中国的年轻传教士手册》（A Manual for Young Missionaries to China，1918）。此外，明恩溥在《教务杂志》上也发表了大量文章。

部明恩溥花费大量心血，前后修订增补达几十年之久的著述却很少被学界提及，即《汉语谚语俗语集》。

该书全称为《汉语谚语俗语集，连同有关和无关的事物，夹杂了对中国总体情况的观察》(Proverbs and Common Sayings from the Chinese, together with much related and unrelated matter, interspersed with observations on Chinese things-in-general, 1888, 以下简称为《汉语谚语俗语集》)，书中收录了近2000条中国谚语俗语，大部分于1882年至1885年发表在当时颇负盛名的《教务杂志》(The Chinese Recorder and Missionary Journal) 上，后经明恩溥不断修订补充，于1888年出版。但该详尽修订版在1900年被义和团焚烧教堂时销毁①。目前通行的版本发行于1902年，该版本后来多次修订并再版，同样在西方社会产生了广泛影响。②

以该书为对象，梳理明恩溥的谚语俗语搜集整理活动，一方面可借此考察入华传教士群体的"谚语观"；另一方面，也可将其置于中西文化交流的背景下，与中国本土学者的谚语俗语研究进行比较，从外部视角切入，梳理中国现代民间文学的发生。③

一、传教士辑录中国谚语俗语史

从16世纪天主教入华传教开始算起，直至1949年，基督教在中国断断续续发展了四百余年。这期间，各个国家、各个教派都对中国的基督教事业有不同程度的介入。依据中国近代史的发展及传教士在华的活动、规模等，这四百

---

① 参见 Preface to the Revision, 收入 Smith, Arthur H., Proverbs and Common Sayings from the Chinese, Shanghai: The American Presbyterian Mission Press, 1914. ［美］博晨光（Lucius C. Porter）著，马军译《悼念明恩溥博士》，收入朱政惠主编《海外中国学评论》（第4辑）第327页，上海辞书出版社，2012年。

② 1902年、1914年、1915年该书在上海再版；1965年由纽约 Dover PublicationsIns, Inc. 再版；2010年由 General Books LLC 再版。本文将在1914年修订版的基础上展开讨论，此版本由美部会传教士富善（Rev. Chauncey Goodrich, D. D）修订。

③ 近年来，随着学界对现有的民俗学史、民间文学史的反思，有学者提出中国现代的民俗学史应该是按照"本土的与西方的两条路线推进的"。换言之，除了由本土知识分子主导的现代民间文学活动以外，由西方人发起的现代中国民间文学整理与研究活动也是民间文学学术史上不可忽视的一部分。参见张志娟《西方现代中国民俗研究史论纲（1872—1949）》，载《民俗研究》2017年第2期。

年可大略以鸦片战争为界,分为两个阶段:第一阶段从明末清初耶稣会传教士来华直到雍正禁教(1724年),这一时期活跃在中国的主要是天主教诸会,如耶稣会、多明我会、方济各会等;第二阶段始自鸦片战争前后,西方列强以船坚炮利打开了中国的大门,基督教在华的传教工作也随之进入一个新局面。伴随着这两个阶段不同的时代背景,传教士在华的谚语搜集研究活动也不尽相同。

由于在第一阶段的传教活动中,传教士们所面临的核心问题是围绕"中国礼仪之争"展开的,其成果也主要集中在阐释天主教教义及其与中国信仰的关系上,中国文学中的神话传说、谚语俗语等也因此成为其论述的辅助材料。但整体而言,这一时期传教士对中国谚语俗语的整理、论说还相对较少,具有代表性的是法国耶稣会传教士白晋(又译白进,Joachim Bouvet,1656—1730)。① 白晋作为"中国索隐派"的创始人之一,主张从中国人自己的文化出发来帮助他们理解天主教。在其代表作《古今敬天鉴》中,他主要从中国古文献中钩沉典籍,同时通过亲身观察来获得资料。该书下卷中,他搜集了与"天"有关的51组经典、俗语等,皆以天主教相关教义对其进行分类,如"宇宙必有真宰""造天地万物""天子在位乃奉主宰之命""万恩之源,理当报之"等等,通过每则条目下"民俗""士俗""经文"(《论语》《尚书》《诗经》等)互证的方式,试图说明中国人所崇敬、祭祀的"天""老天爷""上帝"与天主教的"Deus/God"在内涵与意义上的一致性,以此将中国民众的一般信仰行为纳入天主教之中。在《古今敬天鉴》中,他所搜集的民间俗语包括"头上有老天爷作主""人千算计,万算计,当不得老天爷一算计""哄得人,哄不得老天爷"等。值得一提的是,在白晋所整理的"士俗"中,也有一部分是众所熟知的俗语,如"皇天不负苦心人""头上有青天,屋里有青天""善恶自有天报""天自有乘除加减,人算不如天算"等,这也足见谚语俗语在使用阶层上的广泛性。

1724年雍正禁教,传教士们开始进入"非法的"、秘密的传教阶段。直到第一次鸦片战争后,中国陆续同外国列强签订了中英《南京条约》(1842年)、中法《黄埔条约》(1844年)、《天津条约》(1858年)等,传教士也从中获利,得以在中国合法传教。在这一形势下,入华传教士的数量明

---

① 关于白晋的详细生平和著作,可参见〔德〕柯兰霓《耶稣会士白晋的生平与著作》,大象出版社,2009年。

显增加。以新教为例,"到一八六〇年,基督教传教士从一八四四年的三十一人增加到一百余人,教徒从六人增到约二千人;到十九世纪末,传教士增至约一千五百人,教徒增至约八万人"①。

为了传教事业的扩张,这一时期传教士们在中国发行了大量的报刊。著名的有《中国丛报》(Chinese Repository,1832—1851)②、《教务杂志》(1868—1941)③、《中国评论》(The China Review, or Notes and Queries on the Far East, 1872—1901)④ 及《万国公报》(Multinational Communique,1868—1907)⑤ 等等。这些报纸的讨论议题除了与基督教教务相关的内容外,还涉及了中国生活的方方面面:政治、历史、宗教、文学、语言、地理、经济等等,其中就包括相当数量的民间谚语俗语。⑥

除此之外,由于这一时期入华的传教士数量激增,而传教士来到中国的首要挑战便是语言。认识到谚语俗语对于学习汉语口语的帮助后,传教士们还编写了大量的汉语教材、词典及谚语俗语集。这些著作中所收录的谚语俗语一部分来自古代、近代文学作品中,还有一部分则是采自民间语言。如法国耶稣会传教士马若瑟(Joseph de Premare,1666—1735)的《汉语札记》(Notitia Linguae Sinicae,1728年成书,1831年出版),据统计,该书第五章至少包含四百则一、二、三、四字的短语或谚语,如"满招损谦受益"、"不怨天不尤人"等。⑦《中国丛报》曾评价其曰:"马若瑟《汉语札记》的英文译本

---

① 顾长声《传教士与近代中国》第117页,上海人民出版社,1981年。
② 旧译《澳门月报》《中国文库》。由美部会的传教士裨治文(E. C. Bridgeman,1801—1861)创办于1832年5月,主要发行地点是广州。这是西方传教士在清末中国创办的一份英文期刊。
③ 又称《中国纪事》《中国纪事报》,创刊于1867年,断延发展74年,是基督教在华创办的最大规模的一份英文刊物。
④ 又名《远东释疑》,1972年7月创刊于香港,1901年6月停刊,是一份由英美传教士、外交官、商人、旅行家、记者等主笔的英文汉学期刊。
⑤ 原名《教会新报》(Church News),1868年9月5日在上海由林乐知(Young John Allen)等传教士创办的,1907年停刊,是对中国近代发展影响巨大而深远的刊物之一。
⑥ 如在英国人主办的《中国评论》上,刊登了瑞士传教士韶泼(M. Schaub)对中国谚语,尤其是广东客家人的日常谚语的研究共计6篇;英国驻华外交官庄延龄(E. H. Parker,1849-1926)论中国熟语(Idiomatic Phrases)共计5篇。
⑦ 张西平、李真、王艳、陈怡编著《西方人早期汉语学习史调查》(上)第163—164页,中国大百科全书出版社,2003年。

即将由《中国丛报》出版社发行,现已完成了一半。我们相信,马若瑟的著作必将会对我们学习汉语有很大的帮助。我们从该著作的第一部分汉语口语(白话文)中摘录一些谚语,以示大家";① 美国北长老会传教士狄考文(Calvin Wilson Mateer,1836—1908)花费 25 年编写的汉语教材《官话类编》(*A Course of Mandarin Lessons Based on Idiom*,1892),该书"语料以口语为主,其中词汇多来源于生活,通俗易懂;涵盖面广,包括文学、自然科学、商业、历史和宗教等领域"。② 其中谚语、歇后语及惯用语加起来的数量大约在 200 多条。

另外还有英国伦敦会传教士马礼逊(Robert Morrison,1782—1834)编撰的《华英字典》(*A Dictionary of the Chinese Language*,1822),包含了 100 多则谚语;英国驻香港第二任总督德庇时(John Francis Davis,1795—1890)也受马礼逊影响,编撰了收录 201 条格言、谚语的《贤文书》(*Hien Wun Shoo. Chinese Moral Maxims, With a Free and Verbal Translation, Affording Examples of the Grammatical Structure of the Language. London & Macao*,1823);法国巴黎外方传教会传教士童文献(Paul Hubert Perny,1818—1907)编辑整理的《中国谚语》(*Pvoverbes chinois, re cueillis et mi sen ordre*,1869)收有谚语俗语 400 多条;美国公理会传教士卢公明(J. Doolittle,1824—1880)在他的《英华萃林韵府》(*Vocabulary and Handbook of the Chinese Language, Romanized in the Mandarin Dialect*,1872)中收集了 700 条谚语、广告语、对句和对联。

伴随着传教活动的深入,传教士们对谚语俗语的认识也发生了变化。一方面,他们认识到谚语俗语是学习汉语口语的重要工具;另一方面,他们还发掘了谚语俗语在开拓传教事业,了解中国文化、社会方面所具有的不可替代的作用。明恩溥的《汉语谚语俗语集》就是其中一例。

二、传教士明恩溥的谚语俗语观

明恩溥在书中毫不讳言其收集谚语俗语、编纂该书的目的:除了通过谚

---

① Proverbs Selected from Prémare's Notitia Lingæ Sinicæ, in The Chinese Repository, Canton, Ohio: Printed for the Proprietors, 1832-1851, Vol. XV, pp. 140-144. 转引自董海樱《16 世纪至 19 世纪初西人汉语研究》第 214 页,商务印书馆,2011 年。

② 李银菊《近代美国来华传教士狄考文的汉语观——以〈官话类编〉为例》,硕士学位论文,山东师范大学,2013 年。

语俗语来帮助外国人学习汉语外，更重要的是将谚语俗语视为"中国人思维方式的展示"①，这从其副标题"夹杂了对中国总体情况的观察"中也可略窥一二。在明恩溥广为人知的描写中国人"国民性"的著作《中国人的特性》（*Chinese Characteristics*）中，他也引用了大量的民间谚语俗语，来论证中国人的国民性。关于"国民性"这一概念，前人已有较多研究。与中国知识分子"救亡图存"的目的相较，明恩溥探讨中国人国民性的主要意图，更倾向于为其传教工作服务。因此，从这个角度而言，明恩溥的谚语研究尽管伴有对中国人国民性的考察，但其实质上也是传教事业的一部分。

在明恩溥编辑的《赴中国的青年传教士手册》（*A Manual for Young Missionaries to China*）中，其同道就曾指出："令人遗憾的是，很少有传教士在公共话语中巧妙地使用汉语谚语。谚语和典故在中国人的演讲和说教中比比皆是，而且总能引起启发，（让人）抓住重点。保持敏锐的耳朵，随时捕捉它们并记录下来。就像以赛亚（Isaiah）提到的'牙齿'。中国人从未停止使用谚语，一个传教士如果忽视了这些就会削弱其传教事业。明恩溥的《汉语谚语》（*Chinese Proverbs*）是连接这二者的金矿，但需要注意它们是否在任何特定地区都流行。"②

可以说，传教士们搜集整理谚语活动的一个主要特点就是"学以致用"，即传教士们频繁地在传教中使用谚语俗语，以拉近与中国民众的关系。

早在明恩溥之前，1865年来华、长期在汉口一带传教的英国循道公会传教士沙修道（William Scarborough）③就曾为了传教活动的顺利展开，经常把谚语运用到宣讲教义中，并取得了很好的传教效果。④他将收集到的谚语俗语以《谚语丛话》（*A Collection of Chinese Proverbs*，1875）⑤为名出版，该书被

---

① Smith, Arthur H, *Proverbs and Common Sayings from the Chinese*, Shanghai: The American Presbyterian Mission Press, 1914, p. 10.

② F. W. Baller and W. Hopkyn Rees, *The Study of the Chinese Language*, 见 Arthur H. Smith, *A Manual for Young Missionaries to China*. Shanghai, *The Christian Literature Society*, 1924, p. 21.

③ ［英］伟烈亚力著，倪文君译《1867年以前来华基督教传教士列传及著作目录》第286页，广西师范大学出版社，2011年。

④ 参见［美］洪长泰著，董晓萍译《到民间去：1918—1937年的中国知识分子与民间文学运动》第226页，上海文艺出版社，1993年。

⑤ Scarborough, W. *A Collection of Chinese Proverbs*. Shanghai: American Presbyterian Mission Press, 1875. 另有 Scarborough, W. *A Collection of Chinese Proverbs*. Revised and enlarged by Rev. C. Wilfrid Allan, Shanghai: Presbyterian Mission Press, 1926.

明恩溥评价为"第一本有序编辑、分类、索引的谚语研究著作"。① 明恩溥也喜好使用谚语俗语。李景汉曾回忆明恩溥的演讲:"在他讲演的时候,带些山东的口音,声调或高或低,或长或短,极变化之能事,且好引用古今格言、民间谚语,全身随时都是表情,往往双手同时以指作声,助其语势,可谓出口成章、娓娓动人,使听众永无倦容。"②

传教士们之所以形成这样独特的谚语观,与其在中国的传教环境和传教策略密不可分。

明恩溥曾直言,在中国"传教士很少有机会接触秀才这个最低级别以上的人,即使是秀才也并不是很频繁。我们的受众中大约95%都是农民、小商贩、苦力和游民"③。因此,面对众多的下层民众,要想延续利玛窦所开创的"文化适应"传教模式,首要的是适应中国社会的底层文化,从社会最底层开始传教。④ 在《向中国人传福音的最佳方法》一文中,明恩溥将"直接"(direct)作为向异教徒传教的重要原则之一。简言之,"直接"体现在四个方面:传教中第一要避免的是过度修辞和说教;第二要尽量使用简单、直接、通俗的口语和方言,避免使用文绉绉的官话;第三,避免使用那些对外国人不言而喻,但对中国人来说很难理解的比喻和例证,例如各类科学名词等;第四,避免使用圣经中的典故,尽量引用与中国文化、历史相关的典故。⑤

结合明恩溥的传教策略来理解《汉语谚语俗语集》一书,其旨趣不言自明。《汉语谚语俗语集》全书共九章,首章为序言,末章为结论。中间七章按类别对每一条谚语俗语逐例翻译并注解。其后还附有索引两则,一为综合索引(General Index),一为谚语索引(Index of Proverbs)。综合索引作为对谚语俗语的补充,只收录重要的人名和作品名。

---

① *Proverbs and Common Sayings from the Chinese*, p. 10.

② 《李景汉评〈中国人的素质〉》,收入〔美〕明恩溥著,秦悦译《中国人的素质》第301—302页,学林出版社,2001年。

③ Arthur H. Smith, "The Best Method of Presenting the Gospel to the Chinese", *the Chinese Recorder and Missionary Journal*, 1883. vol. 14. no. 5, p. 395.

④ "The Best Method of Presenting the Gospel to the Chinese", *the Chinese Recorder and Missionary Journal*, 1883. vol. 14. no. 5, p. 400.

⑤ "The Best Method of Presenting the Gospel to the Chinese", *the Chinese Recorder and Missionary Journal*, 1883. vol. 14. no. 5, pp. 395-402.

明恩溥无意对"谚语""俗语"等给出科学定义，而是将所能收集到的谚语、谜语、歇后语、打油诗、文人诗、市语行话、隐语等"主要根据形式，部分地根据来源"① 划分为七大类：

1. 源自经典的引用和改编自经典的引用，即见于中国古代的"四书五经"以及《三字经》《千字文》等经典中的谚语俗语。如"四海之内皆兄弟"（出自《论语》）、"生于忧患，死于安乐"（出自《孟子》）等。

2. 以诗歌形式呈现的诗行或对句，主要包括部分文人诗、打油诗以及民间歌谣等。文人诗如李白的《静夜思》、贺知章的《回乡偶书》、王之涣的《登鹳雀楼》等；打油诗如"春天不是读书天，夏日炎炎正好眠。到了秋来冬又至，收拾书箱过新年"；民间歌谣如"天皇皇地皇皇，我家有个夜哭郎。过往君子念三遍，一觉睡到大天亮"等。

3. 对句。如"猫卧房头，风吹毛动猫不动；蛇饮池中，水浸舌湿蛇不湿""到夏日穿冬衣，糊涂春秋；从南来往北去，混账东西"等。

4. 包含历史、半历史、传说、神话人物或事件典故的谚语，这些人物和事件按其时代分别归属于春秋战国、汉、三国、唐、宋、元、明、清。如"端午不插艾，难吃新小麦"（与黄巢有关）等。

5. 与特定地方、区域相关的，或仅与当地重要人物、事件相关的谚语。如"山西骡驼轿，山东大褥套，直隶瞎胡闹""老不入川，少不入广"等。

6. 由同字不同义或发音相似的不同字决定的双关语，包括歇后语、绕口令、回文诗、谜语、市语（或"调市语"）、戏仿诗等。如选取"四书"部分章句拼凑成的《惧内论》、回文诗《壶中造化》等。

7. 不能归入上述任一类的杂谚，如与身体缺陷、季节、天气、医药养生、亲子关系等相关的谚语俗语。

以上七大类构成了该书的主体部分，也贯穿了明恩溥的谚语俗语观。这七大类几乎囊括了中国文化的方方面面。其中既有四书五经这样的"雅文化"，也有流传在民间的谚语俗语（或言之"俗话""土话"）；既有历史典故，也有地方风物。一方面，明恩溥无意从事学术研究，因此不能以科学、严谨来审视其著；另一方面，明恩溥所辑录的各类驳杂的谚语俗语，背后指向的仍是其传教事业。

---

① *Proverbs and Common Sayings from the Chinese*, p. 5.

以第四类包含历史典故的谚语俗语为例。明恩溥列数了从春秋列国、汉、三国到唐、宋、明、清历朝相关的谚语俗语。如在与宋朝相关的谚语俗语一节中,明恩溥所列举的赵匡胤、包拯、岳飞等大致都是较重要的历史人物。此外,明恩溥还单列一节"与历史或半历史人物有关的谚语、俗语",旨在将与历史传说中的人物形象孟姜女、曹操、武大郎等相关的谚语俗语予以解释。各种内容略显杂乱地堆砌在一起,使得《汉语谚语俗语集》看起来更像是一本中国文化的百科全书。然而,该书所呈现出的"谚语俗语观"一定意义上与明恩溥的传教策略是一致的。

明恩溥主张从中国人的立场出发,向其解释基督教思想。"以中国人的眼睛去看,以中国人的思维去思考"①,因此,传教士要想真正了解他们的受众,就必须"了解中国历史的概貌,至少要知道各个朝代的顺序和名称,并熟悉重要的帝王,如秦始皇、赵匡胤、朱元璋,而不仅仅是知道康斯坦丁、格里高利、拿破仑"。②

可以说,《汉语谚语俗语集》即是明恩溥所主张的"直接"原则的具体体现。

三、明恩溥的谚语俗语研究之于中国民间文学的意义

虽然《汉语谚语俗语集》及其他传教士们所收集的谚语俗语著作常常带有突出的宗教特征,处处彰显着传教士们的视野、心态和价值观③,但不可否认的是,他们的著作也在一定程度上推动了中国的谚语俗语研究,甚至影响到了五四以来的一批民间文学家们。

就中国谚语俗语的整理与研究而言,目前学界多将郭绍虞1921年在《小说月报》上分三期连载的《谚语的研究》视为中国谚语研究的"拓荒之作"④,就

---

① "The Best Method of Presenting the Gospel to the Chinese", *the Chinese Recorder and Missionary Journal*,1883. vol. 14. no. 5, p. 406.

② "The Best Method of Presenting the Gospel to the Chinese", *the Chinese Recorder and Missionary Journal*,1883. vol. 14. no. 5, p. 408.

③ 如在该书中,明恩溥认为中国人的时间是"车轮年表",没有固定的起点,因此"他们的历史知识缺乏洞察力"。*Proverbs and Common Sayings from the Chinese*, p. 29.

④ 《到民间去:1918—1937年的中国知识分子与民间文学运动》第227—228页。

连郭绍虞本人在谈及谚语研究的现状时也提出:"对于谚语的研究,还是很少有人提倡。已在从事于搜集,而有成功的,我只知有顾颉刚所辑的吴谚——现已录成五册,至少有三千余则。其余只有古谣谚、越谚一类的书籍罢了。"① 然而在郭著之前,西方人尤其是传教士已经开始了对中国谚语俗语的整理与研究活动。"从中国现代知识分子开始,传统的谚语观念发生了转折。但这之前,我们不能不提到西方传教士的影响。"②

杨成志在《〈民俗〉季刊英文导言》和《我国民俗学运动概况》中,曾专门梳理了外国人对中国民俗的调查研究和著述,涵盖20世纪前十年英、法、德、日等国关于中国民俗的相关专著共40余种,其中就提到了沙修道的《谚语丛话》、南京神学院教授 C. H. Plopper 的《从谚语看中国人的宗教》(*Chinese Religion seen through the Proverbs*, 1926)以及明恩溥的《汉语谚语俗语集》③,可见五四时期的学者在当时就已注意到西人关于中国谚语俗语的相关著述。虽然未具体展开,但这至少说明,西方人关于中国谚语俗语的研究处于五四学者的视野之中,并可能对其产生了或多或少的影响。

洪长泰是较早注意到西方人与中国民间文学之关系的学者,他在《到民间去:1918—1937年间的中国知识分子与民间文学运动》中首先提到了外来文化的刺激对中国民间文学运动的兴起起到的积极作用。④ 在谚语一章中,他尤其提到沙修道和明恩溥的谚语俗语研究著作。他认为,明恩溥的著作的"特点是对中国谚语进行了耐心琐细的分类,同时附以史密斯本人错误百出的评注。尽管如此,他这部书恐怕仍是当时西方有关中国谚语的著述中,比较有参考价值的一部"。⑤ 然而明恩溥的著作具体有何参考价值,洪长泰却未曾提及。

长期以来,《汉语谚语俗语集》几乎被淹没。究其原因,一方面或许是因为传教士群体的民间文学活动一直未引起关注;另一方面,或许是《汉语谚语俗语集》一书从学术意义上来看,还未能达到科学研究的层面。

---

① 小说月报社编辑《小说月报丛刊第十五种·谚语的研究》第2页,商务印书馆,1925年。
② 《到民间去:1918—1937年的中国知识分子与民间文学运动》第225页。
③ 参见杨成志《杨成志民俗学译述与研究》第119页,第223—224页,高等教育出版社,1988年。
④ 《到民间去:1918—1937年的中国知识分子与民间文学运动》第31页。
⑤ 《到民间去:1918—1937年的中国知识分子与民间文学运动》第226页。

事实上，明恩溥等传教士群体所从事的谚语俗语搜集整理工作的本意也不在于学术研究，其不足之处也是显而易见的。明恩溥曾批评卢公明的《英华萃林韵府》所收录的谚语"与其说是一个汇集，还不如说是一堆散乱的资料。所有的词典资料被分成85项，而谚语、对句、短语和格言犹如遭遇了一场文学沙尘暴，散落在12项内容中"。① 而明恩溥的《汉语谚语俗语集》也存在相同的分类、翻译、文化误解等问题②。

尽管存在诸多局限，但以现代学术的立场重新审视明恩溥的谚语俗语研究，将其与五四知识分子的谚语俗语研究进行比较，还是得以窥见以明恩溥为代表的传教士群体在中国民间文学研究方面的前瞻性与开拓之功。

首先，明恩溥发现了下层文学（民间文学）的价值及其与上层文学之间交织的关系。诚如明恩溥所言，在中国传统知识分子中"对中国文学的深刻认识和对口语谚语的蔑视甚至忽视是并存的"③。"汉语谚语存在于每个人口中，各个阶层都在使用"④，然而长期以来，在口语中，谚语俗语却成为通俗、粗俗的代名词。民间以"俗话""现成的话"这样的表达形式来代替"谚语"这个术语，与之相对的则是"书上的话"。⑤ 明恩溥在收集谚语俗语时，发现了中国人对这两者的态度差异：谚语俗语难登大雅之堂，"书上的话"则被奉为圭臬。

而在明恩溥的分类中，来自四书五经等经典的改编和引用则独列一类，同时构成谚语俗语的一部分。明恩溥通过对谚语俗语的来源进行分析，发现了以经典（high classical）为代表的上层文学与以方言土语（rude village patois）为代表的下层文学之间的关系。他认为部分谚语俗语也是从经典中沉淀而来的，它"交织于口语与书面文学之中"⑥。与此不谋而合的是，五四知

---

① *Proverbs and Common Sayings from the Chinese*, p. 9, 转引自高永伟《卢公明和他的〈英华萃林韵府〉》，载《辞书研究》2012年第6期。

② 如明恩溥在翻译"神童"时，将其译为"Divine Child"，即"神圣的孩子"，与中国语境中"神童"的意思相背离。又如在"说明人性的谚语"中，明恩溥收录了一些与该类别并无紧密关系的谚语，如"清官难断家务事""外贼好挡，家贼难防""骂人不用打草稿"等等。这样的分类问题在该书中存在不少。详见 *Proverbs and Common Sayings from the Chinese*, p. 64, pp. 288-299.

③ *Proverbs and Common Sayings from the Chinese*, p. 11.

④ *Proverbs and Common Sayings from the Chinese*, p. 7.

⑤ *Proverbs and Common Sayings from the Chinese*, p. 5.

⑥ *Proverbs and Common Sayings from the Chinese*, p. 8.

识分子在对谚语和格言进行比较时,也认为源自四书五经等古代经典的圣贤格言早已内化为普通民众心灵世界的一部分,这些带有教化色彩的谚语很难与格言进行区分。① 可以说,"这些西方人士对谚语的研究成果被'五四'知识分子积极吸收。特别是当现代民间文学运动戏剧性地改变了这些知识分子的文学兴趣,使他们把目光由上层文艺转向通俗文化的时候,这种影响潜移默化地发生了作用。"②

其次,明恩溥对谚语俗语的变异及其形式进行了初步探索。洪长泰在论及现代中国民间文学家的谚语著述时认为:"翻阅现代中国民间文学家的谚语著述,我们感到,一条比较明显的罅漏,是他们翻来覆去地谈论少数资料,并只把这些资料当作文学来研究。这些著述主要刊行于30年代,多为资料堆砌之作,它们普遍没有对下列问题引起重视:谚语的变异形态及其结构的研究,谚语的句式,长短和风格的研究等。"③ 而现代民间文学家们的这一疏漏,实则早已由传教士们进行了弥补。《汉语谚语俗语集》中专门对谚语俗语的变异进行了探讨。

明恩溥认为谚语俗语的变异主要是由外部原因与内部原因造成的。外部原因即由使用谚语俗语的人群所造成的谚语俗语的变异,这包括使用者的:口误;不关心言语记忆中的细节;错别字;来自经典的引文被改为更适合口语的形式。④ 而内部原因则指由于谚语俗语本身的特点所造成的变异,如:

1. 谚语俗语多是依据类推与相似的原则,因此在固定的框架内,可以套入不同的内容,但还是表达相近的意思。如"什么蝇子下什么蛆""什么模子脱什么坯"。

2. 谚语俗语形式上的增减有时不会影响其内容。如"锦上添花""雪里送炭"与"锦上添花是小人"、"雪里送炭是君子"。

3. 汉语语法使得谚语俗语出现了大量不会影响到谚语俗语内容变化的"虚词""空话"(empty word)。如"一枝动,百枝摇"与"一叶动,百枝摇""门门有道,道道有门"与"道道有门,门门有神"。

再次,由于明恩溥未给出明确的关于"谚语""俗语"的定义,使得该

---

① 可参见郭绍虞《谚语的研究》,载《小说月报》1921年第12卷第2期。傅振伦《谜谚歇后语研究之一斑》,载《歌谣》周刊第68期,1924年11月16日。
② 《到民间去:1918—1937年的中国知识分子与民间文学运动》第227页。
③ 《到民间去:1918—1937年的中国知识分子与民间文学运动》第231—232页。
④ *Proverbs and Common Sayings from the Chinese*, pp. 28-30.

书内容相当广泛,以往很多未引起重视的俗语类型也被收入其中。

在双关语这一类别之下,除了常见的歇后语、绕口令、回文诗、谜语等,明恩溥还搜集了大量的戏仿诗(parodies)、诨名(nickname)、私语(secret phrases)及民间秘密语(secret dialects)。以民间秘密语的研究来看,民国以前关于民间秘密语的搜集著作远少于其他体裁,仅寥寥十几部①。而中国学界以现代学术的视角对民间秘密语进行研究则晚至容肇祖1924年发表的《反切的秘密语》②和赵元任1931年发表的《反切语八种》③。反观《汉语谚语俗语集》,明恩溥在书中收录了十几则"市语"(或"调市语",trade brogue,可直译为"市集上的土话",也即"行话")和"调坎"(指那些从字面来看意义模糊的表达形式,也即"隐语"或"黑话"),还将其历史、使用情况等与西方进行了比较,指出民间秘密语当属于"一词多义"的双关形式。

除了上述外,明恩溥在书中虽未及深入讨论,但也已经提出了很多谚语俗语中的特殊现象。如第五类"与特定地方、区域相关的,或仅与当地重要人物、事件相关的谚语"中所收录的谚语俗语,以今日的分类来看,当属风土谚语④。明恩溥列举了其中大量针对某个地区的"三宗宝"(三种宝)型谚语⑤,明确将其作为一种类型性谚语提出,使其成为一个可供探讨的学术问题。

---

① 有学者统计了民国以前以隐语、行话为对象的著作共计15部,包括宋代《蹴鞠谱·圆社锦语》,《事林广记》续集有《绮谈市语》;明代《开卷一笑》有《金陵六院市语》,《墨娥小录》有《行院声嗽》,《鼎锲徽池雅调南它官腔乐府点板曲响大明春》有《六院汇选江湖方语》,《西湖游览志余》有《梨园市语》《四平市语》;清代至民初,《鹅幻汇编》有《江湖通用切口摘要》,《通俗编·识余》有"市语",《成都通览》有江湖及诸行言辞,学古堂排印《江湖行话谱》,手录传钞《江湖走镖隐语行话谱》《当字谱》等,堪谓专门辞书而收录较丰富者,则为明末清初的《江湖切要》,民初的《全国各界切口大词典》。参见于建刚《中国京剧习俗概论》第129页,文化艺术出版社,2015年。

② 容肇祖《反切的秘密语》,载《歌谣》1924年第52期。

③ 赵元任《反切语八种》,载《国立中央研究院历史语言研究所集刊》1930年第2卷第3期及1932年第3卷第4期。

④ 关于风土谚语的定义,可参见朱介凡《中国风土谚语释说》,台湾天一出版社,1962年。《到民间去:1918—1937年的中国知识分子与民间文学运动》,第255页。姜彬主编《中国民间文学大辞典》第126页,上海文艺出版社,1992年。

⑤ 如"北京城,三种宝,马不蹄,狗不咬,十七八的闺女满街跑""保定府,三种宝,铁球,列瓜,春不老""天津卫,三种宝,鼓楼、炮台、玲珰阁"("玲珰阁",当为"铃铛阁")"济南府,四种宝,北门里头北极庙,南门外头千佛山,东门外头闵子墓,西门外头宝突泉""深州本有三宗宝,小米、柳杆、大蜜桃""口外三宗宝,人参、貂皮、乌拉草"。见. Proverbs and Common Sayings from the Chinese, pp. 130-132.

余 论

诚如葛兆光所提出的以批评的视角来看待海外的"中国学"研究一样，尽管看起来海内外学者的研究材料、研究方法等大体相同，但基于学术脉络、政治背景及观察立场的不同，外国学者所进行的"中国"研究并不能等同于中国人对"中国"的研究。① 这样的观点同样适用于审视传教士群体与五四知识分子的谚语俗语搜集研究活动。

传教士立足于西方的文化背景，其搜集谚语俗语的主要目的是拓展传教事业；五四知识分子则是在《歌谣》周刊"发刊词"所倡导的"学术的"与"文艺的"目的下开展的谚语俗语搜集研究工作。这是二者最大的区别。

此外，"1920至1930年代的中国知识分子，在谚语研究方面为我们留下的信息，限于以下范畴：怎样收集和什么时候收集谚语，以及如何运用谚语。"② 而关于五四知识分子具体如何进行搜集或田野作业，则语焉不详。大多数时候，五四知识分子所搜集的谚语俗语多是以"征集"的形式获得，或是短时间内由学者对家乡、本地的谚语俗语进行搜集（如顾颉刚、常惠、周作人、钟敬文等）。

相较之下，传教士们则常年跟普通民众们生活在一起，他们搜集的谚语俗语并不单单来自书中，还有一大部分来自他们的实地采风，来自鲜活的民间口语。例如，明恩溥常年与当地民众生活在一起，能熟练运用山东方言与民众交谈。他明确强调在收集谚语俗语时应该耳、口、手并用：用耳听，用口问，用手记③。事实上，在收集谚语俗语时他也是这样做的。可以说，明恩溥所做的工作，已初步具备了今日民间文学田野作业的雏形。

公允地讲，入华传教士的谚语俗语搜集研究尽管是出于各种各样的目的，但其所作出的贡献也是不可否认的事实。目前学界对此还鲜有关注，不可不谓是中国民间文学研究的一个遗憾。

（崔若男　中山大学中国非物质文化遗产研究中心博士生）

---

① 葛兆光《海外中国学本质上是"外国学"》，载《文汇报》2008年10月5日第6版。
② 《到民间去：1918—1937年的中国知识分子与民间文学运动》，第231页。
③ *Proverbs and Common Sayings from the Chinese*, pp. 33-34.

陈垣批校《七克》述略

谢 辉

摘 要：明代来华传教士庞迪我所著《七克》，为明清之际西学汉籍中最为知名者之一，曾被多次翻刻，存世版本可分为明刻《天学初函》本与明刻钦一堂本两个系统。清嘉庆三年始胎大堂本属于钦一堂本系统，在清代后期流传较广，而讹误甚多。陈垣利用《天学初函》本对该本进行校勘，校得讹误七十余处。由此体现出其对校勘的重视，以及其善于利用校勘的方法获得善本的治学特色。

关键词：陈垣 《七克》 庞迪我 校勘

陈垣（1880—1971）为我国著名史学家，在历史文献学、宗教史等领域均卓有建树，而明清之际传教士来华与中西文化交流，即为其长期关注的一个问题。其不仅撰写多篇与之相关的论文，且批校、整理了大量西学汉籍著作。西班牙传教士庞迪我（Diego de Pantoja，1571—1618）所著《七克》一书，即曾经其通篇批校，可在一定程度上反映其治学特色，值得深入研究。

一、《七克》的版本

在明清之际的西学汉籍中，《七克》可谓是被翻刻次数最多的著作之一。仅目前知见的雕版印刷之本，即有近十种之多，大致可分为两个系统。

第一个系统以明刻《天学初函》本为代表。该本半页十行，行二十二字。白口，四周单边，单鱼尾。版心上题书名，中题卷数，下题页数。卷端题"西海耶稣会士庞迪我撰述，武林郑圃居士杨廷筠较梓"。卷中偶有阙文，如

---

* 中央高校基本科研业务费专项资金资助"早期域外汉语教学文献整理与研究"（2018JT001）。

卷七第三页首行"示远□□□之智也"阙三字,阙文处作墨钉。卷前有杨廷筠、曹于汴、郑以伟《七克序》,熊明遇《七克引》,陈亮采《七克篇序》,以及万历四十二年(1614)庞迪我《七克自序》。其中杨序为行书,其余亦为写刻,各序皆单独计页。序后列"天主教要言罪宗七端"七条:"一谓骄傲,二谓嫉妒,三谓悭吝,四谓忿怒,五谓迷饮食,六谓迷色,七谓懈惰于善。"以及"又言克罪七端有七德"七条:"一谓谦让以克骄傲,二谓仁爱人以克嫉妒,三谓舍财以克悭吝,四谓含忍以克忿怒,五谓淡泊以克饮食迷,六谓绝欲以克色迷,七谓勤于天主之事以克懈惰于善。"正文卷一伏傲,卷二平妒,卷三解贪,卷四熄忿,卷五塞饕,卷六坊淫,卷七策怠。以上内容,国家图书馆藏《天学初函》本与《四库全书存目丛书》影印北京大学藏《天学初函》本完全相同,仅国图藏本卷前多出一书名页,上横题"庞顺阳先生著",中大字题书名"七克"。梵蒂冈图书馆另藏有一部(馆藏号BORGIA CINESE 329.3—6),虽亦无书名页,但经对比,其版式行款、序跋次序、板框断裂及阙文等处,均与前同,也为《天学初函》零种。台湾"国家图书馆"又藏一残本,存卷首序跋与正文卷一至卷四,方豪先生曾经眼①,亦与前三本无明显差异。《原国立北平图书馆甲库善本丛书》影印北平图书馆旧藏本,卷前无熊明遇引,郑以伟序置于曹于汴序之前,但总体而言差距不大。区别最为明显的,当属台湾学生书局影印金陵大学旧藏《天学初函》本。该本卷前无杨廷筠、曹于汴序,仅有郑以伟序以下,卷末又多出万历四十二年汪汝淳《七克后跋》,为其余诸本所无。方豪先生谓此本"颇为漫漶,似为清初所印"②,今观此本,断版处与此前诸本多合,而更加严重,确似后印。但卷中阙文未经修板补足,故其刷印时间未必能晚至清代,或当出于明末。

《天学初函》本之后,又有一种修版重印本。此本梵蒂冈藏二部,其版式行款、卷端所题等与前本皆同。其中馆藏号为 BORGIA CINESE 332.3—4 者,已影印入《梵蒂冈藏明清中西文化交流史文献丛刊》(第一辑),卷前依次有陈亮采、曹于汴、郑以伟序,熊明遇引,庞氏自序,而无杨廷筠序,各卷之前有崔淐小序,为前本所无。馆藏号为 RACCOLTA GENERALE-ORIENTE-Ⅲ 213.1—7 者,卷前有陈亮采、郑以伟、曹于汴序,熊明遇引,崔淐《伏傲小

---

① 方豪《李之藻研究》第217页,海豚出版社,2016年。
② 《李之藻研究》第217页。

序》,及庞迪我自序,其余各卷前崔淐小序又全部脱去。首册签题"七克书",似出西人手笔。其余六册依次题"仁爱以克嫉妒""施舍以克悭吝""含忍以克忿怒""淡薄以克饕餮""绝欲以克迷色""忻勤以克懈惰于善"。除首册外,其余各册封面皆钤有"敬一堂印",并贴有敬一堂识语。从断版处来看,此二本与《天学初函》本多同而较严重。如曹于汴序首页右下方板框损坏,《天学初函》本与此本同,而此本该页第五字处有明显的一道横断,《天学初函》本即无。此外,该本于阙文处多予以补足,如《天学初函》本卷七所阙三字,此本即补"虑豫备"。然字体与前后不协,一望可知为挖补。总的来看,此本应是后人以《天学初函》之板片修补重印,补入崔淐序文。其中后一部为白纸所印,开本较小,似乎刷印更晚。但该本为柏应理带归欧洲者,1685年即已进入梵蒂冈图书馆①,可见其不会晚于康熙初年。此外,梵蒂冈图书馆还藏有一部据重印本翻刻之本,馆藏号 BORGIA CINESE 342.1—2。

第二个系统以法国国家图书馆藏明刻钦一堂本为代表。该本馆藏号Chinois 7179,半页九行,行十九字。白口,左右双边,单鱼尾。版心上题书名,中题卷数,下题页数。卷端题"西海耶稣会士庞迪我撰述,闽中钦一堂梓"。卷前有书名页,上横题"庞顺阳先生著",中大字题书名"七克",旁小字题"钦一堂藏板"。卷前有陈亮采《七克篇序》,杨廷筠、曹于汴《七克序》,熊明遇《七克引》,崔淐《大西洋庞子七克总序》,彭端吾《西圣七编序》,庞迪我《七克自序》,崔淐《伏傲小序》,序跋页码连排,总计二十七页。其中崔淐《总序》末题"辛亥长至前十日",应为万历三十九年(1611)。序后"天主教要言罪宗七端"中,悭吝、迷色变为第二、三条,嫉妒变为第六条。"又言克罪七端有七德"中,"舍财以克悭吝"、"绝欲以克色迷"亦变为第二、三条,"仁爱人以克嫉妒"变为第六条,第七条"忻勤于天主之事以克懈惰于善",较《天学初函》本多出一"忻"字。正文卷帙也做了相应调整,卷二、三改为解贪、坊淫,卷六改为平妒。除卷一小序统编于卷前序言外,各卷前皆有崔淐小序,其中卷三、卷五、卷七为手写上板,余为匠体字。《天学初函》本卷七所阙三字,此本作"虑无匱",与修板所补者又不甚相同。总之,此本在版式行款、卷帙编排、文字内容等方面,均与

---

① [法]伯希和编,[日]高田时雄校订补编,郭可译《梵蒂冈图书馆所藏汉籍目录》第101—102页,中华书局,2006年。

《天学初函》本一系有明显不同，当属另外一系。

由钦一堂本出者，有清康熙三十三年（1694）京都领报堂刻本。该本梵蒂冈图书馆有藏，馆藏号 RACCOLTA GENERALE-ORIENTE-Ⅲ 250。半页九行，行二十一字。白口，左右双边，单鱼尾。版心上题书名，中题卷数，下题页数。卷端题"西海耶稣会士庞迪我撰述"。卷前有书名页，中大字题书名，左上小字题"康熙甲戌岁重镌"，右下小字题"京都领报堂藏板"。卷前仅有庞迪我《七克自序》、崔淐《伏傲小序》及《七克目录》。然庞序页码始自二十三页，显然前有脱漏。以耶稣会罗马档案馆藏本校之，此前尚应有陈亮采、杨廷筠、曹于汴、熊明遇、崔淐、彭端吾诸序①，与钦一堂本完全一致。各卷前有崔淐小序，且卷三、五、七字体变易亦同。其余如罪宗七端、克罪七德之内容，卷帙之编排，以及卷七"虑无匮"三字，均与钦一堂本同，可见当是从彼而出，而变其行格。此后又有嘉庆三年（1798）京都始胎大堂刻本，书名页题"京都始胎大堂藏板"，背面题"天主降生一千六百四十三年极西庞迪我撰述，天主降生一千七百九十八年主教汤亚立山准"。其版式行款等与领报堂本全同，乃从彼翻刻，而仅保留了杨廷筠、彭端吾序，庞迪我自序，以及崔淐各卷前小序。约在十九世纪，越南又据始胎大堂本翻刻，其本今存梵蒂冈图书馆，馆藏号 RACCOLTA GENERALE-ORIENTE-Ⅲ 183。此本不仅从形制到内容基本全同始胎大堂本，甚至连书名页也原样翻刻。

总的来看，《天学初函》本及其所属的修板重印本与清代翻刻本，与钦一堂本及其所属的领报堂本、始胎大堂本、越南刻本，其主要区别有三：一是序跋方面，前一系统有郑以伟序，无彭端吾与崔淐总序，后一系统反之。二是卷帙方面，前一系统的卷二、卷三、卷六，在后一系统变为卷六、卷二、卷三。三是卷七一处异文，前一系统或阙，或作"虑豫备"，后一系统则皆作"虑无匮"。除此之外，尚有一些传本，因未见原书，不能确知其情况。如耶稣会罗马档案馆藏二本，其中一部仅存三卷，半页九行，行二十二字。此本行款与目前所知任何一本均不相同，且庞氏自序在万历三十五年（1607）②，其余各本皆在万历四十二年。如果著录无误，则可能为存世诸本中最为早出

---

① ALBERT CHAN. *Chinese Books and Documents in the Jesuit Archives in Rome: A Descriptive Catalogue: Japonica-Sinica I-Ⅳ*. New York: M. E. Sharpe, 2002, pp. 137-138.

② ALBERT CHAN. *Chinese Books and Documents in the Jesuit Archives in Rome: A Descriptive Catalogue: Japonica-Sinica I-Ⅳ*. p. 136.

者，值得重视。另一部版式行款等与前本皆同，而卷前多出万历三十九年崔
淐序，卷末有万历四十二年汪汝淳跋①。目前所知有汪跋之本，仅有台湾影印
《天学初函》后印本，然序跋行款等又与此本不同。此二本是否属于上述两个
系统，或别为一系，仍待进一步研究。又《绝徼同文纪》尚收有樊鼎遇《西
圣七编序》，序中谓："直指使彭公临旌阳，以鼎遇曾识欧逻巴利玛窦也，出
其友庞迪我所著书，凡七编。切中时病，醒心豁目，察其微讨穷搜，反复致
意，觉庄生人间世为浅耳。遂请镂简于旌阳，将罄绵江之竹，繕印万部，逢
人辄送，以广喻俗情，普辟圣路。"② 可知在明代尚有四川旌阳刻本，樊序所
谓"直指使彭公"当即彭端吾，则钦一堂本一系所收彭氏序文，应首见于此
本。然此本今似已亡佚。

二、陈垣对始胎大堂本《七克》的批校

在《七克》的诸多版本中，嘉庆三年始胎大堂本为最通行者之一。仅国
家图书馆即藏有五部之多。除越南刻本之外，1934年北堂遣使会印书馆铅印
本等民国印本，也是据此本排印，其影响力之大由此可见。但此本讹误很多，
并不精善。陈垣即在其自藏的一部始胎大堂本上，做了大量批校，将其中讹
误一一校正。

陈垣校本今藏国家图书馆，馆藏号133656。卷中钤有"陈垣同志遗书"
印，批校亦均为其笔迹。其批校作于何时，并无明文记载，但可据相关资料
做一些推断。陈垣在《万松野人言善录跋》中说：

> 《言善录》每述明季西洋人译著，有为余所欲见而不可得者，《灵
> 言蠡勺》《七克》其尤著也。童时阅《四库提要》，即知有此类书，
> 《四库》概屏不录，仅存其目，且深诋之。久欲一睹原书，粤中苦无传
> 本也。丁巳春，居京师，发愿著《中国基督教史》，于是搜求明季基督

---

① ALBERT CHAN. Chinese Books and Documents in the Jesuit Archives in Rome: A Descriptive Catalogue: Japonica-Sinica I-Ⅳ. p. 137.
② （明）杨廷筠《绝徼同文纪》，《法国国家图书馆明清天主教文献》（第6册）第243页，台北利氏学社，2009年。

教遗籍益丞①。

　　由此段记载，可知陈垣早年在广东时，即已知《七克》之名，且对其颇为看重，列为最欲读而不可得者。至于1917年到北京后，开始搜集明清西学汉籍，《七克》必在其搜求范围中。此跋文作于1919年4月，同年5月，陈垣在《重刊灵言蠡勺序》中谓"《畸人十篇》《天主实义》《辩学遗牍》《七克》等，均见屏于四库，然今天主堂尚有刊本"②，似其已经获得了教会机构刊刻的《七克》，或即是此始胎大堂本。而其所用以对校之本，则应是《天学初函》本。今见陈氏校本，书名页墨笔题"《天学初函》理编第七种"。各卷卷端题名"西海耶稣会士庞迪我撰述"后，均补"武林郑圃居士杨廷筠较梓"一行，与《天学初函》本同。又卷前"天主教要言罪宗七端"中，"二谓悭吝"一条上批"原本二系嫉妒"，卷二"解贪第二"上批"原本作解贪第三"，卷三"坊淫第三"上批"原本作坊淫第六"，注出的也均为《天学初函》本之卷帙。该本可能是陈垣自英华处借得。约在1915年，英华收得《天学初函》全帙③。1917年，陈垣到北京后，得读英氏《万松野人言善录》，"知野人藏此类书众，狂喜，贻书野人，尽假而读之，野人弗吝也。"④ 方豪藏陈垣致英氏信札，有"《七克》能检赐来价携返否"之语⑤，所借者当即《天学初函》本。综合以上内容，可推测陈垣对始胎大堂本《七克》的批校，很有可能完成于1917至1919年间。

　　陈垣批校本校语数量颇多，内容亦丰富多样，而以校正讹脱衍倒者为最多，共计七十余条。具体内容可见文末附表。此外尚有其他一些内容，大致包括：改正异体字，如卷前庞迪我自序"则迪我乌敢焉"，"敢"字右半从"玄"，批注改为正字。改正格式，如卷一第六页"戒以形福傲一支"，"傲一支"作小字，批注："傲系大字正文，不是小字。"改正句读，如卷一第二十五页"未高，求得不能安"，"高"字下原刻有句读符号，即被划去。兼存异

---

① 陈垣《万松野人言善录跋》，《陈垣全集》（第2册）第404页，北京师范大学出版社、安徽大学出版社，2009年。
② 《重刊灵言蠡勺序》，《陈垣全集》（第2册）第409页。
③ 英华《重刊辩学遗牍附识》，《利玛窦中文著译集》第684页，复旦大学出版社，2001年。
④ 《万松野人言善录跋》，《陈垣全集》（第2册）第404页。
⑤ 《李之藻研究》第207页。

文,如卷二第二十页"强求测之最险,惟命是从最安",批注:"惟命是从,原本作惟从天命。"此盖陈氏认为"惟命是从"亦可通,故未径改原文。另有少量注释性质的批语,如卷首彭端吾序文后批:"彭,万历二十九年辛丑进士,河南归德府夏邑县籍,江西吉安府庐陵县人。"崔淐《伏傲小序》后批:"崔,万历廿九年辛丑进士,直隶太平府芜湖县人。"但此种批语数量极少,相比之下,校勘仍是陈垣批校本书的重点。

三、陈垣批校《七克》与其对校勘的重视

陈垣在20世纪一二十年代,曾经集中精力对明清之际西学汉籍进行过一番整理与研究。其在《万松野人言善录跋中》曾说:"余极感野人,野人亦喜有人能读其所藏,并盼他日汇刻诸书,以编纂校雠之任相属。"① 可见其在英华的影响下,曾有系统整理西学汉籍的愿望。在这一时期,由陈垣整理出版的西学汉籍共有六部,包括:《铎书》一卷(1918年初版,1919年2、3、4版),《灵言蠡勺》二卷(1919年),《辩学遗牍》一卷(1919年),《大西利先生行迹》一卷(1919年),《主制群徵》二卷(1919年),《名理探》五卷(1926年)。此外,其在1917年,还曾设想仿照《天学初函》,以影印的形式编纂《天学二函》《三函》等:"先将《超性学要》(廿一册)付影印,即名为《天学二函》,并选其他佳作为《三函》,有余力并覆影《初函》。如此所费不多,事轻而易举,无缮校之劳,有流通之效,宜若可为也。"② 是年又到徐家汇藏书楼,见"教中名人旧著不少,正不止一《寰有诠》已也"③。又往日本访书,于大阪得《圣朝破邪集》,称为"奇遇"④。足见其对西学汉籍的关注程度之高。

在此背景下,陈垣对《七克》所做的批校,虽然多属随手为之,并非十分规范,但仍能反映出一个比较明显的学术特色,即重视校勘。清末民国间,西学汉籍之通行本数量不少,陈垣在《明末清初教士译著现存目录》中,即

---

① 《万松野人言善录跋》,《陈垣全集》(第2册)第404页。
② 《陈垣全集》第23册,《书信》第6页。此信方豪以为作于1919年,见《李之藻研究》第214页。
③ 《陈垣全集》第23册,《书信》第10页。
④ 《陈垣全集》第23册,《书信》第9页。

列出了"现有刊本通行"的天主教类文献七十一种，其中也包括《七克》[①]。但这些版本多为教会机构刊印，质量参差不齐，部分甚至讹误严重。后来翻刻者，又大都承袭其误而不查，偶有一二处校勘者，亦多出臆断。如越南翻刻始胎大堂本《七克》，于卷七"巨不在巅，安置甚易"一句，发觉有误，遂改"不"为"而"[②]，然按《天学初函》本，此字实当作"石"，越南本显为妄改。陈垣正是发现了这一问题，故对始胎大堂本《七克》做了详尽的校勘。其校勘的内容，不仅包括讹脱衍倒，还旁及卷帙编排、句读格式等，颇为精细。此种重视校勘的态度，在陈垣的治学生涯中可谓一以贯之，不少典籍甚至经其一校再校。例如，明末清初来华的另一传教士汤若望所著《主制群徵》，本已经陈垣整理，于1919年出版。然今国家图书馆藏有一部整理本，为陈垣旧藏（馆藏号133681）。封面墨笔书"校本"二字，卷中仍有数处校改。如卷上《三以地向徵》"夫性各有定，天胡独殊"，"天"字改"地"。卷下《八以鬼神徵》"是虽大主降罚"，"罚"字改"割"，并有批注曰："《大诰》天降割于我家。"可见，即便是对其自行整理且已出版的著作，陈垣仍不忘校勘，足见其重视程度。其后陈垣在1945年出版的《通鉴胡注表微》中，提出："校勘为读史先务，日读误书而不知，未为善学也。"[③] 其对《七克》等西学汉籍的校勘，正是这一认识的具体体现。

值得注意的是，陈垣批校《七克》，是以当时较为通行而并不精善的始胎大堂本为底本，这在很大程度上，是受限于西学汉籍善本难得的客观条件。以收有《七克》的《天学初函》而言，马相伯约在1915年前后曾数次向教育部图书馆商借[④]，傅增湘在1919年得见理编十种，谓"此书英敛之曾欲以重价收之，竟不可得"[⑤]。今按，傅氏所说似不确，据英华《重刊辩学遗牍附识》所说，约在1915年，其已经觅得了《天学初函》全帙，然亦是其"十数

[①] 《基督教入华史》，《陈垣全集》（第7册）第479—484页。按：此目录于《七克》下，著录"徐光启，崇祯一六"，似有错误。

[②] ［西］庞迪我《七克》，《梵蒂冈图书馆藏明清中西文化交流史文献丛刊》（第一辑，第7册）第228页，大象出版社，2014年。

[③] 陈垣《通鉴胡注表微》，《陈垣全集》（第21册）第37页。

[④] 方豪《李之藻研究》第203—205页。

[⑤] 傅增湘《藏园群书经眼录》第789页，中华书局，2009年。

年中苦志搜罗"的结果①。但在这种情况下,陈垣并没有一味去搜求早出之本,而是采用了一种比较务实的办法,即取通行本而校以善本,改其讹误,标注异同。经此一番校阅之后,通行本在内容上即可比拟善本。其后陈寅恪致信陈垣,有"《宋史新编》及《七克》奉还"之语②,或即是因此校本较善而商借。此法在陈垣其后的治学过程中经常使用,故其藏书"不重宋元版本,只藏常阅读实用之书"③,但常据稀见善本加以批校。如曾据宋本《册府元龟》批校其自藏的乾隆本,补其缺漏甚多④。其所著《元典章校补》,以刻印精而讹误多的沈家本刻本为底本,以曾议影印而中辍、外间难得一见的故宫藏元刻本为主要校本,辅之以多种抄本,也是此种方法的推广和延伸。虽然就其本意而言,此种方法只是在善本不易得的情况下,退而求其次的一种权宜之策,但却带来了额外的收获,即通行本讹误的大量实例。正是在此基础上,陈垣在1931年,总结校勘沈刻《元典章》的材料,提炼而成《校勘学释例》,实现了校勘学的理论提升。其学术渊源在一定程度上,即可追溯到其校勘《七克》等西学汉籍这一时期。

(谢辉　北京外国语大学国际中国文化研究院助理研究员)

① 英华《重刊辩学遗牍附识》,《利玛窦中文著译集》第684页。
② 陈寅恪《陈寅恪集·书信集》,生活·读书·新知三联书店,2001年,第126页。
③ 范凤书《中国著名藏书家与藏书楼》,大象出版社,2013年,第390页。
④ 张廷银《国图所存陈垣藏书中的批校题赠本》,《文献》2009年第2期。

附表　陈垣批校本《七克》校勘内容表

卷数	页数	讹误	校正	卷数	页数	讹误	校正
卷首杨廷筠序	1B	未经涉著	"著"改"者"	卷五	1B	且不必	"不必"乙正
	1B	洋洋乎	"乎"改"哉"		3B	饕腹不抱	"饕"改"餍"
	4A	渴得甘露	"渴"改"喝"		3B	惟言磬欸	"言"改"主"
卷一	7A	甚答战栗	"答"改"可"		6A	食饮之持	"持"改"时"
	12A	工人伐之	"伐"改"作"		6B	若遇饱	"遇"改"过"
	13A	一时自持	"持"改"恃"		13A	易致大乱	"大"改"败"
	14B	琐理人	"理"改"圣"		13B	以益火于	"于"改"乎"
	18B	其造者	"其"改"共"		17A	天主去之恩	"去"字划去
	18B	乎乎哉	前"乎"改"平"		19A	一日几向	"向"改"何"
	19B	许善钓名	"许"改"诈"		19B	淫欲息灭	"息"改"自"
	24B	衷烁交至	"烁"改"烨"		20A	或感格天主	"或"改"欲"
	25B	求得不能	"得"下补"既"		25B	受令果报	"令"改"今"
	36B	防御其下	"下"改"害"		26A	鸟兽之类	"之"改"诸"
	42B	即有矜傲	"傲"改"誇"		29A	轮回显迹子	"子"改"乎"
卷二	7A	已先过	"已先"乙正		30B	众人独善忘	"独"改"皆"
	8A	为邪魔从	"从"改"徒"	卷六	1B	正凿我一目	"正"改"王"
	12A	减欲以反物提以	"反"改"及""提"改"是"		6B	恶以浮之	"浮"改"污"
	13A	因系者	"因"改"囚"		9B	诧造毁者	"诧"改"托"
	16A	咸欲见赐	"欲"改"勿"		10A	开父子	"开"改"间"
	19B	金损沉焉	"损"改"陨"		12B	即被谤者	"被"改"彼"
	20A	尽扣焉	"扣"改"扪"		14B	无爱一德	"无"改"仁"
	24B	增恶后人	"后"改"彼"		19A	口伸目泣	"伸"改"呻"
	26A	田贾几有	"有"改"何"		23B	则布纲	"纲"改"网"
卷三	4A	何我甫	"甫"改"前"	卷七	1B	皆是策我	"是"改"足"
	11B	又加心攻	"攻"改"功"		3B	不欲当日	"日"改"目"
	24A	不胜怖欢	"欢"改"惧"		10A	人怠者之心	"人"改"夫"
	26B	尔妇为仇	"尔"改"两"		10B	大道不固	"大道"改"怠堕"
卷四	小序	刃加千烦	"千烦"改"于颈"		15B	巨不在巅	"不"改"石"
	1B	微其负创	"微"改"徽"		19A	天主便忘己	"便"改"使"
	2B	必竢其暮	"其"改"冥"		27B	人定不易	"人"改"大"
	4B	尔害宜择	"尔"改"两"		28B	大所愿	"大"改"人"
	4B	能忍太苦	"太苦"改"大否"		33B	守其微灭	"灭"改"戒"
	8A	有恨尔者	"恨"改"憾"		37B	厌恕之	"恕"改"怒"
	13A	乎心受害	"乎"改"平"		38A	乐性之美好	"乐"改"继"
	15B	改其忍	"改"改"败"		38B	设可泄泄	"设"改"诅"
	18A	如己愿	"己"改"尔"		40A	祚尔胜	"祚"改"祐"
	19A	慕此隐德	"隐"改"忍"				
	20A	屡犯理道	"理"改"天"				
	21A	答白	"白"改"曰"				
	27A	以若为乐	"若"改"苦"				
	29A	宜于病人	"于"改"如"				

明清耶稣会版画中的神操模式与记忆术*

——以《出像经解》"圣母领报"图为例

张蓓蓓

摘　要：相关研究已经指出，《出像经解》与耶稣会神操以及纳达尔的《福音故事图像》有直接关联。在此基础上，本文以《出像经解》中"圣母领报"图为例，认为一图多场景的安排方式与文字注解，均与耶稣会神操灵修以及记忆术密切相关。提出如下观点：一、一图多场景的图文安排，不是出于美术需求而是出于灵修默想默观的需要；二、"甲乙丙丁"等文字除了有指示功能还是灵修中记忆术的使用；三、"甲乙丙丁"等字可视为判断明清耶稣会中文灵修版画书籍的标志。

关键词：耶稣会　中文版画　神操　记忆术

1637年，意大利耶稣会士艾儒略（Giulio Aleni），以欧洲耶稣会纳达尔神父（Jeromo Nadal）的《福音故事图像》（*Evangelicae historiae imagines*）一书为蓝本，在泉州出版中文版画书籍《天主降生出像经解》，此书是耶稣会众多出版物中的重要文献之一①。关于此书与神操的关系，已有如下看法：柯毅霖

---

* 本文为江苏省高校哲学社会科学研究项目"晚明'唐寅'款白衣圣母像研究"阶段性成果，项目编号：2017SJB1909。江苏省泰州学院引进人才科研启动基金项目"圣母论：明清耶稣会圣母像与圣母崇拜研究"阶段性成果，编号702092。

① 相关的研究成果有：曲艺《明末基督教插图中的儒家元素：以〈天主降生出像经解〉为例》，载《世界宗教研究》2015年第2期。谢辉《梵蒂冈图书馆藏艾儒略著作二种版本考略》，载《国际汉学》2015年第3期。罗群《传播学视角中的艾儒略与〈口铎日抄〉研究》，上海古籍出版社，2012年。其中第六章为"《出像经解》与艺术传教"。邹筱芸《艾儒略〈天主降生出生经解〉之研究》，2014年福建师范大学硕士论文。莫小也《从〈诵念珠规程〉到〈出像经解〉：明末天主教版画述评》，载澳门《文化杂志》1999年第38期。

（Gianni Criveller）指出艾儒略出版此书的目的，是教导基督徒不仅要阅读和了解福音书，还要依照耶稣会的灵修方式，深刻地默想福音书。① 钟鸣旦（Nicolas Standaert）则直接将《出像经解》称为"图解的神操"。他指出，17世纪时神操就以各种样式在中国传播实行，艾儒略与福建团体借由图解和实用默想方法进行神操。② 从这个角度来看，《出像经解》③中的任一幅图像，其根本上应从属于它的灵修背景。实际上，"圣母领报"一图，从风格、透视到技法等方面均已被学界反复解说过，但有一点学界尚未展开充分的研究。那就是图像上的汉字"甲乙丙丁"等和图下方对应的中文注解。尽管学界也注意到这一现象，但一般只将其视为读图的标示或认为是连环画的手法。

本文认为，一图多场景的安排方式与文字注解，均与耶稣会神操灵修以及记忆术密切相关。图像用以默想、默观，文字"甲乙丙丁"等则是记忆术的运用，可视为判断中文灵修版画书籍的标志。

一、"圣母领报"图文结构中的神操体系

（一）"圣母领报"图文结构

"圣母领报"画面分为上、中、下三栏。上栏题词"圣母领上主降孕之报"，中间为画幅部分，图上有"甲乙丙丁"的文字标示；下栏有对应说明。

画面主体部分描绘了著名的天使报喜场景。玛利亚姿态谦恭，而天使展开双翼，年轻秀美。传教士们向中国人解释了何为天使，艾儒略说明："若天神亦为无形之灵，第其德不衰不老，则以少年容貌拟之，神速如飞，则以肩生两翅拟之；清洁无染，则以手持花枝拟之。"④ 汤若望（Johann Adam Schall

---

① ［意］柯毅霖著，王志成等译《晚明基督论》第243—264页，四川人民出版社，1999年。
② ［比］钟鸣旦《罗耀拉〈神操〉在中国传教区：十七及十八世纪经验的反省》，载《神学论集》，总第160期，第170—173页，台湾辅仁大学，2009年。
③ 本文所用版本为法国国家图书馆藏，编号为Chinois 6750。书中出现圣母形象的有十五幅："圣母领上主降孕之报"（圣母领报）、"圣母往顾依撒伯尔"（圣母往见）、"天主耶稣降生"、"遵古礼命名"、"三王来朝耶稣"、"圣母献耶稣于圣殿"、"婚筵示异"、"被加荆冠苦辱"、"击鞭苦辱"、"耶稣被钉灵迹叠现"、"文武二仕殓葬耶稣"、"耶稣复活现慰圣母"、"圣灵降临"、"圣母卒三日复活升天"（圣母升天）、"圣母端冕居诸圣神之上"（圣母加冕）。柯毅霖先生着重讨论了"圣母加冕"图，详情参阅《晚明基督论》第251—252页。
④ 法国国家图书馆藏，编号Chinois 6750，《出像经解引》。

《出像经解》"圣母领报"

Von Bell）也说"有翼者天神，凭气凝成人形，以与人接也"。①

除天使报喜之外，画面上还描绘了其他七个场景。根据画面上的"甲乙丙丁"与下栏的题字，录文如下：

甲、天神聚会，主前恭闻降生之旨，嘉俾厄尔尊神受命下界报知圣母；乙、嘉俾厄尔降世藉气显像；丙、从天云光照圣母；丁、圣母居室今现存极西老勒多郡；戊、天神朝圣母传上主之旨，圣母允命，天主费略降孕；己、造物主初生人类与降孕之期先后同日；庚、天主受难救世之期亦先后同日；辛、降孕日必有天神报知在灵簿。诸古圣人云卷一第二章。②

这七个场景，讲述了在天使报喜之前，天上天主与天使们聚会。然后大天使加百列"藉气"向圣母显像、圣神降孕等等。③

从构图上看，圣母领报占据了画面上的绝对主体的位置，其他七个情节，仅安排在边缘非常狭小的空白处。在一幅画面上同时安排过去、现在、将来，并使画面密密匝匝的做法，并不能增加图像的艺术性。这是因为这种构图的内在逻辑是完全遵循了罗耀拉《神操》的要求。

（二）耶稣会神操灵修

1548年出版的《神操》一书既是罗耀拉（Ignatius Loyola，1491—1556）

---

① 法国国家图书馆藏，编号 Chinois 6757，《进呈书像》序言。
② 法国国家图书馆藏，编号 Chinois 6750，《出像经解引》。
③ 画中的各种形象，如天主、天使、花卉等，艾儒略解释说，各种图像均各有其象征意义："天主罢德肋与斯彼利多三多，本为纯神超出万相，然绘罢德肋借高年尊长之形者，摹其无始无终，至尊无对之德也，绘斯彼利多三多取鸽形者，盖吾主耶稣受洗于若翰时，天主圣神尝借鸽形（鸽为百鸟，最善又最相和爱，故藉此以指圣神至善而至爱人之意）显示其顶故也，凡如此类，义各有归，总非虚加粉饰，以为美观而已。"法国国家图书馆藏，编号 Chinois 6750，《出像经解引》。

最著名的作品，也是耶稣会士灵修的实用指南。① 他为基督徒提供一套具体的方法，借由默想、默观与行动的整合，培养祈祷的经验，在宁静的气氛中"与天主的圣宠充分合作，反思自己的灵修生活"，② "找到天主对自己的旨意"。③ 关于神操这个词，罗耀拉本人就有解释，他说：

> 神操这个名词是指任何良心省察、默想、默观、口祷或心祷，以及以后要提及的其他灵修活动。就像散步、徒步旅行、跑步是身体的操练；同样，灵修上准备并调整我们的心灵，摆脱所有的偏情，当偏情摆脱后，在生活的安顿中，寻求并找到天主的旨意，以拯救自己灵魂的任何方法，都叫"神操"。④

在神操中，最重要的两个祈祷方法是默想与默观。默想（meditation）是祈祷的第一个方法。罗耀拉说要通过灵魂的三种能力来默想，⑤ 即需要使用记忆、理智和意志的能力，还需要用理智推论出一些原则和奠定基本信念。⑥ 默想运用思维、想象、情感和渴望，动员这些官能是必需的，"为能深化我们信仰的信念，激起我们内心的皈依，并强化我们跟随基督的意愿"。⑦

默观（contemplation）是祈祷的第二个基本方法，需要"大量运用想象力，观察注意人物，以及他们的语言与行动。一般而言，默观是由观看注视而激起我们的情绪与反思"。罗耀拉说"用想象力观看"，用想象中的视觉、

---

① 关于基督教的灵修史，请参阅欧迈安（Jordan Aumann）著，蔡秉正译《灵修神学》，香港生命意义出版社，1989年；欧迈安著，香港公教真理学会译《天主教灵修神学》，香港：公教真理学会出版，1991年；河北信德社《天主教教理》卷四《基督徒的祈祷》等，2014年。关于《神操》一书详细的版本信息，请参阅［英］乔治·刚斯（George E. Ganss）著，郑兆沅译《神操新译本》第26页，台北光启文化事业，2011年。
② 《神操新译本》第9页。
③ 胡淑琴《罗耀拉灵修精神中的日常修行：默观与行动的整合》，载《辅仁宗教研究》第23期，第116页，台湾，2011年。
④ 《神操新译本》第46页。
⑤ 《神操新译本》第64页。
⑥ 《神操新译本》第192页。
⑦ 《天主教教理》第615页。

听觉和触觉。① 通常这是一种比较容易生情的祈祷,特别适于默观圣经上的情节。② 在修行中两者并不能截然分开。

(三)"圣母领报"中的神操结构

我们已知"圣母领报"图中主要呈现的是天使报喜的场景,这样的安排在神操中称为"定像"。如《神操》第45—47号的"第一次操练",罗耀拉在文中提出想象的地点,他写道:

> 第一前导是定像:就是设想一个地点。这里应当注意:当默想或默观的是有形可见的事物,例如默观有行可见的我们的主耶稣,便可想象我所要默观的地点,我所说的地点是,配合我所渴望默观的主题,例如耶稣基督或圣母所在的圣殿或山上。

> 当默观或默想的事物是抽象的、无形可见的,例如现今的主题是有关罪过,那么就可以想象和设想我的灵魂囚禁在这涕泣之谷,与野兽为伍,我的意思是整个的我由灵魂和肉身组成。③

关于定像(composicion)一词的意义,罗耀拉认为是将事物汇集在一起的精神活动,操练者借此将自己投入祈祷的情境中,至于进行的方式与事物的汇集,取决于默想主题的内容,并需要想象力的运用。④

例如在第五次操练"默想地狱"中,罗耀拉要求人们用"想象力中观看地狱的长、宽、深",更加具体地指导如何运用想象中的五官进行默观:

> 第一点,运用想象的眼睛,我看到巨大的烈火,也就是看到肉体内的灵魂,在烈火中焚烧。第二点,在想象中,我听到哭号、哀叫、呐喊,以及咒骂我们的主及诸圣的恶言秽语。第三点,用嗅觉,我闻到火烟、硫磺、污物及腐烂物的腥臭。第四点,用味觉,我尝到地狱里酸苦的味道:泪水、悲伤和良心的谴责。第五点,用触觉,我感受到烈火如何碰触和焚烧灵魂。

---

① 《神操新译本》第84—86页。
② 《神操新译本》第205页。
③ 《神操新译本》第64—65页。
④ 《神操新译本》第193页。

运用感官的目的是憩息在感官体验到的事上,例如景象、声音等,以及从中体验喜乐、愉悦及神益,这能使默想提升到默观的境界。①

有关"圣母领报"的具体默想,神操中有第 101 号和第 262 号两处记述。

第 101 号第一前导中写道:"这里是天主三位如何俯视布满人类的世界,看见他们都走向地狱,于是又如何从永远决定了天主第二位降生成人,为拯救人类。当时机成熟时,就派遣天使加俾额尔来拜访圣母玛利亚(参见 262 号)。"

第二前导是定像:"……特别观看在加里肋省的纳匝肋圣母居住的房屋及住室。"

在对祷部分写道:"我仔细考虑,我应向天主圣三、降生成人的永恒圣言,以及我们的圣母说些什么。我要依照内心的体验,祈求更能跟随、效法用这样的方式成为人的我们的主。"② 第 262 号"天使向圣母报喜"中安排了三点默想:

第一点:天使加俾额尔向圣母致敬,报告她要怀孕我们的主基督;天使来到玛利亚的地方向她说"万福,充满恩宠者,你将怀孕生子"。第二点:天使为证实自己所说的话,告诉圣母圣若翰洗者受孕的事:且看,你的亲戚依撒伯尔,她虽在老年,却怀了男胎。第三点:圣母回答天使说,看!上主的婢女,愿照你的话成就于我吧。③

这几点可对应着"圣母领报"图像中"甲、乙、丙、戊"等部分。

另外,在耶稣会中文文献中亦有以"圣母领报"所做的默想指导记载。其一出自费奇规(Gaspard Ferreira)④《默想工夫》,此书是按《神操》进行默想给予具体指导的著作。全书共分七卷。⑤ 在"六论谦逊工夫兼包十五条"

---

① 《神操新译本》第 208 页。
② 《神操新译本》第 83 页。
③ 《神操新译本》第 130 页。
④ 费奇规(Gaspard Ferreira)葡萄牙籍耶稣会士。1571 年出生,1588 年入会,1604 年来华,1649 年卒于广州。[法]费赖之著,冯秉钧译《在华耶稣会士列传及书目》(上册)第 81—82 页,北京:中华书局,1995 年。
⑤ 《罗耀拉神操在中国传教区:十七及十八世纪经验的反省》第 177 页。

中有"第一条耶稣降世为人投于圣母胎中"。① 其二出自冯秉正（Joseph-Francois-Marie-Anne de Moyriac de Mailla）② 的《圣经广益》，③ 卷首语说："从来作圣之基，多由默想，历溯古今，圣圣相传。鲜有舍此一途，能使大德奇功，日新月盛也。"开宗明义说明了默想的作用。在每篇读经后，接应了实行的德行态度（宜行之德）包含三端默想（圣思），以及包含一篇祷词（祝文）的求恩（当务之求）。在圣母领报题下是"宜行之德，钦敬圣母"。④

这些文字让教徒默想天主为世人赎罪，使人能得以升入天堂，自屈下降受苦，诞生于极为贫穷的环境，饱受伤害及凌辱之后，死于十字架上，这种大恩无可计量。这种大恩来自圣母，世人该以圣母"至净至谦"极顺天主的美德为榜样。省查自己的罪过，使自己重归正途。

二、ABCD 与甲乙丙丁：耶稣会艺术中的记忆术

（一）纳达尔建立的 ABCD 字母体系

如"圣母领报"图所呈现出来的那样，罗耀拉在一次操练中可以虚构一处或多处圣经场景，再加之使用想象中的视觉、听觉等五官功能，所呈现出的画面也各不相同。纳达尔却要在一幅画面上将其表现出来，他在画面上标出字母 ABCD 等，在文下对应注释，就是因为这些图像不是孤立存在的，彼此之间属于同一操练的内容，这种 ABCD 与图下文字对应的结构属于纳达尔的首创。

"纳达尔开创了一种新的宗教祈祷文学。每张图片上都有一系列大写字母呼应下面的注释列表。在其他早期的默想文本中，图像仅用作插图。相反，

---

① 法国国家图书馆藏，编号 Chinois 7339。
② 冯秉正（Joseph-Francois-Marie-Anne de Moyriac de Mailla）法国耶稣会士，1669 年出生，康熙四十二年（1703）来华，1748 年卒于北京。他对中国文字、艺术、科学、神话等无一不精，中文著作丰富，有《圣经广益》《圣年广益》等，被认为是法国汉学的奠基者。参阅方豪著《中国天主教史人物传》第 450—453 页，天主教上海教区光启社，2003 年。
③ 《圣经广益》，分首卷和上下二卷，共三卷。首卷介绍罗耀拉的八日避静，规定了详细的时间表。上下两卷是完全根据年内无主日弥撒中的圣经而提供的默想资料。1740 年北京刻本，1859 年、1866 年、1917 年、1922 年土山湾有重刻本。参阅《中国天主教史人物传》第 453 页。《在华耶稣会士列传及书目》（下册）第 610 页。
④ 法国国家图书馆藏，编号 Chinois 6804。

这里整本书都是围绕图像"。① 纳达尔熟练地结合图片和文字,完成了利用艺术唤醒所有的情感和理智回应的目标。他像一个熟练的精神指导者,控制节奏和读者反映的方向。字母提供了确定的叙事顺序,他的插图字母系统在17世纪耶稣会和其他天主教刊物中普遍流行。②

殉道者像(罗马圣斯提凡教堂)

例如,画家尼古拉(Niccolo Circignani)③为圣斯提凡教堂(Santo Stefano al Monte Celio)所绘的殉道者像,以及为罗马耶稣会总堂所绘的殉难者画像,也采用了这种标识。耶稣会委托其为罗马耶稣会总堂绘制超过30幅殉难者画像,每幅画像都表现了令人毛骨悚然的殉难方法。他的画上标有字母,画的下方有解释说明。"这形式重复了纳达尔的《福音故事图像》中的格式,正如我们所看到的,众所周知,这是1580年代耶稣会的官方样式。"④

显而易见,作为"图解的神操",在《出像经解》各图中所标的"甲乙

---

① Jeffrey Chipps Smith, *Sensuous Worship*, *Jesuit and the Art of the Early Catholic Reformation in Germany*. Princeton University Press. p. 43.
② *Sensuous Worship*, *Jesuit and the Art of the Early Catholic Reformation in Germany*. p. 46.
③ 尼古拉(Niccolo Circignani,1517/1524-1596后),意大利文艺复兴后期画家。
④ Thomas Buser, "Jerome Nadal and Early Jesuit Art in Rome", *The Art Bulletin*, Vol. 58, No. 3 (Sep., 1976), p. 433.

丙丁"等，对应着纳达尔在《福音故事图像》中运用的 ABCD 模式。

（二）字母体系的记忆术根源

纳达尔这种字母体系的运用，与罗耀拉《神操》中的记忆术相关。罗耀拉神操中的材料详细说明了如何默想和默观，他所说的"定像"，意指从"视觉构思，见到地点"，陈惠民博士已经指出这里的地点和形象明显是指记忆术的两个基本要素，以配合为期四周的灵修主题和具体目标。在罗耀拉看来这种视觉内部安排的"构图"是记忆剧场默想的序幕，在 16 世纪很流行。①

史景迁（Jonathan D. Spence）在《利玛窦的记忆之宫》第一章中已经非常详细地介绍了西方的记忆术体系。② 由他的研究我们可知，最早的记忆体系起源于希腊诗人西摩尼得斯（Simonides），③ 他用精确的占位法训练记忆，按照事物的顺序进行记忆。经过相继几个世纪的不断完善，到了利玛窦时代，已发展成为一种使所有世俗与宗教学科条理化的方法。④ 利玛窦时代的大多数天主教神学家们，继续使用公元 1—2 世纪左右的拉丁文修辞学巨著《致艾莱尼五书》（Ad Herennium）⑤ 作为教学的基本教材，此书详尽地阐述了如何构筑记忆场所以及安置形象。⑥ 14 世纪萨克森的加尔都西会会士路德弗斯（Ludolfus），用他卓越的语言技巧，竭力使教徒读者们产生亲临耶稣受难场景的幻觉：

> 在所有的神经和血管被扭曲、骨头与关节被残忍的暴力曳拉脱臼之后，耶稣被钉在十字架上，粗大的钉子穿透了他的皮肉、神经和血管，也穿透了韧带。他的手脚都被粗暴地戳穿、钉伤了。"此时此刻就是诵读

---

① 陈惠民《耶稣会透视法贯通中西》，载澳门《文化杂志》总第 30 期，1997 年。

② ［美］史景迁著，陈恒、梅义征译《利玛窦的记忆之宫：当西方遇到东方》第 3—29 页，上海远东出版社，2005 年。

③ 西摩尼得斯（Simonides），希腊抒情诗人，警句作者，为祝贺奥林匹亚竞技优胜者首创胜利者颂歌，其酒神颂歌在雅典竞赛中多次获胜。引自《利玛窦的记忆之宫：当西方遇到东方》第 5 页。

④ 《利玛窦的记忆之宫：当西方遇到东方》第 5 页。

⑤ 这本书的作者可能是昆体良（Quintilian，约 35—96），古罗马修辞学家、教师，著有《雄辩术原理》。原来另一说法，作者是西塞罗（Cicero，公元前 106—前 43），古罗马政治家、演说家和哲学家，著有《论法律》《论共和国》等，但史景迁书中提出这已经被学者证实是错误的看法。参见《利玛窦的记忆之宫：当西方遇到东方》第 8—9 页，第 17—18 页。

⑥ 《利玛窦的记忆之宫：当西方遇到东方》第 17—18 页。

福音的时刻。他坚持劝告人们，要始终把最活跃的想象力奉献给基督，"无论是在行走漫步还是静静站立之时，坐着还是躺着之时，用餐还是饮酒之时，交谈还是沉默之时，独自一人还是偕同他人之时。"①

罗耀拉甚为路德弗斯的这种方式着迷，在神操中也充分运用了记忆术的方式，使追随者们充分领略到《圣经》描述的场景。天主教徒使用记忆法，目的是把记忆术作为引领精神意旨的一种手段。而到了16世纪，当时的出版物中，人们把记忆体系用于"铭记天堂与地狱中的事物"已屡见不鲜。②

（三）记忆术的运用

罗耀拉的这种记忆术，在利玛窦的《西国记法》（1595年）中得到了充分的解说。《西国记法》详细说明了记含（记忆）之功以及记含如何以"象"而运作的种种案例。利玛窦首先指出"记含"是造物主赋予人的精神能力。"人受造物主所赋之神魂，视万物最为灵悟，故遇万类悉能记识，而区别以藏之。"③ 其次指出记忆与事象、物象的关系："凡学记法，须以本物之象及本事之象，次第安顿于各处所，故谓之象记法也。"④ 在第三篇"设位篇"中，利玛窦详细说明了象记法的方法：

> 凡记法，须预定处所，以安顿所记之象。处所分三等，有大有中有小，其大则广宇大第，若公府，若黉宫，若寺观……，自数区至数十百区……中则一堂、一轩、一斋、一室。小则室之一隅，或一神龛，或仓柜座榻。斯其处所之大概也。其处所又有实有虚，有半实半虚，亦分三等。实则身目所亲习，虚则心念所假设，……皆心念中所虚设也。⑤

文中利玛窦提出组建这种记忆场所的三种主要选择方法，第一种方法是仿照真实客体，即选择那些人们曾经居住过目睹过，并可铭记于脑中的建筑场所；第二种方法应当是全部是虚构，是凭想象虚构出来的任意形状与规模

---

① 《利玛窦的记忆之宫：当西方遇到东方》第19页。
② 《利玛窦的记忆之宫：当西方遇到东方》第18页。
③ 朱维铮编《利玛窦中文著译集》第143页，复旦大学出版社，2007年。
④ 《利玛窦中文著译集》第146页。
⑤ 《利玛窦中文著译集》第148页。

的建筑结构场所；第三种则应当为半真实半想象的建筑结构场所，即如你对一座十分熟悉的建筑物所做的构想那样，你为抄近路抵达某处，可以设想在该建筑的后墙上开一个门。①

这与罗耀拉在定像中所说的场景十分吻合。定像中即可以有真实的地点，如耶路撒冷；也可以虚构各种场景，如地狱、天主的显现等等。罗耀拉的神操默想，要求运用记忆术概念中的人为记忆而非自然记忆，其地点和形象的描述又以圣经故事为依据。因此，这种标记有如利玛窦所说："又不论虚实，序成行列，编成字号，如每至十所立一号，记一十字，总计几十几号，以便查考，以便联络应用，庶免紊乱。"②纳达尔的 ABCD 字母体系，在画面上立有标志，彼此联络运用，以避免混乱，也正是记忆术的运用。

综上所述，我们看到，无论《出像经解》中的"圣母领报"像采取何种适应中国文化的画风、技法，其出发点是宣扬基督教教义与推行欧洲耶稣会的修行模式，"圣母领报"图文安排方式的背后逻辑是耶稣会灵修的系统，画册上的"甲乙丙丁"是判断中文灵修书籍的标志。从中我们可以看到耶稣会艺术的特点，即将神性与视觉艺术联系起来，它反映了一种理念：视觉艺术完全可以通过理性和心灵使信徒投入到崇拜活动中去，即视觉上的表现往往比说出的话语更生动和更有效力。③

（张蓓蓓　江苏省泰州学院美术学院讲师）

---

① 《利玛窦的记忆之宫：当西方遇到东方》第 18 页。
② 《利玛窦中文著译集》第 148 页。
③ 顾卫民《16—18 世纪耶稣会全球传教艺术中的若干特征》，复旦大学文史学院，"心艺交融：全球化中的亚洲宗教与艺术研究"，载《中华文明国际研究中心访问学者工作坊》第 15 期。

·日本汉学（中国学）研究·

《都氏文集》写本《诗经》语词考释[*]

王晓平

摘 要：日本平安时代汉诗文作家都良香的《都氏文集》现存写本中的《诗经》语词，有原语词、典语词和化用语词三种形式。对《都氏文集全释》的相关校勘、训读、语释和通释有必要加以匡补。为了深度解读全书，探讨都良香对汉唐文学的接受和享受，需要在吸收日本学者研究成果的基础上，进行中文校注。

关键词：写本 诗经 语词 都氏文集 中文校注

都良香（834—879）是平安时代最有故事的人之一。他的故事在《江谈抄》《本朝神仙传》《撰集抄》《古今著闻集》《十训抄》《袋草纸》等书中都有记载。他历任吏部要职，通理政，熟旧章，富才名。所著《都氏文集》，是迄今保留的为数不多的平安时代诗文集之一。关于《都氏文集》，笔者曾用日文发表过《都良香文学思想考》[①]《都良香与中国神怪小说》[②]，文章中文版皆收入后来出版的《亚洲汉文学》[③]。

1988 年，岩波书店出版了中村璋八、大冢雅司著《都氏文集全释》[④]（以下简称《全释》），至今尚未见到新注本问世。文集校注是深度解读其作品的

---

[*] 国家社科基金重大项目"日本汉文古写本整理与研究"（14ZDB085）。
[①] 「都良香文学思想考」、『論集平安文学』1995 年第 2 号。《都良香文学思想考》，《东方丛刊》1995 年第 4 期。
[②] 「都良香と中国の神怪小説」、『日本茨城キリスト大学紀要』1998 年第 32 号。
[③] 王晓平《亚洲汉文学》，光明日报出版社，2001 年。《亚洲汉文学》（增订版），天津人民出版社，2009 年。
[④] 中村璋八・大塚雅司著『都氏文集全釈』、東京：汲古書院、1988 年。

基础研究，也是继续展开研究的阶梯。中国学者若想对《都氏文集》做全面的探讨，就不能不从细读这本《全释》开始。

中村璋八（1926—）、大家雅司都是日本著名的中国思想史研究家。中村璋八还著有《纬书基础研究资料篇》①《五行大义基础研究》②《重修纬书集成》③《中国思想文学通史》④《五行大义校注》⑤等。《全释》是日本学界首次对这样一部处于学界边缘地位的汉诗文集所做的最详尽最完备的注释，参照了多种写本和整理本。按照古籍校注本惯例，每篇诗文皆在释录文字下添加训读，将校勘、字词著述与散文翻译，分别以"校异""语释""通释"的形式附于释录文后。书后还有著者撰写的"解说"。

都良香的作品有十二篇收录在《本朝文粹》中，其中不见于《都氏文集》的仅有论奏一篇、诗序三篇以及《道场法师传》《富士山记》。因而，可以说读了《全释》，对都良香的大部分作品就有了较深入的了解了。

毋庸讳言，《全释》是为当时一般读者编写的，远远不能满足深度解读都良香文学成就的需要，特别是对于揭开中日文学交流的深层内幕，就算不得是理想的读本了。更重要的是，日本学界对汉文注本的期待，和当今中国学界对域外汉文研究的期待，从根本上说是有区别的。我们需要也可以按照中国古典文学的规范，来对这部域外汉文名著重新解读，以期更切实地认识汉唐文学在异国的传播、接受和享受的真相。

对全相的追寻不妨从细节开始。平安时代的纪传道、文章道学习不同的内容，但共同的部分是要熟悉《论语》《诗经》这样的经典。以《诗经》为例，当时的汉文家是如何理解与运用的，文献记载不详，我们就只有通过他们的作品去追溯，而在《全释》这一类注本中，多有略去引证的情况，即便有引证，也多有录文、断句或理解偏差等错误，至于对词语含义的分析，就不是靠字典、辞书加上《全释》一书所能完全解决的。所以，精读《都氏文集》，必须从一一搞清用语的内涵着手，而这恰是校注工作不能绕开的。

本文试图抽出《都氏文集》中使用过的与《诗经》相关的词语，解读其

---

① 中村璋八著『緯書の基礎の研究　資料篇』、東京：国書刊行会、1968年。
② 中村璋八著『五行大義の基礎の研究』、東京：明徳出版社。
③ 中村璋八著『重修緯書集成』、東京：明徳出版社、1960年。
④ 中村璋八著『中国思想文学通史』、東京：明治書院。
⑤ 中村璋八著『五行大義校注』、東京：汲古書院、1984年。

在都氏诗文中的用法。每一词语，先引录《全释》的释录文（日文释录只用顿号和句号，引录时改用现代汉语新式标点；日文释录采用日本当用汉字，引录时改用我国现代规范简体字），括号内注明《全释》的页码，而后列出"语释"或"通释"的相关部分（一般译成汉语，必要时括号内录出原文以供对照），最后以"案"加以讨论。

一、引经：原句原语

引经是秦汉以来文章最常见的修辞方法，奈良平安时代的汉文以汉唐文章为典范，特别是诏奏表论等官方文体，也就把引经作为极为重要的表达手段，《诗经》是其中被引用最多的经典。平安时代的作者在何种程度上通读了《诗经》，现存文献中看不到完整系统的记述，根据零散的资料推测，除了研读《毛诗》传笺与注疏之外，他们多数可能是从中国史书或《文选》中熟悉了其中使用的来自《诗经》的语汇。平安初期的空海，较少在文章中出现《诗经》语词，相比起前辈文士，都良香文中的《诗经》语词的确增多了不少。

引用的方式，首先是对《诗经》词语或诗句的原型引用，即不改变词语的形态和含义，将其融合在自己的文脉中。对于这种情况，今天的校注者应该指出语汇的出处，必要时举出中国诗文的用例，以利于读者展开对比，加深对原意的理解。

例1. 在藻，卷三《洗砚赋》："既而在藻之鳞惊，水衣之流媚；点苔科而染色，滴沙痕以成泪。"在藻，"语释"未注。

案：在藻，出《诗·小雅·鱼藻》："鱼在在藻，有颁其首。王在在镐，岂乐饮酒。""鱼在在藻，有莘其尾。王在在镐，饮酒乐岂。""鱼在在藻，依于其蒲。王在在镐，有那其居。"在藻，又用以比喻思念京都。唐张九龄《南还湘水言怀》诗："鱼意思在藻，鹿心怀食苹。"在藻之鳞，指鱼。《洗砚赋》中的这两句写用水苔（藻类）制成的纸，亦名侧理纸或陟里纸。晋王嘉《拾遗记·晋时事》："〔晋武帝〕即于御前赐青铁砚……侧理纸万番，此南越所献。后人言'陟里'，与'侧理'相乱。南人以海苔为纸，其理纵横邪侧，因以为名。"[1]

---

[1] （晋）王嘉撰，（梁）萧绮录，齐治平校《拾遗记》第211页，北京：中华书局，1981年。

例2. 高山仰止，卷三《洗砚赋》："别有穷士，养痴从事以忘饥；前事可师，访故事于张草圣；高山仰止，寻鸟踪于王羲之。""语释"："仰止仰望，敬慕（あおぐ。したう）。止，助字。"引《诗·小雅·车辖》"高山仰止，景行行止。"

案：高山仰止，出《诗经·小雅·车辖》。司马迁《史记·孔子世家》专门引以赞美孔子："《诗》有之：'高山仰止，景行行止。'虽不能至，然心向往之。"汉郑玄注解说："古人有高德者则慕仰之，有明行者则而行之。"高山喻崇高道德，仰，慕仰。全句意思是仰慕崇高的道德。

例3. 于以，卷三《生炭赋》："赴人之急，还疑行义之笃厚；入时之用，更似仁者之施为。于以就之，作暖气以养兽；于以近之，乐炙手之不龟。"于，"语释"误作"干"，谓"干此（これ）。是。"

案：于以，有三义。一则犹言于何，在何处。出《诗·召南·采蘩》："于以采蘩？于沼于沚。"《诗·召南·采蘋》："于以采蘋？南涧之滨；于以采藻？于彼行潦。"用何，《诗·邶风·击鼓》"于以盛之？维筐及筥；于以湘之？维锜及釜。"二则犹言至于，三则犹是以。

例4. 照临，卷三《奉答太上天皇辞御封第一表》："伏愿陛下日月照临之明，必察寸款；河海含容之量，莫厌微涓。无任悚战之至，谨奉表以闻。"(38) "语释"："照临自高处照耀四方。君临天下，明察治理之（高所から四方を照らす。君として天下に臨み、明察してこれを治めること）。"引《尚书》卷六《周书·秦誓》："若日月之照临，光于四方，显于西土。"又引《诗·小雅·小明》："明明上天，照临下土。"郑玄笺："明明上天，喻王者当光明如日之中也，照临下土，喻王者当察理天下之事。"

卷三《为真雅阇梨让僧正第二表》："沙门真雅言：小僧先上手疏，披露胸襟。照临之光未回，肝胆之诉弥切。""语释"："照临自高处照耀四方（高所から四方を照らすこと）。"并参照《奉答太上天皇辞御封第一表》。

案：照临，从上面照察，比喻察理。《诗·小雅·小明》："明明上天，昭临下土。"郑玄笺："照临下土，喻王者当察理天下之事也。"唐杜甫《风疾舟中伏枕书怀》："朗鉴存愚直，皇天实照临。"

例5. 率由，卷三《奉答太上天皇辞御封第一表》："然国之通规，率由渐久。一旦顿废，千岁贻讥。""语释"："率由遵从、顺从，遵照先例行事（したがいよる。よりしたがう。物事を前例に従ってとり行うこと）。"引用

《诗·大雅·假乐》："不愆不忘，率由旧章。"郑玄笺："愆过。率循也。成王之令德不过误，不遗失，循用旧典之文章，谓周公之礼法。"

案：率由，遵循，沿用。《书·微子之命》："率由典常，以蕃王室。"三国魏曹植《责躬》："万邦既化，率由旧则。""语释"引郑玄笺当断句为"愆，过。率，循也。"上引表文的意思是：国家通行的规矩，遵循日久。一旦飞起，就会引来后世永远的讥笑。卷三《奉答太上天皇辞御封第二表》："岂有以寂寥之趣，违率由之规者乎？"谓怎么能因为不值一提的想法而违背理应遵循的常规呢。卷四《牒四日本国大政官牒》："乃命在所，务令友存。大赏之科，率由恒典。"率由恒典，意近《假乐》中的"率由旧章"。

例6. 罔极无疆，卷四《改年号诏》："庶使鸿基罔极，流远近而普照；凤历无疆，配乾坤而弥久。"罔极、无疆，"语释"无注。

案：《诗经·小雅·蓼莪》："父兮生我，母兮鞠我。拊我畜我，长我育我，顾我复我，出入腹我。欲报之德，昊天罔极！"唐·陈子昂《唐故朝议大夫梓州长史杨府君碑》："缅维罔极之恩，思崇永锡之道。"

无疆，也作"无彊"。意为无穷；永远，没有止境；没有穷尽。《诗·豳风·七月》："称彼兕觥，万寿无疆。"《书·大诰》："洪惟我幼冲人，嗣无疆大历服。"孔传："言子孙承继祖考无穷。"；《史记·孝武本纪》："今鼎至甘泉，光润龙变，承休无疆。"；《隶续·汉武都太守李翕天井道碑》："坚无刍溃，安无倾覆，四方赖之，民悦无疆。"

例7. 哲王，卷四《被灾百姓加赈救诏》："诏：朕闻哲王调序，天吏于是休和；睿后乘时，风俗所以敦阜。""语释"："哲王，贤明的君王，卓越的君王（賢明な王。立派な王）。"

案：哲王，贤明的君王。《书·酒诰》："在昔殷先哲王，迪畏天显小民，经德秉哲。"《诗·大雅·下武》："下武维周，世有哲王，三后之在天，王配于京。"郑玄笺："哲，知也。""世世益有明知之王。"上引"哲王"与"睿后"相对，指贤君贤后，与《下武》同构。

例8. 下土，卷四《被灾百姓加赈救诏》："朕初谓上天赐祉，黔黎之业能丰；下土资腴，红粒之粮可蓄。何意百年之老，俄收击壤之声；五尺之童，更废鼓腹之咏。""语释"："下土大地。与'上天'相对。"

案：《诗经》中的"下土"有两义。一为大地。《诗·小雅·小明》："明明上天，照临下土。"二为人间，《诗·小雅·小旻》："旻天疾威，敷于下土。"上引"下土资腴"与"上天赐祉"相对，正与《小明》同。下土，当指大地。"语释"之说，是，可补出典。

例9. 干城，卷四《答太政大臣让封敕书》："加公之威重，增朕之干城。岂以在直庐之故，阙其随身之兵？""语释"未注出处。

案：干城，比喻捍卫或捍卫者。《诗·周南·兔罝》："赳赳武夫，公侯干城。"《韩非子·八说》："干城距冲，不若堙穴伏橐。"

例10. 伤如之何，卷四《答右大臣藤原朝臣为故太政大臣让追封敕书》："敕：省表悉之，故太政大臣忠仁公，保养朕躬，丕训苦切。朝露溘至，伤如之何？"伤如之何，"语释"无注。

案：《诗·陈风·泽陂》："彼泽之陂，有蒲与荷，有美一人，伤如之何。寤寐无为，涕泗滂沱。"后来的四言诗，亦有以此成句表达极其哀伤、不堪忍受之意。南朝梁江淹《别赋》："春草碧色，春水渌波。送君南浦，伤如之何。"

例11. 蒸民，卷五《策秀才菅原文二条·明氏族》："至于百王繁兴，有苗有裔。蒸民挚乳，乃父乃兄。"蒸民，"语释"："各种人民。《毛诗·大雅·蒸民》：'天生蒸民，有物有则。民之秉夷，好是懿德。'"

案：蒸民，众民，百姓。《孟子·告子》："《诗》曰：'天生蒸民，有物有则。'"南朝陈徐陵《报尹义尚书》："变大风于王礼，驱蒸民于昌辰。"孟子所引诗句，"蒸民"《诗经》作"烝民"。"语释"所引《大雅》诗句，《诗经》亦作"烝民"。"蒸"通"烝"。

"有苗有裔""乃父乃兄"，皆模仿《诗经》句法。《诗·秦风·终南》："终南何有？有条有梅。"《诗·鲁颂·駉》："薄言駉者，有驈有皇，有骊有黄。"《诗·大雅·緜》："迺慰迺止，迺左迺右，迺疆（彊）迺理，迺宣迺亩。""乃"通"迺"，"乃父乃兄"，即"迺父迺兄"。

二、语典词：经语重组

我国学者季忠平指出，东汉以来的汉语文献在语言方面往往带有明显的典雅特征，其中一个重要表现，就是大量使用源于先秦经典的具有典故性质的双音节词，季忠平把这类词称为语典词[①]。那时的作者往往通过对原来语句

---

① 季忠平《中古汉语语典词研究》第1页，学林出版社，2013年。

的节缩、约举、截割、组合等方式来构成新词，让人所共知的表达方式陌生化，实际上也在把老生常谈的旧观念装饰起来，给人一点新鲜感。这样的做法也通过《文选》等中国文集传到奈良平安时代的日本。空海《性灵集》中已经见到如以"居诸""具瞻"这样的用法，《都氏文集》中就更多一些。其中《都氏文集》中不仅看到了中国文士用过的语典词，如"胡颜"之类，而且还有我们迄今在汉唐文章中不多见的新造词，如"流芼"等，或许就属于都良香自造的词语。

例12. 流芼，卷三《为尚侍源朝臣让职第一表》："今妾老随日至，病逐年侵。未成流芼之仪，谁助涧藻之礼。""语释"："流。流动。血统。""流芼之仪参照次项'语释'的'笺'。""涧藻之礼女性当遵从的礼。《诗·国风·采蘋》：'于以采蘋，南涧之滨。于以采藻，于彼行潦。'郑玄笺：'古者夫人先嫁三月，祖庙未毁，教于公宫；祖庙既毁，教于宗室。教以妇德、妇言、妇容、妇功。教成之祭，牲用鱼，芼用蘋藻，所以成妇顺也。此祭，祭女所出祖也。法度莫大于四教，是又祭以成之，故举以言焉。蘋之言宾也，藻之言藻也。妇人之行，尚柔顺，自洁清，故取名以为戒。'"

案："语释"释"流"为"流动"尚可，而言"血统"则误。"流芼"出《诗·周南·关雎》："参差荇菜，左右流之。窈窕淑女，寤寐求之。""参差荇菜，左右芼之。窈窕淑女，钟鼓乐之。""流芼"乃从"左右流之""左右芼之"两句中分别摘取"流"字和"芼"字组合成的所谓"语典词"，用以指称《关雎》。由于《毛传》说过"《关雎》，后妃之德也"，后妃说乐君子之德，无不和谐，又不淫其色，慎固幽深，若关雎之有别焉，然后可以风化天下

郑玄笺亦曰"言后妃有关雎之德，是幽闲贞专之善女，宜为君子之好匹"，则《关雎》诗句则被视为后妃之德的标识。毛传解"流"字，谓"流，求也。后妃有关雎之德，乃能共荇菜，备庶物，以事宗庙也"，解"芼"字，谓"芼，择也"。郑玄笺："后妃既得荇菜，必有助而择之者。"

涧藻，出《诗·召南·采蘋》："于以采蘋，南涧之滨。于以采藻，于彼行潦。""语释"所言不误。《毛传》："《采蘋》，大夫妻能循法度也。能循法度，则可以承先祖。共祭祀也。"又曰："藻，聚藻也。""涧藻"一词，乃从诗中四句中摘取出两个单音节词，组成一个新的音节词。即季忠平谓之"组

合"式的构词方式①。

故"流芼之仪"和后面的"涧藻之礼",皆出自《诗·周南》,当指所谓后妃辅佐君子"无不和谐"之作用。"今妾老随日至,病逐年侵。未成流芼之仪,谁助涧藻之礼",就是说已年老多病,无法完成后妃辅弼君王和谐后宫的使命。

例13. 胡颜,卷三《为真雅阁梨让僧正第二表》:"而陛下更降凤诏,赐以鸿慈,发其优渥之词,不许辞退之请。天私遂厚,人谤难逃。如此累年,胡颜于世?""语释":"胡颜:有何脸面,言不知羞耻(何のかんばせかあるの意で、恥を知らないことにいう)。"

案:《诗·鄘风·相鼠》:"人而无礼,胡不遄死?"又《小雅·巧言》:"巧言如簧,颜之厚矣。"后人凝缩此二诗而成"胡颜"一词,以表示有何面目之意,意谓愧极。《文选·曹植〈上责躬应诏诗表〉》:"以罪弃生,则违古贤夕改之劝;忍垢苟全,则犯诗人胡颜之讥。"李善注:"即上'胡不遄死'之义也。孔安国《尚书传》曰:胡,何也。《毛诗》谓何颜而不速死也。殷仲文表曰;亦胡颜之厚,义出于此。"晋殷仲文《解尚书表》:"今宸极反正,惟新告始,寓意既明,品物思旧,臣亦胡颜之厚,可以显居荣次?"《北史·萧正表传论》:"正表动不由仁,胡颜之甚。"上引"胡颜于世",即有何面目活在世上,此"胡颜"正与"胡颜之讥""胡颜之厚""胡颜之甚"等中的"胡颜"同源同义。

例14. 静而思之,卷四《被灾百姓加赈救诏》:"老弱没亡,不得其死;田园淹损,或破其生。静而思之,切于轸悼。"静而思之,"语释"无注。

案:《诗·卫风·氓》:"言既遂矣,至于暴矣。兄弟不知,咥其笑矣。静言思之,躬自悼矣。"郑玄笺:"静,安。"孔颖达疏:"安静而思之。"言,助字。静言思之,即静而思之。

例15. 静言夙夜,卷四《答右大臣藤原朝臣让封敕书》:"朕静言夙夜之劳,还惭禀馀之薄,而表翰相望,减挹之请无已,肝胆皆露,抌谦之怀可知。"静言夙夜之劳,训读作"静しく夙夜の劳を言へども"。

案:"静言""夙夜"属并列关系,不宜拆开"静""言"分训。

"静言""夙夜",皆出自《诗·卫风·氓》:"三岁为妇,靡室劳矣。夙

---

① 季忠平《中古汉语语典词研究》第131页。

兴夜寐，靡有朝矣。言既遂矣，至于暴矣。兄弟不知，咥其笑矣，静言思之，躬自悼矣。"后人四言诗中多用"静言"表回顾反思。西晋左思《悼离赠妹二首》："静言永念，形留神往。"

夙夜，朝夕，日夜，亦谓日夜从事。《诗·小雅·雨无正》："三事大夫，莫肯夙夜。邦君诸侯，莫肯朝夕。"孔颖达疏："三事大夫无肯早起夜卧以勤国事者。"宋孝武帝《藉田大赦诏》："夙夜寅畏，思隆平绪。"

静言夙夜之劳，即日夜操劳。

例16. 愆忘，卷四《诏书上清和天皇尊号为太上天皇诏》："今簸落秕糠，洗除尘垢，不德其德，不功其功。境绝迹殊，无得而称。然国有成典，不敢愆忘。谨上尊号，为太上天皇。""语释"："愆忘搞错忘却（あやまちわすれること）。"卷四《牒四日本国大政官牒》："加之以纪为限，总纪度予，前后文书，斟喻重叠，而愆忘之甚，不知噬脐；过涉之凶，至于灭顶。""语释"："愆忘搞错忘却（過ち忘れる）。"并引《诗·大雅·假乐》："不愆不忘，率由旧章。"

案："愆忘"乃节缩"《诗·大雅·假乐》"不愆不忘"而构成的词。郑玄笺："愆，过。""不过错，不遗失。"孔颖达疏："不过误，不遗忘。"愆忘，违反，不遵守。《汉语大词典》引《明史·王应熊传》："亦非因循于夙习之故，实愆忘于旧章之过也。"用例时过晚。

例17. 所怙，卷四《为澄拾遗屈圆珍法师等状三首》其一："弟子某谨白：祸出不图。所怙弃背，迅节如流。七七期及，来月七日，于东塔院，将发法华，答恩厚也。"所怙弃背，训读作"怙む所は棄背し"。"通释"："所依仗的远去了（頼りとするところはと遠ざかってしまい）。"

案：所怙，指母亲。《诗·小雅·蓼莪》："无母何怙？"《旧唐书·肃宗张皇后传》："昭成为天后所杀，玄宗幼失所怙，为窦姨鞠养。"幼失所怙，即幼年丧母。

弃背，死亡的婉词，多用于尊亲。晋王羲之《杂帖一》："周嫂弃背，再周忌日，大服终此晦，感摧伤悼。"京兆尹杜友晋撰《吉凶书仪·祖父母丧告父母伯叔姑书》："月日名言：不图凶祸，翁婆弃背，追慕无及，五情分割。"① 同书《外族凶书仪一十七首》："月日名言：不图凶祸，外翁婆弃背；

---

① 赵和平《敦煌写本书仪研究》第194页，台北：新文丰出版公司，1993年。

悲慕无及，不能自胜。"①

所恃弃背，母亲去世。"通释"仅从字面上作解，未能言明本意。

例18. 宜包，卷五《辨异物》："奇禽怪兽，类聚群分；珍卉灵蘂，百种千名；鳞物介物，宜包宜羹。"宜包宜羹，训读作"包みを宜く羹を宜くす"。"通释"："烤煮皆宜（燒いても煮ても良い）"。

案：包，当作"炰"。炰，同"炮"，把带毛的肉用泥裹住在火上烧烤。《诗·鲁颂·閟宫》："毛炰胾羹，笾豆大房。"又同"缹"，蒸煮。《诗·大雅·韩奕》："其殽维何？炰鳖鲜鱼。"郑玄笺："炰鳖，以火熟之。"孔颖达疏："此及《六月》云'炰鳖'者，音皆作缹，然而炰与缹，以火熟之，谓蒸煮之也。"《文选·枚乘〈七发〉》："旨酒嘉肴，羞炰脍炙以御宾客。"李善注："〔毛诗〕又曰：'炰鳖鲜鱼。'郑玄曰：'炰，火烧之也。'"

三、取意：精神摄取

现存《都氏文集》第三、四、五计三卷，主要收录的是都良香代笔撰写的诏、表、书以及作为吏部考官制作的策题、评定文字等官用文体，以及不多几篇铭文、赋，很少个人抒情诗赋。从文中引用的《诗经》篇目来看，多集中在《国风》和《小雅》中，值得注意的是，几乎看不到那些带有批判性的变风中的诗篇。这或许反映了平安时代初期贵族文士接受《诗经》的倾向。

例19. 蘋藻之礼，卷四《赠外祖父故中纳言藤原朝臣左大臣一位诏》："外祖母藤原氏，门传阃训，家著闺仪。蘋藻之礼弥恭，松萝之义交映。"

案：参照例12。《诗·召南·采蘋》毛传："《采蘋》，大夫妻能循法度。能循法度，则可以承先祖，共祭祀矣。"蘋藻一词，抽出该诗中"于以采蘋？南涧之滨。于以采藻？于彼行潦"中的二字意象，代表《毛传》对全篇诗意的精神，与"松萝"共同作为妇女美德的象征。

松萝，亦作"松罗"，即女萝。地衣门植物。《诗·小雅·頍弁》："茑与女萝，施于松上。"毛传："女萝、兔丝，松萝也。"女萝对附生于松树，故后人因以"松萝共倚"比喻夫妻相处和睦融洽。《古诗十九首·冉冉孤竹生》："菟丝生有时，夫妇会有宜。"

---

① 《敦煌写本书仪研究》第209页。

这种理解，并不与《毛传》《郑笺》相一致。《毛传》："喻诸公非自有尊，托王之尊。"郑玄笺："托王之尊者，王明则荣，王衰则微。刺王不亲九族，孤特自恃，不知己之将危亡也。"毛、郑都认为"松萝"比喻君臣关系，而后人所说的"松萝共倚"则是说夫妻关系。

上引都良香的一节，将"蘋藻之礼""松萝之义"相对并提，指称妇德的内容，敬先祖，和夫妇，这是毛、郑诗学《周南》《召南》阐释的核心内容之一。两者并提，表明作者理解的女德妇功，既重仪式感，也讲究礼义内涵。

例20. 白华之志，卷三《奉答太上天皇辞御封第二表》："愿陛下使臣下白华之志，申尽敬之诚；臣乌鸟之情，得反哺之便，则臣子礼达，忠孝道行，全旧式于当年，传故实于来代。""语释"："白華子思父母之心，纯洁不染（子が父母のことを思う心にけがれないこと）。"引《诗·小雅·白华》毛传："白华，孝子之絜白也。"《文选》卷十九束晳《补亡诗》："白华孝子之絜白也。"李善注："言孝子养父母，常自絜如白华之无点汙也。子夏序曰：白华废则廉耻欠矣。"

案：所引《毛传》当作"《白华》，孝子之絜白也"。絜，洁。所引子夏序，即《毛传》，当作"白华废则廉耻缺矣"，《诗·小雅·南陔序》："《南陔》，孝子相戒以养也；《白华》，孝子之絜白也；《华黍》，时和岁丰，宜黍稷也。有其义而亡其辞。"所引子夏序，即《毛传》，当作"白华废则廉耻缺矣"。《诗·小雅·六月序》："《白华》废则廉耻缺矣，《华黍》废则蓄积缺矣。"日语中多用"欠"字代"缺"字。白华，《诗·小雅·白华》。白华之志，即孝养父母的心愿。

例21. 化俗，卷五《评定荫子从八位上长统朝臣贞行时务策文第事·化俗 教民》："今按所对，导齐桓于淳源，参汉文于霸道。又问头之中，变诸作论，如此之类，可谓纰缪。例之，虽教民之宜，颇得其术；而化俗之理，既违其方。准之令条，当为不第。""语释"："化俗，化与俗。教化与风俗。"

案：化俗有两义。一则谓风俗受德教而发生变化。汉司马相如《难蜀父老》："必若所云，则是蜀不变服，而巴不化俗也。"《后汉书·曹褒传》："以礼理人，以得化俗。"二则谓教化与风俗。汉张衡《西京赋》："故帝者因天地以致化，兆人承上教以成俗，化俗之本，有与推移。"

上文策题以"化俗"与"教民"相对，意让考生论述化理民俗与教育民众之术。"虽教民之宜，颇得其术；而化俗之理，既违其方"，亦"化俗"与"教民"相对，"化"与"教"是行为，"俗"与"民"是对象，故上文"化俗"当为前举第一义，这里讲的是通过德教风俗发生变化。

化俗之说，是《诗大序》的重要思想。《诗大序》："风，风也，教也。风以动之，教以化之。"又说："先王以是经夫妇，成孝敬，厚人伦，美教化，移风俗。""上以风化下，下以风刺上，主文而谲谏，言之者无罪，闻之者足以戒，故曰风。"

以上对《都氏文集》写本中的《诗经》语词做了整理，也对《全释》做出匡补。从整体上说，《都氏文集》很需要一个中文校注本，从而为中国的古代文学研究者与日本文学研究者提供进一步研究的基础。

四、呼唤《都氏文集》中文注本

日本学者在古籍校注方面，有一些值得深入考察并借鉴的地方。尤其在处理好吸取前人成果与校注者新发现的关系、处理好精考细注与一般读者需要之间寻求平衡等方面，有些做法延续已久而且相当有效。一般的注释书，都在对原著分段释录文字之下，列出相应的训读文字，以"校异"的形式，提供逐字校勘的资料，而后的"语释"部分，则说明词语的读音、含义和出处。有些词语，出处引文较长。或者存在不同说法，或者需要深入讨论，或者涉及此前此后的相关继承影响关系的资料，则将其置于全文校注之后，专设"补注"部分，这样既避免了"语释"过于冗长，也使重点讨论的词语有了集中反映的地方。在"语释"之后的译文，往往根据校注者的情况，采用偏重于直译（多称为译文或试译文）或意译（多称为通释）的不同方法，对诗歌，也有译成诗歌体与散文体两种选择，有的甚至既有诗体译文，又有散文体译文。这样的校注书，由造诣较高的学者撰写的解说是不可或缺的，还有一些校注本，还在书后附有几篇专题研究论文，可以大大扩展读者的视野，接近最新研究成果。岩波书店出版的新旧古典文学大系，大致都采用这样的校注方法，由于校注者在精考细注方面自觉地体现了工匠型学究精神，大多数校注本经得起岁月的考验。

相比之下，《全释》注释较为简略，与一般校注本相比，缺少"补注"与研究文章这样重要的部分，显得有些粗略。造成这种情况的背景，就是对都良香这样作家的汉文作品，还没有引起研究界充分的重视。一提到平安时代的汉文作家，第一想到的就是菅原道真，对其余的作家的深入研究，在20世纪七八十年代，还没有"排上号"。与此相近的如《田氏家集》《江吏部集》都还没有精注本。到了90年代《本朝无题诗全注释》①等书的问世，才打破了汉文校注书的寂寥。《全释》为今后《都氏文集》写本中文校注本的诞生，已经做了很好的铺垫。

中国学者参与到日本汉文经典的校注工作中来，从学术发展的趋势来说，只是时间问题。认真研究日本学者校注的得失，是必须先做的功课。从江户时代中后期，日本学学者就对《古事记》《万叶集》《源氏物语》写本的沿革、文字异同、文本流传等进行过细致的研究，他们采用了与近代以来的校雠学、书志学、训诂学相通之处颇多的整理方法，汉学者也对日本自古相传的中国典籍写本文字做了些考证，也有的学者对唐宋诗语或保存在日本文献中的中国逸书佚文加以搜集整理。明治维新以后，这种工作一直在寂寞中延续。很多研究者为校注工作呕心沥血，倾注全力，因而才有了我们能够读到的精细校注本。

同时，我们注意到，古代汉文研究在日本学界天然地成为边缘中的边缘。日本文学研究界的中心，是那些用假名撰写的作品，而中国文学研究界的中心，是那些在中国本土产生的文学经典。尽管近年来处于边缘的汉文学研究逐渐向中心靠拢，中心的目光也更多转向边缘，但中心的地位很难撼动。这种格局，限制了汉文学研究队伍新陈代谢的规模，也限制了校注书读者群体扩大的速度。

对于日本汉文经典与历代作品，中国学者可以做出自己的解读。我们的学术积累和时空优势，使我们可以更迅速地利用最新写本研究成果，更熟稔地运用传统与现代中文校勘学与训诂学知识，将《都氏文集》这样的汉诗文纳入跨文化国际中国文学研究的范畴。当然，这些都是理论上的可能，至于到底会做成什么样，还取决于我们的努力，也取决于我们与日本学者充分有效的学术交流。

（王晓平　天津师范大学教授）

---

① 本間洋一注釈『本朝無題詩全注釈』、東京：新典社、1994年。

《游仙窟》与《崔致远》

[日] 滨政博司 著　石云涛 译

摘　要：唐代张鷟的志怪小说《游仙窟》在国内早已失传，幸得流播东瀛，保存至今。滨政博司先生揭出高丽朝末年成文的汉文志怪小说《崔致远》在词汇和情节上都有颇多与《游仙窟》相似之处。从本文的探讨中，可以知《崔致远》曾受到《游仙窟》的影响，从而揭示出《游仙窟》也曾流传到朝鲜半岛的事实。作者还考证《崔致远》的作者当为高丽初年的朴寅亮。

关键词：《游仙窟》　《崔致远》　汉文小说　志怪小说　朴寅亮

关于唐代小说《游仙窟》对日本文学的影响，以前已有深入的研究。大正、昭和时代出现过《游仙窟》研究热，如今已经成为过去的事情。在这里我想论述和思考的是，在韩国流传至今的古代小说《新罗殊异传》中的作品《崔致远》中所见《游仙窟》的影响。《崔致远》的故事梗概如下：

　　崔致远在唐朝留学，及第后被任命为溧水县尉。他出游到县南的招贤馆，看到招贤馆前有被称为"双女坟"的古墓。他在石门上题诗后回馆。在回来的路上，遇到一位手持红袋的女孩子（翠襟），说八娘子（紫裙）、九娘子（红袖）吩咐，转呈崔致远。崔致远从袋里取出两首酬答诗。二人的芳词里并未交代自己的姓名，只说孤魂畏惧生人，但希望能与崔致远相见。崔致远读了八娘子和九娘子的芳词，面露喜色，崔致远写了答诗，交给翠襟。翠襟得诗急忙回去复命。（寻访）过了一会儿，两位如一双明玉两朵瑞莲的美女出现在崔生面前，崔生又赋诗赠予二女。

---

* 原载《水门：语言与历史》（21），水门学会编，勉诚出版社，2009年。

（思慕）两女乃溧水县张姓富豪的女儿，姐姐十八岁，妹妹十六岁。由于父母强迫的婚姻不如意而夭亡，现在遇上秀才，很想一起谈谈玄理。（问对）崔致远向二女敬酒，二女本不餐不饮，并不知世俗中酒味，但因遇崔生，便共饮酒赋诗。（请酒）当时月明如昼，风清如秋，他们以月为题，以风为韵赋诗，翠襟纵喉歌唱助兴。（宴乐）……（定情，这一部分缺）崔致远挑逗二女，二女同意，于是三人共枕同衾而眠，崔又赋诗咏之。（合欢）月落鸡鸣，两女从一夜欢乐中惊起，用诗表达离别的心情。崔读了两女的诗，也和两女一样，禁不住落泪。两女希望崔生再来，打扫荒冢青苔，言讫随即消失。第二天早上，崔生又来到古墓，徘徊彷徨，作长诗一篇（别离）。末附《崔致远传》（略）

这个故事明显包含着灵异与婚恋两方面的内容，文体属于四六骈俪文。与《游仙窟》在叙述部分用骈俪文、对话部分包含不少口语语汇的不同。这正是新罗末、高丽初之间唐末骈俪文盛行背景影响的结果。

一、《崔致远》的词汇与《游仙窟》的词汇

《新罗殊异传》（逸文）中的以《崔致远》为题的文本，收入《太平通载》（这部书已散佚）第六十八卷。版本用的是崔南善本。《崔致远》的另一个版本，权文海《大东韵府群玉》第十五卷的《仙女红装》题注出于《新罗殊异传》，被看作是节略本，不知道两个版本之间的关系。《崔致远》的篇幅较短（不满3000字），与《游仙窟》不可相提并论，情节也单调，都是平凡的事件。其中与《游仙窟》对比，使用了同样的词语，或者类似的表达，如表一、表二所示。上段是《崔致远》中的本文，下段是对应的《游仙窟》的词语并附以日文的训读（按：译文中省略了日文训读）。文本中显示了藏中进氏的《江户初期无刊记本游仙窟》（本文与索引）的页数和注释。[①]

[①] 原注：和泉书院昭和五十四年（1979年）刊。

《游仙窟》与《崔致远》

表1 词汇

与赋继赋洛川神	9ウ7 洛川回雪
凤钗空堕九泉尘 泉下孤眠恨莫穷	34オ7 儿是九泉下人
青鸟无端报事由 无端嫁得风狂汉	39オ4 无端强慰他
风尘末吏	3ウ8 但避风尘 20オ8 未免风尘
岂期仙侣猥风流	6ウ8 历访风流
儿与小妹 小妹则许嫁茗估	17オ5 儿年十七（儿的用例还有八例） 4ウ1 崔季珪之小妹
可献物外之人乎	23オ1 真成物外稀奇物
桂花开不待春风曾向春风占谪仙	11オ7 多事春风
月辉渐皎三更外	54オ7 三更唱晓
人间远别肠堪断辞君步步偏肠断肠欲断首频回	9オ1 人间有一（人间的用例还有四例） 13オ6 诚知肠欲断（断肠的用例还有二例）
于是红袖乃顾婢翠襟	5ウ8 片时遣婢桂心（婢的用例还有六例）
彷徨啸咏	6ウ3 彷徨徙倚
双双妙舞呈纤手	5ウ5 故故将纤手
面熟自然心似火	3オ2 自然浮出 23オ2 自然能举止
明月倍添衾枕思	11オ6 无情明月
香风偏倚绮罗身	3ウ2 香风触地 15ウ5 徐行步步香风散 54ウ6 香风裂鼻
悠然来忽然去	13オ4 忽然空手 37オ3 忽然心里爱 56ウ2 忽然闻道别

341

表2　类似语

（1）杖藜徐步	15ウ4　徐行步步香风散
辄有戏言	25オ4　五嫂向来戏语
息嫣曾从二婿	26ウ1　女婿是妇家狗
言必有中	52ウ3　人家不中物
岂敢辞违	24オ1　岂敢辞劳
无端嫁得风狂汉	51オ6　忽遇狂风①
乐极悲来	55ウ3　乐尽哀生
空锁巫山两片云遥似襄王梦云雨	9ウ8　巫峡仙云
翠眉丹颊皆超俗	56オ4　翠柳开眉色
狂心已乱不知羞	10ウ5　念交甫之心狂
香风偏惹绮罗身绮罗衾枕思	22オ7　罗绮缤纷 50オ3　纵横照罗绮
独座思量如梦中沈思疑梦又非梦	13オ6　梦中疑是实

二、《崔致远》与《游仙窟》的比较考察

　　《词汇表》揭示出十七例词汇，大多都是唐代通用词，显著的例子，如（3）"无端"，（5）风流，（6）兒，（6）小妹，（13）纤手等。同样的情况也出现在《类似语表》，如（12）"独座思量如梦中""沈思疑梦又非梦"与"梦中疑是实"非常相似。（4）"言必有中"中的"中"（アタル）与"人家不中物"中的"中"的意思相当。《游仙窟》中的"游仙"特征，在叙述部分没有出现，在对话中的口语中出现了，这些方面在《崔致远》中是没有的，对唐人小说的模仿是有限度的。但是，事实上在这两篇小说中所见共通的词汇更多，最重要的是"崔""张"与两女的相遇诗唱和。

　　朝鲜汉文小说的创作从李朝时开始日益增多，高丽初成书的《新罗殊异记》成为朝鲜时代珍贵的汉文小说。

　　李朝时成书的多数的汉文小说，韩国国语文学国文学会编《原文汉文小

---

① 译者按："风（疯）狂汉"与"狂风"，算不上类似词。

说选》(1976年大提阁刊)中,或在其他作品中,也没有见到《游仙窟》的词汇。从这意义上《崔致远》虽然不是完全但是有与《游仙窟》相同或类似的词语,虽然如此,所见类似的情况也需要引起我们的注意。

"崔"与两名女子同衾而眠,《游仙窟》"虽复赠兰解佩"注文云:

> 《韩诗外传》曰:昔者郑交甫将适楚,遵彼汉皋,乃遇二女,比魃服而具环佩,两珠大如荆鸡卵。交甫与言,二女遂解佩而与之,交甫受而怀之,趋而十步,探之则亡矣。①

白木直野氏《游仙窟注引书考》对这段引文的解释十分详细。② 也是出于古时尧帝把两个女儿娥皇、女英嫁给舜的古老故事。

《崔致远》的故事情节的展开,与长田夏树氏《关于〈游仙窟〉故事的构成的考察》的分段大体一致。③ 长田氏把元禄刊本162段,按内容分为九部分:(1)寻访,(2)思慕,(3)问对,(4)请酒,(5)宴乐,(6)定情,(7)同声,(8)合欢,(9)别离。以上情节的展开,与《崔致远》大体一致。可以想见在《崔致远》小说的完成过程中,《游仙窟》的影响是存在的。

三、《崔致远》的文本分段构成

下面,按长田氏的划分方法,把全文进行分段。(文本用崔南善本)

> 崔致远,字孤云,年十二,西学于唐。乾符甲午,学士裴瓒掌试,一举登魁科。调授溧水县尉。尝游县南界招贤馆,馆前冈有古塚,号双女坟,古今名贤游览之所。致远题诗石门,曰:"谁家二女此遗坟,寂寂泉扃几怨春。形影空留溪畔月,姓名难问塚头尘。芳情倘许通幽梦,永夜何妨慰旅人。孤馆若逢云雨会,与君继赋落(洛)川神。"题罢到馆。是时月白风清,杖藜徐步,忽睹一女,姿容绰约,手持红袋。就前曰:

---

① 译者按:此段《韩诗外传》佚文,见于《文选·高唐赋》李善注引。
② 原注:《广岛大学文学部纪要》第52号。
③ 原注:见《长田夏树著述集》,《神户外大论丛》第5卷2号,ナカニシヤ出版。

"朝间披榛抬石题诗处,则二女所居也。"公乃悟。见第一袋,是八娘子奉酬秀才,其词曰:"幽魂离恨寄孤坟,桃脸柳眉犹带春。鹤驾难寻三岛路,凤钗空堕九泉尘。当时在世常羞客,今日含娇未识人。深愧诗词知妾意,一回延首一伤神。"次见第二袋,是九娘子,其词曰:"往来谁顾路傍坟,鸾镜鸳衾尽惹尘。一生一死天上命,花开花落世间春。每希秦女能抛俗,不学任姬爱媚人。欲荐襄王云雨梦,千思万忆损精神。"又书于后幅曰:"莫怪藏姓名,孤魂畏俗人。欲将心事说,能许暂相亲。"公既见芳词,颇有喜色,乃问其女名字,曰"翠襟"。公悦而挑之,翠襟怒曰:"秀才合与回书,空欲累人。"致远乃作诗付翠襟曰:"偶把狂词题古坟,岂期仙女问风尘。翠襟犹带琼花艳,红袖应含玉树春。偏隐姓名寄俗客,巧裁文字恼诗人。断肠唯愿陪欢笑,祝祷千灵与万神。"继书末幅曰:"青鸟无端报事由,暂时相忆泪双流。今宵若不逢仙质,判却残生入地求。"翠襟得诗还,迅如飙逝。致远独立哀吟,久无来耗,乃咏短歌,向毕。[以上(1)寻访之段]

　　香气忽来,良久二女齐至。正是一双明玉,两朵瑞莲,致远惊喜如梦。拜云:"致远海岛微生,风尘末吏,岂期仙侣猥顾风流,辄有戏言,便垂芳躅。"二女微笑无言。致远作诗曰:"芳宵幸得暂相亲,何事无言对暮春。将谓得知秦室妇,不知元是息夫人。"于是,紫裙者恚曰:"始欲笑言,便蒙轻蔑。息妫曾从二婿,贱妾未事一人。"公言:"夫人不言,言必有中。"二女皆笑。[以上(2)思慕之段]

　　致远乃问曰:"娘子居在何方?族序是谁?"紫裙者陨泪曰:"儿与小妹,溧水县楚城乡张氏之二女也。先父不为县吏,独占乡豪,富似铜山,侈同金谷。乃姊年十八,妹年十六,父母论嫁,阿奴则定婚盐商,小妹则婚茗估。姊妹每说移天,未满于心。郁结难伸,遽至夭亡。所冀仁贤勿萌猜嫌。"致远曰:"玉音昭然,岂有猜虑。"乃问二女:"寄坟已久,去馆非遥,如有英雄相遇,何以示现美谈?"红袖者曰:"往来者皆是鄙夫,今幸遇秀才,气秀鳌山,可与话玄玄之理。"[以上(3)问对之段]

　　致远将进酒,谓二女曰:"不知俗中之味,可献物外之人乎?"紫裙者曰:"不餐不饮,无饥无渴。然幸接瑰姿,得逢琼液,岂敢辞违?"于是饮酒各赋诗,皆是清绝不世之句。[以上(4)请酒之段]

　　是时月明如昼,清风似秋。其姊改令曰:"便将月为题,以风为题

(当作韵)。"于是致远作起联曰:"金波满目泛长空,千里愁心处处同。"八娘曰:"轮影动无迷旧路,桂花开不待秋风。"九娘曰:"元辉渐皎三更外,离思偏伤一望中。"致远曰:"练色舒时分锦帐,珪模映处透珠橦。"八娘曰:"人间远别肠堪断,泉下孤眠恨莫穷。"九娘曰:"每羡嫦娥多计较,能抛香阁到仙宫。"公叹讶尤甚,乃曰:"此时无笙歌奏于前,能事未能毕矣。"于是红袖乃顾婢翠襟而谓致远曰:"丝不如竹,竹不如肉。此婢善歌。"乃命诉衷情词,翠襟敛衽一歌,清雅绝世。于是三人半酣。[以上(5)宴乐之段]

致远乃挑二女曰:"尝闻卢充逐猎,忽遇良姻;阮肇寻仙,得逢佳配。芳情若许,姻好可成。"二女皆诺曰:"虞帝为君,双双在御;周良作将,两两相随。彼昔犹然,今胡不尔?"[以上(6)定情之段]

致远喜出望外。乃相与排三净枕,展一新衿,三人同衿,缱绻之情,不可具录。致远戏二女曰:"不向闺中作黄公之子婿,翻来塚侧夹陈氏之女奴,未测何缘得逢此会?"女兄作诗曰:"闻语知君不是贤,应缘惯与女奴眠。"弟应声续尾曰:"无缘嫁得风狂汉,强被轻言辱地仙。"公答为诗曰:"五百年来始遇贤,且欢今夜得双眠。芳心莫怪亲(译者按:当作轻)狂客,曾向春风占谪仙。"[以上(8)合欢之段]

小顷月落鸡鸣,二女皆惊。谓公曰:"乐极悲来,离长会促,是人世贵贱同伤,况乃存没异途,升沉殊路。每惭白昼,虚掷芳时。只应拜一夜之欢,从此作千年之恨。始喜同衾之有幸,遽嗟破镜之无期。"二女各赠诗曰:"星斗初回更漏阑,欲言离绪泪阑干。从兹便结千年恨,无计重寻五夜欢。"又曰:"斜月照窗红脸冷,晓风飘袖翠眉攒。辞君步步偏肠断,雨散云归入梦难。"致远见诗,不觉垂泪。二女谓致远曰:"倘或他时,重经此处,修扫荒塚。"言讫即灭。明旦,致远归塚边,彷徨啸咏,感叹尤甚。作长歌自慰曰:"草暗尘昏双女坟,古来名迹竟谁闻?唯伤广野千秋月,空锁巫山两片云。自恨雄才为远吏,偶来孤馆寻幽邃。戏将词句向门题,感得仙姿侵夜至。红锦袖,紫罗裙,座来兰麝逼人熏。翠眉丹颊皆超俗,饮态诗情又出群。对残花,倾美酒,双双妙舞出纤手。狂心已乱不知羞,芳意试看相许否?美人颜色久低迷,半含笑态半含啼。面熟自然心似火,脸红宁假醉如泥。歌艳词,打欢合,芳宵良会应前定,才闻谢女启清谈,又见班姬摘雅咏。情深意密始求亲,正是艳阳桃李辰。

明月倍添衾枕思，香风偏若绮罗身。绮罗身，衾枕思，幽欢未已离愁至。数声余歌断孤魂，一点残灯照双泪。晓天鸾鹤各西东，独座思量如梦中。沈思疑梦又非梦，愁对朝云归碧空。马长嘶的，望行路，狂生犹在寻遗墓。不逢芳袜步芳尘，但见花枝泣朝露。肠欲断，首频回，泉户寂寥谁为开？顿辔望时无限泪，垂鞭吟处有余哀。暮春风，暮春日，柳花缭乱迎风疾。常将旅思怨韶光，况是离情念芳质。人间事，愁杀人，始闻达路又迷津。草没铜台千古恨，花开金谷一朝春。阮肇刘晨是凡物，秦皇汉帝非仙骨，当时嘉会杳难追，后代遗名徒可悲。悠然来，忽然去，是知风雨无常主。我来此地逢双女，遥似襄王梦云雨。大丈夫，大丈夫，壮气须除儿女恨，莫将心事恋妖狐。[以上（9）别离之段]

后致远擢第东还，路上歌词云："浮世荣华梦中梦，白云深处好安身。"乃退而长往，寻僧于山林江海。结小斋，寻石台，耽玩文书，啸咏风月，逍遥偃仰于其间。南山清凉寺，合浦县月影台，智理山双溪寺、石南寺、墨泉石台，种牡丹，至今犹存，皆其游历也。最后隐于伽耶山海印寺。与兄大德贤俊、南岳师定玄，探颐经论，游心冲漠，以终老焉。[以上是崔致远的附传]

张文成的传记记载："新罗、日本使至，必出金宝购其文。"（《新唐书》卷六十一）《桂林风土记》记载："新罗日本国，前后遣使入贡，多求文成文集归本国。其为声名远播如此。著《雕龙策》《帝王龟镜》《朝野佥载》二百卷，文武（衍字）成以五为县尉，因著《才名论》以适志，盛行于世。"据以上记载可知，张文成的著作一定也流传到新罗。由此看来，在我国从不同角度研究《游仙窟》对后世的影响中，还应该在与韩国古代汉文小说中的逸文《崔致远》比较中进行再探讨。

在先前的论述中，词汇方面虽然觉得还不够充分，从（1）寻访到（9）别离的故事情节的构成、不是可以看出它取法于《游仙窟》的影子吗？另外，《殊异传》中记载了作者朴寅亮的情况，我想弄清楚此人的生平事迹。

四、《新罗殊异传》的作者（编者）朴寅亮

《新罗殊异传》有《殊异传》《古本殊异传》等异称，其作者过去说是崔

致远、金陟明，现在认为是朴寅亮。朴寅亮（？—肃宗，1096年），高丽初期文臣，字代天，号平山。籍贯竹山（一说平山）。文宗三十四年（1080年）出使宋朝，同行者叫作金觐的书信、题诗中有对他的评价，二人的诗文集《小华集》出版，被认为与宋朝文体是相通的。他有《古今录》十卷、《殊异传》手稿，散佚。文宗、宣宗、献宗时代的外交文书以朴寅亮的文章作为范式书写。

《高丽史》中有朴寅亮传，看不到与《殊异传》有什么关系，他的作品流传下来的被编为六编，全部收入《东文选》。《文王哀册》《顺德王后哀册》（共二十八卷）。后文中有"三岛之径兮杳难寻"的句子，《崔致远》中有"鹤驾难寻三岛路"表达相同的意思。"三岛"是中国汉语中的"三神山"的意思。"……"是忠清南道西海上的岛名。或者是由三个岛组成的巨文岛的名字。这种类似的表达，可以证明《殊异传》出于朴寅亮之手。

其他的例子，《使宋过泗州龟山寺》（卷一二）是他出使宋朝途经山东泗州时写的诗（1080年）。① 崔滋《补闲集》卷上引用了这首诗。

朴参政寅亮，奉使入中朝，所至皆留诗。《金山寺》云："巉岩怪石迭成山，山有蓬房水四环。塔影倒江蟠浪底，磬声摇月落云间。门前客棹洪波急，竹下僧棋白日闲。—奉皇华堪惜别，更留诗句约重还。"行次越州闻乐，调中奏新声，旁人曰："此公诗也。"至浙江风涛大起，见子胥庙在江边，作诗吊之曰："挂眼东门愤未消，碧江千古起波涛。今人不识前贤志，但闻潮头几尺高。"须臾风霁，舡利涉，其感动幽显如此。宋人集其诗成编，今传于世。

朴寅亮的诗流传下来的据我们所知只此二首，上述所谓"调中奏新声"的诗，使人联想到据白乐天的故事传说。宋人编的诗集指《小华集》。作品足以证明诗人的诗歌才能。但是引用部分的诗题作"金山寺"有误。②

《伍子胥庙》（卷一九）是咏浙江省的"子胥庙"的作品。《上大辽皇帝告奏表》（卷三九）是谏阻辽国扩大领土的奏文。《入辽乞罢榷场状》（卷四八）希望与辽国边境的榷沽市场保持稳定。现存的出于朴寅亮之手完成的诗文见于以上六编内。其次，我们还想考察一下后人的有关评价，全部见于

---

① 译者按：泗州不属山东省，泗州在今江苏省盱眙县境内。
② 原注：《金山寺》诗，《白云小说》《东文选》也写作《泗州龟山寺》。《国语国文学事典》（新丘文化社）解说，崔致远有以《润州慈和寺》为题的诗，慈乃惹之误。朴寅亮以《润州慈和寺》为题的诗立意不同。把"龟山寺"误作"金山寺"的《补闲集》可能因此受到误导而作为标题吧。

《高丽名贤集》(1—5) 中。①

最引人注目的是《李相国集》(李奎报)的《附白云小说》的记载:

> 三韩自夏时始通中国,而文献蔑蔑无闻。隋唐以来方有作者,……至崔致远入唐登第以来,以文章名动海内。有诗一联曰:"昆仑东走五山碧,星宿北流一水黄。"同年顾云曰:"此句即一舆地志也。"盖中国之五岳,皆祖于昆仑山;黄河发源于星宿海,故云。其《题润州慈和寺》诗一句云:"画角声中朝暮浪,青山影里古今人。"学士朴仁范《题径州龙朔寺》诗云:"灯撼萤光明鸟道,梯回虹影落岩扃。"参政朴寅亮《题泗州龟山寺》诗云:"门前客棹洪波急,竹下僧棋白日闲。"我东之以诗鸣于中国,自三子始。文章之华国,有如是夫!

李奎报认为从三韩到高丽末的著名诗人,崔致远、朴仁范、朴寅亮名列其中。他们国家文学的诗文由这三人开创,崔致远是新罗末期的作家,留传下来的有《崔文昌公全集》。朴仁范也于新罗末期入唐留学,宾贡科及第,担任翰林学士、守礼部侍郎。他是《东文选》中收录作品十余首的人物(详细不明),李奎报将此二人与朴寅亮相提并论,称朝鲜文学由这三人开创。朴寅亮在古代朝鲜文学中的地位,在李奎报的评价里可以得到确认。

同样的评价,见于李仁老的《破闲集》跋文:

> 我本朝境接蓬瀛,自古号为神仙之国。其钟灵毓秀,间生五百现美于中国者,崔学士孤云唱之于前,朴参政寅亮和之于后。而明儒韵释、工于题咏,声驰异域者,代有之矣。

把崔致远和朴寅亮并称,对他们在本朝文学开创和发展中的地位给予极高的评价。从李奎报和朴仁老的评价中朴寅亮在文学史上的地位可以确定,在陈澕的《梅湖遗稿》的附录品评中看到有人认为朴寅亮是高丽文学的始祖,陈澕和李奎报并称为"双璧"(附录评品出于后人之手):

---

① 原注:成均馆大学校大东文化研究院刊。

> 我本朝以人文化成，贤俊间出，赞扬风化。光宗、显德始辟春闱，举贤良文学之士，玄鹤来仪，济济比肩，文王以宁。厥后朴寅亮、金富轼（中略）汉文唐诗于斯为盛。

即朴寅亮从光宗时代实行科举开始举出的贤才人物之一，榜上有名。至于与李奎报并称为"双璧"的陈澕，《梅湖遗稿》附录的资料中有云："与李奎报齐名，时号'李正言陈翰林'。"崔滋《补闲集》序（崔滋受到李奎报提拔，他是比李奎报小二十岁的人）也言及朴寅亮。据《补闲集》上可知，朴寅亮受到庆源李䫀、李顗、李颜（三人共同担任宰相，宗室中掌握权力者）等贤达的引荐而闻名于世，史载世人评价这三兄弟和他们的门生："庭下芝兰三宰相，门前桃李十公卿。"据林椿《西河集》行状，朴文烈（朴寅亮）在文宗时出仕，经历顺宗、宣宗、献宗，于肃宗元年（1096年）去世。

结　语

行文至此，我们对《殊异传》的作者朴寅亮的相关情况进行了考察。从上述诸例看，值得注意的是《顺德王后哀册》文中所见的"三岛之径兮杳难寻"一句与《崔致远》文中"鹤驾难寻三岛路"一致的事实。虽然尚未见可以论证《殊异传》的作者是朴寅亮的文献，从"三岛之径"与"三岛路"表达的意思相同的情况，我们认为《殊异传》的作者是朴寅亮的判断是妥当的。

综上所论，关于《游仙窟》与《崔致远》的关系、相同的表现和类似的表现存在不少证据。并且，小说的故事从（1）寻访开始至（9）别离，情节特别相似。《新唐书》《桂林风土记》中记载，新罗国使人购得不少张文成的文集归国，与此相符合。再次，我们试着探讨了朴寅亮的相关情况，认为《新罗殊异传》的作者是朴寅亮。还有，围绕着《游仙窟》的注本，神田喜一郎氏、吉田幸一氏认为《新罗殊异传》的作者不是朝鲜人，长田夏树关注"夫蒙"这个复姓，认为这是"对党项系部族的称谓"。① 本文针对他们的这些观点作为一个问题提出，并试作论述。

（石云涛　北京外国语大学中文学院教授）

---

① 见《长田夏树著述集》中的论文，《神户外大论丛》第五卷2号，ナカニシヤ出版。

狩野直喜的中国小说研究*

胡珍子

狩野直喜（1868—1947）是日本近代史上著名的汉学家，京都大学文科大学的创始人之一。其于1895年毕业于东京帝国大学汉学科。作为文部省的公派留学生，狩野曾于1901年10月至1903年4月赴中国留学。1906年京大文科大学成立，同年开哲学科，后于1908年开文学科。狩野一直担任哲学科中国哲学史、文学科中国文学中国语学讲座教授。在狩野毕生的汉学研究中，其对中国小说研究的贡献不容忽视。至少从其1901年中国留学之时起，狩野就开始关注中国小说研究，并发表了自己的研究创见与成果；特别是狩野于1912年至1913年赴欧洲考察敦煌文书之后，根据这些新发现的材料对中国通俗小说的起源所做的考证，纠正了之前对这一问题普遍流行的错误观念；狩野于1916年至1917年在文学科开设了关于中国小说史的专门讲座，将这一长期受到偏见的文学门类带入了大学的讲坛。可以说，狩野直喜在中国小说研究方面成果卓著，在长期的研究与教学中所形成的小说观也值得关注。但是，从目前的研究来看，对狩野直喜的小说研究尚未做过系统性专门讨论①，本论文即是想在这方面做一尝试。为了更好地论述狩野的中国小说研究，把握狩野在中国小说研究中的历史地位、特点及其小说观，我们有必要先对狩野所处的20世纪早期的中日两国的中国小说研究史做一简要回顾。

---

* 本文为国家社科基金项目"日本中国学京都学派与民国学术界研究"（批准号14BWW009）以及北京语言大学院级科研项目"国学经典在大学教育中的功能与方法研究"（中央高校基本科研业务专项资金资助，项目编号18YJ010009）成果。

① 根据目前掌握的先行研究来看，严绍璗的《日本中国学史稿》（学苑出版社，2009）（据其本人《日本中国学史》（第一卷，1991）拓展撰成），刘萍《狩野直喜研究札记》（近藤瑞男编《共立女子大学北京大学共同研究丛书》，2001）中有做过部分讨论。

一、狩野时代中日两国之中国小说研究史回顾

众所周知，受经学的影响，在中国传统的文学观念中，诗文一直占据主流地位，与文章"经国之大业，不朽之盛事"相比，小说一直被斥为"稗官野史"排斥在文学之外，长期受到偏见，在中国传统"经、史、子、集"这一图书分类中，不见小说的地位，而小说作者往往不敢公然署名也已是公认的事实。所以在 20 世纪之前，虽然在明清文人的笔记中零星提及过有关小说的言论，但对小说的起源与历史发展等专门性探讨一直处于学术空白。直到 19 世纪末 20 世纪初，西方的文学观念逐渐进入中国人的视角后，小说才开始得到关注。1902 年梁启超发起的"小说界革命"将小说的地位抬到了前所未有的高度，对西方小说的翻译及小说的创作也达到了空前的繁荣。但就小说研究来说，在中国，一般认为，直到 1923 年鲁迅《中国小说史略》的出版，对古典小说历史的学术研究工作才继而陆续展开[①]。

然而，早于中国学者，日本学者最晚于 19 世纪末期对中国小说及其历史发展的探讨。森槐南于 1891 年 12 月至 1892 年 7 月，在《早稻田文学》上分六篇连载《中国小说の話》，虽然并未标明"史"，但在第一、二篇中对小说历史发展做了勾勒，可以说开日本小说史讲述之先声。1897 年日本学者笹川种郎（1870—1949）出版了《中国小说戏曲小史》，是最早的对中国戏曲小说史的论述专著。1898 年，其又出版《中国文学史》，并在其中的《金元文学》《明朝文学》与《清朝文学》篇目下分列"小说及戏曲"章节，"为现在所看到的日本中国学界文学史著作中最早的中国小说戏曲专章"[②]。笹川种郎的《中国小说戏曲小史》在对中国小说的论述中，以《水浒传》《三国志》《西游记》《金瓶梅》《红楼梦》为中心，主要介绍品评了元朝到清朝的用"俗文

[①] 鲁迅之前，黄人的《中国文学史》（1904）、谢无量的《中国大文学史》（1918）的文学史著作中虽也有提及小说，但比较简略；张静庐的《中国小说史大纲》（1920）虽然在鲁迅之前，但内容比较简单。

[②] 严绍璗《日本中国学史稿》第 240 页，学苑出版社，2009 年。另外，严氏在这里说笹川种郎的《中国小说戏曲史》晚于其《中国文学史》，但据笔者掌握的资料所见，《中国小说戏曲史》出版于 1897 年 6 月，由东华堂发行，而《中国文学史》出版于 1898 年 8 月，由博文馆发行，从出版顺序来看，前者是早于后者的。

体"写成的"浑词小说"①,对宋之前的小说只是在第一篇《中国小说戏曲发展》中略有提及。笹川氏的《中国小说戏曲小史》以及《中国文学史》中的小说部分,虽然从今天的学术角度来看,内中不乏史实错误,论述粗浅简单,但是可以说其首次将小说戏曲提升到了与传统文学相当的地位。特别是其《中国小说戏曲小史》的出版,首次有意识地从历史的角度出发,从学术研究的视角专门对中国小说戏曲的历史发展进行了述评与分析,可以说是俗文学研究的拓荒之业。"其后,日本中国学界在中国俗文学方面所取得的一系列业绩,都是以此作为起点的。"②

　　以笹川种郎的中国小说史研究为开端,"在早期日本中国学界把中国俗文学的研究推进到近代学术的行列时,有两位学者是不能忘记的。一位是京都帝国大学的狩野直喜,一位是东京帝国大学的盐谷温(1878—1962)……他们在20世纪初期筑起了中国文学研究——尤其是俗文学研究的东西两鼎。"③狩野直喜与盐谷温分别于1895年与1902年毕业于东京帝国大学汉学科,盐谷温于1906年留学德国,两年半后转为留学中国,在中国期间曾师从叶德辉学习词曲,于1912年8月回国。本文开篇提到,狩野直喜于1916年—1917年在京大文科大学文学科开设中国小说史专门讲座,而盐谷温也于1912年回国后开设过有关中国文学概论的课程。特别是1917年,东京文科大学举行第一回夏季公开讲演,盐谷温"受邀讲述中国文学概论,和我有故交的雄辩会主野间君请求将笔记付梓印刷。我欣然同意……于是用了一年半时间修正增补,主要欲以对戏曲小说发展的叙述来填补我中国文学界的缺陷。"④不妨说,笹川将中国小说戏曲研究提升到了与传统文学相当的地位,而狩野直喜与盐谷温则分别将其带入了当时日本在京都与东京所建立的最高学府的课堂上来讲授与讨论,从而使小说在学院式学术研究中也占据了一席之地。盐谷温的讲义在进行修补后于1919年出版,定名为《中国文学概论讲话》,其中第六章为小说部分,而后中国学者郭绍虞于1921年将此书中的《小说》章节单独抽出来翻译成中文,命名为《中国小说史略》,早于鲁迅的《中国小说史略》在中国出版发行。由此可见,盐谷温及其中国小说史研究很

---

① 引号中为笹川种郎书中用词。
② 严绍璗《日本中国学史稿》第243页,学苑出版社,2009年。
③ 《日本中国学史稿》第243页。
④ 盐谷温《中国文学概论讲话》第2页,大日本雄辩会,1919年。

早就引起了中国学者的关注。再加上陈源指责鲁迅的《中国小说史略》为剽窃盐谷温之作的这一学术公案,有关盐谷温的中国小说研究的论文不难寻觅①;而狩野直喜恰好与之相反,狩野于 1916—1917 年所讲授的中国小说史讲义在当时并未及时出版,直到其去世后的 1992 年才由みすず书房将之与其后来的中国戏曲史讲义合在一起出版发行,定名为《中国小说戏曲史》。这或许也是狩野直喜的中国小说研究一直没有引起特别关注的原因之一。不难发现,狩野与盐谷温同毕业于东京大学汉学科,之后又差不多是在同一时期,分别在西京(京都)与东京分别开设了关于中国小说的讲座科目。因此,笔者在对狩野直喜中国小说研究的讨论中,将会适当引入盐谷温的《中国文学概论讲话》中的小说部分的内容进行比较。通过比较,或许更有助于我们深入了解与探讨狩野中国小说观的特点、其小说研究的成果与学术史定位。

二、狩野直喜的中国小说观

1. 对中国小说两个系统的观察

在狩野与盐谷温之前,几乎没有学者对宋元之前的小说展开论述过。前文提及,笹川对唐以前的小说只是在小说起源中略有提及,不仅是笹川,在出版于 1909 年的儿岛献吉郎的《中国文学史纲》中也只是在元代小说戏曲的勃兴一章中略有追溯。而在狩野与盐谷温的著作中,虽然侧重点不同,分类方法有别,但都对宋元之前的雅文体小说进行了详细的论述。这可以说是狩野与盐谷对前人研究的发展与补充,值得一提。但是,与盐谷相比,狩野更直接点出了唐代之前的小说与宋元之后的小说分属两个系统。

在《中国小说戏曲史》的小说部分中,狩野开宗明义地表示:"小说分为两类,一类是以口语题书写的我们普遍说的小说,和另一类汉魏以来用雅文写成的小说。"② 并于之后更加详细地指出"到了宋元时代,与唐之前的小说相比完全相异的小说出现了。从前的小说为雅文体,情节简单,比起叙事更注意文章的遣词造句,所以得中流以上之人喜爱,毕竟是贵族文学。然而时

---

① 有关盐谷温中国小说研究的代表论文见黄霖、顾越《盐谷温对于中国小说史的研究》(《复旦学报》1999 年第 6 期);《红学从盐谷温到鲁迅》(《红楼梦学刊》2005 年第 4 辑),等。

② 狩野直喜《中国小说戏曲史》第 10 页,みすず书房,1992。

至宋元，出现了与之完全不同的小说。文章是口语体，篇幅长达数十回甚至数百回，叙事非常复杂，主人公也不限一人。虽然也注意文章修炼，但在全体结构、人物描写方面也很尽力。而且这种文学受下层人民之喜爱，即平民文学出现了"。①

从这里不难看出，在狩野看来，中国的小说有两个不同的系统，从文章特点来看分别是雅或俗，从接受层次来说分别为中流以上之人与下层人民，可以说分属贵族文学与平民文学。

狩野之前的小说史研究，虽然着重述介宋元之后的俗文体小说（笹川称为浑词小说，盐谷温取其说），但从叙述与观点来看，大多倾向于将这一时期的小说看做是小说发展到繁荣后题材与语言出现新变化的结果，并未完全将之与唐之前的雅文体小说视为两类。如儿岛献吉郎提出，"要探寻小说的源流，汉张衡的《西京赋》中有'乃有秘书。小说九百，本自虞初'一说，《汉书·艺文志》中也有'小说十五家一千三百八十篇'一说……此称为中国小说的鼻祖也不为过……元代小说《水浒传》《三国志》等大作出，始有鉴人情之微、写事态之真之作。"② 但是，狩野明确提出了这两种小说属于两种独立的系统，彼此不相干，他说"唐之前的小说与宋元的小说并没有什么关系，是独立而起的。"③ 盐谷温虽然和狩野一样对唐之前的小说做了较详细的论说，但其认为唐代之前的小说并不能称之为小说，如他说"唐代所谓传奇小说只是一篇有条理的逸事奇谈之类"④。狩野则认为它们都是小说，其共同构成了中国小说的两种独立的系统。虽然在现在看来是非常普遍的事情，然而在20世纪初，中国小说研究的草创时代，狩野能有这样的洞察力也着实可贵。

2. 小说研究与社会文化研究的双向互动

在西方文学传统中，小说与戏剧一直是文学的主流。特别是19世纪现实主义小说的普遍兴起，小说可以观察社会风俗、人情世故，即"文学艺术是反映现实生活的一面镜子"这一认识逐渐突显。所以在西方汉学研究中，中国的小说也得到了极大的关注。在翟理斯的《中国文学史》（1901），这本被

---

① 《中国小说戏曲史》第49页。
② 儿岛献吉郎《中国文学史纲》第290—291页，富山房，1912年。
③ 狩野直喜《中国小说戏曲史》第9页。
④ 盐谷温《中国文学概论讲话》第392页。

称为西方第一本中国文学史研究著作中,小说就占了相当大的篇幅。

毋庸置疑,狩野对中国小说的关注及其对西方小说观的接受,是与之同西方汉学的接触密不可分的。狩野对西方汉学的中国小说研究可以追溯到1902—1903年,其作为日本文部省的留学生在中国上海留学的时候。狩野在上海留学时,上海设有皇家亚洲学会北中国支会,其雏形是1857年由当时以裨治文、艾约瑟、卫三畏为代表的在华传教士所成立的一个松散的学术组织,其于1859年加盟英国皇家亚洲学会,建立图书馆与博物馆,几乎网罗了当时所有著名的在华外交官、传教士、大学教授与学者等。狩野在上海留学期间经常出入其图书馆与博物馆,聆听讲座,了解到了很多西方汉学研究的著作与成果,这其中就有不少对中国小说的研究,包括前述翟理斯的《中国文学史》等。西方汉学对中国小说的研究与关注可以说影响了狩野对中国小说研究的重视,而其成果与特点也在狩野的讲授中屡屡提及。

狩野指出:"西洋的中国学者,例如《今古奇观》的一部分已经翻译成了英、法语。元曲翻译成英语、法语的也有很多。这是因为要了解中国社会,必须要进行文学研究。有关中国人的道德、风俗的事、中国家族的事,比起其他的文学,更体现在小说中。这是西洋学者从很早就开始进行研究的理由。"①

狩野吸收了西方文学观中小说是可以观察社会风俗、了解人情事物的观点,这在他对中国小说的讲授与研究中也经常加以发挥,如狩野在讲授《红楼梦》时就明确指出:"这一小说出现在乾隆初期。此时乾隆帝屡屡下诏表达对满人汉化,失去祖先之勇武的愤慨,并督促满洲八旗人的注意……此时《红楼梦》出,其不止反映了康熙时代的社会状况,更反映了作者曹雪芹所处的乾隆初期时代的社会。"② 在小说反映社会风俗这一点上,曾经留学德国的盐谷温对此亦有体认,盐谷温甚至更强调由小说来观察中国的国民性,这直接影响到了鲁迅对中国国民性的探讨③。

但是,除了小说可以观察社会风俗之外,狩野也特别提出小说亦可以了解一个时代的学风。这体现在其对敦煌出土的《秋胡戏妻》——这一与俗文

---

① 狩野直喜《中国小说戏曲史》第9页。
② 《中国小说戏曲史》第136页。
③ 黄霖、顾越《盐谷温对于中国小说史的研究》,载《复旦学报》1999年第6期。

学研究相关的文献资料的解释中。《秋胡戏妻》中有言"辞妻了。道服得十袄。文书是孝经论语尚书左传公羊谷梁毛诗礼记庄子文献。"狩野对此解释道"秋胡是秦代人,可他游学时所带书籍中,有《公羊》《谷梁》,甚至于杂入《文选》,这是很有趣的,这些都是将唐代士子的必读书按顺序排列的,尤其是把《孝经》放在书中第一部,这可以看到唐代的学风,也是很有趣的"①。狩野能从小说材料中看到一个时代的学风,从另一方面来说,如若不是出于对中国学术史的敏感与熟悉,而单纯依赖小说观察社会风俗的话,这一"趣味"恐怕很难察觉。

所以,狩野虽然赞成小说在了解社会方面的此种功用,但并不盲目追捧。相反,狩野深谙这种方式的弊病,他特别指出西方对中国小说中的一些情节之所以感到惊奇都是因为不了解中国事情的结果,因此,他特别强调要读懂小说也要先了解风俗习惯、了解中国的历史与文化,才能了解小说的趣味,也才不至于大惊小怪,否则就是一知半解。这在他的《中国小说戏曲史》中屡屡得见。最典型的有两个例子,一个是中国风俗中重同姓之谊,另一个是"一子双祧"。他以《水浒传》中宋江被刘高抓去,宋江的朋友武官花荣为了营救宋江,特意在给刘高的信中将宋江的名字改为"刘文"为例,指出"中国从前就非常注重同姓之谊,如若姓氏相同,即使是初次见面的人也完全不会当作他人对待。当然,偶尔同姓不会产生家族式温情,但是在风俗习惯上,对同姓之人就会有特别的 consideration(关照)",所以"如若不知道中国的风俗习惯,那么也不能懂得《水浒》的趣味。"② 而在讲解最早被译介到西方的中国古典小说之一的《玉娇梨》时,狩野特别提到了这一小说因为是讲述姐妹同嫁一夫的故事,所以"让西洋人了解了中国奇特的风俗习惯……这在西洋人看来是不可理解的事情,因此引起了他们的兴趣"。但是,这种"兴趣"在狩野看来是不了解中国历史社会风俗造成的,他指出"中国在法律上是禁止重婚的,但作为风俗来说,这是'一子双祧'。即兄有一子,弟无子时,此子一方面是兄弟之子,另一方面也要为弟嗣后。在这种情况下,这一子从兄弟处各得一妻,进而所生之子各为两边之孙。这乃祖先崇拜之

---

① 狩野直喜「中国俗文學史研究の材料」(上下)(上篇发表于1916年1月,下篇发表于1916年3月,两篇分别登载于杂志《藝文》第七年第1号及第3号)《中國學文藪》第258页,みすず書房,1973年。

② 狩野直喜《中国小说戏曲史》第82页。

国所以然也"①。因为"西洋人对于中国这种两姐妹同娶的风俗很难理解,所以觉得很稀奇"②。因此,对狩野来说,小说可以了解社会情况,但要更好地理解小说,对中国社会风俗、历史文化的了解不可或缺。

可以说,在西方文学观认为小说可以观察风俗的基础上,狩野以其对中国文化的深刻认识,反过来提出要理解小说也必须先理解中国文化,主张小说研究与社会文化研究的双向互动,才能读出中国古典小说真正的趣味,才不至于少见多怪,这是狩野对西方中国小说研究的完善,也是其在小说研究上的特色观点。

三、狩野直喜对中国小说史研究的新洞察

1. 对《水浒传》成书年代的考证

《水浒传》为明代的小说在现在看来已经是不争的事实。但是,在20世纪初,在狩野之前,对《水浒传》的认识与研究尚比较粗疏。在当时,对《水浒传》的通常认识主要有两点,第一,普遍认为《水浒传》是元代小说,并且"元代的《水浒传》和《演义三国志》与明代的《西游记》《金瓶梅》一起被称为是中国'四大奇书'",这一说法屡屡被提及。笹世临风在1897年出版的《中国小说戏曲小史》中,就提到了这一说法③,之后久保得二于1903年写成的《中国文学史》中也沿袭了这一说法④。而盐谷温亦秉持这种认识:"《水浒传》与《演义三国志》是元代小说的双璧……又与明代小说的两大杰作《西游记》《金瓶梅》一起被称为小说界的四大奇书"⑤。"四大奇书"的提法从何而来? 一般认为,这种提法晚不过明末清初。明末清初的李渔(1611—1680)在为醉田井堂刊本《三国志演义》作序时提道:"冯梦龙亦有四大奇书之目,曰三国也,水浒也,西游与金瓶梅也。"这里是否如李

---

① 《中国小说戏曲史》第110页。
② 《中国小说戏曲史》第115页。
③ "(元代)《水浒传》《三国志》二作出,其后《西游记》《金瓶梅》出后,相并成为四大奇书"。出自笹世临风《中国小说戏曲小史》第13页,东华堂,1897年。
④ "《水浒》《三国》是元代小说的代表,其后《金瓶梅》《西游记》出,与前二者相配,又称中国小说的四大奇书"。出自久保得二《中国文学史》第518页,早稻田大学出版部,1904年。
⑤ 盐谷温《中国文学概论讲话》第467页。

渔所说，是由明末的冯梦龙（1574—1646）提出的，尚未可判，但至少在李渔时代这种说法就已经确立了。然而，此处有一个问题，李渔并未说这"四大传奇"中，哪些是元代的、哪些是明代的，然而日本近代的学者们却普遍认为前二者属元代，后二者属明代。究其原因，就笔者管见所及，首先提出这四本小说时代划分的应该是森槐南。前述先行研究中提到森槐南于1891年12月至1892年7月，于《早稻田文学》上连载《中国小説の話》，其中就明确写到"今所谓四大奇书，指的是《水浒传》《三国志》《西游记》《金瓶梅》，水浒、三国二书成于宋末元初，其余两种全是明代所成"①。而后的学者也就未加分辨地继承了这一说法。

除了这一点之外，还有一点是认为《水浒传》材料来源于成书于宋代的《宣和遗事》，并且更为重要的是认为元杂剧中的水浒戏是以《水浒传》为根基的。这一点集中反映在森鸥外、森槐南与幸田露伴合作发表于1887年《めざまし艸》第20期的《水浒传》中。这篇《水浒传》围绕《水浒传》的作者、戏曲改编、续写等多个问题展开，其中说《水浒传》出于宋末的《宣和遗事》，记徽宗、钦宗二代之事，且言"《元人百种曲》中，李文蔚《燕青博鱼》、康进之《李逵负荆》《黑旋风老收心》、高文秀《黑旋风双献功》及《黑旋风借尸还魂》等皆谱水浒之人物以成戏曲……由此可见本传在元代的流行程度"②。

狩野针对这两个流行的观点，于1910年发表《水浒传与中国戏曲》，提出了质疑，并论证了自己的观点，这部分同时也构成了狩野中国小说史讲义中重要的一环。狩野的立论要点可以总结如下：

一、明传奇中以小说《水浒传》人物为主人公的故事很多，这些故事虽然与小说《水浒传》在细节上有些许出入，但一看就知道来源于前者。然而元杂剧中的人物虽然也与《水浒传》一样，但情节结构完全与之不同，狩野提出："如若确实像某些论者所说，杂剧出于《水浒传》之后，那为什么杂剧弃《水浒传》的精彩情节如敝屣，完全另起炉灶呢？这显然不合常理。"

二、与《水浒传》有关的正史上只有"三十六人"这一提法，并没有三

---

① 森槐南《中国小説の話》，载《早稻田文学》第10号，第36页，1892年2月。另外，据笔者所见，虽然森槐南之前的日本文人也有提到"四大奇书"，但并没有明确指明其撰写年代。
② 森槐南、森鸥外、幸田露伴《水浒传》，载《めざまし艸》第20期，1887年。

十六人的具体姓名。到了宋末,诨名出来了,《宣和遗事》中也有。但是,此仅限于三十六人。杂剧中也不出三十六人之范围。然而,《水浒传》的人物除了三十六人外,还有七十二人,一共一百〇八人。由杂剧中只有三十六人可以推出,元曲比《水浒传》要更早。①

由此,狩野认为《水浒传》应该成书于明代,并且水浒戏先于《水浒传》而存在。《水浒传》要晚出于元杂剧的水浒戏。因而狩野认为《宣和遗事》虽然是《水浒传》形成的重要材料,但却并非唯一来源;且《宣和遗事》也并非宋末出现,而是元朝。狩野说"宋朝末年有关宋江等三十六人义贼的传说就很流行,在元朝由此形成了《宣和遗事》,同时也形成了元曲的素材,这最终形成了《水浒传》一百〇八人豪杰……《水浒传》之前恐怕有很多小水浒传,渐渐积累而成了如今的《水浒传》"②。而《演义三国志》也就同样不言自明,狩野推断:"从宋到元,以正史为基础,添油加醋,又附加很多故事,出现了有关三国的通俗话本或戏剧,到明初作者出,又根据事实做了些订正增补,变成了现在所看到的样子"③。这样,之前普遍流行的这两个错误观点在狩野这里首次得到了纠正。从现在的学术角度来看,狩野的判断无疑是正确。

需要说明的是,狩野对《水浒传》写作时代、作者及其与元杂剧关系的考证文章《水浒传与中国戏曲》发表于 1910 年。11 年之后,狩野在发表于 1921 年的《读曲琐言》中提道:"近时中国的胡适教授著有《水浒传考证》……见其论旁征博引、精确有说服力。数年前我也在《艺文》杂志上发表了《水浒传》作者的考证,认其为是明初人,和胡君用的是同样的方法,都是用元杂剧来做考证的。虽然我的考证非常粗略,不如胡君的精致,但却不谋而同,不禁欣喜。"④ 胡适的《水浒传考证》发表于 1920 年,之后鲁迅所写的中国第一部小说史研究著作《中国小说史略》(1923)中也说"元人杂剧亦屡取水浒故事为资材……又复有人起而荟萃取舍之,缀为巨卷袟,使较有条理,可观览,是为后来之大部《水浒传》。其缀集者,或曰罗贯中,或曰施耐庵,或曰施作罗编,或曰施作罗续。"⑤ 从而水浒故事传说、水浒戏、小说

---

① 狩野直喜《中国小说戏曲史》第 76 页。
② 狩野直喜「水滸傳と中國戲曲」,《中國學文藪》第 215 页。
③ 狩野直喜《中国小说戏曲史》第 95 页。
④ 狩野直喜「読曲瑣言」,《中國學文藪》第 225 页。
⑤ 鲁迅《中国小说史略》第 116—117 页,人民文学出版社,1958 年。

《水浒传》的历史发展关系成为学术界的定论。狩野对这一问题的考证和见解比胡适早了将近10年，可以说是这方面研究执先鞭之人物。

值得指出的是，狩野对水浒的考证看似只是就"水浒"说"水浒"，而实际上却是以小见大，从一个侧面澄清了中国古典通俗小说与宋代"说话"、元杂剧之间的时代发展与影响关系这一中国小说史的大课题。如果说狩野对《水浒传》的考证厘清了中国小说历史发展的线索与脉络的话，那么其对敦煌文献的利用则对中国小说重新进行了追根溯源。

2. 利用敦煌文献对俗文学起源年代的考证

狩野曾于1912年赴欧洲调查敦煌新出土的文献资料，根据这些资料，狩野分别于1916年1月及3月发表了《中国俗文学史研究の材料》（上）（下），展示了其利用敦煌文献所做的有关中国小说史研究的成果，并在讲授中经常提及。在《中国小说戏曲史》的《宋元の小说》中，狩野首先讲述的即是"敦煌出土的小说"一章。这不仅仅是狩野于1912—1913年赴欧洲考察敦煌出土文献的成果展示，在小说研究史上更具有开创性意义。

狩野的研究指向了中国通俗小说的一个很重要的问题——小说的起源。狩野之前，一般认为，小说是起源于宋代的，其根据则大多引用明朝郎瑛《七修类稿》中的说法："小说起宋仁宗。盖时太平盛久。国家闲暇日。欲进一奇怪之事以娱之。故小说得胜头回之后。即云话说赵宋某年。"① 然而，通过分析从斯坦因、伯希和处抄写的敦煌文书残卷，狩野通过推证得出了一种新观点。他指出，这些残卷都是唐末或者五代写成，其上出现的"唐太宗死后魂游冥府故事""孝子董永故事""秋胡故事""伍子胥故事"等都是以俗文写成，虽然文字极其卑俚，讹字误字较多，但与其他唐人小说，如《长恨歌传》等明显不同，是后世《西游记》等的故事雏形及来源②，可以得出："中国俗文学，在元明清三代出现了大量的戏曲与小说，但其实于唐末五代已经萌芽，到宋朝繁盛流行，到元朝又更进了一步。"③ 据此，狩野将通俗小说的起源推到了唐末五代之时，比普遍认为的通俗小说起源于宋代在学术认识上提早了一百多年。

---

① 郎瑛《七修类稿》卷二十二，小说。
② 狩野直喜《中国俗文学史研究の材料》（上），《中国学文薮》，第259页。
③ 狩野直喜《中国俗文学史研究の材料》（下），《中国学文薮》，第266页。

对于狩野的研究，神田喜一郎曾总结道："狩野先生对其在英法两京抄写的学界未知的全新的资料进行了仔细比对与研究，得出了中国俗语体小说、弹词起源于唐代，在这方面研究上具有划时代的意义。先生的创见，在今天已经成为学界通说。在日本和中国，这二三十年来，根据敦煌发现的新资料而进行的中国俗文学研究之风大盛，这方面（狩野）先生的论文开了先河，这是公认的事实。"① 从这里不难看出，狩野利用敦煌文献对通俗小说起源的推证，可以说有双重开创意义。一方面，其在中国小说研究史上具有创新意义。这一方面与前述对于水浒传年代的考证结合前来看，从对戏曲与小说影响关系的厘定，到对小说起源的澄清，在某种意义上说，中国小说史从起源到发展的脉络首次由狩野清晰、准确呈现出来；另一方面，狩野对敦煌文献的调查与运用也开辟了日本敦煌学的时代。而这方面，与之相对，尽管1910 年，当京都大学的教授们赴北京调查其时正在展出的敦煌文献时，盐谷温恰巧也在中国留学，但却并没有对此特别留意。盐谷温对敦煌文献的调查要到 1932 年，晚于狩野 20 年进行；而其于 1947 年才终将"敦煌发见的俗文学"作为一节写入其新版《中国小说の研究》② 中。

值得一提的是，狩野发表的这篇文章也引起了中国学者的关注。汪馥泉（1900—1959）翻译了这篇文章并发表在了 1929 年 1 月 7 日《语丝》第 4 号第 52 期上。他在后面的评价中说到，"在中国底俗文学上讲，材料已不算新鲜，可如对于秋胡小说、孝子董永传、唐太宗入冥记等底叙述，虽属一勺，也可知道个大概"。有趣的是，汪氏也同时评价了盐谷温的《中国文学概论》，他认为盐谷此书，"自鲁迅先生底《中国小说史略》出世，在我便以为不必看了，更不必译了"③。学术研究的进步是历史的必然，尽管如此，汪氏仍没有否定狩野当时的发现与推测，狩野的开创性成就值得一表。

四、狩野的《红楼梦》研究

在中国，《红楼梦》作为一门显学，从清末开始就引起了学者的热烈讨

---

① 神田喜一郎《狩野先生と敦煌文書》，载《敦煌学五十年》第 118 页，二玄社，1960 年。
② 盐谷温《中国小说の研究》，弘道馆，1949 年，此书与其 1947 年 8 月发行的《中国文学概论》下卷内容相同，前者出版时改了题目。
③ 《语丝》第 4 号第 52 期，1929 年 1 月 7 日。

论。其中将书中人物与清朝历史人物、事件相对应的做法尤为常见,被称为"索引派",最著名的当属蔡元培1915年发表的《石头记索隐》;1921年胡适做《红楼梦考证》,斥索引派为妄论,专考作者曹雪芹生平与家世,并认为《红楼梦》是作者的自传,被称为"考证派"。这两派构成了中国近代史上《红楼梦》研究的主流。实际上,早于中国近代学者,日本学者已率先开始了对《红楼梦》的研究,狩野直喜就是其中之一[1]。为了完整地体现狩野的中国古典小说研究,在这里有必要略花篇幅对狩野的《红楼梦》研究做一呈现,以备《红楼梦》研究史之参考。

狩野最早于1908年3月,在杂志《活人》上发表了用英文写成的 On the Authorship of the Hung-Lou Meng and the Date of Its composition(关于《红楼梦》的作者及其写作年代),并于1909年1月10日、17日在《大阪朝日新闻》上发表了「中国小说红楼梦に就いて」(上下);在这之后,其在《中国小说史》的课堂讲授上对《红楼梦》做了更为详细的分析与研究。

笔者认为,总体来看,狩野对《红楼梦》的研究并不如前述其对《水浒传》与水浒戏,以及敦煌故事的研究那么缜密。其可取之处集中于狩野对《红楼梦》成书年代的考证。

狩野认为《红楼梦》成书于雍正末年、乾隆中叶之间。其立论是根据书中"军机处"这一名称以及《红楼梦图咏》中诗人张舡山的活动年代。"军机处"乃雍正末年设置,一时废除后,又于乾隆时代再设;而张舡山创作诗作的最盛期为乾隆中叶。所以狩野认为《红楼梦》最迟出于乾隆中叶。其这一看法也得到了现代红学研究的公认:"狩野直喜认为《红楼梦》的作者是曹雪芹,其成书年代当在雍正至乾隆中叶之间,通过目前红学家们的研究来看,狩野直喜的这一看法大致是不错的"[2]。

值得注意的是,包括盐谷温在内,许多学者都是根据袁枚《随园诗话》中"康熙间练亭为江南织造……其子雪芹撰红楼梦"这句话判断出曹雪芹大概是雍正、乾隆时代的人,但狩野却不尽信此话,而以《红楼梦》书中的关键词以及与之相关的史料为佐证,将其定于"雍正末年、乾隆中叶"之间,

---

[1] 参见孙玉明《日本〈红楼梦〉研究略史》(《红楼梦学刊》2006年第5辑),此篇文章总结概括了19世纪末以来日本《红楼梦》研究的历史。

[2] 《日本〈红楼梦〉研究略史》。

这一方面体现了其治学的严谨,另一方面,狩野能够选择"军机处"的设立时间作为考证的依据,这不但体现了其对清朝制度的熟知程度,而且也提醒我们注意制度研究之于文学研究的意义,这一点与前述其对小说研究中社会文化风俗研究的强调是一脉相通的。

但是,遗憾的是,狩野的这种基于对史料进行严谨甄别与考证的做法并没有贯穿进其整个《红楼梦》研究中。狩野对陈康祺《郎潜纪闻》中所记"嗣闻,先师徐柳泉先生云,小说红楼梦一书即记故相明珠家事。金钗十二皆纳兰侍御所,奉为上客者也。宝钗影高淡人。妙玉即影西溟先生"这句话深信不疑。其以此作为证据,得出贾宝玉就是纳兰性德,妙玉就是性德的家庭教师姜西铭的结论。在当时中国学者俞樾也同持此说。这一点就是被后来胡适认为不可信,而斥为的"并不曾做《红楼梦》的考证,其实只做了许多《红楼梦》的附会"[1] 中的一派。除此之外,狩野一边认为袁枚喜好妄言,其话不可尽信,却还是轻易相信了袁枚说的"康熙间曹练亭为江宁织造……其子雪芹撰《红楼梦》一部,备记风月繁华之盛"[2],认为曹雪芹为曹练亭之子。这一点也已经被后来的杨钟仪澄清,证明曹雪芹实为曹楝亭之孙。

结　语

总体来说,狩野直喜在中国小说研究史上有其独特的地位。狩野对中国小说的研究立足于对小说两个系统的论述,在吸收小说用以了解社会风俗这一西方小说观的基础上,反过来进一步提出了社会文化、风俗、制度研究对于品味小说、研究小说的重要意义。其对《水浒传》成书年代、小说与戏剧的关系以及小说起源的考证揭示与廓清了中国小说从起源到发展的影响关系与逻辑脉络,而在这一考证过程中狩野对敦煌文献的利用则无论在日本还是在中国都承担了敦煌学开启者的角色。

(胡珍子　北京语言大学人文社科学部人文学院讲师)

---

[1] 胡适《红楼梦考证》1921年。
[2] 袁枚《随园诗话》第10页,卷二,北京燕山出版社,2009年。

日本汉学家青木正儿的中国民俗研究

——以《北京风俗图谱》《中国童谣集》为中心

辜承尧

摘　要：本文聚焦于1925年3月至翌年7月青木在北京访学期间完成的《北京风俗图谱》《中国歌谣集》等著作，通过对此二著作分析可以得知：青木的《北京风俗图谱》《望子考》著作运用田野调查与史料相结合的方法，较同时代的"京都学派"的学者的研究理路更为科学；青木是向日本学界介绍中国歌谣运动的先驱，但因为其并未提出相关理论，笔者认为将其视为中国民俗的爱好者、民俗运动的介绍者较为妥当。

关键词：青木正儿　中国民俗　《北京风俗图谱》　《中国童谣集》

众所周知，中国有关民俗的文献记载至少可以追溯到公元前1000年的周代，《易经》《山海经》《诗经》《楚辞》中就夹杂着大量的民俗资料。此后班固的《汉书·地理志》（82年左右），应劭的《风俗通义》（2世纪末期），玄奘的《大唐西域记》（646年）记录了从长安至印度沿途诸国的风俗，孟元老的《东京梦华录》、周密的《武林旧事》以及清代所兴起的地方志编撰热潮等，可见中国民俗的记录几乎与历史等长。

记录风俗的原因主要有两方面，一是如朱熹所言"诸侯采之，以贡天子（中略）以考其俗尚之美恶，知其政治之得失焉"①；二是在野的文人因其雅

---

① 朱熹在《诗集传》中写道："国者，诸侯所封之域。而风者，民族歌谣之诗也。谓之风者，以其被上之化，以有言而其言又足以感人，如物因风之动，以有声而其声又足以动物也。是以诸侯采之，以贡于天子，天子受之，而列于乐官。于以考其俗尚之美恶，而知其政治之得失焉。"可知采诗官们巡游各地，采集民间歌谣，以体察民俗风情、政治得失。采诗作为我国古代一个重要的政治和文化活动，对当时朝政有着重要影响。

趣而写就，但这些资料都难以称之为民俗学研究，而近代学术意义上的中国民俗学研究滥觞于1918年北京大学发起的全国歌谣收集运动。作为此运动的中心人物周作人（1885—1967），汲取英国弗雷泽（James George Frazer, 1854—1941）、日本柳田国男（1875—1962）所倡导的民俗研究的比较方法论、进化论以及普遍主义思想等理论，开启了近代中国民俗学研究。① 尤其是周氏在日本留学期间就购买了1910年出版的柳田的开山之作《远野物语》，并且全部收藏了由柳田创刊，宣告日本民俗学诞生的《乡土研究》杂志，对柳田的民俗研究给予了极大关注。就这点而言，初期的中国民俗学研究与日本学界有着密切联系。

青木正儿（1887—1964）正是作为中国民俗学研究发展初期的见证人，将中国的研究状况介绍到日本学界。本文聚焦于1925年3月至翌年7月青木在北京访学期间完成的《北京风俗图谱》《中国歌谣集》，探讨其民俗研究的内在理路，进而试图明晰其在中国民俗学系谱的位置。

一、《北京风俗图谱》——民国时期日益湮灭的老北京身影

1925年3月，青木作为文部省在外研究员，从故乡下关乘船出发，开始其第二次中国之旅。与三年前探访古典作品中的江南名胜不同，此次目的是"以戏剧研究为主题的北京留学"②。滞留北京的近一年期间，青木在观赏戏剧和搜集古籍之余，"暇日往往游街观风，乐旧俗之未废"③。当时青木住在居民区较为集中的东四牌楼，经常闲逛附近的隆福寺庙会，也亲身体验了正月里热闹的集市。基于这段经历，青木以轻妙洒脱的笔触，写下了若干篇北

---

① 赵京华《周作人と柳田国男—固有信仰を中心とする民俗学》，《日本中国学会报》第47辑，1995年。
② [日] 青木正儿《辻聴花先生の思ひ出》，《全集》（第七卷）第344页。
③ 在《北京风俗图谱》的序言中，青木这样记述道："大正十五年乙丑丙寅间，余留学燕京，暇日往往游街观风、乐旧俗之未废、意欲倩人图之、请学而许可，乃自编目录、付之画师、事始就绪。而余南游返国、仍托友董理、三易画工、阅两年而成焉。题曰北京风俗图谱、凡八门、曰岁时、曰礼俗、曰居处、曰服饰、曰器用、曰市井、曰游乐、曰伎艺、共一百一十七图、装为八帙。藏诸吾学图书馆。"[此序言收录于《全集》（第七卷）第503页，文中句读由笔者添加] 此外，此图谱后由中国人张迅齐翻译，以《清代北平风俗图》为书名出版（常春树书坊，1978年）。

京风俗的文章，如《亲眼所见的燕京物语》《从春联到春灯》这样的随笔，就包含大量当时的民俗材料。

在逐渐适应北京生活环境后，随着最初的新鲜感逐渐消退，青木切身感受到的是在时代浪潮的推动下，急遽变化的北京社会。"悠然自得地逛着庙会的路边小摊，漫无目的地踱步于街头巷口之际，我注意到北京还残存着一些旧习俗，但是它们正在因逐渐被西化而消亡"①，出于对此现状的担忧，为了保存即将湮灭殆尽的老北京风貌，青木聘请了当地画师刘延年将这些风俗画下来，辑为《北京风俗图谱》（以下简称为《图谱》）。

《图谱》由八大类构成，其中岁时18帧、礼俗23帧、居处10帧、服饰12帧、器用11帧、市井18帧、游乐9帧、伎艺16帧，总计117帧彩色画册。从诸多庶民生活场景中选择代表性画面，基本上囊括了以北京为中心的清末北方风俗②。归国后，青木为各帧图画配以解说，计划与画册一同出版，但因工作繁忙，未能付诸实行，画册一直存放在东北大学的图书馆内。直至近四十年后的1964年，才由同校的内田道夫施教授施以更为翔实的解说，收录于平凡社的"东洋文库丛书"中得以出版。

因《图谱》所涉及的内容广泛，且内田增加明清时期通俗小说中的插图，对原图谱的部分图画进行了详细解说，本文对《图谱》的内容不逐一赘述，仅选择"望子""莲花落"两项，分析青木中国民俗学研究的特征。

所谓"望子"，是指使用商品原物或者商品的象征物作为店铺的招牌，在百姓之间常称之为"幌子"。例如烟草铺悬挂的烟管，棉花店悬挂的捆扎棉花团，鞋店外悬挂的长靴等。相对于北方的望子，南方的招牌常见的是写有商品名称的木板。"与京都四条，东京银座相当的北京前门大街已经完全电气化了"，"前门外的商店街鳞次栉比的新式商店几乎都看不到望子的身影了"③。与此形成对照的是青木所居住的东四牌楼，其周边的"旧式店铺的屋檐下仍旧悬挂着各式各样古朴的望子"④。

正是目睹这两种截然不同的光景，才促使青木写下了论文《望子（看板）

---

① ［日］内田道夫编集的东洋文库版《北京风俗图谱》（平凡社，1971年）的序文第2页。
② ［日］志村良志《内田道夫解説〈北京風俗図譜〉ⅠⅡ》，『週刊東洋学』13号，中国文史哲研究会，1965年。
③ ［日］青木正儿《春聯から春燈まで》，《全集》（第七卷）第115页。
④ ［日］青木正儿《望子（看板）考》，《全集》（第七卷）第593页。

考》。此论文旁征博引明代万历年间出版的类书《三才图绘》、记录康熙帝六十大寿庆典的《万寿盛典》、出版于乾隆年间翟灏的《通俗编》、朝鲜漂流民崔溥的纪行《漂海记》以及小说、戏曲等书籍中的插图,对"望子"的历史与现状,尤其是酒馆"望子"的起源、变化过程进行了详细地考察。尤其是其考察对象不仅限于中国,将日本也纳入视野。

因起源于酒的别称"扫愁帚",元明时期的酒馆常以草扫帚作为"望子"使用,青木在引述多方史料后,对中日两国酒馆"望子"的关系如下论述:

> 酒家使用草帚作为望子,盖来源于酒的异名为"扫愁帚"之缘故。(中略)闹市酒馆悬挂的酒旗,村旁小店前横挑着草帚的光景,与《容斋随笔》所记载的一致。且《元曲选》中《酷寒亭》第二折、《李逵负荆》第一折中均可见"曲律竿头悬草莳,绿杨影里拨琵琶"等关于酒馆的诗,此处的"草莳"指的即是望子。关于其形状可见于《元曲选》中《朱砂担》及明刊本《禅真逸史》第四回"安平村苗一设谋"中的插图。此风俗在日本似乎也存在过,《嬉游笑览》第十一卷中有这样一段记载:"作为酒家的看板不仅有杉树叶,而且在插画中也可见悬挂扫帚而代之,(中略)《奇奇杂谈》中的小客栈就可见悬挂的扫帚。"有人认为日本这种与中国相似的风习可能是巧合,但我认为应该是模仿中国的。此外,在中国有将松枝作为酒家望子的风俗,(中略)其理由可能是代指茅柴酒中的"柴"吧。在日本,《还魂纸料》下卷的"醋之看板"条目、《燕京杂话》卷二中的"酒帘"之条目中均可见,酒家悬挂一种用杉树叶扎成球状,谓之曰"酒林"的物体。《和汉三才图绘》卷二十三的"家饰具"中对其由来作此解释:"凡酒性喜杉,用杉材作酒桶。投杉柿于酒中之类亦然也。"倘若果真如此的话,那么日本悬挂杉树的风俗与中国悬挂松树没有任何关联,但仅从二者相似这点而言我仍颇觉为有趣。①

从以上考证可知:在中国除了使用蓝色酒旗作为酒店看板外,还使用扫帚、松枝等;而在日本除了扫帚外,更常见的是"酒林"。所谓"酒林"是先将杉树小枝捆扎,再将其绑在比其稍短的竹片或小木条的周边而使杉叶两端露出,

---

① 《望子(看板)考》第596—597页。

也有的酒店将其制作成球形。关于酒林的形状，可从被誉为日本人类学之父的坪井正五郎（1863—1913）的江户看板研究著作《工商技艺看板考》中窥知其状①。关于选择杉枝作为看板的原因众说纷纭，其中就有以下一说：因供奉神的酒被称为"神酒"，自古以来就有"甘醇的神酒"这一讲法，且三轮神社的"三轮"发音与"神酒"完全一致，所以三轮神社亦将酒神作为其祭神。由于三轮神社将杉树视为神木，由此许多酒店为求吉利，便将杉枝捆绑悬挂作为看板使用。② 上述的解释，将酒与杉树关联起来似乎有些牵强附会，但是日本现在供奉酒神的大神神社，在其祭祀酒神的传统节日时，仍然保留着在主殿的屋檐下悬挂杉枝球（酒林）的习俗。正是由于三轮神社将三轮山的山体作为神体祭拜，将杉树视为神木供奉，所以为使酒具有馥郁的香气，用杉木作为酒桶，将杉树的根和叶放入酒中浸泡。③ 至于为什么会产生中国使用松枝，而日本使用杉叶这样的风俗差异，笔者认为因为可能二者在外观上较为相似，且文化在传播过程中为适应输入国的文化土壤而不得不发生稍微改变，才导致了这种差异。

如上所述，青木在进行类似于看板的北京风俗研究时，其考察视野并未局限于中国，将日本也纳入其中进行比较。此研究方法与发端于英国，并在欧洲诸国广泛传播的民俗学比较方法相似。民俗学意义上的比较法，是指将文明社会中残留的民俗与非欧洲地区（主要指未开化的部落）的类似民俗进行比较，来推定文明社会的过去文化形态的研究方法。但是因为青木在其研究中并将其研究对象设定为野蛮抑或文明，故此我们无从得知青木当时是否知晓西方的民俗学比较法。

关于对青木《望子考》一文的评价，笔者想做一些补充。曾经在天津日本租界担任图书馆馆长的堀越喜博④，将其1940年出版的《满洲看板往来》

---

① [日] 坪井正五郎《工商技艺看板考》第11页，哲学院，1887年。此外关于江户时期的看板研究著作有画家伊藤晴雨的《江戸と東京風俗野史》（1927—1931年）、松川弘太郎的《狂詠と江戸看板》（1929年）、《江户时代看板插话》（1930年）、田村荣太郎的《江戸の商店と名物》（1934年）、杉浦三郎兵卫的《雲泉莊山誌 卷の五 家蔵看板図譜》（1928—1934年）、远藤武的《江戸時代の宣伝広告》（1957年）等。

② [日] 林美一《江户看板图谱》第171页，三树书房，1977年。

③ [日] 岩井宏实《ものと人間の文化史 136 看板》第98页，法政大学出版局，2007年。

④ 堀越出生于1889年，东京帝国大学毕业后，1923年来到中国，曾历任奉天（今沈阳）第二中学、天津图书馆长等职。1946年去世后，将在中国收集到的大量书籍和拓本捐赠给哈佛大学。

一书连同明信片寄给过青木。明信片中写道:"偶在图书馆内翻阅到大作《中国文学艺术考》,因拜读到其中的《望子考》一文,特奉上拙著,希望有所参考。"堀越的《满洲看板往来》中收录了多达183种作者本人绘制的看板,正如其序言中"几乎没有著作能匹敌此书收录的看板的数量"所言,是研究中国北方地区看板的集大成之作。

接下来分析青木对中国民间曲艺"莲花落"的研究。"莲花落"原本是佛教中劝善惩恶的歌曲,在宋代经常由乞丐用两片或五片的竹板伴奏演唱。关于莲花落的确切起源不详,史料中首次出现在成书于南宋的禅宗通史《五灯会元》卷十九的《琅琊起禅师法嗣·金陵俞道婆》一文中。文章记载道:一位金陵出身的俞道婆,某日因听到"不因柳毅传书信,何缘得到洞庭湖"的莲花落唱词而顿悟。① 至元代的杂剧中则屡次出现莲花落唱段,比如张国宾的《合汗衫》第一折中就可见"没奈何我唱个莲花落,讨些儿饭吃咱"的唱词。元杂剧中莲花落一般由乞丐演唱,其歌词一般以"一年春尽又一春"开头,"哩哩莲花落,哩哩莲花落呀"结束②。且唱词在春季的内容之后,以相同的方式重复夏、秋、冬季的唱词。

在元杂剧中出现的莲花落一般指的是乞儿歌,据学者李家瑞的研究,晚清至民国时期北京主要有三种形式的莲花落。③ 第一种就是乞儿歌,这也是最常见的形式。如青木在其《莲花落歌词翻译》一文附记道:"现今仍可见乞丐唱着莲花落乞讨,其节奏单调且内容鄙俗,这种打着快板演唱的方式与日本'四竹'近似。1926年秋。"④ 从青木这一叙述可知,北京游学期间他似乎经常听到莲花落。第二种形式是从山东传入的金钱莲花落,用一尺多长的木尺两支,各钉铜钱数对,名霸王鞭,演奏二人各持一鞭,各以木尺敲打身体各部位,木尺上的金钱就发出声响,演员配合此节奏演唱。第三种形式是戏园

---

① [日] 松家裕子《「蓮花落」について——評劇のはじまり—》,《追手门学院大学文学部纪要》第28号,1993年。引文的原文为:"俞道婆,金陵人也。市油糍为业,常随众参问琅琊,琊以临济无位真人话示之。一日,闻丐者唱莲华乐云,不因柳毅传书信,何缘得到洞庭湖。忽大悟,以簦盘投地。"

② 周贻白《论"莲花落"——关于〈绣襦记〉中的莲花落》(收于沈燮元编著《周贻白小说戏曲集》)第595页,齐鲁出版,1986年。

③ 李家瑞《北平俗曲略》第92页,国立中央研究院历史语言研究所,1933年。

④ [日] 青木正儿《莲花译歌》,《全集》(第二卷)第143页。

里表演的莲花落,这种表演也称十(什)不闲、太平歌词等。

熟稔元曲中莲花落形式和曲调的青木,选取了由明代薛近兖(1569—1621)改编的南曲《绣襦记》中的第三十一折"襦护郎寒"(别名"鹅雪")中的莲花落歌词,进行了日译。其唱词的起始部分如下:"一年才过,不觉又是一年春。哩哩莲花,哩哩莲花落也。小乞儿也曾到东岳西庙里赛灵神,哈哈莲花落也。小乞儿摇槌象板不离身,哩哩莲花,哩哩莲花落也。只听得锣儿铴铴铴,鼓儿咚咚咚,板儿喳喳喳,笛儿吱吱吱,伙里伙里伙,伙里伙里伙,小乞儿便也曾闹过了正阳门,哈哈莲花落也。"①从上述唱词中可知,莲花落不仅使用快板,也用锣、钲鼓、笛子等乐器,其中夹杂着像"哩哩莲花,哩哩莲花落也"这样的乞丐合唱,此外夏、秋、冬季唱词的节拍重复春季的,这是莲花落的主要特征。青木在翻译时特意略去这些重复唱词,并在其之后的力作《中国近世戏曲史》(1930)中评价道:"此《绣襦记》实为李娃传的改编,关目排场极为整顿,雅野静喧互为对照,实为明曲中屈指杰作也。如其'襦护寒郎'一折的曲中插入莲花落,看似野鄙而饶富诗趣,别具风味。此处插入莲花落盖为仿周宪王的杂剧《曲江池》,但周作中莲花落与曲辞分离独立,不及《绣襦记》中二者融为一体所表现出的浑然妙味。"②青木虽然对戏曲中将莲花落融入曲辞的改编大为称快,但其研究仍仅限于剧本中的歌词,未将其与游学北京期间所听到的现实中残留的莲花落进行比较,这也是其莲花落研究的不足之处。

二、《中国童谣集》——日本近代的中国歌谣研究之嚆矢

青木北京访学的另一成果是完成译著《中国童谣集》(1926),该书于同年收录在《世界童话大系》(全二十三卷)的第十八卷《世界童谣集下》,③孩童时期醉心于明清俗曲,成年后沉迷于昆曲唱腔的青木,将属于俗文学范畴的中国童谣进行日译,也就不足为奇。并且在新文化运动发生后不久,就发表《即将觉醒的中国文学》(1919年)、《以胡适为中心卷起的文学

---

① 《莲花落译歌》第140—141页。
② 《中国近世戏曲史》第110页。
③ 此卷中还收录有西条八十翻译的《佛兰西童谣集》,米川正夫翻译的《露西亚童谣集》。

革命漩涡》(1920年)两篇论文,向日本学界详细介绍中国文学的最新情况。因此青木对作为新文化运动一环的歌谣收集运动给予关注也就在情理之中。

正如《中国童谣集》凡例中的说明:"此译文的原文选自于北京大学歌谣研究会出版的《歌谣周刊》(图12)的第一号至第四十八号"①,从中选译了128首童谣(具体类别是天象类6首、植物类6首、动物类26首、儿女类30首、婚姻类12首、家庭类13首、世俗类16首、游戏类19首)。作为近代中国真正意义上民俗学研究开端的《歌谣》②,是在以北京大学为大本营的新文化运动中,面向全国征集歌谣活动的机关刊物。此活动的中心人物刘半农、沈尹默首先提议设立"歌谣征集处",并于1918年2月1日的《北京大学日刊》上刊载《北京大学征集全国近世歌谣简章》一文,以此呼吁进行歌谣收集整理。之后的1920年12月,以周作人、沈兼士为中心的"歌谣研究会"正式成立,及至1922年12月周刊《歌谣》出版。③ 在《歌谣》的"发刊词"中,周作人从学术与文艺两方面对收集歌谣的目的进行论述:

> 本会搜集歌谣的目的共有两种,一是学术的,一是文艺的。(中略)歌谣是民俗学上的一种重要资料,我们把它辑录起来,以备专门的研究,这是第一个目的。因此,我们希望投稿者不必自己先加甄别,尽量地录寄,因为在学术上是无所谓卑猥或粗鄙的。从这些学术资料之中,再由文艺批评的眼光加以选择,编成一部国民心声的选集。意大利的卫太尔

---

① [日]青木正儿《中国童谣集》,《全集》(第七卷)第135页。
② 《歌谣》由北大歌谣研究会出版,每周一作为《北大日刊》的副刊发行,从1922年12月17日开始发行第1号,到翌年的3月23日的第48号为止,后短暂停刊。1924年4月6日从49号开始复刊,更名为《歌谣周刊》,此后被合并为《北京大学研究所国学门周刊》,发行至1925年5月28日的第97号为止。1936年4月,北京大学文科研究所为重振歌谣研究会,再次刊行《歌谣周刊》,但因中日战争的爆发又停止发行。关于《歌谣》周刊的详细情况可参见张紫晨的《中国民俗学史》。青木正儿所译的《中国童谣集》是从第1号至48号《歌谣》中所登载的童谣。此外,青木到达北京三个月后的1926年6月,从全国各地寄到歌谣研究会的歌谣就多达13908首,其中的2260首刊登在《歌谣》上。
③ 关于近代中国民俗学的起源和发展过程,可参见直江广治《中国の民俗学》(岩崎美术社,1967年)、《中国民俗学の展開》(收录于和歌森太郎等编著《日本民俗学講座5 民俗学の方法》,朝倉书店,1976年);铃木健之《中国民俗学小史》(《史潮》新三号,1978年);王文宝《中国民俗学发展史》(辽宁大学出版社,1987年);张紫晨《中国民俗学史》(吉林文史出版社,1993年)等。

曾说:"根据在这些歌谣之上,根据在人民的真感情之上,一种新的(民族的诗)也许能产生出来。"所以这种工作,不仅是在表彰现在隐藏着的光辉,还在引起未来的民族的诗的发展,这是第二个目的。汇编与选录即是这两方面预定的结果的名目。①

欧洲的民俗学研究——无论是德国的民俗学(Volkskunde)还是英国的民间传承学(Folklore)——其开端都始于收集代代传承的民间传说,② 从这点而言,中国也是通过大致相同的方法开始近代民俗学研究。周作人摆脱对歌谣向来持鄙俗态度的主张,从文艺批判的角度,将其视为反映国民心声的民俗学资料加以研究,不仅赋予歌谣以文学的欣赏价值,还将其功效提升至有利于发展为民族诗学的高度。③ 敏锐感知到新文化运动方向的青木,在读完刊登在1918年12月《新青年》上的《人的文学》后,这样评价道:"周君以接触到最新文学的头脑,提出现代文学必须是'人的文学'的主张,即植根于人道主义'人的文学',在直面人生诸多问题之际,应该或从正面描写理想生活或者人性升华的潜在性,或从侧面反映人的日常生活或者非人类的生活状态。"④ 正是充分理解了周作人通过民俗、歌谣来高扬国民精神的主张,青木将歌谣视为国民心声的流露,视为寻求国民精神源泉的材料,视为创造"人的文学"的素材。⑤

值得一提的是,青木在北京访学之前就已知悉《歌谣》的存在。1920年12月15日,周作人在给青木的第一封信上写道:"感谢寄赠的《中国学》,前日从胡适之兄处得到第四号。(中略)拜读你们的杂志,可以发现其中的文

---

① 张紫晨《中国民俗学史》第738—739页,吉林文史出版社,1993年。
② 关于周作人所论述的"国民精神"与"文学"的关系,以及周作人的民俗学研究方法,可参见子安加余子的《周作人と歌謡—中国知識人と民俗学に関する考察》,《日本中国学会報》第58辑,2006年。
③ [日]关敬吾《ヨーロッパ民俗学の成立と概観》,收录于《日本民俗学大系1 民俗学の成立と展開》第33页,平凡社,1960年。
④ [日]青木正儿《胡適を中心に渦いている文学革命》,《全集》(第二卷)第242—243页。
⑤ 在2007年秋季名古屋大学所举办特别展《『遊心』の祝福—中国文学者・青木正児の世界》,并同时刊发同名的展览小册子。关于青木翻译《中国童谣集》,此展览册中这样写道:"虽然青木实时地感受到了新文化运动的趋势,但其翻译《中国童谣集》的初衷,与歌谣收集者发行歌谣的意图却有所偏差。"

章对现代中国思想界的动向很是关心,这也更加引起我们的兴趣。这些文章不仅将中国的古典介绍给日本,而且肯定现代中国人为寻求光明而付出的孜孜不倦地努力,对此我要表达谢意。"① 此外,在青木来北京的两个月前,即1925年1月16日,周作人在给青木的第二封信中这样写道:

> (前略)悉知您四月将来北京,不胜欣喜。(中略)不久前北京大学虽计划增设日本文学系,但因诸多原因至今仍未施行,现如今仅在国文学系内设置了两三门日本文学课程。如果时机成熟,希望从下一学年开设日语预科班。但是正如您所了解的,现在大学的经费异常紧张,计划能否实行目前尚不得而知。由于歌谣研究会在经费和人才方面都十分缺乏,因此《歌谣》周刊的内容非常贫瘠,歌谣收集运动也逐步沦为政治宣传的道具。②"

由于连年的军阀混战导致的政府财政危机,加之政府为惩戒北京大学学生发起的"五四"运动,北京大学所分配的教育经费急遽减少,③ 不仅新设日语预科班的计划难以实现,《歌谣》杂志的运营也步履维艰。从周作人一语道破的"歌谣收集运动也逐步沦为政治宣传的道具"中,可以看出他本人已敏锐察觉出,当局希望通过收集歌谣来激发爱国感情的意图。④

以上是关于《中国童谣集》的底本《歌谣周刊》的介绍,接下来试图解析青木的中国译介研究,现以青木翻译的一首《打铁》为例,阐述其中国歌谣研究特点。

> 张打铁,李打铁。打把剪子送姐姐。姐姐留我歇,我不歇,我去张家楼上去打铁:打到正月正,狮子闹龙灯。打到二月二,龙抬头。打到三月三,芨花儿赛牡丹。打到四月四,四个铜锤溜个子。打到五月五,

---

① 张小钢编著《青木正儿家藏中国近代名人尺牍》第81页,大象出版社,2011年。
② 《青木正儿家藏中国近代名人尺牍》第87—88页。
③ 关于五四运动后北大的教育经费问题,可参见1934年7月13日登载于《申报》上的《蒋梦麟将赴欧参观教育》一文。
④ 洪长泰著,董晓萍译《到民间去——九一八年——九三七年的中国知识分子与民间文学运动》第130—132页,上海文艺出版社,1993年。

五个龙船漂花鼓。打到六月六,家家门前晒红绿。打到七月七,七个果子甜如蜜。打到八月八,丫西瓜、供月牙。打到九月九,九朵菊花泡烧酒。打到十月十,十个老官偷屎吃。打到冬月冬,家家门前晒烘笼。打到腊月腊,稀饭煮嘎嘎。①

青木译文:鍛冶の張さん、鍛冶の李さん、鋏打ちあげ姉御に贈る。姉御は「一服して往きいな」と云はつしやる、わしらはさうしちや居られぬわい、いんでわが家で鐵打たう。打つて正月は、獅子舞ひ龍燈籠。打つて二月は、龍が頭をもちあげる。打つて三月は、菫が牡丹と色香争ふ。打つて四月は、四つの銅錘が一字にならぶ。打つて五月は、五つの龍船に花鼓。打つて六月は、家ごと門に土用ぼし。打つて七月は、七つの果物蜜のやうに甘い。打つて八月は、西瓜捧げてお月様に供へる。打つて九月は、九輪の菊の花を燒酒に浸す。打つて十月は、十人の役人が尿偷んで喰う。打つて霜月は、家ごとと門に烘籠晒す。打つて師走は、粥炊き肉を煮る。

  现今这首童谣仍在云南地区流传,前面三句大致相同,后续部分则因加入地域特色的内容而略有差异。青木之所以选译此童谣,大概是因为其融入了正月舞龙灯、端午赛龙舟、中秋赏月等日本人熟悉的中国民间习俗。从翻译层面来看,青木将原文的"偷屎"译为"偷尿",这是显然的误译(现在传唱的版本大多为"偷食")②。将方言"嘎嘎"译为"肉"很准确,"晒红绿"本是借代为防止发霉,晾晒有湿气的衣被,青木将其译为"土用ぼし"③,易为日本人所理解。将"铜锤"译为称重用的秤砣,并注释写道"此句话意思未详"④。

  在与中国歌谣收集运动几乎同一时期,在日本发生了童谣、童话创作的热潮,由于新创作出的童谣、童话与自古流传下来、具有浓厚神话色彩的故

---

① 《中国童谣集》第178页。
② 青木在《中国童谣集》的凡例中写道:"由于此译文执笔匆忙,未及仔细推敲,且歌谣来自中国各省,各地的方言俚语掺杂其中,因此译文中有不少难以翻译、不尽如人意之处。"
③ 土用是日本民间的杂节之一,指立春、立夏、立秋、立冬之日的前18天这一时间段,在没有明确哪个季节的情况下,通常指夏天的土用。土用期间,因为土地气盛而忌讳动土、挖洞等行为。一些处于盆地的日本地区,仍有在土用期间将衣服、书画、书籍等放在通风处阴干的习俗。
④ 《中国童谣集》第178页。

事，以及表现形式单调的寓言截然不同，所以迅速受到了关注，其标志性事件就是1918年由铃木三重吉创刊的杂志《红鸟》，北原白秋、野口雨情、西条八十等人在此刊物上陆续发表了大量贴近儿童的作品。① 就在儿童文学如火如荼展开之际，当时活跃在一线的民俗学者们，收集、整理、翻译各国的民间故事、童话、歌谣，之前提及的《世界童话大系》就是在此背景下应运诞生。青木有可能敏锐地注意到了中国开展的歌谣征集运动，因此对其机关杂志《歌谣周刊》上刊载的歌谣给予关注。笔者认为促使青木进行翻译的原因可能还有，歌谣所具有的简洁的语言、明快的节奏。因此将其译成日语时，青木特别重视译文的韵律，这也是其一直所提倡的文艺需具备"节奏、旋律、和声"三要素的主张。②

纵观《青木正儿全集》中所收录的文章，与歌谣相关的论文仅可见一篇，即写于1926年的《传入日本的中国俗谣》。在此文中，青木认为：中国俗文学作品传入日本始于室町时期，当时来中国参禅求法的日本僧侣们携带一些白话小说回国，但最早传入日本的俗谣则要等到成立于元禄十六年（1703）《松之叶》中收录的"唐人歌"。此俗谣中不仅混入了长崎方言，也衍生出了其他改编歌曲，因此与中国传入的原曲有所不同。由于改编的"唐人歌"中夹杂大量模仿汉语发音，且现在不能辨明其义的歌词，青木从歌词大意入手，论证各种"唐人歌"的源流关系。比如青木将《松之落叶》中所记载的伴随中国舞演唱的歌曲，与冈岛冠山《唐音和解》中收录的俗曲《醉蝴蝶》的大意进行比较，证明前者源于对后者的改编。此外，精通音律的青木，通过附录于《醉蝴蝶》后面的笛谱，尝试将其还原为中国传统乐谱标记法的工尺谱。可见青木通过有限的残存资料，为厘清中日俗曲的源流所做出的努力。

江户化政时期（1804—1830），在大阪兴起一种叫"看看也"（或称"看看舞"）的表演，是由长崎人穿着清代百姓的服饰，伴着改编来自清代的《九连环》的歌曲而跳舞的表演。此表演因《九连环》歌词的开头部分为"看看也"而得名。正当"看看也"在大阪、江户两地大行其道时，由《九连环》改编而成的一首歌曲用荷兰语歌唱时，其发音在日本人听来十分鄙俗，因而导致《九连环》也遭到牵连，被政府禁止演唱。而作为《九连环》变形

---

① ［日］畑中圭一《日本の童謡—誕生から九 年の歩み》第35—42页，平凡社，2007年。
② ［日］青木正儿《和声の芸術と旋律の芸術》，《全集》（第二卷）第15—17页。

而产生的是一种名为"法界节"的表演,其名称是由模仿"九连环"中的歌词"解不开"的日语发音"ホーカイ"而来,其曲调也与"九连环"相似,被视为是"看看也"的姊妹艺术。

青木在上述论文中详述了二者的演变过程及特征的同时,还对其衍生艺术的"长崎蛇舞""さのさ節"等俗谣的特征进行了说明。在此论文的结尾部分,对于作为传入日本明清乐的代表,在江户初期至明治末期,伴随着月琴、笛子等中国乐器普及而流行的《九连环》,青木从日本接受中国俗曲的宏观角度上指出,"此曲在日本的兴亡不仅代表着其自身的命运,在中国俗曲史上也具有深远的意义。其盛衰轨迹折射出日本的明清乐的流行轨迹,犹如电影情节般跌宕婉转。"①

三、青木在中国民俗学研究史的地位

从上述青木的中国民俗研究可以发现,其并未就民俗学研究的方法论及田野调查中的具体实践提出观点,因此严格说来,他并不是民俗研究者。因此,笔者认为将其视为中国民俗的爱好者、民俗运动的介绍者较为妥当。

关于青木的中国民俗的爱好者的定位,从上述其《北京风俗图谱》的制作,以及《中国童谣集》的日译等业绩中可见一斑;而关于青木的中国民俗运动介绍者的历来评价,笔者认为还有探讨余地。第一,作为接替青木在东北帝国大学教职的继任者小川环树,他在评价青木译著《中国童谣集》的意义时,这样表述道:"北大歌谣研究会的会员们对民间文学报以强烈的关心,将民谣、歌谣视为文学的底流加以研究。(中略)青木博士可能是收集这些歌谣并将其在海外介绍的第一人。"② 此处的"第一人"定位实为不准确。长期旅居中国的意大利公使馆外交官威达雷(Boron Guido Vitale,1858—1930),于1896年在中国出版了自身收集到的170首北京地区童谣《北京儿歌》(Pekingese Rhymes),以中英文对照的形式印行,这是第一本由外国人收集、整理、翻译的中国歌谣著作。

---

① [日]青木正儿《本邦へ伝へられたる中国の俗謡》,《全集》(第二卷)第263页。
② [日]小川环树《青木正儿〈江南春〉解説》,收录于《小川环树著作集》(第五卷)第294页,筑摩书房,1997年。

此外，美国传教士泰勒·何德兰（Isaac Taylor Headland，1859—1942）非常关注普通老百姓的生活，经过多年努力，他整理了150余首当时广泛流传的北京童谣，于1900年出版 *Chinese Mother Goose Rhymes*（中文译名为《孺子歌图》）①。因此，从歌谣的收集、翻译角度而言，并不能将青木称为"海外介绍的第一人"。其实日本的中国歌谣研究发端可以追溯至江户中期，儒者赤松赤城注解的《三秦记民谣》（1775年），此后的儒者皆川淇园，不仅对中国歌谣的字词、句意进行注解，并对歌谣的范畴进行界定。②

第二是王京著作《19世纪三四十年代的日本民俗学与中国》一书中，对歌谣征集活动的评价。当时正在东京帝国大学攻读硕士的留学生何思敬，从时任东洋文库主任的石田干之助（1891—1974）处借阅到杂志《歌谣》，得知北京大学正在如火如荼地展开歌谣征集活动。对祖国民俗学近代化研究倍感欣慰的何思敬，以"何畏"的笔名在日本杂志《民族》上发表《中国的新国学运动》。他在文中这样表达自身的喜悦："从东洋文库主任石田干之助处听闻北京大学发行的《歌谣周刊》《国学周刊》，并借来拜读。当我看到其中所刊登的各地歌谣时，就像是发现了求之不得的宝石，感到由衷的喜悦。其实和日本的民俗学运动一样，当前的中国也在展开类似的研究，可以说也许是巧合，相同性质的民俗学运动的热潮在同一时期出现在中日两国。"③

此外，何思敬还在杂志《民族》的专栏中，向日本读者介绍了《歌谣周刊》及其后身《北京大学研究所国学门周刊》。王京在其著作中将何思敬的论文评价为"最早、最系统地将中国民俗学运动介绍到日本"④。与青木的《中国童谣集》相较，何氏的介绍文章确实更为详细，但是从青木此译著中"凡例"的落款时间"大正15年（1926）3月上旬"⑤，以及同年6月作为《世界童谣集》之一出版的时间而言，青木的译著《中国童谣集》稍早于何思敬的

---

① Regina F. Bendix and Galit Hasan-Rokem（2012），*A Companion to Folklore*. Blackwell Publishing, p. 204. 此二书被翻译为日文，前者为濑田充子、马场英子翻译的《北京のわらべ唄（Ⅰ、Ⅱ）》（研文出版，1986年），后者为星野孝司翻译的《中国のマザーグース》（北泽出版，1991年）。

② ［日］藤田德太郎《日本歌谣の研究》（厚生阁，1940年）第10页。

③ 何畏《中国の新国学運動》，载《民族》第1卷第5号，1926年7月。

④ 王京《一九三〇、四〇年代の日本民俗学と中国》第23页，神奈川大学21世纪COEプログラム「人類文化研究のための非文字資料の体系化」研究推進会議、2008年。

⑤ 《中国童谣集》第178页。

论文。因此，笔者认为将青木定位为较早向日本学界介绍中国歌谣运动情况，并将此运动成果以译著《中国童谣集》的形式加以具体化的学者较为妥当。

以上论述了作为中国歌谣的介绍者的青木的功绩，接下来想试图探讨青木在中国民俗研究的位置。此处所指的中国民俗研究并非是像鸟居龙藏那样，应日本政府的要求在朝鲜、中国台湾与东北中国等殖民地区所进行的风俗调查，而是仅限定于纯粹学术意义上的研究。

关于大正后期日本学界对中国民俗研究状况的认识，可以从1925年5月柳田国男发表的题为《青年与学问》的演讲中窥见一斑。

> 我们日本人不仅可以凭借残存的文献，直接研究远古祖先的生活状态，获得足够的满足感，并且还有义务将此喜悦分享给邻国。中国至今为止仍然是民俗研究的大宝库，如若此大门打开，世界各国都将从中受益。但其现在好像丢失了钥匙，抑或是大门已锈迹斑斑。直至最近，终于出现了发现此宝库价值的人学者，他们一改之前只注重从史书中寻找证据的方法，直接从民间寻找线索，印度人也将逐渐运用此方法。他们终于迎来了民俗学研究的时代。①

柳田虽然敏锐地察觉到了正在中国逐渐兴起的民俗研究热潮，及其研究方法的变化，但是其研究视野却未扩展到中国。此外，井上红梅是大正时期最有名的中国民俗研究者，他对麻将的规则等风俗作了细致研究，将宦官、缠足、贞节牌坊、八股文视为"中国社会四大弊病"，对当时社会上存在的恶习概括为"吃喝嫖赌戏"。②他于1918年创刊杂志《中国风俗》，并在发刊词中这样叙述其创刊趣旨："现在以个人兴趣、新的视角来观察这个孕育了五千年文明、具有精美艺术的国度，是个非常有趣的问题。《中国风俗》就是以描绘其社会众生相为宗旨而创刊的杂志。"③ 但就其研究而言，仅仅是记叙当时社会的表层民俗现象，并未对其来源及衍变过程进行探讨。

再来简单回顾青木同时代周边学者的相关研究，主要有桑原骘藏的《关

---

① [日] 柳田国男《青年と学問》，《柳田国男全集》（第四卷）第27页，筑摩书房，1970年。
② [日] 井上红梅《中华万华镜》第148—161页，うみうし社，1993年。
③ [日] 井上红梅创刊的《中国风俗》第一卷第一号《发刊之辞》1页，日本堂书店，1918年4月。

于中国古代的祭祀》(1896)、《中国人长辫的历史》(1913)、《中国人的吃人肉的风俗》(1919);青木恩师狩野直喜的《关于中国上代的巫、巫咸》(1916)、《关于中国的灶神》(1919)、《关于中国古代的祭祀》(1922);内藤湖南的《织染相关的文献研究》(1924)等。这些论文或是通过检证庞大的文献资料或以现存的器物的证据来进行考证,作者本人都未进行实地的田野调查,即上文柳田所言及的"直接从民间寻找线索"。

将以上这些研究与青木的《望子考》相比较,青木将当时残存的看板与相关文献记载进行对照研究,在勾勒出其变化轨迹的同时,并将之与日本的看板进行比较,考察二者的异同。从这点而言,青木的研究方法及视野确实比周边学者新颖,但是青木的其他中国民俗论考,仍然偏重文献考据。此外,青木的中国民俗研究的目的不是周作人所倡导的,从收集"国民的心声"中追寻国民精神,而是类似井上红梅,从自身兴趣出发,自我愉悦的因素较多。

四、结　语

本文以青木 1925 年北京在外研究期间的成果《北京风俗图谱》《中国童谣集》为研究对象,通过分析可以得出以下结论:青木是向日本学界介绍中国歌谣运动的先驱,他将歌谣运动成果以译著《中国童谣集》的形式加以呈现。较同时代的其他学者而言,青木以实地考察和史料相结合的方法进行研究,确实较为先进。或许是因为地理空间的关系,此方法也并非是青木研究中国民俗时一以贯之的方法,例如其就未能将游学北京时所听到的乞丐所唱的莲花落与文献中的记载进行比较研究。因此青木的中国民俗研究另一显著特点是:从自身兴趣出发,中国民俗研究为文学研究提供辅助之功效。

(辜承尧　浙江师范大学外国语学院讲师)

汉学家入谷仙介及其王维研究

高倩艺

摘 要：入谷仙介（1933—2003）是日本的汉学家。本稿根据他的藏书及著作，尝试勾勒出日本汉学家治学的概貌。入谷仙介是一个典型个案，从中可以管窥到日本汉学界的治学方法、对专攻领域的严谨态度以及实事求是的精神。希望此个案从宏观上，有助于我国相关领域感知到日本中国学者成长、成熟和继往开来的历程；从微观上，对国内所掌握的王维研究有所补充。

关键词：日本中国学　入谷仙介　唐诗研究　王维研究　李白资料

本稿根据《岛根县立图书馆藏入谷文库汉籍目录》重现日本学者入谷仙介的文献资料使用情况，并聚焦于他的王维研究，尝试勾勒出活跃在20世纪后半叶的一位日本中国学者治学的概貌。

一、入谷仙介架藏唐诗及相关文献

入谷仙介（1933—2003）来自日本淡路岛，自小患耳疾，一生与助听器和书籍为伴。入谷自称"铅字中毒"，常对夫人顺子说，"读书使人生快乐加倍"；他的同学、朋友都回忆说他是一个"书虫"。当然，书籍是爱好，更是研究的基础。入谷自学生时代就开始搜书治学，晚年将藏书赠给了工作了20多年的岛根县。现在，县立图书馆内有被称为"入谷文库"的藏书。这份藏书的汉籍部分，由入谷的学生，京都大学的道坂昭广教授做了整理，辑成《岛根县立图书馆藏入谷文库汉籍目录》（以下简称"道坂目录"）。

从"道坂目录"可以看出，入谷文库的藏书，首先包括作为汉学学者所必备的、通用的"经史子集"以及各种字典、词典、百科事典等装备书籍。

我们再从 2000 年在《村山吉广教授古稀纪念中国古典学论集》中刊载的论文《关于王维的应制诗》中，可以看出论文作者入谷对这些资料的使用情况。

这篇论文选取了两首作品。论述前，作者对每个作品的用词都进行了细致入微地考察。比如"阁道"一词，列了三条注释，两条来自《史记》，一条来自《文选》；"上苑"一词，列了四条注释，两条来自《汉书》，一条来自《史记》，一条来自庾信的文。"宇宙"一词，列了五条，分别来自《庄子》《淮南子》《文选》及陈子昂文。"九服"一词，列了三条，第一条为《周礼》中的"夏官大司马职方氏辨九服之邦国……"第二条为陆云的赋，第三条为《隋书》薛道衡传。为了让读者读明白这两首诗，文中一共列了 58 条语汇注释。而论文未付梓之前，作者查阅的经史子集文献当然不止这些。注释中诸如"宇宙"这样的常用词汇，作者不但查阅了，而且查阅了不同的来源，体现了对文学语汇历史变迁和地域使用差异的高度警觉。

事实上，入谷自幼身患耳疾、需要靠助听器才能辨别到外界声音，生活、工作的困难是常人难以想象的。当时互联网已经普及，但典故、出处的搜索仍然需要翻阅纸媒才能完成。2000 年在学术上已有大成的入谷先生，一生坚守着来源于中国的传统治学方法，"锱铢必较"。总之，日本汉学家研究中国的第一步、也就是最基础的步骤：弄清文本本身。而为了弄清文本，所查阅的书籍就不能仅限于自己的研究专题上。

诗人王维是入谷博士论文的课题。唐诗及相关文献自然成为研究的最重要部分。这里列出入谷所收唐诗集、诗文评、诗话及词选的作者如下：初唐四杰、孟浩然、王昌龄、高适、王维、李白、杜甫、岑参、元结、刘长卿、钱起、韩翃、韦应物、卢纶、孟郊、王建、韩愈、张籍、刘禹锡、白居易、柳宗元、元稹、寒山、薛涛、贾岛、李贺、杜牧、李商隐、温庭筠、韦庄、聂夷中、韩偓、郑谷。

以李白的资料为例。尽管李白不是入谷先生的主攻方向，但他所收藏的资料仍然十分全面，不但包括改革开放后出版的书籍，还有较早的五六十年代的成果。1949 年后出版的书，以《李白诗选》为题的就有两种，一种是 1954 年人民文学出版社出版的舒芜的《李白诗选》，另一种是 1961 年由复旦大学中文系古典文学教研组选注，人民文学出版社出版的《李白诗选》。研究类书籍，入谷先生也有收藏：如王瑶的《李白》（1954），王运熙的《李白研究》（1961）等。他还收藏有《李白十论》（1981）、《李白丛考》（1982）、

《李白和他的诗歌》(1984)、《李白诗论丛》(1984)、《李白文选》(1989)、《太白楼与李白》(1991)、《李白在山东诗文集》(1991)、《李白与四川》(1992)以及台湾商务印书馆出版的《天上谪仙人的秘密：李白考论集》(1997)等。

古代文学研究，文本是个基础课题。入谷提倡研究王维首推静嘉堂宋本。他在《王维研究》中指出：

> 我国东京静嘉堂文库藏有南宋麻沙本十卷……此书是我们可用的最早的本子。近期在学界中关注此本的是小林太市郎博士。可惜，此书未及在研究中得到博士的充分利用，博士却离开人世了。我有幸在日本学术振兴会的资金支持下影印了全书。……我认为静嘉堂本是刘辰翁本以及以刘本延伸出的其他主要版本的祖本，在这点上，此本意义重大。

1973年入谷仙介著《王维》所列参考书目文字，就写着"麻沙宋本王右丞集"。而对此本的进一步了解，他也是等待了很久。27年后，入谷先生在上述《关于王维的应制诗》一文的文末列注，第一条说，"静嘉堂本过去被认为是南宋麻沙本，……但近年傅熹年指出……是南宋初期的江西刊本"。

两年后，入谷带着数名年轻学者一起去东京静嘉堂，让他们亲眼见识了这部传世孤本。一起去了静嘉堂的内田诚一随后对傅熹年的发现进行了深入研究，于2003年，在《日本中国学会报》发表了题为《静嘉堂本〈王右丞文集〉刊刻年代考》的论文。

入谷藏王维集的文本，和他的其他藏书一样，分线装本和"洋装本"。"道坂目录"记线装本七条，洋装本九条。线装本的七条中，一种为1982年景印的北图藏宋刊本，一种为1977年静嘉堂文库藏宋刊本的景印本，一种为赵殿成笺注清刊本，一种为1926年景印的仿宋版石印本，一种为日本1590年刊刻的明刊本。还有两种明刊本。线装本详见"道坂目录"第2页和第3页。洋装本详见第49页。

自古以来，日本致力于从中国获取自己所欠缺的物质及精神产品，且速度惊人；按照时代的尺度，可以说几乎是同步的。藤原佐世撰《日本国见在书目录》就是一个典型物证。这部在有唐时代就成书的目录中录有王维的集子。入谷的藏书中当然不会没有如此重要文献的影印本。

孙猛在《〈日本国见在书目录〉详考》1428 条，列出了王维相关的书籍。比照孙猛的"详考"，现将孙猛未列书，从"道坂目录"中补充录下备考。

首先是线装本。

王摩诘集十卷 2 册明刊本 10 行 18 字（线装）
王摩诘集六卷 2 册 1926 年上海会文书局影印仿宋版石印（线装）

其次，洋装本。以下录自道坂目录"洋装本-新学部-文学-中国文学-文学史"：

王维评传 1 册刘维崇撰 1972 年台北正中书局
王维和孟浩然 1 册王从仁撰 1983 年上海古籍出版社中国古典文学基本知识丛书
王维传 1 册卢渝撰 1989 年太原山西人民出版社三晋古代名人评传丛书
王维传 1 册毕宝魁撰 1998 年沈阳辽海出版社中国古代著名文学家传记丛书
王维研究第一辑 1 册中国唐代文学学会王维研究会〈王维研究〉编委会编 1992 年北京中国工人出版社
王维研究第二辑 1 册师长泰主编 1996 年西安三秦出版社
王维研究第三辑 1 册师长泰主编 2001 年西安陕西人民教育出版社

以下摘自道坂目录"洋装本-新学部-文学-中国文学-诗赋乐府词宝卷鼓词弹词-论文集诗话诗集"：

王维诗选 1 册傅东华选注 1959 年香港大光出版社
王维诗选 1 册陈贻焮选注 1959 年北京人民文学出版社
王维诗选注 1 册张清华选注徐宗涛校阅 1985 年郑州中州古籍出版社
王维诗百首 1 册张凤波选注 1985 年石家庄花山文艺出版社
王维诗选 1 册王福耀选注 1986 年广州广东人民出版社中国历代诗人选集

王维诗研究1册［韩］柳晟俊撰1987年台湾黎明文化事业
　　王维诗选译　1册邓安生刘畅杨永明译注1990年成都巴蜀书社古代文史名著选译丛书
　　王维诗歌赏析　1册陶文鹏选析1991年南宁广西教育出版社中国古典文学作品选析丛书
　　大唐诗佛王维诗选1册张健编选1997年台北五南图书出版
　　王维诗比较研究1册［韩］柳晟俊撰1999年北京京华出版社中华传统文化精品丛书
　　王维诗歌论丛1册金五德撰2000年4月序于长沙电力学院
　　王维孟浩然选集1册王达津选注1990年上海古籍出版社古典文学名家选集

　　以上出版物在中国不一定算是珍稀书籍，却能让我们看到入谷对待学术的态度。一个谦虚的学者不会贸然判断资料的价值，他会不遗余力，在资料搜集上尽可能做到全面。而唯有资料完整，之后的研究才有可能做到不偏不倚。

二、入谷仙介的王维研究

　　"书虫"入谷仙介并非只消费书籍。他一生笔耕不辍，呕心沥血，为日本汉学宝库增添了自己的卷帙。《入谷仙介先生著作目录》① 中所列的成果，自1951年至2004年，共302条。他的研究成果可分为三个方面：一是对中国古代诗歌的研究②，其中王维研究成就突出；二是有关《西游记》的研究，著有《西游记的神话学》等；三是对日本人所作汉诗文的研究，著有《作为近代文学的明治汉诗》《赖山阳·梁川星岩》《柏木如亭》《中岛棕隐》等。由此可见，入谷仙介从唐诗宋词到日本汉诗，从中国神话到比较文学，均有涉猎。而与王维相关专著有：《王维》《王维研究》及《泡温汤，读王维》。

---

①　兴膳宏等编《人生有素风·入谷仙介先生追悼文集》，研文出版。
②　《古诗选》，朝日新闻社，1966年；《宋诗选》，朝日新闻社，1967年；《寒山诗》，与松村昂共著，筑摩书房1970年；《高启》，岩波书店，1962年；《王维》，筑摩书房，1973年；《王维研究》《汉诗入门》，中日出版，1979年；《唐诗名作选》《唐诗的世界》，等。

三书概貌略述如下。《王维》由引言、天才少年、游历（上）、游历（下）、天下文宗、走进自然、人间天堂、囚徒与赎罪、结语构成；《王维研究》①，除序章、后记、附录以外，正文一共十四章，分别为：第一章 少年时代；第二章 王维的乐府；第三章 济州；第四章 放浪时代；第五章 右拾遗；第六章 凉州与开元末年；第七章 宫廷之人；第八章 王维的不遇感；第九章 送别；第十章 周围的人们；第十一章 王维与佛教；第十二章 自然；第十三章 辋川；第十四章 晚年的王维。《泡温汤，读王维》是一本普及性、为民众在睡前消遣的小书。

具体来说，入谷的王维研究，关于王维的生平，重点探讨了：放浪时期的问题；嵩山归隐的问题；未再婚及其与唐代的风气。关于辋川庄，重点探讨了：购买时期及地理环境。关于王维的人际关系，重点探讨了：与张九龄的关系以及与崔希逸的关系以及与孟浩然的关系。关于王维的思想轨迹，重点探讨了：思想的两面性；"自责"的文学；对政治的关心及伪官的问题；裴耀卿的影响；阶级观念；思想与生活、归隐与出仕、佛教；宗教方面的成长。关于创作特点及对后世的贡献，重点探讨了：从王维到杜甫；与前代的继承关系（自然诗继承谢灵运，发端于少年时代；田园诗继承陶渊明，发端于济州时代）；乐府的特点；最后的否定式及宫廷诗人的定义。关于王孟自然诗的不同，重点探讨了创作特点的发展轨迹；情景交融及夕阳的观照。

20世纪，日本王维研究专家令人瞩目的有两位。在入谷之前，小林太市郎（1901—1963）已蜚声学界。以下通过与小林太市郎②的王维研究进行比较，论述入谷王维研究的特色与贡献。

小林太市郎在《王维的生涯与艺术》的序中，说王维"不能像李白那样即刻仙化凡间，又不能像杜甫一样，穿越俗世的污浊，抵达美的彼岸。因而他选择了逃避，逃避到清静之地。"在另一部著作中还说，杜甫安于儒，李白

---

① 创文社1976年刊730页巨著《王维研究》已于2005年由中华书局出版了节译本，译者为卢燕平。中译本目录为：序言（非原著序章）第一章 少年时代；第二章 王维的乐府；第三章 王维的不遇感；第四章 送别；第五章 周围的人们；第六章 自然；第七章 辋川；第八章 晚年的王维；附录 关于王维的应制诗 王维诗的声音表现 译后记

② 神户大学文学部教授。著有《汉唐古俗与明器土偶》《中国思想与法兰西》《王维的生涯与艺术》《中国绘画史论考》《禅月大师的生涯与艺术》《唐宋人物画》《艺术的理解》《王维》（汉诗大系10）等。逝世后有《小林太市郎著作集》问世。

安于道。但儒、道不足以使维心安,其最终皈依了释①。

无独有偶,《王维研究》的"序章",先出现的不是王维,而是李白和杜甫:

> 中国诗史中,毋庸置疑,最伟大的时代是唐代。……盛唐以李白杜甫为两座高峰,孟浩然、岑参、高适、王昌龄、储光羲等名家辈出,其中为一方领袖熠熠闪光者,王维,字摩诘。因其最终官历尚书右丞,又被呼作王右丞。

和中国的研究者一样,二位域外的研究家也不约而同地提到李白和杜甫。这可以说是王维的荣耀,但也不得不说是他在接受史上的宿命。《王维研究》"辋川"这一章,入谷以《金屑泉》等诗作为契机,进一步探索了王维为何无法超越杜甫。入谷对唯美主义进行了批判。② 入谷的结论是:因为他太过追求观念、幻想之美,脱离现实。而失去现实根基的文学,注定走不远。

尽管如此,在考察了王维从少年至晚年的一生、《王维研究》这部大作接近搁笔时,入谷还是认为,我们在考虑王维的人生时,应将他与李白、杜甫同等对待。

得出上述结论前,入谷挖掘了诸多证据。如在仕宦方面,李、杜二人不可与王维同日而语。因而,入谷有一个切入点就是王维作为"官僚"的身份。为官,不仅仅是为了生计,对一个有良知有抱负的士大夫来说,更是一份责任和担当。王维一生为官,必定有其坚守的原因。

小林说王维"一边以诗文之才侍奉朝廷,一边以山水之美修养身心。虽厌尘世而不能舍,荏苒蹉跎而安易度日"。王维的"虽厌尘世而不能舍",事实上是历代王维论争的焦点,不独小林不解。但入谷对此迎难而上,给出了答案。入谷的王维研究时刻不忘王维的正业,即其"为官"的职业。作为大唐官僚,王维不是没有政治主张的。入谷指出,王维主张"无为""不战"和"任贤"。入谷认为王维使用其作为官员话语权,对改良政治已做到尽其所能,因而,加在王维身上的厌世逃避论是欠斟酌的。

---

① 集英社汉诗大系10《王维》第162页。
② 《王维研究》第625页。

小林说，"但儒、道不足以使维心安，其最终皈了释"，然而与佛教的关系，小林无暇深究。这一点，入谷又是迎难而上，在《王维研究》中，特撰了"王维与佛教"一章。入谷认为，王维在安史之乱的"苟活"以及乱后继续在朝做官，这些近乎自虐的坚守背后，是信仰的力量。

安史之乱时，王维被迫做了伪官。李唐复位后，王维只是象征性地被降了级而已，并未受到严惩。历史上，不乏类似"为什么不去死"的苛责。入谷认为，"死"意味着切断了一切可能性，包括赎罪的可能性。而王维带着屈辱苟活下来，等待赎罪的时机。恢复官职以后，在痛苦的自责中，他执刀笔为朝廷效力；在辞世前，撰《责躬荐弟表》，成功地举荐了胞弟王缙。在《责躬荐弟表》中，王维冷酷地将自己看作罪人，自发向帝王谢以不忠之罪，乞求赎罪。

"王维临终前仍然笔耕不辍，殉职于文学和思想，为王维之所以成为王维完成了最后一笔"。注意，入谷用的是"殉死"一词，意为殉情、殉职。王维把私产捐给了寺院，鞭策着佛教所说的并非实有的身躯，把文才献给了帝王和朝廷。

与各种"虽厌尘世而不能舍"的评价共现的，是另外两个词，即"纤弱""萎弱"①。小林也受了这些论断的影响。但入谷提出了质疑，认为王维"纤而不弱"。这是入谷考察了王维一生的仕宦、交往、庄园，以及他现存所有的诗作后得出的结论。王维经历了少年得志期，青年挫折期，中年腾达期以及晚年的悔罪期。安史之乱后，他对政治的认识、他的思想境界到达了新的高度，他的言行也都更具有目的性，考虑更多的是家国社稷。在文学方面，擅长的诗歌创作已然无以承载自己思想的表达，因而转向作文。这种转向是需要牺牲精神、勇气和信念的。包括上述王维冷酷地将自己看作罪人，不是一个纤弱的人能够做到的。入谷在回顾了有唐以前为数不多的几篇自我反省的作品后，认为王维的"自责"文学"以佛教因果关系为根底的责任观结合儒教的忠诚观"属于"中国精神史上的特例"。

入谷对王维给予了高度评价。"纤而不弱"的王维，其晚年期写的文堪称名篇，成为后世古文运动的先鞭。在文学上如此顽强、做出如此贡献的人，不可能萎弱，也不可能厌世逃避。

---

① 朱熹《楚辞后语》（第二卷）中云："其人既不足言，词虽清雅，亦萎弱少气骨。"

入谷说"我们在考虑王维的人生时,应将他与李白、杜甫同等对待",这是因为他尽管看上去柔弱,却有一条盛唐人的强韧粗线贯穿始终,从未离开半步。评论他的文学,必须以这条基准为出发点。

结　语

入谷仙介是伴随着听力障碍的不便成长起来的。他克服了重重困难完成了从学士到博士的课程。长子诞生的第二年,也就是1968年,他才终于得到了岛根大学的教职。一生与助听器为伴的他作为少数人群的一员,长期以来形成了对强与弱、痛苦与快乐等世间的矛盾及其必要性的辩证认识。他的研究有这些认识的投影。入谷的王维研究,情理俱茂,笔端谨慎但犀利,知难而进,为读者展现出王维的精神成长史。入谷的王维形象,虽不如小林那样立体(也没有必要重复勾画),但更具动态变化的脉络。另外,他对诗歌有敏锐感受力,是一位诗性的研究者。当然,入谷的学术免不了受到时代的局限,但白璧微瑕,他的王维研究必定是唐诗研究者不能忽略的。

学者入谷仙介是一个典型个案,从中可以看出20世纪后半期日本汉学界的文献视野、学者对专攻的严谨态度及实事求是的精神。

(高倩艺　名古屋大学文学博士,东华大学副教授)

试论盐谷温《中国文学概论讲话》的书写特色及学术价值

胡 炜

摘 要：日本汉学家盐谷温的《中国文学概论讲话》一书，是海内外较早的一部研究中国文学史的著作，其独具特色的书写和内容，具有较高的学术价值。这种学术价值具体表现为：注重文献基础、强调批评意识及注意通史意识三方面。观其全书，书写特色主要表现为：按照不同文学体裁横向划分中国文学，隐含纵向的时间观念、实证主义思想、将中国文学置身于世界文学的框架之中的比较视角；内容特色亦可归纳为三个方面：戏曲研究的开拓性意义、以《红楼梦》为代表的小说研究和关注文学的社会功能以及通过文学考察"国民性"。

关键词：中国文学史 盐谷温 《中国文学概论讲话》

20世纪以前，很少有学者为我国几千年的文学发展修史。直至19世纪末20世纪初，中国学者才开始以"文学史"的名义对我国文学的历史进行研究与写作。日本因为地域与文化渊源的关系，在中国文学史的写作与研究上更是走在前列。自1882年以来，日本学者共撰写了30多部《中国文学史》，其中，盐谷温的《中国文学概论讲话》（以下简称《讲话》）建构的中国古代小说史框架与鲁迅《中国小说史略》中的框架基本相同，故而被国人熟知。在当时的学界，纵向叙说中国文学发展变迁的文学史不在少数，然而横向说明中国文学的种类与特质的著作，首当推举盐谷温的《讲话》，尤其是其中关

---

* 本文系云南省哲学社会科学规划项目："明清云南诗文创作与文化认同研究"（项目号：YB2015071）的阶段性成果。

于戏曲小说的论述,担负开拓之功。鲁迅在《中国小说史略》序言中提道:"中国之小说自来无史;有之,则先见于外国人所作之中国文学史中"①,岑家梧在读到此书时亦深表惭愧,感慨国内戏曲研究落后于人。对于盐谷温《讲话》的研究,无疑能为中国学者的"文学史"和"分体文学史"研究提供"以史为鉴"或"日为中用"的现实价值。1919年5月,《讲话》于日本正式出版,后于1920年前后引入中国。此书在我国曾先后出现三种译本,今以孙俍工所译《讲话》为研究对象。

一、《讲话》的书写特色

盐谷温(1878—1962,以下简称"盐谷")出身于汉学世家,大学时期专修中国文学,深究中国文学之奥秘。《讲话》是其在东京文科大学讲演稿的基础上,修正、增补了戏曲小说的内容后出版的文学概论著作。这部著作的成就是多方面的,首先是独具特色的书写模式。笔者以为,其特色书写模式主要表现在以下几点:

第一,按照不同文学体裁横向划分中国文学,隐含纵向的时间观念。首先,从整体来看,将中国文学横向划分为不同文体,各文体之间暗含纵向的时间观念。《讲话》一书共分为音韵、文体、诗式、乐府及填词、戏曲、小说六章。音韵一章,讲述中国语言的由来与特质;文体一章,讲述文体划分以及辞赋类文章;诗式一章,讲述诗歌音律协调的规则及古体和近体诗;乐府及填词一章,讲述可以歌唱的乐府、绝句和填词;戏曲一章,由唐宋的古剧讲到明之南剧;小说一章,从神话传说讲到诨词小说。将此六章串联起来,即可简单概括中国文学自起源以来的文体形式变迁。王国维在《宋元戏曲考》中称"凡一代有一代之文学,楚之骚,汉之赋,六代之骈语,唐之诗,宋之词,元之曲,皆所谓一代之文学"②。盐谷虽未直言,但观其文体划分,与王国维之观点显然有异曲同工之妙。从此角度来看,作者横向划分中国文学且其中隐含着纵向的时间观念。

---

① 鲁迅《中国小说史略·序言》,载《鲁迅全集》(第9卷)第4页,人民文学出版社,2005年。

② 王国维《王国维文学论著三种》第57页,商务印书馆,2001年。

其次，纵向说明不同文体之发展演变，注重文体产生的源流及不同时代之间的关联。纵观全书不难发现，作者在每一章中都以时间为顺序，注意说明文体的渊源以及此文体在不同时代之间的联系，故而每一章又可视为文体发展略史。以第五章《戏曲》为例，列其目录如下：

第1节 叙说
第2节 唐宋的古剧
第3节 金之杂剧 搊弹词 连厢词
第4节 元之北曲
第5节 明之南曲

单从目录来看，即可知作者按照时间顺序讲述戏曲的发展演变。叙说一节开篇即说道："词至南宋极盛，遂一转而为元曲"①，又谓："抑演剧滥觞于唐之梨园。今日优伶还供祀玄宗偶像，即其表征。且元代戏曲直接创始于宋金，所以先述唐宋古剧的一斑，然后及金元的杂剧"②，盐谷以为演剧始于唐，而元曲源于词，不但展现了戏曲在唐宋金元明时期的不同形态，而且讲述了唐宋古剧、金元杂剧之间的承接关系。再如第三章"文体"，从楚辞到赋再到骈体文；"辞赋类"一节中，谈及楚辞"必是鬻子在数百年前时的种子"③，楚辞之后的赋，"回溯其源流则全是从楚辞出的"④，故而此章亦可佐证。

虽然盐谷在序言中称此《讲话》为"概论"，会"进而编纂中国文学史"⑤，但是纵观此书不难看出，作者按照文学发展的过程划分文体，论述了不同时代文学的发展演变，已经具备了"史"的特征。

第二实证主义思想。其实证主义思想主要来源于德国的兰克学派和日本的实证主义学派。明治十九年（1886年），东京帝国大学（简称"东大"）为适应日本思想文化领域的新变化，聘请德国学者L.里斯（Ludwing Riess，1861—1928）讲学，里斯博士为东大带来了德国兰克学派

---

① ［日］盐谷温著，孙俍工译《中国文学概论讲话》第170页，山西人民出版社，2015年。
② 《中国文学概论讲话》第173页。
③ 《中国文学概论讲话》第40页。
④ 《中国文学概论讲话》第51页。
⑤ 《中国文学概论讲话》第6页。

的史学研究主张——以客观的历史资料为基础，真实呈现历史的原貌。而日本的实证主义学派，亦强调事实，注重文献考订。另，辛亥革命以后，王国维曾避难于日本东京，相较国内学者而言，日本学者或更早接触其地下考古资料与地上传世文献互证的"二重证据法"。作为东大中国文学科的教授，盐谷不仅深受兰克学派和日本实证主义学派的影响，还师从王国维，受其二重证据法影响。其实证主义思想具体表现为注重文献考订和注重追溯文体源流两方面。

一方面，注重文献考订。有关文献的考订在《讲话》中俯拾皆是。以《山海经》为例，作者首先对其内容进行考证。指出《山海经》在《汉书·艺文志》中列于法家，《隋书》以后皆列于地理之首，至《四库全书提要》则位于小说家之部，推测其内容或为后人附益周秦间杂书，或为异闻传说的杂录。接着辨真伪，以《史记·大宛传》中所记原文为证，表明《山海经》存在的真实性。然后以陶渊明"流观山海图"之句为证，表明《山海经》原书之后或附图画，并举朱熹和王应麟所提出的方向说为例，表明《山海经》之文或为图画的说明。最后考订《山海经》中最负盛名的"昆仑山"和"西王母"，以上古地理书籍和古代辞书中的记载证明"昆仑山"不过是西方黄河上流的一个地名，"西王母"则是西戎的一个国名。再如对《红楼梦》作者问题的考证。盐谷支持"曹雪芹"说，并对"曹作高续"说持怀疑态度。他首先以袁随园诗话为据，证明《红楼梦》的作者为曹雪芹，并以通行本程伟元之序为据，证明曹雪芹原有百二十回的计划。接着，指出后四十回或未完成而为高鹗所续，但此说证据不足。然后，从文本出发，认为从结构和文笔来看，《红楼梦》出自一人之手。并分析文体，指出其语言为纯粹的北京官话，且一应风俗习惯，皆是北京化的，作者非北京人不可。最后，虽否定俞樾"曹作高续"说，但依然引俞樾《小浮梅间话》为参考，给读者提供了进一步考证的空间。

盐谷之文献考订不仅表现在对于内容、真伪、作者等问题上，还表现为有理有据，不虚言，无妄言；所列观点，必加考证。例如唐宋的古剧一节中，先说宋之杂剧有四甲，一甲五人或八人，随后分列"刘景长一甲八人"和"盖门庆进香一甲五人"佐证。再如元之北曲一节中，作者指出北曲的体制为"一折一调一韵"，不但引梁廷枏《曲话》原文为证，而且以《百种曲》中所用"九宫"之统计表为据。又如，作者以为连厢词"舞者不唱曲，唱者不

试论盐谷温《中国文学概论讲话》的书写特色及学术价值

舞","可说为傀儡戏的进一步"①,后解释此意源于《毛西河词话》,再引《毛西河词话》原文以佐证。诸如此类在注释中引文献材料为证的例子不胜枚举。

另一方面,注重追溯文体源流。例如"诗式"一章中,列图表讲述诗体的变化。图表如下:

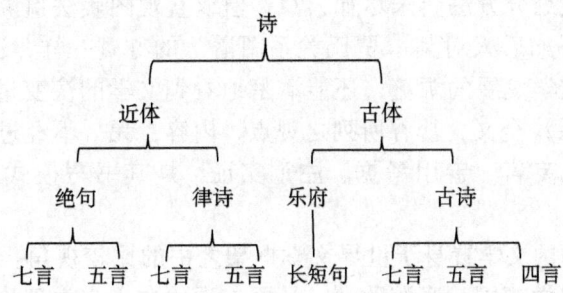

中国诗歌发展历史悠久,自《诗经》而始以四言居多;至汉代才出现五七的新体诗;经六朝,诗体随"四声八病"而发展,产生了对仗之法;至唐代,诗歌面目一新,不但诗法更加严密,而且严格规定了近体律诗的对仗和音韵。以文字描述,只能简单看到诗歌发展的轨迹,很难理清不同诗体之间的关系。然而盐谷以图表代替文字表述,不但清楚地展现了诗歌发展的轨迹,而且直观地表现出不同诗体之间的渊源,简洁明了,易于考证。

再如"文体"一章中,"以形式为经,内容为纬"② 对文章进行分类,列表如下:

```
   (主观的) (客观的) (主观的客观的)
(散文)——议论文   叙记文    小说
(韵文)——抒情诗   叙事诗    戏曲
```

有关文体的划分,可以上溯至"五经",划分的方法和种类亦不尽相同。

---

① 《中国文学概论讲话》第 191 页。
② 《中国文学概论讲话》第 32 页。

盐谷从文章的措辞出发，先将文章分为"散文"和"韵文"两大类，再从作者情感思想的角度出发，将文章分为"主观的"、"客观的"和"主客观相融合"的三种，最后，"以形式为经，内容为纬"具体分类为议论文、叙记文、小说、抒情诗、叙事诗和戏曲六种。简单的表格十分便于考证不同文体之间的关系，议论文和抒情诗看似毫不相关，却都是作者主观思想情感的表现；小说和戏曲看似关系密切，却分属"散文"和"韵文"。

或许盐谷之划分方法尚未尽如人意，但以直观图表法追溯文体渊源的写法可圈可点。正如后人对其"贾氏关系图谱"的称赞一样，这些图表分类，不仅便于考证文学发展的源流，还能清楚地看到文学的演变过程，实是言简意赅。观《讲话》全文，盐谷所列之观点、内容，无一不经过扎实的文献考据，不虚言、无妄言，善用考据、注重实证，是其书写模式上的又一重要特色。

第三，将中国文学置身于世界文学框架之中的比较视角。1902 年，盐谷于东大毕业后留学德国，遍游欧洲。受西方现代主义文学理论影响，他在中国文学的研究中引入了比较视角，不但注重中国文学在国外的传播，而且强调中国文学与世界文学的相关性。首先，在比较视角下，看到中国文学在国外的传播。此种比较视角贯穿《讲话》始终，具体表现为介绍外国学者翻译中国文学的译本，关注外国学者对于中国文学的研究。在第一章"音韵"中即说到汉语需要通读文意后了解文法，"与他国的文法的研究比较可说是本末颠倒的"[①]。第二章"辞赋类"一节中，不仅提到西洋学者对于"离骚"含义的见解，还提到了法译、德译版《离骚》，并引英国著名中国学家 J. 勒葛（James Legge）所译《离骚》的第 1 至 6 节和第 85 至 93 节原文以做比较。"戏曲"一章提及法国学者 Bazin 的《琵琶记》抄译和 Julien 的《赵氏孤儿》《灰阑记》等译文。至"小说"一章，不仅介绍了《好逑传》《玉娇梨》《平山冷燕》和《红楼梦》的译本，还提及因《红楼梦》内涵丰富且翻译工作困难，致使译本大多不完整，期待出现一本完整的《红楼梦》译本。

其次，将中国文学与世界文学对比，开始关注作品内容之间的关联。例如，在"神话传说"一节中，首先提及无论哪一种国民在太古时期都是有神话传说的，接着讲述中国古代有关太阳运行的神话，将中国太阳神话、古希腊日出之

---

① 《中国文学概论讲话》第 6 页。

图（英国博物馆藏）和意大利画作曙光（Aurore）做比较，指出三者所表现的内容异曲同工，故而"东西的天体神话不期而然是一体的"①，然后讲述中国古代有关月亮的神话，提及印度也有同样的思想。再如，讲述汉代小说《飞燕外传》时，详述赵后姐妹争宠之事，而后说到日本著名的《源氏物语》中妇人争宠之状的描写，多学《飞燕外传》和《游仙窟》。介绍唐代小说《游仙窟》时亦论及其对日本文学的影响，认为紫式部的《源氏物语》和《拙堂文话》都受之影响。以上两例足以见得盐谷已开始关注中外文学内容之间的关联。

虽然盐谷只是简单地提及中国文学在国外的传播和中外文学内容上的关联，但是这种将中国文学置身于世界文学之林的态度，对中国文学的发展具有重要意义。因此，将中国文学置身于世界文学框架之中的比较视角，是其书写的又一特色。

二、《讲话》的内容特色

《讲话》一书虽划分为六章，但从具体内容来看，前四章的内容只占全部内容的三分之一，第五章戏曲和第六章小说才是其重点论述的内容。其特色内容大抵亦出于此两章之中。具体如下：

第一，戏曲研究的开拓性意义。首先，将"元曲"与传统的"雅"文学并论，提高了"俗"文学的地位。在中国的传统学术观念中，以诗文赋为正统"雅"文学，对于戏曲小说向来评价不高，且研究起步较晚。同样，日本学界对于中国文学的研究亦集中于散文和诗歌，戏曲小说在很长一段时间内处于边缘地带。然盐谷曾于欧洲留学，较早接受了西方以戏曲小说为中心的文学观念，且师从 20 世纪中国著名藏书家、版本目录学家叶德辉，修习元曲。其对于元曲的认识脱离了传统观念，想要通过对戏曲小说的发展研究，"补我中国文学界的缺陷"②。盐谷在此书原序中即说道："及元明以降，戏曲小说勃兴，对于国民文学产生了不朽的杰作，就中推汉文、唐诗、宋词、元曲为空前绝后。诚盛事哩！"③ 此一语足以见得其不仅将元曲视为元代文学的

---

① 《中国文学概论讲话》第 314 页。
② 《中国文学概论讲话》第 6 页。
③ 《中国文学概论讲话》第 5 页。

代表，还将元曲与传统的"雅"文学——文、诗并论，提高了以元曲为代表的"俗"文学的地位。此外，从内容比重来看，"戏曲"一章占据全书内容的三分之一，亦表现出盐谷对戏曲的重视。

其次，关注戏曲中的文辞与人物形象。前者以《汉宫秋》为例。作者在讲述昭君的故事中，称赞其词曲之妙，千古卓绝。尤其以第一折中元帝巡幸闻昭君琵琶一段与第三折元帝与昭君别后回驾宫廷一段"写景写情，当行出色，元曲中第一义也"①，至于元帝与昭君离别之后的词曲，更是痛彻淋漓，掉转无限凄凉。盐谷不但注意到词曲描写的真实贴切，而且能够指出词曲中的修辞手法及作用。例如，点明"返咸阳，过宫墙；过宫墙，绕回廊；……"等句使用了渐层法，层层加深句意，婉转流丽，回味无穷。后者以《西厢记》为例，不但分析了不同的人物形象，而且注意到了人物形象与戏剧情节之间的关系。指出老夫人之形象与相国未亡人的身份相符，莺莺展示出大家闺秀的品质与弱点，张生多情而软弱，唯红娘机敏而具侠义之气，又能表现下层人民的轻佻之气，最为活跃。此外，提及孙飞虎的暴举"起一波澜添了多少的变化"②。可见作者以为，因为孙飞虎的性格和举动，使得戏剧情节曲折变化，推动了情节的发展，这正表现出人物形象与戏剧情节之间的关系。

内田泉之助曾评价《讲话》："论到戏曲小说，多前人未到之境，筚路蓝缕，负担着开拓之功。"③ 诚然，盐谷打破传统观念，以戏曲作为《讲话》的主要内容，并且开始关注戏曲中的文辞与人物形象，为戏曲研究做出了巨大贡献。然其著述中亦有存疑之处，例如以为"词至南宋极盛，遂一转而为元曲"④，此一"转"字，难免不当，词曲之关系如何，尚待具体考证。

第二，以《红楼梦》为代表的小说研究。"小说"一章是《讲话》的重点内容，其中关于中国古代小说的分期问题，历来是学者关注的重点。笔者在此主要探讨盐谷对于《红楼梦》的特色研究。首先，以《红楼梦》为"古今东西第一的言情小说"⑤，表明《红楼梦》是世界的。只此一语，足以见得盐谷是站在清代文学，甚至是中外文学的立场上，充分肯定了《红楼梦》的

---

① 《中国文学概论讲话》第 224 页。
② 《中国文学概论讲话》第 241 页。
③ 《中国文学概论讲话》第 7 页。
④ 《中国文学概论讲话》第 170 页。
⑤ 《中国文学概论讲话》第 466 页。

试论盐谷温《中国文学概论讲话》的书写特色及学术价值

文学地位。盐谷以为，其"古今东西第一"的地位主要表现在小说结构和女性美两方面。从小说结构来看，《红楼梦》人物关系复杂，以贾宝玉为中心，配以正册"金陵十二钗"、副册二十四美人等女子二百一十三人，及外家兄弟、僮仆等男子二百三十五人，众多人物共同演绎了国公府贾家的由盛至衰。作者于文中列"贾氏系谱"图，清晰展示了小说中主要人物之间的关系，不仅便于读者理解，还能直观地反映出《红楼梦》之宏大结构。从女性美来看，《红楼梦》中的女性人物形象曲尽温柔、优雅、清高等不同形态，且能够表现出女性嬉笑怒骂的真实心理，极具美的特征。这不同于讲述英雄男子的《水浒传》，亦不同于描写市井百姓的《金瓶梅》，是一部"倍于《史记》与《水浒传》的大册子"[1]。故而盐谷以为，《红楼梦》不但可以在中国鼎立争霸，而且推出于世界文坛也毫不逊色。此外，盐谷还介绍了《红楼梦》的英译本和日译本，这种置身于中外文学环境中的客观介绍与评价，不仅表明了《红楼梦》"古今东西第一"言情小说的地位，还表明了《红楼梦》是世界文学的重要组成部分，它属于全世界。

其次，介绍阅读方法，表明《红楼梦》是读者的。人的一般认识过程是从感性到理性，读者理解不同，并使用不同的阅读方法，自然会得到不同的审美认识。盐谷以民国著名文学家蔡元培的"民族主义"说引入，具体解释在清朝时统治者一般认为《红楼梦》诽谤满清政府，揭露清贵族的隐秘之事，因此遭满人忌讳，屡被禁毁。然而却随毁随刻，不仅未能废绝还愈加流行，评之、赞之、演之，甚至刻以书中描绘的装饰、家具和食器，说以《红楼梦》中的语句。接着从内容着手，引出"亡国论"。说《红楼梦》虽旨在讽喻，但因其是贵族阶层腐败生活的真实写照，读者会不知不觉受其精神影响致使享乐主义盛行，消耗青年元气，使人堕落、淫荡、颓废，与吸食鸦片没有差别，故而说《红楼梦》致使"亡国"。再由以上两种学说，总结阅读方法，提出"兴国有兴国的文学，亡国有亡国的文学，文学以之可以兴国，以之也可以亡国，不但要十分注意选择书籍，且读的方法也不可不研究"[2]。以此告诫读者，正确的阅读方法和准确理解作品内涵至关重要，不能因某一片面的论调而一概排斥文学作品，应当注意选择好的书籍和正确的阅读方法。因而，

---

[1]《中国文学概论讲话》第466页。
[2]《中国文学概论讲话》第484页。

《红楼梦》是读者的。

第三，关注文学的社会功能，通过文学考察"国民性"。注重文学的社会功能，强调文学作品所反映的文化史意义，通过文学考察中国的"国民性"，是其内容上的又一特色。丹麦著名作家勃兰兑斯曾说过："一个国家的文学，只要它是完整的，便可以表现这个国家的思想和感情的一般历史。"[①] 盐谷在利用《红楼梦》考察中国社会"国民性"时亦曾说："中国是文明之旧邦，文化烂熟之地，人情风俗，充分发达；发展之极，则流为享乐的，遂终于颓废。例如中国饮食底浓厚一样，只因为中国人底性情是极其复杂的缘故，以喜欢淡泊的刺激与燃烧的日本民族底单纯的性情，到底不是其敌手。实际与中国人初见面的寒暄话，其辞令之巧，真只有惊服而已。在中国文学里，见到其虚饰之多，也很可以知道其复杂的国民性。"[②] 此语虽有失偏颇，但足以窥见盐谷关注文学的社会功能，意欲通过中国文学考察中国的"国民性"。此种"国民性"的考察在其《讲话》中亦随处可见。例如，在谈及"赋"时，认为其包括宇宙，品类万物，描写形状的铺张之特点，与汉族极其夸张的国民性相符。盐谷尤其以"小说"为考察"国民性"的重点。谈及《水浒传》时，认为"鲁提辖拳打镇关西"和"吴用智取生辰纲"的情节可供研究中国国民性及风俗；论及《红楼梦》时亦说："中国文学里，见到其虚饰之多，也很可以知道其复杂的国民性"[③]；至于《笠翁十二楼》《儿女英雄传》《儒林外史》《品花宝鉴》《镜花缘》和《花月痕》，在考察中国的人情风俗和国民性上，更是不可或缺的材料。

三、《讲话》的学术价值

综观前文两大部分的阐述，可知《讲话》在书写内容和研究观点上独具特色，实为后世学者研究中国文学史的重要参考，具有深刻的学术效应。而中国本土学界对于"文学史"的研究，虽已颇具规模，但依旧需要在反思的基础上进行开拓，实现转型。虽部分学者对此已有关注，但多立足于中国本

---

① [丹麦] 勃兰兑斯著《十九世纪文学主流·序言》，载伍蠡甫主编《西方文论选》（下卷）第472页，上海译文出版社，1979年。
② 《中国文学概论讲话》第467页。
③ 《中国文学概论讲话》第467页。

试论盐谷温《中国文学概论讲话》的书写特色及学术价值

土的既有研究,尚未能以海外研究作为参照。故笔者在前文对《讲话》的研究特色进行归纳、萃取后,结合中国学界研究情况,认为其所产生的学术价值可总结为以下几个方面:

第一,注重文献基础。文献作为具有一定历史价值的含有丰富的知识信息的物质载体,是文学研究的基础,而文学史研究更应当该以作家作品为基石。正如前文所说,盐谷深受德国兰克学派和日本实证主义学派影响,善用文献考据,注重实证,根据其研究的具体方法,中国学者研究文学史或可使用以下两种方法:首先,文献学与文艺学结合的研究方法。正如程千帆所说:"拿搞文学的人来说,我们最注重的是两个东西:一个是材料,称作文献学;另一个是对作品本身的艺术思考,叫作文艺学。真正好的研究成果,往往是将文献学与文艺学两方面相互结合、渗透、协调在一起所取得的。在材料上要考证清楚,尽量使它没有问题,靠得住;在艺术分析上,要深入到作家的内心世界,将它发掘出来,成为一般读者可以感觉到的东西。"① 以《红楼梦》研究为例,盐谷用文献考据之法搜罗相关材料考证曹雪芹之身世,且多次引用原文以进行艺术分析,表现作品内涵,并以此而深入研究中国国民性及风俗,无疑运用了文献学与文艺学结合的研究方法。盐谷之作为与程老之言亦有异曲同工之妙,可见此研究方法的学术价值和意义。其次,文献互证与文史互证的研究方法。前者之例以六朝小说《拾遗记》为代表。盐谷认为小说中帝子与皇娥唱和之时所用七言诗非前代诗式,以小说和诗文的文体互证表明七言诗或起源于六朝。后者以"元代杂剧取士"为代表。盐谷分别以《元曲选》《顾曲杂言》和《琵琶记》为例,表明元代时曾把杂剧列为考试科目,随后指出《元史》的《选举志》和其他正史中均未发现以杂剧取士的相关记载,以文学资料和史学资料互证之法推测元代以杂剧取士之言或非事实。文献互证与文史互证之法,在今天的学术研究中依然具有重大意义。正如前文所说,在《讲话》中,盐谷对于文献的考订俯拾皆是,且考订内容多样,包括版本、作者、真伪和成书时代等,其文献考据无疑是我们进一步研究文学作品的基础,也使得观点更具说服力,这种学术研究的方法对于今天的文学史研究具有重要的借鉴意义。

---

① 程千帆《贵在创新:关于学术论文写作的问答》,载《文艺理论研究》1996年第2期。

第二，强调批评意识。张伯伟曾提出由"渊源论—文本论—比较论"①构成的中国古代文学批评方法。纵观《讲话》一书，不难发现盐谷亦运用了此种文学批评方法书写文学史，即首先考据文献知识，推溯渊源（渊源论），接着基于文本考察作品特色（文本论），最后在纵横关系中确定作者或作品的地位（比较论）。以《水浒传》为例，盐谷首先从渊源论出发，推源溯流考证作者、内容和版本，接着引"鲁智深拳打镇关西"和"智取生辰纲"两段文本以展现水浒英雄的智勇双全，最后比较分析，指出《水浒传》对日本俗文学的影响以及"学界的奇迹"的学术地位。尤其值得关注的是，在比较论中，盐谷已将中国文学与世界文学进行对比，诸如前文所说介绍中国文学在域外的译本以及探讨中国文学与世界文学在内容上的相关性。深究其研究方法，可知盐谷启发我国学者有待注意以下两方面：一方面，或可运用文学批评的方法进行文学史研究。我们应当充分认识到中国文学本身具有的复杂性，中国文学因其独特的历史环境，在文学发展的过程中还孕育着史学、哲学等不同学科，一部文学史同样包含着哲学史、思想史和批评史。故而在研究中国文学史时，亦可运用"渊源论—文本论—比较论"构成的中国古代文学批评方法，追溯渊源，发掘文本，使文学真正成为一般读者可以感知的东西。另一方面，文学史研究当以"古—今"的时间维度为基础，兼顾"中—西"的空间维度。观盐谷之文学史研究，不仅纵观中国文学之发展，将同一类作品稍做对比，还具有将中国文学置身于世界文学框架中的比较视角。而中国本土学界的文学史研究，一般基于"古—今"的时间维度，虽然较为完整地阐述了中国文学的发展演变，但对于中国文学所具有的世界性意义关注较少，故而盐谷之眼界与研究方法，十分具有参考借鉴的价值。

第三，注重通史意识。"文学史是一条流动的长河，它原本有源有流，古今一体贯通"②，这是主编于《20世纪中国文学通史》中提出的文学史研究与编写的"长河意识"，即通史意识。此种通史意识于盐谷的文学史写作中贯穿始终。从《讲话》的书写和内容来看，盐谷之通史意识主要表现为文体发展略史的书写和关注文学题材于后世的演变两点，这两点意识亦产

---

① 张伯伟《中国古代文学批评方法研究》第155页，中华书局，2002年。
② 唐金海、周斌主编《20世纪中国文学通史》第2页，东方出版中心，2003年。

生了不可忽视的学术价值,对于我辈学者启迪颇多。首先,文体发展略史的书写。如前文所说:作者在纵向说明不同文体之发展演变时,注重文体产生的源流及不同时代之间的关联,从章节的角度而言,"文体""诗式""乐府及填词""戏曲"和"小说",每一章都是文体发展略史。相较于完全按照时间先后讲述文学史而言,这种分别说明文体演变而后贯穿成为文学史的写法,显然更易于探索文学史发展的规律,理解文学史产生的动因,探究文学作品的内涵。其次,关注文学题材于后世演变的源流观。例如,讲唐代艳情小说《霍小玉传》时,提及汤显祖"玉茗堂四梦"之一的《紫钗记》乃源自此篇;同为唐代艳情小说的《李娃传》,在元曲中变为了《曲江池》,到了明代则成了《绣襦记》。盐谷之表述于原文中或为短短数字,然此种关注前代文学对后世文学影响的源流观,亦体现了文学史研究的通史意识。文学发展有源有流,盐谷之通史意识实为后世学者编写文学史所必须具备的基本意识。而这种文学史观的通史意识亦启迪我们,应当将中国文学当作一个整体来看待,这样才能加深我们对于不同文学思潮和文体流派来龙去脉的了解,便于我们梳理历史进程,更好地把握当下的学术态势。

四、结　语

作为汉学界关于中国文学史研究的一部较早时期的著作,盐谷《讲话》一书的成就是多方面的,但自在日本学界问世特别是汉译出版以来,学界议论颇多。笔者今旧著新读,仍然可看出此书具有较高的学术特色,不仅表现为写作内容与研究方法上独具特色,还表现为对中国学者的文学史编写的学术启发上。时至今日,我们对于文学史的研究已向前行走了一个世纪有余,对于许多问题也已经有了更深入的了解,但不可忽视的是,我们仍然需要坚持正确的研究方法去解决学术研究中的新问题,而盐谷的《讲话》无疑可以为我们提供一些有价值的借鉴。当然,因为时代环境和作者身份的原因,《讲话》中不可避免地存在某些缺陷。例如认为南曲在明代勃兴而后成为传奇,卢前即直言"传奇乃文体之名,南曲乃乐调之称,不可一概而论之"[①]。此

---

① 卢前《评盐谷温〈元曲概说〉》,载《说文月刊》1941年第2卷第11期。

外，盐谷分体文学史的写法虽是其独具一格的特色，但缺陷亦不容小觑，例如，未能关注文学流派和传统哲学思想对于文体发展的影响等。故而，对待《讲话》这样一部学术著作，我们实当在"瑕不掩瑜"的前提下辩证看待，而后取其精华。

（胡炜　云南师范大学文学院研究生）

·朝鲜半岛汉学研究·

批判与局限：丁若镛实学思想及其现实历史意义探析

周月琴

摘　要：实学是朝鲜半岛儒学研究中的重要部分。研究者指出，朝鲜实学有两个基本特征，一是批判性理学，二是近代指向性。在思想发展史上，表现为以17世纪的星湖李瀷为代表的星湖学派、18世纪以朴齐家为代表的北学派，到19世纪前期丁若镛集朝鲜实学于大成。尤其是丁若镛的实学思想，更是成为现代韩国实学研究的重点，并取得了大量研究成果。问题在于，以经世致用、利用厚生、接受西方近代先进的科学技术为核心的朝鲜实学，为何未能挽救近代朝鲜的亡国危局？本文通过对茶山经学与实学的关系、茶山实学的意义及其历史局限性的探析，分析了茶山实学思想为何未能挽救朝鲜危局的历史与思想根源。

关键词：丁若镛　朝鲜实学　茶山学

一、丁若镛及茶山学研究现状

丁若镛（1762—1836），字美庸、颂甫，号茶山、俟庵等，堂号与犹堂，谥号文度。① 19世纪前期李氏朝鲜实学集大成者。出生于京畿道草阜面马岘（今韩国京畿道扬州市鸟安面陵内里）。其父丁载远为官僚学者，历任户曹侍郎、全罗道和顺县监、庆尚道醴泉郡守、晋州牧使等职。其兄若铨、若钟、

---

① ［韩］丁奎英《俟庵先生年谱》，转引自［韩］琴章泰《丁若镛——韩国实学之集大成者》，延边大学出版社，2007年。

妹夫李成熏，侄女婿黄嗣永，以及长兄若铉的内弟李檗，均为天主教徒。

丁若镛的生涯以辛酉教难（1801年）为分水岭，分为前后两个阶段。前期为其思想成长期。茶山10岁随父学习儒家经史，16岁随实学家李瀷侄孙李家焕学习和阅读星湖的遗稿，深受其经世致用实学思想的影响。23岁时在船中听到李檗解释天主教义，阅读《天主实义》《七克》等宣传天主教教义的书籍，深受天主教思想影响，开始倾心于西学。27岁时文科及第，进入奎章阁，从事各种编纂事业，此后以抄启文臣被选拔任职，官至副承旨。31岁时其父在晋州牧使任上去世，茶山在守丧期间接到国王命令设计水原城的旨意，参考邓玉函、王徵的《远西奇器图说》，创制了引重、起重架等科学器械，并著有《城说》《起重图说》等，显示出近代西方科学对其的思想影响。33岁至38岁期间，历任京畿道暗行御史、兵曹参议、黄海道谷山府使、兵曹参知、刑曹参议等与国计民生相关的职务，并上《应旨论农政书》，提出了发展农业的方案。

茶山人生前期尤其是出仕生涯，主要是在正祖（1776—1800年在位）时代。正祖是一位比较开明的国王，他对西学和西教进行了区分，对西学持宽容态度，对西教（天主教）持"正学明则邪学自熄"的自然态度，因此，茶山在其入仕期虽曾受到保守派的攻击，但并未对其仕途产生实质性影响。直到1800年正祖去世，11岁的纯祖即位，大王大妃金氏垂帘听政，开始对天主教进行血洗，茶山的人生进入被流放的后期阶段。

1800年，受到老论僻派的攻击，茶山回到家乡，将堂号命名为与犹堂，埋头于学术，完成了《文献备考研究》。1801年，朝鲜政府开始大规模镇压天主教，史称"辛酉教难"。茶山三兄弟及李家焕、权哲身、黄嗣永等均被捕。丁若钟被处死，丁若铨被流放到薪知岛，茶山被流放到庆尚道长鬐，李家焕、权哲身死于狱中。此后，茶山又因侄女婿黄嗣永帛书事件而被移配全罗道康津，在此度过了18年的流放岁月。流放期间倾力于著述，其主要著作如《孟子要义》《丧礼节要》《牧民心书》等，均完成于这一时期。1818年解除流放后，茶山回到故乡，直至1836年去世为止，用力于著述与教育后学。1882年，《与犹堂全书》被手抄后藏于内阁。1910年，丁若镛被朝廷追封为奎章阁提学，赐谥号为文度。1936年，茶山逝世100周年，在郑寅善、安在鸿的努力下，举办了纪念茶山的学术活动，尤其是1934年至1938年间，新朝鲜社刊行了活字本《与犹堂全书》154卷（76册）。

丁茶山的著述卷帙浩大，达500余卷。从内容上看，大致可以分为注释六经四书等儒教经典的经学研究，以及代表其经世致用之学的实学思想著述，即被称为"一表二书"的《经世遗表》《牧民心书》和《钦钦新书》，不仅是其学问的归结，也是其对朝鲜前近代政治、经济、社会的改革构想，集19世纪前期李氏朝鲜实学思想之大成。

1998年，韩国成立了茶山学术文化财团，形成了茶山学的研究。为了拓展茶山学研究的深度和广度，茶山财团每隔一年举办一次国际学术会议，不断增进国内外茶山学研究者之间的学术交流，如2003年与哈佛大学燕京学社共同举办了以"茶山思想中的东西相遇"为主题的国际学术会议；2005年与中国清华大学共同主办了以"茶山的四书经学"为主题的国际学术会议；2007年与日本东北大学共同主办了以"茶山时代的韩日学术史"为主题的国际学术会议等。茶山财团还主导了茶山学原典资料现代化的定本事业，整理出版了定本《与犹堂全书》（37册），同时出版发行了学术研究专刊《茶山学》，引导和影响茶山学的研究和发展。

至目前为止，韩国学者出版了多部有关茶山学的研究专著，如李乙浩（1974）的《茶山学理解》，南明镇（1985）的《清初学术与韩儒丁茶山实学思想之研究》，李篪衡（1998）的《茶山经学研究》，琴章泰（2001）的《茶山实学研究》，韩国哲学研究会编（2004）《茶山经学的现代理解》，等。还有多篇研究茶山思想的学术论文，研究范围涉及茶山的经学、实学、修养论、科学等方面，如南明镇（2005）的《韩儒丁茶山经学思想之论据》，金弘明（1994）的《茶山丁若镛的田制论》，琴章泰（2000）的《茶山修养论的方法与课题》，安允儿（2007）的《王徵与丁若镛——16至18世纪中韩两位实学家对西洋奇器的研究与制造》等。

中国关于茶山学的研究以延边大学和近年来复旦大学的韩国学研究所为中心，较早的有朱七星（1979）的《朝鲜封建社会末期实学思想的集大成者——茶山丁若镛》，彭林（1994）的《丁茶山与〈周礼〉》，以及近年来出现的有关茶山学的研究论著，如方浩范（2004）的《茶山实践伦理思想》、（2005）《丁若镛"性嗜好"人间观》等；邢丽菊（2014）的《茶山丁若镛的心性论探析——以经学为中心》，张悦（2016）的《茶山丁若镛实学与朱熹性理思想比较研究——以〈中庸〉为蓝本》，以及台湾学者黄俊杰（2013）的《东亚儒学中的茶山学：21世纪的视野》等。研究的重心集中在茶山的实学、经学及其与朱子性理学的比较上。

综上可见，中韩学者对丁茶山本体思想的研究广泛而深入，尤其是对其实学思想的研究，更是将其定位于朝鲜后期实学思想集大成者的思想地位，并取得了众多研究成果。但有一个最基本的历史问题却从未被触及，那就是开始于17世纪、以经世致用为目的的朝鲜实学，尤其是19世纪初在国家体制、官制、田制、赋税、律法、兵制等方面都进行了全面而深入的研究，留下了《经世遗表》《钦钦新书》《牧民新书》的丁茶山，其实学思想为何未能挽救近代朝鲜被日本吞并的亡国危机？

本文通过分析丁茶山的实学思想及其对近代朝鲜的历史影响，探析为何朝鲜实学未能挽救其被日本吞并的亡国命运，以期为迄今为止仍然在精神上处于儒教与传统文化困境的中韩等儒教国家提供一孔之见，就教于大方之家。

二、性嗜好说：茶山在人性论上对性理学的批判及其思想意义

丁若镛对性理学的批判集中表现在人性论上。与程朱理学以"气禀说"来解释现实人性之恶（即气质之性）的生成论根源，并由此强调"人之所以异于禽兽者几希"①的强烈现实批判主义不同，身处19世纪西学东渐大的历史背景下的丁若镛，不再关注程朱理学在人性生成论根源上的本体论探索，因为这种人性论对现实毫无意义，他批判说：

> 今人推尊性字，奉之为天样大物，混之以太极阴阳之说，杂之以本然气质之论，渺茫幽远，恍惚夸诞，自以为毫分缕析，穷天下不发之秘，而卒之无补于日用常行之则，亦何益之有矣，斯不可以不辩。②

丁若镛站在经世致用的实学立场上，提出了自己独特的人性论，即人与万物自然本性意义上的性嗜好说。他说："性之为字，当读之如雉性·鹿性·

---

① 朱子就一再强调人与禽兽在本性上的差别很少，如说："孟子曰：'人之所以异于禽兽者几希。'人物之所以异，只是争这些子。若更不能存得，则与禽兽无异矣。"（宋）黎靖德编：《朱子语类》卷四性理一。北京：中华书局，1988年版。

② 丁若镛《心经密验》，定本《与犹堂全书》6，第197页。韩国：茶山学术文化财团，2012。

草性·木性，本以嗜好立名，不可作高远广大说也。"① 在此基础上，茶山又进一步定义了"嗜好"的内容，说：

> 嗜好有两端，一以目下之耽乐为嗜好，如云"雉性好山，鹿性好野，猩猩之性好酒醴"，此一嗜也。一以毕竟之生成为嗜好，如云"稻性好水，黍性好燥，葱蒜之性好鸡粪"，此一嗜也。②

如果仅仅是从动物与植物的自然本性来定义性字，本无不妥，但茶山的目的并不是为了论证性字之义，而是为了由此得出人性的定义，所以他接着说：

> 今论人性，人莫不乐善而耻恶。故行一善，则其心必充然以悦，行一恶，则其心歉然以沮。③

实际上，从动物和植物的自然本性并不能直接推导出人性"乐善而耻恶"的结论。对此，茶山提出的论据是：

> 我未尝行善，而人诩我以善则喜，我未尝无恶，而人谤我以恶则怒。若是者，知善之可慕而恶之可憎也。④ 在《孟子要义》中，茶山又论证说：孟子以尧·舜明性善，我则以桀·跖明性善。穿窬之盗，负赃而走，欣然善也。明日适其邻，见廉士之行，未尝不油然内怍。古所谓梁上君子可与为善，此行善之明验也。⑤

茶山又从自己的生活实践中举例说：

> 此地有尹氏子为盗。余令其兄弟谕之以仁义，盗泫然以泣。又有郑

---

① 丁若镛《心经密验》，定本《与犹堂全书》6，第196页。
② 丁若镛《心经密验》，定本《与犹堂全书》6，第196页。
③ 丁若镛《心经密验》，定本《与犹堂全书》6，第196页。
④ 丁若镛《心经密验》，定本《与犹堂全书》6，第196页。
⑤ 丁若镛《孟子要义》卷一，定本《与犹堂全书》7，第90页。

氏子恶人也,余临溪打鱼,使之切脍,郑长跪赧色而自数其罪曰"我恶人也,我杀无惜者也",缕缕言不已。苟性不善,岂有是也?(此以羞恶之心明性善)①

茶山在对经学的阐释中,多次主张自己的性嗜好说,并以孟子、《尚书》《诗经》等作为自己性嗜好说的理论依据,如在《孟子要义》中就一再论述说:

> 余谓性者,主于嗜好而言,若所谓谢安石性好声乐,魏郑公性好俭素。或性好山水,或性好书画,皆以嗜好为性。性之字义,本如是也,故孟子论性,必以嗜好言之。其言曰"口之与味同所嗜·耳之与声同所好·目之与色同所悦"(《告子上》),皆所以明性之与善,同所好也。性之本义,非在嗜好乎?②

又举《诗经》:

> 《诗》云:"民之秉彝!好是懿德。"性之谓禀彝,而必以好德为说,性之字义,其不在于嗜好乎?人性之必好为善,如水性之必好就下,火性之必好就上。赋生之初,天命之以此性,虽贪淫虐杀,无所不为,而此性仍然不变。见忠臣孝子,则美之为善也,与国人同,见贪官污吏,则疾之为恶也,与国人同。此所谓性善也。言性者,必主嗜好而言,其义乃立。③

总之,茶山从性嗜好的角度,反复论述人性本善,这与朱子的"性即理也"④ 本无不同,而且茶山也承认现实中的人性之恶,他在《心经密验》中就提到自己在任职刑曹时接触到的杀人案件,说"余于刑曹,阅诸道杀狱检

---

① 丁若镛《孟子要义》卷一,定本《与犹堂全书》7,第90页。
② 丁若镛《孟子要义》卷一,定本《与犹堂全书》7,第89、90页。
③ 丁若镛《孟子要义》,卷一,定本《与犹堂全书》7,第91页。
④ (宋)黎靖德编《朱子语类》卷第四《性理一》。

案，诸凡杀狱，悉由于财·酒·色·气四者。"① 茶山进一步认为，在人性善恶的问题上，孟子与程朱理学的差异，只在于对"性字之义"的认识不同，甚至承认理学提出的本然之性与气质之性是不得已而为之，说：

> 性者，吾人之嗜好也。先儒乃以为灵体之专称，其无差殊乎？若论灵体，其本体虚明，若无可恶之理，特以其寓于形气之故，众恶棼兴，交乱本体。此本然·气质之说，所不得不起也。②

由此可见，茶山并没有反对乃至批判程朱理学在人性论上对现实人性（气质之性）的批判，他反对的是程朱理学关于"本然之性"的说法。茶山指出，宋儒关于"本然之性"的说法来自佛教，他批判说：

> 本然之义，世多不晓。据佛书，本然者，无始自在之意也。儒家谓吾人禀命于天。佛氏谓本然之性，无所禀命，无所始生。自在天地之间，轮转不穷。人死为牛，牛死为犬，犬死为人，而其本然之体，滢澈自在。此所谓本然之性也。逆天慢命，悖理伤善，未有甚于本然之说。先儒偶一借用，今人不明来历，开口便道本然之性。本然二字，既于六经·四书·诸子百家之书，都无出处。唯《首楞严经》重言复言，安望其与古圣人所言，汤然相合耶？③

从茶山对"本然之性"的批判可以看出，他批判的并不是程朱理学关于本然之性与气质之性的思想，而是"今人不明来历，开口便道本然之性"的思想。换言之，茶山批判的是17世纪以后朝鲜性理学在传播与发展过程中出现的脱离国计民生的问题，如在朋党之争与性理思想学术论争交织背景下出现的人物性同异之争（湖洛论争）。这种空疏无用的思想论争，使得作为李氏朝鲜社会精英阶层的士官僚在思想上脱离了国计民生，导致处于近代西方入侵东亚战略要地中的朝鲜半岛失去了自主独立的思想契机。

---

① 丁若镛《心经密验》，定本《与犹堂全书》6，第199页。
② 丁若镛《心经密验》，定本《与犹堂全书》6，第198页。
③ 丁若镛《心经密验》，定本《与犹堂全书》6，第200页。

值得注意的是，在迄今为止的茶山学研究中，论者大都从茶山的性嗜好说不同于性理学的人性论的角度，认定茶山的人性论是对朱子理学的批判，甚至提出茶山的实学是"脱朱子学"。但从上述笔者对茶山人性论的考察可知，茶山的经学或者论者所说的实学，并不是根基于对朱子性理学的批判，而只是从对"性"之字义的不同定义中，提出自己的人性理论，即所谓"灵体三理"说。茶山在《心经密验·心性总议》中说：

>   总之，灵体之内，厥有三理。言乎其性，则乐善而耻恶，此孟子所谓性善也。言乎其权衡，则可善而可恶，此告子湍水之喻，扬雄善恶混之说所由作也。言乎其行事，则难善而易恶，此荀卿性恶之说所由作也。荀与扬也，识性字本误，其说以差，非吾人灵体之内，本无此三理也。①

由此可以看出，茶山在人性论上的重点，并不在于批判程朱理学的人性论，而是茶山所倡导的人心之能动性，即权衡说。茶山说：

>   故天之于人，予之以自主之权，使其欲善则为善，欲恶则为恶，游移不定，其权在己，不似禽兽之有定心。故为善则实为己功，为恶则实为己罪。此心之权也，非所谓性也。②

换言之，茶山在孔孟原始儒学（茶山称之为"洙泗学"）人性本善论的前提下，承认现实人性中存在的恶（即理学所谓的"气质之性"），但与理学人性论的"存天理，灭人欲"终极目的不同的是，茶山将主动权交给了人的主观能动性，强调为善为恶的主动权在于人心的权衡，而非理学的现实主义批判精神，亦非真德秀之后以《心经》为载体的朱子学心学化所追求的个体内在的人格成圣，而是指向社会群体在向善选择上的主观能动性。

其重要意义在于，由朝鲜后期性理学争论人物性同异，到茶山将重点引向人心之权衡（即人的能动性），意味着19世纪初的朝鲜实学派，试图将李氏朝鲜的社会精英阶层的关注点，引向国计民生的方向。其根本原因，在于

---

① 丁若镛《心经密验》，定本《与犹堂全书》6，第199页。
② 丁若镛《孟子要义》，卷一，定本《与犹堂全书》7，第94页。

批判朝鲜性理学在发展过程中导致的空疏无用之风。具体而言，朝鲜性理学在经历了14世纪末的佛教批判，与15世纪以性理学为国家意识形态背景下的儒教社会体制的建立过程之后，走向了16世纪后期士祸背景下的退·栗四端七情分理气论争，17世纪后激烈的党争背景下的大礼仪之争，与18世纪后湖洛论争（人物性同异）等一系列思想争论。这些身为社会精英的士官僚阶层，置国计民生于不顾，完全陷入朋党之争与学术论争中，甚至在赴日本考察丰臣秀吉是否有可能侵略朝鲜半岛时，居然置国家安危于不顾，出于各自的利益与学派之争，得出了相反的结论，最终导致壬辰倭乱的发生，① 李氏朝鲜与派兵救援的明朝，均受到了沉重打击。

此后，李氏朝鲜的士官僚阶层仍然未能摆脱思想上的空疏无用之风，反而更深地陷入党争与学争交织中，最终导致丙子之役（1636—1637），沦为清朝的属国。所谓的朝鲜实学，正是兴起于这样的历史背景之下。从17世纪后期星湖李瀷创立实学派开始，到18世纪后半期以朴趾源、朴齐家为代表的"北学派"，再到19世纪前期的丁若镛集朝鲜实学于大成，其思想均以实事求是为学风，以经世致用、利用厚生、富国强兵为宗旨，即可证明茶山人性论的目的并非为了批判朱子学，而是为了批判17世纪以后陷入空疏无用学风中的朝鲜性理学。

三、一表二书：丁若镛实学思想及其历史意义

在丁若镛多达500余卷的庞大著述中，除了在朝为官时所著诗文70卷外，阐释六经四书的经学多达230卷，占全部著述的半数以上，且这些著述均作于流放期间（1801—1818），也就是其思想成熟期。其次是有关国家典章与管理及医药文字之辨的杂著200卷，实际上就是研究者所谓的实学著作。茶山在《自撰墓志铭》中对此有过详细记载，说：

> 镛在谪十有八年，专心经典，所著《诗》·《书》·《礼》·《乐》·《易》·《春秋》及四书诸说，共二百三十卷，精研妙悟，多得古圣人本

---

① 参见［日］林泰辅著，陈清泉译《朝鲜通史》第九章《壬辰丁酉之乱》。台北：台湾商务印书馆，1974年。

旨，诗文所编，共七十卷，多在朝时作，杂纂国家典章及牧民·按狱·武备·疆域之事，以及医药文字之辨，殆二百卷，皆本诸圣经而务适时宜，不泯则或有取之者矣。①

论者咸以茶山在自撰墓志铭中所言"六经四书，以之修己，一表二书，以之为天下国家，所以备本末也"②，而将"一表二书"作为其实学的代表性著述，将其经学著述视为"脱离朱子的经学体制四书五经，试图向先秦经学的体制回归的倾向"。③ 也有韩国学者据此将茶山的学问观阐释为："以六经四书为修己之根本，以天下国家为其末"，"茶山学问的根本立脚处，是儒家修己治人之内圣外王学。所以他的著述中，既有《经世遗表》《牧民心书》《钦钦新书》等经世类，而且也有关于易、春秋、礼、诗、书、乐经及有关学、庸、论、孟子类的六经四书类"。④

问题在于，按照现代论者提出的实学概念，其核心内容是西学东渐历史背景下近代指向性中所包含的实事求是为学方式，与富国强兵目的下吸收西方近代科技、发展工商业的经世致用之学。⑤ 由此看来，作为19世纪朝鲜实学的集大成者，丁茶山将能够代表其经世致用思想的"一表二书"规定为"以天下国家为其末"，就是难以理解的了。换言之，如果现代研究者将丁茶山视为19世纪朝鲜实学思想的集大成者，又如何解释丁茶山将自己作为经世致用之学代表作的"一表二书"规定为学问之末呢？

问题的关键在于，茶山思想中的经学与实学究竟是什么关系？如果说经学为本的话，为了天下国家而作的"一表二书"，是否真的是现代人所理解的"末"？换言之，"实学"这一概念是基于现代研究者的近代史观提出的，而非身处前近代的丁茶山自己的近代史观，因此，建立于这一基本概念之上的茶山实学研究，是否真的能够代表丁茶山的经世致用之学的真正思想与现实

---

① 丁若镛《自撰墓志铭》（圹中本），定本《与犹堂全书》3，第250页。
② 丁若镛《自撰墓志铭》（集中本），定本《与犹堂全书》3，第278页。
③ 邢丽菊《茶山丁若镛的心性论探析：以经学为中心》，《韩国研究论丛》第二十四辑，2014年。
④ [韩]南明镇《韩儒丁茶山经学思想之论据》，《儒学与当代文明》，九州出版社，2005年。
⑤ 参见姜璋玮《实体、实心、实学、实用——第十届东亚实学国际学术研讨会综述》，载《孔子研究》2010年第4期。

批判与局限：丁若镛实学思想及其现实历史意义探析

历史意义？要解决上述问题，就必须解决以下三个问题：一是茶山的经学研究目的是什么？二是茶山经世致用之学的内容是什么？三是茶山经学与实学的关系是什么？

被认为是茶山实学思想的核心内容，自然是茶山所提出的"一表二书"。其中，《经世遗表》15卷，包括以井田制为核心的官制4卷、田制5卷、赋贡制2卷，以及与之相关的仓廪之储1卷，户籍法与教民之法1卷，海税、盐税等1卷，科举之制1卷。

从具体内容上看，《经世遗表》是丁茶山从官制、田制、赋税制度及科举制度上，重新构架前近代朝鲜国家体制的宏观体系，最能代表朝鲜实学的经世致用之核心思想。很多学者对此做了研究，尤其是茶山提出的井田制与闾田制，被论者高度评价为是要"通过按劳分配实现平等的公社，按社会需要生产新人的平等社会"①，也有论者甚至将其田制思想评价为"资产阶级民主主义的启蒙思想"，认为"除了在政治上表现为民主、民权思想；在土地问题上表现为'唯耕者得田，不耕者不得田'的田制改革思想外，还表现在发展商工业和货币经济主张上。在他的《经世遗表》《墓志铭》等论著中，不仅反映了当时商工业者要求自由发展生产和商业的愿望，并且提出了从发行货币、发掘和开发矿山资源到发展交通等有关开化维新的方策"。②

实际上，这只是从现代实学思想出发对茶山经世致用之学的一种本末倒置的评价。丁茶山所处的真实历史现状是，李氏朝鲜自14世纪末立国开始，就以大明王朝为宗主国，在思想上则以朱子学（性理学）为国家意识形态及科举考试的标准，直到1910年被日本吞并为止，所有的官僚知识阶层都是在朱子学的思想范围中成长的，丁茶山也是如此。茶山虽然在少年时期受到过天主教的思想影响，但其后半生的流配生涯也是因为与天主教的关系造成的。在茶山完成其主要经学著述与实学著述的19世纪前期，朝鲜半岛正处于严厉打击乃至血洗天主教徒、坚守闭关锁国政策的历史时期，自1801年的辛酉教难至1886年的丙寅教难即是明证。以性理学为意识形态的朝鲜官僚知识阶层，坚执礼教体制，严厉拒绝近代西方宗教及思想与科技。③尽管自17世纪

---

① ［韩］金弘明《茶山丁若镛的田制论》，载《当代韩国》1994年第1期。
② 朱七星《朝鲜封建社会末期实学思想的集大成者——茶山丁若镛》，载《东方哲学研究》1979年创刊号。
③ 参见周月琴《儒教在当代韩国的命运》第四章，知识产权出版社，2014年。

开始就出现了以李瀷为代表的经世致用之学，18世纪出现了以学习清朝先进的政治经济思想为目的的"北学派"，但始终处于民间研究状态，根本无力影响当时的国家政策。

更为重要的是，作为茶山实学思想核心的国家官僚体制与土地制度思想，其根基乃是儒家经典《周礼》，其目的也不是朝鲜近代的开化维新，而是基于儒家复古史观的原始平等思想，建立以《周礼》为依据的儒家原始理想社会。这一点，我们从茶山的《邦本艸礼引》中即可得到明证。茶山自言：

> 兹所论者，法也。法而名之曰礼，何也？先王以礼而为国，以礼而导民，至礼之衰，而法之名起焉。法非所以为国，非所以导民也。揆诸天理而合，错诸人情而协者，谓之礼。……周公营周，居于洛邑，制法六篇，名之曰礼。……夏后氏之礼，非夏后氏之所独制也，即尧·舜·禹·稷·契·益·皋陶之等，所聚精会神，殚精竭智，为万世立法程者也。①

再进一步考察茶山在《经世遗表》中提出的朝鲜国家体制，可以发现，完全是依据《周礼》的天官（冢宰）、地官（司徒）、春官（宗伯）、夏官（司马）、秋官（司寇）、冬官（考工记）的国家行政体系建立起来的，只是在此基础上加上了中国唐朝以来的三省六部制。具体内容包括议政府与六部，即天官吏曹、地官户曹、春官礼曹、地官修制（田制、贡赋制等）。

从《经世遗表》的内容上看，茶山提出的国家宏观体制重点放在封建职官与地官的建设上，尤其是关于田制与贡赋制的改革上。现代论者也因此将其与近代资本主义制度相比拟，由此认定茶山是李氏朝鲜实学的集大成者。实际上，这只是一种基于现代人的近代史观的模糊印象而立论的似是而非的结论，似乎只要前近代思想家的著作中提到与经济有关的东西，就一定是近代的资本主义思想。

实际上，作为茶山经世致用之学根基的儒家经典《周礼》中，早已包含了有关国家体制所需的全部内容。钱玄在注译《周礼》时就说：

---

① 丁若镛《邦礼艸本引》，定本《与犹堂全书》24，第26、28页。

《周礼》所涉及内容极为丰富。大至天下九州，天文历象；小至沟洫道路，草木虫鱼。凡邦国建制，政法文教，礼乐兵刑，赋税度支，膳食衣食，寝庙车马，农商医卜，工艺制作，各种名物、典章、制度，无所不包。①

作为茶山经世致用之学核心内容的《经世遗表》在思想依据与内容上，均以儒家古代经典《周礼》为依归，与近代的资本主义经济思想并无关联。茶山提倡改革19世纪李氏朝鲜国家体制尤其是经济制度的原因，并不是因为受到了近代西方政治思想的影响，而是因为当时的官制与经济制度并非真正的儒教体制且受到了极大的破坏，茶山说：

> 故我邦之法，多因高丽之旧，至世宗朝，小有损益。一自壬辰倭寇以后，百度堕坏，庶事抢攘。军门累增，国用荡竭，田畴紊乱，赋敛偏辟。生财之源，尽力杜塞，费财之窦，随意穿鑿。于是，唯以革署减员，为救济之方。所益者升斗，而所损者丘陵。百官不备，正士无禄，贪风大作，生民憔悴。窃尝思之，盖一毛一发，无非病耳。及今不改，其必亡国而后已。②

由此可见，茶山提出的改革思想并不是为了走向近代的资本主义经济制度，而是因为19世纪的李氏朝鲜原本在国家体制和经济制度上继承的就是高丽旧制，且在历史发展过程中出现了严重问题，甚至到了不改就将亡国的危险程度，因此茶山才会创作《经世遗表》，提出自己的改革思想，但改革的依据是儒家经典《周礼》，改革的内容也是要回到儒家的古代理想社会。③ 茶山也正是在这个意义上，将自己的经学研究视为本，而将以国家体制与经济制度为核心内容的经世致用之学视为末的，并不是现代论者所认为的实学意义上的本末关系。

我们从茶山提出的15条"不可易"改革内容就可以得到明证。如根据《周礼》官制体系而来的"限官于一百二十，使六曹，各领二十，斯不可易也"；

---

① 钱玄《周礼译注·前言》，岳麓书社，2001年。
② 丁若镛《邦礼艸本引》，定本《与犹堂全书》24，第29、30页。
③ 参见彭林《丁茶山与〈周礼〉》，载《北京图书馆馆刊》1994年第1期。

"以户曹为教官,以六部为六乡,以存乡三物,教万民之面目,斯不可易也",以及作为儒家尤其是孟子的复古社会理想的井田制,茶山提出"于田十结,取一结以为公田,使农夫助而不税,斯不可易也"等等,① 均来自于儒家经典《周礼》及其复古社会理想。唯一能够体现茶山与近代实学关系的思想,是其在15条"不可易"改革内容中提出的"开利用之监,议北学之法,以图富国强兵"。②

茶山实学思想研究中值得讨论的问题是,实学研究者极为重视的茶山的田制与赋税思想,被论者称赞为"不逊于西欧空想社会主义",说茶山的间田制是"通过按劳分配实现平等的公社,按社会需要生产新人的东方的平等社会"。③ 实际上,不仅茶山的井田制思想完全来源于《周礼》,体现的是儒家的复古社会理想,而且被现代论者称赞的间田制所体现的助法,钱玄先生也在研究《周礼》时指出:"助法是奴隶社会土地所有制的残余,……土地少的奴隶主采用租税制。土地多的采用助法,……所以助法是由奴隶社会过渡到封建社会的一种制度。"④ 同时,甚为现代研究者称赞的茶山井田制思想,也早已被研究者指出来自孟子的井田制思想,作为其三要素之一的受田制,在封建社会封建领主土地所有制的情况下是不可能实行的,胡适因此称之为"乌托邦"。⑤ 由此可见,将茶山根源于《周礼》的儒家复古社会理想看成是近代资本主义经济思想,是现代论者在历史观上的错位。

另一个值得探讨的问题是茶山的民主思想与法律思想。因为茶山在《原牧》中提出了政治上的推举制并得出了"皇王之本,起于里正,牧为民有也"⑥ 的结论,因此被论者认为"他否定君主专制制度,主张用人民协议会取代君主专制制度",并由此认为丁若镛"在政治上反对君主专制制,提倡民主、民权思想,反对封建等级制,……预见到资本主义民主主义社会形态,对资产阶级民主主义革命的启蒙运动起了很重要的作用"。⑦

---

① 丁若镛《邦礼艸本引》,定本《与犹堂全书》24,第30页。
② 丁若镛《邦礼艸本引》,定本《与犹堂全书》24,第31页。
③ [韩] 金弘明《茶山丁若镛的田制论》。
④ 钱玄《三礼通论》第375页,南京师范大学出版社,1996年。
⑤ 钱玄《三礼通论》第371页。
⑥ 丁若镛《原牧》,定本《与犹堂全书》2,第206页。
⑦ 朱七星《朝鲜封建社会末期实学思想的集大成者——茶山丁若镛》,载《东方哲学研究》1979年。

批判与局限：丁若镛实学思想及其现实历史意义探析

实际上，作为在性理学为国家意识形态与统治哲学时代背景下成长起来的官僚知识分子，丁若镛尽管在少年时代曾受到过天主教与西学的思想影响，但其后半生也是因此而被流放，且在天主教受到朝廷血洗的现实历史背景下，茶山自己也上书朝廷，表明自己早已脱离了天主教，并在思想上完全归于原始儒学，其改革思想依据的完全是儒家经典，因此不可能在政治思想上否定君主专制。至于其民本思想，早在孟子的思想中就提出了"民贵君轻"的原始民主思想，与近代的民主主义制度没有多大关系。

可以证明笔者观点的，首先是作为茶山经世致用之学三大著作之一的《牧民心书》，仍然是在儒家复古理想的前提下，探讨如何治理百姓的方法，茶山说："昔舜绍尧，咨十有二牧，谓之牧民，文王立政，乃立司牧，以为牧夫。孟子之平陆，以刍牧喻牧民，养民之谓牧者，圣贤之遗义也。圣贤之教，原有二途。司徒教万民，使各修身，大学教国子，使各修身而治民，治民者，牧民也。"① 儒家将治民称为牧民，明确表达了作为统治阶层与平民之间的界限，与近代以来的民主政治有着实质性的不同。茶山政治思想的历史意义，不在于近代的民主意义，而在于批判前近代李氏朝鲜本身的弊端，并希望能用原始儒家的复古理想社会，来代替其时即将崩溃的李氏朝鲜后期社会。该书的内容，也主要是收集古代儒家的牧民思想与历史上的圣贤事迹来教育李氏朝鲜的官僚阶层，诸如律己、奉公、爱民、赈荒等，的确体现了儒家的爱民思想，具有普遍性的价值。但这与近代的民主政治不是一个概念。

其次，作为茶山经世致用之学三大著作之一的《钦钦新书》，主要内容是法律思想，目的是应对科举考试体制下造成的士官僚阶层空谈性理却无治国之能的弊端。茶山说："顾士大夫，童习白纷，唯在诗赋杂艺，一朝司牧，芒然不知所以措手，宁任之奸胥，而弗敢知焉。彼崇货贱义，恶能咸中？"② 而他编写此书的目的则是："无宁听事之暇，明启此书，以引以翼，为《洗冤录》《大明律》之藩阕，则推类充类，庶亦有裨乎，审拟而天权不误秉矣。"③

更重要的是，茶山所作《钦钦新书》，依据的是《大明律》，他在自序中反复说："至大明御世，律例大明，而人命诸条，粲然章显，谋·故·斗·

---

① 丁若镛《牧民心书·自序》，定本《与犹堂全书》27，第22页。
② 丁若镛《牧民心书·自序》。
③ 丁若镛《牧民心书·自序》。

戏・过・误之分,眉列掌示,斯无昏惑。"也就是说,茶山为19世纪朝鲜士官僚阶层编写该书,主要依据的是《大明律》,即作为李氏朝鲜宗主国的大明王朝的法律条例。而儒教演变为礼教,性理学成为国家意识形态与统治哲学,正是在明代。作为礼教核心思想的三纲,贯穿在作为国家法律条例的《大明律》中。由此即可证明,丁茶山是不可能用西方近代民主制度否定君主专制制度的。

另一个值得注意的问题是,包括《丧礼四笺》《丧礼节要》《祭礼考定》《嘉礼酌义》《礼疑问答》在内的大量礼学研究,乃是茶山经学的重要内容,而礼学也是以性理学为意识形态的礼教社会体制的思想依据。但由于现代论者在历史观上的误解,导致茶山学在研究方法上陷入经学与实学割裂的思想破碎研究,更因无法确定礼学与近代实学思想的关系而不得不忽视其礼学思想。

由此可见,无论如何也不可能得出茶山反对君主专制、提倡近代民主的结论。充其量是,在茶山的经世致用之学中,加入了原始儒家的民本与爱民思想。但作为500年李氏朝鲜立国之本的礼教思想,仍然是茶山思想的基础。这也是本文想要探讨的根本问题,即由丁若镛集大成的朝鲜实学之所以未能挽救朝鲜王朝被近代日本吞并而亡国的危机的根本原因,正在于17世纪以来的朝鲜实学,虽然深刻地认识到了李氏朝鲜的国家危机,但在如何挽救国家危机的思想策略上,找到的并不是近代的资本主义经济与民主思想,而是试图返回到原始儒学,而贯穿于儒家思想的复古史观,正是造成茶山实学思想局限性的根源所在。

四、局限性:朝鲜实学为何未能挽救其亡国危局

综上所述,由丁茶山集大成的朝鲜实学之所以未能挽救近代朝鲜的亡国命运,主要在于其思想局限性与历史局限性所致。

首先是其思想局限性。茶山在经学上提出自己的学问依据是洙泗学,即孔孟原始儒学,并以儒家经典《周礼》与孟子的井田制为框架,建立了自己的经世致用之学的宏观框架。但也正是因为原始儒学中包含的传统儒家的复古历史观,造成了茶山实学思想的局限性。换言之,茶山提出的改革思想是复古的而非进步的历史观。同时,建立在原始土地公有制基础上的孟子的井

批判与局限：丁若镛实学思想及其现实历史意义探析

田制，早就被历史证明是一种空想社会主义，而非近代以私有制为基础的资本主义制度，因此，茶山的社会改革思想也只能是一种乌托邦式的空想。

其次是在社会体制意义上，茶山的改革设想与朱子学之间的内在思想联系。从笔者对其《牧民心书》与《钦钦新书》的考察来看，在具体的社会治理问题上，茶山依据的是《大明律》，而《大明律》体现的正是以性理学为意识形态的礼教社会体制。贯穿于其中的根本思想，是儒教三纲所代表的封建专制体制下的等级制而非近代的民主制度。这意味着茶山的实学不可能在根本上解决前近代朝鲜外有列强环伺、内有豪强兼并、民不聊生的亡国危机。

茶山实学之所以会有上述思想局限性，除了500年朝鲜王朝始终是以性理学为意识形态，以朱子学为国家统治哲学及科举考试的标准所造成的时代局限性以外，也与18世纪后期及19世纪前期朝鲜半岛的现实历史状况以及朝鲜政府的应对措施及态度有着直接的关系。

茶山生活的时代可以分为前后两个时期，即18世纪后期与19世纪前期。这两个时期的历史特征，也是造成茶山实学局限性的客观原因之所在。

茶山的少年与青年时期处于英宗与正祖执政时期，这一时期被历史学家称为李氏朝鲜后期的文化复兴时期。① 尤其是正祖，在励精图治、复兴性理文化的同时，对西学亦持接受态度，这也是丁茶山能够在青年时期虽深受天主教影响亦能顺利步入仕途的原因。但笔者注意到，正祖在思想上仍然以性理学尤其是以《心经附注》为载体的朱子学心学化思想为根本，将重点放在自我的心性修养上，对近代西方科技并无兴趣。② 笔者认为，18世纪末期的朝鲜半岛之所以未能顺利进入近代化，与包括国王在内的官僚知识阶层在思想上选择了内在的性理学心学化后的礼教道德实践而非外在的近代化这一历史发展趋势有着直接的关系。③ 在这一现实历史背景下，朝鲜实学是不可能脱离礼教完全走向近代西方资本主义体制的。

茶山人生的后半期经历了18年的流放岁月，直到晚年才回到家乡。这一时期茶山完全脱离了现实政治，埋头于经学研究与著述。李氏朝鲜在茶山生活的19世纪前期，不仅在思想上仍然处于性理学意识形态的控制之下，而且

---

① 参见［日］林泰辅著，陈清泉译《朝鲜通史》第十二章《文化复兴》。台北：台湾商务印书馆，1974年。

② 参见［日］林泰辅著，陈清泉译《朝鲜通史》第225页。

③ 参见周月琴《心经附注朝鲜半岛流衍考》第197页，学苑出版社，2016年。

因为近代西方势力的入侵威胁与日本的侵略野心而采取了闭关锁国的国策,并对天主教进行了多次血洗,对与天主教有关的西学也采取了严厉拒斥的态度。丁茶山也是因为家族与天主教的关系而被逐出朝堂的。只要参考1880年朝鲜官僚阶层对《朝鲜策略》的严厉批判及对朱子学的坚决维护的态度,即可见一斑。当时朝鲜的士官僚阶层以守旧派的"卫正斥邪论"为主流意识形态①,对于少数试图接受西方近代资本主义思想的开化派,持猛烈抨击的态度。

在这种现实历史背景下,丁茶山只能选择放弃天主教信仰,在思想上则是回到孔孟原始儒学。这是其实学思想根源于现实历史局限性的客观原因。前近代朝鲜的开港与思想上的开化,要到1883年才在高宗的支持下实行。换言之,在丁茶山所处的19世纪前期,李氏朝鲜无论是在国家意识形态上,还是在现实政治中,都采取了严厉拒斥天主教与西学的闭关锁国政策,被逐出朝堂的丁茶山是没有可能支持近代西方的资本主义经济体制与思想体制的。

朝鲜实学未能挽救国家覆亡危局的最后一个原因,与朝鲜半岛在历史上接受中国大陆文明与思想文化的滞后性有关。在茶山实学思想研究中,现代论者大都会提到茶山根据王徵的《奇器图说》制造举重机,建造水原城的事实,来证明"茶山实学在科学方面所倡导的实证、实用理论,对韩国近代科学技术的发展产生了重要影响"②。

问题在于,这种立论忽视了一个文化传播学意义上的史实,即朝鲜半岛在历史上对中国大陆文明与思想文化的接受,一般会晚一到三百年之久。以直接影响了丁茶山对科学技术的实践的《奇器图说》为例。该书原名《远西奇器图说》,是中国明朝末年的科学家王徵(1571—1644)与瑞士传教士邓玉函合作编译,于明天启六年(1626)出版。该书不仅汇总了阿基米德到当时的西方力学和机械学的知识,为当时世界最新的物理学书籍,同时也代表了明代末期中国在西学东渐历史背景下的两大社会思潮,即批判宋明理学的社会思潮与接受西方先进科技为核心的经世致用之实学思潮。这一时期的思想家与科学家如徐光启、李之藻、王徵、方以智、梅文鼎等人,积极吸收西方自然科学成果,翻译西方先进科学书籍,试图以西学来开启民智,出版了

---

① 参见周月琴《心经附注朝鲜半岛流衍考》第112页。
② [韩]安允儿《王徵与丁若镛——16至18世纪中韩两位实学家对西洋奇器的研究与制造》。

《本草纲目》《天工开物》《农政全书》《奇器图说》等科技巨著,形成了中国传统科技思想发展的最后一个高峰。①

与之相比,当中国在18世纪初因祭祀孔子与祖先问题与天主教形成对立并开始拒绝天主教,实行闭关锁国政策之时,朝鲜半岛才刚刚开始通过中国大陆接触到西学,在时间上比中国晚了近二百年,而且前近代朝鲜半岛对西方科技的接受要依赖中国大陆,在接受西方科技的时间上,始终远远落后于中国大陆。当丁茶山1793年依据王徵的《奇器图说》制作起重机并建造水原城时,已经是王徵编译并出版该书166年之后了。

正是因为朝鲜半岛在历史上对中国大陆文明与思想吸收的文化滞后性,导致了17世纪以后产生的朝鲜实学思想本身亦具有很深的历史局限性,而且因为500年李氏朝鲜始终以明代性理学作为国家意识形态,故理学在朝鲜半岛传播过程中不仅与专制政治相结合成为统治哲学,而且在礼教社会体制、科举制、国家体制等方面都形成了思想上的固化,再加上对西方近代科学技术及政治体制等的吸收完全依靠中国大陆,形成文化传播上的滞后性,从而造成朝鲜实学在文化视野上的狭隘与滞后,因此,以丁若镛为代表的朝鲜实学家虽然能够深刻地认识到前近代朝鲜王朝在国计民生及国家安全问题上的危局,并对只会空谈性理的官僚知识阶层进行了批判,但在如何改革的问题上,却只能回到以复古历史观为核心的孔孟原始儒学,而无法真正走向西学东渐历史背景下的近代化。这也是朝鲜实学未能挽救朝鲜亡国危局的根本原因。

(周月琴　北京语言大学汉语学院教授)

---

① 参见王杰《反省与启蒙:明清时期的经世实学思潮与社会批判思潮——以明清之际的思想家群体为例》,载《中共中央党校学报》2008年第2期。

"老境忘怀履坦夷,乐天可作我为师"

——白居易在朝鲜

[韩] 金卿东

文化通过与他者的交流,相互兼容,传播并发展。人们对新的、陌生的事物普遍持有好奇心,又对优秀的文化抱有憧憬。文化交流与融合正是基于此种对新事物和先进文化的好奇心和憧憬作为动力。

目前东亚有一股"韩流"之风,让人联想起古代东亚风靡一时的"汉流"。"韩流"以韩国大众文化为主流,然而"汉流"的主人公则是中国古代文人。在朝鲜文坛形成"汉流"的过程中,白居易处于极为重要的地位,其影响不可或缺。本文首先拟就朝鲜文人对白居易的认识略加介绍,进而考察朝鲜文人对白诗的和诗及模作,以期了解白诗在朝鲜的受容及其意义[①]。

一

朝鲜朝文人尹愭(1741—1826),字敬夫,号无名子,出身寒门,52岁及第,坚守刚正信念,不愿随波逐流,一生官微,辗转闲职。1807年9月,尹愭时年67岁,托病辞退,翌年正月初一,作《戊辰元日》二首(《无名子集》诗稿册6),其诗如下:

七旬欠二乐天翁,曾叹乘衰百疾攻。
九老风流空怅望,有谁今日与相从。(其一)
又问年几何,七十行欠二。乐天此诗句,今日我有愧。

[①] 本稿所谓"朝鲜"包括高丽朝(918—1392)及朝鲜朝(1392—1910)在内,因此本文中"朝鲜文人"是指韩国古代文人而言。

"老境忘怀履坦夷,乐天可作我为师"

> 乐天此年岁,今日我适值。一吟复一叹,俯仰空有泪。
> 乐天我所慕,尚友安敢比。坦荡靡滞碍,诚实无虚伪。
> 文章又烨发,恳恻而平易。父老课农桑,风谣善讽议。
> 立朝秉谠直,赞襄元和治。崔群与寅恭,逢吉自妩媚。
> 六十已退闲,优游任醒醉。歌咏太平世,徘徊清洛地。
> 拖紫复纡朱,亦足称官位。香山友如满,履道招同类。
> 乃成九老会,书名又绘事。各赋七言诗,燕乐常随意。
> 志趣良高逸,事迹何奇异。下视浮世客,蜎虫亦不翅。
> 我生千载下,笔首缅高致。纵欲追后尘,奈无与同志。
> 游春徒有心,下坡时自喟。莫嫌贫与病,遗诗尚暗记。(其二)

这首诗的创作背景,是在洛阳做太子少傅分司的白居易所作的两首诗歌。据自注,第一首"七旬欠二乐天翁,曾叹乘衰百疾攻"。第二句来自白居易68岁作品《初病风》(《病中诗十五首》第一首;《白居易集笺校》卷35);第二首"又问年几何,七十行欠二"。第二句则直接引用白居易68岁所作《春日闲居三首》第三首(《白居易集笺校》卷36)的第十一、十二句。由此可见,《戊辰元日》二首是诗人基于对与自己同年龄的白居易作品深深共鸣,而抒发迎新送旧的感怀。

《戊辰元日》二首不但受容多数白诗,而且说是白居易略传也不为过。这点可证明,诗人对白居易作品与传记,颇有兴趣并深切了解。同时,从"乐天我所慕,尚友安敢比。坦荡靡滞碍,诚实无虚伪"四句,可知这首诗的价值,在于作品中反映对白居易人品的钦仰以及对白居易人生的深切了解,远远超过单纯的"传记逸话之诗化"阶段。

白诗在朝鲜,未曾推崇为学诗典范,不同于李白、杜甫、韩愈、苏东坡等中国文人的情形,但是作为闲适生活与身心修养的消闲读物,却广泛受到爱护、被接受。崔滋(1188—1260)评白诗云:"凡新学诗,欲壮其气力,虽不读可矣,若搢绅先觉,闲居览阅,乐天忘忧,非白诗莫可。"(《补闲集》卷中) 这可以说是朝鲜文人对白诗的普遍认识。李奎报(1168—1241)《书白乐天集后》云:"白公诗,读不滞口,其辞平澹和易,意若对面谆谆详告者,虽不见当时事,想亲觌之也,是亦一家体也。"(《东国李相国集》后集卷11) 任守干(1665—1721)《读白香山集》云:"其中白少傅,力追风人轨。为诗不雕琢，条畅若流水。"（《遯窝遗稿》卷1）都高度评价白诗，认为继承《诗经》精神而自成诗体一家。

不仅如此，白居易的人生历程也让朝鲜文人找到了共鸣。朝鲜文人将白居易传记事实以及逸话作为素材，或拿来补助诗意，或引发为作诗动机，甚至不少文人将白居易的九老会逸话当作作品素材，其中，具有代表性的可推为金宗直（1431—1492）《九老会图而毅请赋》（《占毕斋集》卷19），吟诗如次：

> 洛阳天下中，全像为提封。嵩芒北纡郁，瀍涧环溶溶。
> 扶舆且磅礴，清淑气所钟。物产岂独当，其民多昌丰。
> 风俗类大雅，奢荟追时雍。况又帝王都，文物以弥缝。
> 大唐会昌间，庶几夷四凶。小康可驯致，方镇皆朝宗。
> 恺悌白少傅，星斗罗心胸。晚年八节滩，卜筑闲明农。
> 同社六介老，少壮亦奋庸。甲子虽差池，翱翔俱令容。
> 合为尚齿饮，鸠玉勤相从。履道佳水竹，且有杉桂松。
> 展席临湾碕，花卉春茸茸。衣冠尽古制，歌吹无纤秾。
> 芳新杂野蘩，异味亦能重。舒啸或击筋，起舞或扶筇。
> 迟日助欢谑，炉熏萦笔锋。狄卢反成恨，年低空佐饔。
> 翩跹缁与黄，飞云还故峯。仿佛华表鹤，千载岂易逢。
> 亦获预斯会，异端不须攻。人亡余故事，绘画传芳踪。
> 后来潞韩翁，矫矫人中龙。耆英复相袭，美谈喧笙镛。
> 今我寿域民，观图曷不龚。古贤倘可作，甘作朱家佣。

会昌五年（845）三月，白居易宴请胡杲、吉玫、郑据、刘贞、卢贞、张浑六位老友聚会自己家中，并赋《七老会诗》①，同年夏，在龙门香山寺，白居易又与八位老人举行了一次"尚齿会"。此次聚会又增加了李元爽、禅僧如满两位老人，欢醉赋诗，作《九老图诗》（《白居易集笺校》外集卷上），绘

---

① 白居易《胡吉郑刘卢张等六贤皆多年寿予亦次焉偶于弊居合为尚齿之会七老相顾既醉且欢静而思之此会稀有因成七言六韵以纪之传好事者》，（唐）白居易著，朱金城笺校《白居易集笺校》卷37，上海古籍出版社，1988年。

"老境忘怀履坦夷,乐天可作我为师"

九老图。这首长达 56 句的诗,就是叙述九老会的成立过程与具体内容的。

令人更感兴趣的是,一些文人以白居易的称号为诗题,歌咏诗人的人生,如洪暹(1504—1585)《白居易》①、洪圣民(1536—1594)《白尚书》②、李山海(1538—1609)《白乐天》③ 等。尤其,李奎报(1168—1241)到了晚年,因对白居易的生活产生共鸣而尊崇他。《次韵和白乐天病中十五首》第十五首《自解》(《东国李相国集》后集卷 2)云:

> 老境忘怀履坦夷,乐天可作我为师。
> 虽然未及才超世,偶尔相侔病嗜诗。
> 较得当年身退日,类予今岁乞骸时。

诗人在此诗中说出自己与白居易之间的相似之处。李奎报将白居易与自己等同起来,以此忘却老年的忧愁和病身的痛苦,聊以自慰。李奎报之所以说"乐天可作我为师",是因为除了人生处境酷似之外,他对白居易的人品及人生哲学持有仰慕之情。关于这一点,朝鲜朝文人徐命膺(1716—1787)也在《咏白香山》(《保晚斋集》卷 2)歌咏如次:

> 我爱白香山,完名唐代臣。时当牛李争,独免风波沦。
> 晚节办一退,诗酒乐余春。世或咎逃禅,逃禅乃庇身。
> 张良愿从仙,李泌好谈真。欲使心有寓,不復恋红尘。
> 香山亦此意,岂必惑正因。假令惑正因,何如醉梦人。

诗人尊崇白居易的原因就在于其名节得以保全,也就是高度评价白居易不恋栈世俗的显达,脱离牛李党争,不失身为士人的名誉与节操。徐居正

---

① 洪暹《白居易》:"频遭斥逐抱孤忠,余事文章似化工。词命尽教光汗简,歌诗争欲被丝桐。杨枝未老还辞合,骆马无情便别翁。乐易脑襟终空洞,香山千古尚清风。"(洪暹《忍斋集》卷 1),《韩国文集丛刊》第 32 册,首尔:民族文化推进会,1989 年。
② 洪圣民《白尚书》:"子午桥边花竹里,风流诗酒太娱嬉。元和以后危疑甚,拟学东山谢传棋。"(洪圣民《拙翁集》卷 5),《韩国文集丛刊》第 46 册,首尔:民族文化推进会,1989 年。
③ 李山海《白乐天》:"投老尤妨着意偏,柳枝虽放栾耽禅。不须浪结香山社。酒赋犹堪送暮年。"(李山海《鹅溪遗稿》卷 4),《韩国文集丛刊》第 47 册,首尔:民族文化推进会,1989 年。

（1420—1488）在《独谷先生集序》（《独谷集》）中，评成石璘（1338—1423）云：

> 公诗酒跌荡，学太白。真草妙绝，法羲之。功名终始，比白傅。

宋征殷（1652—1720）在《题白香山集后》（《约轩集》卷10）云：

> 余尝看白香山集。词藻映发。体格具备。实为盛唐大家。……遗外名利，抛官恬退，浪迹山水，颇得闲静之趣。其视王摩诘、柳宗元之徒，岂可同日而论哉。

从这一些评语得知，对白居易的如此评价，并非一人之见，而是文人之间的普遍认识。朝鲜朝文人张维（1587—1638）在《白乐天行身则特立独行处人则舍短取长》（《溪谷集》卷1）一文中，将白居易的人品与人生哲学概括云：

> 古人称白乐天与刘禹锡游，人目以刘、白，而不陷八司马党中。与元稹游，人目以元、白，而不陷北司党中。又与杨虞卿为姻家，为李文饶所忌嫉，而不陷牛、李党中，是固然矣。然元、刘皆身有玷累，而乐天既与之厚善，至老死而交情不渝，亦可谓笃厚长者矣。行身则特立独行，不染滋垢，处人则舍短取长，不忘久要，斯其所以为乐天乎。

这一实例，足见朝鲜文人对白居易为人之道的赏识和遵崇。

虽然白居易在朝鲜不像杜甫或苏轼作为学诗的对象而受到崇尚，但是白居易用平易近人的文体，来叙述日常生活的闲适情趣，以及乐天知命、安分知足的人生哲学。他超越名利、保全名节的人品令人产生好感。因此，朝鲜文人将白诗作为一种轻松的读物而乐于阅读。正如李睟光（1563—1628）在《芝峯类说》所云，当时文人口头上说学习李白，实际上却常常读白居易的文集①，就可以证明这一点。结果，白诗在朝鲜文人的作品中，以多样的方式被

---

① 李睟光《诗艺》："林石川号为学李白者，而常读乐天集云。"（李睟光《芝峯类说》卷14），首尔：景仁文化社，1970年。

接受，尤其是在创作和诗与模作方面，最为突出。

二

唱和在古代一般是一种同时代人之间的交游方式，其基本形态就是通过"寄赠酬答"行为而形成的"一唱一和"。但是，唱和行为不仅仅在同时代的文人之间进行，而且亦可由后代文人和答前代文人的作品来完成，这就称作"追和"。这种追和就是朝鲜文人与中国前代文人的交流方式之一，因为在朝鲜文人的心目中，他们无疑是其诗友。

李奎报（1168—1241）《既和乐天十五首诗因书集背》诗云："乐天曾唱吾追和，何问诗朋有也无。"（《东国李相国集》后集卷2）韩修（1333—1384）《夜坐次杜工部诗韵》诗亦云："有怀无与语，聊和古人诗。"（《柳巷诗集》）由此可见，李奎报、韩修与杜甫、白居易虽然时空悬殊，但他们透过追和中国前代文人，得以建立一种时空相异而情感交流的诗友关系，对朝鲜文人而言，追和中国前代文人就是一种超越时空的文学交流。白居易的诗歌颇为广泛受到朝鲜文人的欢迎，因此，白居易在这一方面可谓具有代表性。

和诗的和韵方式，依其与唱诗韵脚的关系，可分为依韵、用韵、次韵，从作诗技巧的观点来看，此三种和韵方式中，依韵最为容易，次韵则要依次使用同一韵字，是受唱诗限制最多，最高难度的做法。朝鲜文人和白诗的和韵方式集中于次韵，究其原因，可分为二：第一，至北宋苏轼、黄庭坚，次韵之风盛极一时，例如苏轼作品三分之一，即七百八十余首为次韵诗，这种现象延续到明清时期，次韵就是最为普遍的和韵方式。高丽、朝鲜文坛受此影响，不在话下。第二，三种和韵方式中，次韵为最能培养作诗能力与夸示诗才的有效和韵方式。

朝鲜文人的和白诗，就和诗作者对唱诗作者及其作品的观念态度而言，可分为三种类型：即"作者型""作品型"及"脚韵型"。

第一，"作者型"指的是和诗作者倾倒于唱诗作者，换言之，此一类型和诗的写作，不是出自对唱诗意境或其艺术性的关心，而是基于对唱诗作者的人生体验、处境及其人品的深切认同，此一类型的代表作，可推李奎报的《次韵和白乐天病中十五首》（《东国李相国集》后集卷1）。其序文叙述和诗写作的动机如下：

予本嗜诗，虽宿负也，至病中尤酷好，倍于平日，亦不知所然。每寓兴触物，无日不吟，欲罢不得，因谓曰此亦病也。曾着诗癖篇以见志，盖自伤也。又每食不过数匙，唯饮酒而已，常以此为患。及见白乐天后集之老境所著，则多是病中所作，饮酒亦然。……予然后颇自宽之曰：非独予也，古人亦尔。此皆宿负所致，无可奈何矣。又白公病眼满一百日解绶，予于某日将乞退，计病暇一百有十日，其不期相类如此。但所欠者，樊素、少蛮耳。然二妾亦于公年六十八，皆见放，则何与于此时哉。噫，才名德望，虽不及白公远矣，其于老境病中之事，往往多有类予者。因和病中十五首，以纾其情。

李奎报之所以追和白居易《病中诗十五首》（《白居易集笺校》卷35），实因自己与白居易的处境非常类似，其具体情形可由三个方面说明：第一，李奎报在老年病中，亦多作诗歌，酷好饮酒；第二，致仕时期同为刚过病假之后；第三，致仕之后没有歌妓。也就是说，在老年处境与趣味方面，李奎报发现白居易与自己多有类同之处，从而以次韵方式作诗歌咏老年人生与生活方式。

白居易69岁所作的《老病幽独偶吟所怀》（《白居易集笺校》卷35）云：

眼渐昏昏耳渐聋，满头霜雪半身风。
已将心出浮云外，犹寄形于逆旅中。
觞咏罢来宾阁闭，笙歌散后妓房空。
世缘俗念消除尽，别是人间清净翁。

此诗表露由衰老病躯所引起的人生感怀。对之，60岁的李滉作和诗，题为《和白乐天眼渐昏昏耳渐聋》（《退溪集》卷3），其诗云：

眼渐昏昏耳渐聋，懒当劳事怯当风。
谬怀志愿平生里，蹉过光阴一梦中。
僧报野堂春尚峭，婢愁山瓮酒仍空。
题诗莫浪传人手，年少丛多笑此翁。

李滉的和诗与白居易唱诗一样,也表现年老身残的老年人生感怀。李奎报与李滉作和诗,其关心集中于透过白诗所发现的白居易老年处境与人生态度,写出来的是典型的"作者型"作品。

第二,"作品型"就是和诗作者的关心集中于唱诗作品本身的主题内容或意境,如沈守庆(1516—1599)追和白居易《对酒》的《次白乐天对酒韵》诗。白居易《对酒》(《白居易集笺校》卷10)云:

> 人生一百岁,通计三万日。何况百岁人,人间百无一。
> 贤愚共零落,贵贱同埋没。东岱前后魂,北邙新旧骨。
> 复闻药误者,为爱延年术。又有忧死者,为贪政事笔。
> 药误不得老,忧死非因疾。谁言人最灵,知得不知失。
> 何如会亲友,饮此杯中物。能沃烦虑销,能陶真性出。
> 所以刘阮辈,终年醉兀兀。

沈守庆《次白乐天对酒韵》(《听天堂诗集》)云:

> 浮生一世间,为乐能几日。役役更营营,亿兆皆如一。
> 天地不知宽,死生长干没。谁知一杯酒,曾不到朽骨。
> 饮酒最是乐,延生别无术。醉里发浩歌,且復挥诗笔。
> 何须烦药饵,一醉愈百疾。万事可都忘,何况计得失。
> 所以古之人,谓之忘忧物。寿夭莫言天,无非自己出。
> 此理要商量,寒窗独坐兀。

白居易唱诗与沈守庆和诗的相同点,在于以酒为题材的饮酒诗,歌咏顺应自然天理而追求人生乐趣的哲理。这是因为,和诗作者沈守庆对白居易唱诗的主题颇感兴趣,进而以同样的题材,歌咏同样的主题。沈守庆的和诗属于典型的"作品型"和诗。"作品型"和诗的主题之所以相同于唱诗的,是因为制作和诗的主要因素来自对唱诗主题引起共鸣与兴趣,这是必然的结果。

第三,"脚韵型"就是和诗作者的关心,不是在于唱诗作者与作品本身,而是集中于借用韵脚而已,换言之,此一类型和诗的意义仅在于借用唱诗的韵脚而已。李奎报追和白居易《对酒》的《金君乞赋所饮绿瓷杯用白公诗韵

同赋》(《东国李相国集》全集卷8)就是最为明显的例子。其诗云:

> 落木童南山,放火烟蔽日。陶出绿瓷杯,拣选十取一。
> 莹然碧玉光,几被青煤没。玲珑肖水精,坚硬敌山骨。
> 乃知埏埴功,似借天工艺。微微点花纹,妙逼丹青笔。
> 铿然入我手,快若羽觞疾。不羡柳公银,羽化一朝失。
> 清宜蓄诗家,巧或家尤物。主人有美酒,为尔频呼出。
> 莫辞三四巡,使我醉兀兀。

据李奎报和诗的诗题得知,金君请李奎报写以绿瓷杯为题材的诗篇,李奎报就用白居易诗韵写诗。和诗作者在同时代文人之间的交游现场,借用白居易诗韵而写诗,由此,白居易与李奎报二人之间的唱和得以成立。和诗题目没有明示唱诗题目,只标记"用白公诗韵",这是因为和诗作者对唱诗作品本身并不关心。这与沈守庆的和诗完全不同,李奎报的和诗是一种吟咏绿瓷杯的咏物诗,与人生哲理毫无关系。李奎报和诗就属于典型的"脚韵型"和诗。"脚韵型"是鲜为人知的特殊类型,为了帮助理解起见,再举例说明。

白居易《不出门》(《白居易集笺校》卷27)作于诗人58岁(829年)时,吟咏个人的人生哲学——人生真正的价值在于追求内心的虚静,并非来自满足物欲。其诗云:

> 不出门来又数旬,将何销日与谁亲。
> 鹤笼开处见君子,书卷展时逢古人。
> 自静其心延寿命,无求于物长精神。
> 能行便是真修道,何必降魔调伏身。

但是,李海寿(1536—1599)的和诗《李参判平卿用白尚书居易韵来示和之五首》第三首(《药圃遗稿》卷2),其内容与此不同。其诗云:

> 成卿去世余两旬,莫逆会期地下亲。
> 潇洒风尘无俗韵,婆娑诗酒即仙人。
> 嗟我甚衰稀梦见,喜君佳句得风神。

"老境忘怀履坦夷,乐天可作我为师"

忘年更托忘形契,休把浮名负此身。

由此可见,和诗的主要内容,就是对于已故友人的哀悼与思慕之情。作者叹息因身体衰弱而梦不到友人,诉说只好读友人留下来的佳句,这是对友人的切切思念。押韵方面,和诗如同唱诗,依次使用上平声真韵"旬""亲""人""神""身",但内容、主题方面,与唱诗毫无关联。由此可说,和诗作者李海寿,对白居易唱诗《不出门》的内容、主题或作者本身,毫无关心,只是收到李平卿使用白居易诗韵所作的诗歌之后,仍使用相同的诗韵而写作和诗而已。李平卿的和诗今已不存,无法得知其内容主题,但毫无疑问,李海寿《李参判平卿用白尚书居易韵来示和之五首》第三首,是针对李平卿诗作的和诗,同时也是针对白居易诗歌的和诗,属于典型的"脚韵型"作品。

从唱诗与和诗的关系来说,"脚韵型"除了依次使用同样的韵脚这一点之外,内容、主题迥然有别。这是因为和诗作者的目的仅在于借用脚韵,根本不需要考虑唱诗的内容主题。换句话说,"脚韵型"和诗仅是借用唱诗的诗韵而成立的形式、表面关系之产物。

一般认为,追和古人作品的动机,在于对古人作品的兴趣与爱好,或者表现对作者的仰慕之情,因此,对古人的和诗在主题内容方面,与唱诗有密切关系。但"脚韵型"和诗并不是如此。在创作古典诗歌时,诗人所面临的第一个难题就是"择韵",因为选择恰当配合作者构思和作品主题的诗韵,才能写出一首好诗。"脚韵型"和诗就是和诗作者透过选择中国前代文人的诗韵来解决这种难题而产生的。由此可说,唱诗作者白居易只是诗韵的提供者而已,他的文集扮演韵书般的工具书角色。

三

1581年,朝鲜朝文人崔岦(1539—1612)以奏请使身份出使明朝。到京师后他在客馆作《到馆》(《简易集》卷6、《辛巳行录》),抒写辛劳与所怀如次:

由来授馆玉河侧,一倍墙高扃锁坚。
衰晚不期重作客,今宵得晓已如年。

寒围孤烛明还灭，风递疏钟断复连。
是处难忘白老酒，囊中奈乏少陵钱。

第八句"囊中奈乏少陵钱"来自杜甫《空囊》（《杜诗详注》卷8），第七句"是处难忘白老酒"则受容白居易59岁时（830）所作《劝酒十四首》（《白居易集笺校》卷27）之《何处难忘酒七首》。白居易《劝酒十四首》由《何处难忘酒七首》和《不如来饮酒七首》两部分构成。其共通点是都在于五律第一句与第七句使用反复句，从不同侧面上表现多样情绪。然而，朝鲜文人对《劝酒十四首》的接受情形有所不同，比起以批判和讽刺为主的《不如来饮酒七首》，歌咏人类普遍情绪的《何处难忘酒七首》，更加受到青睐和关注。

正如安东·斯耐克（Anton Schnack，1892—1973）在《那些使我们悲伤的事》中反复使用"……使我们悲伤"一句淡淡描绘出日常生活中所感受的悲伤，白居易的《何处难忘酒七首》也通过使用"何处难忘酒""此时无一盏"等反复句，表露出人生哀欢这一普遍情绪，用以触发朝鲜文人的共鸣和感兴。若此，《何处难忘酒七首》成为朝鲜文人重要的创作动机，其结果早在高丽朝，第十六代国王睿宗（1079—1122）与处士郭舆之间的唱和诗[1]就受容了《何处难忘酒七首》，并使用"何处难忘酒"和"此时无一盏"等反复句，其诗体从八句变为二十句。在现存文献中，睿宗和郭舆的唱和诗，正是《何处难忘酒七首》模作的嚆矢。

到了朝鲜朝（1392—1910），白居易《何处难忘酒七首》的接受更显得丰富而多样化，检《韩国文集丛刊》（正编350册），共有37题83首。比较白居易原作与朝鲜朝文人模作83首，最明显的特征是，对诗题、诗体、反复句等形式的接受。有的承袭原作的题目；有的附加"效白乐天""拟长庆体"

---

[1] 睿宗唱诗："何处难忘酒，寻真不遇回。书窗明返照，玉篆掩残灰。方丈无人守，仙扉尽日开。园莺啼老树，庭鹤睡苍笞。道味谁同话，先生去不来。深思生感慨，回首重徘徊。把笔留题壁，攀栏懒下台。助吟多态度，触处绝尘埃。暑气蜀林下，熏风入殿隈。此时无一盏，烦虑涤何哉。"（李仁老《破闲集》卷中，首尔：亚细亚文化社，1972年。郭舆和诗："何处难忘酒，虚经宝辇回。朱门追小宴，丹桂落寒灰。乡饮通宵罢，天门待晓开。杖还蓬岛径，履惹洛城苔。树下青童语，云间玉帝来。鳌宫多寂寞，龙驭久徘徊。有意仍抽笔，无人独上台。未能瞻日月，却恨向尘埃。搔首立阶下，含愁倚石限。此时无一盏，岂慰寸心哉。"李仁老《破闲集》卷中，首尔：亚细亚文化社，1972年。

"效白乐天体"等语词；有不少作品，仅就诗题而言并无法分辨是否为白居易《何处难忘酒七首》的模作。另有一部分作品，不用五律，选择其他诗体。

对于白居易原作的独特形式反复句的运用也呈现出多种样态。与原作一样，第一句使用"何处难忘酒"、第七句（或末二句的出句）使用"此时无一盏"句，多达50首。其余则对白诗诗型做了些自己独特的加工，如李万敷（1664—1732）《四时难忘酒吟四首》（《息山集》卷2），第一句不用"何处难忘酒"而变之为"○○难忘酒"（即"春日难忘酒""夏日难忘酒""秋日难忘酒""冬日难忘酒"）；李学逵（1770—1835）《何处难忘酒拟长庆体》十二首（《洛下生集》册4）第七句用"此时思一饮"代替"此时无一盏"，以上二例可视为朝鲜诗人对白诗的一个小小的变化。除此之外，还有不取原作之"何处难忘酒"，只取"此时无一盏"句的例子；亦有如"相对此时无一盏"①"怊怅此时无一盏"②一样，在"此时无一盏"句之前添加两字将其变为七言诗。

任相元（1638—1697）的组诗《春事》《夏事》《秋事》《冬事》，此四首诗皆以"何处偏宜酒"开篇，不过，第七句并非同用"此时无一盏"，每首都变化。例如，第一首《春事》（《恬轩集》卷10）云：

何处偏宜酒，春园览物时。花娇争作态，柳弱不胜丝。
戏蝶纷粘树，啼禽数拣枝。幽人欲遣兴，一盏可能辞。

从诗题与反复句方面而言，此一组诗，变容程度之大，看似与白居易《何处难忘酒七首》无关而实有密切之关联，极具代表意义。

另外，朝鲜朝出现的最高难度的模作当数次韵诗，如赵昱（1498—1557）

---

① 朴承任（1517—1586）《次来之韵》第二首："田园回首去程悠，五斗欺人逐宦游。相对此时无一盏，其如风雪岁寒愁。"朴承任《啸皋集》，《韩国文集丛刊》第36册，首尔：民族文化推进会，1989年。

② 金寿增（1624—1701）《八月十八日入华阴，以村庐疠疫，不得仍留，留二日还京，又以婢仆疑疾。九月十六出寓渼阴村墅。廿九又移石室，独处松柏堂，女儿辈寓奴家。数月之间，迁次靡定，栖遑无聊，口占绝句。所遭所怀，率意辄书，以资消遣，皆实迹也。观者不以诗看可也，然又不可与不知者道也》第十八首："平生不喜饮微酡，老境方知酒力多。怊怅此时无一盏，暮天风雪奈愁何。"（金寿增《谷云集》卷2），《韩国文集丛刊》第125册，首尔：民族文化推进会，1989年。

《次香山居士何处难忘酒韵四首示同僚彦直》(《龙门集》卷2)与沈守庆(1516—1599)《次乐天何处难忘酒四首》(《听天堂诗集》)。这些作品,沿袭了白居易原作第一句"何处难忘酒"与第七句"此时无一盏"的句式,同时又严格按照原作韵字依次使用,在白居易《何处难忘酒七首》的模作中,可推为最高难度的作品。

正如任相元(1638—1697)所云"读白香山诗集,取其情有相类者,拟成篇什"。[①] 朝鲜文人对白居易等中国古代文人作品的模作,其创作动力源自同质性的认同——共感。申最(1628—1687)有《偶阅白傅何处难忘酒诗感吟一律》诗(《汾崖遗稿》卷4),由此诗题可见,朝鲜文人对白居易《何处难忘酒七首》的模作始于共鸣与共感。那么,朝鲜文人是如何受容和变容原作的主题与内容?其对原诗之受容与变容程度,则因诗人之个性与能力的深浅,不尽相同。

俞好仁在《何处难忘酒效白乐天》第五首中提及"何处难忘酒,天涯见故人"(《㵢溪集》卷5),歌咏遇见老友后一同对无常人生举杯叙怀的情形,表露与白居易《何处难忘酒七首》第二首同样的情怀。这些表达出与白居易原作相同诗怀的作品中,可视为代表作的应属赵昱《次香山居士何处难忘酒韵四首示同僚彦直》第三首(《龙门集》卷2)与沈守庆《次乐天何处难忘酒四首》第二首(《听天堂诗集》)。此二首诗都是以《何处难忘酒七首》第四首为原作的次韵诗。

(A)白居易《何处难忘酒七首》第四首

何处难忘酒,霜庭老病翁。暗声啼蟋蟀,干叶落梧桐。
鬓为愁先白,颜因醉暂红。此时无一盏,何计奈秋风。

这首诗歌咏送走如花岁月,走进老年的悲哀。枯萎而掉落的梧桐叶,蟋蟀哀怨的哭声,白霜覆盖的庭园,这一切都代表"衰落的季节"秋天的物色。秋天相当于人生的老年,白居易借助劝酒歌的形式表述出了鬓角已白,脸色苍白的老人怀念逝去的青春,以一杯酒犒劳老年的悲伤。

---

① 任相元《答玄令叠前韵》自注,(任相元《恬轩集》卷10),《韩国文集丛刊》第148册,首尔:民族文化推进会,1989年。

"老境忘怀履坦夷,乐天可作我为师"

(B) 赵昱《次香山居士何处难忘酒韵四首示同僚彦直》第三首

> 何处难忘酒,支离笑病翁。看云迷远岫,望月倚孤桐。
> 老得鬓毛白,愁销面颊红。此时无一盏,争奈向东风。

(C) 沈守庆《次乐天何处难忘酒四首》第二首

> 何处难忘酒,窗前潦倒翁。寒眠凭短枕,独坐抚枯桐。
> 鬓乱茎抽白,灯残烬落红。此时无一盏,怊怅向西风。

赵昱和沈守庆作品都是通过年迈而凄凉的老人形象歌咏老年的悲哀。在(B)里登场的是因眼花,看不清远处的山,只能倚在树上望月的病翁。他那充满忧愁的脸,没有一丝血色。在(C)里作者又将独自卧在冰凉房间里,时而坐起孤独地抚摸琴的老人比作快要熄灭的灯盏。这两首诗都叙述人生中"难忘酒"的时候是病老之时,运用与原作(A)一样的题材歌咏老年的凄凉和悲哀。从赵昱和沈守庆的作品完全受容原作的韵字和反复句等创作手法中可以看出,他们的主要创作动机来自对于原作的主题、形式的深层共鸣。

尽管如此,这并不说明朝鲜文人对《何处难忘酒七首》的模作,在主题和内容上与原作完全一致。有些模作也表露出不同于白居易原作的多种诗意及情绪。有的歌咏客愁,如金净(1486—1521)《到朝珍驿通川倅送酒酬谢简后》(《冲庵集》卷3)云:

> 何处难忘酒,邮亭凉冷秋。海天云雾暗,皆骨枫林愁。
> 夜气侵衰鬓,凄风入弊裘。此时无一盏,何以遣羁忧。

有的则先描述官场失落者的悲哀后,接着表露出了深深的思乡之情,如金尚宪(1570—1652)《何处难忘酒二首》第二首(《清阴集》卷4)云:

> 何处难忘酒,孤臣远谪时。风霜颜色悴,衣袖泪痕滋。
> 苦雾关山道,残灯故国思。此时无一盏,何以慰心悲。

除此之外，朝鲜文人的模仿作品中还体现出了诸多与原作不同的情绪。例如，俞好仁（1445—1494）《何处难忘酒效白乐天》第四首歌咏"衰龄谢事归"①的悲伤，南克宽（1689—1714）《何处难忘酒》憾叹"漳濒卧病时"②的可怜处境，权文海《效白乐天体吟得难忘酒四篇以寓意四首》（《草涧集》卷1）表达知识分子对于政治、社会问题的忧患意识，相当独特。下面以第四首为例。

> 何处难忘酒，东西说久行。贤邪人孰辨，洛蜀祸将成。
> 竞作藤萝绕，谁为松柏贞。此时无一盏，何以破愁城。

"东西说"指的是士论分为东、西党两派，支持住在西边的沈义谦为西党，支持居住在东边的金孝元为东党。"洛蜀"是以二程（程颐、程颢）为代表的洛党和二苏（苏轼、苏辙）为代表的蜀党，在此比喻的是朝鲜社会的党争。正如作者在自注所云"自十余年来，东西之说盛行。至于分边，其祸将与国终始，故作此以自叹"。此首诗叹息了朝廷官僚分裂为东人、西人两派，党争日益深化的局面，一方面表露出对紧迫的政治、社会状况的忧患意识，另一方面还较好地模仿了原作的形式特征，形成了有趣的创作现象。究其原因，权文海则对当时朝鲜文坛广为流传的《何处难忘酒七首》产生了深深共鸣，并对主题和形式进行了深刻把握。由此可说，朝鲜文人在表露人生哀欢上模仿《何处难忘酒七首》的形式，成为当时朝鲜文坛的流行趋势（Trend），权文海的作品就是最为经典的一例。

此外，朝鲜文人的模作还有独特现象，正如朴长远（1612—1671）《东轩四时词效何处难忘酒体四首》（《久堂集》卷2）、李万敷（1664—1732）《四时难忘酒吟四首》（《息山集》卷2），通过组诗将情绪与四季相联系。下面举朴长远作品的首联、颔联为例。

---

① 俞好仁《何处难忘酒效白乐天》第四首："何处难忘酒，衰龄谢事归。伤鸿思戢翼，老骥不任鞿。林壑无人过，云途有梦飞。此时无一盏，奈此送残晖。"（俞好仁《㵢溪集》卷5），《韩国文集丛刊》第15册，首尔：民族文化推进会，1989年。

② 南克宽《何处难忘酒》："何处难忘酒，漳濒卧病时。时花竞蕊萼，苦茗厌枪旗。棋局闲多废，琴徽黯自垂。此时无一盏，何以慰深思。"南克宽《梦呓集》，《韩国文集丛刊》第209册，首尔：民族文化推进会，1989年。

"老境忘怀履坦夷,乐天可作我为师"

何处难忘酒,春山雨乍收。花秾官阁静,草遍讼庭幽。……(其一)
何处难忘酒,铃斋暑气侵。拓窗通竹色,移席借槐阴。……(其二)
何处难忘酒,清秋近授衣。霜浓红柿熟,水落素鳞肥。……(其三)
何处难忘酒,千峰雪陆离。戕风号竹所,缺月挂梅枝。……(其四)

这一组诗以四首构成,通过对春、夏、秋、冬四季物色的描述表达诗人不同的情绪。在这一层面上,最值得关注的应属任相元(1638—1697)的《春事》《夏事》《秋事》《冬事》。这四首组诗不仅在形式上进行了大的改动,还在内容方面表现出与其他作品不同的风格。其中《夏事》(《恬轩集》卷10)的内容如下。

何处偏宜酒,林塘入夏凉。帘开黄鸟啭,书曝白鱼忙。
竹影交侵局,槐阴自满床。良辰不可负,且进翠涛香。

这首诗歌咏草木茂盛的田园凉爽的夏天情趣,把重点放在好好感受夏天独有的闲适快乐。而且,提议了这么好的季节将一去不返,应举杯享受这一快乐。此外,《春事》以"何处偏宜酒,春园览物时",《秋事》则用"何处偏宜酒,山村白露秋",《冬事》是以"何处偏宜酒,高斋晓雪初"为开头,通过节物和物候描述,歌咏春、秋、冬每个季节特有的兴趣。可以说,这些组诗歌颂源自春、夏、秋、冬各具特色的自然景观和兴趣的人生快乐和自得之趣,在主题内容方面,与白居易原作的歌咏对象,截然不同。

值得注意的是,这劝酒组诗除了第一句使用反复句这一点之外,看似与白居易的《何处难忘酒七首》并无关联。但是作者在这组诗的自注中明确提及"香山有何处难忘酒七篇,皆取世间忧乐得失而言也,今乃分为四时,述其田居之事"(《恬轩集》卷10),可见白居易原作是这篇组诗的创作动机。

尽管如此,此模作只是在第一句使用了反复句,并以"何处偏宜酒"取代了"何处难忘酒",不同于在第一句和第七句反复使用"何处难忘酒""此时无一盏"的原作。此种将"何处难忘酒"修改为"何处偏宜酒"的写作手法在朝鲜文人模作中是独一无二的,而且,这样的变容又能更有效地描绘出春、夏、秋、冬四季的自得之趣。比起白居易原作中的"何处难忘酒"带有一些消极倾向，给人无奈的感觉，"何处偏宜酒"则能体现出肯定和乐观的语境。任相元的《春事》《夏事》《秋事》《冬事》在内容与形式方面接受《何处难忘酒七首》的基本要素的同时，也没有拘束于原作，充分发挥了作者的创意思路，这一点，富具意义和价值。

　　总之，朝鲜文人对《何处难忘酒七首》的诸多模作，总体上与原作一样都表述了人生哀欢的大主题，但是在哀欢的具体内容，即小主题的表达上与白居易原作有不同之处。可以说，朝鲜文人的模作歌咏比原作的哀欢情绪更为多样的喜怒哀乐之情。

　　正如水往低处下流，优秀的先进文化也会向周边传播。中国古代文人的作品不仅成为朝鲜文人争先阅读和学习的对象，也成为创作时模仿的对象，这已成为不容否认的事实。白居易《何处难忘酒七首》成为构成朝鲜文坛"汉流"的一缕水流也是这一原因。

　　若说在表达人生哀欢层面，模仿《何处难忘酒七首》形成了朝鲜文坛一种流行趋势，也不为过。朝鲜文人的模作并没有停留在随便模仿和抄袭的阶段，有些文人在进行受容和变容的过程中实施切洽的协调，使模作在形式和内容上达到法古创新的境界。

（金卿东　韩国成均馆大学中文系教授）

朝鲜张维的诗学思想及其意义

王 成

摘 要：朝鲜文人张维论诗主张"天机"，以"天机"作为衡量诗歌的最高标准，突出"天机"于诗歌的重要作用。张维对"非诗能穷人""穷而后工"等诗学理论有着深刻的认识与体悟，构建了较为系统的"诗"与"人"的关系体系。张维探讨了赋体的源流、发展、审美特征等，指出诗与史关系密切但又各有各的内涵、特点等。

关键词：张维 赋学观 诗史观

张维（1587—1638），字持国，号谿谷，谥号文忠，朝鲜朝中期"汉文四大家"之一。自幼聪颖过人，能对《诗经》《楚辞》等倒背如流。19岁举汉城试第一名，二十岁进士及第，二十五岁成为艺文馆检阅。历任大司成、吏曹判书、弘文馆以及艺文馆大提学、右议政等。有《谿谷集》传世。张维的诗学思想主要体现在《谿谷漫笔》及各类散文中，概而言之，"天机""非诗能穷人""穷而后工"与赋学、诗史关系等是他重点讨论的内容。张维的诗学思想与中国诗学思想存在密切关联，是朝鲜文学批评史上一笔宝贵财富。

一、"天机"论

"天机"最早见于《庄子·大宗师》"古之真人，其寝不梦，其觉无忧，其食不甘，其息深深。真人之息以踵，众人之息以喉。屈服者，其嗌言若哇；其耆欲深者，其天机浅"，此处的"天机"指自然之生机，并不具有文学理论

---

* 基金项目：国家社科基金项目"韩国古典散文与中国文化之关联研究"（项目编号：14CZW038）阶段性成果。

意义。陆机《文赋》使"天机"具有了诗学意义上的概念范畴,他说:"若夫应感之会,通塞之纪,来不可遏,去不可止,藏若景灭,行犹响起。方天机之骏利,夫何纷而不理?""天机骏利"形象地概况了文学创作时灵感爆发、文思泉涌的状态。"天机"自此成为中国古代文论的一个重要理论命题,论者甚多,如南宋包恢《答曾子华论诗》:"盖天机自动,天籁自鸣,鼓以雷霆,豫顺以动,发自中节,声自成文,此诗之至也",明代谢榛《四溟诗话》:"诗有天机,待时而发,触物而成,虽幽寻苦索,不易得也",等等。

朝鲜文人也将"天机"运用到诗文批评中,如成伣《慵斋丛话》:"描写物象,非得天机者,不能精",金得臣《终南丛志》:"凡诗得于天机,自运造化之功者为上。"张维也运用"天机"评论诗文,他在多篇文章中提及:

> 诗,天机也。鸣于声,华于色泽,清浊雅俗,出乎自然。声与色,可为也。天机之妙,不可为也。如以声色而已矣。颠冥之徒,可以假彭泽之韵;龌龊之夫,可以效青莲之语。肖之则优,拟之则僭。夫何故?无其真故也。真者何,非天机之谓乎?世之人,以诗观诗,不以人观诗。若然者,岂唯不得其人,并与其诗而失之,诗可易言乎哉?①

> 自是之后,东都有班孟坚、张平子,魏晋有何平叔、左太冲诸人,竭力摹拟,而未能得其影响。盖神藻绝艺,独秉天机,终非学力所就也。②

> 夫文章亦艺也。世固有饰羽而画,以栀蜡自售者矣。惟深于天机者不然,意发而后词见焉,质立而后文施焉。美在其中而畅于外,故曰:诗可以观。③

《石洲集序》《扬马赋抄序》《芝峰集序》都指出了"天机"和诗歌的密切关系。在张维看来,"天机"与声色在诗歌创作上形成了鲜明的对比。声律、辞藻是可以通过学习、模仿而做到的,是可为的;"天机"则不然,是不

---

① 张维《石洲集序》,《谿谷集》,《标点影印 韩国文集丛刊》(第92辑)第113页,韩国民族文化推进会,1992年。(以下所引张维文章,如无特殊说明,均出自此文集,出版信息等不再一一标注)

② 张维《扬马赋抄序》,《谿谷集》第87页。

③ 张维《芝峰集序》,《谿谷集》第121页。

可随意做到的。他以司马相如、扬雄、班固、张衡等人为例加以解说,认为司马相如"能为宏博巨丽之词,汪洋恣睢,驰骋从横"(《扬马赋抄序》),达到了"神化所及"的境界;扬雄"以沈深老健之气,发为奇崛聱牙之语"(《扬马赋抄序》),与司马相如的辞赋"步骤辙迹,如出一轨"(《扬马赋抄序》)。这两个人创作的辞赋都是天机使然,堪称"千古词林之标极"(《扬马赋抄序》)。东汉班固、张衡,魏晋何晏、左思等人竭力模仿司马相如、扬雄,但是都没有学习到精髓。所以张维发出"盖神藻绝艺,独秉天机,终非学力所就"(《扬马赋抄序》)的感慨。

张维没有明确指出何为"天机"及其具体内涵,而是把"天机"作为衡量诗文的最高标准,突出强调"天机"于诗文的重要作用。张维认为,如果诗歌只在声律、辞藻方面下点功夫就可以的话,那么,"颠冥之徒,可以假彭泽之韵;腥鼪之夫,可以效青莲之语,肖之则优,拟之则僭"(《石洲集序》)。声色是可以"假""效"而得到,但却失去了真实、自然,而真实、自然就是"天机"。"天机"体现诗歌的最高境界,是诗歌创作的最高追求。孙德彪教授对此有着深刻体悟,他说:"朝鲜诗家认为,诗的质量优劣与否和获取'天机'有直接的关系,甚至认为诗就是'天机',作诗就如同获取'天机'一样神秘。"① 这段话道出了朝鲜诗家"天机"论的核心问题。

张维"天机"论是朝鲜"天机"论的重要组成部分,在朝鲜古典文学批评史上占有重要地位。与张维同时代的许筠也以"天机"论诗,他在《石洲小稿序》中说:"诗有别趣,非关理也。诗有别材,非关书也。唯其于弄天机、夺玄造之际,神逸响亮、格越思渊为最上。"② 许筠先化用严羽《沧浪诗话·论辩》"夫诗有别材,非关书也;诗有别趣,非关理也",进而指出,诗歌只有在"弄天机、夺玄造"状态下,才能创作出"神逸响亮、格越思渊"的境界,才能出最好的诗歌作品。有学者曾指出:"张维的这种从真实性出发,基础于'天机论'的诗歌意识,从强调'天机'本身就是文学的本质这一点来说,是与许筠的观点近似的。张维强调展现'心之真'的文学;许筠强调不经矫饰展现的'情',均属于朝鲜前期力图摆脱'载道论'束缚的文

---

① 孙德彪《严羽"妙悟"说与许筠"天机"论之比较》,载《东疆学刊》2011年第2期。
② 许筠《石洲小稿序》,《惺所覆瓿稿》,《标点影印 韩国文集丛刊》(第74辑)第172页,韩国民族文化推进会,1992年。

学观,是将文学看做人自身的问题的新视角,具备进步意义。"①

晚于许筠、张维的金昌协在文章中论及"天机",他说:"诗者,性情之发而天机之动也。唐人诗有得于此,故无论初盛中晚,大抵皆近自然。今不知此,而专欲模象声色,黾勉气格,以追踵古人,则其声音面貌,虽或髣髴,而神情兴会,都不相似。此明人之失也。"(《农岩杂识》)通过文字、内容等对比可以看出,他受张维"天机"论的影响较大,但有所发展。金昌协认为诗歌是"性情"与"天机"共同作用下的产物。他高度评价唐诗,因为唐诗无论初、盛、中、晚都大抵接近自然。明代诗歌则一味模仿古人,虽然声色相似,但已远离了"天机"与"性情",这也是明代诗歌无法和唐诗媲美的原因之一。

二、论"非诗能穷人""穷而后工"

"非诗能穷人""穷而后工"是中国古典诗学的重要命题,出自欧阳修《梅圣俞诗集序》:"予闻世谓诗人少达而多穷,夫岂然哉?盖世所传者,多出于古穷人之辞也。凡士之蕴其所有,而不得施于世者,多喜自放于山巅水涯之外,见虫鱼、草木、风云、鸟兽之状类,往往探其奇怪;内有忧思感愤之郁积,其兴于怨刺,以道羁臣、寡妇之所叹,而写人情之难言。盖愈穷则愈工。然则非诗之能穷人,殆穷者而后工也。"②欧阳修从作家与现实生活的关系出发,认为要创作出优秀的诗文作品,需要作者经历坎坷与磨难。坎坷的生活际遇以及由此激发出来的感愤不平之情,才能创作出感人挚深的作品,即"非诗之能穷人","穷者而后工"。这一理论深深影响了后世的诗文理论与创作,自宋迄清的很多诗论家都论及于此,兹不一一列举。

"非诗能穷人""穷而后工"传入朝鲜后,在朝鲜文坛产生了广泛共鸣,诗论家们各抒己见,争辩不休。巩本栋说:"受中国古代士人的影响,诗穷而后工说在域外也颇为诗人们所关注。例如朝鲜士人就对此进行过争论,难能可贵的是,他们尚能注意到诗穷而后工说是欧阳修有为而发的,然而他们又

---

① 蔡美花、郭美善《朝鲜古代"天机论"的形成与发展》,载《延边大学学报》(社会科学版) 2009 年第 6 期。
② 洪本健《欧阳修诗文集校笺》第 1092—1093 页,上海古籍出版社,2009 年。

多不赞同诗穷而后工说。因为在他们看来,欧阳修之说既是有激而云,则无论是'穷者而后工'还是其逆命题'诗能穷人'等,就都不够妥当。"① 如梁庆遇《霁湖诗话》"穷士成汝学"条:"余尝往来其家,每见其破衣矮巾,满鬓衰发,独依一间书斋,尽日授书童子,真一世之穷士。诗能穷人者,殆为成教授而发也。"李喜之《诗不能穷人说》:"世言'诗能穷人',诗乌能穷人乎哉?诗果能穷人乎?"在接连的疑问下,李喜之举例指出"诗能穷人"的观点是片面的。他如柳梦寅、任堂、许楚姬、郑时修、李观命等人也从不同角度讨论"诗能穷人"。

张维作有专篇文章讨论"诗能穷人",《"诗能穷人"辩》开篇表明观点:"古人以穷者多任务诗,工诗者多穷,乃曰:诗能穷人。余独以为不然。"② 张维对"诗能穷人"持否定态度,他从几个方面对此进行了阐释:

首先,从"天"与"人"关系的角度阐释。"夫天之所以穷达人者,与人异趣,达于人者,未必达于天,则人之所穷者,安知非天之所达乎?"(《"诗能穷人"辩》)常理下,仁者必寿,有德者必得位,有位且有寿者,世谓之"达"。张维以颜回、孔子为例,颜回仁义但三十左右就死了,孔子堪称圣人,但终身为匹夫,二人都可谓之"穷"。但他们也有"大达者存焉",颜回虽未长寿,但死而不亡,"亘宇宙而弥光"。孔子不得其位,却成为万世景仰的模范。张维指出:"则谓孔、颜不达而穷者,不知穷达者也。"到底什么才是张维认可的真正的"达"呢?张维说:"盖贵贱丰约之及其身者,人之妄谓穷达者也。而名声芳臭之垂于后者,乃天之所以真穷达人者也。乖于人而合于天,失其妄而得其真,此固吾所谓达者也。"(《"诗能穷人"辩》)在张维看来,"乖于人而合于天,失其妄而得其真"才能称为"达"。

其次,从诗歌本身出发突出诗的地位。张维说:"诗固小艺也,不足拟于道德之大。然而较诸富贵外物,盖亦天所畀者耳。"(《"诗能穷人"辩》)诗歌不足以与道德相并称,但和富贵、地位等外物相比,也是"天所畀者"。诗歌可以抒发性情之微,探究造化之奥,"文绣不足以侔其华,金玉不足以比其珍"(《"诗能穷人"辩》)。诗歌又可以被之管弦,感动鬼神。因为诗歌"殆是元精赋其灵性,化工假其妙思",体现出"日星之光华,风云之变化",所

---

① 巩本栋《"诗穷而后工"的历史考察》,载《中山大学学报》(社会科学版)2008年第4期。
② 张维《"诗能穷人"辩》,《谿谷集》第62页。

以虽然是"一艺之微",但"实与大化相流通"。

再次,以中国古代士子为例进一步阐说。怀才而坎壈终身者甚众,如"子美饥走荒山,浩然终于短褐,李贺夭折,陈三冻死"(《"诗能穷人"辩》),这些世人以为穷者,却流芳后世,"怨仇不敢议其短,君相不能夺其誉,掩之而愈彰,磨之而益光,残膏剩馥,足以沾丐百代代"(《"诗能穷人"辩》)。那些拥有丰厚金玉、穿戴华美衣服者,人们称其为富贵,他们一时得势得位,"无能磨灭而不记者,泯然与草木同腐而蚊蚋共灭,则所谓达者果谁在乎?"(《"诗能穷人"辩》)这段话和司马迁"古者富贵而名磨灭,不可胜记,唯倜傥非常之人称焉"有异曲同工之趣。张维又指出:"富贵于身者,犹谓之达,况富贵于艺者而为穷乎?显于一时者,犹谓之达,况显于万世者而为穷乎?人之所达者,犹谓之达,况天之所达者而不为达乎?由是以观,谓诗能穷人可乎?能达人可乎?诗犹足以达人,况有大于诗者乎?"(《"诗能穷人"辩》)他运用几个反问句增强了批驳的力度。

最后,衡量"穷""达"的标尺是"道德"。张维说:"故曰:穷于道德之谓穷,通于道者之谓通。"诚如曹春茹所言,张维"所谓的'穷''达'不能以物质生活和政治地位来衡量,而要以'道德'为标准,没有道德才是'穷',有了道德则是'达'。因此,那些诗名甚高者虽然生活境遇不好,没有在仕途上显达,但德行出众,为后人留下了优秀的诗作,这才是不朽,才是真正的显达"①。道德才是最高的衡量标准,德行出众者即使没有显赫的地位、丰厚的物质生活条件,也能留下不朽的诗作传世。

朝鲜朝后期文人俞彦镐《金得之鲁材哀辞》对张维"诗能穷人"说给予了高度评价:"谿谷张子尝著《"诗能穷人"辩》,以寿且贵,谓之人达而天穷。以身屯名亨,谓之人穷而天达。乃曰:乖于人而合于天,固吾所谓达者。又曰:诗犹足以达人,况有大于诗者乎?凡其所论天人穷达之分,可谓发前人之未发,余为斯言一出,即世间有才而无位命者,从此瞑目于土中矣。"②

张维《月沙集序》讨论了"穷而后工",他说:"自欧阳氏论文章有'穷而后工'之语,操觚家多称引为口实。夫雕虫寒苦之徒,风呻雨喟,嗋呿飞

---

① 曹春茹《朝鲜诗人对欧阳修"非诗能穷人"和"穷而后工"的论辩》,载《中国文学研究》2016年第2期。

② 俞彦镐《燕石》,《韩国文集丛刊》(第247辑)第175页,2000年。

走,争妍丑于一言半辞者,以是率之犹可也。乃若鸿公哲匠冠冕词坛,彰其色而黼黻青黄,协其声而笙簧金石,以大鸣一世者,此其人与才,岂囿于穷达之域而格其巧拙哉。"① 张维开篇亮出欧阳修"穷而后工"的观点并表明自己的认识,即诗歌创作与文人的"穷""达"并没有直接、必然的关系,而是和文人的天赋、才华有着密切的联系。

《月沙集序》是为李廷龟(字月沙)文集所作之序,所以作者紧紧围绕李廷龟来进行阐说。李廷龟在布衣平民之时,就很有文名。后为官出仕,身居高位,更加工于诗文,"自是公之文名,遂震耀寰宇矣。无何而践八座握文衡,为一代宗匠。论者谓文人遭遇之盛,古今鲜公比云"(《月沙集序》)。李廷龟的诗文创作不是"穷而后工",而是显达而愈工。李廷龟身居高位时所作,得到君主以及文人的一致称赞:"兵乱后,恒管槐院文书。每一篇进,上未尝不称善。锡赉相踵,或命录进草本,及辩诬事起,特命进秩充副使。所草奏本,同时应制者凡数人,而独公作称旨。华人见者万口传诵,至廷臣复议,称其明白洞快,读之令人涕泗涔涔欲下。"(《月沙集序》) 不仅应制之作,他的庙堂之文也深得朝鲜君王的赏识:"虽高文大册,多口占立就,而辞畅理尽,自中绳墨,宣庙尝称之曰:写出肺肝,温籍典重。"(《月沙集序》)

李廷龟出使明朝所作朝天诗,也是佳作迭出。张维以汪辉叙的诗歌作对比来突出李廷龟的诗歌,他说:"然维尝观皇朝汪学士辉叙公朝天诗,有曰:生意洋然,神理焕发,卓异曹、刘,驾轶李、杜。夫汪公身生华夏文明之会,其所见者大矣。而《朝天》一稿,在公特豹文之一斑耳。然其称道乃尔,如使汪公尽见其所未见,其为说岂止于是耶。"(《月沙集序》) 李廷龟的诗歌,"得质文之备,内以明主为知己,外为中华所称慕。施之廊庙则藻饰治道,用之急难则昭雪国诬。名实纯粹,照映竹素"(《月沙集序》)。李廷龟的诗歌无论是庙堂之作,还是感慨国事民瘼之作,都是其内心深处的真实反映,是"诗能达人"的代表,而并非诗工于穷。

《"诗能穷人"辩》《月沙集序》两篇文章对于"诗能穷人""诗穷而后工"观点的论辩是有内在关联的,也和张维的诗文理论主张一脉相承,构成了较为系统的"诗""人"关系构架。

---

① 张维《月沙集序》,《谿谷集》第127页。

三、张维的赋学观、诗史观

张维受中国辞赋家影响，尤其是屈原，作有多篇辞赋，如《次韵〈幽通赋〉并序》《秋霖赋》《雷赋》《蛙鸣赋》等。有学者指出张维是"深陷于《离骚》的诗人"①，他多方面接受楚辞，"包括屈子、楚客等屈原之名和《离骚》、楚声等楚辞作品，还有江潭、泽畔等用语以及芰荷、芳兰等香草"②。实践创作使他对包括楚辞在内的赋体文学有着深刻的认识，《吊箕子赋，次姜编修韵并序》《扬马赋抄序》等文章多次论及赋体文学。

> 赋者，古诗之流，盖居六义之一焉。诗人之赋丽以则，其言雍容典雅，辞近而指远，故能列于六经，藏于博士官，学士大夫世守而习之。《诗》变而《离骚》作。离骚者，南楚怨慕之声也。其音节疾徐，固变于《三百篇》。若其发于情性，依于规讽，有补于民彝物则之重，无二致焉。即其余事，亦足为词赋祖矣。西京之隆，成都有司马长卿者以赋名，能为宏博巨丽之词，汪洋恣睢，驰骋从横，盖祖述《离骚》而体格稍变。说者谓神化所及，非虚言也。扬雄氏后出，慕而效之，以沈深老健之气，发为奇崛聱牙之语，虽奔轶绝尘，或稍后于文园，而步骤辙迹，如出一轨。斯两家者，诚千古词林之标极也。自是之后，东都有班孟坚、张平子，魏晋有何平叔，左太冲诸人，竭力摹拟，而未能得其影响。盖神藻绝艺，独秉天机，终非学力所就也。③（《扬马赋抄序》）

> 班孟坚作《幽通赋》，盖效屈子《离骚》。其造语之奇奥，托意之深远，非词人之赋所能及也。④（《次韵〈幽通赋〉并序》）

> 屈、宋之后世无骚，班、张之后世无赋。明兴李、何诸子，乃始彬彬振古。而闳衍巨丽之体，犹未大备。至卢次楩、王元美出而后，骚赋顿复旧观。⑤（《吊箕子赋，次姜编修韵并序》）

---

① 郑日男《楚辞与朝鲜古代文学之关联研究》第162页，人民出版社，2012年。
② 郑日男《楚辞与朝鲜古代文学之关联研究》第178页，人民出版社，2012年。
③ 张维《扬马赋抄序》，《谿谷集》第87页。
④ 张维《次韵〈幽通赋〉并序》，《谿谷集》第19页。
⑤ 张维《吊箕子赋，次姜编修韵并序》，《谿谷集》第24页。

这几段文字论述了赋体的源流、发展历程、艺术特点、代表作家等问题，下面做一简单梳理。

第一，赋体的概念内涵。"赋者，古诗之流"，这一论断并非张维首创，而是借用班固《两都赋序》"或曰：赋者，古诗之流也"的观点。"盖居六义之一焉"源于《毛诗序》，《诗大序》提出"六义"之说："故诗有六义焉，一曰风，二曰赋，三曰比，四曰兴，五曰雅，六曰颂。"李善注引《毛诗序》认为，赋这种文体源于"六义""风、赋、比、兴、雅、颂"中的"赋"，所以赋是《诗》之流。左思《三都赋序》、皇甫谧《三都赋序》、挚虞《文章流别论》、刘勰《文心雕龙·诠赋》、萧统《文选序》等，都引班固"赋者，古诗之流"说，并提及李善"《诗》有六义，其二曰赋"的观点。关于赋的来源问题、诗与赋的关系问题，是历代文论家探讨的热点问题。张维承传了中国批评家的理论观点，并没有什么创见。

第二，赋体的审美特征、功用。张维说："诗人之赋丽以则"，"诗人之赋丽以则"出自扬雄《法言·吾子》"诗人之赋丽以则，辞人之赋丽以淫"，意思是说，"诗人之赋"辞藻华美但不失其法度，仍有诗言志的讽喻精神；"辞人之赋"华丽而过分铺张。张维从言、辞、旨意的角度指出赋的审美特点，"其言雍容典雅，辞近而指远"（《扬马赋抄序》）。在这样的审美特征下，赋"列于六经，藏于博士官"成为学士大夫科举制业的学习、必读内容，"学士大夫世守而习之"（《扬马赋抄序》）。

第三，文体（主要指赋体）变化及承传关系。张维说："诗变而《离骚》作。"《离骚》是"南楚怨慕之声"，音节疾徐，发于情性，依于规讽，所以堪称词赋之祖。从声律的角度看，《离骚》变于《诗经》，都可以依音律而歌唱。《离骚》与《诗经》都"发于情性，依于规讽，有补于民彝物则之重"，《离骚》的讽谏意味继承和发展了《诗经》。古人已认识到《离骚》与《诗经》的关系，如司马迁《史记·屈原列传》："屈原之作《离骚》，盖自怨生也。国风好色而不淫，小雅怨诽而不乱，若《离骚》者，可谓兼之矣"、王逸《楚辞章句》："《离骚》之文，依《诗》取兴，引类譬喻"，都道出了《离骚》与《诗经》的密切关系。张维还指出班固《幽通赋》与屈原《离骚》的承传关系以及《幽通赋》的艺术特点。《幽通赋》是班固突遭家庭变故之际，对宇宙、历史、人生等诸多问题的思考。张维少时喜欢读《幽通赋》，随着年龄、经验、阅历的增长，认识、体悟也愈加深刻，所以次其韵创作了《次韵〈幽通赋〉并序》一文。

第四，骚体赋、散体赋的区别与联系。张维认为："屈、宋之后世无骚，班、张之后世无赋。"（《吊箕子赋，次姜编修韵并序》）屈原、宋玉等创作的楚辞作品，属于骚体赋，明代胡应麟《少室山房笔丛·经籍会通二》："集之名昉于楚乎？屈、宋、唐、景皆楚也，非骚赋无以有集。"骚体赋从楚骚演化而来，继承楚辞抒发个人感情，尤其是忧愁和悲哀的特点。清代程廷祚《骚赋论》："宋玉以瑰玮之才，崛起骚人之后，奋其雄夸，乃与《雅》《颂》抗衡，而分裂其土壤，由是词人之赋兴焉。"班固、张衡创作的赋属于散体赋，是汉赋最基本、最重要的形式，司马相如、扬雄、班固、张衡等为代表作家。明代李梦阳、何景明等"前七子""后七子"振兴赋体，闳衍巨丽，但没有达到大备。直到王世贞等人的出现，"骚赋顿复旧观"（《吊箕子赋，次姜编修韵并序》）。张维高度评价了司马相如、扬雄的赋作，对模仿司马相如、扬雄的班固、张衡、何晏、左思等人持批评态度。

诗与史的关系是批评家们十分关注的话题。诗史指诗歌真实地记录了时代进程、历史事件等，在某种程度上兼具诗学和史学的特质和功用。"诗史"之说最早见于唐代孟棨《本事诗》："杜逢禄山之难，流离陇、蜀，毕现于诗，推见至隐，殆无遗事，故当时号为'诗史'。"自"诗史"观念登上舞台之后，关于诗与史的关系问题就争论不休，"诗不可兼史""以诗证史""以史说诗""以诗补史"等观点构成诗与史关系的几个重要维度。

张维较为详尽地阐释了诗、史各自的概念、内涵、审美特征及诗与史的关系等，他认为诗、史在体裁上是有区别的，"记载世变，昭示失得者，谓之史"、"陶冶性情，叶之管弘者，谓之诗"①。"史"是记录时代变化、警醒人们得失的文体，而"诗"是陶冶人的情操，并可以配乐歌唱的体式，二者是有本质区别的。张维又从内容角度区分"诗""史"，他说：

> 就其着于经者，左史纪言，右史纪动，虞夏商周之典谟训诰，春秋之编年，皆史也，而未尝近乎诗。列国之所陈，太史之所采，自里巷歌谣，以至乎郊庙弦歌，经之以风雅颂，纬之以赋比兴者，皆诗也，而未尝近乎史。②

---

① 张维《诗史序》，《黏谷集》第89页。
② 张维《诗史序》，《黏谷集》第89页。

朝鲜张维的诗学思想及其意义

从张维所论可以看出,他认为诗、史二者不可混淆也不能兼具。张维又以具体作家为例加以说明:"降自秦汉,迁、固、晔、寿之称良史也,而求之讽咏丽则之义则阙焉。曹、刘、鲍、谢之称能诗也,而求之笔削详核之实则远矣",司马迁、班固、范晔、陈寿有史才,但于诗才则略差;鲍照、谢灵运等人能诗,但与史家所要求的笔削详核则相差甚远。这些人没有做到诗、史兼备。只有杜甫做到了诗、史相通,张维说:"历数终古,究观艺林,兼斯二美,一举而两至者,其惟唐杜甫氏诗史乎?"(《诗史序》)杜甫兼斯二美,一举两至,因为杜甫才华横溢,"杜甫氏学识渊懿,才华巨丽,独立一世,高视千秋"(《诗史序》)。不仅如此,杜甫的经历遭际、时代风貌等也是使杜甫成为诗史兼美的背景、原因。张维说:"而时命大谬,不为君相所知。有名山石室之志,而不能绅金匮玉版之秘,以成一代之典,以垂不朽之业。有黼黻河汉之手,而不能入金马白虎之署,以藻饰皇猷,鼓吹风雅,重遭丧乱,颠沛流离。寄命于逆旅,糊口于四方,上而感时事之艰危,下而伤身世之陋穷,俯仰得失,悲欢丰约,天时人事,小大远迩。"(《诗史序》)在这样的情况下,杜甫触于目而感于心者都发之于诗,所以他的诗,"其言切其志深,其事核而备,其风刺婉而不隐。至于邪正之辨,治忽之几,尤娓娓致意焉。格律精严,文质得中,温柔敦厚之中,自有衮钺凡例之则"(《诗史序》)。张维最后指出:"诗而经者,非《三百篇》乎?史而经者,非《书》与《春秋》乎?诗而史,史而诗,不经而得经之旨,持一艺而兼作者之长者,非吾杜甫氏诗史乎?"(《诗史序》)尽管只是论述了杜甫诗史关系的产生背景、具体体现等,却是张维诗史观的鲜明反映。

综上所述,张维以"天机"论诗,尽管没有阐释"天机"的具体涵义,却以"天机"为评价诗歌的最高标准,突出了"天机"于诗歌的重要作用。张维论述"诗能穷人""穷而后工"等诗学命题,构建了较为系统的"诗""人"关系体系。张维分析赋体的源流、概念、审美特征,以及诗与史的关系、区别等问题。他承传前代诗学观,积极借鉴中国诗学理论,对后世文学思想产生了深远影响,在朝鲜文学批评史上占有重要的地位。

(王成 黑龙江大学文学院副教授)

·南亚汉学研究·

越南汉文小说梦境文献与中国之关系
——以《越南汉文小说集成》为中心

张 蓓

摘　要：《越南汉文小说集成》中的梦境文献多能从中国古代文献中找到源头，并在文化上呈现出对中国梦文化的承袭与亲和，在文学创作上具有对中国梦境作品模仿与借鉴之特点。论文比较了越南和中土文献文本，在溯源之时归纳出越南作者通过沿用梦物象的象征意义、移植梦境情节、巧取典故的方式对中国梦文化与梦境文献吸收与创新，挖掘了越南文献、文学创作与中国的渊源关系。

关键词：《越南汉文小说集成》　梦境　溯源

一

2011 年，上海古籍出版社出版了由孙逊、郑克孟、陈益源主编的《越南汉文小说集成》凡 20 册，收录小说 100 多种，约 600 万字。这些小说文献最早产生于公元 14 世纪，最晚创作于 20 世纪中期，依其性质约略分为神话传说、传奇小说、历史小说、笔记小说、近代小说五类。[①]

《越南汉文小说集成》中梦境文献材料颇多，这里将故事情节完整、具有

[①]　关于越南汉文小说的分类，学术界存在多种分类法，王小盾提出将越南汉文小说分为章回小说、传奇小说、笔记小说和事迹传四类；任明华在《越南汉文小说研究·序言》中将越南汉文小说分为志怪小说、传奇小说、笔记小说和章回小说；本文采用了陈庆浩在《越南汉文小说集成序》中所使用的分类方法。

典型性和代表性的篇章若干事,胪列如次:

《越南汉文小说集成》梦境文献择要

主题或题材	出处	册数	做梦主体	遇到何种困难	所梦之神（人、物）	所梦之事
饮食地名	岭南摭怪列传·蒸饼传	第一册	雄王第十八子节僚	以食物竞选王位	神人	神人告知蒸饼做法及寓意
	粤甸幽灵集全编·开元威显隆著忠武大王	第二册	越南都护卢鱼	无	白头翁	翁令其将新建之观定名为"开元观"
封神	粤甸幽灵集录·征圣王	第二册	李英宗	大旱	二征姊妹	神前来降雨
	岭南摭怪列传（乙本）·龙肚正气神传	第一册	李太祖	无	龙肚正气神	神来庆贺太祖迁都之举
	粤甸幽灵集全编·洪圣匡国忠武佐治大王	第二册	李太宗	狱讼过多无人决断	范巨俩	神来助君管理人间疑狱
	粤甸幽灵集录·应天化育元君	第二册	李圣宗 李英宗	海上遇风浪、干旱	后土夫人（地精）	神来平息海浪、降雨
	粤甸幽灵集录·盟主昭感大王	第二册	李太宗	征占城、平内乱	铜鼓山神	神来助战、示警

续表

主题或题材	出处	册数	做梦主体	遇到何种困难	所梦之神（人、物）	所梦之事
男女情爱	桃花梦记——续断肠新声	第五册	兰娘	无	桃花神	神告知兰娘前世今生的因果
	圣宗遗草·花国奇缘	第五册	周生	生活困顿	蝴蝶王国、蝶女	在蝴蝶王国与公主婚配、尽享荣华富贵
功名天定	本国异闻录·进士陈名标记	第十一册	陈名标	科举考试	神人	神人告知考试题目
	听闻异录·陈伯坚寄梦记	第十二册	陈伯坚	读书吃力	人	一人持利刃剖其腹部，拿出内脏清洗后放回
	听闻异录·阮尧咨传	第十二册	仁宗	无	神人	告诉仁宗今科猪（阮尧咨小名为猪）中状元
神异出身	皇越春秋	第六册	黎太祖之母	无	星辰	星辰坠于腹上
	公余捷记·慕泽宰相记	第九册	武维志之母	无	五色云	堂前现五色云
	公余捷记·贝溪寺记	第九册	大圣开天义存平等行善菩萨真人之母	无	佛	佛降生
	公暇记闻·征奇	第十七册	吴太后	无	天帝	天帝赐子
求子	册丁圣母玉谱	第三册	杨婆	无子	老翁	老翁奉天帝之命送白玉一枚

越南汉文小说梦境文献与中国之关系

续表

主题或题材	出处	册数	做梦主体	遇到何种困难	所梦之神（人、物）	所梦之事
祛病	南翁梦录·入梦疗病	第十六册	陈英王	眼疾	灌园僧	高僧于梦中治疗眼疾
君权神授	南史私记·黎纪	第五册	阮廌	无	五位神官	神官言天庭敕封黎利为越南之王
梦中申冤	南天珍异集·吴俊龚传	第十册	主考官	无	知府之女鬼魂	鬼痛诉吴俊龚抛弃妻子罪行
异类求助	南天珍异集·阮炽	第十册	阮炽之父	无	妇人（实为母猪）	妇人求阮炽之父夜晚不要击钟
梦游异界	传奇漫录·项王祠记	第四册	胡宗鷟	无	项王	在冥府里争论功过是非

经分析，从文本分布上看，收录梦境故事较多的为第一册、第二册、第三册、第五册、第九册、第十册、第十一册、第十二册；从文体分布上来讲，神话传说、传奇小说、笔记小说之中的记载较多；从做梦主体来看，可将这些梦境分为帝王之梦、文人之梦、僧侣之梦、平民之梦。

二

越南汉文文献以汉字作为书写工具，由于创作者多受中原文化影响，他们的文献亦每每以中土文献为范本，或事同，或人同，或地同，或时同。这里以《越南汉文小说集成》中诸多较为典型的梦境文献为例，较以中土文献，探求越南汉文文献与中土文献的渊源关系。

（1）《皇越春秋》第五回

> 不觉日已向暮，天平就官驿宴息……反侧辗转，竟夕不寐，忽然睡着，见红日自北升，转于南坠于水中，光芒四处，惊人耳目，遽然觉，乃是一梦，问侍臣，则东方已白矣，乃促诸军启程……天平方至桥头，

失惊，被民献一枪刺死，落于水中。①

——《胡季犛设计行凶 陈天平当途遇害》

按：《皇越春秋》作者不详，成书时间为17世纪末。② 第五回所述本事见明代陈建所辑《皇明通纪集要》卷十三：永乐四年明成祖"命镇守广西都督佥事黄中、吕毅以兵送安南国王孙陈天平还国，篡贼黎季犛伏兵杀天平"。③ 以日喻君，中土文献甚夥，如：

《韩非子·内储说》："卫灵公之时，弥子瑕有宠，专于卫国，侏儒有见公者曰：'臣之梦践矣。'公曰：'何梦？'对曰：'梦见灶，为见公也。'公怒曰：'吾闻见人主者梦见日，奚为见寡人而梦见灶？'"④

汉司马迁《史记·外戚世家》：景帝为太子时，王美人生三女一男"男方在身时，王美人梦日入其怀。以告太子，太子曰：'此贵征也。'……长公主日誉王夫人男之美，景帝亦贤之，又有曩者所梦日符。"⑤

北魏崔鸿《十六国春秋·前赵录》："刘聪字元明，一名载，渊第四子也。母张夫人孕梦日入怀。"⑥

东晋干宝《搜神记·孙坚夫人》："孙坚夫人吴氏，孕而梦月入怀，已而生策。及权在孕，又梦日入怀。"⑦

(2)《水晶公主玉谱记》《大乾国家南海四位圣娘玉谱录》

主，禁海美具社人，讳淑。父杨廷琐，武艺绝伦，为前黎卫尉，封武肃侯。晚年艰嗣，祷于宋天后祠……夫人黄氏以四月初九梦吞月而生主。⑧

——《武氏烈女神录》

---

① 《越南汉文小说集成》（六）第141页。
② 本文所列越南汉文小说其作者与成书时间，除特别说明外均参照了任明华《越南汉文小说研究》附录二《越南汉文小说简表》中所列内容。
③ （明）陈建撰，（明）江旭奇补订《皇明通纪集要》第166页，《四库禁毁书丛刊》，史部第34册，北京出版社。
④ （清）王先慎撰，钟哲点校《韩非子集解》第217页，中华书局，1998年。
⑤ （汉）司马迁《史记》第2396—2397页，点校本二十四史修订本，中华书局，2014年。
⑥ （北魏）崔鸿《十六国春秋》第3页，中华书局，1985年。
⑦ （晋）干宝撰，汪绍楹校注《搜神记》第122页，中华书局，1979年。
⑧ 《越南汉文小说集成》（三）第300页。

> 皇后①本我粤欢州大乾海口香葛社赵公评之子。初，娶社人杨氏粉为妻……凡数年来，其妻梦见吞下太阴，勃然意悟，既而有孕。至期满月，于壬申年春天三月初一日，夫妇方浮舟网鱼，至大乾海口。杨氏临盆生下一女子于舟中，因命名曰乾娘……及端宗崩，帝昺即位，乃立娘为皇后。②
>
> ——《大乾国家南海四位圣娘玉谱录》

按：此二例述吞月而生异象事。《水晶公主玉谱记》作者不详，记载前黎朝（公元10世纪末至11世纪初）水晶公主杨淑神迹。《大乾国家南海四位娘玉谱录》作者阮炳，成书时间为公元16世纪，记载乾海门神迹。梦月而生，中土文献亦早有记载，如：

汉班固《汉书·元后传》："初，李亲任政君在身，梦月入其怀"③，言汉元帝刘奭的皇后王政君之母李氏因梦月入怀有感而孕。

唐李百药《北齐书》卷九载有神武娄皇后"凡孕六男二女，皆感梦：孕文襄则梦一断龙，孕文宣则梦大龙……孕魏二后④并梦月入怀。"⑤

刘文英在《中国古代的梦书》里总结梦中天象时认为"月，则是王妃或臣僚的象征。"⑥

(3)《慕泽宰相记》

> 惟志之母素有阴德……母梦见堂前有五色云现，亲自抱之，俄而青

---

① 第一册《岭南摭怪列传（乙本）·乾海神传》、第三册《教育社奉事》、第十六册《敏轩说类·古迹》皆言神女为赵宋妃子；第二册《粤甸幽灵集录·乾海门尊神》《越甸幽灵集全编·乾海神门祠》《粤甸幽灵·乾海神门尊神》、第三册《天南云录》《大乾国家南海四位神圣娘王、灵湫瓜瓜夫人事迹》皆言神女为南宋公主；第九册《名臣名儒传记·乾海门事迹》言神女为赵娘子。以上诸篇皆无神女出生于越南之记载。

② 《越南汉文小说集成》（三）第176页。

③ （汉）班固撰，（唐）颜师古注《汉书》（十二）第4015页，中华书局，1962年。

④ 据《北史》卷十三记载，北齐神武皇帝高欢与娄皇后的长女为北魏孝武皇后，次女为东魏孝静皇后。

⑤ （唐）李百药《北齐书》第124页，中华书局，1972年。

⑥ 刘文英《中国古代的梦书》第14页，中华书局，1990年。

红云先散。后生五男，其一自快，少有大志……其后以潜邸功臣官左侍郎。其二拔萃，甲辰科黄甲，仕至寺卿。其三、四皆功臣进用，惟志至宰相，方大至尚书，并封郡爵。其五求海，己亥科进士，仕至参政。①

——《公余捷记》

按：《公余捷记》作者武方堤，成书于1755年。《慕泽宰相记》言后黎朝慕泽武氏五兄弟之母梦到五色云入怀，生武自快、武拔萃、武惟志、武方大、武求海五子，五子皆为后黎朝栋梁，位高权重。唐李延寿所撰《南史》卷六十二载有南朝梁"一代文宗"徐陵之事，言"陵，字孝穆。母臧氏，尝梦五色云化为凤，集左肩上，已而诞陵。年数岁，家人携以候沙门释宝志，宝志摩其顶曰：'天上石麒麟也。'光宅寺慧云法师每嗟陵早就，谓之颜回。八岁属文，十三通《庄》《老》义。"②

(4)《贞灵二夫人传》《应天化育后土神传》《贞烈夫人》

李英宗时遭大旱，命感净禅师祷雨。一日，雨降，凉冷袭人，帝喜观之。忽然而睡，梦见二女戴芙蓉冠，绿衣朱带，驾铁骑，随风而过。帝怪问之，答曰："妾即二徵姊妹，奉上帝命行雨。"帝欲谆勤请益，乃举手止之。帝梦觉感怀，敕修造祠宇，具礼享之。③

——《岭南摭怪列传（甲本）》

昔李太宗伐占城，至环海门，忽然暴风大雨，波涛澎湃，遥望如山，御船战舰，并不能渡，乃驻泊于岸焉。夜梦见一女人素服红裙，淡妆婉娩，上御身而言曰："某是南国大地之精，栖身于木久已。今遇明君出征，愿效力从事以成武功。"言讫，倏然而去。上遂惊觉寤……于是特遣亲近人遍求岸上群峰，得一木头似人形象，宛然如帝梦中所见。帝命置于御船，焚香致祷，号为后土氏夫人。顷刻之间，风停浪帖，师行利涉，皆无振荡之声。

---

① 《越南汉文小说集成》（九）第27页。
② （唐）李延寿《南史》第1522页，中华书局，1975年。
③ 《越南汉文小说集成》（一）第43页。

已而破平占寇，班师凯还。经过旧处，敕立神祠。①

——《岭南摭怪列传（丙本）》

夫人乃占城国王乍斗之妃也……乍斗败绩，为乱军所杀。夫人被俘。太宗回至苙仁江，命召夫人进侍。夫人闻命，密以白毡自缠，投河而死。

其后每于夜静，闻江中有哀怨之声。土人哀之，立祠奉祀。太宗偶因巡游，过祠前问之，土人以事具奏。帝惨然曰："果有灵，宜报朕知"。是夜，帝梦女人来拜且泣曰："妾名媚醯，占城王妃也。"帝惊觉，命备礼致祭，敕封"协正娘"。土人奉为福神，屡著灵应。②

——《粤甸幽灵集录》

按：此三例述因梦封神异象。贞灵二夫人之事并见于《岭南摭怪列传·贞灵二征夫人传（丙本）》《马麟逸史·征女王》（《马麟逸史》作者不详，成书时间为1906年后）、《粤甸幽灵集录·征圣王》（《粤甸幽灵集录》作者李济川，成书时间为1329年）、《粤甸幽灵集全编·二征夫人》（《粤甸幽灵集全编》作者吴甲豆，成书时间为1919年）、《粤甸幽灵·敬胜二夫人》（《粤甸幽灵》作者不详，成书于1513年）、《天南云录·征王传》（《天南云录》作者不详，成书时间约为16世纪中期）、《安南古迹列传·贞灵二征夫人传》（《安南古迹列传》作者不详，成书时间约为20世纪初期），篇名不同、异文繁多。③《贞灵二夫人传》记录了越南民族女英雄二征姊妹的生平与神迹，所述本事见《大越史记全书·外纪》卷之三"征女王及其妹贰与汉兵拒战，势孤遂皆陷没……土人哀慕征女王，立祠奉事之。"④《后汉书·马援列传》亦有记载。后土神神迹并见于《岭南摭怪列传（乙本）·应天化育后土神祠》《马麟逸史录·后土神》《粤甸幽灵集录·应天化育元君》《粤甸幽灵

---

① 《越南汉文小说集成》（一）第207页。
② 《越南汉文小说集成》（二）第14页。
③ 《岭南摭怪列传》《粤甸幽灵集》是越南神灵故事的代表之作，流传版本众多。《粤甸幽灵集》创作于公元十四世纪的陈朝，作者李济川。《岭南摭怪》编撰于公元十五世纪的黎朝，作者有陈世法、武琼等。后世对两部小说不断进行增补、僭评、改编，流传版本复杂，名称不一。
④ ［越］吴士连《大越史记全书》（陈荆和编校）第127页，东京大学东洋文化研究所，昭和59年。

集全编·应天化育元忠后土地祇元君》《粤甸幽灵·应天化育元忠后土地祇元君》《新订较评粤甸幽灵集·安朗元君传》(《新订较评粤甸幽灵集》作者诸葛氏，成书于1774年)《天南云录·后土神》。贞烈夫人之事并见于《岭南摭怪列传（乙本）·媚醯贞烈夫人传》《岭南摭怪列传（丙本）·媚醯贞烈夫人传》《马麟逸史录·媚醯夫人》《粤甸幽灵集全编·协正祐善贞烈真猛夫人》《粤甸幽灵·协正祐善贞烈真猛夫人》《天南云录·媚醯夫人传》，所述本事见《大越史记全书·李纪》"九月朔，次长安府，黄龙见于帝所御舟。至苍仁行殿，令内人侍女召乍斗妃媚醯侍御舟，媚醯不胜愤郁，密以毡自缠投江死。帝嘉其贞节，封协正祐善夫人。"① 上述文本外，情节相似者另有《龙眼如月二神传》《李翁仲传》《果毅刚正王》《朔天王传》等篇，多言帝王巡游或遇到麻烦时神灵托梦显应，事后对神灵敕封供奉。此情节早在战国时期宋玉所作《高唐赋》中已见雏形：

  昔者先王尝游高唐，怠而昼寝。梦见一妇人，曰："妾巫山之女也，为高唐之客。闻君游高唐，愿荐枕席。"王因幸之，去而辞曰："妾在巫山之阳，高丘之阻。旦为朝云，暮为行雨。"朝视之，如言，故为立庙，号曰"朝云"。②

(5)《桂庵武惟断》

  桂庵武惟断，慕泽人，黄甲拔萃之子也。少极蒙暗，读书终日不记一行，年十七未识字，欲改别艺，后梦见神人腾空而降，为之剖心，刮去其浊。既醒，腹犹觉痛，次早即备礼祷谢之。其父母开心教学，自此日渐开明，学业大进，叠中二元，以文章名天下。③

——《公余捷记》

---

① [越]吴士连《大越史记全书》（陈荆和编校）第234页，东京大学东洋文化研究所，昭和59年。
② （梁）萧统编，（唐）李善注《文选》第265页，中华书局，1977年。
③ 《越南汉文小说集成》（九）第35页。

按：此例述神剖心之异事。据《大越史记全书》卷之十九记载，武惟断①为后黎朝玄宗穆皇帝景治二年（公元 1664 年）进士，生于书香门第，其父为慕泽武氏五兄弟中排行第二的武拔萃。武惟断少时读书吃力，后梦到神人为其剖心去浊，学业大进。事并见于《南天珍异集·武维断》（《南天珍异集》作者不详，成书于 1917 年）、《越隽佳谈前编·神剖心》（《越隽佳谈前编》作者不详，成书于 18 世纪末）、《科榜标奇·慕泽武拔萃》（《科榜标奇》作者潘辉温，成书约在 18 世纪中后期）。在中土文献里，这样的梦境早在南北朝时期的小说中已有记载，南朝宋刘敬叔《异苑·郑玄》载："后汉郑玄字康成，师马融，三岁无闻，融鄙而遣还。玄过树阴假寝，梦一老父，以刀开腹心，倾墨汁着内，曰：'子可以学矣。'于是寤而即返，遂精洞典籍。"② 武惟断梦神人剖心这一幕，能够明显看出套用郑玄之梦的情节。

（6）《陈伯坚寄梦记》

陈伯坚，云耕人也。公少而歧疑，父文度授之以书，苦不多记。偶然一夜，梦游于本社之祠址。见一人持利刃，直剖其腹，尽刳其肠胃，就陈洞溪流洗涤之，复纳诸腹，加缝焉。自兹以后，胸宇豁然，学问开悟。③

——《听闻异录》

按：《听闻异录》（作者不详，成书约在 1820—1840 年间）中的《陈伯坚寄梦记》篇，情节与《桂庵武惟断》《郑玄》两篇同中有异。本篇将"剖心"改为"刳肠胃"，把"刮其浊"改为"清洗"，又添加缝合细节。情节上，以"剖心"为基础兼收"洗肠"，事见宋王象之《舆地纪胜·神迹》"神仙洗肠池，在郡东五里东溪之北地，与溪相接。相传尝有神仙于此剖腹洗肠。旧有就刻云：'同游宝积到东溪，将刀剖腹化愚迷。时人不识真道者，只见旁

---

① 《公余捷记·桂庵武惟断》《越隽佳谈前编·神剖心》《科榜标奇·慕泽武拔萃》三篇中所载人名均为武惟断，《南天珍异集·武维断》则记为武维断，《大越史记全书》卷之十九《黎纪·玄宗穆皇帝》（陈荆和编校，日本东京大学东洋文化研究所东洋学文献刊行委员会发行，第 977 页）正文记载为武惟断，于注释中言 A4 本中"惟"作"维"。
② （南朝宋）刘敬叔撰，范宁点校《异苑》第 87 页，中华书局，1996 年。
③ 《越南汉文小说集成》（十二）第 238 页。

人说是非。'"①

(7)《真福元国公传》《仙佃阮族》

  阮炽，真福上舍社人也。其父值陈末之乱，不乐仕进，住持于乡之寺，作和南禅师②。每夜鸡鸣，击钟焚香诵经，焚香诵经。有屠猪人居于寺傍，即起杀猪。一日，伊屠买牝猪，不觉伊猪身有孕，期以旦日作宰。是夜，禅师梦有一妇人，哀嚷谓曰："愿公今夜勿击钟，救我母子八九之命。"禅师从其言。已而屠猪人宴起，此夜猪随产得八九子。师奇其事，遂尽买那猪母子，生放于山。③

——《大南奇传》

  司徒春郡公，当归义安，夜梦一妇人乞命云："方娠未娩，倘得母子团圆，皆乡贡赐也。"明日，有大鲤鱼来献。公见鱼方孕，立命放之。复梦妇人来谢。今仙佃阮族不食鲤鱼，盖遵公戒之。④

——《雨中随笔》

按：此二例述异物托梦乞命异事。阮炽事最早见于《大南奇传》（作者不详，成书约在18世纪末19世纪初）⑤，并见于《南天珍异集·阮炽》《本国异闻录·真福元国公传》《听闻异录·真福元国公传记》。《雨中随笔·仙佃阮族》情节与《真福国公传》基本一致，仅将"猪"换为"鲤鱼"。此情节可查中土文献《宗叔林》《桓邈》两篇⑥：

---

① （宋）王象之编著，赵一生点校《舆地纪胜》第1339页，浙江古籍出版社，2012年。
② 《南天珍异集·阮炽》《大南奇传·真福元国公传》《听闻异录·真福元国公传记》为"和南禅师"，《本国异闻录·真福元国公传》"南"作"尚"字，为"和尚禅师"。
③ 《越南汉文小说集成》（十一）第224页。
④ 《越南汉文小说集成》（十六）第253页。
⑤ 《大南奇传》的作者与成书时间参照朱旭强在《大南奇传·提要》中所作之考证。
⑥ 《太平广记》卷一一八引此两篇，标注两篇皆出自《梦隽》；卷二七六亦有引，标注《宗叔林》出自《搜神记》，《桓邈》出自《幽明录》。《太平御览》卷三九九引有《宗叔林》，标注出自《续搜神记》。李剑国在《唐五代志怪传奇叙录》（增订本）（第1291页，中华书局，2017年）第四卷中考证《宗叔林》事发生在晋太元年间，当出自《续搜神记》，《桓邈》应出自《幽明录》。

晋阳守宗叔林，得十头龟，付厨曰："每日以二头作臞。"其夜，梦十丈夫，皂衣裤褶，扣头求哀。不悟而食二枚。明夜，又梦八人求命，方悟。乃放之，后梦八人来谢。

桓邈为汝南，郡人赍四乌鸭作礼。大儿梦四乌衣人请命。觉，忽见鸭将杀，遂救之，买肉以代。还梦四人来谢而去。①

较之中土文献，越南汉文小说《真福元国公传》《仙佃阮族》仅在异类形象上做了调整，情节则与《宗叔林》《桓邈》基本一致。

(8)《花国奇缘》

生忍饥长睡，梦一官人首戴方冠，仆从数十，手捧金牌，牌上写云："敕驸马入朝，钦此！"……生初出门，风动而觉，便是南柯之一梦也。……至日，又梦如前……如此者三旬十梦。梦至游花国，醒来读典坟。烟火终无举，容颜日益新。

国母含泪而言："二月来边报，日至有鸦贼、鹊贼千万为群，今已现至国门，人民士卒，为他吞噬者三分之一。议来日迁都，岳婿日疏，故闷闷尔。"……周生闻了，即走到西房，抱梦庄大哭，曰："死生契阔，何忍遽离！生愿相从，岂可视父子夫妻之各一方也？"……周生梦醒，茕茕又是一身。

时辛丑日，生舟泊于花冈之旁。细味诗言，必得佳梦。日初倒影，遽垂虎帐，假寐舟中。果见前使奉牌来请。②

——《圣宗遗草》

按：《圣宗遗草》作者不详，成书于 17 世纪。《花国奇缘》载兴化周生三日一梦，交替生活在现实与梦境中，体验不同的人生经历。文中言"所谓国母者，蝶王也；梦庄者，蝶女也。昔庄周梦为蝴蝶，名中寓示其形，我名适与之合，前身岂亦同类欤？"③周生、梦庄、蝴蝶王国，显然脱胎于中国古代

---

① （宋）李昉《太平广记》第 824 页，中华书局，1961 年。
② 《越南汉文小说集成》（五）第 28—33 页。
③ 《越南汉文小说集成》（五）第 32 页。

庄周梦蝶之说。《庄子·齐物论》云"昔者庄周梦为胡蝶，栩栩然胡蝶也，自喻适志与！不知周也。俄然觉，则蘧蘧然周也。不知周之梦为胡蝶与，胡蝶之梦为周与？周与胡蝶，则必有分矣。此之谓'物化'。"①《花国奇缘》取庄周梦蝶典故，写人间男子与蝴蝶精怪间的爱情故事，巧妙构思，新颖别致。

（9）祈梦

  公少时尝诣香海寺祈梦，神人语之曰："读书到老未成身"。②
            ——《公余捷记·阮寿春记》
  前代有朝士应举祈梦，神人报以归问临妇，其得何语，便是前程。③
           ——《公余捷记·梦记·陶状元》
  俗传有尚书官未第时祈梦，神人谓之曰："尔六十始登进士。"④
        ——《神怪显灵录·俗传有尚书官未第时祈梦》
  阮膺，上福蓝溪人……一日，祈梦于夜泽祠，得显应，遂依梦往求。⑤
             ——《南天珍异集·济文侯》
  玄天真君，北国客人也，生而神灵，长十二尺。我国立庙于西湖之上以祀之，郑王命以黑铜铸像，重三百十六斤。士子应试，多就此祈祷，梦无不显应；但梦中所见，玄冥难测，其后方觉耳。⑥
          ——《本国异闻录·镇武观神梦显应记》

  按：此五例述祈梦事。《神怪显灵录》作者不详，成书于1824年。上述文本外，《乌探奇案》第四节载某人为寻子去山神庙祈梦之事，《册丁圣母玉谱》载丁公、杨婆为求子去三岛山西天寺祈梦。以上小说文本，最早创作于16世纪中期（《册丁圣母玉谱》），最晚创作于20世纪初（《南天珍异集·济文侯》）。《现代汉语大词典》对"祈梦"的定义是："向神祈求从梦境中预

---

① 陈鼓应《庄子今译今注》第92页，中华书局，1983年。
② 《越南汉文小说集成》（九）第147页。
③ 《越南汉文小说集成》（九）第177页。
④ 《越南汉文小说集成》（十）第91页，事并见于第九册《公余捷记·尚书官祈梦》，第十一册《历代名臣事状·尚书官祈梦》。
⑤ 《越南汉文小说集成》（十）第206页。
⑥ 《越南汉文小说集成》（十一）第240页。

知祸福"①。宋代文献祈梦记载甚多:

> 宋洪迈《夷坚志》:"陈杲,字亨明,福州人。贡至京师,往二相公庙祈梦。夜梦神曰:'子父死不葬,科名未可期也。'杲犹疑未信。明年,杲黜于礼闱,遂遣书告其家,亟庀襄事。"②
>
> ——《夷坚甲志·不葬父落第》
>
> 京师二相公庙在城西内城脚下,举人入京者必往谒祈梦,率以钱置左右童子手中,云最有神灵。③
>
> ——《夷坚乙志·二相公庙》
>
> 绍兴二年,两浙进士类试于临安。湖州谈谊与乡友七人,谒上天竺观音祈梦。④
>
> ——《夷坚丙志·上竺观音》
>
> 温州城东有唐李卫公庙,州人每精祷祈梦,无不应者。⑤
>
> ——《夷坚丁志·李卫公庙》
>
> 潭州士人龚舆,乾道四年冬,与乡里六七人偕赴省试。过宜春,谒仰山庙祈梦。⑥
>
> ——《夷坚支志·龚舆梦》
>
> 宋陆游《老学庵笔记》:"李知几少时,祈梦于梓潼神。是夕,梦至成都天宁观,有道士指织女石曰:'以是为名字,则及第矣。'李遂改名石字,字知几。是举过省。"⑦
>
> 宋李昉《太平御览·人事部·吉梦》引《唐书》:"又曰:天宝中,安禄山自范阳入朝。肃宗观其凶悷,有勃逆之状,言之于太上皇。太上

---

① 汉语大词典编纂处《汉语大词典》(七)第840页,上海辞书出版社,2008年。
② (宋)洪迈撰,何卓点校《夷坚志》第58页,中华书局,1981年。以下所引《夷坚志》皆为此版本。
③ 《夷坚志》第349页。
④ 《夷坚志》第437页。
⑤ 《夷坚志》第628页。
⑥ 《夷坚志》第746页。
⑦ (宋)陆游撰,李剑雄、刘德权点校《老学庵笔记》第18页,中华书局,1979年。

皇易之，不纳。上恐危社稷，遂精诚祈梦。"①

对比中越文献，可以发现两国对士子祈梦的记录都比较多。时间上，中土文献的记载要早于越南文献许多。

三

历史上，越南有一段近千年的北属封建郡县时期（也称中国封建郡县时代）②，公元10世纪末，越南建立了相对独立的封建王朝，但仍与中国保持着藩宗关系，在典章制度、文化教育、经济模式上沿用汉制，使用汉字书写。越南汉文小说作者大都自幼学习中国文化、研读中国典籍，深受中国诗、文、小说创作及儒、释、道思想乃至传统习俗的影响。因而，越南汉文小说中的梦境文献，不仅能在中国文献中找到源头，还在文化上呈现出对中国梦文化的承袭与亲和，在文学创作上呈现出对中国梦境作品模仿与借鉴之特点。

（一）对中国梦文化的承袭与亲和

1. 沿用梦物象的象征意义

中国传统梦文化中，日、月、星、云等天体常被用来象征帝王、后妃及德才兼备的贤人，人们取其独特性、重要性和高高在上的特性以区别平凡大众。如前文所述汉武帝、刘聪、孙权、王皇后、魏二后、徐陵等人，出生前均有此类梦兆。越南汉文小说梦境文献继承和延续了这一象征意象，《皇越春秋》第五回、《水晶公主玉谱记》《大乾国家南海四位圣娘玉谱录》三则，分别以梦见日、月、祥云象征帝王、后妃、贤臣的降生。除天体外，中国梦文

---

① （宋）李昉《太平御览》（二）第1839页，中华书局，1960年。

② 此处采用郭振铎、张笑梅所编《越南通史》（第8—9页，中国人民大学出版社，2002年）第一编中的观点：公元前214年秦始皇在岭南设桂林、南海、象三郡，其中象郡统辖了今天越南中部与北部地区，使越南开始全面接受中国的社会制度、政治格局、经济模式和文化。秦末，南海郡龙川县令赵佗建立南越政权，并在越南北部设立交趾、九真二郡。汉武帝时期，平南越并设立交趾、九真和日南三郡。唐高宗调露年间置安南都护府。唐朝灭亡后，安南各地群雄混战，公元968年丁部领建立丁朝，国号大瞿越，公元975年宋王朝封丁部领为交趾君王。因而，从公元前214年至公元975年的近千年时间为越南的"中国封建郡县时代或北属封建郡县时期"。

化还有视白玉为祥瑞梦兆的记载,《太平广记》卷二七八载有李慎仪为晋少主解梦中之玉,言其为吉兆;而在越南汉文小说《册丁圣母玉谱》中,则载有丁圣母降生前其母梦到天帝遣使者送白玉之事。由此可见,越南对日、月、星、云、玉这类梦物象,沿用和传承了它们在中国梦文化中的象征意义。

2. 祈梦

《现代汉语大词典》对"祈梦"的定义是:"向神祈求从梦境中预知祸福。"① 祈梦的出现源自古人将梦视为沟通人神的媒介,认为只要以虔诚之心祈祷入梦,便可在梦境中获得神的启示与帮助。于是出现了为做梦而做梦之举——祈梦。中国典籍所载祈梦之举多与士子有关,据《太平广记·杨玄同》篇所载,最迟在唐代天祐年间已形成了士子祈梦活动,至宋、明之际颇为盛行。除前文所举笔记小说记载外,方志文献也多有记载,如《弘治八闽通志》《隆庆临江府志》等。在中国,士子祈梦多发生在科举考试之前,地点多在道观、寺庙之中,方式为先在神前祷告继而留宿一宿,神灵若有指示会在梦中相告。古代越南依照中国采取科举取士,越南士子沿袭了中国的祈梦文化,考试前赶往名寺名观,留宿以求获得梦应,诸如阮寿春到香海寺祈梦,阮惟时到安丰春雷庵祈梦,阮鹰去夜泽祠祈梦之类的记载很多。加之越南文人亦偏爱"功名天定"的宿命论,认为上天往往会通过梦境将考试结果或考题提前公布给世人②,这样的观念下,士子们竞相效仿,祈梦成为一种风尚。

无论是沿用梦物象的象征意义,还是祈梦活动,虽然都融入了许多越南本土特色,但对中国梦文化的因袭与亲和却是显而易见、不容忽视的。

(二) 对中国梦境作品模仿和借鉴

越南汉文小说作者在创作过程中,主要采用移植情节和巧取典故两种模式对中国梦境作品进行模仿和借鉴。

1. 移植情节

这种方式是从中国古代典籍中择取梦境情节,在基本内容、叙事模式、主要事件不变的前提下,替换中心人物,完成小说"越南化"的再创作。其中,《贞灵二夫人传》《应天化育后土神传》《贞烈夫人》三则,移植了《高

---

① 《汉语大词典》(七) 第840页,汉语大词典出版社,1991年。
② 《公余捷记·亭中放榜梦》《公余捷记·陶状元》《南天珍异集·景治庚戌科会试梦》等多篇都载有考生或与考生相遇之人在放榜前梦到考试结果之事。《本国异闻录·进士阮秩》篇载有神仙在梦中透漏考题给考生之事。

唐赋》情节并稍做修改。《高唐赋》讲述楚怀王与巫山神女于梦中相会之事，虽只有梗概，但情节完整，脉络分明，成为后世人神遇合主题的滥觞。越南汉文小说《粤甸幽灵集录》凡32篇，其中有15篇沿用了《高唐赋》人神遇合之主题。叙事上，《高唐赋》按照人神在梦中相会→产生言语、肢体交流→梦后显应→人为神立庙以示感谢与纪念的顺序展开，逻辑清晰，结构完整。《岭南摭怪列传》《粤甸幽灵》中的多篇文本都采用这样的结构与模式叙事；《桂庵武惟断》《陈伯坚寄梦记》两则，前者移植了《郑玄》情节并做修改，后者在移植《郑玄》情节基础上还融入了"神仙洗肠"的情节；《真福元国公传》《仙佃阮族》两则则移植《宗叔林》《桓邈》情节并做修改。

2. 巧取典故

《花国奇缘》作者巧取中国庄周梦蝶的典故，讲述人与异类的婚恋故事，仅在人物命名、梦境、蝴蝶三者上有关联，内容与典故完全不同。周生穿梭在梦境与现实之间，体验着两种不同的人生状态，孰真孰幻已无法区分。于他而言，现实生活成就了他的功名与仕途，梦中幻境实现了他的姻缘和爱情。两种空间的结合才是人生的极致圆满，而这不过是众多士子的一种幻想。情节上又与唐代传奇《南柯太守传》有不少相似之处。作者立足庄周梦蝶典故，兼取《南柯太守传》之情节，杂糅中又有创新，构思极为巧妙。

越南汉文小说作者长期浸染在中国典籍之中，熟悉中国文学作品的主题、内容、特色，对一些知名人物与典故能信手拈来，混融创新。故而，虽然他们所写之人是越南人，所写之事是越南之事，但对中国文学作品的模仿与借鉴却是有目共睹的。

结　语

除上述篇章外，《大南行义烈女传·阮文程》载孝子得神仙相助救母之事，与《搜神记·楚僚》情节相似；《科榜标奇·平民阮琦》记述因梦改名中举之事，情节与《老学庵笔记·李知几》篇相似；《本国异闻录·进士陈名标记》言梦到考试题目，与《夷坚甲志·傅世修梦》情节相似。总之，《越南汉文小说集成》中大量的梦境材料都可以从中土文献里寻到源头，为挖掘越南文献与中土汉文文献的渊源关系提供了有力的佐证。而中国依托文献对越南文化、文学创作产生的影响，也因此可见。

（张蓓　西南交通大学人文学院博士研究生）

中国文学在印度：聚焦2016*

曾 琼

摘　要： 2016年在中国文学的印度传播史上是值得重点关注的一年。从2016年开始，中国文学作品在印度的翻译和传播进入了一个新时期，中印文化业之间开始了专业的、行业的合作。在文化出版产业化的当代语境中，研究中国文学在印度及南亚的情况，应当综合考察中国文学的印度本土语言译介、英文版作品的引入与传播、中印出版社之间的合作、中国文学印度译作的本土发行、中印文坛互动、印度学界对中国文学相关问题学术研讨等方面，才能多角度真实呈现中国文学在异域的情况。始于2016年的中印文学交流新局面影响延续至今，对中印之间的文化互信和互动，具有促进作用。

关键词： 中国文学　印度　传播

长期以来，中国文学作品在印度的翻译与传播并不顺畅。21世纪以来，中印文坛之间的民间互动加强，如"西天中土"计划，就是一个代表性例子。但"西天中土"强调中国知识分子理解印度，对于中国文学和中国文化思想进入印度的推动作用有限。2016年，中国作为主宾国参与了新德里国际书展，中国作家、出版社与南亚尤其是印度本土的作家、出版社有了首次集体的、大规模的、官方的接触，这次书展有效促进了中印之间在中国文学作品印译、出版、传播方面的共识和合作。可以说，从2016年开始，中国文学作品在印度的翻译和传播进入了一个新时期，中印文化业之间开始了专业的、行业的合作。在文学翻译、出版和传播已经逐渐产业化的当代社会，这对于中国文

---

* 本文由中央高校基本科研业务经费专项资金资助，项目名称"印度的'中国学'研究"，批准号2019JJ009。

学在印度的传播大有裨益。因此,2016 年在中国文学的印度传播史上是值得重点关注的一年。

本文重点关注 2016 年,同时兼及之后的延续影响。在文化出版产业化的当代语境中,研究中国文学在异域的传播,仅仅关注翻译是不够的。因此,本文的考察对象包括翻译、出版、传播、交流、学术研讨等几个方面,力图多角度真实呈现中国文学在印度的传播情况。

一、中国文学作品的印度本土语言译介

印度目前主要的语言有 24 种,印地语和英语是其中最主要的两种语言。2014—2015 年印度图书出版业中,印地语和英语书籍约占 50%,其余各种政府认可的地方语言共占 50%。在印地语和英语书籍中,26% 为印地语,24% 为英语。2014 年印度位列全球英语书籍出版国第三位,仅次于美国和英国。[①] 因此,在将中国文学作品引入译介到印度时,有两条途径,第一,已有英文版书籍版权转让或英文版图书直接引入,第二,中国文学作品印度本土语言译介工程。2016 年,中国文学作品在印度的本土语言译介方面最重要的事件,是"中印经典和当代作品互译出版项目"印方翻译团队正式成立并投入工作,印度有史以来第一次系统翻译中国经典和当代文学作品。

2013 年 5 月 20 日,国家新闻出版广电总局与印度外交部签署了《中华人民共和国国家新闻出版广电总局与印度共和国外交部关于"经典和当代作品互译出版项目"谅解备忘录》,2015 年底,"中印经典和当代作品互译出版项目"印方项目启动。2016 年,印方翻译团队正式成立,并投入作品译介工作。中国文学作品在印度的系统译介可谓是"前无古人"之事。"中印经典和当代作品互译出版项目"是中国文学走向印度的一个里程碑。

"互译出版项目"印方负责人为印度著名汉学家、尼赫鲁大学狄伯杰教授(B. R. Deepak)。笔者从 2017 年底对狄伯杰教授所做访谈中获悉,印方经过筛选和讨论,最终确定纳入互译项目的 25 部作品是:"四书"、《大唐西域记校注》

---

① 参见 Frankfurter Buchmesse, "Perspectives on Publishing in India 2014-2015", p. 4, https://www.buchmesse.de/images/fbm/dokumente-ua-pdfs/2015/india_book_market_2014-2015.pdf_53157.pdf, 访问日期 2018 年 5 月 10 日。

《唐诗宋词选集》《元曲选》《红楼梦》《三国演义》《儒林外史》《聊斋志异》《骆驼祥子》《子夜》《家》《郭沫若作品选》《徐志摩作品选》《冰心作品选》《中印文化交流史》《京华烟云》《青春万岁》《一句顶一万句》《看上去很美》《致橡树》《尘埃落定》《活着》《生死疲劳》《白鹿原》《秦腔》。其中,《元曲选》里选入了《窦娥冤》和《西厢记》。印方翻译团队包括狄伯杰教授在内一共有 17 人,其中班固志(N. M. Pankaj)是那烂陀大学历史系与东亚研究院院长;塞文琳(Severin)是华侨,目前为尼赫鲁大学在读博士生。其余 14 名译者分别来自尼赫鲁大学、古吉拉特中央大学、多恩大学、阿利格伊斯兰大学、锡金大学、中央国防大学、贾尔坎德中央大学,基本上都具有副博士或者博士学位,均是中文专业的教师。他们不仅是目前印度中国文学翻译和研究方面的年轻力量,也代表了印度中国文学翻译的较高水平。这套书印方指定的出版机构是印度国家图书基金会(NBT)。NBT 创立于 1957 年,是印度主要的印地语、英语出版社之一。从项目启动至今,"四书"、《骆驼祥子》《冰心作品选》《看上去很美》《活着》《子夜》《家》这 7 部作品都已完稿,其中前 5 部作品已完成审稿,正在出版过程中。后面两部也已交给出版社审稿中。

  2012 年,莫言获得诺贝尔文学奖后,印度掀起了一股将莫言小说作品翻译成本土语言的新热潮。如尼赫鲁大学的普什佩什·潘特(Pushpesh Pant)2018 年完成了《变》的印地语翻译,室利纳特·尼尔鲁利(Sreelatha Nellooli)则将这部小说从英文版翻译为马拉雅拉姆语,题为"Maattam",这个译本由出版社 Raspberry Books 和 Book Port 联合出版。①

  2015 年的北京国际图书博览会上,印度普拉卡山出版社(PrakashanSansthan Press)选中购买了何建明的《根本利益》、阿来《空山》的英文版版权。2016 年 1 月,这两本书在新德里世界图书展上推出,其中《根本利益》是印地语版。普拉卡山出版社社长哈里斯·钱德(Harish Chander)表示,他有信心该版本在印度能达到 5000—10000 册的销量②。在印度图书市场,非教育类图书的首印册数一般为 2000 册,5000—10000 册印数在印度非教育类正版书图书市场属于畅销书级别。

---

  ① 参见[印度]狄伯杰《印度对中国经典著作的翻译》,载《文化软实力》2017 年第 3 期。
  ② 参见《中译译中——当代中国走进新德里——2016 年新德里国际书展侧记》,http://blog.sina.com.cn/s/blog_14e6fca1f0102wbzj.html,访问日期 2018 年 5 月 18 日。

除了中国当代文学作品，中国古典文学作品在印度的本土化译介也取得了进展，其中最有代表性的当属《论语》印地语版的问世。2016年1月10日，"《论语译注》印地语版图书首发式"在印度新德里书展举行。《论语》印地语版以中华书局杨伯峻先生译注的《论语译注》为底本，印度尼赫鲁大学狄伯杰教授负责翻译。他热爱中国传统文化，致力于在印度推介中国经典，曾荣获"第五届中华图书特殊贡献奖"。这也是《论语》第一次由中文直接译为印度本土语言。在此之前，印度的《论语》版本均为从其他语种转译的间接译本。这一译本采取了汉语、印地语对照的形式，既保证了翻译的严谨性，也适合中文学习者参考使用。狄伯杰教授使用现代印地语翻译《论语》，为解决中印文化间概念不对等所带来的问题，他采取了"以有易无"的办法，即用印地语文化中已有概念，辅之以解释性说明，来完成对中国古代文化概念的翻译。如"孝"这一概念，他译成"圣诞诺吉德希拉"；"希拉"是"五项基本原则"中的"原则"，以及佛教"五戒"（潘查希拉）中的"戒"，"圣诞诺吉德希拉"直译就是"子孙宜行的道德"，简练一点就是"子孙原则""子孙规矩"或"子孙戒""子孙法"。① 这样翻译，既使得"孝"概念易于被印地语读者理解，又恰当地传达了原文的含义，且"希拉"又是一个从印度传统文化而来的概念，可谓达到了"信""达""雅"的标准。印度学界在研究中国传统文化时，长期以来倚重英语资料和从英语而来的间接翻译。狄伯杰教授此次从汉语直接翻译的印地语资料，将有效地改善这一局面，这对印度的中国研究，以及中印之间的相互理解具有重大意义。

为促进中印互译项目顺利推进，2017年3月6日，NBT与印度外务部联合在德里举办了"中印互译工程研讨会"。会议分"中国古代经典翻译"和"中国当代文学翻译"两个部分，印方成员在分享了目前翻译进度之外，还针对从中文翻译成印地语过程中存在的困难进行研讨。2016年4月1日，由中国国际广播电台主办，印度中国经济文化促进会协办的印地语版《西游记》有声读物发布仪式在印度伽耶举办，这也是继2009年3卷本《西游记》印地语版本问世之后，这部中国古典名著再一次走入印度本土语言读者视野。

---

① 关于"孝"概念翻译的例子，参见郁龙余《以其所有，易其所无：评狄伯杰译〈论语〉印地文版》，载《中国社会科学报》2016年11月22日，http://www.cssn.cn/bk/bkpd_qkyw/bkpd_bjtj/201611/t20161122_3285463_1.shtml，访问日期2018年5月16日。

二、英文版中国文学作品在印度

英文版作品引入出版是中国文学作品进入印度的另一途径。2016年1月11日晚,《空山》第一卷英文版在印度举行了首发仪式。普拉卡山出版社社长哈里斯·钱德还对《空山》《尘埃落定》的印地语版表现了浓厚兴趣。

刘慈欣凭借《三体》于2015年获得第73届雨果奖最佳长篇小说奖,《三体》英文版在印度也获得了读者青睐。在2016年1月27日至2月7日举办的加尔各答国际书展上,印度读者表现出了对《三体》英文版的浓厚兴趣。在印度最主要网上书店之一亚马逊(Amazon.in)上,《三体》英文版的读者评级为4.3星(最高5星),读者给出的评价有"真正的硬科技小说""非常棒""真正的头脑风暴"等。但据亚马逊网站显示小说的销售额仅为40册,在科幻同类作品中排302位。①《印度教徒报》2018年1月22日署名书评称《三体》为"一个量子级的突破",认为其中蕴含了丰富的中国当代史、有深入的哲学、宗教思考。②印度独立网站scoll.in发表针对《三体》的书评,称三体中有"外星人入侵、令人兴奋的游戏和来自中国的观点,这是有三个转折的科幻小说"。③2018年4月22日,在目前全球最大的用户自发组织活动的网络社区Meetup,来自印度金奈的"英语书籍俱乐部"成员举办了一次针对《三体》英文版的线下实体读书活动,称其为一部"拥有宏大范围和视野的科幻小说",活动号召发出之后,响应者均表示非常期待。④

随着《三体》和刘慈欣在印度的传播,中国科幻小说在印度获得了一定关注。《印度快报》(the Indian Express)于2017年1月14日刊登的一篇署名书评提出,《三体》就像一部"超现实主义的拼图游戏,是一次向外空的愉快的自我介绍"。文章认为在中国科幻和奇幻作品、奇幻和玄幻作品之间差异细

---

① 亚马逊数据来源 https://www.amazon.in/Three-Body-Problem-Cixin-Liu/dp/178497157X/ref=sr_1_1?ie=UTF8&qid=1526744376&sr=8-1&keywords=liu+cixin,访问日期2018年5月19日。

② 参见 http://www.thehindu.com/todays-paper/tp-features/tp-metroplus/taking-the-quantum-leap/article22494660.ece,访问日期2018年5月11日。

③ 参见 https://scroll.in/article/837170/alien-invasions-heady-gaming-and-the-view-from-china-this-is-science-fiction-with-three-twists,访问日期5月15日。

④ 参见 https://www.meetup.com/Chennai-Book-Lovers/events/246243851/,访问日期5月15日。

微,还在论评中提到了郝景芳的《北京折叠》,显示出作者对中国科幻文学作品有一定的了解。① 《今日印度》(India Today)在2017年1月20日发表《中国未来主义:下一件大事》("Sinofuturism: the next big thing")一文,认为刘慈欣、郝景芳的科幻小说反映了当代中国社会中的矛盾现象,以他们的创作为代表的一系列中国科幻作品可被称为"中国未来主义"。②

在印度获得一定关注的英文版中国文学作品,还有当代作家麦家的创作。在2016年加尔各答书展上,他被当地媒体称为获得了世界关注的"受欢迎的惊险小说作家"(a popular thriller writer)。③ 在线书城马德拉斯商店(Madrasshoppe)上可购买麦家《暗算》英文版。在印度亚马逊网站在售的纸质版中国文学作品还包括企鹅出版社2013年版《中国短篇小说》(Short Stories in Chinese)、维克拉姆·赛特(Vikram Seth)编著、企鹅出版社2012年版、介绍王维、李白、杜甫的《三位中国诗人》(Three Chinese Poets),以及完全Kindle版本的《中国神话:神话、龙、猴王、仪式、传说和生肖》(Chinese Mythology: Chinese Myths, Dragon, Monkey King, Rituals, Legends, and Zodiac Signs, by Bernard Hayes)。亚马逊读者评价显示,这些作品的评分基本在4星以上。但网站显示销售额均不甚乐观,一般排名都在同类书籍的300名开外。

三、中印学者和作家交流

鲁迅是在印度获得研究最多的中国作家。2016年11月12日,国际鲁迅研究会、鲁迅文化基金会和印度相关机构共同举办的"诗意的对话:鲁迅与泰戈尔"研讨会在尼赫鲁大学举行。印度与会学者包括著名的泰戈尔学者、文学评论家乌达耶·纳拉扬·辛格(Udaya Narayana Singh)、印度知名中国研究者安妮塔·莎尔玛(Anita Sharma)、邵葆丽(SabareeMitra)、A 那亚克(A Nayak)、海蒙德·奥德拉卡(Hemant Adlakha)等人。会议主题包括"泰戈尔与鲁迅:诗人、作家、社会思想家及其他(Tagore & Lu Xun—Poet, Writer, Social Thinker and much more

---

① 参见 http://indianexpress.com/article/lifestyle/books/knock-knock-whos-there-4473208/,访问日期2018年5月11日。

② 参见 https://www.indiatoday.in/magazine/books/story/20170130-sinofuturism-the-three-body-problem-invisible-planets-folding-beijing-985576-2017-01-20,访问日期2018年5月11日。

③ 参见 http://www.cicc.org.cn/html/2016/wzbb_0202/3199.html,访问日期2018年5月10日。

…)""鲁迅与泰戈尔:新语言学/新文学风格、主题、思想……的先锋(Lu Xun and Tagore: Pioneers of New Linguistic/Literary styles, themes, ideas…)""鲁迅与泰戈尔:国界线内外(Lu Xun and Tagore: Within and beyond national boundaries)""泰戈尔与鲁迅:性别平等与妇女赋权的早期拥护者?(Tagore and Lu Xun: Early champions of gender equality and women empowerment?)""鲁迅《野草》的翻译(Lu Xun's *Wild Grass* in translation)"等①。会后,尼赫鲁大学海孟德教授表示已获得尼赫鲁大学同意,准备在该校中文系开设一门鲁迅研究课程,以引导更多的印度青年学生学习鲁迅的作品,并通过鲁迅的作品来更深入地了解中国,从而推动印中这两个邻邦之间的文化交流。②

泰戈尔是连接中印文化的重要桥梁。2016年5月7日,中国驻加尔各答总领馆与印度国际大学联合举办了"泰戈尔与中国"研讨会。会议主题包括泰戈尔作品在中国翻译传播情况、泰戈尔访华、泰戈尔对中国文学影响、泰戈尔与中国朋友的情谊、泰戈尔支持中国反抗日本侵略等。③印度报业托拉斯对与会中国学者进行了专访,报道了中国对泰戈尔以及印度文学研究的情况,孟加拉语言文学在中国教研情况。④2016年11月7日,中国驻加尔各答总领馆与印度那烂陀大学合作举办"玄奘与中印友好交往"国际研讨会。马占武总领事、那烂陀大学副校长高帕·萨芭瓦尔(Gopa Sabharwal)主持开幕式,会议围绕"玄奘与中印佛教交流""玄奘与中印考古""中印宗教与文化关系""历史对中印关系未来的启示"4个主题进行了学术交流,来自印度主流媒体、加尔各答大学、国际大学,以及当地智库和侨界等8人与会。⑤

中印作家之间的交流,是2016年中印文坛互动的重要方面。2016年1月,刘震云、曹文轩、麦家、舒婷、西川、蓝蓝、王旭峰、插画家熊亮和青

---

① 参见http://www.icsin.org/activity/show/international-conference-on-a-poetic-dialogue-lu-xun-and-tagore,访问日期2018年5月10日。

② 海蒙德教授出版论文集以及开课意向信息,参见葛涛《海孟德:印度的鲁迅粉丝》,载《中华读书报》2017年5月10日07版。

③ 参见http://www.fmprc.gov.cn/web/wjdt_674879/zwbd_674895/t1361466.shtml,访问日期2018年5月10日。

④ 参见孟加拉语报纸《此时(eisamaya)》2016年5月10日版。

⑤ 参见http://www.fmprc.gov.cn/web/zwbd_673032/gzhd_673042/t1413926.shtml,访问日期2018年5月19日。

年作家徐则臣9位中国知名作家,在新德里尼赫鲁大学、德里大学、印度国家文学院、加尔各答国家图书馆举办了"中印作家交流座谈会""中印文学翻译研讨会""中国与印度当代诗歌""中国作家泰戈尔之旅""中印文学的相遇"等多场文学交流活动。上述中方9位作家与印方摩黎陀萝·加格、迪万·拉梅什、墨普德等作家发言交流。其中西川和墨普德的发言围绕"中印文学体及其语言特色"进行,麦家与摩黎陀萝·加格的发言围绕"当时世界文学及其本土电影改编"展开,曹文轩与迪万·拉梅什就"世界儿童文学及其语言的独特魅力"共同展开话题,麦家还与现场听众分享了《解密》的创作经历。① 中印两国作家从文学创作的本土化语言特色,以及小说、诗歌、儿童文学3种不同文学体裁所独有的语言特征出发,探讨世界文学的共性和差异性。印度文学院院长维什瓦纳特·普拉萨德·蒂瓦里博士说,语言是本土的,文学是世界的。虽然印中两国有不同的语言、不同的习惯、不同的风俗,但是文学无国界,文学交流是两国人民加深相互了解最便捷的途径之一。曹文轩说,以前人们仅是从语言能够产生一种艺术风格这个意义上认识语言的价值,而今天应当从语言与存在、语言与思维的哲学性关系以及语言与民族文化、语言与民族品格之关系等方面来理解语言。文学是语言的艺术品,这已经成为中国作家们的共识。印度著名儿童作家迪万·拉梅什指出,儿童文学与成人文学的最大不同,就是语言的别具一格。为儿童写作的文学作品必须以儿童的心境理解世界,为孩子展示奇妙的世界。②

中国作协和印度国家文学院联合举办的"第三届中印文学论坛"也于2016年8月22日在印度国家文学院成功举办。中国作协副主席何建明率中方代表团参加此次论坛,代表团成员包括获得过第四届鲁迅文学奖及第三届蒲松龄全国短篇小说奖的河北小说家李浩,福建省政府百花文艺奖一等奖的福建省作协秘书长、女诗人林秀美,《中国作家》杂志编辑部主任陈亚军。在中印文学论坛上,中印作家就"非虚构:记录历史与现实""文学中的城市与乡村"的主题进行交流。③ 印度作家对中国作家的生存状态、创作形态和中国女

---

① 参见2016新德里世界书展中国主宾国活动组委会编《文明复兴交流互鉴——2016新德里世界书展中国主宾国活动纪实》,北京彩和坊印刷有限公司,2016。

② 参见http://www.xinhuanet.com/world/2016-01/10/c_1117725025.htm,访问日期2018年4月11日。

③ 参见http://www.cssn.cn/hqxx/xshjl/xshjlnews/201608/t20160829_3179230.shtml,访问日期2018年5月19日。

作家的写作领域等十分感兴趣。两国作家达成初步协议,每年各精选5部对方的著作翻译成本国语言出版发行。①

四、中国出版社进入印度

随着中印文化交流的发展,中国出版社开始意识到印度市场的重要性,并开始寻找与印度出版界的合作机会。2016年,是中国出版社集体走出去,进入印度书市的重要一年,中国作为主宾国参加了第24届印度新德里世界书展。本次主宾国代表团由人民出版社、中国出版集团、中国教育出版集团、凤凰出版传媒集团、中南出版传媒集团、山东出版集团、浙江出版集团等81家出版社单位的255位出版人组成。中国主宾国展台占地1200平方米,是新德里世界书展历史上最大面积展台。

在为期9天的书展上,中国主宾国活动以"文明复兴交流互鉴"为主题,共举办了67场出版文化交流活动,现场展览展示了5000多种、10000多册中国优秀出版物,与国外出版商达成588项版权协议和172项合作意向。据统计,书展期间约有20万名读者参观访问了中国展台。印度国家电视台NDTV、ABP新闻频道、印度国家广播电台、印度TV、《印度时报》《印度快报》《印度斯坦时报》《德干先锋》《亚洲时代》《印度先锋报》《印度报业托拉斯》等20家印度媒体报道了中国参展的消息,报道数量多、受众面广,且内容积极正面。② 4场中印专业研讨会主题分别为"中印出版发展高峰论坛(Chinese-Indian Publishing Development Summit Forum)""中印数码出版研讨会(China-India Digital Publishing Seminar)""中印书籍版权合作研讨会(China-India Book Copyright Cooperation Seminar)"和"中印童书出版研讨会(China-India Children's Books Publishing Seminar)"。中印双方出版社在一系列论坛中交换了对相关论题的思考和从业经验,深化了两国出版业之间的交流互动。通过开展丰富的书籍和文化展示活动,举办有深度的出版论坛和读者活动,中国代表团为印度读者提供了多方面理解中国的第一手资料。③ 在文学

---

① 参见 http://www.fmprc.gov.cn/ce/cgmb/chn/zxhd/t1393096.htm,访问日期2018年5月11日。
② 参见《文明复兴交流互鉴——2016新德里世界书展中国主宾国活动纪实·附录》。
③ 参见 *NBTNewsletter*,April 2016 · Vol 34,No. 4,http://nbtindia.gov.in/writereaddata/attachment/monday-may-30-20163-12-46-pmapril-2016.pdf

书籍出版方面,与中国合作较多的印度出版社分别是印度国家图书基金会（NBT）、GBD 书屋（GBD Books）、普拉卡山出版社、OM 书屋（OM books）和来自泰米尔纳杜邦的阿志出版社（AazhiPulishers）。

为增进印度儿童对中国的了解,主宾国活动还特别设立了"中国少儿精品图书展,"精选了来自多家少儿出版机构的优秀中英文版原唱少儿类图书约 300 种,包括了自然科学、传统文化、神话故事等主题,如《米小圈上学记》《中国民间童话系列·长发妹》等。其中翻译成印地语的 8 种中文原创绘本童书广受欢迎,熊亮绘本《京剧猫之武松打虎》即为其中的代表。[①]

2016 年 1 月 27 日—2 月 7 日,第 40 届加尔各答国际书展在加尔各答举行。五洲传播出版社代表中国出版机构参加了此次书展,共展出英文图书 200 多种和少量印地语图书,涉及中国文化、历史、文学、童书等多个领域,其中印地文版《中印文化交流》和英文版《中国与印度的故事》尤其受到当地读者关注。[②]

中印之间的文学互译与传播,历史上中译作品远远超过印译作品。2013 年中印设立"经典和当代作品互译出版项目",这种局面开始获得改善。从 2015 年进入 2016 年的一年,是这种改善的正式起步之年。2016 年至今,在印度获得本土语言译介的中国当代文学作品不断增加,中国出版社与印度出版社之间的合作也越来越紧密。2018 年 1 月,英文版《尘埃落定》印地语译本在印度首发,张炜《古船》的泰米尔语版本也即将完成,这些都是中国文学作品走入印度的坚实步伐。

当然,中国文学要想真正进入印度和南亚,还有很长的路要走。印度的主体文化并非佛教文化,而是印度教文化。中印之间文化差异较大,相互理解还有待进一步加强。中国文学真正进入印度,既是增进中印理解的必经之路,同时又必须在此过程中尽可能跨越文化差异的鸿沟。借鉴 2016 年以来中国文学作品成功进入印度的经验,在翻译、出版、发行等各方面积极与印度业界合作,走"本土化"之路,或许将是一条可行之道。

（曾琼　北京外国语大学亚非学院副教授）

[①] 参见 2016 新德里世界书展中国主宾国活动组委会编《文明复兴交流互鉴——2016 新德里世界书展中国主宾国活动纪实》,北京彩和坊印刷有限公司,2016 年,第 38、45、53 页。

[②] 参见 http://www.cicc.org.cn/html/2016/wzbb_0202/3199.html,访问日期 2018 年 5 月 19 日。

·中国文化经典外译与研究·

从《召南·鹊巢》到《红楼梦·西江月》词[*]
——论德庇时《汉文诗解》中的翻译问题

任昱楷

提 要：本文以英国外交官、汉学家德庇时所著《汉文诗解》所译之中国古典诗歌为研究对象，讨论该作中存在的"语境偏移"现象。本文通过对德庇时所翻译的《召南·鹊巢》和《红楼梦·西江月》词的具体分析，指出评价译作的文学审美标准。在此基础上，本文对文学翻译问题展开反思，提出从互文性的角度讨论译作和原作的关系，给予译作独立的审美鉴赏地位。

关键词：德庇时 《汉文诗解》 《召南·鹊巢》
《红楼梦·西江月》词

德庇时（Sir John Francis Davis，1795—1890），英国外交官，香港第二任港督（1844—1848），西方汉学发轫期的重要汉学家，在中国文学翻译领域卓有建树。其成果涉及戏剧、小说和诗歌，同时还有对于中国文学及中国社会的研究性著作。

《汉文诗解》是德庇时对中国古典诗歌进行全面研究的代表性著作，其在1870年之前有五个版本。① 本文依托于德庇时1830年发表在《英国皇家亚洲

---

* 本文系2014年度国家社科基金青年项目"从《红楼梦》在国外的传播与接受看中国文学走向世界问题研究"（项目编号：14CWW006）阶段性成果。

① 参赵长江《〈红楼梦〉诗词英译之发轫：德庇时英译〈西江月〉历时研究》，载《红楼梦学刊》2012年第三辑。以及赵长江《19世纪中国文化英译典籍研究》，南开大学博士学位论文，2014年。

学会会刊》(Transactions of the Royal Asiatic Society of Great Britain and Ireland)第二卷上的这一版。《汉文诗解》于1829年由德庇时在皇家亚洲学会上进行"宣读"。1830年发表的这一版就是宣读稿本身的样子,反映的是这份著作最原始的面貌。这也是本文选择这一版的原因。此后德庇时对这份著作做了修订,在论述文字和所引诗歌上都做了增加。1830年版的《汉文诗解》拉丁文题名为 Poeseossinensis Commentarii,英文题名为 On the Poetry of the Chinese。

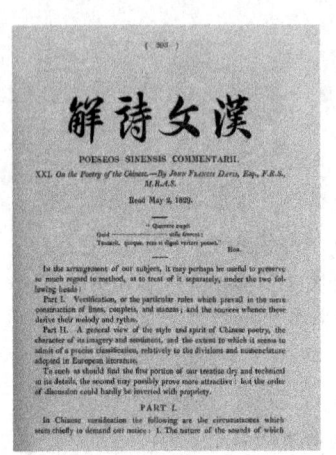

《汉文诗解》1830年版第一页

当前学界关于德庇时的研究和讨论并不少,大多数着力于德庇时对于《诗经》、中国古典小说及戏曲的译介。但对于《汉文诗解》这部著作,学界的研究并不丰富。这其中的原因倒也明显。一来,受限于时代背景和德庇时对于中国文学的阅读经验,《汉文诗解》在作品选目、研究方法、观点及结论等方面都存在局限。二来,与同时期其他重量级的汉学译介和研究著作相比,德庇时这部《汉文诗解》容量相对单薄,学术分量稍嫌不足。① 因为上述两个原因,目前国内学界针对《汉文诗解》的专题研究相对较为匮乏。但是,《汉文诗解》的上述特征并不能成为学界忽视它的理由。将《汉文诗

---

① 德庇时的那个时代,在某种意义上属于西方汉学研究的发轫期。但饶是如此,重量级的汉学家层出不穷,对于中国典籍的译介和讨论也卓有建树。在当时的英语世界,马士曼(Joshua Marshman, 1768-1837)翻译了《论语》以及《大学》;小斯当东(Sir George Thomas Staunton, 1781-1859)译《大清律例》和《异域录》;马礼逊(Robert Morrison, 1782-1834)将圣经译为中文,翻译出版《中国箴言:译自中国流行文学》(Horace Sinicae: Translations from the Popular Literature of the Chinese)并编纂《华英字典》(A Dictionary or the Chinese Language);柯大卫(David Collie, 1791-1828)译"四书";麦都思(Walter Henry Medhurst, 1796-1857)中译圣经,英译《书经》(即《尚书》),并编纂中英词典等;理雅各(James Legge, 1815-1897)翻译中国文化典籍和儒道典籍(理雅各的《中国经典》(The Chinese Classics)包括《论语》《大学》《中庸》《孟子》《尚书》《诗经》《春秋》《左传》;其为《东方圣书》(The Sacred Books of the East)系列所翻译的儒家经典包括《书经》《诗经(宗教性内容)》《孝经》《易经》《礼记》《道德经》以及《庄子文集》);翟理斯(Herbert Allen Giles, 1845-1935)译《庄子》《聊斋志异》以及其他中国文学作品,并写作在英语世界具有开创之功的重要研究著作《中国文学史》(A History of Chinese Literature)。

从《召南·鹊巢》到《红楼梦·西江月》词

解》放入西方汉学发展史中,可以看到这部著作对中国古典诗歌的研究呈现为一种粗糙的整体性视角。这种真知和失误并存的特征是海外汉学研究发轫期经常会出现的情形,也恰是学界应当认真对待的问题。从译介学的层面对《汉文诗解》做具体的探讨,会发现一个非常有意思的现象:在英文语境下,《汉文诗解》对中国文学作品的翻译及阐释存在"语境偏移"(Contextual slant)。语言学研究对语境偏移的讨论更多地集中在词义层面,讨论词义因为搭配或语境变化而发生的语义转移。而本文从译介学的角度,讨论在英文语境下,《汉文诗解》对中国古典诗歌文学性的呈现特征,同时从文学审美角度讨论译作同原作的关系问题,审视因为语言的不同译作出现的语境偏移。为了尽可能全面地展示上述思考,本文选取《汉文诗解》中不同类型和风格的几首作品作为代表。这些作品既包括中国古典诗歌中的经典作品,也有选自通俗小说中的韵文。

一、德庇时译《召南·鹊巢》

《汉文诗解》第二部分讨论中国诗歌的"风格与精神"(the style and spirit)。[①] 这主要就诗歌的内容来谈。德庇时在这一部分翻译了《诗经》当中的两首作品,一首是《召南·鹊巢》,一首是《小雅·谷风》。参照《毛诗正义》,《汉文诗解》所录两首诗的中文原文除了《小雅·谷风》中有一处微小的异文之外,大体无误。[②] 下面以德庇时所译之《召南·鹊巢》展开分析。

依《毛诗正义》对《召南·鹊巢》的理解,该诗依托"鸠占鹊巢"事,题解为咏"夫人之德"。[③] 郑玄笺释作"鸤鸠因鹊成巢而居有之,而有均壹之德,犹国君夫人来嫁,居君子之室,德亦然"。[④] 整首诗三章,每章一、二句

---

① Sir John Francis Davis, "On the Poetry of the Chinese", in *Transactions of the Royal Asiatic Society of Great Britain and Ireland*(Vol. Ⅱ), London: J. L. Cox, 1830. p. 393.

② 同阮元本《十三经注疏·毛诗正义》相对比,《汉文诗解》中《召南·鹊巢》的文字毫无问题。《小雅·谷风》第二章第三句《毛诗正义》本作"将安将乐,弃予如遗",《汉文诗解》中做"将安将乐,弃予于遗"。这是这两首诗唯一一处异文。参《十三经注疏》整理委员会整理,李学勤主编《十三经注疏·毛诗正义》第 774 页,北京:北京大学出版社,1999 年。

③ 《十三经注疏·毛诗正义》第 63 页。

④ 《十三经注疏·毛诗正义》第 64 页。

用"鸤鸠"起兴，三、四句归到女子嫁入夫家。而夫人来嫁国君、彰显德行成为《毛诗正义》对这首诗主题的解释，这一解释同时体现在郑玄的笺和孔颖达的疏中。①

对于《诗经》的这种中国阐释学传统，德庇时应当是知晓的。在《召南·鹊巢》的原文之前，他这样说道：

> 在后面的转述中（注：此处指德庇时的译文，德庇时称他自己的译文为 paraphrase），有必要明确表现诗歌完整的意义。这种意义在原文中仅仅是暗示出来的，在注解中得到详尽充分的解释。根据注解，这首颂歌讲的是一位富有且有权势的求婚者从比他卑微的对手手中夺走新娘的事情。"鸠"，即强盗鸟，在现代的写作中，总是象征着不正当的占有。②

目前无法考证德庇时这一理解所依据的是《诗经》的哪一个注本，但无

---

① 学界对于《召南·鹊巢》主旨的解说甚夥，主要有如下几种：1. 咏"夫人之德"。按《毛诗正义》，本篇之诗序以及郑玄的笺和孔颖达的疏均如此说，其他如朱熹亦持是说。2. 大（太）姒来居其位，宜辅佐君子共守而不失其王业。欧阳修《诗本义》持此说。3. 婚姻夫妇之礼。杨简《慈湖诗传》等持此说。4. 美夫人之德，亦以见文王齐家之化行于诸侯。宋人严粲《诗缉》等持此说。5. 夫人承后妃之化能率其妾滕，使妾媵不嫉妒。元人梁寅《诗演义》、明人朱善《诗解颐》等持此说。6. 喜诸侯被文王之化能成礼。明人李先芳《读诗私记》持此说。7. 诸侯嫁女娶妇。明人丰坊《申培诗说》持此说。8. 太姒来嫁于同与滕俱来，诗人美之。明人何楷《诗经世本古义》持此说。9. 南国诸侯被文王之化，重大昏（婚），以亲迎为重而盛其礼。清代《御纂诗义折中》等持此说。10. 反映周室东迁之后道德衰微。明人曹学佺《诗经剖疑》持此说。11. 大姒与国君同德。宋人刘克《刘氏诗说》持此说。12. 重始嫁之德。清代汪梧凤《诗学女为》持此说。另，现代学者张树波在其编著的《国风集说》中总结本诗题旨如下几条，亦可兹参考：夫人之德说、诸侯嫁女娶妻说、美诸侯妻不妒说、贵族嫁女说、婚歌祝词说、刺君以妾为妻说、教女使不自私说、国君弃旧图新说、讽刺小姐出嫁说。张树波《国风集说》（上）第115—118页，石家庄：河北人民出版社。在以上诸说法中，影响较大或较为主流的说法还是《毛诗正义》诗序、郑玄笺注和孔颖达注疏所持之咏"夫人之德"说。而对于德庇时在译诗中所呈现的强盗抢婚说，实难找到支撑材料。另外可以否定强盗抢婚说的还有"之子于归"这句话。按《说文解字》，"归"意为"女嫁也"。"之子于归"一句在《诗经》中总共出现12次，除《邶风·燕燕》为送别意外，其余均为女子婚嫁入门，同被抢亲无涉。

② "On the Poetry of the Chinese", in *Transactions of the Royal Asiatic Society of Great Britain and Ireland*（Vol. II），p. 423.

从《召南·鹊巢》到《红楼梦·西江月》词

> " The nest yon winged artist builds,
>   The robber-bird shall tear away:
> —So yields her hopes th'affianced maid,
>   Some wealthy lord's reluctant prey.
>
> " The anxious bird prepares a home,
>   In which the spoiler soon shall dwell:
> —Forth goes the weeping bride, constrain'd,
>   A hundred cars the triumph swell.
>
> " Mourn for the tiny architect,
>   A stronger bird hath ta'en its nest:
> —Mourn for the hapless, stolen bride,
>   How vain the pomp to soothe her breast!"

德庇时《召南·鹊巢》译文①

论如何,这一理解同《毛诗正义》的讲法有根本性的偏差。因此他的翻译——尤其是每章的三、四句就出现了问题。请看他的译文:

译诗的确属于"转述",因为德庇时完全脱离了原文的字句,甚至在内容上也做了非常大的发挥。如果将翻译视为一种严格的信息传递活动的话,那么德庇时的译文显然不合格。但是,如果将批评角度转移到作品的审美鉴赏上时,是不是可以有另外一种看待译诗的方式呢?

如将译诗单纯地视为一首英诗,则其在形式上是一首抑扬格四音步诗,双行押韵,结构整饬,同时,因韵律的考虑,第一、二诗节为倒装句式(第二诗节第一句除外),第三诗节为排比句式。两种句式运用得非常灵活,既符合韵律,又避免了以辞害意。可以说,这是一首形式优美的英文格律诗。

在内容上,这首译诗的考虑也很具匠心。中文原诗的每一章均为一、二句起兴,三、四句比类。德庇时尽管对比类的内容有所误解,但是他却非常清楚这里面起兴和比类的机制。因此我们看到,德庇时的译诗表现为同样的结构。其每一诗节的前两行写鸟儿的相争,后两行写爱情之离合。

更有意思的是,在写爱情悲欢的诗行中,三个诗节在内容上呈现为一个叙述性的结构。第一诗节的三、四两行,写这位已订婚的姑娘放弃了她的希望,被富有的"君主"(lord)所捕获。在第四行中,reluctant prey 是对姑娘的困境的比喻。Prey 一词本指被捕猎的动物,这里一方面表现出姑娘所受到的欺凌,另一方面也暗示出姑娘楚楚可怜的形象。

第二诗节的三、四两行情节往前发展。可怜的姑娘流着眼泪被带走。Constrain'd 一词暗示出她甚至也许遭受暴力对待。而不仅 a hundred cars 描画出带走姑娘时君主的武力,the triumph swell 更是生动地渲染出君主耀武扬威的气势。在这两句诗里,哭泣的姑娘和得胜的千乘车辆构成鲜明的对比,使

---

① "On the Poetry of the Chinese", in *Transactions of the Royal Asiatic Society of Great Britain and Ireland* (Vol. II), p. 423. 此处所引诗句排列及格式一如原文。

弱者更弱，强者更强，形成了极强的诗歌张力。

前两节诗的四个诗行构成了叙述的开端和发展，第三节的三、四两个诗行通过情感上的升华为这个可悲可叹的故事做了一个了结。这两句同此节一、二句共用一个排比句式。前者为鸟儿哀鸣，后者为姑娘不平。这个被"盗走"的不幸新娘，无论什么样的富贵也无法平复她胸中的哀伤。鸟儿的遭劫和姑娘的不幸统一在抒情性极强的 mourn 一词中，非常完美地收束全文。而在情节结构上，这个悲剧故事的讲述终止于此，但姑娘胸中无法平息的哀伤却没有得到纾解，一生郁郁，无时或忘。诗歌情节的叙述随着诗行的结束画上句号，但人物的命运依然无所了结。以不结作结，这形成全诗主题层级的"反讽"（irony）效果，呈现出非常高超的文学审美体验。这也难怪德庇时对自己的这首译作非常得意，后来又将其收录于他的另一部著作《中国人：中华帝国及其居民概述》当中。①

德庇时的这首译诗，对原诗题旨的理解偏差严重，内容上甚至变化得有些面目全非，在这个意义上，算不上是一首"准确的"译作。但是，如纯粹从英诗的角度看，译诗的形式和内容俱佳，是一首匠心独运的作品，在审美意蕴上颇有值得玩味的地方。如是，对这样一首发生了严重语境偏移的译作，应该如何评价呢？下面且继续分析《汉文诗解》中的另一处例子，以便在本文最后深入讨论。

二、德庇时译《红楼梦·西江月》词

《召南·鹊巢》来自《诗经》，而《诗经》在中国古典诗歌传统中具有正统和典范的地位。德庇时的译文亦呈现为严谨细腻的英诗。而如果翻译的对象并非是像《诗经》这样的经典作品，而是通俗小说或民间读物当中的韵文，德庇时将译为什么面貌呢？

在《汉文诗解》中，德庇时列举了不少来自小说《好逑传》中的诗歌，另外还有出自戏曲《长生殿》、童蒙读物《增广贤文》和《三字经》中的韵文等。在所有这些通俗作品当中，最令人兴奋的，是《红楼梦》中批贾宝玉

---

① Sir John Francis Davis: *The Chinese: A General Description of the Empire of China and Its Inhabitants*. London: Charles Knight, 1836.

的两首《西江月》词。德庇时这样谈道：

> 前述诸例应当可以安置在描写诗这个类别下。而下面的例子引自于一部名叫《红楼梦》的小说。这是用诗歌对一位年轻的中国浪子所做出的刻画（a poetical account of a young Chinese profligate）。只是这里的诗歌是一种不规则的韵文类型，包含六言和七言。下面的译文是逐行，甚至几乎是逐字翻译的，可以说非常贴合原文的意思，没有偏离一点。还必须要说明的是，原文并非是某首长诗的节录，而是那些诗歌式的休止的一例（one of those poetical breaks）。这些诗歌式的休止装点了散文作品的美感。①

这段话谈到了对贾宝玉的理解，翻译两首《西江月》词时所采用的方法，以及对中国小说中韵文功能的态度。接下来德庇时列出了两首《西江月》词的中文原文。其中第一首词有四处异文。学界目前的观点认为，德庇时这里所采用的《红楼梦》底本可能是一个目前还不知道的手抄本或该手抄本的过录本。②

富貴不知樂業
貧窮難耐淒涼
可憐辜負好韶光
于國于家無望
天下無能第一
古今不肖無雙
寄言紈袴與膏粱
莫效此兒形狀

無故尋愁覓恨
有時似俊如狂
縱然生得好皮囊
一膓原來是莽
潦倒不通庶務
愚頑怕讀文章
行為偏僻性乖張
那管人間誹謗

德庇时所录《红楼梦·西江月》词二首

---

① "On the Poetry of the Chinese", in *Transactions of the Royal Asiatic Society of Great Britain and Ireland*（Vol. Ⅱ），p. 440.

② 赵长江《〈红楼梦〉诗词英译之发轫：德庇时英译〈西江月〉历时研究》，载《红楼梦学刊》2012年第三辑。赵文认为第一首词中有3处异文，但其实是4处。赵文所没有指出的一处，是德庇时译文的第四句最后两个字，"是莽"。以比较流行的抄本庚辰本和刻本程乙本来对勘，此处文字均做"草莽"。

德庇时译文如下：

> " The paths of trouble heedlessly he braves,
> Now shines a wit—and now a madman raves:
> His outward form by nature's bounty drest;
> Foul weeds usurp'd the wilderness, his breast ;
> And bred in tumult, ignorant of rule,
> He hated letters—an accomplish'd fool !
> In act deprav'd, contaminate in mind,
> Strange ! had he fear'd the censures of mankind.
>
> Titles and wealth to him no joys impart—
> By penury pinch'd, he sank beneath the smart ;
> Oh, wretch ! to flee the good thy fate intends,
> Oh, hopeless ! to thy country and thy friends !
> In uselessness, the first beneath the sky,
> And curst, in sinning, with supremacy !
> Minions of pride and luxury, lend an ear,
> And shun his follies, if his fate ye fear !"

德庇时《红楼梦·西江月》词二首译文①

从形式上看，这是一首抑扬格五音步格律诗，两句一押韵。从内容上看，与中文原诗对读，译诗在严格意义上确实谈不上逐字翻译。但是，从直接的阅读感受来讲，尽管译诗不是逐字对应原文，但每一句的意思既没有削弱原文也没有过度引申。译诗同原文形成一种似是而非、似非而是的互文关系，即"互文本性"（intertextuality）。译作同原文之间存在词语意义和主题意蕴上的联系，并且在修辞手法上存在共用、套用或移用的可能，这些因素在两个文本之间造成或隐或显的联系，并通过隐喻、类比、引用等各种手段关联起来，成为一个更加复合的大文本。

以译作前两句为例说明二者之间的这种互文本性。第一首词的头两句，德庇时所引原文作"无故寻愁觅恨，有时似傻如狂"。译诗第一句用 heedlessly 译"无故"，恰当。"寻愁觅恨"中的动词"寻""觅"在译诗中变为 braves。"寻"和"觅"本身的主观色彩较淡，但 brave 作动词的时候意指"勇敢地面对"。这么一来那种不管不顾、故意寻衅的张狂意味就传递出来了。同 heedlessly 相配合，活脱脱画出一个乖张形象。"仇"和"恨"，译诗没有直接表现。但 the paths of trouble 却很能曲尽其意。因为原诗的"寻愁觅恨"非指真的与人结仇，而是指贾宝玉内心情感丰富，伤春悲秋强说愁。而 the paths of trouble 中的 trouble 既可以是同他人结下的麻烦，也可以是自己心中的纠葛，而后者就很符合原文的意思。可见，译诗第一句除了 heedlessly 一词之外，字字都不同于原文，但整体所传达出的意味却很准确。

译诗第二句在句式和措辞上更有意思。两个 now 构成的短句非常准确地体现出了"有时"之意。而且，两个 now 构成的短句节奏快而迅捷，很好地

---

① "On the Poetry of the Chinese", in *Transactions of the Royal Asiatic Society of Great Britain and Ireland*（Vol. II），p. 441.

诠释了贾宝玉情绪转变快得让人摸不着头脑的程度。Shines a wit 和 a madman raves 比原文增加了动作的意味，含义更加丰富。"机趣"（wit）的确是灵光一闪的显现，而 shine 又很好地表明宝玉的这种聪明并不是恒长的智慧，而是旋即改变。Madman 直译"狂"，而 raves 不光照顾到了两个句子之间的押韵，更把这种狂暴的状态写得惟妙惟肖，同 shines a wit 形成鲜明对比。另外，富有机趣的人突然疯狂咆哮，在对比之外更增添了一重反讽。总体来讲，这句译诗在意义上极其贴合原文，而在修辞手法上还更为独到，其文学审美效果非常好。

限于文章篇幅，上面这样的文本细读仅以这两处为例。但可以看到，第一，译诗本身放在英诗的范畴中，可谓佳构。其形式上的特征，无论是音韵还是修辞手法方面，都无可挑剔。第二，也是更为重要的，是译诗的审美鉴赏。译诗尽管没有逐字对应地翻译原作，但对原作意蕴的传达毫无损失。同时，其文学手法的佳妙之处，更在一定程度上强化了原作。基于此，在互文本性的层面，译诗同原作之间的关系就有了另一个角度的思考，换言之，译诗是否一定要同原作一致？这种一致性是否应当成为评判译诗的价值标准？如果不是这样，那么译诗的文学价值何在？或者说译诗是否可以具有独立的文学地位？如果如此，那么译诗同原作的关系如何？

三、结　　论

以上讨论的两处译诗情况不同。德庇时所译《召南·鹊巢》，在文意和主旨上完全偏离原文，但译诗本身的形式和内容无可挑剔，是一首极好的英诗。其所译之两首《红楼梦·西江月》词，作为英诗的形式感也很强，内容上虽然不是真正的逐字翻译，但紧贴原文，传达出来的意蕴别无二致。由此，如果只是按照翻译"信"的原则，似乎我们对这两首译诗的价值评判应当完全不同。

但是，这样简单化的思维显然是不合适的。要解决这个问题，还是要回到文学性这个老问题上来。理论界对于文学性的思考讲清了文学语言同日常语言的区别：后者以传递信息为目的，看重的是明确清晰；而前者指向语言自身，更看重的是模糊性和多义性等等。因此，文学翻译不同于法律、科技文献，乃至于日常活动的"传译"，文学翻译需要最大限度地体现文学性，完成其审美功能。是否能最大限度地、最为贴切地传达原作的文学性特征,似乎应当是衡量译作之文学价值的尺度。

因此,从这个角度来讲,德庇时的译诗在语词层面是否同原文一致就不是个致命问题。其所译的《召南·鹊巢》叙述了一个爱情悲剧,烘托出无可奈何的凄凉之感;其所译两首《西江月》词,生动地刻画出一个叛逆的人物形象。从内容到形式,两首译作都是英诗佳构。唯一不同的只是,德庇时所译《西江月》词同原作主旨一致,而其所译《召南·鹊巢》与原作的主题旨趣有所偏离,原作为喜,译作为悲。

上面得出的是第一步的结论,这个结论在理论框架上仍然存在逻各斯中心主义的局限。因为它依然将原作的审美旨趣作为评判的"标准",而一旦将这个框架突破,那么得到的结论就会根本性地不同。

突破点恰在于前文所谈到的"互文本性"。基于解构主义的基本思路,互文本性突破了结构框架中的二元关系而进入到解构的层面。在这个层面上,文本和文本之间的关系相互平行独立。文本之间通过互相指涉的方式发生关联。将这种文本间性的认识应用于原文和译文,那么就可以得出如下的启发。

第一,译文一旦被创作出来,就获得了其独立的文学地位,不再同原文相关。这种同原文的不相关,不仅是语词层面可以同原文不一致,就连更为核心的文学审美旨趣,也无须同原文一样。译文在任何一个层面上都完完全全地独立于原文。对其的批判标准锚定于它自身,其自身的文本特征呈现出何种审美效果,就有多大的审美价值。如是,则德庇时所译之《召南·鹊巢》及《西江月》二词都是独立的英诗,从前面对它们的文本细读中可以体会到它们高超的文学性。

第二,在译文独立的基础上,译文同原文也构成了互文本。两者有所渊源,并在不同层面上体现出来。因此对它们的讨论不需要再拘泥于两者是否一致,而是要尽力挖掘两者的间性关系体现在哪里,又是如何呈现出来的。如是,则德庇时所译之《召南·鹊巢》同原作意蕴相反的原因、[①] 这种原因的具体呈现方式等等就应当成为探讨这首译诗所需要致力的方面。而德庇时所译之二首《西江月》,也一样要联系到他对于《红楼梦》的阅读,以及他

---

① 这种原因在一定程度上是外在于对作品的解读的。其分析应当着力于德庇时本人对于《诗经》的学习、那一代汉学家对于《诗经》的研究和解读等等。这种分析属于实证性的文学外部研究。

对于中国古典小说的理解。要之，译文本身连同其文学审美特征均独立于原文，所以文学翻译研究的"一级"或根本着眼点在于作品自身的审美效果，而译文同原文的间性关系成为文学翻译研究的"另一极"。

德庇时的《汉文诗解》是一份资料性极强的文献，其中对于中国古典诗歌的翻译呈现出饶有趣味的形态和特征。本文利用《汉文诗解》中的译作对翻译研究的方法做出反思，是因为有感于学界在翻译研究实践的方法论上的单一。在后现代主义思潮不断发展变化的历史阶段，在方法论不断涌现的今天，如果还拘泥于"归化/异化"，不能不说这是从观念到方法上的落后。依托于后现代主义的思维角度，译介学研究应当有无限广阔的前景。

（任显楷　西南交通大学外国语学院副教授）

学兼东西 和而不同*
——金安平《论语》英译本研究

朱 峰

摘 要：2014 年，美国华裔历史学家，耶鲁大学金安平教授的《论语》英译本由企鹅经典出版，迄今国内尚未给以研究。她为西方世界带来的这个译本，源于其儒学和历史学的学术延展，以及个人生活中的对《论语》的喜爱和感悟，旨在弥补以往译本倚重宋注的过失，传承清代以来学术，力图通过筛读浩瀚的文献，为西方读者扫荡阅读障碍的同时，还原一个真实的孔子。金安平的译本通俗性与学术性的统一，历史学视角下的传译必将为外语人才培养、典籍翻译和学术外译带来借鉴和启示。

关键词：金安平 论语 英译

从 1691 年开始至今，《论语》英译史已近三百年，在其翻译主体之中，海外华人学者值得我们注意。虽然他们寄居国外，但血浓于水，割不断的民族与文化归属感，自然也使他们投身于中华文化的传播事业。从辜鸿铭开始，华人对《论语》的英译从未间断过，时至今日也有百年的历史，其中的著名人士还有林语堂、谢德怡、刘殿爵、翟楚、翟文伯、黄继忠、李祥甫、马德五、金安平和倪培民，等。以译者名和论语为篇名检索，据中国知网（cnki）1985 年至 2017 年的数据，可以发现，在国内对他们的研究中，有辜鸿铭 136 篇、林语堂 27 篇、刘殿爵 12 篇、翟楚和翟文伯 1 篇、黄继忠 2 篇、李祥甫 1 篇，而节译本（谢德怡）和千禧年后的三个译本（马德五、金安平、倪

---

* 本研究为浙江省哲学社会科学规划重点课题"西方汉学史视域下的儒家四书英译与传播研究"（编号：17NDJC037Z）阶段性成果。

培民）尚无人涉及。

近现代以来，华人译本之中，最为著名的当属香港中文大学刘殿爵在1979年的译本，该译本被西方世界公认为最好的一种，后收录到企鹅经典丛书。无独有偶，2014年，美国华裔历史学家、耶鲁大学金安平教授的译本，也由企鹅经典出版。截至目前，国内尚未对其译本给予关注，实属可惜。基于此，本文从分析翻译动机和目的角度出发，进而深度解读该译本的翻译特色，最后做出总结性评鉴，以期对未来的儒家典籍和学术著作外译提供相应启示。

一、译者个人背景

金安平（Annping Chin，1950—），美籍华人，历史学家，1950年于台湾出生，12岁时举家移民至美国维吉尼亚州瑞奇蒙（Richmond，Virginia）。大学时代专业最初是数学，就读于密歇根州立大学，获得理学学士学位，后来进修于哥伦比亚大学，1984年获得中国思想方向的博士学位。在进入耶鲁大学历史系任教前，她曾是卫斯连大学（Wesleyan University）的教师。

值得注意的是，金安平出身书香门第，与历史学渊源极深，其祖父是著名史学家金毓黻，在哥大东亚研究所读博期间，其指导老师是国际知名明清历史学家房兆楹。就连其丈夫也是中国清代历史学研究的翘楚，即美国当代汉学三杰之一的史景迁（Jonathan Spence）。二人因研究历史结缘，结识于房兆楹的葬礼之上，而后夫妻伉俪，共同生活并互相砥砺学术，都在相应领域取得了丰硕成果。

金安平在卫斯连和耶鲁所教授课程涵盖儒释道三家，尤其是着重于先秦儒学和明清史，儒学方面对孔孟和荀子都有涉猎，史学方面对战国和明清较为侧重。她一直在学术上耕耘，著作不断，目前共有六本，它们包括：《中国的孩子》（Children of China：Voices from Recent Years）、与曼斯菲尔德·弗里曼（Mansfield Freeman）合译《孟子字义疏证》（Tai Chen on Mencius：Explorations in Words and Meaning）、《合肥四姊妹》（Four Sisters of Hofei），与丈夫史景迁合著有《二十世纪的中国：百年摄影史》（The Chinese Century：A Photographic History of the Last Hundred Years）以及《孔子：喧嚣时代的孤独哲人》（The Authentic Confucius：A Life of Thought & Politics）和《论语》（The

Analects)。

二、翻译动机和目的

  金译本的出现，实质上是她学术研究的演进。早在 2007 年，她就完成了历史学考证下的"孔子传"，出版了《孔子：喧嚣时代的孤独哲人》。该书通过历史文献中的蛛丝马迹考证，旁征博引中西方汉学的研究成果，描述孔子一生的历程。她对《论语》所涉及诸子同样不陌生。早在 1990 年，通过翻译戴震作品，她便掌握了孟子大义，还曾在《儒林》和《中国儒学》杂志上发表文章，探讨庄子、荀子等先秦人物。就《论语》原始文本而言，她重视考古发现，对《上海博物馆藏战国楚竹书》极其关注，从 1999 年开始，在国内外的楚竹书类学术会议上都可见到她的身影。这些前期的学术积累，无论是内容的广度，还是研究方法的使用，都为翻译《论语》铺平了道路。

  除了学术上的追求，金安平个人对《论语》的喜爱和自己的人生感悟，是次因。她在简介开头即坦言："我成年之时，便一直探索《论语》的含义。过去十年，更是浸淫其中不可自拔，尽管路途不再艰辛，但兴趣依旧盎然。原因在于，我挖掘愈深，文本愈加丰富，含义愈加宽阔。"① "与《论语》的长期接触过程之中，一些更为重要的发生了。似乎此书，在这过程中，摆脱作为我学术研究的目标，使我愈阅读它，便愈置身于自己的人生之中，使我更强烈地感受到生活中的各组成部分：家庭，朋友，学生，国家，政治，童年，双亲记忆"。②

  其翻译目的首先是延续《论语》学学术，她把译本看作一种学术传承。她在前言中声明："至今大多数英文译本，没能反映《论语》诠释的丰富性。他们大都偏爱宋代朱子集注，从 12 世纪开始至此后五百年，朱子作为皇家范本，成为科举考试的唯一指定版本。我的译本将独辟蹊径，侧重近三百年的学术成果，因为他们提供了有竞争力的诠释，以及对词句子段落理解上的多种可能性。"③ 故此，在底本的选择上，她果断放弃以往汉学家所诉诸的宋儒，

---

① Chin Annping, *The Analects*, NewYork：Penguin Random House Company, 2014, p. XV.
② *The Analects*, p. XV.
③ *The Analects*, p. IX.

转而选择清代刘宝楠的《论语正义》。

其次，金译本旨在增强东西对话，增加译本的可读性，提高西方读者的接受度。关于自己的译本，金安平号称"本译本继承中国两千年学术，代表西方四百年跨语言的努力"。① 她发现"浩瀚的两千年《论语》注疏文献，帮读者跨越模糊篇章解答困惑的同时，也让读者高山仰止。为此，我的译本出发点就是，清晰简洁，注疏采近百年之学术，力求举重若轻。切盼这样可以引领读者通读各个章节，而不去失去他们"②。

再次，她采用历史考据的学术方法，力图通过译文，还原孔子真实面貌。她坦言"我努力使孔子形象越加明朗，这正是我所要追求的。孔子所言，并非圣语，而是他人性本能地对当时世界的所思所说所答，以及自省"③。为此，她"既做翻译又作疏解，集中收集关于孔子的历史痕迹，使其置身于当时的世界之中。这样，我们便可思及孔子面对问题时，思考、回答甚至反复琢磨时的情形"④。

三、译本特色

金安平译本卓绝之处，总结起来，共有五点。首先是朴实无华的语言以及特殊的"注疏"式翻译；其次是译文中大胆嵌入拼音，并使之融于整体的篇章；再次是采用拼音和英文两种夹注，疏通汉英交际中各种障碍；其四是致力还原文本语义，立足经学和史学，兼收东西方学术成果；最后是以开创篇名题解的方式，对篇内问题，给读者简介和引导。

（一）译注交互素事后绘

金译本排版上模仿中国传统注疏体，译文之下，配以小字注释，除7.9和19.15两章之外，其他510章皆"译""注"结合。如果说译文正文是白描，这些注释则是渲染。它们汇集前人的注疏，为读者阐释和探究译文之中的复杂潜在含义，以及学术问题。例如：

---

① The Analects, p. XXVIII.
② The Analects, p. XVI.
③ The Analects, p. XV.
④ The Analects, p. XVIII.

例一：子曰：学而时习之，不亦说乎。有朋自远方来，不亦乐乎。人不知而不愠，不亦君子乎。（1.1）

译文：The Master said, "Is it not a pleasure to learn [xue] and, when it is timely, to practice what you have learned? Is it a joy to have friends coming from afar? Is it not gentlemanly not to become resentful if no one takes notice of your learning?"

注释：An alternative translation of the first sentence might be："Is it not a pleasure to learn and to repeat often what you have learned?" The differences in reading depend on how one understands the phrase shixi. The character shi could mean "timely" or "time and time again"; the character xi could mean "to practice" or "to repeat [like a bird flapping its wings] what one has learned." The Qing scholar Jiao Xun, for instance, cites the Analects 7：8, 6：21, and 11：22 to support his reading of shi as "timeliness." He says, "To be able to act in a timely way signifies a higher stage of learning" and so "gives one pleasure." Most scholars from the Six Dynasties and the Song prefer the other interpretation. Huang Kan, for instance, thinks that shi here means that "one should review daily what one has learned [each year and throughout his life], not letting a moment go to waste." My decision to side with Jiao Xun has to do with Confucius' fourth-century BC follower Mencius' characterization of Confucius as "a sage whose action was timely." Mencius believes that such a sage is superior to those who are merely "beyond defilement" or "politically responsible," and he regards timeliness in action as the culmination of learning-not just learning as a pile of knowledge but learning, xue（学）, as Confucius instructed, to fulfill one's humanity both at home and in the broader world and learning to cultivate one's moral and aesthetic sensibilities. A man of this kind of learning will draw even people from afar to his side, but if others "do not take notice of" what he possesses, he will not mind, because he has done it for himself.（Annping, 2014：1）

此章可看作凡例，译文没纠缠于"学""说"等个别字义解析或对"朋""愠"考证名物，也没有执着于"君子"这类儒学术语的诠释，而是直接用最浅显的文字和最简单的句式表述，然后在注释部分，挑选学术争议之处进行辨析。此章重点在于"学而时习之"中"时"的处理,因其含义有二,所以金氏在注释部分先给出第二种译文,然后注解"时"和"习"的含义,二者除译文中的"适时"(when it is timely)和"练习"(to practice),还有"经常"(timely or time and time again)和"鸟数飞也"(to repeat [like a bird flapping its wings])之义;而后深挖"时"两种含义的学术渊源,先揭示"适时"含义源自焦循《论语补疏》中的观点——"当其可之谓时"①,原因在于"学者语时而说,此大学之教所以时也"(To be able to act in a timely way signifies a higher stage of learning)以至于"解悦也"②(gives one pleasure);再说明六朝和宋有别于清,喜取"经常"之义,例如皇侃所云"所学并日日修习不废也"③(one should review daily what one has learned [each year and throughout his life], not letting a moment go to waste);最后说明自己译文语义择取"适时"的理由,是因为孟子评价孔子是"圣之时者也"④(a sage whose action was timely)",孔子不是(圣之清者)"beyond defilement"或"圣之和者"⑤(politically responsible),而是"集大成者",因为夫子去"父母国"(both at home and in the broader world),为"求仁"(fulfill one's humanity)"适时""可以速而速,可以行而行,可以处而处,可以仕而仕"⑥;这种"学",可以"得天下英才而教育之"⑦(draw even people from afar to his side),即便"凡人有所不知"⑧(others do not take notice of),他不会愠怒(will not mind),因为"学在己知"⑨(he has done it for himself)。

上述可见,金氏译文很"素",但注释有"浓"度。译文选择平实的语言作为载体,并非因语言功底浅薄,而在于译者对《论语》的定性。她认为"《论语》中的对话并非哲学家的对话。孔子谈话的对象不限于哲学的学习者

---

① 程树德《论语集释》第 5 页,中华书局,2013 年。
② 《论语集释》第 5 页。
③ 刘宝楠《论语正义》第 3 页,中华书局,2012 年。
④ 焦循《孟子正义》第 672 页,中华书局,2010 年。
⑤ 《孟子正义》第 673 页。
⑥ 《孟子正义》第 673 页。
⑦ 程树德《论语集释》第 7 页,2013 年。
⑧ 《论语集释》第 8 页。
⑨ 《论语集释》第 9 页。

或具有分析倾向的人。任何听者都可以参与他的对话，并从中学到与自身生活相关的道理。"① 故此，每一章译文，都尽力还原真实的孔子，塑造出一位平凡的老者，而不是高高在上的哲学家，她操持一口通俗语言，让西方读者在浅显易懂的语境下，聆听体悟东方智慧之语。

注释部分，金安平则施以浓彩，先以自身的经学为滤镜，将蕴含的学术问题过滤，而后熟练驾驭历代学者的观点，为读者抽丝剥茧逐一解决，最后揭示源语背后蕴含的深厚哲学含义。金氏的这种翻译，"通过增加注释这种方式，将文本置于丰富的文化和语言环境中，是文字遮蔽的意义与译者的意图相融合"，② 即美国学者阿皮亚（K. A. Appiah）和赫曼斯（Theo Hermans）所倡导的"深度翻译"（Thick Translation）。因此，从这个意义上讲，该译本与其说是翻译，毋宁说是"将翻译与学术同严谨的学术研究结合起来，实际上属于学术翻译的范畴，适合涵纳丰富文化信息的文化典籍学术作品和少数文学作品，其接受对象也是对原文及其背后的文化感兴趣的异域读者和研究人员"。③

（二）嵌入拼音 尽善尽美

《论语》的英译，不仅要向西方读者介绍古典中国社会历史的方方面面，更大的挑战是儒学术语的传译。对此，西方读者会在理解时感到吃力，于是，金安平主张"不要把孔子的观点概念化和范畴化，去西方哲学搜索对等物。要是如此，便毁了阅读与学术探索的妙趣"。④ 对等术语，尚不知能否找到，即便如愿，内涵与外延意义完全对等与否同样存疑。若是意释，会使译文冗长，汉语言简意赅的美将荡然无存。金氏的做法是，在译文正文嵌入拼音，直接发挥术语作用，对于其内涵的解释和学术问题，则交由注释详细讨论。据统计，这样的章节，共计22章，涉及25个术语，注释之中嵌入169处，涉及102章，其使用范围，还涵盖文学、宗教和政治等方面的一些专有名词。见下例：

---

① *The Analects*, p. 30.

② K. A. Appiah, *Thick Translation*, In: Venuti, L. (ed.), *The Translation Study Reader*, New York: Routledge, 2000. p. 417.

③ 王雪明、杨子《典籍英译中深度翻译的类型与功能——以〈中国翻译话语英译选集〉（上）为例》，载《中国翻译》2012年第3期。

④ *The Analects*, p. XVIII.

例二：子谓子夏曰：女为君子儒，勿为小人儒。(6.13)

译文：The Master said to Zixia, "Be a gentleman *ru*. Don't be a petty *ru*."

注释：Scholars propose two different ways of understanding Confucius' advice for Zixia. Liu Baonan says that *ru* refers to "village teachers" and also officials in the Zhou court who were responsible for "instructing the people with their knowledge of the six arts," and that since Zixia was thinking about establishing a school, Confucius urged him to be "a gentlemanly *ru*," someone who sought "to understand and transmit bigger things," not minutiae, which was the sort of learning associated with Zixia.

Other scholars, however, feel that what Confucius says here is not about two styles of learning but about two types of human character-the gentlemanly, the authentic *ru*; and the petty, the fake *ru*. This was the question he was most concerned with, these scholars argue, because Confucius realized that it could be difficult to distinguish the two and that, without a clear distinction, right and wrong would be in a muddle. In the context of this reading, *ru* refers not merely to teachers but also to ritual specialists, professional men with textual knowledge, the class from which Confucius emerged and which was later associated with his followers. （Annping, 2014：66）

本章的对话体现了中国文字的对偶美，汉语的特长尽在其中。对于"儒"的处理，金安平则直接求异，抛弃意义阐释，嵌入拼音与英文浑然一体，意义和空间上与原文完美契合。再者，斜体的拼音卓然醒目，提醒读者关注此处的特殊意义，迫使读者关注注释的解读。

注释部分探讨"儒"的含义以及相关的学术问题。首部分中，对"儒"的两种含义，金译本引用刘宝楠进行解释，先告诉读者"儒"是"乡里教以道艺者"①（village teachers）或"有六艺以教民者"（instructing the people with their knowledge of the six arts）的周代官员，还向读者解释孔子对子夏说此番话的缘由，即"子夏于时设教"②（Zixia was thinking about establishing a

---

① 《论语正义》第228页。
② 《论语正义》第228页。

school），夫子告之为儒之道，让他为"君子儒，能识大可大受"①（a gentlemanly ru, to understand and transmit bigger things），不可"物卑近"（minutiae）成为小人儒。次部分，讲述"君子儒"和"小人儒"分辨，有学者欲"以人品分君子小人"②（two types of human character），这种分类，其实依旧尚无定论（in a muddle）。在本章语境下，金总结"儒"有"师"（teachers）、"先进于礼乐"（ritual specialists）、"专务章句训诂之学"（professional men with textual knowledge）和"行业学派"（the class）的含义。

（三）夹注丰富一以贯之

金译本中贯穿别具一格的夹注，分为拼音和英文两大类，数量可观，功能多样。据统计，拼音夹注，覆盖全书510章之中226章，共有369处，英文夹注，涉及271章，共计239处。拼音夹注，发挥"提示"功能，突出人物与术语的识别，彰显儒学的特殊性；英语夹注，发挥"弥补"功能，完整英译文的语义，完善故事情节。

1. 拼音夹注小大由之

嵌入拼音的缺点在于制造出阅读障碍，打断阅读节奏。另外，有些术语可以用英文简单释义。于是，金氏在181章内用拼音作为夹注，对306处人名，术语，以及一些特殊动词，形容词和名词加以标识，对读者进行醒目的提示。先看下例：

> 例三：子曰：参乎，吾道一以贯之。曾子曰：唯。子出。门人问曰：何谓也。曾子曰：夫子之道，忠恕而已矣。(4.15)

译文：The Master said, "Can [Zeng Can], my way has a thread running through it." Master Zeng replied, "Yes." After the Master left, the disciples asked, "What did he mean?" Master Zeng said, "The Master's way consists of doing one's best to fulfill one's humanity [zhong] and treating others with an awareness that they, too, are alive with humanity [shu]." (Annping, 2014: 40)

本章中第一处是对曾子的姓名补注，原因是《论语》的对话体人物众多，

---

① 《论语正义》第228页。
② 《论语集释》第451页。

字与名并用，章节中出场顺序不定，倘不标识的话，很容易混淆，故而拼音夹注，可使读者明了。据统计，金译本中 28 个人物套用此法。二、三两处夹注，是对"忠"和"恕"的注明。金安平认识到"忠恕之道即仁道"①，且"尽己之心以待人谓之忠，推己之心以及人谓之恕"②，二者是"仁"（humanity）不可分割的两面，所以有限空间内区分起来极为困难，弗若一则译为 fulfill one's humanity（尽己而仁），一则 alive with humanity（推己与仁），但终究二者不同，只有填加拼音，以期读者察析其中差异。

2. 英语夹注精益求精

拼音夹注基于前文释义，但术语的复杂意义必然在传译之后存在一定缺漏。是否可以利用原文空间来填补这些遗失，界定含义，首要方法便是增加补释性的英语夹注，对相关术语含义的进一步解释，使其含义更加明确。见例 4：

例四：子曰：刚、毅、木、讷近仁。"（13.27）

译文：The Master said, "Unwavering [in integrity] [gang], resolute [in one's moral conviction] [yi], simple as [a piece of unadorned] wood [mu] and hesitant [as if too clumsy] to speak [ne] -these qualities come close to being humane [ren]." (Annping, 2014：124)

金安平在本章中，对刚毅木讷四个术语，除了采用释义和拼音夹注的方式之外，还增加英文夹注，对它们的性质加以界定。"欲不得为刚"③，无欲必须做到正直（integrity）下的"坚定"（unwavering），"毅者性果敢"④，要弘毅（resolute）的是道德信念（moral conviction），"木者质朴"⑤（simple as wood）强调"不华饰"⑥（unadorned），"讷者言语迟钝"⑦（hesitant to

---

① 钱穆《论语新解》第 90 页，九州出版社，2011 年。
② 《论语新解》第 90 页。
③ 《论语正义》第 548 页。
④ 《论语集释》第 1082 页。
⑤ 《论语集释》第 1082 页。
⑥ 《论语集释》第 1082 页。
⑦ 《论语集释》第 1082 页。

speak），似乎"其言也讱"①（as if too clumsy）。

《论语》的古代汉语在凝练简洁的同时，也存在语法成分隐匿，词汇指代不明确，句子逻辑关系的不明等问题。面对这种语言差异，金安平使用英语夹注，对必要的信息给予补充，使孔子的箴言逻辑严谨语义完整。如下例：

  例五：子语鲁大师乐。曰：乐其可知也。始作，翕如也；从之，纯如也，皦如也，绎如也，以成。（3.23）

  译文：The Master, speaking about music with the Grand Musician [zhi] of Lu, said, "This much can be known about music. It begins with vigorous playing [xiru]. And when it goes into full swing, [the sound] is pure and harmonious, [the notes are] bright and distinct, and [the passages] fluent and continuous until the music reaches the end. （Annping, 2014：31）

例五中，金安平依据钱穆对"纯如也""皦如也""绎如也"的解释，依次释义为"互相应和纯一不杂"②（pure and harmonious），即"高下清浊分辨明析"③（bright and distinct），是"前起后继络绎而前"④（fluent and continuous）。而后，又增加"乐音"（the sound）"乐调"（the notes）和"乐章"（the passages）三个夹注，明示中文省略成分，使语篇通顺易懂。

（四）学兼东西和而不同

金译本具备极强的学术色彩，欲窥其"深度翻译"的全貌，解码她所有的参引资料，可以综合附录尾注和参考书目三部分副文本（paratext）的数据。

统计可知，金安平兼收东西方学界成果，遴选了丰富的学术资料作为自己解经的工具。中国学术方面，金译本以刘宝楠、程树德和钱穆三家的注疏为底本，同时重视吸收汉注，综合清辑本和唐写本，还囊括《论语》所涉及的经典文史著作，自汉魏至近现代，引录名家42种，详见表1：

---

① 《论语集释》第1082页。
② 《论语新解》第72页。
③ 《论语新解》第72页。
④ 《论语新解》第72页。

学兼东西 和而不同

表1 金安平《论语》中国学术引用数据表

朝代	姓名	著（译）作
汉魏	班固	汉书
	董仲舒	春秋繁露义证
	范宁	春秋谷梁传
	高诱	吕氏春秋
	何休	春秋公羊传注疏
	刘向	说苑校证
	司马迁	史记
	王弼	周易注
	王冲	论衡
	王肃	孔子家语
	徐干	中论
	许慎	说文解字
	郑玄	礼记郑注
宋	朱熹	四书章句集注
明清	程瑶田	通艺录；论学小记
	戴震	孟子字义疏证
	戴望	管子
	高士奇	左传纪事本末
	顾炎武	日知录
	焦循	孟子正义，雕菰楼集
	刘宝楠	论语正义；论语补注
	陆陇其	松阳讲义
	钱大昕	潜研堂文集
	孙星衍	尚书今古文注疏
	王先慎	韩非子
	王先谦	荀子集解；庄子集释

续表

朝代	姓名	著（译）作
	王文锦	礼记释解
	王阳明	传习录
	吴嘉宾	论语说
	章学诚	文史通义
	朱彬	礼记训纂
	曾国藩	曾文正公日记
近现代	程俊英	诗经注析
	程树德	论语集释
	傅锡壬	楚辞读本
	顾德融 & 朱顺龙	春秋史
	吕思勉	先秦史
	钱穆	孔子传；先秦诸子编年；庄子纂笺；论语新解
	许绰云	变迁中的古代中国：公元前722—前222年社会变动的分析
	杨伯峻	春秋左传注
	郑静若	论语郑氏注辑述
	章太炎	国故论衡疏证

东西方汉学方面，金译本涵盖7国汉学，其中有：日本、美国、英国、澳大利亚、比利时、以色列和瑞士，金译本并蓄33位汉学家的成果，采纳相关的经典译文，援引他们的观点，并与之争锋，详见表2：

表2 金安平《论语》汉学学术引用数据表

国别	姓名	著（译）作
日本	白川静	孔子传
美国	安乐哲 & 罗思文	论语（译）
	白牧之 & 白妙子	论语辨（译）

学兼东西　和而不同

续表

国别	姓名	著（译）作
	夏含夷	剑桥中国史；孔子之前：中国经典的创造研究；重写中国古代文献
	鲁惟一	剑桥中国史
	金安平	孔子：喧嚣时代孤独的哲人
	顾立雅	孔子与中国之道
	伊若泊	鲁国孔氏家族背景与儒家的起源初探
	罗泰	孔子时代的中国社会
	赫伯特·芬格莱特	孔子：即凡而圣
	海陶玮	韩诗外传（译）
	黄继中	论语（译）
	林理彰	易经王弼注（译）
	王志民	荀子（译）
	刘殿爵	论语（译）；老子（译）；孟子（译）
	李峰	封建主义与西周
	李惠仪	左传的书写与解读
	倪德卫	章学诚的生平与思想
	宇文所安	中国文学史：起源至1911
	狄百瑞	中国传统资料选编
	华兹生	论语（译）；墨子（译）；庄子（译）；史记（译）
	史华慈	中国古代思想
	史嘉柏	过去的模式：中国古代史学的模式和思想
	森舸澜	论语（译）
英国	理雅各	论语（译）
	韦利	论语（译），诗经（译）
	葛瑞汉	列子；道教辩士——古代中国的哲学辩论
	雷蒙·道森	论语（译）

续表

国别	姓名	著（译）作
澳大利亚	梅约翰	传递与创新：〈论语〉注释家与注释；中论（译）
比利时	李克曼	论语（译）
以色列	尤锐	儒家思想的基础——中国春秋时代的政治思想
瑞士	朱费瑞	儒家起源

相比之前的译本，金译本为了追寻原文本的真实面貌，对国内考古文献成果的使用可谓与众不同。具体的参考，包括《清华大学藏战国竹简》（4.15；14.40；20.1）、《上海博物馆藏战国楚竹书》（6.1）和《郭店楚墓竹简》（13.22）。

（五）增加解题 循循善诱

《论语》一书，共计20篇，每篇篇名则取自首句的前二三字，本无特殊含义，然而约定俗成，成为各篇分隔符号。对它们的处理，大多数译本都忽略不计，而金安平则效仿中国古代文献学的做法，为其中的六篇（10；11；16；18；19；20）加上了解题。解题的作用，此时不再是文献学中对该书的简介、版本源流的说明，抑或其价值的推崇，而是针对本篇内容蕴含的学术问题，向读者设问，引导他们在阅读时进行思考，有意识地加深读者反思性的体验。试看第19篇的题解：

Book Nineteen belongs to the disciples, to those that survived Confucius and had already attracted students to their side. Scholars have noted the absence of Youzi, who, given his strong presence in Book One, was thought of as an early compiler of the Analects and who, for a while, had others believing that he could fill the void Confucius had left behind. How, then, do we explain his absence? Is he absent because he did not do enough to cultivate a following of his own? The legalist thinker Han Feizi says that after Confucius' death his disciples split ten ways, each professing to be their teacher's most accurate interpreter. The tension is evident in this chapter. Confucian scholars, however, see a silver lining in the discordance. They believe that the sparring kept the teachings alive and vigorous. （Annping, 2014：309）

由这段解题可知，金安平首先告诉读者，本篇的内容是夫子没后弟子的一些言论。而后，她提醒读者值得注意的是要学会联想前面的篇章，出镜率很高的有子，作为《论语》的编辑者之一，尽管有继承孔子的呼声，却在本篇中踪迹全无。这种逻辑上的矛盾，引发了一系列值得思考的问题——如何解释这种失踪？有子没有门徒吗？这些问题不仅可为本篇做提纲式的介绍，还可培养读者，学会连续性发散思考，从整体上理解组织上零散的《论语》。如此一来，读者阅读译文的同时，可获一分思辨的意趣。最后，金安平引韩非子告诉读者，儒家流派纷呈，对《论语》的诠释各执一说，本篇即是例证，自古学界聚焦，儒家学说也因此生生不息，百花齐放。寥寥几语，起到蜻蜓点水之功用，把原本复杂开放的问题又一笔闭合。读者到此处，不禁会触发阅读下文的好奇心，不自觉地跟着译者的脚步，去探索其中奥妙。

四、译本瑕疵指微

金译本不非完美，亦有瑕疵之处。首先，浩繁文献的使用在体现译者的强大学术储备的同时，也是暴露学术匮乏之处。国内近现代经学成果丰富，杨伯峻《论语新注》、赵继彬《论语新探》、李零《丧家狗》等等都是典范，关于敦煌写本的研究，也有李方《敦煌论语集解校证》和王素《唐写本论语郑氏注及其研究》等杰出之作。日本近世儒学学者纷纭，白川静可谓欲还原孔子第一人，伊藤仁斋、荻生徂徕、林泰辅也是无法回避之人物。欧美汉学昌盛，瑞典汉学家高本汉的《诗经注释》，早已被奉为圭臬，美国汉学家中，通过历史学方法译介《论语》的白妙之和白牧之夫妇翻译的版本，也是当代经典。关于考古文献的研究，也并非一成不变，《清华简》的成果，也并非只有金氏参考的三卷，实有六卷。金译本对他们的忽略或忽视确实遗憾。

其次，拼音的使用有效解决了部分术语的翻译难题，也导致统一性的混乱。金译本中，在处理一些同音异字术语时，仍旧无差别使用，例如：正与政（zheng）、诲和惠（hui）、士、事和视（shi），无为与无违（wuwei）等等。这样做，没有为西方读者提高便捷度，反而使其识别和理解术语含义时，疑惑倍增，增加对汉语音系统的感伤度。更有甚者，例如士师（shishi）或仁人（renren），虽然数量很少，但并置拼音的做法，会将二字的个性含义抹杀，直接迷惑了读者，使其丧失理解中文原典的动力，更加诉诸英文。对音调系统适当的增加，抑或是一种好办法。

再次，个人学术不严谨，译本中出现低级错误。注音方面，金译本将修慝（12.21）中慝和狂简（5.22）中的简注为［ni］和［juan］；附录3学者名录中，焦竑和俞正燮遗失；原文附录中，章句划分（11.20）与译文不一致，导致11.22章遗失；对考古文献竟然引而未用，《北大藏西汉竹书》和《定州汉墓竹简论语》即是凡例。除此之外，《大戴礼记汇校集解》的名称也出现差错。经典书名亦出现错误，无论是个人还是编辑原因，总归过于随意。

最后，金译本中最具特色之处——注释，亦可商榷。注释部分，如前文所证，集中体现了金氏对各种文献的把握，经个人检视后，去粗取精，对文字作精微的审慎的阐释，但这种主观过滤法，对《论语》这种多义性的哲学文本是否公正，有待深究。注释穿插于各章之后，字数繁多者最多达3000字左右（12.1），割裂了篇章内部阅读的连贯性，将读者拖入阅读深渊，无意中反而设置了障碍，阻碍了阅读的进度，使追求的平民化路径尽止于此。

结　语

金安平独辟蹊径，用简洁的语言，从历史学的角度，延续考据传统，依托中国古典注疏和考古文献，吸收西方汉学成果，所译平民学术型《论语》，虽有小疵，却得以达成通俗性和学术性的统一，不失为佳作。译者要铸炼双语功底，金安平对英语的驾驭，游刃有余的穿插英语夹注，对原文本古代汉语语义的有效把握，值得我们在努力培养国际化英语人才的新目标下，去认识、欣赏和学习。译者采用何种翻译方法可以更好地外译儒家经典？她在传译儒学术语等一些跨语言交际难点时，拼音的嵌入，拼音与汉字夹注的启用，彰显语言自信的做法，值得我们在中国文化走出去的大战略下，去关注、思考和借鉴。译者开拓自身的哪些专业知识领域可以高效地推动中国学术外译？她对注释的创造性使用，沿用中国传统注疏体和解题，集成历代经学成果，熔西方学术于一炉，彰显儒家文化包容性的做法，值得我们在提高文化软实力的大目标下，去审视、反思和效仿。

（朱峰　浙江海洋大学外国语学院）

厄苏拉·勒奎恩英译《老子》研究[*]

李学萍

摘 要：美国当代著名科幻作家厄苏拉·勒奎恩英译《老子》是最受美国民众欢迎的《老子》英译本之一，该译本具有三个重要特色：一是其诗学走向，勒奎恩通过诗学语言与形式强化了《老子》的诗性之美；二是其生态女性主义走向，该译本有助于引导读者跳出西方二元论思维的藩篱，以"阴阳两仪"思维重新看待自我与他者的关系；三是其对话特征，该译本沟通了翻译与跨文化阐释之间的关系，同时也是《老子》、其他《老子》英译本、读者、译者本人以及东西方文化之间的多维对话平台。该译本所开辟的翻译模式对翻译与跨文化研究具有重要参考价值。

关键词：厄苏拉·勒奎恩 《老子》翻译 跨文化阐释

厄苏拉·勒奎恩（Ursula K. Le Guin）（1929—2018）是美国科幻与奇幻文学界最受瞩目的作家之一，其作品多次获得科幻文学"星云奖"和"雨果奖"等重要奖项。她也是翻译家，曾翻译《加夫列拉·米斯特拉尔诗选》（*Selected Poems of Gabriela Mistral*），并与戴安娜·贝莱斯（Diana Bellessi）合译了《双胞胎 梦/奥森尔》（*The Twins, The Dream/Las Gemelas*）。尤为引人注目的是，她在不懂中文的情况下翻译了《老子》。然而，尽管学界对勒奎恩科幻与奇幻文学的研究已汗牛充栋，但其英译《老子》却鲜有学者关注。目前，除了美国学者约翰森·R. 赫曼（Jonathan R. Herman）在《美国宗教学院学刊》（*Journal of the American Academy of Religion*）上发表的一篇书评对该译本

---

[*] 本文为国家社科基金"道家思想对厄苏拉·勒奎恩文学创作的影响研究"，编号 18BWW040；北京语言大学"梧桐平台"研究项目，中央高校基本科研业务专项资金资助，编号 18PT05；北京语言大学院级项目，中央高校基本科研业务专项资金资助，编号 17YJ020008 的系列性成果之一。

做了简单介绍与评价外,仅有的一篇学术论文是国内学者辛红娟在《国际汉学》上发表的《颠覆与传承:厄苏拉·勒奎恩的〈道德经〉英译研究》。对于中国学界而言,该论文填补了勒奎恩英译《老子》研究的空白。就研究内容来看,该论文前四部分的观点与勒奎恩本人在其英译《老子》"前言"部分自述的内容基本一致,但论文作者并未对勒奎恩自述进行更为独立、深入的探讨,而论文独立的观点仅占论文的一小部分,即第五部分。在该部分,辛红娟就勒奎恩对"道"字的翻译以及勒奎恩的文化立场进行了评价。对于勒奎恩英译《老子》而言,该研究尚未充分揭示勒奎恩英译《老子》的深层特色与价值,而就论文中所持的勒奎恩以"上帝之'道'"置换了老子之道①之观点,笔者则持不同看法,并将在本文中予以探讨。

诚然,正如勒奎恩在其英译《老子》"后记"中所言,她不懂中文,其译文主要依赖保罗·卡洛斯(Paul Carus)1898年版的《老子的道德经》(*Lao-Tze's Tao-Teh-King*)、亚瑟·威利(Arthur Waley)1958年翻译出版的《道及其力量:道德经及其在中国思想中的地位》(*The Way and Its Power: A Study of the Tao Te Ching and Its Place in Chinese Thought*)②,她的译文并非严格意义上的"翻译",而是"阐释"。然而,勒奎恩的英译《老子》能够在众多《老子》英译本中脱颖而出,一跃成为最受美国民众欢迎的英译本之一,这一点足以引起学界重视。在本文中,笔者旨在探讨的问题是:勒奎恩英译《老子》有何特色?价值何在?

一、勒奎恩英译《老子》的诗性之美

对于《老子》翻译而言,勒奎恩缺乏中文基础,但这一不足并未对其翻译制造不可逾越的障碍。她是小说家,也是诗人,美国文学评论家哈罗德·布鲁姆曾经称赞勒奎恩的文学成就远在多丽丝·莱辛之上,称其作品为"杰作""在当代小说中几乎具有独一无二的感染力""值得反复阅读",并赞其

---

① 辛红娟《颠覆与传承:厄苏拉·勒奎恩的〈道德经〉英译研究》,载《国际汉学》2015年第3期。

② Ursula k. Le Guin, *Lao Tzu: Tao Te Ching: a Book about the Way and the Power of the Way*. Boston: Shambhala Publications, 1997, pp. 108-109.

将"科幻小说引入高雅艺术的殿堂"①。勒奎恩杰出的文学造诣为其英译《老子》翻译奠定了卓越的语言与艺术基础。

勒奎恩英译《老子》的另一重要条件是时间。勒奎恩自其少年时代通过父亲阿尔弗雷德·克罗伯(Alfred Kroeber)的影响开始接触《老子》,从此与之结下不解之缘。她在二十几岁开始断断续续翻译《老子》的部分章节,临近七旬时其译本最终出版。这一翻译过程历时半个世纪。就像自然界的一切事物进化与发展需要在时间中缓慢进行一样,这半个世纪的光阴也为其思考、雕琢、打磨、沉淀、润色译文提供了重要保障。在这一点上,鲜有译者可与之媲美。

勒奎恩英译《老子》最为显著的特色在于其诗学特征。从文本形式上来看,她为八十一章全部添加了标题,如:"Taoing"(第一章)、"Soul Food"(第二章)等。这样,《老子》的八十一章化身为八十一首英诗,各自独立,又相互关联,统一在文本之中,成为一部诗集。在这部诗集中,勒奎恩将语言符号的声音之美发挥到极致。以《老子》第一章的"道可道,非常道;名可名,非常名"②为例,勒奎恩将其译为:

The way you can go

isn't the real way.

The name you can say

isn't the real name.③

又如《老子》第二十九章中的"天下神器,不可为也,不可执也。为者败之,执者失之"④,勒奎恩将其译作:

For the world is a sacred object.

Nothing is to be done to it.

To do anything to it is to damage it.

To seize it is to lose it.⑤

通过以上译文,可以看到,勒奎恩通过对文字的巧妙控制,创造了译文

---

① Harold Bloom, ed. *Ursula K. Le Guin*, New York: Chelsea House, 1986, p. 2.
② 陈鼓应《老子注译及评介》第53页,中华书局,2010年。
③ *Lao Tzu: Tao Te Ching: a Book about the Way and the Power of the Way*, p. 3.
④ 《老子注译及评介》第178页。
⑤ *Lao Tzu: Tao Te Ching: a Book about the Way and the Power of the Way*, p. 40.

的韵律美。对于勒奎恩而言,韵律之美绝非仅仅是形式,而是另有深意。她在文学理论著作《头脑之波:关于作者、读者与想象的讲话与论文》(*The Wave in the Mind: Talks and Essays on the Writer, the Reader, and the Imagination*)中曾强调了节奏的重要性:

> 节奏是物理的、物质的、身体的事物,就像鼓者的鼓槌、舞者的双脚。节奏也是精神性的,就像鼓者的迷狂,舞者的喜悦。
> 当我开始思考写作的节奏问题时,我脑海里出现的是世界的节拍:钟表、心脏、两餐之间的间隔、日夜的交替。当我试着理解写作如何以及为何是节奏性的时候,我想到机械的、生物的、社会的以及宇宙的节奏,想到身体节奏与社会规则之间的相互作用,想到节奏与秩序、节奏与混乱之间的关系。①

由此可见,对勒奎恩而言,节奏不仅关乎语言,也关乎文化;不仅关乎美学,也关乎哲学。在这一点上,勒奎恩的思想与老子哲学有着内在一致性。老子强调"道"的"周行而不殆",指出"大曰逝,逝曰远,远曰反"②,强调了"道"的运动与循环反复的特征,而"反者道之动"则"讲到事物的对立面及其相反相成的作用,亦讲到循环往复的规律性"③。那么,阴、阳总是处在运动之中,循环往复,交替出现,蕴含在有规律的节奏之中。而勒奎恩所言的万事万物的节奏性,也正是"道"的特征。可以说,节奏既是"道"的形式,也是"道"内涵,节奏与"道"密不可分。从这个角度来看,对于《老子》翻译,在译文中创造节奏就不仅仅是语言形式问题,而是呈现《老子》之"道"不可或缺的物质性载体。勒奎恩在"导言"部分强调"很多以散文体译成的版本虽传达了意义,却失去了些美感。在诗歌中,美不是装饰;美是意义,是真理"④。在笔者看来,勒奎恩所要表达的是,对于《老子》翻译而言,节奏的缺失破坏了节奏与"道"之间的直接关联,因此,那些散文

---

① Ursula K. Le guin, *The Wave in the Mind: Talks and Essays on the Writer, the Reader, and the Imagination*, Boston: Shambhala Publications, 2004, p. 71.
② 《老子注译及评介》第 159 页。
③ 《老子注译及评介》第 217 页。
④ *Lao Tzu: Tao Te Ching: a Book about the Way and the Power of the Way*, p. Ⅳ.

体的译本不仅失去了"美感",也破坏了"道"的完整性。由此可见,勒奎恩英译《老子》的诗学形式超越了对《老子》形式之美的简单复制,而是以翻译的形式对《老子》哲学做出的深层阐释。

在笔者看来,勒奎恩英译《老子》的诗学建构具有重要价值。首先,它奠定了英译《老子》的艺术价值,使英译《老子》成为诗与哲思的有机结合体,为《老子》哲学在英语语言中创造了诗学存在基础,也为《老子》在英语世界中的传播提供了美学保障。其次,就哲学价值而言,勒奎恩通过凸显声音节奏与"道"之间的同一关系,也颠覆了语言符号学中的所指、能指等级链,重塑了言、意之间的共生、依存关系。再次,勒奎恩赋予其英译《老子》的诗学形式、译文语言节奏与老子之"道"之间的互通,使翻译变成建构文学意义的手段,从而在实践层面上使翻译成为文学行为,促成了翻译的"文学转向"。这对我们重思翻译的性质以及文学与翻译的关系,颇具启迪。

二、勒奎恩英译《老子》的生态女性主义走向

勒奎恩英译《老子》的另一特点是其生态女性主义走向。勒奎恩自20世纪60年代开始出版文学作品,正值美国女性主义以及环境运动发展如火如荼时期。环境运动与女性主义的结合催生了生态女性主义,而勒奎恩对于自然与女性以及其他弱势群体的关注与责任使其创作走向生态女性主义。生态女性主义将西方文化与社会实践中的统治、剥削与压迫的思想根源归结为西方二元论思想中的自我与他者之间二元对立关系,因此将打破西方二元论思想、建构新型思维方式作为其根本任务[①]。这一点与勒奎恩方向一致。她曾用道家思想术语对西方二元论思想提出尖锐的批评:

> 我们有可能改变我们现在所面临的主要问题:剥削的问题——对于女性、对于弱势群体、对于地球的剥削。我们所受的诅咒是异化,阴阳的分离[以及将阳看作好,将阴看作不好的道德化问题]。我们挣扎着寻求统治而不是寻求平衡与融合。我们坚持分离,我们否认相互依赖。价

---

① Val Plumwood, *Feminism and the Mastery of Nature*, London and New York: Routledge, 1993, p. 196.

值的二元论毁灭着我们，二元论的优越/低劣，统治者/被统治者，拥有者/被拥有者，使用者/被使用者或许将从这开始让位于一个更加健康、稳健、融合和人格完整的系统。①

在勒奎恩看来，若要解决西方文化面临的对于自然、女性以及其他弱势群体的剥削与统治问题，不仅要打破西方二元论思想结构，还要建构"更加健康、稳健、融合和人格完整的系统"。这一生态女性主义立场与使命不仅影响其文学创作，也影响其翻译实践走向——其英译《老子》就包含了她从生态女性主义角度对《老子》的改造与阐释。

首先，勒奎恩英译本《老子》中的81章节的标题凸显了生态女性主义关心的议题，如："People of power" "Sacred power" "Not making war"等。这些标题所凸显的权力、发展方向、道、战争、欲望以及生命、变革、自由等主题，都涉及自我与他者之间的关系，故与生态女性主义走向一致。此外，勒奎恩在其文学创作中致力于恢复被西方文化置于价值链底部的事物或属性。她曾经指出西方乌托邦文学存在的阳/阴价值等级问题："西方乌托邦一直是阳性的。无论以何种方式，自柏拉图起，西方乌托邦就是一个阳性的风驰电掣的旅程。明亮、干燥、清晰、强壮、坚定、积极、上进、线性、向上、富于创造性、向外扩展、热烈。"在勒奎恩眼里，这个"阳性乌托邦"从本质上是集权主义的，而操控阳性乌托邦运转的力量是西方理性原则。她要在文学作品中构建的"阴性乌托邦"则"可能是黑暗、潮湿、模糊、柔弱、服从的、被动的、参与性的、环形的、圆形的、平静的、呵护的、后退的、收缩的、冰冷的。"②而在其英译《老子》的章节标题里，勒奎恩也刻意突出了位于西方二元论价值链底部、被西方主流文化当作"阴性品质"的事物或属性，如："Mindful of little things" "Useful emptiness" "Being quite"等。诚然，以上标题所凸显的事物的"虚空""守静""含混""暗淡"等"阴性品质"也正是老子所反复强调的，是"道"的一部分，而勒奎恩将其提升至英译《老子》诗篇的标题层面，既凸显了《老子》的思想特色，也有助于引导西方读者看

---

① Ursula K. Le Guin, "Is Gender Necessary? Redux", *The Language of the Night*, New York：Harpercollins, 1992, p. 172.

② Ursula K. Le Guin, "A Non-Euclidean View of California as a Cold Place to Be", *Dancing at the Edge of the World*, New York：Grove Press, 1989, p. 90.

取被其自我文化运作为"他者"或"阴性"的品质或属性,有利于读者建立阴阳平衡的思想与价值体系。

作为一名生态女性主义者,勒奎恩也注意解构语言中隐含的人类中心主义或男性中心主义思想。她将"圣人"一词译作"the wise soul"或"the unwanting soul",而不是其他译文中常见的"the sage""the Saint"。对此,她解释道:

> 那些旨在为统治者提供施政指南所进行的翻译常用强调道家"圣人"的词汇来强调男性特征与权威。这样的语言在许多常见译本中已被定格。我想要的《老子》是供那些生活在当下的、非贤人圣士的、无权无势的、包含男性也包含女性的读者群阅读的。这些读者阅读《老子》不是为了获得长生不老之术,而是倾听与心灵对话的声音。①

可以看到,通过微观层面上的个体语言符号的运作,勒奎恩的翻译致力于消解《老子》中可能蕴含的男性中心主义思想,以及通过《老子》翻译实践所继续或强化的男性中心主义问题。

勒奎恩英译《老子》的注释部分也清晰地表明其生态女性主义立场。《老子》中的"有无相生,难易相成,长短相形,高下相倾,音声相和,前后相随"②强调存在差异的阴阳二者的依存关系,是老子的根本思想原则之一,与西方二元论思维中的二元对立与排斥关系存在根本差异。在译文中,她使用了"together""complete each other""shape each other""depend on each other""make……together"等短语传达了老子所强调的阴、阳双方互相依靠、互相建构、互相成就的一面。在此基础上,她又在注释中对西方读者进行了更为直接的引导:

> 此章给我的启示是,价值与信仰不仅是文化建构的结果,也是阴阳相互作用的结果。只有通过阴阳之间的相互作用,世界才能保持平衡。有人认为,我们的信仰是超越现实的永恒真理,这样的傲慢令人遗憾。

---

① Lao Tzu: Tao Te Ching: a Book about the Way and the Power of the Way, p. x.
② 《老子注译及评介》第60页。

我们若想获得真正的安全感，就必须放弃这种思想。①

结合本章译文与注释，不难发现，勒奎恩不仅引导读者如何以道家视角看待看似相反的事物之间的相互建构型关系，还引导其以道家视角看待自我文化与其他文化之间的关系。在她看来，那种将自我信仰奉为"永恒真理"的观念是种"傲慢"，由此可见其对西方中心主义思想的批判。通过翻译与注释，勒奎恩把一种非对立型的二元关系带到读者面前，为其提供了不同于西方二元论思维的道家思维方式，这也显示了《老子》翻译实践的生态女性主义价值。

对于生态女性主义思想而言，勒奎恩英译《老子》不仅在抽象层面为西方读者提供了新型的思考自我与他者之间关系的基本思维方式，还具体引导读者重思自我与世界的关系，这对生态女性主义建构人与自然之间的平等依存关系也至关重要。老子描述了世界的神圣以及不对世界肆意妄为的重要性："天下神器，不可为也，不可执也。为者败之，执者失之。"② 勒奎恩将其译为：

For the world is a sacred object.

Nothing is to be done to it.

To do anything to it is to damage it.

To seize it is to lose it.

在以上译文中，勒奎恩将"不可为也"译为"Nothing is to be done to it"。尽管该译文忠实于原文，但由于人类不能脱离对自然的依附与利用而独立存在，译文中的"nothing is to be done to it"可能令读者感到脱离实际。勒奎恩在此提供了阐释："对老子而言，把握做事情的度极其重要。世界是神圣的，忘记这一点是种致命的损失。因为过度的贪婪与虚伪而给世界带来损害，这也将危及我们自身的神圣性。"③ 在此，勒奎恩向西方读者着重强调了世界本身的神圣性。

勒奎恩还通过注释，具体引导读者重思人与人之间的关系。《老子》通过

---

① *Lao Tzu: Tao Te Ching: a Book about the Way and the Power of the Way*, pp. 4-5.
② 《老子注译及评介》第 178 页。
③ *Lao Tzu: Tao Te Ching: a Book about the Way and the Power of the Way*, p. 40.

"生而不有，为而不恃"来强调自我与他者之间的非占有、非统治型关系，勒奎恩则在注释中多次强调人与人之间自由、非统治型关系："不在幕后操纵他人"，"权力不是强力"①。她还引导读者看向身体，平衡身体与精神之间的关系："我将'重'视为日常生活的根源性事物，是支持我们身体所必需的事物，如衣食住行。人如果向前冲得太远，脱离了日常生活所必需，就会经历断裂。不重视身体，会陷入疯狂或愚蠢。"②

由此可见，勒奎恩一方面尽其所能在译文中呈现《老子》，另一方面则通过注释中的阐释引导西方读者看取道家思想的"阴阳两仪"思维方式，重思人与世界、自我与他人、身体与精神、外在追求与内心关照之间的平衡，从而导向自我的圆融与完整、自我与外界之间更为和谐的关系，这一点与生态女性主义建构和谐的人与自然、两性关系以及其他类型的自我与他者关系的目标一致。因此，可以说，勒奎恩在《老子》、翻译与生态女性主义搭建了沟通与对话的平台。经由生态女性主义的生发，《老子》在时间与空间的维度获得新的延展，为解决环境与社会所面临的危机贡献声音。她将翻译与生态女性主义结合在一起，使翻译获得了生态女性主义维度，凸显其伦理功能与价值，实现了翻译的生态女性主义转向。与此同时，勒奎恩也帮助生态女性主义进入翻译，扩展了生态女性主义理论与实践应用的空间，从而也实现了生态女性主义的翻译转向。

三、勒奎恩英译《老子》的对话特征

勒奎恩英译《老子》的第三个重要特色是译本呈现的对话模式。这一点首先体现在翻译与跨文化阐释之间的对话关系上。对于勒奎恩而言，翻译离不开不同语言系统中的语言符号转换，但翻译不仅仅是语言符号之间的转换，而且还是跨文化的传播。③ 这意味着，要帮助读者实现跨文化理解，译者还需要同时承担跨文化阐释的任务，这样，译者就要成为读者与原文沟通过程中的积极对话者。在其英译《老子》中，勒奎恩通过为章节添加标题、注释等

---

① *Lao Tzu: Tao Te Ching: a Book about the Way and the Power of the Way*, p. 24.
② *Lao Tzu: Tao Te Ching: a Book about the Way and the Power of the Way*, p. 36.
③ Qingben Li, *Rethinking the Relationship between China and the West through a Focus on Literature and Aesthetics*, Newcastle upon Tyne: Cambridge Scholars Publishing, 2018, P. ⅹⅵ.

方式完成了这一任务,并且成为文本中的跨文化阐释者,进而沟通了翻译与跨文化阐释之间的对话关系。

然而,谈到跨文化阐释,就不可避免地会涉及对原文的改造问题。劳伦斯·韦努蒂曾在其《译者的隐形》对西方翻译界的"归化"倾向以及由此导致的对他者文化的"挪用"提出了批评。在他看来,"归化"的翻译旨在"把文化上的他者处理成与自我文化相同的、可识的或熟悉的样子",导致翻译沦为"服务于译者本国文化、经济和政治需要的挪用"[1]。那么,勒奎恩的美国译本是否存在文化"归化"以及"挪用"的问题?

对于这一问题,在辛红娟那里,答案是肯定的。她分析了勒奎恩对"道"的翻译,并且指出勒奎恩多处以"the way"翻译"道",她继而通过对《圣经》英文版本的检索,发现"《圣经·旧约》中'道'的概念出现36次,少数'道'是highway(2次),highways(1次),path(1)次,word(1次),其余31次均指向way(s)"。据此,她断定:"西方宗教中,way(s)就是上帝之'道',是'主'为人类指明的通向神圣的'道'。这一结果表明,西方译者用way对译中国道家之'道',仍是基于基督教的认知前见,仍然是一种宗教性置换和指涉。"在她看来,勒奎恩也是如此:"为使这种外来宗教不至于陌生而疏离,勒奎恩通过语言摆渡,将中国之'道'变身上帝之'道'(the way/Way),使接受者熟习并奉为行为处世的宗教。"[2]

然而,在笔者看来,这一判断并不正确。诚然,就像安德烈·列费维尔在《翻译、改写和文学名声的操控》中所言,翻译即是对原作的改写,而改写则起着操控的作用[3],而爱德华·赛义德的《东方主义》则提示我们要对西方文学或文化实践中的"东方主义"保持警惕。那么,一个美国译者在对《老子》的改写与操控过程中将其中的异质思想简单归化、同化为基督教思想,最终陷入"东方主义"思维泥潭,这似乎理所当然。然而,勒奎恩却并非如此。

这是因为,尽管勒奎恩生活在基督教文化之中,但基督教思想却恰恰是

---

[1] Lawrence Venuti, *The Translator's Invisibility*, London and New York: Routledge, 1995, pp. 18-19.

[2] 《颠覆与传承:厄苏拉·勒奎恩〈道德经〉英译研究》第125页。

[3] Andre Lefevere, *Translation, Rewriting and the Manipulation of Literary Fame*, London and New York: Routledge, 1992, p. 9.

她解构的重点对象之一。我们可以从勒奎恩英译《老子》的注释中得到直观的证明：在其英译本第 80 章的注释中，她写道：

> 基督教或笛卡尔二元论、精神或思想与物质的身体及世界分离的思想在基督教或笛卡尔时代之前就业已存在，这种思想并非只有西方才有（尽管这是受西方统治的许多人在西方文明中所见到的"疯狂"与"病态"的部分）。在老子那里，那种物质主义的二元论者、那些忽视身体而仅仅活在头脑之中的人以及那些轻视身体以追求天堂中的奖赏的宗教二元论者，都是危险的，并且依然处在危险之中。①

鉴于以上评论，可以判断，基督教思想不是勒奎恩翻译《老子》的"前认知"。相反，为了避免一般读者以基督教的"前认知"来解读《老子》，勒奎恩通过注释中的阐释对此进行了引导与干预。

此外，还需要澄清的是，勒奎恩译本中的"道"确有多次被翻译成"way"，而不是"Tao"，这是否说明勒奎恩英译本将《老子》中的"way"与《圣经》中的"way"混为一谈？答案也是否定的。

首先，在勒奎恩英译本中，第一章标题为"Taoing"，而究竟何为"Tao"，就像《老子》开篇所言："道可道，非常道。""道"，虽有语言能指，却难以把握其所指，故老子认为语言无法完全呈现其全貌。勒奎恩以"Taoing"开篇，以语言符号的陌生化方式传达了"道"的不可言以及认知上的不可及之特征。然而，究竟何为"道"？老子在按照他个人的理解阐释，以他感知到的"道"来阐释那个不"可言"的"道"。在这一点上，勒奎恩并未背离老子。她用"way"、"the Way"来阐释"Tao"，无论是小写的"way"，还是大写的"the Way"，都像河流向大海，最终流向到那个难以言说、难以穷尽、难以把握的"Tao"中，以她翻译的《老子》第十四章"执古之道，以御今只有。能知古始，是为道纪"② 为例：

    Holding fast to the old Way,

---

① *Lao Tzu: Tao Te Ching: a Book about the Way and the Power of the Way*, pp. 100-101.
② 《老子注译及评介》第 113 页。

> We can live in the present.
> Mindful of the ancient beginnings,
> We hold the thread of the Tao.①

在译文中，勒奎恩用"way"来翻译"执古之道"中的"道"，而以"Tao"来翻译"是为道纪"中的"道"，成功区分了《老子》原文中两个"道"的不同含义。

其次，尽管勒奎恩英译本中多处出现"way"或者"the Way"，读者也不会将其与基督教中的"way"混为一谈，这是由于老子已经对"道"做了阐释："有物混成，先天地生。寂兮廖兮，独立不改，周行而不殆，可以为天下母。吾不知其名，强字之曰'道'，强为之名曰'大'。故道大，天大，地大，人亦大。域中有四大，而人居其一焉。人法地，地法天，天法道，道法自然。"② 勒奎恩的英译文用"the Way"翻译了《老子》这一章中的四个"道"，但为帮助读者更好地理解"the Way"，勒奎恩还专门提供了注释："因为'道'是事物原本的样态，所以，我想说：'道法其自身。'但这样表述会降低词语的重要性。我们要注意不要将'道'看作主宰或统治，全部是创造性的、阳性的。'道'也是追随者。尽管它出现在万事万物之前，但它效法事物本来的面目。"③

可以看到，勒奎恩在其译本里不遗余力地向西方读者揭示、阐释《老子》之道，并且注意帮助读者避免将基督教中的概念直接投射到对《老子》的理解上，以看清原著思想的本来面目，从而使老子思想异质于西方文化的部分得到了保留。那么，正如本文前文分析中所谈到的，勒奎恩英译本添加的标题、对非等级制语言符号的运用，以及注释中的解释与阐释固然是对《老子》的改写，然而，她的改写并非以西方中心主义思维吞并《老子》思想，而是积极引导西方读者理解《老子》中的异质思想。这种改写固然有服务于其本国文化的目的，但它不是用来服务于美国当下的主流文化，而是用来改写西方主流文化中的男性中心主义、人类中心主义以及西方中心主义的问题，从

---

① *Lao Tzu: Tao Te Ching: a Book about the Way and the Power of the Way*, P.18.
② 《老子注译及评介》第159页。
③ *Lao Tzu: Tao Te Ching: a Book about the Way and the Power of the Way*, pp.34-35.

而引导其在人与自然、男性与女性、东方与西方之间建立"阴阳两仪"思维模式。

勒奎恩英译《老子》还开辟了译本内部的对话性空间。劳伦斯·韦努蒂曾指出,西方翻译界强调原作以及原作者的独创性,而翻译被视为"次级再现",因此,翻译以及译者处于"边缘地位"。① 苏珊·巴斯奈特也表达了类似的观点:"就我们描述翻译所使用的比喻以及译者的低级地位(以及低报酬)而言,在西方,翻译处于性别化运作的次级地位。"② 那么,无论是对翻译研究还是实践而言,如何颠覆翻译以及译者所面临的等级运作,改变翻译以及译者的地位,不仅具有理论价值,也具有实际意义。勒奎恩在其翻译实践中为此提供了可资参考的模式。通过《老子》英译本中的"前言"、八十一章的标题、注释、"后记"部分对其参考的不同英译本的说明与评价、翻译过程中的选择与取舍,勒奎恩重新编织了译本空间。她将翻译中被视为边缘的、次要的背景信息带入译本,将翻译过程与译文结果一同呈现在读者面前。在这个译本空间中,《老子》、读者、《老子》其他英译本以及译者本人进入同一对话平台。作为译者,勒奎恩一方面最大限度地传达《老子》的形式之美以及哲学思想,另一方面又跳出传统翻译的藩篱,主动地以阐释者、对话者身份立足于文本中的对话平台。对于翻译学而言,勒奎恩这一翻译实践打破了原作者/译者、原文/译文之间的等级界限,使译本成为跨越时空的多维对话平台,而译者既负责传达原文信息,同时也是译本中的跨文化阐释者和对话者,这也从现实层面改变了译者的隐形状态和从属地位。

四、结　语

通过以上三个方面的分析,可以看到,勒奎恩在缺乏中文基础的束缚下,跨域了语言、文化、时空的藩篱,超越了东西二元论思维,带着对美国文化与世界文化的责任,对《老子》进行了诗学的、生态女性主义的、对话性的翻译与阐释。这一实践为西方读者提供了平衡身心的指南,为《老子》在当代与未来世界文化中开辟了新的空间与立足点,也为生态女性主义带来新型

---

① Lawrence Venuti, *The Translator's Invisibility*, London and New York: Routledge, 1995, pp. 7-8.
② "Translation, Gender and Otherness", p. 89.

思维方式。与此同时，勒奎恩英译《老子》也进一步引导翻译实现了文学、伦理、哲学上的转向，突破了翻译中的语言中心主义藩篱，使翻译成为打开语言、文学、伦理、哲学、阐释学藩篱的手段，使其相互转向、相互补充、相互沟通、相互建构。如此看来，勒奎恩英译《老子》的具有多重价值，对翻译与跨文化阐释的意义也自不待言。

（李学萍　北京语言大学外国语学部讲师）

翟理斯英译《聊斋志异》：传播与启示[*]

李海军　蒋凤美

摘　要：在所有《聊斋志异》英译中，翟理斯选译本传播最广、影响最大。该译本能够成功"走进"英语世界，翻译质量是基础、符合当时历史文化语境的"归化"翻译策略是关键、翟理斯本人在西方汉学界的巨大影响力是保障、各方对该译本的宣传推广是催化剂。该译本的成功对于当代中国文化外译具有以下启示：挑选有影响力的高水平译者、翻译策略以符合当代历史文化语境的"异化"为主、做好译文的宣传推广工作。

关键词：翟理斯　《聊斋志异》　传播　启示

自1842年至今，《聊斋志异》英译已历时170余年。在此期间，郭实腊（Karl Friedrich August Gutzlaff）、卫三畏（Samuel Wells Williams）、翟理斯（Herbert Allen Giles）、禧在明（Walter Caine Hillier）、苏理耶（George Soulie de Morant）、林语堂、杨宪益和戴乃迭、卢永中、莫若强、黄友义、王娟、梅丹理和梅维恒（Denis C. Mair & Victor H. Mair）、闵福德（John Minford）、宋贤德（Sidney L. Sondergard）等数十名中外译者，一起为英语读者奉献了近20个《聊斋志异》（选）译本以及100篇左右零散译文，为《聊斋志异》在英语世界的经典化贡献了自己的力量。在所有《聊斋志异》英译中，翟理斯选译本传播最广、影响最大。在大力提倡中国文化"走出去"的今天，梳理翟理斯选译本成功传播的轨迹，分析该译本成功传播背后的原因，对中国文化外译具有一定的启示意义。

---

[*] 本文系国家社科基金项目（18BXW093）和湖南省湖湘典籍翻译与传播社科研究基地成果。本文在写作过程中得到闵福德教授赠送资料和李伟荣教授悉心指点，在此特表谢意。

一、翟理斯《聊斋志异》选译本的传播和影响

1880 年，翟理斯选译了 164 篇《聊斋志异》故事，选译本命名为 *Strange Stories from A Chinese Studio*，由伦敦的 T. 德拉律出版社（Thos. de la Rue）出版，该译本出版后广受英语读者欢迎，成为英语世界传播最广、影响最大的《聊斋志异》译本。其传播和影响可以从以下几个方面体现出来。

首先，该译本出版后，理雅各（James Legge）、曾纪泽、辜鸿铭、劳佛（Berthold Laufer）、闵福德等著名学者先后高度评价了该译本。《泰晤士报》（*The Times*）、《星期六评论》（*Saturday Review*）、《阅览报》（*Athenaeum*）、《晨报》（*Morning Post*）、《上海差报》（*Shanghai Courier*）、《苏格兰人报》（*Scotsman*）、《画报》（*Graphic*）、《伦敦画报》（*Illustrated London News*）、《英华快报》（*London and China Express*）、《蓓尔美街报》（*Pall Mall Gazette*）等报刊向读者隆重推荐了该译本。

其次，该译本出版后在世界各地多次再版。据笔者所知，目前该译本已再版 10 余次：1908 年，中国上海的别发洋行（Kelly & Walsh）和美国的 Paragon Book Gallery 再版；1916 年，英国的 T. W. Laurie 再版；1925 年，美国的 Boni and Liveright 再版；1926 年，别发洋行再版；1967 年，中国台北的皇家图书有限公司再版；1969 年，美国的 Dover 再版；1987 年，新加坡的 Graham Brash 再版；1989 年和 1994 年，美国的 Heian International Inc. 分别选取其中的部分译文出版了 *Strange Tales from Ancient China* 和 *More Strange Tales from China* 两个译本；2010 年，新加坡的 Tuttle Publishing 和美国的 Nabu Press 再版；2012 年，美国的 Hardpress Publishing 再版；2014 年，美国 Metro Fifth Avenue Press 再版。

再次，其他作品收录和改编该译本中的一些译文。例如，《古代中国短篇作品》（*Historic China and other Sketches*）收录了其中的《金和尚》译文；《古文选珍》（*Gems of Chinese Literature*）收录了其中的《聊斋自志》《汤公》《孙必振》《张不量》译文；《中国文学史》（*A History of Chinese Literature*）收录了其中的《瞳人语》《崂山道士》《种梨》《画壁》《婴宁》《凤仙》译文；《中国神话与传说》（*Myths and Legends of China*）收录了其中的《河间生》《毛狐》《侠女》《酒友》《真生》译文；《各国故事集》（*Great Stories of All Nations*）收录了其中的《钟生》译文；《中国姥姥讲故事》（*Tales of A Chinese*

Grandmother)改编了其中的《香玉》《种梨》《放蝶》《促织》《凤仙》《阿宝》译文,等等。

最后,该译本进入了《大英百科全书》和《美国百科全书》,并"被转译成好几个国家的文字,在西方代表蒲松龄达一个世纪之久"。

二、翟理斯《聊斋志异》选译本成功的原因分析

翟理斯《聊斋志异》选译本能够在英语世界广泛传播并产生影响,是多种因素合力的结果,其中以下四个因素对于该译本的成功至关重要。

第一,翻译质量是该译本成功"走进"英语世界的基础。首先,翟理斯的父亲约翰·艾伦·贾尔斯(John Allen Giles)牧师是牛津大学耶稣学院(Jesus College in the University of Oxford)资深成员,同时也是著名作家,自小要求翟理斯接受古典式教育,青年时将他送到查特豪斯公立学校(Charterhouse)接受教育。良好的教育背景培养了翟理斯严谨的学风和精深的英文造诣。第二,翟理斯翻译《聊斋志异》时,在中国已经生活了10余年。在此期间,他刻苦学习中国语言和文化,打下了扎实的中文基础。翻译《聊斋志异》之前,他已经编写过数种汉语学习教材,如《汉言无师自明》(*Chinese without a Teacher*: *Being a Collection of Easy and Useful Sentences in the Mandarin Dialect*, *with a Vocabulary*);翻译过一些中国文学作品,如《洗冤录》(*Hsi Yuan Lu*, *or Instructions to Coroners*);撰写过一些中国主题的著作,如《中国札记》(*Chinese Sketches*)。正是因为翟理斯扎实的中英文功底和严谨的态度,《聊斋志异》选译本一经出版,其翻译质量受到学者和评论家一致赞誉。该译本出版同年,理雅各立即发表书评,称赞"译文质量很高"。① 次年,有人在 *The Fork-lore Record* 上发表该译本的书评,赞扬其中的注释"具有永恒的价值"②。曾纪泽曾经专门因该译本致函翟理斯,盛赞其翻译质量:"先生译笔之优美,概无出其右者。"③ 即使是对大多数西方汉学家和汉学著译不屑一顾

---

① James Legge, Strange Stories from a Chinese Studio, *The Academy*, No. 9 (1880), p. 185.
② Anonymous Author, Strange Stories from a Chinese Studio, *The Fork-lore Record*, Vol. 4 (1881), p. 181.
③ 王绍祥《西方汉学家的"公敌"——英国汉学家翟理斯(1845—1935)研究》第249页,福建师范大学,2004年。

的辜鸿铭,也罕见地对该译本持认可态度,认为它"可为华文英译之典范"①。该译本出版近50年后,在美国再版,著名学者劳佛马上发表书评,向读者强烈推荐该译本,认为它"译文质量高、文笔优雅。即使翟理斯教授只留给我们这样一本引人入胜的书,我们也会对他致以永久的谢意"②。一个多世纪以后,闵福德也充分肯定了该译本的质量,认为"到目前为止还没有人提供更好的译本"③。此外,一些报刊也纷纷发文赞赏该译本,如《阅览报》认为,"翟理斯先生不仅成功再现了原文简洁和优雅的文体,而且忠实地再现了原文的内容";《上海差报》赞叹,"我们几乎没有见到比这两卷更好的译本,它们应该成为范本";《星期六评论》指出,"中国的民间故事通过翟理斯先生灵活的翻译,将引发我们的兴趣、给予我们快乐";《英华快报》评论,"译作的巨大价值在于其为我们提供了第一手信息";《蓓尔美街报》更是说"我们必须向读者推荐翟理斯先生的译本,如果他们具有欣赏这些奇妙故事的能力,并且仔细阅读它们,那么他们将会学到许多有趣而具有教育意义的东西"。④正是因为该译本翻译质量优秀,为其在英语世界的成功传播奠定了坚实的基础。

第二,符合当时历史文化语境的"归化"翻译策略是该译本成功"走进"英语世界的关键。翟理斯英译《聊斋志异》时值19世纪下半叶,西方文化处于强势地位,中国文化处于弱势地位。当时,在西方学界,"西方中心主义"占主导位置。西方汉学家翻译中国作品时,为了迎合英语文化系统里的意识形态和诗学观念,赢得读者的认同和接受,多采取"归化"翻译策略。翟理斯也不例外,翻译《聊斋志异》时,翻译策略以"归化"为主。以下三个典型例子可以为此提供佐证。

翟理斯生活的维多利亚时代,英国人们接受的是一夫一妻制度,一妻三妾不容于社会道德规范。因此,翻译《莲香》时,翟理斯更改了故事中桑晓、

---

① Ku Hongming, *The Spirit of the Chinese People*, Peking: Peking Daily News, 1915, p. 139.

② Berthold Laufer, Strange Stories from a Chinese Studio, *The Journal of American Fork-lore*, Vol. 39, No. 3 (May 1926), p. 90.

③ John Minford, & Tong Man. Whose Strange Stories? Pu Sungling 蒲松龄 (1640—1715), Herbert Giles (1845-1935), and the Liao-Chai Chil-I, *East Asian History*, Vol. 17/18 (1999), p. 1.

④ John Minford, & Tong Man. Whose Strange Stories? Pu Sungling 蒲松龄 (1640—1715), Herbert Giles (1845-1935), and the Liao-Chai Chil-I, *East Asian History*, Vol. 17/18 (1999), p. 7.

翟理斯英译《聊斋志异》：传播与启示

莲香、李女之间的关系。原文中，三人是夫妻或情人关系，而译文中，桑晓和李女是夫妻关系，但和莲香之间只有纯洁的友情。《聊斋志异》许多故事中不乏性爱描写内容，而在维多利亚时代，"清教徒对两性之间行为规范的标准非常严格，妇女应该端庄，一尘不染，对性一无所知。这种清教行为准则在那个时期的文学中留下很深的烙印，只要涉及性的话题，维多利亚作家总是想尽办法回避，因为小说通常是在全家人聚在一起时阅读的，所以小说中绝不能有任何性爱描写"①。因此，翻译《聊斋志异》中性爱描写内容时，翟理斯要么删除、要么改写。"雌自开其股就徐，徐乃与交"这样大胆的性爱话语描写在译文中已无迹可寻；"就而淫之，则阴如锥刺"这样直白的性爱语言表达也改写为"Seizing her hand, to tell his passion"。

"异史氏曰"是蒲松龄效仿《史记》的"太史公曰"，在故事末尾插入其他内容的一种叙事模式，是《聊斋志异》的一大特色。维多利亚前中期，英语小说中加入类似"异史氏曰"这样的插入性评论并不鲜见。但到了维多利亚时期后期，即翟理斯翻译《聊斋志异》时，小说家和批评家开始批评叙述者在故事中不时现身进行评论的做法。如著名小说批评家亨利·詹姆斯（Henry James）对作者或叙述者在各种场合插话指导或讨好读者的做法，提出了尖锐批评，并提出"作者隐身"的主张。著名作家乔治·艾略特（George Eliot）也曾在小说《米德尔马契》（*Middlemarch*，1872）中讽刺过菲尔丁（Henry Fielding）在小说中加插入性评论的做法，说过"现在时代变了，我们不能再像菲尔丁那样搬个凳子上台高谈阔论了"这样的话。② 因此，为使自己的译文能够符合当时英语小说的主流诗学观念，翻译《聊斋志异》时，翟理斯删除了原文中的"异史氏曰"。

《聊斋志异》中有大量中国文化负载词。为了减轻英语读者的阅读障碍、引起英语读者的认同感，翻译这部分词语时，翟理斯要么舍弃原词语中的文化意象，只译出其中的含义，如将"衙官屈、宋"译为"talented scholar"，"相如之贫"译为"desperately poor"，"君陇不能守，尚望蜀耶？"译为"he was wanting more when he couldn't even keep what he had got"，"君义士，能为

---

① 余苏凌《翟理斯英译〈聊斋志异〉的道德和诗学取向》，载《天津大学学报》2011年第5期。

② 申丹等《英美小说叙事理论研究》第25—116页，北京大学出版社，2005年。

我杵臼否？"译为"Generous friend, will you take care of my child if I fall?"要么用西方文化意象替换中国文化意象，如将《太原狱》替换为"Another Solomon"，将《孙必振》替换为"A Chinese Jonah"，将《贾奉雉》替换为"A Rip Van Winkle"，将"曹丘"替换为"Maecenas"，将"鲍叔牙"和"管仲"替换为"Pythias"和"Damon"，将"秀才""举人""进士"替换为"bachelor's degree""master's degree""doctor's degree"。有学者曾对翟理斯的"归化"翻译策略做过十分形象生动的描述："翟理斯在透彻了解原文内容的基础上将其'英语化'（Englishes）了……在他的译文里，我们见到的不是一个身着西式服装的中国人，陌生而别扭；相反，中国的精神和生命经过这位天才的妙笔，投胎转世成'欧洲肉身'，语言丝丝入扣，举止优雅大方"。① 正是由于翟理斯的"归化"翻译策略，符合了当时英语文化语境中的意识形态和诗学观念，以及读者的阅读和接受习惯，才使其译文广受英语读者青睐。

第三，翟理斯本人在西方汉学界的巨大影响力是该译本成功"走进"英语世界的保障。翟理斯精通中国语言和文化，毕生致力于向西方世界介绍中华文明，成果显著，是当时英国汉学界乃至整个西方汉学界的领军人物，为西方汉学发展做出了杰出贡献。他编写了大量汉语学习教材和工具书，其中历时20年编成的《华英词典》（Chinese-English Dictionary）影响了几代外国汉语学习者，1968年还在美国重印；《古今姓氏族谱》（A Chinese Biographical Dictionary）是英语世界第一部中国人物传记词典。他撰写了大量有关中国的著作，其中《中国绘画艺术历史导论》（An Introduction to the History of Chinese Pictorial Art）是英语世界第一部中国美术史；《中国文学史》（A History of Chinese Literature）是英语世界第一部中国文学史，向英语读者展现了中国文学的悠久发展过程，对于中国文学在英语世界的传播起了重要作用。他翻译了大量的中国著作，其中《洗冤录》属于在英语世界的首次译介，且至今被誉为最有影响、最具权威的译本；《聊斋志异》选译本为英语世界流传最广、影响最大的英译本，在西方代表蒲松龄达一个世纪之久。他撰写了大量有关中国社会、历史、哲学、文学、宗教和绘画等方面的文章。他还改进了威妥玛

---

① Ball, J. Dyer, Review of A History of Chinese Literature, *The China Review*, Vol. 25（1901），pp. 207-210.

翟理斯英译《聊斋志异》：传播与启示

(Thomas Francis Wade) 拼音方案，经他修改和确立后的威妥玛——翟理斯式汉语罗马字拼音系统在西方通行了近一个世纪。因为他对汉学研究有突出贡献，1897 年全票当选剑桥大学中文教授，成为继威妥玛之后的剑桥大学第二任中文教授。1898 年和 1911 年，两获"法兰西学院"（French Academy）颁发的汉学研究最高奖项"儒莲奖"（Prix Stanislas Julien）。1922 年获得皇家亚洲学会三年一度的金奖和民国政府嘉禾奖章。1924 年被牛津大学授予荣誉文学博士学位并当选法兰西学院海外通讯院士。正是由于翟理斯本人在西方汉学界的高知名度和巨大影响力，《聊斋志异》选译本借助他的名人效应，一路乘风破浪，成功"走进"英语世界。

第四，各方对《聊斋志异》选译本的宣传推广是该译本成功"走进"英语世界的催化剂。如上文所述，该译本出版后，诸多知名人士和报刊盛赞其故事内容和翻译质量，为该译本在普通读者和专家学者中起到很好的宣传推广作用。此外，翟理斯本人也通过该译本的"副文本"和《中国文学史》很好地宣传推广了《聊斋志异》。在译本长篇《序言》中，翟理斯将《聊斋志异》在中国的受欢迎程度比肩《一千零一夜》："过去 200 多年里，《聊斋志异》在中国家喻户晓，如同《一千零一夜》在英语国家一样"；[1] 将其水平比肩卡奈尔的作品："任何一位能够欣赏《聊斋志异》的读者一定会对其无与伦比的文体风格印象深刻……《聊斋志异》文体极为简洁，无一损言游字，到处都是新奇的词语组合，每一个字的表达力前所未有，只有出自文学大家之手，才有此效果。除此以外，书中有大量典故，涵盖了中国文学的所有领域，以及大量的隐喻和艺术修辞手法，只有卡奈尔的作品可与其相提并论。所有这些，使《聊斋志异》在中国被公认为文体最纯最美的著作"。[2] 1901 年，翟理斯出版了英语世界首部《中国文学史》。该书出版后在英语世界广受好评，并作为中国文学史教材很受欢迎，分别于 1933 年、1958 年、1973 年再版，在英语世界影响甚大。在《中国文学史》中，翟理斯对蒲松龄和《聊斋志异》十分推崇，译介篇幅达 20 余页之多，而在同一书中，对李白和杜甫的译介篇幅加起来不过 6 页。他在书中指出，中国人通常不将小说和戏剧划入纯

---

[1] Pu Songling, *Strange Stories from a Chinese Studio*, trans. by Herbert Allen Giles, London: Thos. de la Rue, 1880, p. xi.

[2] *Strange Stories from a Chinese Studio*, pp. xxi-xxii.

文学的范畴，只有《聊斋志异》是唯一例外。更有甚者，他认为"清朝的文学可以说肇始于一个说故事的人（即蒲松龄）"。[①] 各方的这些宣传推广工作，如同催化剂一般，对于该译本成功"走进"英语世界起到了良好的助推作用。

三、对中国文化外译的启示

"近年来，作为国家文化发展的新兴战略，中国文化'走出去'已成为国家树立国际形象、提升中国文化国际影响力的重要窗口。而翻译作为交流文化、沟通思想的桥梁，对中国文化'走出去'战略的实现无疑发挥了至关重要的直接作用。"[②] 因此，近年来，中国文化外译成为学界热议的一个话题。该话题的焦点之一是，中国文化如何借助翻译之桥，顺利"走出"国门、"走进"目标语社会。不少学者为此提出了许多中肯而有益的建议。我们认为，翟理斯《聊斋志异》选译本的成功，可以为中国文化外译提供以下启示。

首先，要挑选有影响力的高水平译者。翟理斯《聊斋志异》选译本的成功告诉我们，高水平的译者可以生产高质量的译文，这是翻译取得成功的基础。译者的影响力对于译文的传播至关重要，就如同作家的影响力对于作品的传播、演员的知名度对于票房业绩的保障一样。19世纪以来，中国文化外译的许多成功案例可以为此提供佐证，如儒莲之法译《道德经》、理雅各之英译《中国经典》、卫礼贤之德译《易经》、韦利之英译《论语》和中国古典诗词、霍克思和闵福德之英译《红楼梦》、阿列克谢耶夫之俄译《聊斋志异》、葛浩文之英译莫言小说，等等。这些译文自出版以来，广受读者欢迎。有些译文出版已逾百年，至今仍被尊为经典。它们取得成功，翻译质量是基础，这离不开译者高超的翻译水平。此外，译者本人的知名度也不可或缺。以上这些译者，几乎都是西方汉学界的翘楚，具有极高的知名度和巨大的影响力。儒莲是法国"汉学三杰"之首，以他命名的"儒莲奖"被认为是汉学界的"诺贝尔奖"；卫礼贤是德国首席汉学家，被誉为近代"东学西渐"的双子星

---

① Herbert Allen Giles, *A History of Chinese Literature*, New York: D. Appleton and Company, 1901, p. 338.

② 李伟荣《中国文化"走出去"外部路径研究——兼论中国文化国际影响力》第29页，《中国文化研究》2015年夏之卷。

座之一；理雅各、韦利、霍克思是英国汉学界不同时期的代表人物；阿列克谢耶夫堪称俄国汉学界"丰碑"式的人物；葛浩文被誉为英语世界中国现当代小说"首席翻译家"。因此，中国文化外译，尤其是我们自己组织的中国文化外译，我们可以在全世界范围内挑选有影响力的高水平译者，以确保翻译质量、利于译文推广。

其次，翻译策略要以符合当代历史文化语境的"异化"为主。前文已经论述，翟理斯《聊斋志异》选译本取得成功，"归化"翻译策略甚为关键，因为它符合了当时"西强中弱"的历史文化语境。但是，根据唯物辩证法的观点，世上所有事物都在不停地运动、变化和发展。历史文化语境亦是如此。当代历史文化语境与翟理斯翻译《聊斋志异》时已经大相径庭。中国综合国力日益增强，中西文化差距不再像以前那么明显，且"文化多元化"已成为当今世界主流社会意识形态，西方学者提倡借鉴和学习优秀的中华文化。与此相应，翻译策略也应该做出相应调整。《聊斋志异》英译历史就是"翻译策略应该因时而变"的一个很好例子。早期《聊斋志异》英译时，"西强中弱"的历史文化语境决定了译者翻译过程中会根据西方的社会意识形态和诗学观念操纵原文，以"归化"策略为主。例如，郭实腊将《聊斋志异》塑造成一本宣扬"异教信仰"的书籍，并大幅改写原文的情节和主旨；翟理斯删减、改写《聊斋志异》中性爱语言表达，力求译文"纯洁"；禧在明大幅度改写《聊斋志异》，以增加故事的趣味性，激发汉语学习者的学习兴趣；苏理耶借翻译《聊斋志异》之名，行创作之实，等等。此外，翻译文化负载词时，译者要么采取"释意法"，如邝如丝将"相如之贫"译成"extremely poor"；将"君陇不能守，尚望蜀耶？"译为"Unable to keep the one you have, you must yet look for another"；要么采取"替换法"，如翟理斯将"秀才""举人"和"进士"替换为"bachelor's degree""master's degree"和"doctor's degree"。而在当代，尤其是20世纪80年代以后，为适应"文化多元化"的历史文化语境，译者翻译《聊斋志异》时，"异化"策略渐成主流，这点可以从杨宪益和戴乃迭、卢永中等、莫若强等、黄友义、王燕、梅丹理和梅维恒、闵福德等人的《聊斋志异》译文中可以看出来。宋贤德2008年至2014年推出的《聊斋志异》全译本更是"异化"翻译之典范。这一时期，绝大部分译者翻译《聊斋志异》时比较尊重原文，根据西方社会意识形态和诗学观念操纵原文的现象大大减少。翻译文化负载词时，也大多采取音译和直译加注的方式，尽力保留中国异质文化成分。诚如有些学者所言,"中国文学和文化目前具备了一定的原汁原味走出去的社会语境和国际条件",① 因此,当代中国文化外译,尤其是我们自己组织的中国文化外译,要有"文化自觉"和"文化自信",以"异化"策略为主,最大限度保留中国文化异质色彩、促进中西文化平等交流。

最后,要做好译文的宣传和推广工作。如前文所述,各方对《聊斋志异》选译本的宣传与推广,在该译本成功"走进"英语世界过程中起了"催化剂"的作用。由此可见,适当的宣传推广可以推动译文的传播。葛浩文接受访问时,尽管不赞同厄普代克(John Updike)发表在《纽约客》上的书评,但也承认其对自己的《丰乳肥臀》和《我的帝王生涯》译本销量"会大有帮助"。② 前两年有一个典型的例子:中国著名科幻小说作家刘慈欣的《三体》(The Three-Body Problem) 2014 年由美籍华人刘宇昆译成英语后,一经出版即成了亚马逊网站上的畅销书,荣登"2014 年度全美百佳图书榜",并于 2015 年获得世界科幻文学界的最高奖项"雨果奖",可谓成功"走进"了英语世界。《三体》英译成功的背后有多种因素,其中很重要的一个因素就是译文的全面宣传和推广。早在 2013 年年初,中国教育图书进出口有限公司就通过英文网站、推特及脸书等社交媒体对其进行宣传,每周用英文发布宣传信息。2014 年 10 月《三体》出版后,出版商托尔出版社(Tor Books)请著名科幻作家大卫·布林(David Brin)等人在西方主流报刊《华盛顿邮报》《纽约时报》《出版商周刊》发表书评,对其进行正面宣传。此外,出版商携译本参加国际性的大型书展进行宣传推广,如伦敦书展、伊斯坦布尔书展等。最后,英语读者,包括扎克伯格(Mark Zuckerberg)这样的知名人士,读完《三体》后,在好读网、亚马逊网、Facebook(脸书)或个人博客上对该译本赞誉有加,在读者中形成了良好的口碑。所有这些,为该译本起到了很好的宣传推广作用。因此,中国文化外译,除了确保翻译质量、采用适当的翻译策略以外,还应该同出版商、专家学者、读者一道通过纸媒、电媒、发布会、书展等手段为译文形成立体的宣传推广网络,避免出现"好酒也怕巷子深"的情况。

---

① 朱振武《翻译活动要有文化自觉》,载《文艺报》2015 年 12 月 16 日。
② 孟祥春《我只能是我自己——葛浩文访谈》,载《东方翻译》2013 年第 3 期。

结　语

　　当然，翟理斯《聊斋志异》选译本能够成功"走进"英语世界，除了以上论述的各种原因之外，还有其他因素，例如，《聊斋志异》的鬼神狐仙故事与西方哥特小说有某些相似之处；《聊斋志异》故事富含道德教化意蕴，与《伊索寓言》一致；《聊斋志异》大多数故事以爱情为主题，符合人们对美好爱情的向往，等等，这些留待下文探讨。此外，中国文化外译史上有许多成功的案例，翟理斯《聊斋志异》英译只是其中一个。在大力提倡中国文化"走出去"的今天，希望学界加强这些成功案例的研究，从中总结出成功的经验，也要找出其中存在的不足之处，为中国文化成功走向世界提供借鉴。

（李海军　湖南文理学院外国语学院教授；
蒋凤美　湖南文理学院外国语学院教师）

·王阳明域外传播与研究·

1916年前西方文献中的王阳明

[美] 伊来瑞 著 王 英 译

摘 要：陈荣捷在其1972年的关于在西方出版的王阳明学术的加注参考书目中说这些对这位伟大的哲学家、政治家和军事家的研究，始于20世纪10年代弗雷德里克·亨克所发表的两篇文章和一本书。事实上，若将搜索参数定义为论文和专著，则陈荣捷列的清单是准确的。但是如果将这些参数放宽，纳入20世纪10年代前在欧洲和北美撰写的各种类型的讨论王阳明的文献，那么我们确实发现，尽管王阳明鲜为人知，但他在学术著作中并非全无一席之地。这篇文章不但记载了这一文献，也解释了与早期中国哲学史相比，为什么王阳明和明代思想学在很大程度上被人们所忽视。

关键词：王阳明 汉学 欧美 阳明学

在1917年《国际伦理学杂志》中发表的颜任光对于《王阳明的哲学》之书评中指出，"在此卷中，首次向说英语的哲学专业学生介绍了最具影响力的中国思想家之一。在亨克（Henke）博士的著作发表以前，这些学生是否知道王阳明都值得怀疑，哪怕是以最间接的方式"。① 的确，亨克于1916年发表了施邦曜《阳明先生集要·理学编》② 的英文译本，成为王阳明研究方面的重要转折点。之前，在欧洲和北美，王阳明的著作鲜少受人关注。③ 陈荣捷在其

---

① Kia-Lok Yen, review of *The Philosophy of Wang Yang-ming*, ed. and trans. Frederick Goodrich Henke, "*International Journal of Ethics* 27", no. 2 (Jan. 1917) pp. 241-244.

② David S. Nivison, "Review of *The Philosophy of Wang Yang-ming* by Frederick Goodrich Henke," *Journal of the American Oriental Society* 84, no. 4 (1964) pp. 436-42.

③ 就这篇文章而言，欧洲和北美主要是指英语、法语和德语的学术研究。

1916年前西方文献中的王阳明

1972年的加注参考书目中,仅列出了关于王阳明的两部早期出版物。① 事实上,若将搜索参数定义为论文和专著,则陈荣捷列的清单是准确的。但是如果将这些参数放宽,纳入1916年前在欧洲和北美撰写的各种类型的讨论王阳明的文献,那么我们确实发现,尽管王阳明鲜为人知,但他在学术著作中并非全无一席之地。

众所周知,自16世纪末耶稣会传教士开始翻译和介绍中国哲学以来,直到20世纪后半叶以前,其间整部中国思想史及其范围均在西方得到广泛推广,而宋明儒家思想所引起的关注则要远低于古代中国哲学。② 但是,在此仍必须做出明确区分,因为尽管耶稣会传教士讨论了宋代道学哲学家,但是明代哲学,尤其是王阳明及其追随者,却被极大地忽略了。③ 在亨克的译著之前,在有关中国历史上的儒家思想方面的文献中,通常认为儒家传统的发展继经典阶段后就衰落了,并且在宋代以后就彻底终结了。

甚至直到20世纪初,当首篇有关中国哲学的历史和特征的英文简介发表时,王阳明及其心学学派仍未被录入。铃本大佐(D. T. Suzuki,1870—1966)在其发表于1914年的《早期中国哲学简史》的前言中做出了简要的历史概述。关于"宋代中国哲学的重新唤醒"的问题,他评判道:"这一中国的复兴时期并未在早期儒家开拓的狭窄道路上拓宽出任何新的哲学问题。"④ 事实上,对周敦颐、程颢和朱熹仅在尾注中进行了讨论。至于明代的发展,他虽然积极地评价王阳明为"正派睿智的伟大人物",但是关于王阳明,他只做了以下评论:

> 他不愧是在宋代复兴时期激发起来并焕发青春的中国思想的一位伟大的继承者。从新儒家思想意义上来说,他不是一个独立的思想家,但他很有独创性,能够找到一条新的路径来确认和实现那些古老的学说。在这个

---

① Wing-tsit Chan, "Wang Yang-Ming: Western Studies and an Annotated Bibliography," *Philosophy East and West* 22, no. 1 (January 1972) pp. 82-87.

② 崔玉军《陈荣捷与美国的中国哲学研究》第38页、第51—52页,北京社会科学文献出版社,2010年。

③ For the purposes of this 综述, by 宋代道学 I am referring primarily to 周敦颐,程颐,程颢,张载,and 朱熹。

④ DaisetzTeitaro Suzuki, *A Brief History of Early Chinese Philosophy* (London: Probsthain, 1914), 6. 他的书最早作为三篇文章1907年和1908年出版于 *The Monist* (《一元论》)。

杰出大师逝世以后,中国的知识天堂又一次被阴云所笼罩。从那时到现在,没有什么重大的或值得特别提及的事件来打破中国知识天堂的宁静。①

的确,由于铃本相信最重要的中国哲学存在于道教、佛教和前秦的儒家思想中,因此他的论述并没有纳入有关宋明发展的讨论,这也是为什么他著作的标题中也未涉及。

在牛津大学所做的题为《儒释道三教》的讲座中,英国循道公会宣教士、教育家兼汉学家苏慧廉(William Soothill, 1861—1935)在介绍儒家思想史时也遵循了相似的模式,尽管也存在一些不同之处。在其有关《孔子及其学派》的讲座中,苏慧廉称,"在孔孟时代后,在汉代、宋代和清代兴起了"三大评论家学派(three schools of commentators)"。②令人惊讶的是,他没有提及明代的哲学家。然后他的论述就集中在孔子、孟子和朱子身上。但是,尽管苏慧廉在此对于孔子和孟子进行了大量的讨论,他对朱子却没有发表多少评论。他指出:"他鲜少有著作被翻译成英文,欧洲人也从没有仔细研究过他。"③出于该原因,尽管苏慧廉找到依据说"他(朱熹)没有为这个国家的宗教生活添砖加瓦",他还是有保留地对朱子进行了评判以待将来研究。

更早的一个例子是保罗·卡罗斯(Paul Carus, 1852—1919)发表于1902年的《中国哲学:关于中国思想的主要特征的论述》。卡罗斯考虑了中国哲学史各种各样的趋势,论述道:

> 它为我们展现了一个高贵的开端和一段跛足的进程;一个伟大的开始和沉闷的停滞;一个充满希望的播种时期和令人可怜的收成。思想的英雄奠定了基础,他们受到顶礼膜拜,无人敢超越他们,因此,面对赫然出现于史前的先圣们的伟大,所有后代的哲学都相形见绌,变得卑微。④

---

① Suzuki, *Brief History of Early Chinese Philosophy*, p. 6.

② William E. Soothill, *The Three Religions of China: Lectures Delivered at Oxford* (London: Hodder and Stoughton, 1913), p. 40.

③ *The Three Religions of China: Lectures Delivered at Oxford*, p. 42. 这些讲座是在1912年发表的。

④ Paul Carus, *Chinese Philosophy: An Exposition of the Main Characteristic Features of Chinese Thought* (Chicago: Open Court Publishing Company, 1902), 1. 他的书最早作为一篇文章出版于 *The Monist*(《一元论》)6 (1896): 188ff.

1916年前西方文献中的王阳明

这本简短的书一开始详细讨论了古代中国宇宙论,① 然后卡罗斯转向讨论周敦颐和朱熹,说明是周敦颐研究出了太极的统一原理中所隐含的一元论,是朱熹和其学派"系统化并完善了中国的哲学世界概念"。② 从《太极图说》和《通书》中,他阐述了周敦颐的宇宙论,利用《朱子全书》中的节选内容,他解释了朱熹哲学的理气哲学。他断言:"周子和朱子的一元论学派在中国思想史上的地位就相当于康德在西方世界的地位。"③ 然而,卡罗斯却从未提及任何明代哲学家。

在此必须注意的,是保罗·卡罗斯不能熟练地阅读中文。他依赖的是德文和英文译本和学术著作。对于周敦颐,他参看了Georg Von der Gabelentz的Thai-Kih-Thu, des Tscheu-tsiTafel des Urprinzipes,即朱子批注的《太极图说》的译本④,以及威廉·顾儒伯(Wilhelm Grube)译的朱子批注的《通书》。⑤ 这是从《性理精义》中摘录而来。⑥ 对于朱熹,他参看了几部英文著作中的译本和阐述,但主要是托马斯·泰勒·密迪乐(Thomas Taylor Meadows)的《中国人及其叛乱》。⑦ 1856年,为英国行政部门充当汉语翻译的密迪乐已经出版了中国哲学的详细介绍和说明,其中包括周敦颐和朱熹的

---

① *Chinese Philosophy: An Exposition of the Main Characteristic Features of Chinese Thought*, p. 27。

② *Chinese Philosophy: An Exposition of the Main Characteristic Features of Chinese Thought*, p. 29。

③ *Chinese Philosophy: An Exposition of the Main Characteristic Features of Chinese Thought*, p. 35。

④ Georg von der Gabelentz, 太极图 *Thai-kih-thu, des Tscheu-tsiTafel des Urprinzipes, mitTschu-hi'sCommentarenachdem Hoh-pi-sing-li* (Dresden: im Commissions-Verlagbei R. v. Zahn, 1876).

⑤ Wilhelm Grube, *EinBeitragzurKenntniss des ChinesischenPhilosophieT'ung-Su de Ceutsi, mit Cu-His Commentarenach de Sing-li tsing-I* (Wien, 1880).

⑥ Carus, *Chinese Philosophy*, 29. 关于德国对朱熹研究的讨论,请参看张柯《德文语境中的朱熹思想》,载《孔子研究》2013年第3期。

⑦ Thomas Taylor Meadows, *The Chinese and Their Rebellions: Viewed in Connection with their National Philosophy, Ethics, Legislation, and Administration* (London: Smith, Elder, and Co., 1856). 朱熹和他的哲学在第334—352页上被讨论过。卡鲁斯还在以下出版物中引用了朱熹的文献资讯:Samuel Wells Williams, *The Middle Kingdom: A Survey of the Geography, Government, Education, Social Life, Arts, Religion, &c., of the Chinese Empire and its Inhabitants*, vol. 1 (New York and London: Wiley and Putnam, 1848), pp. 550-552, 以及在以下出版物中提及朱熹和周敦颐:William Frederick Mayers, *The Chinese Reader's Manual* (Shanghai: American Presbyterian Mission Press, 1874), pp. 23-26.

形而上学和宇宙论。他声称为此参考了 1717 年康熙版《性理大全》和 1718 年版的《朱子全书》。

从对保罗·卡罗斯著作的检视中得出的重要结论是：尽管存在语言障碍，他仍对两位宋代道学思想家提出了颇有见地的评价。在 19 世纪，欧洲和美国的汉学家对于朱熹的重要性已有了一定的了解，翻译了一些他的著作，并且还对他的生平和思想做了书面介绍。① 然而，卡罗斯并不了解王阳明及其哲学活动，这毫无疑问是因为他所遇到的德文和英文学者并未讨论过王阳明的哲学及其影响。还有更多例子证实：20 世纪初，欧洲和美国关于中国哲学和宗教的文献缺乏对王阳明的讨论。②

这种文献的缺乏在 19 世纪同样存在，但是也有几个值得注意的例外。过去的研究已经充分表明了不平等条约是如何引发了西方研究中国的新时代。越来越多的外国外事官员和传教士，尤其是来自大不列颠和美国的新教传教士，花时间在中国工作和生活，并且进行学术研究。③ 结果是，对中国的学术研究激增，同时专门进行汉学方面研究的机构也激增。这些学术研究也标志着汉学的奠基始于 19 世纪，因为当时欧洲和美国的大学建立了研究中国的教授体系并开设了相关课程。

然而，尽管对于前秦的儒家和道家思想，以及其他前秦哲学家，如墨家和兵家，还有一些宋代哲学家的翻译和研究已大量产生，但是王阳明和其追随者，却鲜少有人注意。诸如艾约瑟（Joseph Edkins）、理雅各（James Legge）、高延（J. J. M. de Groot）、沙畹（Edouard Chavannes）和鲍吉耶（鲍狄埃，Guillame Pauthier）这类学者的主要研究中都未提到过王阳明。例

---

① 参照 Le P. Stanslas Le Gall, *Le Philosophe Tchou Hi：Sa Doctrine，Son Influence*（Chang-Hai：Imprimerie de la Mission Catholique，1894）. 本书介绍了朱熹的思想。

② 翟理斯（Herbert Giles）在 1914 年伦敦出版的"希伯特讲座"中，提到了朱熹的形而上学，并将其称为唯物主义。他没有讨论明代哲学。参照 Herbert A. Giles, *Confucianism and its Rivals：Lectures Delivered in the University Hall of Dr. William's Library*（London：Williams and Norgate, 1915），pp. 233-241.

③ Daniel H. Bays, *A New History of Christianity in China*（Wiley-Blackwell, 2012），pp. 66-92. 至于一般研究，请参考崔玉军《陈荣捷与美国的中国哲学研究》第 22—92 页；莫东寅《汉学发达史》，（郑州：大象出版社，2006）第 68—96 页；and Wilson Ming and John Caley, eds., *Europe Studies China：Papers from an International Conference on the History of European Sinology*（London：Han-Shan Tang Books, 1995）.

如,鲍吉耶在《中国哲学史要略》中用大量篇幅谈及周子和朱子的形而上学和宇宙论,但是却断言在他们之后没有出现过重要的思想家!①

然而,这并不意味着王阳明在文献中不为人知。对于19世纪英、德、法国针对中国所做的学术研究进行初步搜索产生了几条结果。② 有意思的是,一些19世纪的中国通史(主要是关于历朝历代的政治史和军事史),提及了正德皇帝统治期间的宁王叛乱。郭实猎(Karl Gutzlaff, 1803—1851)和包罗杰(Demetrius Boulger, 1853—1928)提起过这一事件,但仅仅指出帝国军队大力镇压叛乱,却忽略了王阳明的作用。③ 麦高温(John Macgowan, 1835—1922)在其《中国史》一书中解释说,叛乱开始时,某位Wang Shen正在福建镇压暴动,然后率领队伍挺进江西,与宁王作战并将他俘虏。④ 但是,尽管麦高温也花了一定篇幅谈及朱熹在宋代的重要地位,他却没有讲到王阳明及其学派。最后,卫三畏(Samuel Wells Williams, 1812—1884)在《中国总论》一书中讨论"文人对佛教的反对"的部分涵盖了关于王阳明向武宗规谏派送使节"到印度求取佛经和僧人"。卫三畏指出,王阳明将佛教与儒教做了对比,"满意地证明了后者拥有前者的全部益处,却没有前者邪恶和无稽的部分"。⑤

幸运的是,王阳明的确出现在其他类型的文献中。其中一部是由翟理斯

---

① Guillaume Pauthier, *Esquissed'une Histoire de la PhilosophieChinoise* (Paris: Impr. de Schneider et Langrand, 1844), p. 66.

② 我咨询了 Henri Cordier, *Bibliotheca Sinica*: *DictionnaireBibliographique des OuvragesRelatifs a L'Empire Chinois*, vol. 1 (1904; repr., New York: Burt Franklin, 1968) (考狄尔编撰的《中国书目》); *Bibliotheca Sinica* 2.0, accessed March 13, 2017, http://www.univie.ac.at/Geschichte/China-Bibliographie/blog/; and *Chine ancienne*, accessed March 13, 2017, https://www.chineancienne.fr/.

③ 参照 Karl Friedrich August Gützlaff, *A Sketch of Chinese History, Ancient and Modern*, vol. 1 (London: Smith and Elder & Co., 1834), 272; Demetrius Charles Boulger, *A History of China*, vol. 1 (London: W. H. Allen & Co., 1881), p. 468.

④ John Macgowan, *A History of China: From the Earliest Days down to the Present* (London: Kegan Paul, Trench, Trübner and Co. Ltd., 1897), pp. 493-494.

⑤ Samuel Wells Williams, *The Middle Kingdom: A Survey of the Geography, Government, Literature, Social Life, Arts, and History of the Chinese Empire and its Inhabitants*, vol. Ⅱ (London: Allen, 1883), p. 227. 然而,他并没有解释这个奏疏("谏迎佛疏"《王阳明全集》,卷九:别录一),从未提交给明代朝廷。

(Herbert Giles, 1845—1935)编撰的《古今姓氏族谱》。这部词典收录2579个条目,包括"王守仁(Wang Shou-jen)"和"陈献章(Chen Hsien-chang)"等其他明代学者的条目。关于王阳明的条目很简短,不足一页,但是仍提供了其生平和重要地位的客观概要。① 更重要的是,沃特斯(Thomas Watters,1840—1901)的《孔子庙碑》一书对于王阳明所做的较长讨论。从1863年到1895年,沃特斯担任英国政府驻中国和韩国领事,同时还发表了有关中国的许多学术著作。该书对文庙的格局和历史做了详细介绍,同时对立碑的每个人提供了出色的传记。王阳明的条目有六页长,可以称作是有关其生平、思想和在中国思想史上的地位的首篇重要的英文著作。沃特斯具有很强的中文阅读能力,他直接研究第一手资料;对于王阳明,他所参考的即1826年版的《王阳明先生全集》。②

沃特斯从第一卷中抽出内容作了简要的事实性传记。然后,他解释了所使用的全集的来源,并赞美了王阳明的写作风格:"他的诗风简洁明了,充满魅力,行文大方流畅,自成一体。解释通常清晰准确,议论出色,通篇公正合理。甚至是当维护看起来危险且具有分裂性的观点时,他也不畏结论,不惧后果。"③ 然后,沃特斯阐述了王阳明在中国哲学史上的重要地位,例如:王阳明如何试图调停学者之间在比较朱熹和陆九渊的优点时所引发的无休止的争论。他得出结论:"王阳明在维护陆九渊方面非常有勇气并且取得了成功,用他自己的形象清除了对陆九渊哲学声誉的污蔑。他因此而赢得了所有文人和忠实的儒家弟子长久不衰的感激。"④

沃特斯还细致地阐述了王阳明哲学中良知的含义。他怀疑理雅各在《孟子》中将此术语翻译成"直觉"是不充分的,因为"这个词对于王阳明而言用法多变,有时意指良心,有时又意指知觉,还有些时候则明显指本能。"⑤ 沃特斯还

---

① Herbert A. Giles, *A Chinese Biographical Dictionary* (Shanghai: Kelly and Walsh, 1898), 839-840. 关于另一个简短的条目,请参阅 William Frederick Mayers, *The Chinese Reader's Manual* (Shanghai: American Presbyterian Mission Press, 1874), p. 246.

② Thomas Watters, *A Guide to the Tablets in a Temple of Confucius* (Shanghai: American Presbyterian Mission Press, 1879), pp. 211-216. 他查阅了清道光六年重刻《王阳明先生全集》。

③ *A Guide to the Tablets in a Temple of Confucius*, p. 214.

④ *A Guide to the Tablets in a Temple of Confucius*, p. 214.

⑤ *A Guide to the Tablets in a Temple of Confucius*, p. 215.

指出,王阳明被指责为佛教徒,并且"宣布放弃了对圣人的忠诚",但是他坚持认为,王阳明"绝对正统并且认为他只是采用了对孔子和孟子的言语的适当合理的解释"。① 沃特斯强调了其多教合一的思想,还指出,王阳明不愿意仅仅因为佛教和道教是非正统的就拒绝它们当中的"美德的触碰和对真理的提示"。最后,他解释道,尽管该全集的编辑们为王阳明强烈辩护,反对说他信奉邪说的指责,但是却"因为王阳明批评了朱熹的文章和批注而使他的合集现在没有多少人阅读"。沃特斯通过将王阳明和勒内·笛卡儿(René Descartes,1596—1650)进行对比得出结论,宣称"两个人均认为心具有与生俱来的能力,可以了知高层次的真理并能教育人自立的重要性"。②

沃特斯百科全书式的条目准确地概括了王阳明的生平和其思想的主要特征以及他在中国思想史上的地位,就这一点而言,它是 19 世纪的一个重要例外。回顾更早的 17 世纪和 18 世纪,我们发现有关宋明哲学的文献具有相似的模式。同样地,只有少数例外,宋代道学哲学家及其形而上学和宇宙论在欧洲文献中获得了一些注意,而王阳明及其学派则几乎完全不存在。因此,许多学术研究,尤其是对诸如克里斯蒂安·沃尔夫(Christian Wolff,1679—1754)和莱布尼茨(Gottfried Wilhelm Leibniz,1694—1778)这样的德国哲学家的研究,都已经论证了宋明理学对启蒙运动具有轻微影响。③ 但是这种影响仅限于宋代道学,因为它是通过耶稣会对中国哲学文献的翻译和说明呈现给欧洲的。

如孟德卫(David Mungello)所指出的,启蒙运动的哲学家和学者与中国

---

① *A Guide to the Tablets in a Temple of Confucius*, p. 215.

② *A Guide to the Tablets in a Temple of Confucius*, p. 216.

③ 请参见,例如 David E. Mungello, *Leibniz and Confucianism: The Search for an Accord* (Honolulu: The University of Hawaii Press, 1977); David E. Mungello, "Confucianism in the Enlightenment: Antagonism and Collaboration between the Jesuits and Philosophes," in Thomas H. C. Lee, *China and Europe: Images and Influences in the Sixteenth to Eighteenth Centuries* (Hong Kong: The Chinese University of Hong Kong Press, 1991), 99-127; KnudLundbaek, "The Image of Neo-Confucianism in *Confucius SinarumPhilosophus*," *Journal of the History of Ideas*, vol. 44, no. 1 (Jan.-Mar., 1983): 19-30. 例如,撰写 *Oratio de Sinarum Philosophia Practica*《中国人实践哲学演讲》时,沃尔夫依赖于弗朗索瓦·诺埃尔(Francois Noel)的 *Sinensus Imperii Libri Classici Sex* (1711)。这篇著作收录了《四书》的翻译、四书集注中朱熹的前言、张居正的注释、《孝经》和朱熹的《小学》(Knud, "The Image of Neo-Confucianism," 39)。

并无直接接触，因此要依赖手稿、出版的著作和耶稣会的尺牍。所以，在这个世纪中，欧洲对中国的认知是通过耶稣会的三棱镜折射出来的。① 然而，耶稣会在中国的经历具有几个特征，这可能已降低了王阳明哲学受到密切注意的可能性。许多学术研究已经证明，耶稣会传教士最初是如何主要通过朱熹对经典著作的评注和性理大全（1415年永乐皇帝宫廷首次出版）而开始接触宋代道学哲学家的。这些就是耶稣会了解儒家思想史后期发展的主要管道，也是他们的讨论几乎完全局限于朱熹及其前任的原因。另外，耶稣会传教士把前秦（古代）儒家思想与这些后期儒学著作区分开来，对于后者，他们贬损地称之为"新派评注人"（现代评注人）。② 他们发现，古代儒家思想包含与自然神学等同的思想和值得赞赏的道德哲学，但是他们相信，宋代道学思想家背离了古代时期更真实的儒家思想。根据传教士的见解，宋代道学是唯物论和无神论。

另外，各种因素中还可以加入耶稣会传教士首次撰写有关中国的著作的时间。关于中国哲学和历史的首部著作可追溯到16世纪末和17世纪，在这一时期的政治文化环境，士大夫对王阳明学派的拥护正在减弱。因此，当考虑到历史、文献、哲学、宗教这些更广的因素时，王阳明的著作没有获得密切关注这一点就可以理解了。事实上，在20世纪80年代的一项研究中，龙伯格（Knud Lundbaek）得出结论："在十七世纪耶稣会印刷的著作中王阳明并不存在。"③

但是，纵使王阳明的名字未出现在17世纪的耶稣会文献中，他的理念又有多少为耶稣会士所知，且在他们的文字中被间接提及呢？这一问题近些年受到了更多的关注而且会继续取得研究成果。尽管王阳明的哲学在明末和清

---

① Mungello, "Confucianism in the Enlightenment", p. 100.

② 同上，第115页. 儒家思想的第一本系统而又全面的介绍是《中国先哲孔子》。它在欧洲的学术期刊中被广泛阅读和评论，被翻译成多种语言，并以多种版本重印，包括《论语》《大学》和《中庸》的译本。它还包括孔子传记和中国哲学的长篇介绍，即 "ProemeliusDeclaratio"。引言部分除了介绍道教和佛教的简短部分之外，还讨论了 "Neoterics" 对古代文本的诠释和可怕的扭曲"。这些 "Neoterics" 是周敦颐、张载、程颐、朱熹。引言还引用了 *Pandect of Natural Philosophy*（性理大全）。这是有影响力的17和18世纪的拉丁文和法文文稿的一般模式，这一时期儒学主要被视为一种道德和政治哲学，而古典文本则受到最多的关注。See Lundbaek, "The Image of Neo-Confucianism", pp. 21-25.

③ Lundbaek, "The Image of Neo-Confucianism", p. 28.

代不受欢迎，明末来到中国的那些耶稣会传教士们的确与阳明后学有过交流。例如，利玛窦（Matteo Ricci）结识了阳明后学的章潢、李贽、祝世禄、焦竑及邹元标等人，并与他们开展讨论。比如，主持白鹿洞书院的江右王门章潢，曾屡次邀请利玛窦到书院与士子研讨学问。这些交流表明利玛窦应该已经熟悉王阳明哲学的要义。① 的确，最近的一部对利玛窦《天主实义》的译著，证实他曾多次引用过王阳明，尽管没有提及他的姓名。②

至于17世纪末到18世纪初，就是清朝的法国耶稣会传教士是中国文化交流的主要管道时，我们略微具有更可靠的历史数据。虽然，对以法文、德文、英文撰写的有关中国的最具影响力的哲学和历史著作进行初步搜索，得出的结果寥寥无几，但是其中一个结果足以明确地表明：至少有一些耶稣会传教士知道王阳明的著作，且对他的道德哲学十分钦佩。重要程度次之的是《中国通史法译通鉴纲目》。这部12卷的中国史是由冯秉正（Joseph Anne-Marie de Moyriac de Mailla, 1669—1748）撰写。冯秉正是自17世纪80年代始法国作为官方资助传教团派往中国的许多法国耶稣会成员之一。他于1701年抵达中国，在清朝皇帝的皇宫中任职，留在中国直到去世。他于18世纪30年代撰写了《通史》并发送到法国，直到18世纪70年代才在法国出版。这本书一度曾成为中国史方面最重要的参考著作。

《通史》中之所以讨论到王阳明，仅仅是因为他平息了宁王朱宸濠发起的叛乱。③ 然而，冯秉正用长达四页的篇幅提供了20世纪前对王阳明最完整的记述，包括王阳明的战略运用、他就占领南昌（宁王府的地点）一事与官员

---

① 黄文树《阳明后学与利玛窦的交往及其含义》，载《汉学研究》（第27卷）第127页，第三期，2009年9月。

② Matteo Ricci, *The True Meaning of the Lord of Heaven*, revised ed. by Thierry Meynard, S. J., trans. by Douglas Lancashire and Peter Hu Kuo-chen, S. J. (Boston: Institute of Jesuit Sources, 2016). 例如，第244节提到："中士曰：谓同体之同也。曰：君子，以天下万物为一体者也；间形体而分尔我，则小人矣。君子一体万物，非由作意，缘吾心仁体如是。岂惟君子，虽小人之心，亦莫不然。"（186—187）这段文字与《大学问》的语言极其相似。在第250节中，利玛窦评论了王阳明的《大学问》："西士曰：体物以比喻言之，无所伤焉。如以为实言，伤理不浅。《中庸》令君体群臣，君臣同类者也，岂草木瓦石皆可体耶？"（190—191）在第325节引用了王阳明的四句教："中士曰：'毋意'，毋善毋恶，世儒固有其说。"（234—235）

③ Joseph Anne-Marie de Moyriac de Mailla, *Histoire generale de la Chine, ou Annales de cet empire*; tr. *Du Tong-Kien-Kang*-mou, vol. 10 (Paris: P. D. Pierres, 1779), pp. 294-298.

们之间的商议,以及对抗宁王的卷土重来。有关惊心动魄的鄱阳湖一役,他写道:"从没有过更彻底、更具有决定性的胜利(Jamaisvictoire ne fut plus complèteni plus decisive)。"①

更值得注意的是杜赫德(Jean-Baptiste du Halde)的《中华帝国全志》。这部四卷的中国百科全书首次发表于1735年。正当法国耶稣会和法国成为研究中心时,杜赫德(Du Halde,1674—1743)是居住在巴黎的一位法国耶稣会传教士,他正在欧洲撰写着有关中国的文章。在编撰此著作时,他居住在耶稣会公屋(La Maison Professes de Jesuites),这座建筑落成于1580年,以容纳耶稣会神父,建筑环境有助于他们研究和撰写当时急迫的宗教和社会问题。杜赫德将他的精力转移到汇编、编辑和出版来自世界各地的耶稣会传教士的资料上。他工作的主要目的是通过促进跨文化的研究而推进耶稣会传教活动。②

然而,杜赫德从未去过中国,但是把从作为法国传教士前往中国的27位耶稣会传教士那里收集而来的信息进行了汇编。第一卷专论地理和旅游,也包括了从诸如朱子和司马光的《通鉴纲目》等的中国著作中的摘录。第二卷包括六篇关于中国的文章和从十八部中国著作中的摘录。③ 所选著作之一是《王阳明文集》,38卷(1538年版)。④ 这些摘录紧随五十页的《唐荆川先生稗篇》译著。从该文集中翻译过来的文献包括:《梁仲用默斋说》(卷七文录四);《书黄梦星》(卷八文录五);《传习录中》,"乐是心之本体"(卷二);《书中天阁勉诸生》(卷八文录五);《传习录下》,"人生大病只是傲字"(卷三);《教条示龙场诸生》(卷二十六续编一);《寄诸弟》(卷四文录一);以及《答佟太守求雨》(卷二十一外集三)。⑤

---

① *Histoire generale de la Chine, ouAnnales de cet empire*; tr. *Du Tong-Kien-Kang-mou*, p. 297.

② Theodore N. Foss, *A Jesuit encyclopedia for China: a guide to Jean-Baptiste Du Halde's Description-de la Chine* (1735) (Ph. D. diss., University of Chicago, 1979), pp. 56-60.

③ BjörnLöwendahl, *China Illustrata Nova* (Hua Hin, The Elephant Press, 2008), pp. 180-181.

④ Jean-Baptiste du Halde, *Description Geographique, historique, chronologique, politique, et physique de l'empire de la Chine et de la TartarieChinoise* (Paris: chez P. G. Lemercier, 1735), pp. 654-667.

⑤ 参照 Isabelle Landry-Deron, *La Preuve par la Chine: La "Description" de J. B. Du Halde, Jesuite, 1735* (Paris: Editions de l'Ecole des Hautes Étudesen Sciences Sociales, 2002), pp. 227-228. 她的作品是"Description"的权威性研究,并被翻译成中文。参照蓝莉著,许明龙译《请中国作证:杜赫德的〈中华帝国全志〉》第227—228页,商务印书馆,2016年。

1916 年前西方文献中的王阳明

杜赫德是从赫苍璧（Julien-PlacideHervieu，1671—1746）耶稣会传教士那里获得的《王阳明文集》译本。赫苍璧作为法国赴中国传教团的成员前往中国并在那里度过了四十五年的余生。他翻译了大量的中国文献并将之送往巴黎。杜赫德收录进《中华帝国全志》的正是这些文献。王阳明著作的法文翻译原稿目前正保存在法国国家图书馆的手稿区中。①

据蓝莉（Isabelle Landry-Deron）称，赫苍璧翻译这些文献以及杜赫德选择将它们收录进其说明（*Description*）中的主要原因是耶稣会对儒家道德哲学的兴趣。确实，道德哲学始终是一个主要工具，通过它，耶稣会和文人学士可以对其各自的传统产生相互的兴趣。要了解是什么特别吸引了这些耶稣会传教士挑选出这些文献，应该对蓝莉的分析进行大篇幅的引用：

编排在《唐荆川先生稗编》之后的是《王阳明文集》。不知道是否由于疏忽后面未加标题说明，这两部书之间没有明显的分隔，只有一个小小的边注表明，以下不再是《唐荆川先生稗编》的摘译。赫苍璧在手稿中用一条连贯的线条区分前后两部书。《王阳明文集》摘译以王阳明回复其弟子梁仲用的一封信开端，谈的是"默"的价值。《全志》中的这篇摘译与前面苏辙论述隐退理由的一篇文章连在一起，中间没有过渡。从赫苍璧的手稿看不出他是否认为这两篇文章有思想上的内在联系。这篇文章的摘译强调的是内省的必要性，这一点倒是与马若瑟的想法比较接近，他认为中国人道德的终极目标就是自我完善。谈论"默"的这篇文章揭示了杜赫德们竭力寻找的西方思想和中国思想的交汇点，论述了"默"在僧人生活中的价值，而"默"对于僧人而言便是宗教心愿。中国的奉教者发现，王阳明的不幸遭遇和体现在他行为中的严格恪守道德、勇气和坚定，与基督教的价值观之间存在着某种联系。马若瑟的信息提供者之一刘凝（1625—1715）是王阳明的一部著作的编者。《全志》选录的王阳明的著述摘译，置于突出地位的是坚定的道德格言："仁者言也切，非以为默而默存焉。" 1604 年在北京刻印的耶稣会传教士庞迪我（Diego de Pantoja，1571—1618）神甫所著《七克》，引起中国文人的巨大关注，此书论述的是如何制伏内心的私欲。谢和耐（Jacques Gernet）说在明朝

---

① 法国国家图书馆的手稿被确定为 FR 17240 女士的；王阳明的翻译位于第 235—242 页。该记录可以在 http://archivesetmanuscrits.bnf.fr/ark:/12148/cc46915b 中找到。数字化版本可在 http://gallica.bnf.fr/ark:/12148/btv1b9061534s/f245.item，pp. 472—494 中找到。

颇为兴盛的许多书院中克己复礼是与整肃政府机构、清除腐败分子的决心分不开的；他还指出，内省是当时流传颇广的做法。这些情况告诉我们，在中国确实存在着一种对于精神的追求，与西方观念框架颇为接近。在王阳明著述的摘译中，"圣贤之学"字样出现了十余次。圣贤之学犹如蜿蜒曲折的理性之路，王阳明借用农耕中的耕地、烧荒、耙地、灌溉，形象地比喻在哲学上追求理性时的学习、思考、推理、实践。不少实例表明，事事均须付出努力，即所谓"亦须破冗一会于此"。纠正自己的错误犹如清除污秽，必须由"我"不懈努力，因为，"人心本是天然之理"，败坏此理的也正是"我"，何况，"人生大病只是一个傲字"。尧和舜都被视为完美无缺的楷模，也是自我完善和清除内心"我"的理想典范。傲这种病只能用其对立面"谦"来医治。《王阳明文集》中有一句话与杜赫德写在序言中的一句话完全一样："谦者众善之基。"①

据蓝莉称，当时让耶稣会对这些特别的文献感兴趣的原因是王阳明道德哲学中的要义和令他们钦佩的实践。

总之，20世纪10年代以前，王阳明在西方并非是文章或书籍中的特别主题。然而，他的生平和哲学，甚至是他的一些作品，的确出现在其他类型的文献中，例如历史、词典、百科全书性质的著作和专著。在20世纪20年代，这一局限被打破；由于他在日本思想史上的重要地位，以及对他著作的兴趣在中国重新复苏，他日益受到生活在中国和日本的传教士和学者们的关注，并且通过他们的著作，也受到了生活在欧洲和北美的学者的关注。

(伊来瑞 [George L. Israel] 美国中佐治亚州立大学历史政治科学系
历史学副教授；
译者：王英 美国翻译协会认证自由译者，绿竹翻译公司创始人)

---

① 蓝莉著，许明龙译《请中国作证：杜赫德的〈中华帝国全志〉》第329—331页。

·春秋论坛·

夏目漱石汉诗的现代性刍论[*]

王广生

摘 要：国际汉学研究一个重要目的，即是关注中国传统文化的现代性生成。在这一立场上，夏目漱石汉诗的解读不应仅限于传统的审美与发现，而应尝试以现代性的眼光和立场去审思。因为，现代文学之现代性，在某种意义上就是"我"之发现和重塑，对现时性价值的人生和生活的呈现与思考。换言之，在笔者看来，采取什么样的文体并不重要，重要的是表现出怎样的精神和价值、展现怎样的精神世界，才是评判文学是否具有现代性的主要标准。而夏目漱石汉诗中所具有的复杂思辨性和深刻孤独感，所呈现出的个人与社会、人生与时代的困境与矛盾性，都具有一种不同于传统汉诗的审美特征，具有明晰的现代性品格。

关键词：现代性　孤独感　思辨性

一、文学的现代性与现代性文学

中日两国的现代文学先天性排除了汉诗（古体诗和近体格律诗）这类传统的文体样式，其判断的前提就是上述"传统"文学不具有现代文学所具有的众说纷纭而又语焉不详的现代性。但在笔者看来，现代文学包括现代性文学和非现代性文学两大部分，所谓现代性文学应是具有现代性价值、呈现现

---

[*] 本文为国家社会科学基金重大项目"1807—1949年中国文化域外传播百年史"（项目编号17ZDA195）阶段性研究成果；河南理工大学人文社科研究基金项目（SKGH2017-01）"中国文化思想影响下的夏目漱石汉诗读解"阶段性研究成果。

代性之人的绝望、痛苦、荒诞、希望等诸种可能与现实者。将之称为现代性文学，无关文体和样态，核心在于其内在的追求与精神。而笔者的这一判断和认知，又与本文设定的文学的现代性问题密不可分。

何为现代性？这个在当今世界思想文化界流行了多年的词汇，相关的定义不下百种，在学科化思维（哲学也成为一个学科）支配的当下，至今尚未有一个统一的界定，也不可能成为一个清晰明确的概念。

首先，在哲学层面来看，现代性就意味着一种普遍意义的思考方法，也意味着一种普遍性的精神观念和价值取向。如，在黑格尔看来，现代性的原则起始于苏格拉底时代普罗塔戈拉的那句名言："人是万物的尺度。"① 张汝伦先生认为，黑格尔这样的表述虽然发生在古代，但以"人"作为万物尺度的普遍性的思考和追问，也就意味着一个自觉、理性的人成为度量世界万物法则之可能。之后皮科、笛卡尔、马克思等从不同的角度和层面论述了"人"作为一种普遍意义的法则和尺度的可能与危险：宗教成为人的感情需要；政治成为保障生命财产安全和个人权利的途径；经济是为了经济人的利益；艺术上的现代主义也更加注重人的感觉的审美。总之，现代性的发生和演变，以"人"（尤其是个体的、情欲的、理性的"人"）的发现为中心。② 对此，马克思、恩格斯在《共产党宣言》中有一段带有文学性描述的预见："一切固定的冻结了的关系，以及与之相适应的古老的令人尊崇的偏见和见解，都被扫除了，一切新形成的关系等不到固定下来就陈旧了。一切坚固的东西都烟消云散了，一切神圣的东西都被亵渎了。"③

换言之，启蒙运动以来，理性思维把人们从神权中解脱出来，促使了个性的觉醒和解放，也加剧了个人欲望的膨胀和精神的虚空。尼采对此十分警醒，他在指出个人之"我"的发现同时，也用"上帝死了"这样的极端表述告知世人他对于现代性的忧思。时至今日，现代性内含一种紧张感、分裂性和难以调和的焦虑与矛盾，这样的认知已成共识。

文学意义上的现代性又是怎样的呢？它断然不是以简单的时代划分。如关于中日现代文学之开端，相关流传的说法是：中国现代文学是新民主主义

---

① 黑格尔著，贺麟、王太庆译《哲学史讲演录》（第二卷）第27页，商务印刷馆，1997年。
② 张汝伦《现代性与哲学的任务》，载《学术月刊》2016年第7期。
③ 马克思、恩格斯《共产党宣言》第30—31页，人民出版社，1997年。

革命时期现实土壤上的新的产物，同时又是旧民主主义革命时期文学的一个发展。广义上的中国现代文学史是指 1917 年到 1997 年。而日本现代文学的确立则在日本帝国主义跻身于列强的明治二十年，即 1890 年左右。①

这样以时间为标准的切分无疑是粗暴的，其背后有着一种深刻而复杂的政治性和历史性原因。其中一个观念前提就是线性史观，即时间之有序，亦即艺术、文学之进化。其潜台词就是相较于现代文学，古代文学是落后的；相较于古代文学，现代文学是合乎时代、是先进的。②

胡希东曾撰文指出，现代性主要源于拉丁语"modernitas"，它派生于形容词"modernus"，其意思是"现时的"，具"前进""光明""新潮"等涵义，而与"黑暗""落后""保守"等相对。③

那么，现代文学之现代性若不以时间为尺度，应该以怎样的标准去判别呢？回到文学本身，从文学的内部出发无疑是最重要的，也是万变不离其宗的最好选择。

王一川在论述启功先生的旧体诗创作的现代性时，就尝试回到文学语言、形式和审美等内部进行探讨和分析，并提出了一个十分值得重视的意见，④ 即中国现代性文学，体现的是"审美与历史"结合的双重尺度。按照审美尺度，文学作品应当以活生生的艺术形象感染读者，体现独特的审美个性。而按照历史尺度，文学作品应当有力和有效地表现现代人的生存体验，并揭示出属于现代的根本的历史缘由。

据此，我们可以说现代文学即在时间上产生于现代的文学，大致可以分为现代性的文学和非现代性的文学两大部分。比如整体而言，日本文学史上的"笔部队"⑤ 文学多在历史的尺度层面不具有现代性的品格。1949 年后，

---

① 柄谷行人著，赵京华译《日本现代文学的起源》第 12 页，中央编译出版社，2017 年。

② 但是我们需要注意是谁的时代，谁规定的先进性。这也是柄谷行人在《日本现代文学起源》中着力之处之一，即揭示出日本文学的现代性与日本帝国主义政治的内在关联性特质。

③ 胡希东《现代性乌托邦与现代文学史建构》，载《人文杂志》2011 年第 3 期。

④ 王一川《旧体文学传统的现代性生成——启功的旧体诗与汉语现象研究》，载《传统文化与现代化》1998 年第 2 期。

⑤ 在日本帝国主义对外侵略扩张的背景下，日本的思想文化界整体被扭曲、裹挟，日渐成为帝国力量之组成，文学创作亦是如此。在"国策文学"等思潮的影响下，1932 年成立法西斯团体"国家主义文学同盟"，1938 年 8 月武汉被攻陷后，日本内阁直接授命成立以菊池宽为首的"笔部队"，派遣作家以军人身份投身前线，进行文学创作。较有名的有火野苇平、林芙美子、石川达三等。

国内的旧体诗歌创作则在历史尺度和审美尺度两个层面都有所不足。

因此，对于文学的现代性之思考，创作时间以及文体问题就可以让位于文学作品内部的审美和价值取向（历史向度）的尺度和标准。根据哲学意义上现代性的衍生，我们也可以说现代文学之现代性在某种意义上就是"我"之发现和重塑，对现代性的人生价值和观念生活的呈现与思考。

在笔者看来，相较于文体和时间，重要的是表现出怎样的精神和价值，展现怎样的精神世界才是评判文学是否具有现代性的主要标准。而夏目漱石汉诗中所具有的复杂思辨性和深刻孤独感，所呈现出的个人与国家、人生与时代的困境与矛盾性，都具有一种不同于传统汉诗的审美特征，具有明晰的现代性品格。

二、夏目漱石汉诗的现代性

夏目漱石作为日本近代国民大作家，其创作以小说为主，兼有俳句和文学理论的写作。小说作品与现实关系紧密，尤其是晚期作品，多以知识分子的恋爱为题材，其主题都是揭示由利己主义、个人主义酿出的悲剧。较前期的作品，晚年的夏目漱石小说创作更加注重人物内在精神世界的分裂、苦闷和痛苦，既富有浓厚的时代气息，更具有强烈的批评意识和个人主义精神。

这样的夏目漱石，在晚年，尤其是1916年更是创作了近百首七律汉诗，而且，这些汉诗中如其小说呈现的主题和精神取向近似，集中于个人与国家、人生与时代的困境与矛盾性的呈现，同样具有复杂的思辨性和深刻孤独感。甚至较之于其小说的创作，这种孤独感与思考的痛苦在汉诗中得以更加形象和艺术化，具有一种不同于传统文学的审美特色和心理特征。以下，我们就主要以夏目漱石在1916年创作的汉诗为例，通过具体的汉诗创作的文本分析和研讨，集中关注于夏目漱石汉诗中思辨性特征与孤独感的呈现。

其一，夏目漱石汉诗中的思辨性特征。

夏目漱石汉诗中的思辨性特征，包含较之于情感，理性与思考的部分过重，以及思想未能开悟和解放带来的思之焦虑与痛苦。对汉诗思辨性的探讨，我们主要从两个方面观察：第一，从夏目漱石汉诗创作的目的出发，明确汉诗作为其思考和情感疏解之手段与途径的本源性特点；第二，我们从具体的汉诗创作出发，论证其汉诗尤其晚年汉诗具有的思考性禅诗这一特征，并进

夏目漱石汉诗的现代性刍论

而说明思想层面终未能开悟和解脱,造成了其汉诗中的焦虑感之事实。

对于夏目漱石汉诗创作的动机,他自己亦曾有过明确地表述。1916年8月21日,在给久米正雄和芥川龙之介的信中,他写道:

> 我还是在上午创作《明暗》。其间的心境则苦痛、快乐、机械三者兼而有之。意外的爽意是最幸福的事。尽管如此,每天要写近百个段落,心情会变得庸俗不堪,所以,从三四天前创作汉诗就成了下午的课业。每天一首,大都是七律。①

由此,我们看到夏目漱石汉诗创作的出发点并非是为了发表,抑或向世人展现汉学的修养,而仅仅是一种自我对话。尤其最后一年创作的这些充满"禅机"和"道思"的七律汉诗,更是夏目漱石人生体验在审美层面的深度思考之表达。而这一时期的汉诗创作,也被称之为《明暗》期。

只是这种汉诗的审美呈现,在晚年出现了"思"的沉重,偏向了禅与道的论说。台湾学者郑清茂就曾指出,《明暗》期的夏目漱石汉诗,求道思索痕迹太显,诗情画意减少。②

如1916年9月10日,夏目漱石创作汉诗中有"风月只须看直下,不依文字道初清"句,即在"不依文字""无言"的明确意识下,通过汉诗这样最接近于"无言"、最靠近禅意道家之"逍遥"的语言艺术形态,去完成自己内心追求的清净自然之情怀。可以说关于夏目漱石晚年汉诗中普遍存在着这样强烈的"求道"意识,也近乎一种学术界的共识了。③

只是,对于夏目漱石汉诗中求道"思辨"之结果尚有不同的看法。与大多数论者不同,笔者认为夏目漱石汉诗中的思考整体上是沉重而痛苦的,即便被研究者所称道的最具有解脱精神的最后一首汉诗,也恰恰反映了夏目漱石思之痛苦和沉重:

---

① 夏目漱石《夏目漱石全集》(第15卷)第575页,东京:岩波书店,1967年。
② 郑清茂《中国文学在日本》第75页,台北:纯文学出版社,1981年。
③ 相关的论著有《漱石と漢詩——近代への視線》《夏目漱石的汉诗》(郑清茂《中国文学在日本》)、《论文夏目漱石晚年汉诗中的求"道"意识》(刘岳兵《日本研究》,2006(3):54—59)以及《论夏目漱石晚年汉诗》(王成《日本教育与日本研究论丛》第304—32页,民族出版社,2003年),等。

> 真蹤寂寞杳難尋　虛懷欲抱步古今
> 碧水碧山何有我　蓋天蓋地是無心
> 依稀暮色月離草　錯落秋声風在林
> 眼耳双忘身亦失　空中独唱白雲吟

　　这是夏目漱石的绝笔之作，历来为学者所重视。最后一联，"眼耳双忘身亦失，空中独唱白云吟"，被很多学者认为是夏目漱石晚年提出的"则天去私"思想的充分诗化表达。"眼耳双忘"虽然在逻辑上承接"暮色"与"秋声"之句，但该句本身表达过于直白，过分暴露了作者基于理性的思考，与"空中独唱白云吟"的悠然与"天地无心"形成了矛盾和冲突。因此，在笔者看来，这首汉诗中的思考不是解脱和轻盈，反而是其思而无果、思而不得解脱之痛苦与无法消除的焦虑之艺术性呈现与表达。

　　再看创作于 1916 年 10 月 4 日的七律汉诗：

> 百年功過有吾知，百殺百愁亡了期
> 作意西風吹短髮，無端北斗落長眉
> 室中仰毒真人死，門外追仇賊子飢
> 誰道閑庭秋索寞，忙看黃葉自離枝

　　受制于文字，我们集中于颈联的解读：修炼之中有喝毒药而死去的得道真人，世俗之内更是混乱了秩序：人们按照自己的欲念报仇，追求个人的公平和正义，或许正因为这样恶人们也会失去了当下这般猖獗的勇气。此联难解，致使很多译注采取回避的态度去处理，面对意义暧昧、句式和风格有些突兀的表述，已有的解读也显得有些力不从心。"仰毒"，即仰药、服毒自尽的意思。源出《汉书·息夫躬传》："小夫憸臣之徒，惯眊不知所为，其有犬马之决者，仰药而伏刃。""真人"，指洞悉宇宙和人生本原，真真正正觉醒，觉悟的人称之为真人。这是道家的一般说法，此处指得道的高僧。不过，佛道交融，且两者与积极参与现实建构的耶稣和儒学相比，都是避世的思想流派，故在此处也有否定道家的意味。但无论是看破红尘、得道的高僧还是洞悉本原的真人，都与"服毒自杀"构成了对立和矛盾，包含着强烈的否定性。

若是从对仗的结构和诗歌的整体去把握,我们发现:与室内——避世修行的佛门和道观——相对照的空间是世俗的现实世界,而现实世界大行其道的是儒学和耶稣教(基督教)——与避世修行、讲求超脱的佛教和道家形成了鲜明的参照和关联。这个现实的儒学和耶稣教教导下的世界又是如何呢?"门外追仇贼子饥"的景象无疑也是令人绝望和悲伤的。而悲伤和绝望的背后则是夏目漱石思考人生的执着以及无法开悟和解脱的焦虑和痛苦。

其二,夏目漱石汉诗中的孤独感。

夏目漱石汉诗的孤独感,首先体现在夏目漱石创作的途径——汉诗文体本身。其次,其孤独感源于现代人生存的必然境遇,既有情感层面的孤独,亦有思考者的痛苦和焦虑。即夏目漱石汉诗中,所呈现的思而不得开悟和解脱的焦虑,也加深了内在的孤独感。

明治时代的日本汉诗已是末路狂欢,夕阳返照之景致。而且,夏目漱石从来不以汉诗诗人的身份自居,反而以门外汉的立场去创作,且创作之目的并非是发表之功利,而是一种日记性质的自我对话。汉诗对于夏目漱石而言,更像是一个相对封闭的空间。在欧风美雨、日本急于"脱亚入欧"的背景下,作为一位东京帝国大学的英语教师,抑或报社专栏作家的畅销作家,反而采用"平平仄仄平平仄"这样被斥为落后的、无人问津的汉文学,且以格律要求最严格的七律为汉诗创作主要的文体类型,这一行为本身就具有一种睥睨世俗之骄傲,这份骄傲也必定带有遗世而独立的孤独。这一点,从未有人指出,其原因也在于经历现代性之后的当下,从事汉诗授课的教授们能够娴熟且勇于创作近体诗者又有几人?反言之,夏目漱石与所处的时代刻意保持一段"孤独"的距离,或在内心世界产生了一种类似于兔死狐悲、物伤其类之感吧。

此外,明治时代,是日本传统社会骤然向西方社会转变的时代,即便在那个断裂感很强的时期,夏目漱石绝对是一个异类的存在:青年时想要以汉文立身,后来却成为东京帝国大学英语专业的研究生,并被遣往伦敦留学;作为东京帝国大学英语系研究生却放弃东京高校教职远赴偏远的松山中学教学;当他已经被提名东京帝国大学英语系教授之际,他却匪夷所思地辞去东京帝国大学教职去一家报社做起了签约作家;政府授予他博士头衔,被他拒绝,生病后却又写下"幸生天子国,原作太平民"这样温和的句子……

在那个复杂而又危险的时代,这个充满矛盾的人,在一篇著名的演讲稿

《我的个人主义》中曾言：我是国家主义者，世界主义者，同时我又是一个个人主义的人。①

且看夏目漱石落款为1916年10月6日的汉诗：

> 非耶非仏又非儒，穷巷卖文聊自娱
> 採撷何香过艺苑，徘徊几碧在诗芜
> 焚书灰里书知活，无法界中法解苏
> 打杀神人亡影处，虚空历历现贤愚

在描述的主题、情感和思考的方式等层面，这首汉诗都与上述10月4日（隔日之作）的汉诗有着直接的承接关系。只是较之于上一首汉诗，这里的情感稍显平稳，但依然在调侃和戏谑中保持着内心的愤怒和自负。而诗中的思辨精神和意识，依然是夏目漱石汉诗最具现代性的标志，也是其汉诗的魅力之一。

限于篇幅，我们仅以首联为例进行细读和分析：非耶非仏又非儒，穷巷卖文聊自娱。解读：我既不是基督教徒，也不是佛教和儒学的信徒及实践者。我只是一个在街头陋巷以写字为生计和趣味的普通人。注释：夏目漱石在前日的汉诗中有"室中仰毒真人死，门外逐仇贼子饥"之句，描写了一个内在的信仰精神和外在的社会秩序都混乱的世界。夏目漱石对此感到失望甚至悲愤。隔日，夏目漱石依然关注这个问题，并在这首汉诗的首句就提供了新的回答。只是不再像前日那样的愤慨了。

东北大学附属图书馆夏目漱石文库所藏的《板桥集》，有诗《偶然之作》："不仙不仏不圣贤，笔墨之外有主张。"江户时代的诗僧卖茶翁（夏目漱石曾有俳句「売茶翁花に隠るる身なりけり」有诗句："非僧非道又非儒。"②

以"非耶非仏又非儒"之句中管窥，我们也可看到夏目漱石自我定位的犹豫和矛盾。这种自我定位的不确定性，也始终困扰和刺激着夏目漱石的艺

---

① 水川隆夫《夏目漱石と戦争》第236页，东京：平凡社，2010年。内容来自1914年11月25日受学习院大学学生组织团体辅仁会的邀请参加的一次演讲，演讲题目为我的个人主义（「私の個人主義」）。原文：私は国家主義でもあり、世界主義でもあり、同時に又個人主義でもある。

② 一海知义《夏目漱石全集・汉诗注》（第18卷）第435页，东京：岩波书店，1995年。

术创作和人生选择。这种徘徊和游离于现实、不断思考的自由姿态,正是夏目漱石孤独感的本源。对于一个思考者而言,他绝不会困窘于某一种权威的思想,抑或绝不会将自己生命托付给外在的某一种固化的信仰和道德,但正因如此,也带来了某些不安定的因素。可以说这个世界的丰富和危险都由此而来。

在某种意义上,我们的生命之旅就在于不断地摆脱外在的世界要求我们所要成为的某种概念化的样子。在此抗争中,产生文艺和思想,产生人的悲剧和痛苦,也产生人的孤独,而这份孤独正是上帝赐予现代人的一种礼物。

夏目漱石敢于面对这份孤独,不断地思考和追问着生存的矛盾与痛苦,这份执着在加深其原有的孤独感之外,也成就了夏目漱石汉诗的独特性,赋予了汉诗这种旧文体以现代性的特征,由此也成就了一个独一无二的夏目漱石。

三、夏目漱石汉诗现代性的启示

自20世纪70年代末以来,国际汉学(中国学)研究已逾40余年的时间,取得了重要成绩,尤以阎纯德、严绍璗等诸位先生的开拓之功,为世人所瞩目。但其中的方法论问题尚未有明确的定位,在笔者看来,国际汉学研究的一个重要目的应是思考中国文化的世界性意义,同时,也要关注中国文化具有的现代性价值。在这一点上,日本汉学研究就更加具有可借鉴性意义,同处东亚汉字文化圈的日本,如何将包含汉学在内的丰富传统文化融合现代性社会和生活,一直应该是我们关注的方向,只是我们以往过多关注了认识论,而忘却了方法论的立场。

近两年,在阅读夏目漱石的汉诗过程中,我有几个问题一直萦绕于心。其中之一就是方法论视野下夏目漱石汉诗所具有的现代性问题。作为明治精神代言人的夏目漱石,内在的精神世界无疑具有一种现代性的意识,这种意识具有丰富性和复杂性乃至分裂性的特征。这种特征恰恰源于传统向现代社会过渡过程中,具有独立人格的知识分子的自我反思和追问,是现代社会在去除神性和信仰之后的理性与怀疑,亦是现代人丧失灵与肉和谐共处带来的挣扎与痛苦。

反向观察,若从古典立场反观现代,现代社会和现代人则是一种矛盾的未完成、未成熟。而在现代立场上，这种未完成与未成熟却是走向现代的必要路径和过程。因此，在这样的视角下，夏目漱石内心的丰盈和矛盾性也可以说是其成熟与完整的标志之一。

　　进言之，夏目漱石汉诗呈现出来的一种思辨理性之下的复杂与痛苦以及孤独等情绪，若以传统的汉诗，尤其是禅诗（偈子）的立场观之，夏目漱石的汉诗则是不成熟的不完善的。因为，禅诗所追求的是融合于自然的情怀，将矛盾、焦虑以及对立消弭的和谐、平静与清澈之意象，由此抵达的冲淡与安静之意境等。

　　由此，我们也看到了所谓现代性和古典抑或传统在理论上是具有互文性关联的，两者相互映照，彼此纠缠，缺一不可。而在事实上，根据上文的分析，我们也看到了文学的现代性的内部指向，与文学的形式并无必然的关联，即便是传统的、古典的、旧体的格律汉诗，也能较为充分表达出一个现代性的丰富而又复杂、充满矛盾的现代人的精神世界，也能艺术地呈现出一种现代人源于信仰的断裂而产生的焦虑和孤独感。只是这样的呈现方式丢失了接受的对象，或者说其接受对象由于缺乏必要的古典的、传统的修养而无法被充分地理解和感受。即这些与优秀传统的精神断裂——缺乏历史向度的、活在当下扁平化、消费化、功利化、表层化——的现代人，有意无意地忽略自己丧失了与过去（传统文化和历史脉络）对话能力之事实，反而将汉诗这样具有呈现现代性的文学样式贴上过期物品的标签，置之不顾。这样的荒谬，或许也正是现代社会抑或后现代社会的一个绝好的隐喻。

（王广生　首都师范大学副教授，博士）

"汉学主义"的论争及思考

焦红乐

摘　要：近年来，国内学界兴起了对译介和研究西方汉学热潮的质疑和反思，而作为这场反思中最具冲击力的理论话语之一的"汉学主义"一经出现，就引起了广泛关注，且一石激起千层浪，各种非议和商榷接踵而至，引起了学界关于"汉学主义"的争鸣。其中以美籍华裔学者顾明栋先生和国内各知名学者之间的论争影响最大。遂本文将对近十年来国内关于"汉学主义"的学术论争进行研究述评，从而对"汉学主义"所走过的道路进行回顾和反思，探索"汉学主义"作为一种理论新范式的可能性。

关键词："汉学主义"　论争　述评　思考

"汉学主义"（Sinologism）是中西方研究中一个新的批评概念和理论范畴，它自首次出现以来，就引起了广泛关注。近些年，随着"汉学主义"理论以及相关问题在中国语境中的进一步提出、思考和发展，它越来越受到了人们的重视，同时也引来了诸多知名学者对它的争论。正所谓"真理不辩不明"，文明、理性的学术论争不仅有助于学界更全面地关注该话题，还有助于发现新理论的不足，使之更加趋于完善成熟。目前，关于"汉学主义"的论争概括起来主要围绕三个方面展开："汉学主义"与"东方主义"的关系之争；关于"汉学主义"的核心概念"文化无意识"之争；关于"走向尽可能客观公正的知识生产范式"的"纯粹学术"之争。作为一个尚未定型的理论，"汉学主义"引起争议是自然的，同时也是必要的。这些争论其实恰恰体现了学者们对"汉学主义"所走过道路的回顾与反思，也体现了他们对中国学术创新的突破与反思。遂笔者将从以上三个方面对关于"汉学主义"而展开的学术论争进行一次梳理式的述评与反思，以期在回顾与反思中推进"汉学主义"的进一步发展。

一、"汉学主义"与"东方主义"关系之争

"汉学主义"自提出伊始,便与"东方主义"有着千丝万缕的关系。因此,学者们关于"汉学主义"的论争,往往绕不开其与"东方主义"的关系。从"汉学主义"的发展来看,它大致经历了早期和后期两个主要阶段。早期"汉学主义"以周宁先生为代表,它往往被认为是"东方主义"在中国的移植和翻版,是萨义德所谓的"东方主义"的一种,具有强烈的政治批判和意识形态色彩。后期"汉学主义"以顾明栋先生为代表,他在其理论建构中,努力摆脱了"东方主义"的桎梏,将"汉学主义"视为一种明显不同于"东方主义"的独立的批评范畴。他所建构的"汉学主义"的概念主要可以从三个层面来讲:首先,"汉学主义"是一个从外部对中国和中华文明进行探索的知识系统,即中西方探索研究中国知识文化过程中出现的纷繁复杂的问题现象,亦即中西方研究中被异化了的知识和学术。其次,"汉学主义"是知识生产的实践理论,它主要是指全世界,尤其是西方在生产关于中国的知识时采用的观念、方法。最后,就学理层面来讲,"汉学主义"是对汉学研究中的问题进行批判性反思的理论,是一种提倡尽可能客观公正地生产中国知识的批评理论,其理论核心是基于有问题的认识论和方法论的文化无意识。目前,学界对早期"汉学主义"的认识已基本达成共识,所以当下关于"汉学主义"的论争往往是针对后期以顾明栋先生为代表的"汉学主义"而展开的。

顾明栋教授在建构其"汉学主义"理论时,指出"东方主义"理论虽有其不可忽视的重要作用,但是用它来直接套用和研究中国知识文明却总有"方枘圆凿之嫌"和"隔靴搔痒之感"[①]。所以他着重强调"'汉学主义'并非'东方主义'的翻版,因为萨义德的'东方主义'是一种纯粹的西方发明,而'汉学主义'却绝非如此,它是一种中西方人共同参与的知识产业。"[②] 并在其《汉学、汉学主义与东方主义》一文中,分别从地缘政治和地

[①] 顾明栋《"汉学主义"——"东方主义"与后殖民主义的替代理论》第14页,商务印书馆,2015年。
[②] 《"汉学主义"——"东方主义"与后殖民主义的替代理论》第15页。

理文化因素、"东方主义"自身的局限性、"汉学主义"与"东方主义"的母体区别、汉学中特殊的人力资源因素等方面对"汉学主义"和"东方主义"进行了区分。虽然,顾先生一再撰文强调和阐释其建构的"汉学主义"既不等同于汉学,也不等同于"东方主义",但是对此,学界还是引起了争论。

周宪先生在其《在知识和政治之间》一文中,从其与国外汉学家交往中发现的"汉学主义"问题引出了顾明栋先生的《汉学主义》一书,并给予了高度评价。他认为该书具有强烈的文化批判意义,它为西方世界敲响了一个反思"汉学主义"的警钟。周先生分别从中国文化自觉、学术创新的需要和"汉学主义"理论自身的文化批判性三个层面,对其予以肯定。同时还在文中对顾先生将"汉学主义"理论与"东方主义"、各种后殖民主义区别开来的做法表示认可和肯定。在他看来,"原因很简单,那是因为'东方主义'具体而言是指西方关于近东的知识系统,而后殖民主义则源自西方对非洲或印度等殖民地文化的知识生产。"① 因此,周宪从简单、直接的地理范围区分的角度,认为后期"汉学主义"确实是不同于"东方主义"或后殖民主义的,有其一定道理。

与此同时,学者周云龙也在其《汉学主义:北美汉学研究新范式》一文中,对"汉学主义"理论的提出和发展表示了赞同和鼓励,特别是其与上文周宪先生的观点一样,也对顾先生将"汉学主义"与"东方主义"区别开来的研究表示了肯定。他认为,"'汉学主义'……其根本的学术伦理诉求在于对不同文化的平等对待和同情的理解。这一前提使'汉学主义'理论与萨义德的'东方主义'论述间有了清晰的界限。"② 他从"人本主义"的层面对"汉学主义"和"东方主义"的区分予以肯定,同时还从历史的角度即近代中国从未曾完全成为西方的殖民地这一事实谈到了两者之间的区别。他认为,从一定意义上来说,"汉学主义"理论的提出有助于我们从自身本土立场出发来进行深刻地自我审视与反思。值得注意的是,周云龙在肯定的同时也在文末指出了"汉学主义"理论本身的悖论性,即在全球学术场域中,"汉学主义"理论本身是否就是对某种学术规则认可的"知性无意识"的表征。针对这一悖论,作者并没有展开讨论,但是却也为后来者提供了一个思考和研究

---

① 周宪《在知识和政治之间》,载《读书》2014年第2期。
② 周云龙《北美汉学研究新范式》,载《中国社会科学报》2014年第595期。

的视角。

关于"汉学主义"不同于"东方主义"这一论题,相对于顾明栋、周宪、周云龙等学者的肯定态度来说,更多的是质疑和反对的声音,其中以张西平、严绍璗、赵稀方等学者为代表。

2012年,在《对所谓"汉学主义"的思考》一文中,张西平先生主要针对早期"汉学主义"进行了回应,认为"中国学术界对汉学研究的批评者基本上套用了萨义德的'东方主义'的理论,将'东方主义'转换成'汉学主义'。"① 张先生对早期"汉学主义"的这一判断是相对准确的,他在文中从对"东方主义"和后殖民主义理论中存在的问题生发开来,继而对作为"东方主义"变体的"汉学主义"进行了批判。这在某种程度上对"汉学主义"的发展是有促进作用的。随后在《关于"汉学主义"之辩》一文中,张先生又从哲学和后现代理论的视角对"汉学主义"的实践和理论进行了更为广泛深入的批评。这时,他已看到"汉学主义"发展的前后不同,在针对后期"汉学主义"的批评中,他指出虽然顾明栋将"汉学主义"和"东方主义"做了区分,并给予"汉学主义"新的定义,新的维度,② 但是"汉学主义"不论前期还是后期,其理论框架、理论来源、学术基础和思维模式等都始终是"东方主义"。在他看来,"汉学主义"始终沿用着"东方主义"的思路和逻辑,对作为一个复杂的知识形态的汉学进行了简单的意识形态化,并将西方汉学的客观性和在知识上的确定性抹杀掉了。"'汉学主义'或者'"汉学主义"性'的问题就出在套用萨义德的'东方主义',将其运用到西方汉学的研究中。"③

对于张西平先生的看法,顾明栋先生在《"汉学主义"引发的理论之争——与张西平先生商榷》一文中一一进行了反驳。在文中,顾先生承认张西平先生对早期"汉学主义"的批判有其道理,但是,他坚持认为早期"汉学主义"虽然遵循的是政治意识形态的批判路径,但沿着这一路径做出的成果是不容忽视的,而且如果没有前期的批判实践和理论探索,就没有后期对

---

① 张西平《对所谓"汉学主义"的思考》,载《励耘学刊》2012年第2期。

② 顾明栋的"汉学主义"相较于"东方主义",加入了很多新的维度,张西平先生在这里提到的其中一个新维度,即非西方人包括中国人自己在处理中国资料时自觉或不自觉地接受西方范式,并自发地采用西方标准来评价中西方事物,也是一种"汉学主义"。

③ 张西平《关于"汉学主义"之辩》,载《上海师范大学学报》2015年第2期。

"东方主义"的超越。在顾先生看来,张西平先生将后期"汉学主义"也归入"东方主义"的范畴是有待商榷的。他认为,张西平先生之所以认为后期的"汉学主义"也是"东方主义"的翻版,是因为他没有注意到"汉学主义"和"东方主义"在本质上的不同。因此,顾明栋从意识形态层面就此进行了反驳,他指出张西平先生所理解的意识形态仅仅是政治意识形态,是一种狭义的意识形态,而他理论中所指的意识形态是广义的意识形态,是在中国知识生产过程中,始终伴随、影响着学者们的一系列观念、方法、见解和主张等,不同于伴随着帝国主义和殖民扩张的"东方主义"的政治意识形态。所以,顾明栋认为以此来评价西方汉学而将其视为一种意识形态是离谱的,且"汉学主义"是不同于"东方主义"的。

此外,严绍璗先生和赵稀方先生分别在其《我看汉学与"汉学主义"》与《评〈汉学主义〉》文章中谈到"汉学主义"和"东方主义"的关系,他们的观点也都倾向于认为"汉学主义"是沿循着"东方主义"和后殖民主义的研究路径建构的,并没有真正超越"东方主义"。对此顾明栋先生也在其《为"汉学主义"一辩——与赵稀方、严绍璗、张博先生商榷》一文中进行了辩驳。

"汉学主义"与"东方主义"的关系问题是探讨"汉学主义"作为一种理论新范式的可能性的核心问题,故而引起的争论最多。通过双方的争论可知,早期"汉学主义"确实是"东方主义"的变体,是"东方主义"在中国的翻版。但是,也正是早期"汉学主义"作为"东方主义"在中国的另一种形式所体现出的种种局限,才使得后期"汉学主义"在此基础上努力打破"东方主义"的藩篱,并超越"东方主义"。可以说,没有早期"汉学主义"对"东方主义"的套用,也就没有后期"汉学主义"的发展。目前,学界针对后期"汉学主义"和"东方主义"关系的论争虽没有定论,但是我们也应该注意到顾明栋先生所建构的"汉学主义"在超越"东方主义"上所做的努力。

二、"文化无意识"概念之争

国内学界不仅对"汉学主义"与"东方主义"之间的关系存在着理论分歧,对于后期"汉学主义"理论中的基础性概念"文化无意识"也持不同见解。"文化无意识"是顾明栋在弗洛伊德、荣格、李泽厚等人的理论基础上提炼概括出的核心概念。它是"建立在政治、种族、国家、国家之间、意识形态、认识论和方法论方面的意识基础上的虚假意识,是一种特殊形式的意识形态。"① 顾明栋认为中国知识生产中出现的偏颇、虚假、错误甚至异化等现象的原因和内部逻辑就是"文化无意识"。在笔者看来,"文化无意识"这一概念的提出可以被看作是顾明栋努力超越"东方主义",走出"东方主义"桎梏的表现。

学者叶隽在其《"汉学主义"何以成为夏洛之网?——兼论学术概念的提炼与理论型构过程》一文中,针对顾明栋先生的《汉学主义》一书及书中对"汉学主义"理论的建构进行了评价,虽指出了很多问题,但总的指向是肯定和赞扬的。叶隽首先在文中指出"汉学主义"这一概念出现的合理性,并肯定"汉学主义"理论在学理上的向前推进。在对"东方主义"的梳理中,他指出了"汉学主义"相对"东方主义"来说其闪光点就在于将"文化无意识"与"知识的异化"作为其概念基础,而不是"东方主义"或后殖民主义。在叶隽看来,虽然顾明栋对"文化无意识"的论述过于抽象,仍有很多工作值得细化,对"知识的异化"的使用也有值得商榷之处,但是顾先生所提炼的这两个概念从学理层面讲,是具有潜力的。就此层面意义而言,他认为顾先生在"汉学主义"中不仅提出了新思想、新概念,而且是在一个开阔的学术话语和整体背景中来对"汉学主义"进行界定的,其对"汉学主义"理论的建构和深入具有不可替代的价值。

"文化无意识"被认为是贯穿"汉学主义"的一个核心概念,周宪在其《在知识和政治之间》一文中谈到,它相对于国内一些学者对学界"汉学心态"的经验描述更进了一步。他认为"如果我们忽略这种文化无意识,就无从把握'汉学主义'关键所在"。② 同时,他还对包含在"文化无意识"中的"认识论意识形态"(the epistemic ideology)这一新的结构性概念给予了高度评价。在他看来,"这一概念彰显了一个不容忽视的现象,那就是'汉学主义'将西方范式和方法论强加到中国材料中,同时形成中国学者对此一强加

---

① 《"汉学主义"——"东方主义"与后殖民主义的替代理论》第 67 页。
② 周宪《在知识和政治之间》,载《读书》2014 年第 2 期。

的范式和方法论的主动接受。"① 这一现象其实就是"汉学主义"中的他者殖民和自我殖民,而通过认识论意识形态这一概念就可以揭示这一事实,有助于知识生产的客观性。

赵稀方先生对于顾明栋提出的"文化无意识"这一核心概念也持肯定的态度。在其《评〈汉学主义〉》一文中他指出,以往仅仅从"东方主义"殖民话语的政治和意识形态冲突的角度解释汉学及汉学研究中的问题是单一的、片面的,而顾明栋从心理层面来寻找最内在的原因是有其价值和意义的,"深入到文化无意识的层面,这种解释无疑较直接套用'东方主义'更为深入一些。"② 由此可见,赵稀方认为"文化无意识"概念的提出是"汉学主义"相对"东方主义"的一点超越,不过他也指出,"显而易见的是,这种说法只能解释一种倾向,不能解释全部。"③

当然,也有部分学者对此概念持质疑的看法。陈晓明、龚自强在其《汉学主义:一种新的批判视野》一文中指出,顾明栋在探寻"汉学主义"的逻辑内核的基础上,提出了"文化无意识"这一概念,显示出了出色的综合概括能力。但是他们在细思之下发现,"文化无意识"这一概念是在与弗洛伊德、荣格以及李泽厚等人的理论辩驳中得来的,其建构过程既"微妙"又"苛刻"。故而,他们认为这一概念的建构过程恰恰透露了顾明栋在建构"汉学主义"理论时所遭遇的巨大挑战。当然,这一看法具有某种程度上的主观性、假设性成分,但是他们从另一方面对这一概念的批判却不得不引起重视。他们指出,顾明栋的"文化无意识"究其根本是什么呢?其实还是要回到殖民主义、后殖民主义的话语中汲取力量。因为顾明栋将"文化无意识"的形成归因于鸦片战争以来中国所经历的帝国主义和殖民主义。正如顾明栋在其《汉学主义》一书中所言"文化无意识中受压抑的内容从根本上来说与殖民主义和帝国主义相关。"④ 因此,他们得出的结论是"文化无意识的实质是对殖民主义的反应,而'汉学主义'理论的实质可能是后殖民主义的另一种形式而已。……顾明栋的'汉学主义'本意是要摆脱后殖民主义,却其实是一种

---

① 周宪《在知识和政治之间》,载《读书》2014 年第 2 期。
② 赵稀方《评〈"汉学主义"〉》,载《福建论坛》(人文社会科学版)2014 年第 3 期。
③ 赵稀方《评〈"汉学主义"〉》,载《福建论坛》(人文社会科学版)2014 年第 3 期。
④ 《"汉学主义"——"东方主义"与后殖民主义的替代理论》第 62 页。

典型的后殖民主义思考。"① 这一结论的提出,不得不引起我们对"文化无意识"这一概念的再思考。

对于顾明栋先生提出的"文化无意识"概念,总的来说,肯定的声音多于质疑的声音。在笔者看来,在"汉学主义"中提出文化无意识这一概念,确实是一大进步。它打破了以往从政治和意识形态批判的"东方主义"或后殖民主义的单一视角解读中国知识生产中的扭曲、误读、偏颇、虚假等现象,从心理层面寻找原因,探究"汉学主义"的深层运作逻辑,这是顾明栋将"汉学主义"向前推进的一大贡献。例如以往学界往往从"东方主义"的角度去分析埃兹拉·庞德对中国古典诗歌、文集的翻译,认为其翻译充满了"西方中心主义"思想,不仅篡改中国文化而且贬低中国形象。但是学者高博就从"汉学主义"中的"文化无意识"角度撰写了《东方主义还是汉学主义?——埃兹拉·庞德中国文学翻译产品的性质之辩》一文来重新认识庞德翻译的中国诗歌,在去政治化、去意识形态化的层面上,重新分析知识生产过程中的异化现象。当然,毫无疑问的是,我们也应该像陈晓明、龚自强等学者一样看到这一概念的局限性。虽然,顾明栋将"文化无意识"又细化为认识论无意识、方法论无意识、知性无意识、政治无意识等,但是将"汉学主义"的内在动力完全归因于"文化无意识"是否有以偏概全之嫌?毕竟汉学的发展充满着丰富性和多样性,这不得不引起我们深入思考。

三、生产"纯粹学术"之争

作为"汉学主义"的终极目标被提出的"走向尽可能客观公正的知识生产范式"这一命题也是争论的聚焦点。顾明栋在其《汉学主义》一书中称建构"汉学主义"理论是希望发起涉及已有中国研究范式的可行性变革,希望在中国知识生产的过程中可以避免一切非客观性因素的干扰和影响,尤其是摆脱政治意识形态的强行介入,力求尽可能地生产相对客观、公正的中国知识。虽然他也坦承道,他的这一学术构想确实过于理想化,因为在后现代社会的话语体系中,即使真理也难逃解构与重构的"厄运",面临合法性的拷问。但是,他依然要坚持他的学术期待,即虽没有绝对客观的知识,但我们

---

① 陈晓明、龚自强《"汉学主义":一种新的批判视野》,载《中国图书评论》2017年第2期。

也要在"含混"的认知逆流中保持知识生产的相对客观性与公允性。

对于顾先生呼吁生产中立、客观、纯粹的中国知识这一理想主义情绪，叶隽对此观点是肯定的。在其《汉学主义何以成为夏洛之网？》一文中，他认为，这一观点或许恰恰是"汉学主义"相对"东方主义"前进一步的地方。他将其置于侨易学①二元三维的基本框架之下进行思考，认为"东方主义"过于重视政治和权力的二元关系，以至于忽视了知识和观念的基本价值，故而他指出"我不否认学术有权力属性，但客观情境和主观意识不同……"汉学主义"问题并不在于其求真目标的确立，而是如何超越简单非此即彼的知识、权力之间关系的二元对立思维"。②

刘勇刚对纯粹学术这一命题也是持认可的态度，在他的《原创性·批判性·理想性》一文中，他认为作者的这一提法并非空穴来风，是有其全球化的、历史的、当下的学术语境。目前，中外学术界普遍面临着西方隐藏的话语霸权和知性殖民思想，政治对学术的干扰充斥学术圈，在这样的情况下，顾明栋提出"纯粹学术"的命题是有重大意义的。当然，刘勇刚也认识到了这一命题实现的难度就像是中国的高校去行政化一样，但是他仍然为顾先生所提出的"纯粹学术"欢欣鼓舞。在文章最后他谈到"有人说顾先生的'纯粹学术'的提法矫枉过正，不食人间烟火，但我以为矫枉必须过正，如果轻描淡写，不如不提。"③

争论的另一方对此则持反对的意见。赵稀方先生认为知识所具有的权力属性，已经是学术界公认的不争事实，不管是葛兰西的"文化霸权"理论，还是福柯的知识与权力关系说，都是与此相关的学说。而且，知识的非客观性、非中立性，已然是进行当代学术研究的一个基本前提，所以他认为顾明栋提出的这一终极目标应该是连顾明栋本人都不敢相信的。更重要的是，赵稀方认为，生产"纯粹学术"这一终极目标的提出本身就是从"东方主义"中致思取径而来，因为萨义德在《东方学》中所谈到的也正是这一问题。萨

---

① 叶隽《变创与渐常：侨易学的观念》，北京大学出版社，2014年。

② 叶隽《"汉学主义"何以成为夏洛之网？——兼论学术概念的提炼与理论型构过程》，载《中国图书评论》2017年第2期。

③ 刘勇刚《原创性·批判性·理想性——读顾明栋的〈"汉学主义"〉》，原载《江苏文艺与评论》2016年第4期，载顾明栋、周宪主编《"汉学主义"论争集萃》第199页，中国社会科学出版社，2017年。

义德所渴求的"即从自由的、非压制或非操纵的角度研究其他民族和其他文化"。① 显然这也能引导出顾文期待的"处理中国材料真正科学而又客观的研究方法，产生对中国知识不带偏见的知识"。② 对于上述看法，顾明栋在《为"汉学主义"一辩——与赵稀方、严绍璗、张博先生商榷》一文中做出了回应。他承认没有绝对中立客观的知识，他提出这一目标只是想尽可能远离任何形式的歧视、偏见、主观性和政治干扰。最终在赵稀方的《突破二元对立的"汉学主义"研究范式——对顾明栋先生的回应》一文中，两人达成共识，都认为寻找不受政治形态干扰的知识不太可能，但是作为理想存在来说，这是应该的。

周宪先生对顾明栋"汉学主义"中提出的这一生产"纯粹学术"的理想表示钦佩，但同时又对这样的研究是否可能表示怀疑。他从另一个角度，使用了"政治正确"这一学术术语来对顾明栋的这一善良愿望进行转述，即"去政治化是去掉政治不正确，转向建构一种新的汉学研究中的'政治正确'。而汉学领域的'政治正确'，首先要转换为'文化正确'，亦即怀着尊重和平等的意愿去理解他者的文化"。③ 周宪又从哈贝马斯的观点出发，认为如果我们能达到"文化正确"，那么"政治正确"就唾手可得。在他看来，汉学研究的去政治化，并不是大众想象中的远离政治，摆脱政治的干扰，处于一种与政治相隔离的真空环境，而是要在研究中达到一种正确的学术政治和文化政治。当然，与此同时他也看到了这一提法所引发的更多问题，这也为广大学者留下了进一步探索的巨大空间。

"走向尽可能客观公正的知识生产范式"这一观点看起来似乎是一个乌托邦幻想，围绕它而展开的论争似乎也是没有必要的。但这一看似徒劳的争论其实恰恰向我们表明"汉学主义"的问题并不在其对"纯粹学术"或"求真"目标的追求，而在于如何突破知识和权力的二元对立，实现中外文化交流中的真正平等对话。它也在一定程度上提醒我们思考这样一个问题："汉学主义"应如何从一个解构性理论向一种建构性学术批评理论转化？在顾明栋的《"汉学主义"》一书中，他针对如何尽可能地在知识生产过程中去政治

---

① ［美］爱德华·W. 萨义德著，王宇根译《东方学》第32页，生活·读书·新知三联书店，1999年。
② 《"汉学主义"——"东方主义"与后殖民主义的替代理论》第25页。
③ 周宪《在知识和政治之间》，载《读书》2014年第2期。

化、去意识形态化,提出了"阐释学方法",即"中国是一部大书,需要反复研读并予以全新的阐释。"① 这虽不失为一种方法,但是仍需学者们继续深入思考、研究、追寻。

纵观上述论争,不论是关于"汉学主义"与"东方主义"关系之争、"文化无意识"概念之争还是关于生产"纯粹学术"之争,其实他们都在反思同一个问题:"汉学主义"作为一种理论新范式的可能性。对于这一问题,基于上文对"汉学主义"论争的梳理和认知,可以使我们窥见一二:从渊源上来看,由于西方在中国知识生产过程中长期反复出现误读、扭曲甚至异化中国形象这一事实,以及鸦片战争以来,中国人在西方影响下形成的崇洋媚外心态,都使得"汉学主义"的提出有其历史根源和现实必要,但是由于其与"东方主义"的千丝万缕关系,又使得部分学者对其产生质疑;从学理层面讲,季进曾提出:"'主义'之为'主义',必须包含一套独立的解释概念和批评方法",② 顾明栋先生在努力超越"东方主义"的基础上,提出了"文化无意识"和"知识异化"作为其理论建构的基础性概念,虽有待进一步推敲,但却也有其不可磨灭的优点,是建构者的心血之结晶,有一定价值和意义;从实效上来说,生产尽可能客观、中立、纯粹的中国知识有一定乌托邦之嫌,但"汉学主义"作为一个自觉反思的理论,不管是对西方汉学研究还是中国海外汉学研究都提供了有力的借鉴,具有警醒作用,但是如何超越"汉学主义",如何在中西研究中避免"汉学主义"化,生产相对客观、纯粹的知识还有待进一步思考和深化。

因此,从总体上来说,笔者认为,对于"汉学主义"这一理论,我们不妨以积极乐观的姿态来对待,毕竟任何理论的形成和完善都必须经历成长、发展和成熟的过程。而从"汉学主义"的建构和发展的历程来看,其中确实蕴含着建构者在文化自觉以及学术创新方面的努力,这是值得肯定的。正是在此意义上,笔者认为,关于"汉学主义"的一系列论争是很有必要且值得称道的,蕴含在论争中的批判意识和学术精神都将推动着"汉学主义"的进一步发展。

(焦红乐　南京师范大学文学院)

---

① 《"汉学主义"——"东方主义"与后殖民主义的替代理论》第310页。
② 季进《也谈海外汉学与"汉学主义"》,载《汉学研究》2012年第14集。

·四季评论·

关于学术出版国际交流的新趋势
——在 2018 年 8 月"中国图书对外推广计划"专家座谈会上的发言

柴剑虹

我 1981 年由导师推荐到中华书局做编辑工作至今近 40 年了，约与诸位所讲我国改革开放的"不惑"之年相当。中华书局自 1912 年创办以来，由于专业分工等原因，曾长期以出版古籍整理与相关的学术著作为主。1987 年至 1997 年我在书局的《文史知识》杂志编辑部工作期间，也尝试着刊发了一些介绍德国汉学研究、日本中国学研究的文章，编辑出版了"法国学者西域敦煌学名著译丛"的几种著作，为之后成立汉学编辑室打下一点基础。这些年来，因为我自己也参与国际敦煌学的研究与学术交流工作，所以对我国学术著作对外推广的趋势也有了一点粗浅的感受。

学术著作出版的双向交流，是文明交流互鉴的重要内容。改革开放前 30 多年，我国学术著作的出版交流呈明显的"逆差"。在数量上，据约略统计，中国现当代学者的学术著作译成外文的数量不及翻译引进学术著作的十分之一。如敦煌学与西域研究图书，翻译引进的不下三四百种，而我国这方面著作外译的，包括一些重复出版的，只有三四十种。在质量上：我国学者翻译的外国名著多，质量普遍较高，这方面最具代表性的是商务印书馆的"汉译世界名著"（目前已达 700 种之多）；而因种种原因（主要是国内外译者语言、文化知识与专业水平），外译的中国学术著作质量问题还比较突出。在推广上，我们对国外学术著作的评介相对重视，书评较多且及时；而外国学界对中国学术著作的评介相对稀少且滞后，如我们书局组织翻译出版的法国学者阿里·玛扎海里的《丝绸之路》印行不久，著名学者季羡林先生就撰写了长篇书评。而季羡林先生的《蔗糖史》出版已多年，据我所知，并无外译，也无外国学者的相关书评发表。

近些年来，由于宣传与出版部门的重视，"经典中国""丝路书香"等外译工程的进展，上述情况有了改变。尽管相比较政治、经济、文艺创作、科技等类出版物，学术著作外译的数量增长还较缓慢，质量问题依然不可忽视。但是，一些带普及性的学术著作的外译出版却有异军突起之势，成为我国图书对外推广一个不容忽视的新趋势。如中国社会科学出版社的"简明中国"系列，中国大百科出版社的"中华文明史话"（中英文双语版）系列等。我相对熟悉的敦煌学、丝路文化著作，已外译出版和正在进行外文翻译的品种与日俱增（如《敦煌石窟艺术简史》《丝路之绸》《图说敦煌二五四窟》《敦煌学十八讲》等），而且这些书的外译大多与作者和国外相关学者协同翻译相关。如我参与主编的甘肃教育出版社"走近敦煌"丛书，其中三本书的日文翻译，就是经敦煌学国际联络委员会协调，专请日本著名的敦煌学、语言学家高田时雄教授具体指导日本几位年轻的敦煌学者协同翻译，质量得到了保障。同样，一些我们所熟知的国外汉学家也涉足这类图书的撰著，且与中国学者合作翻译成中文引进。如商务印书馆刚出版的《圣徒与罪人：一部教宗史》，作者埃蒙·达菲是英国教会史研究的杰出专家，译者龙秀清是研究欧洲宗教史的博士生导师。又如《博览群书》今年7月号上介绍2018年5月出版的英国吴芳思研究员的《口岸往事：海外侨民在中国的迷梦与生活（1843—1943）》（新星出版社）；美国梅维恒与郝也麟合著的《茶的真实历史》（三联书店）这类书，作者与译者都有一定的知名度，且书的内容深入浅出，普及性强，读者面广，重印率高，也比较好推广。诚如罗伯特·李总监先生所言，这种"变小众为大众"的努力，是当前图书对外推广一个不可忽视的趋势，也是文明交流互鉴的有效之举。这里还应该有各种辅助性手段。例如三联出版的《图说敦煌二五四窟》，初印一万册，不到一个月又加印一万册，仍然供不应求，这与敦煌研究院举办石窟艺术展览、两位年轻作者在各地做相关讲座及报刊评介有关。最近，为了不断学习体验敦煌艺术在不同文化背景的公众中的反应与推介方式，他们作为敦煌研究院文创团队的成员，远赴新加坡在文化旅游部举办的"中国文化周"做敦煌展览和展示"海外文创"主题的同时，与当地年轻学生进行了和图书内容密切相关的互动，效果显著。

诚然，相比较而言，中国学术著作的引进与对外推广，目前依然是"逆差"。最近一期《中华读书报》（2018年8月17日）推荐的沪版好书20种中，翻译引进的美、日、德、加、法的学术著作就有10种。不管是翻译引进,还是外译推广,一方面,质量与数量都取决于作者、译者合作交流深入的程度,取决于出版社编辑人员的责任心与业务水平,也取决于舆论导向和宣传推广力度。我觉得,商务印书馆、中华书局、上海古籍、三联、外研社、五洲传播、中国社科、人民大学等出版社,在这方面已经积累了很多好的经验。另一方面,也应该防止有条件没条件都一哄而起抢占选题资源的做法。同时,加强翻译质量的检查和测评决不可忽视,这里也涉及一些翻译词语的规范化、标准化问题。如"一带一路",我国领导人在2013年提出倡议,其英文翻译虽然到2015年已有了国家标准,目前仍不乏各行其是的译法。据我所知,一家翻译机构承担的一本敦煌学术语方面的工具书,经编辑审读发现有许多知识性的错误,导致出版单位只得退稿。前年,我本人的一本宣传敦煌历史文化的小册子被译成俄文、德文,结果发现俄文本存在翻译上的不少失误,经与翻译者及出版方接洽,他们虚心听取了意见,重新翻译,不但提高了图书质量,还扩大了发行面。

学术著作,不管是引进,还是外宣,最基本的要求当然就是"好书"。"好书"的标准,最近复旦大学的葛兆光教授在一次演讲中提出有四个特征:好的选题、懂得行情、学术厚度、好的方法。翻译引进与对外翻译的书,我加上两条:好的译者、好的编辑。在译著工作中,美国翻译理论家劳伦斯·韦努蒂在《译者的隐身》中提出的不同文化的"归化"与"异化"的翻译策略,值得参考。同时,对于专业性很强的学术著作,当然还应该有专家的把关,有专业词语翻译标准的好工具书与资料库作参考。如20年前,我们中华书局成立了汉学编辑室,专门出版国外研究中国传统文化的学术著作,在国内外许多著名学者的支持下,先后出版了"世界汉学论丛""日本中国学文萃"等几十种著作。如出版法国学者格鲁塞《东方的文明》全译本,不仅得到著名学者、译者常任侠、袁音先生的鼎力支持,还由季羡林先生题写书名,冯其庸先生撰写书评。又如当年为了出版美国著名学者施坚雅主编的《中华帝国晚期的城市》全译本,浙江大学陈桥驿先生专门组织了一批英语系教授来承担翻译工作,保证了翻译的质量。

总之,中国学术著作对外推广工作的新趋势激励我们继续努力,必须建立中外专家、中外出版机构进行实质性合作的科学、合理的长效机制,而且要把培养翻译与编辑人才作为一项重要的任务,而不是急功近利的短期行为。

(柴剑虹 中华书局编审)

批评者与阐释者林语堂

[美] 陈荣捷　著　杨玉英　译

　　1947 年，美国华裔学者，达特默尔学院的中国哲学与文化教授陈荣捷（Wing-tsit Chan）的文章《批评家与翻译家林语堂》发表。① 这是学界较早系统地评论林语堂对中国文化的批评与阐释的成果。全文译介如下。

　　林语堂是一位如此不太好理解的作家：那么杰出、那么多才多艺、那么具有煽动性，而有时又显而易见是那么前后矛盾。我们张开双臂欢迎林语堂博士写一本自传来告诉我们他自己的思想和精神的演变（或者毋宁说革命），只有这样，才可准确理解林语堂其人。然而，有一件事是可确定的，那就是，林语堂的声音是一个批评家对中国式的和美国式的生活方式所发之声。他常被称为是一位中国哲学家。如果是这样的话，他不能算是一位专业的哲学家，而是一位对生活给予批评对古代智慧给予阐释的哲学家。

　　1895 年林语堂出生在一个基督教牧师家庭，并在这个家庭中被抚养大。那个年代，成为一名基督徒意味着不仅在行为举止、言语甚至思想方面成为一个非中国人，而且是成为一个反华的人。他在中国的传教士机构接受教育。在这样的机构里，忽略中国哲学被认为是一种美德，而热爱中国艺术则几乎是一种罪过。这样的传统注定最终会爆发激烈的反应。难怪林语堂会对基督教给予尖锐不公的批评，而对中国的哲学和艺术给予深情的拥护。

　　在哈佛大学和莱比锡大学经过专门的学术训练后，林语堂于 1923 年返回中国，并将其才能用于教授和研究中国哲学。尽管林语堂在其幼年时代受到的中文教育并不充分，但他在短短的几年里成为一位杰出的哲学家。但是，20 世纪 20 年代的中国充满了喧嚣、内战、水灾和饥荒，那时的中国也由于知

---

① Wing-tsit, Chan "Lin Yutang: Critic and Interpreter", *College English*, Vol. 8, No. 4, 1947.

识复兴、共产主义和国民革命处于一种动态的转变之中。林语堂不再对能平静地研究哲学感到满足,像许多中国知识分子一样,他开始对社会问题和政治问题予以有力的批评。林语堂加入到了抗议的大合唱中。

林语堂的抗议采取的不是像共产党那样流血的形式或自由主义者那样建设性改革的形式,而是采取对军阀、沙文主义的儒家以及反动的封建主义进行讽刺性的攻击的形式。与20世纪20年代中国所有的抗议之声一样,林语堂的声音也是尖刻的。然而,使他的批评特别有吸引力的是蕴含其中的幽默(humor)。他喜欢嘲弄中国的顽固分子们,对那些遗留的贪污者和三流的小偷们进行冷嘲热讽。在编辑的一本中文期刊中,他开设一个名为"老古玩店"(Old Curiosity Shop)的专栏。他在该专栏中发表军阀和反动派的荒谬言论,让他们表现得如此滑稽,使读者忍不住捧腹大笑。这些不仅只是好笑好玩而已。林语堂的批判既是娱乐上也是精神上的针砭,满篇皆流淌着泪水与欢笑。

这种辛辣的幽默为中国年轻的知识分子们受到的压抑情感提供了一个自然的发泄口并成了林语堂广受欢迎的主要原因。更重要的是,他有意无意地为中国文学创造了一种新的氛围,一种具有人情味、充满同情、智慧和幽默的氛围。智慧和幽默在中国文学中常常享有第二位的荣光,正如乔志高(George Kao)博士出色的文集《中国智慧与幽默》(*Chinese Wit and Humor*)①所雄辩地展示的那样。但是直到20世纪,儒家的形式主义将幽默贬低到了有伤尊严的程度。在儒家看来,一个绅士,是不应该搞笑的,至少是不应该写在纸上的文字中。至于军阀、共产党和改革者,他们全都是高度紧张,嘴唇绷得紧紧的。中国需要笑声。因此,毫不奇怪的是,当林语堂取笑儒家和吃狗肉的将军时,他的读者能享受到一种放松的狂喜。读者们称林语堂为"幽默大师"(Great Master of Humor)。他们模仿他的风格,在中文作品或者至少是那些熟悉的文章中,带进了一种放松感和一种新鲜的氛围。或许,说林语堂创造了中国现代文学的一种新风格有些夸大其词。不过幽默这种成分一直存在于中国现代文学作品中。

带着其苦涩和辛辣讽刺的批评家林语堂,不仅吸引了中国的年轻知识分子们,而且也吸引了那时正在中国任教的赛珍珠(Pearl Buck)。在她的鼓励下,林语堂用英文撰写了《吾国吾民》(*My Country and My People*),该书于

---

① 此为原文注释1:纽约:Coward-McCann出版社,1946年。

1935年出版①。此书出版后,林语堂立即开始了一系列畅销书的创作,几乎隔年一本。林语堂成了一位向西方阐释中国的人。

中国很少有像林语堂这样随心所欲地赞美同时又严厉地谴责其对象的阐释者。赛珍珠称《吾国吾民》是"迄今为止关于中国的最真实的、最深刻的、最完善的、最重要的书"。②那些对林语堂的相似褒扬来自四面八方,称赞他优美的英文。的确,林语堂的英文是迄今为止中国人所呈现出的最棒的英文,它总是对其读者有着一种魔力。而且,林语堂对中国智慧的阐释,使其语言变得如此真实,如此具有说服力,如此鲜活,如此令人着迷。

同时,很多中国人和美国人对林语堂充满了愤怒。敏感的中国人对其心生愤怒,是因为他暴露了中国的恶习,这些恶习即是林语堂称为对大众进行剥削的"阳性的三位一体:官、绅、良"与"阴性的三位一体:面、命、恩"③。中国的政府官员对林语堂充满愤怒,是因为他攻击他们"搜刮民脂民膏"④。林语堂宣称大执法官(the Great Executioner)是唯一能拯救中国的救主。他挥着大刀,将斩断人情、私宠、特权和官僚等掠夺国家以荣显家族的私心,并将把裁判长的旗帜(the banner of Justice)插在城墙上。⑤ 中国的左派也对林语堂充满了愤怒之情,因为在他们看来,林语堂不过是一个试图对人民大众所受的残酷压迫一笑置之的小丑。对林语堂最愤怒的莫过于那许多旧式的中国通们(Old China Hands),因为他对他们的上海观念尤其是其目中无人和不愿意理解中国人的行为予以了嘲笑。特别是最近,英国人对林语堂非常生气,因为他在其《啼笑皆非》(Between Tears and Laughter,1943)中把丘吉尔塑造成了一个恶棍。⑥ 美国的共产党及其同道(这些人总是容易被别人惹恼),尤其是当林语堂宣称要揭露中国共产党所做的许多丑陋的事情时,自然是不能饶恕他的。⑦

纯粹从政治上或从个人来看,对林语堂的这些批评都是与其作为一个中

---

① 此为原文注释2:纽约:Reynal & Hitchcock 出版社,1935年。
② 此为原文注释3:纽约:Reynal & Hitchcock 出版社,1935年。
③ 此为原文注释4:纽约:Reynal & Hitchcock 出版社,1935年。
④ 此为原文注释5:纽约:Reynal & Hitchcock 出版社,1935年。
⑤ 此为原文注释6:纽约:Reynal & Hitchcock 出版社,1935年。
⑥ 此为原文注释7:纽约:The John Day 出版社,1943年。
⑦ 此为原文注释8:《枕戈待旦》,纽约:The John Day 出版社,1944年。

国的阐释者的林语堂不相干的。但其中有一个严肃的批判,不管是从中国人还是从美国人的角度来看,都值得引起密切的关注,这个批评即是,林语堂与中国人是不合拍的(out of tempo with the Chinese People)。这些批评者说,当中国人民处在流血的革命中时,林语堂却认为中国人民总是愿意屈服于暴政。当中国的改革者们谴责"保守"(因循守旧)是中国衰落的主要原因时,林语堂却说它是"一种自豪",是"内心丰富的真正标志",是"值得大加羡慕的天赋"。当中国的妇女们正反抗其被限制在家中并为其在太阳下的位置而奋战时,林语堂却告诉美国人中国妇女并不想要独立。① 在中国人民正在为填满他们的饭碗而绝望地斗争时,林语堂却告诉其读者中国人天生就鄙视财富,并对生活水平的提高持质疑的态度。② 人人都知道,一般的中国人都是日出而作日落而息的,而林语堂却将此认为是真正的中国哲学,即"在中国人心目中,凡是用他的智慧来享受悠闲的人,也便是受教化最深的人"③。对现代的中国人来说,科学与万能的上帝是同等的,但林语堂却说,科学的死亡猎犬正在慢慢靠近西方。④ 中国的法西斯们正在试图通过礼乐来复兴儒家的社会管理体系,以控制中国人的生活。⑤ 而且,林语堂将通过音乐来进行管理的儒家学说作为通向自由之道提供给世界。当数以千万计的中国人正死去时,林语堂却有心沉浸于闲谈月球、岩石、花园、梦想、抽烟、焚香、如何优雅地老去的艺术以及孔子在雨中唱歌!难怪许多中国人把林语堂的《吾国吾民》称为《吾国吾阶》(My Country and My Class),或借用双关,将其称作《卖国卖民》(在汉语中,"卖"意为"出卖"或"背叛")。⑥ 也难怪很多美国人谴责他浅薄、不负责任、机灵、诙谐。但仅此而已。

这样说林语堂并非完全公平。前面所言大部分其实是对林语堂作品的歪

---

① 此为原文注释9:《吾国吾民》第46、72、146页。

② 此为原文注释10:《生活的艺术》,纽约:Reynal & Hitchcock 出版社,第155页。《枕戈待旦》,第90页。

③ 此为原文注释11:《生活的艺术》第150页。

④ 此为原文注释12:《枕戈待旦》第176页。

⑤ 此为原文注释13:《啼笑皆非》第72页。

⑥ 在2010年发表的《技术奇想:林语堂及其华文打字机的发明》的注释第30条中,作者约翰·威廉姆斯(John Williams)也提到了这个现象:在不喜欢林语堂坦承中国问题的那些中国知识分子中流传着一个玩笑,认为林语堂的《吾国吾民》(My Country and My People)应该读成"Mai Country and Mai People"(Mai 为双关,是中文里"卖"字的读音)。译者注。

曲。当把这些作品放在其恰当的语境中去看时,我们会发现林语堂的阐释与中国人的生活和理念并不是那么相悖的。比如,法西斯对儒家思想的滥用,并没有歪曲通过和谐与秩序来实现世界和平的儒家理想,此乃通过音乐来执政的真正意思。没错,林语堂确实是喜欢写中国诗歌、喝茶、躺下休息的艺术、性的吸引力、臭虫、洋泾浜英语以及磕头的健身价值,但他也写中国人的悲伤、纳妾制的邪恶、妇女缠足的"畸形与堕落"、作为行贿手段的九道菜宴席、共产党的作家鲁迅的伟大、对共产主义革命的挑战、权利法案的必要性以及中国的风暴与压力及其精神觉醒的全部表现。① 合情理的是,林语堂在对中国人的生活和中国人的思维的综合描绘中,是否做出了正确的阐释。

对于林语堂在总体上是否对中国进行了可靠的阐释,毋庸置疑的是,至少对那些没有经验的不知情的人来说,他对中国艺术进行了杰出的阐释。但技术专家或历史学家会发现他是一个外行。绝大部分专家和历史学家主要是处理一些外在的东西,并会不知不觉地漏掉某些中国人在其中寻求到安慰和鼓舞的内在精神,而林语堂使中国艺术对读者来说不仅明白易懂,而且是有意义的。林语堂阐释中国艺术生活的著述是我所知道的对抒情风格、内在法则或精神以及中国艺术的意境的最佳介绍。② 他关于书法的文章也是论及该题目中最好的。他对中国文学生活,尤其是对中国诗歌的讨论,是最具启发性最令人着迷的。翻译和撰写关于中国最伟大的诗人李白和杜甫的学者有很多,但唯独林语堂能让读者感觉到李白的浪漫的放弃和杜甫的艺术的约束。林语堂的《中国印度之智慧》(*The Wisdom of China and India*,1942)是一本关于中国文学的华丽选集,真正现代地、活灵活现地呈现了中国的智慧。在该书中读者不仅能看到儒家和道家的经典之作,还能看到对"中国诗歌""中国人的生活的素描"以及"中国人的机智和智慧"的有趣展现。书中这些有趣的东西包括了18世纪的诗歌、17世纪的谚语、18世纪的书信、19世纪的故事以及20世纪的讽刺短诗。我们在别处找不到如此迷人如此有趣的中国散文文集。林语堂以非同寻常的迷人方式处理那些我们熟悉的散文,这些散文大都源自这本或那本集子中。林语堂以诗人的感受和孩子的喜爱来对其加以引用、

---

① 此为原文注释14:《吾国吾民》第164—168页;《枕戈待旦》第154和224页;《京华烟云》,纽约:The John Day 出版社,1939年;《风声鹤唳》,纽约:The John Day 出版社,1941年。参见包括《吾国吾民》《讽颂集》(纽约:The John Day 出版社,1940年)和《枕戈待旦》在内的相关章节。

② 此为原文注释15:《吾国吾民》第8章。

翻译和讨论。在向西方读者介绍时，李笠翁（李渔）关于柳、女人的服饰以及睡眠的艺术的那些精细研究的文字，① 袁中郎（袁宏道）那些描写瓶中花的令人愉悦的篇章，以及张潮那些令人着迷的关于花与女人、雨、悠闲与友谊的文章，② 打开了西方读者的眼界，让其看到了一种尽管次要但却相当有趣的中国文学形式。

同样卓越的是林语堂对孔子的阐释。一个哲学家或历史学家将会发现，林语堂的《孔子的智慧》（1938）是非批判式的。③ 但是对于将孔子作为一个人而作的系统而雄辩的介绍以及将儒家教义作为中国人生活中一个鲜活的因素的介绍而言，我还未发现有哪本书的内容选取是如此平衡，翻译是如此的清晰和流畅，对人文精神和儒家思想合理性的呈现是如此具有说服力。

林语堂对老庄道家思想的处理更棒。收录在其《中国印度之智慧》中的《道德经》译文是最佳的，④ 它不仅是具有挑战性的哲学作品，也是令人陶醉的文学作品。林语堂在道家思想中注入了他自己的说服力，使得译文具有了魅力和挑战性。当然，在翻译时，林语堂显得太随意了，这使得其译本更像是阐释而非翻译。但是，林语堂的译本超越了其之前所有的译本。他不像许多西方作者那样，将老子之道作为消极的或虚无的东西来加以展示，而是将其作为一种敏感的、合理的、相当现实而深刻的生活智慧之道，正如中国人通常理解它的那样。事实上林语堂已经被道家思想折服了。

不难理解为什么道家思想对林语堂具有特别的吸引力。林语堂的声音主要是抗议之声：对战争的抗议，对过重征税的抗议，对社会的人为和僵化的抗议，对虚伪的抗议，以及对城市生活的肤浅和物质化的抗议。为此，他提倡简单化的生活，提倡满足、平静、自发性、返璞归真、女性的柔顺以及婴儿般的天真。道家最伟大的追随者庄子甚至比他走得更远。对他而言，"纯洁的人"（pure man）应如新生的牛犊。他对利己、名誉和成就持毫不掩饰的鄙视态度，其理想的生活是闲散、平静、自由和流浪。这样的哲学思想是诱人的，尤其是在战争、被压迫和混乱的年代。作为一个爱国的、想要寻求一条出路的中国人，林语堂找到的自然是道家对快乐的抗议之声。而作为一个对

---

① 此为原文注释 16：《吾国吾民》第 324—328 页。
② 此为原文注释 17：《生活的艺术》第 310 页。
③ 此为原文注释 18：纽约：现代图书馆，1938 年。
④ 此为原文注释 19：纽约：兰登书屋，1942 年。

物质的、不知足的美国生活方式的批判者,他自然而然地提倡道家思想中的闲散、静养以及内在的平和。

这并不是说林语堂是一个道家。中国人大都同时信仰儒教、道教和佛教,只有极少数人例外。但是,与绝大部分中国人不同,林语堂更信道教而非儒教。这是真的,因为他对道家思想给予了有力的强调。事实上,在林语堂的著作中,道家思想常常被给予了过度的强调。他将中国人的性格描绘为:一)稳健;二)单纯;三)酷爱自然;四)忍耐;五)消极避世;六)超脱老猾;七)多生多育;八)勤劳;九)节俭;十)热爱家庭生活;十一)和平主义;十二)知足常乐;十三)幽默滑稽;十四)因循守旧;十五)耽于声色。① 他在别处说,中国人"有着一种近乎戏弄的好奇心和天赋的才能,有一种梦想和崇高的理想主义,能够利用幽默感去纠正他们的梦想,有决定自己反应的能力和随意改变环境的自由"。② 或者,换一种不同的表达即是,中国人有着"伟大的现实主义,不充分的理想主义,很多的幽默感,以及对人生和自然的高度诗意的感觉性"。③ 如果把这些用来描绘一个具有百分之六十或八十的道家,那将会是卓越的。实际上,林语堂相信,中国人"天性倾向于伟大的道教,而中国文化则更倾向于儒教",④ 其立场往往是很难靠得住的。按照林语堂的说法,"中国文化中重要特征之田野风的生活与艺术及文学,采纳此道家哲学之思想者不少。所有优秀的中国文学作品在本质上都充满了道家精神。道家学说总而言之是中国人想揭露自然界秘密的一种尝试"。⑤ 显然,对道家思想的这种过度强调导致了林语堂在开始编译其《中国印度之智慧》时挑选那些道家著作的。同样,在其《生活的艺术》(*The Importance of Living*)一书关于"谁能最好地享受生活"那部分,著名的例子举的是道家而非儒家。他想要让我们相信,瓦尔特·惠特曼(Walt Whitman)和亨利·梭罗(Henry David Thoreau)与中国人是很接近的。⑥ 纵观其全部的著作,有相当数量的空间给了老子和庄子。老子和庄子的确对中国人性格的成熟以及对

---

① 此为原文注释 20:《吾国吾民》第 40 页。
② 此为原文注释 21:《生活的艺术》第 66 页。
③ 此为原文注释 22:《生活的艺术》第 4 页。
④ 此为原文注释 23:《吾国吾民》第 56 页。
⑤ 此为原文注释 24:《吾国吾民》第 556 页。
⑥ 此为原文注释 25:《生活的艺术》第 569 页。

中国人思想的自由做出了贡献，而且，在这些方面，老子和庄子深深地启发了中国的文人们。但是，道家的神秘主义和原始主义却从未与典型的中国人的气质，即讲究实际、讲求社会伦理和相信现世相吻合。林语堂自己承认，"中国人的气质，在总体上来看，是具有人文情怀的、不信仰宗教的、非神秘主义的"。然而，他又说，"这在一定程度上是正确的"。林语堂坚持认为，中国人在"机械与心灵以及物质与精神这个新的综合上来看"是神秘的。① 事实是，中国哲学已经达到了不用依靠神秘主义的综合程度，正如新儒家思想的理性主义和实证主义有力地予以证明的那样。

一旦我们理解了林语堂对于道家思想的特别偏爱，我们就能理解他为什么会说"中国人作为一个民族，通过对文明的一种本能的怀疑与坚守原始的生活方式，避免了城市生活所带来的退化"。② 中华文明是一种"热爱原始主义的"文明。③ 中国人尊崇愚者，④ 使他们受世人的欢迎和敬爱。⑤ 中华文化是一种闲散文化，中国人在闲暇时是最聪明最理智的。⑥ 中华文化最好的产物是对这种悠闲生活的浪漫崇尚。⑦ 中国人生活的艺术是"名字半隐半显，经济适度宽裕，生活逍遥自在，而不完全无忧无虑的那个时候，人类的精神才是最为快乐的，才是最成功的"。⑧ "中国人有一种自己独特的幽默，他们总喜欢开开玩笑，这种狰狞的幽默建立在对生活的滑稽认识之上。"⑨ "中国人的心灵在许多方面都类似女性心态。中国人的头脑，就像女性的头脑充满了庸见且羞于抽象的辞藻。中国人的思维方式是综合的、具体的。"⑩

如果仅从一定程度加以考虑，所有这些观点都是足够正确的。这些观点从中国人的方方面面对道家进行了解释。在中国诗歌、艺术和文学中，道家的游戏、安静、闲散、自由、反复无常、忧郁、平和以及自然本能的精神都

---

① 此为原文注释26：《中国印度之智慧》第567—568页。
② 此为原文注释27：《吾国吾民》第39页。
③ 此为原文注释28：《吾国吾民》第39页。
④ 此为原文注释29：《生活的艺术》第110页。
⑤ 此为原文注释30：《生活的艺术》第41页。
⑥ 此为原文注释31：《吾国吾民》第135页和第322页；《生活的艺术》第10章和第11章。
⑦ 此为原文注释32：《生活的艺术》第152页。
⑧ 此为原文注释33：《生活的艺术》第85页。
⑨ 此为原文注释34：《吾国吾民》第70页。
⑩ 此为原文注释35：《吾国吾民》第80页；《生活的艺术》第108页。

是显而易见不可否认的。但是，典型的中国人不是道家，而且中华文化蕴含的东西也不止文学和艺术。幸运的是，林语堂并没有忽略这些，他指出：依据中国儒学的观念，"对于人类尊严的最高理想，是一个顺其自然而生活，结果达到德参造化之境"。① 这便是儒家所倡导的"中庸"学说，林语堂充满崇拜之情地对其进行了阐释。② 林语堂认为，"道家思想是伟大的否定，而儒家思想则是伟大的赞美。儒家思想，通过其关于'礼'和'社会地位'的理念，代表着人类文化与约束。而道家思想，则因其强调对自然的回归，对人类的约束和文化持质疑的态度"。③ 道家思想和儒家思想彼此间互相恭维。"所有的中国人在成功时都是儒家，失败时则是道家。我们中的儒家建设、奋斗，而道家旁观、微笑。"④ 总体上，儒家思想起着相反的影响，抵消了道家无忧无虑的哲学理念。"我们大家都是天生一半道家主义者和一半儒家主义者。"⑤ 当儒家思想和道家思想的幸福结合达成时，其结果是甜美的、合理的。在阐释中国人这种"最高类型的生活"（highest type of life）时，我相信林语堂也正处于他自己生活的最佳状态。"Reasonableness"（情理）包含了两方面的内容，即"人性"与"天理"或"外部原因"。合情理精神则更现实、更人道。⑥ 从这种合理性中派生出了典型的中国人的性格特征，即，温和、忍耐、消极避世、超脱老猾、对生活充满强烈的兴趣、人道主义精神、幽默滑稽、成熟老练、通情达理、因循守旧以及热爱家庭生活。

　　简言之，当林语堂过度强调道家思想时，他是作为一个对他在中国和西方所发现的糟糕情形给予批判的批评家而这么做的。而当他强调儒家思想和道家思想的综合时，他是在阐释中国人生活中那些由来已久的方方面面。因此，林语堂并非一个完美的对中国给予阐释的阐释者。那谁是呢？如果我们小心地对其对道家思想的过度强调避而不谈的话，我们将会发现，林语堂对中国的许多方面都给予了非常好的阐释。

（陈荣捷　已故美籍学者、哲学史家；
译者：杨玉英　长江师范学院外国语学院教授）

① 　此为原文注释36：《生活的艺术》第143页。
② 　此为原文注释37：《生活的艺术》第111—115页和第143页；《孔子的智慧》第3章。
③ 　此为原文注释38：《吾国吾民》第116页。
④ 　此为原文注释39：《吾国吾民》第55页。
⑤ 　此为原文注释40：《生活的艺术》第112页。
⑥ 　此为原文注释41：《吾国吾民》第90页和第109页；《生活的艺术》第423页。

日本现代化与20世纪初新小说在中国的出现

——梁启超研究*

[澳大利亚] Hiroko Willcock 著 廖芷蘅 译

受日本及其他影响，1900年后晚清时期的小说创作激增，其增长的速度在中国文学史上是前所未有的。这种激增恰与清朝最后15年里中国所经历的飞速的社会—政治变革相吻合。从心理学层面看，1895年被日本打败的羞辱加剧了一些进步知识分子改革的急迫感。那些改革者将小说看成是一种强有力的武器，认为其可以促进改革事业，并能够激发百姓对他们所相信的中国急迫需要改革的认识的。小说不再被认为是一种无意义的日常化写作，不再是隐退的文人们在闲暇时刻用来娱乐自己的朋友圈或是被某个不如意的隐士通过笔写来发泄个人怨恨的东西。小说的作用被定义为是与其作为一种会对政治和社会产生影响的实用性相关，而且其艺术品质依附于此定义。

明治时期的日本为此提供了模式。而且，是梁启超倡导了仿效明治时期的政治小说来创造一种新小说的运动。他是晚清最有影响力的、最热心的呼吁"仿效日本"运动的倡导者。

在许多情况下，1895年中国被日本打败暴露了中国现代化进程的弱点和无效。通过那次被打败的经历，越来越多的知识分子认识到仅仅采用西方的武器和训练技能是不能建立一个强国的。在那些相关的知识分子中，梁启超坚信日本的胜利是由于其迅捷而成功的现代化，而且在明治时期现代化的伟大胜利背后，是日本人在既存的社会和文化传统中选择和吸收了外国的价值观。

梁启超大概是20世纪头十年里最有影响力的中国知识分子。他展示了自

---

* Hiroko Willcock. "Japanese Modernization and the Emergence of New Fiction in Early Twentieth Century China: A Study of Liang Qichao". *Modern Asian Studies*, Vol. 29, No. 4, 1995, pp. 817-840.

己作为一个多产的公众人物和最高秩序的宣传者的出色。作为一个早期的现代自由主义者他对年轻一代来说是一个极大的鼓舞。而且，正如许多后来的杰出中国人所表明的，他对智性思潮的影响是巨大的。1898—1905 年他流亡日本期间在其作为一个知识分子和作为一个激进的改革家来说是相当重要的。梁启超受到了日本和日本人的很大影响。在 1903 年出版的《三十自述》中，他阐明了在日本的 14 年对其产生的影响。梁启超将"仿效日本"和"向日本学习"作为其改良运动的口号，倡导通过日本采纳西方的思想体系。通过日语书籍、报刊和熟悉的人，他直接和间接地被其对日本明治时期的了解所说服，相信日本现代化的胜利是多亏了明治早期一些知识分子倡导的新小说。明治时期政治—激进的政治小说家们所持的小说概念是受功利实用主义思想统治的，其作为一种注入新思想的手段之价值的小说概念受到了梁启超相当的强调，并将其制定成了一种用于改良社会的强有力的武器。

文章考察了日本对梁启超现代化思想和新小说概念的影响。通过对梁启超的考察，文章将有助于对 20 世纪初的中国和日本以及新小说的起源之历史语境的外在了解。

一、明治时期的日本与梁启超思想的发展

在梁启超的现代化理念中，日本修正主义价值观对其影响是最显著的。在其思想发展中有一个重要的转变，是远离儒家教义。与康有为不同，梁启超对儒家思想的信奉不是受神秘的宗教思想的支配，相反，实用主义价值观的整体概念成了他现代化的意识形态基础的一个重要部分。在他与日本有了广泛联系之后，他思想发展的变化变得可识别了。他开始信奉融合的日本实学。他确信融合的日本实学的效果受到了西方实用主义价值观的巩固，为现代化在日本的成功打下了基础。结果，日本的功利实用主义思想成了他的中国现代化方法的前提条件。梁启超的实学变得更加积极和实用，同时，他的虚学也变得积极、实用和功利。在有效地从外国引进的过程中新思想常常被认为是不可能的而被拒绝，而且既存的价值观也有被坚持的倾向。在这样的语境下，对梁启超来说，通过修正日本的实学来采纳西方的实用主义价值观变成了可能的事，比如福泽谕吉的实学思想对梁启超的思想发展就产生了重要的影响。梁启超崇拜敬重福泽谕吉并希望效仿他。通过对自助、自尊和独

立精神的倡导，梁启超回应了福泽谕吉的实学观，而这些恰是梁启超"新民"的重要成分。福泽谕吉的实学在某种程度上是荻生徂徕发展的实证主义实学的高潮。荻生徂徕抛弃了传统的、说教的实学，强调了这个概念的公用的、社会—政治的范畴。它是实证的、实用的，是不受道德评判的。福泽谕吉的实学是对荻生徂徕和横井湘南的继承，被一个现代日本学者源了圆表达为"政治—经济"实学，其更内在表现是与修身相关的，而其外在表现则是意在不存在内在摩擦就能管理好国家。

福泽谕吉，日本明治时期最有影响力的自由主义思想家，试图通过拒绝儒家空洞无用的学说而远离儒家的理性教义。福泽谕吉的有用而实际的知识理念不再是试图获得道德的方式，而是试图延伸和扩展对外在世界的认知，以达到文明的高度层面。福泽谕吉认为，为了真正的实学，就必须实现知与行的一致。然而，福泽谕吉的"知行合一"与王阳明学派所持的"知行合一"的追求和成就是不一样的。梁启超采纳的是福泽谕吉的"知行合一"。他将福泽谕吉的"知行合一"从伦理内涵中分离出来。他拒绝儒家圣人的理想及其富于传奇色彩的、古代的黄金时代。到1902年写《论宗教家与儒学家之长短得失》一文时，梁启超已经对康有为将儒家思想变成国家信条的运动变得相当冷静了。实际上，他因儒家思想为一个现代国家的建构提供不了什么而对儒家思想的拒绝正是对福泽谕吉的实学理念的回应。

梁启超对福泽谕吉的实学思想的采纳也在他的宗教观中得到了证明。他将宗教看成继发性的、是对政治社会发展有益的、能产生能量的一种力量。梁启超在文章中说王阳明的哲学在明治维新后起到了一种心理和情感力量的作用。如此断言表明了他有意识地尝试着促进一种被日本的王阳明学派所强调的佛教之社会政治功能的。日本的王阳明学派在接受王阳明教义中的宗教成分方面走得较远，它对"虚"的重要性给予了特别地强调。对中江藤村及其思想学派来说，"实"与"虚"这两个概念是互补共存的。中国概念中"实"与"虚"的相对于日本概念中"实"与"虚"的综合也反映出日本与中国在观念上的不同。中国人是在冲突的平衡中看待事物的分割与和谐的，而日本人则通过各种因素的互补共存来看待事物的综合与和谐。

中江藤村的"虚学"并非空洞的学问，而是实证的和实际的。在其观点中，当从抛弃传统儒家的刻板并积极拥抱可提高人的社会活动的实学之虚学和宗教意识的角度去处理时，科学且实际的实学的发展才变得可能。与此相似，梁启超的观念也认为宗教有激发性的社会功能。比如，在中江藤村看来，梁启超的佛教思想有一种社会的实证功能，这在其文章《小说与群治之关系》中可以看出来。可见，梁启超那时有让佛家思想服务于中国现代化的目的。

本杰明·施瓦茨指出，19世纪末20世纪初的一些改革家如康有为、梁启超、严复、谭嗣同、章太炎和王国维都被佛家思想所吸引，而且"他们全都急切地想要在儒家思想的理性主义之外找到某些支持……"在相当程度上，对于梁启超来说，这样的支持来自日本的修正主义的阐释。因而，梁启超对于中国现代化的实际和实证价值的认可受到了日本"实学"与"虚学"的修正主义阐释的培养。二者是日本明治时期现代化的重要的思想基础。

日本修正主义的阐释对梁启超的影响在其思想发展和他关于现代化的观点中得到了进一步证明。这在其对明治时期知识分子们的现代化理念的采纳中尤其明显，这些思想为日本新发现的权利和力量奠定了基础。比如，这种影响的某个因素在他的"新民"概念中是很明显的。他的"新民"概念受到了西方民主理想的激发，而他的自由—民主理想则受到了对日本价值体系的阐释之影响，这种体系强有力地表现在日本的启蒙运动思想中。日本启蒙运动是在19世纪70年代，由一群在西方的日本学生发起的。1873年，小组成立了"明六社"（Meirokusha），以传播新的西方思想并以一套他们希望为日本人创造的新的道德规范的形式来灌输一种民族主义的理念。西方的启蒙运动中，个体的自由和权利是与对国家之间的和平和友谊的关注，以及明确地反对扩张战争紧密关联的，而由"明六社"成员们提倡的日本启蒙运动主要关注的则是国家的独立和建立一个现代化的强国。他们相信，没有国家的自由和独立，个体的自由和权利是不能获得的。而且，对个体权利和自由的寻求并不为个人的缘故，而是作为获得国家力量和权利的理想的先决条件。与此相似的是，梁启超在其散文集《新民说》中，希望形成一种新的道德模式并创立一个强有力的现代中国。

梁启超的"新民"有参与政治的权力。个体公民的最高忠诚现在是直接指向国家的。他的"新民"被要求遵守传统的道德规范。此外，"新民"对社会的理想贡献不再限定为对儒家知识分子所要求的那样为公共服务。每个公民都能通过其职业来为国家做贡献。在其职业内，不管是商人还是农民，其贡献都特别在于增加财富或获取更好的条件。这种有特色的价值体系，在"履行既定的职责"这个概念中得到了强调，一直强烈地保留在启蒙运动倡导者的思想中。比如，它坚持"民粹主义"这个概念，这个概念成了早年热心倡导的自由主义的德富苏峰和"民友社"成员们所信奉的核心概念。

如此具有特色的价值体系在明治维新的阐释中也是非常明显的。激进的支持者"志士"（shishi）所起的重要的历史作用尤其受到了诸如山路爱山、竹越与三郎和德富苏峰等民友社成员的历史性批判。在流亡日本之前，梁启超仍在为中国的改良运动工作，他对明治维新的成功已经有深刻印象，并将其看成是中国和中国改革进程的典范，他看到了激进的支持者"志士"在建立新政权中所起的关键性作用。在其流亡日本后，他仍然将忠诚者们当成英雄一般来崇拜，并且这种崇拜继续成为他的改良主张的一个重要法则。他将晚期德川的支持者的英雄行为与诸如德富苏峰等明治时期的知识分子所表达的"英雄"的新概念融为一体。

梁启超对德富苏峰的"无名英雄"这个他从《静思余录》（*Seishi Yoroku*）中获得的概念给予了特别的关注。在德富苏峰的"英雄"这个概念中，并不仅仅是那些领导国家的人才是英雄。每一个公民，不管他是农民还是手艺人，不管他年轻还是年老，都是英雄。德富苏峰把那些没有英雄行为的英雄称作"无名英雄"，在历史的进程中，他们对国家的发展来说是至关重要的。梁启超每日都思考着英雄，梦想着英雄。他宣称，即便他能成为一个英雄，也不会是一个伟大的英雄，而只是一个无名英雄。他相信每个人都能成为英雄，而且从20世纪开始，所有人都能成为他定义的"平等之英雄"。过渡时期尤其需要大量的具有冒险性、忍耐性和别择性这三种基本品质的无名英雄。他说服年轻的中国知识分子们：有了这些品质，像激进的支持者"志士"那样的英雄就能在改革中发挥至关重要的作用，并引导中国的现代化走向胜利。"履行既定的职责"这个概念融合了启蒙运动的成员们和许多随后的领先知识分子们所倡导的政治目标达成价值，进一步提高了需要扩大国家力量和权利的民族意识。毋庸置疑，日本人也强烈地意识到了潜在的对其国家的外来威胁。国家小、军事和技术力量落后及邻国中国的落后和停滞，这些因素都放大了帝国主义的危险。梁启超对外国入侵的显而易见的害怕，可能因日本的经历及其对西方入侵的反应而增加了。对他而言，儒家传统中"新民"的缔造显然是为了统治者及其官僚们的。自我的革新和个体的修为对维持一个和谐的既存社会秩序来说是主要的。他们的目标就是要扩大国家力量和权利。

在日本启蒙运动的领军倡导者中，梁启超极大地借鉴了福泽谕吉的思想来为其所用。在流亡日本后不久，梁启超开始呼吁"文明开化"和"文明人"的塑造。在流亡前，梁启超强调了为中国现代化而采取民主制度的愿望。现在他断言，在精神的独立与自由中，人的精神的进步是国家权利和进步的关键。追随福泽谕吉的思想，梁启超相信文明的实质不在于技术和物质的外在形式而在于思想和精神的品质。这是梁启超"新民"的根本。他对福泽谕吉的"文明"概念的采纳在其对人种的发展阶段的区分中体现得更明显。在其文章《文野三界之别》中他将"文明"进行了分期：

  野蛮之人，虽能佃渔以充衣食，而不知器械之用。虽有文字，而不知学问。常畏天灾，翼天幸，坐待偶然之祸福。半开之人，农业大开，建邦设都。然内观之，实则不完备者甚多。文学虽盛，而务实学者少，创造之能力甚乏。文明之人，其风气随时变易，而不惑溺于旧俗所习惯。能自治其身，而不仰仗他人之恩威。不安小就，而常谋未来之大成。学问之道，不尚虚谈，而以创辟新法为尚。工商之业，日求扩充，使一切人皆进幸福。

  尽管梁启超没有认识到这个事实，但这种阐释是对福泽谕吉的著作《文明论概略》一部分的完全翻译。梁启超得益于福泽谕吉，可进一步从他对福泽谕吉的"独立"这个概念的借用中体现出来。他的文章如《论自力》《论自尊》《论服从》等，似乎回应着福泽谕吉对独立精神和自尊的倡导，以及对生活的实际和物质方面的强调，以有助于在现实语境中创建一种新的文化身份。梁启超呼吁每个中国人在知识、力量和道德上进步。为了进入一些西方国家和美国已经达到的第三阶段，还处于半文明状态的中国人必须培养一种独立的精神。这种独立精神是抵抗外来威胁的最强有力的武器。中国之耻辱和落后的主要原因在于缺乏这种精神和自尊意识。大部分中国人的奴性，那种只知道顺从、谄媚和惧怕权势的奴性，不得不立即加以改变。独立精神是塑造"新民"的根本，没有这种精神的国民，就不可能取得独立的国家。没有个体自尊的达成，就不可能有自尊的国家的达成。梁启超的自尊指的是自助、对集体的责任感、在法律之内调解生活和规划有价值的目标的能力。

  另一方面，个体独立只有在国家的独立取得之后才能取得。正如福泽谕吉所做的那样，梁启超为国家的独立和自由而寻求对个人的独立与创新的培养。"独立"的理论不仅变成了梁启超的自由-民主且具有民主主义意识的"新民"的根本,而且也是国家免除外来干扰的根本。在其在日本早期的所有文章中,个体的进步与国家的进步之间的相互关联成了他的现代化进程的主题。尽管他将独立与自尊的精神的成功实施看成是他的"新民"的先决条件,他满心赞同日本启蒙运动的成员们如福泽谕吉的现代化思想,并将其当作构建一个强国的主要手段。将幕府忠诚者们的英雄行为和"履行既定的职责"这个概念与日本启蒙运动的自由思想相结合,梁启超声称,每个公民都必须培养一种爱国情并愿意为取得国家的目标而牺牲自己。他通过信奉明治中期如德富苏峰等知识分子的现代化思想,对改良思想加以了精练。

德富苏峰比梁启超早10年出生而比梁晚30年去世,是一个社会改革家和明治中期西方化最有名的倡导者之一。在20多岁的时候,他成了自启蒙运动早期以来自由民主最有力的声音。他的名气和影响反映在年轻的知识分子们的反应中,他们将他的著作当成必读文本,并将其铸造为反对独裁政府的自由战士的英雄模型。作为福泽谕吉之后的一代成员,德富苏峰继续秉承了启蒙运动的基本教义。如福泽谕吉那样,德富苏峰对人民的奴性和无知的本性给予了批评,并力劝在人民中进行精神革命的必要性。在其宣称的第二次革命中,德富苏峰改革运动的目的在于建立一个新的、更加现代化的社会体系,在这样的体系中,每个个体都是自由的、独立的、自治的。德富苏峰相信个体自由和权利的稳定是人民最关心的,而且自由—民主只有在一个现代化的国家才能获得。然而,面对民主存亡和安宁的迫切问题,德富苏峰被日本现时的目标是获得国家的力量和安全这一观点说服了。梁启超接受了德富苏峰改革思想中根本的异常本质。与德富苏峰的经验和信仰之间有许多相似。德富苏峰是19世纪80年代和90年代著名的、具有影响力的知识分子—新闻工作者,同时也是梁启超这个多产的、出色的新闻工作者尊重的模范。德富苏峰有力的、进步的写作风格特别吸引梁启超,并影响了梁的新闻工作以及他作为一个务实的发言人的作用。梁启超和德富苏峰代表了改革的倡导者和从旧到新过渡时期的宣传家。他们的著作中常常注入了情感的成分,其作品也采用了一种独特的风格。吸引读者的不仅是德富苏峰与梁启超作品的有力和灵活简单的风格,还有各自在其国家掀起的语言改革运动。他们创办了报纸和杂志,通过这些,他们对年轻一代产生了巨大的影响,培育了年轻知识分子们的抱负和野心。实际上,他们的改良思想对未来社会主义和共产主义思想的形成起到了重要作用。日本的社会学家如幸德秋水和堺利彦承认德富苏峰的改革和他主办的刊物《国民之友》是其社会主义思想发展的重要源泉。与此相似的是，像郭沫若、鲁迅和毛泽东这样杰出的未来中国共产党和共产主义的支持者们都受惠于梁启超和他的早期著作。

在流亡日本前，梁启超主编的《时务报》定期出版从德富苏峰主办的《国民之友》中提炼的文章。实际上，梁启超广泛地从德富苏峰的报纸和杂志中获取了思想。在流亡日本后，他继续坚持这样做。在其于1893年出版的《吉田松阴》中，德富苏峰将积极分子划分为三种不同的类型：第一类是先知，第二类是摧毁性的革命者，第三类是建设性的革命者。效仿德富苏峰的分类，相信中国必须完成改良运动第一阶段的梁启超宣传摧毁，并注意到了像吉田松阴一样的摧毁性的革命者。他将摧毁性的行为看成是进步的动态力量。梁启超引吉田松阴给马志尼（Mazzini）的信来支撑他的观点，认为摧毁必须是推翻中国现状，并取得现代化成功的最有效的手段。

除吉田松阴的主观性阐释外，德富苏峰对明治维新还作了激进的阐释。实际上，德富苏峰似乎是通过他的改良主义来看待明治维新的。他认为维新革命，这个梁启超加以采用的术语，是其民族主义受到了西方侵略的危险之刺激的人民精神意识提高的结果。对帝国皇权与自由主义法则的和谐融合的信奉是维新革命成功的关键因素。当此阐释毋庸置疑是一种曲解的时候，却受到了梁启超的欢迎。他将明治维新阐释为一个重大的历史事件，它让日本摆脱封建的、独裁主义的过去，使其重新获得自由，并为其进步和现代性铺平了道路。同时，他把明治维新看成是人民反抗外来入侵的斗争的结果，并认为其成功奠定了人民的国民意识。当然，与孙中山和他的革命队伍的民族主义不同，梁启超的民族主义的概念主要是反对西方侵略的、普遍的爱国情感的增长。他对民族存亡的日益关注，因西方帝国主义的存在而加强。

德富苏峰对梁启超的影响是相当明显的。在梁启超流亡日本的时候，德富苏峰的影响和名气因他的政治策略和思想转化而大受损毁。但是，他对梁启超的影响却没变。例如，在文章《无欲与多欲》中，梁启超用了德富苏峰的同名文章。《说悔》一文很大程度上是对德富苏峰译介的西方观点的讨论。梁启超也利用了德富苏峰的杂志《国民之友》，他的《烟土披里纯》很可能是受到了德富苏峰的文章《灵感》的影响，该文于1888年开始连载。

正如梁启超论德富苏峰的文章《无欲与多欲》所证明的，德富苏峰思想的特征之一是他对二元分析的奇妙运用。他的社会政治观常常在对立的概念中得到发展，后者常常被当成前者的发展或改进形式来对待。这样的实践有过度简单化并限制深层次分析的倾向，但它足以有效地吸引和感动很多的年轻读者。因而他的思想常常在诸如封建主义与现代、贵族社会与平民社会、干涉主义与自由放任等二元概念的框架中得到发展。相似的思想模式出现在梁启超的著作中，他的文章如《国权与民权》《干涉与放任》《失望与希望》，似乎都是在思想发展进程中对德富苏峰的二元分析手法的回应。

常常被认为是不适宜的那些价值观，尤其是儒家的道德传统，被德富苏峰当成是对现代化的国家进程有益的东西来对待。受曼彻斯特学派经济理论的巩固，德富苏峰替"自我主义"这个概念进行了辩护，并证明了其在国家和社会中的积极作用。经济的进步与和平必须通过对私利的促进而抑制才能取得。德富苏峰认为，通过运用利己的价值观来获得和平是可能的，而且一个国家对私利的追求也同样能使他国受益。与此相似的是，梁启超相信国家的力量和进步必须建立在对"利己"价值观的热切实践上："则利己而已，而人类之所以能主宰世界者赖是焉。利己心与爱他心，一而非二者也。凡所以爱他者，亦为我而已。"

调查日本思想对梁启超思想形成的影响程度及其对中国思想的发展产生的效果是很难的。即便是一个高度复杂的调查过程也可能无法获得满意的结果。Hao Chang 教授指出："在道德和社会价值的层面上，对梁启超来说，传统的日本思想还未构成一个重要的来源。"他的这个看法有可能是正确的，到目前为止，性日本对梁启超内在思想的影响可能还不是压倒性的和持久的。然而，如果把梁启超思想的形成放在前面提及的与日本思想发展的特征相关的事例中去考察的话，显然日本的修正主义的阐释构成了对梁启超的深刻影响。首先被日本修正，继而被梁启超信奉的那些思想融合影响了后来的中国知识分子。

二、明治时期的文学环境与梁启超的文学观

梁启超对日本关于"实学"的修正主义的阐释的采纳，进一步延伸到了他对小说的倡导中。由于小说这个概念是明治时期的政治小说家所倡导的，因而，他的小说概念受到了功利主义和实用观念的影响。梁启超将小说看成

是一种传播改良思想和对公众进行政治教育的社会工具。一些具有改良思想的中国人对晚清小说的劣质及其对人民和国家产生的可疑影响或许持有争议。至少一个有影响力的改革家试图以传统的模式来行动。丁日昌是一个在曾国藩手下做事的洋务派现代主义者。1868年驻扎在江苏的时候，他强制实施了旧的清朝律法，并禁了包括《红楼梦》《水浒传》《金瓶梅》在内的100多本书。丁日昌的审查制度不仅可显示出晚清小说的本质与影响，同时也标志着在小说界的改革家中相关利益的出现。然而，为实现现代化而提高小说地位的需要，在19世纪90年代以前并不以一种系统的方式被认可。政治活动家们没有考虑将小说的改良包括进改革进程中的需要。与日本的直接和间接的关联塑造了他们对小说在中国的动态的、积极作用的理念，尤其是梁启超的理念。

早在1898年11月，梁启超到达日本一个月后，他就在其汉译的日本政治小说《佳人奇遇》的"序言"中宣称了小说的巨大力量及其对国民产生的影响。他夸大了他称之为"政治小说"的重要性，宣称在很大的程度上，小说在西方起着引领的作用，并组织了运用小说来作为宣传政治事业之工具的运动。这是梁启超第一次公开阐释他的文学观，而且很可能也是中国小说史上的第一次意识形态说教。

"序言"中对政治小说夸大的信息无疑大部分都源自日本。例如，梁启超宣称，有些著名的英国人说小说是"国民之魂"。他指的可能是"国民之魂"这个术语的发起者迪斯雷利（Benjamin Disraeli）。而且，这个术语中所表达的观点似乎是对迪斯雷利的浪漫的国家概念的一种反映。许多持自由党或进步党思想的日本知识分子崇拜迪斯雷利，并常常在著作中将迪斯雷利作为一个提倡小说也创作小说的英国首相来对其观点加以引用。然而，梁启超所指的英国人可能是迪斯雷利，而"小说为国民之魂"这个术语则很可能是一个日语的术语。这种表述显示出，它在句子的语序和词汇的选择上比汉语更接近日语。梁启超很可能是从日本政治活动家如矢野龙溪或山本宪那里学来的，他们在梁启超流亡日本前就已经在中国认识了他。更多日本影响源的证据在于其对许多日本政治活动家希望灌输的民族主义感的反映。日本19世纪末的小说被看成是"国民精神"，这个术语经常被一些后来的文学批评家引用。比如，德富苏峰在1896年左右倡导"国民小说"，以创建一个爱国的民族。毫无疑问，梁启超希望效仿德富苏峰，将小说作为"国民小说"来推进。

梁启超与日本的友好关系、他对日本明治时期政治小说的认识以及他对政治小说对现代化的益处的认识在他流亡日本前就开始了。在他流亡日本前写的许多文章表明梁启超已经信奉了日本明治时期的政治小说家之理想主义的、激进的一翼所强调的小说之社会与教育的作用。如1897年1月，梁启超在他的著作中表达了在中国的改革中，小说对诸如妇女、孩子和农民等受教育程度较低的人之启蒙作用。在这一年的晚些时候所写的一篇题为《蒙学报演义报合叙》中他也倡导了小说。尽管这篇文章只显示了他文学改革的模糊理念，但是有力地揭示了他用小说来实现现代化的目的。他写道："……故日本之变法，赖俚歌与小说之力，盖以悦童子，以导愚氓，未有善于是者也。"

梁启超这里的"俚歌"指的可能是像《演歌》《乡村民权歌》和《民权踊》等流行歌曲。这些歌曲是1880年左右由安冈道太郎、植木枝盛、坂崎紫澜等创作的，他们是土佐地区的下级武士，而且积极参与民权运动。他们希望通过对这些俚歌的普及，传播民权和自由的思想，以达到启迪人民的目的。这些歌曲无疑反映出了反对寡头政治和渴望自由的精神。

晚清时期中国人尝试了通过流行歌曲来达到宣传和思想教诲之目的。太平天国时涌现了大批由太平天国的领袖、士兵和农民所写的流行歌曲。然而，在《蒙学报演义报合叙》中，梁启超对这些歌曲并没有加以赞扬，这表明了梁启超对洪秀全和杨秀清等领导的太平天国革命运动的忽视。他对这些先例的忽略可能并非是由这么个事实造成的，即，梁启超是统治精英中的一员，因而他对太平天国运动并不感兴趣。总之，革命者对太平天国运动是充满着同情心的。梁启超在世纪转折期开始信奉将革命作为救赎中国并与革命阵营合作的解决办法。然而，其很可能源于这个事实，与太平天国积极分子们的理念相比，土佐地区流行歌曲积极分子们创作的歌曲背后显示出的意识形态原因与梁启超的改革理念更接近。更重要的是，它显示出了梁启超对"向日本学习"运动的极大兴趣，并因而将日本的乡村歌曲作为典范。

上面的例子表明了梁启超在流亡日本前，对一些明治时期的政治活跃分子的文学观很熟悉。日本现代学者山田敬藏认为，正如梁启超在《译印政治小说序》中所表明的那样，其文学观的发展也极大地受惠于《本馆复印说部缘起》一文。《本馆复印说部缘起》是严复和夏尊佑于1897年11月发表在《国民报》上的一篇文章。山田敬藏认为，梁启超的《译印政治小说序》中的观点与严复和夏尊佑在文中所持的观点之间有相似性。他推测，梁启超

"序"中所表达出的小说观不太可能不蕴含着《本馆复印说部缘起》中所阐发的小说的文学价值。然而，正如所表明的，梁启超已经认识到了小说和流行歌曲在日本对传播广泛权利所起的作用。这些证据可能表明，梁启超的文学观的形成是与《本馆复印说部缘起》没有关系的，而且他大约在这篇文章出版时或之前就表达了他对推广小说的希望。

梁启超最初是靠汉译日本报刊和著作来获得关于明治时期文学发展的大部分信息的。然而，在其1897年和1898年流亡日本前与一些日本知识分子的直接接触可能是构成他小说观的最重要的因素。正如晚清时一些中国人已经与日本有广泛的接触那样，梁启超也与一些日本激进的政治活跃分子有私人接触。他与其他改良者如谭嗣同、康有为、黄遵宪和王照等人，对著名的日本人物矢野龙溪、对明治维新运动的激进分子山本宪和田野筑井都很熟悉。梁启超对这些人的熟悉无疑加强了他效仿日本现代化改革运动的决心，这同时也是他流亡日本前的小说观之日本影响的重要源泉之一。

例如，梁启超与山田宪的接触就对其文学观的形成有着重要的意义。山田宪是明治维新运动的积极分子，与自由党有着密切的联系。他是在1898年访问上海时认识梁启超的，之后与梁启超及其在日本的活动继续保持着联系。山本宪在大阪的学校教授如康有为的堂兄康有仪在内的很多中国人。康有仪帮助梁启超翻译并对其《清议报》大有帮助。通过康有仪，梁启超肯定吸收了维新运动的激进分子们所倡导的小说新观念。梁启超的《论小说与群治之关系》追溯了日本对他在思想和文化方面的影响，反映了日本明治时期政治小说的思想。

在其充满激情的请求国民之恢复活力时，梁启超赋予了小说巨大的力量。小说成了鼓舞国家的一种灵丹妙药，一种手段。文中所宣传的文学思想几乎是对1883年发表在《日本立宪政党新闻》上的那篇文章的复制。这篇文章的标题为《要想将自由的种子播撒在我们国家，就在于对诸如历史小说和戏剧等某些文类的改革》。据说这篇文章是山本宪写的。文章所表达的文学观被认为是首次公开传达出了明治时期小说的激进理念。文章倡导对文学进行改革，并将小说作为一种将自由思想灌输给国民的工具。它有助于维护政治改革的利益。它说服读者："流行小说是一位教育百姓的出色老师，但传统上，它仅仅只是对专制法则和权威政治体系之历史的一种反映。传统文学的各种类型都是在专制法则之下写成的，因而，其中所描绘的感觉和习俗不可避免地充斥着象征专制环境的旧习俗。这样的文类对一个现代化的社会而言是没有价值的。实际上，其对现代化的进程有着更大的危害。我们必须首先改革小说以启迪百姓、妇女和儿童，使其摆脱旧习俗和奴性，并用开明的思想来鼓励百姓。"

为反映这个观点，梁启超在其《论小说与群治之关系》一文中做了解释："呜呼，小说之陷溺人群，乃至如是！乃至如是！斯事既愈为大雅君子所不屑道，则愈不得不专归于华士坊贾之手。而其性质，其位置，又如空气然，如菽粟然，为一社会中不可得避、不可得屏之物。呜呼！使长此而终古也，则吾国前途尚可问耶？尚可问耶？故今日欲改良群治，必自小说界革命始！欲新民，必自新小说始！"

梁启超在其文章中所表达的文学观与发表在《日本立宪政党新闻》上的那篇文章中的文学观之间的相似性表明，他创作小说的方法更多地仿效的是明治时期政治小说家们的精神。同时，他也提倡仿效日本政治小说。在《传播文明三利器》一文中，梁启超阐释了小说的诸多好处。他热心地提议道："于日本维新之运有大功者，小说亦其一端也。明治十五六年间，民权自由之声，遍满国中，于是西洋小说中言法国罗马革命之事者，陆续译出。有题自由者，有题自由之灯者，次第登于新报中。自是译泰西小说者日新月盛。……翻译日盛，而政治小说之著述亦渐起，如柴东海之《佳人奇遇》，末广铁肠之《花间莺》《雪中梅》，藤田鸣鹤之《文明东渐史》，矢野龙溪之《经国美谈》等。著书之人，皆一时之大政论家，寄托书中之人物，以写自己之政见，固不得专以小说目之。"

梁启超认为明治时期政治小说的成功是从写诸如法国大革命和俄国大革命这样的历史事件开始的。他不容置疑地提议，在日本明治时期的小说中去寻找一种可成功灌输新思想的强有力的武器。在梁启超写这篇文章的时候，他正敏锐地寻求使中国现代化的革命手段。实际上，他是尝试性地把俄国革命运动和法国革命介绍给中国，并为20世纪早期的中国写了大量关于俄国革命运动和法国革命的文章。梁启超在文章中所表达的明治时期政治小说的观点，对晚清文学的发展产生了重大影响。正如《泰西历史演义》《洪秀全演义》《孽海花》《东欧女豪杰》和《吼天雷》所表明的，采纳史事的趋势似乎成了晚清文学的一个特征。

随着《论小说与群治之关系》与《传播文明三利器》中勾勒出的小说

观,梁启超成了明治时期政治小说的翻译者和晚清政治小说的实践者。在其夭折的小说《新中国未来记》中,他采用了一种类似于末广铁肠和其他明治时期政治小说家如须藤南翠和藤田鸣鹤的文学技巧。按照他自己在文章中提倡的观点,梁启超避免用中国传统社会来作小说的背景。相反,小说的最初背景是未来,随后是在世纪的转折期,这无疑受到了末广铁肠的《雪中梅》的启发。《新中国未来记》的重要主题是说服读者,中国的繁荣只能通过成功地采纳宪政改革以及革命者与改革者在和谐共存中的联合才能取得。小说中,联合的力量是在改革者的思想和政策基础上建立起来的。这是通过对共和国未来之父、坚定地倡导宪政改革和日本政治体系的主人公黄克强的刻画来表明的。在第3章中,梁启超通过两个主人公之间的冗长辩论,阐释了作为在中国取得现代化之手段的革命或非革命的问题。辩论涉及的问题有:民族主义、民权、自治体系和排外帝国主义,等。因强有力的风格和观点的紧张交换制造出的张力,使该章成了整部小说中非常有趣和令人振奋的章节。毋庸置疑,后来将小说作为革命者与改革者之间的辩论根据的趋势就是从《新中国未来记》开始的。

梁启超通过小说来促使将日本模式作为中国改革之模板的愿望,在其对"立宪期成同盟党"的缘起的描写中得到了证明,该党派是未来中国的主要政党。孔教授在第2章中详细勾勒的该党派的构成,与19世纪80年代明治时期的政治景象有着惊人的相似,该政治景象是伴随着呼吁政治机构间的联合而出现的。

与其在《传播文明三利器》中的论争一致,梁启超试图以明治时期的政治小说作为《新中国未来记》的模板。他的这种尝试可在《新中国未来记》与明治时期的一些政治小说如《雪中梅》和《佳人奇遇》之间的相似性中找到证明。相似的特征出现在其结构装置、主人公不妥协的姿态以及对反正统的主人公及其政治目标的最后实现之积极乐观的刻画中,这些在中国传统的小说中当然是罕见的。翻译了《佳人奇遇》和《经国美谈》的梁启超,试图在其《新中国未来记》表示出他在其文章中所宣传的观点。

三、梁启超的新小说对晚清文坛的影响

新小说这个概念是作为一些受过教育的中国人寻求实现中国现代化的手

段而出现的。他们对作为一种模范之日本现代化的热情,导致了与日本的广泛接触,并由此从明治时期的日本获得了众多的影响。梁启超在建立中国仿效日本的趋势中起到了关键的作用。对日本对梁启超改良思想形成的影响进行考察表明,日本对既存思想体系之修正主义的阐释使其信奉小说的实用性价值变得不那么令人烦恼,这种小说更多受到明治时期激进政治小说家的塑造而非直接从西方寻求影响源。

凭借他的知识才干和具有说服力的文笔,他对那些在相当程度上以日本明治时期政治小说为模型的新小说的倡导,极大地影响了一些晚清的知识分子。

日本的政治小说是在19世纪80年代,作为一种传播政治思想的媒介出现的,并为日本现代文学奠定了基础。小说在20世纪早期的中国改良运动和革命运动中成了一种活性剂。正如明治时期的政治小说作家们的文学观对现代文学理论至关重要一样,受到明治时期政治小说极大影响的梁启超文学思想也有助于塑造中国现代文学的成长。因而,早期鲁迅的著作,如在其为《月界旅行》所写的序言,以及金松岑在其文章《论写情小说与新社会之关系》中反映出的那样,毋庸置疑是受到了梁启超小说观的影响。陶曾佑在1907年的《论文学之势力及其关系》一文中,热情倡导利用小说的力量和作用来实现国家的现代化。小说仍然被看成是民族之灵魂。他津津乐道地讲道:

> ……尝闻一国之盛衰,系于一国之学术……其最高尚最尊乐最特别之名词,曰文学……作用之宏,成功之易,舍兹文学,其谁与归耶?……无文学不足以立国,无文学不足以新民,此吾敢断言者也……既以此观,而吾国可亲可爱可敬可畏可希望可馨香之列列文豪,亦足据以侈矜夫当世而睥睨一切者也。

这个世纪第一个十年的后半时期,现代文学理论在中国显然已经开始出现了,如王国维就表达了他与梁启超的政治说教相反的文学观。王国维认为,应该把文学看成是艺术而非宣传政治的工具,他反对梁启超所赞同的政治小说,并认为其不是文学作品。1907年,鲁迅也认为小说的价值不在于实用,而在于其艺术性。在其文章《摩罗诗力说》中,鲁迅宣称,艺术的本质在于其影响读者感情的能力,而非实用价值。然而,这样的观点还不是主流。在晚清的文学界，仍然是梁启超的小说观占主导地位，在这种观念中，小说是为改良服务的工具，是创造现代文明的援手。作为对其呼吁创作新小说的回应，诸如陈天华、罗孝高、黄世仲、金松岑和孙景贤等政治活动家们追随梁启超的脚步，并希望能创作出他所提倡和信奉的小说来。这些小说更有说教意味也更好辩。其特征是政治批评更具直接、积极和明确的本质。梁启超新小说的追随者们很少或根本不关心儒家的道德说教。儒家特有的道德规范不再是其著作的中心话题。儒家价值观对善恶的关注转变为对政治—经济问题及其现状的宣传。

梁启超的追随者们在宣传现代化"应该是什么"时也是非常明确的。与很多"谴责小说"作家不同，他们在描绘"当如本是的现实"时的坚持不是源自其想要揭露官员的无能和腐败以及丑陋的社会弊端，而是主要源自作家有意识地去描绘中国和其他国家的激进分子政治斗争中的现实状况的努力。通过这样的方式对现实状况的描绘，意在真实地在情节中反映出思想的可信。诸如黄世仲的《洪秀全演义》、陈天华的《狮子吼》和罗孝高的《东欧女豪杰》等著作对政治现实真实性的利用，无疑是受到了梁启超的影响。而梁启超的文学观则是受到了明治时期诸如矢野龙溪、柴四郎和藤田鸣鹤等政治家—活动家—作家的文学观的影响。

在要求改良和革命的狂热情绪中，他们将小说看成是一种灌输其政治观点和启迪具有奴性思想的国民的工具，正如明治时期日本的政治家—活动家—作家为实现他们的现代化所做的那样。他们因将停滞不前的中国转变为一个强有力的现代化国家的使命而激动。他们创作小说的方法由这一使命而激发，并紧紧地与其反对既存体制的政治信仰相关联。为此，梁启超为提高小说的文学和知识地位做出了重大贡献，并在为信奉西方文学理论和唯美主义思想铺平道路中发挥了主要作用。明治时期的日本和梁启超对晚清的思想发展产生了深刻的影响：明治时期的日本提供了丰富的、已经培育好的、混合着传统与西方思想的土壤，而梁启超则选择、培养和推广了日本的修正主义思想。

1908年后，中国继续从日本寻求启迪。到20世纪20年代末，许多关于各种文学理论和文学批评的日本书籍被译介到中国。日本对中国文学发展的影响变得比前期更明显。为此，明治时期的日本、梁启超以及他那些热心的追随者们为中国现代文学的后续发展奠定了基础。

（译者　廖芷蘅　上海大学新闻传播学院博士研究生）

·汉语国际传播与研究·

《华语拼字妙法》初探*

岳 岚

摘 要：《华语拼字妙法》是美国南浸信会传教士万应远于1913年出版的一部汉字教材，该教材为初来中国的传教士学习汉语而编写。作者根据自己的学习实践，采用分析法进行汉字教学，是现代汉字部件教学法的先声。此外，作者认为汉语是一种图画语言，特别关注形似字、异体字、具有相同部件的合成字等。其汉字教学具有一定的时代前瞻性，对当今汉字教学有一定的借鉴意义。

关键词：《华语拼字妙法》 万应远 汉字教学 部件分析

一、《华语拼字妙法》简介

《华语拼字妙法》（*Analytical Primer*）是美国南浸信会传教士万应远（Robert Thomas Bryan，1855—1946）编写的一部汉字教材，1913年由上海卫理公会书局（Methodist Publishing House）出版，是为初来中国的传教士学习汉语而编写的，该书是作者两年汉语学习课程（共4册）的第一册。① 关于汉字的学习，作者认为，掌握精心选择的 2000 个汉字，再加上偶尔查阅字典，就能读懂大部分中文作品；五六千汉字对于阅读日报来说也足够了。不过，

---

* 本文为北京外国语大学一流学科建设科研项目"早期域外汉语教学文献整理与研究"成果，批准号（2018JT001）。

① 该套教材计划出版4册，目前未见到第二、三、四册留存于世，日本学者内田庆市教授和冰野善宽老师均肯定该套教材只出版了第一册。

很好地掌握有限的汉字比一知半解地了解更多汉字要好。因此，作者将他两年汉语学习课程中的汉字学习限定在 2000 个，该系列教材共 4 册，每册 100 课，大约每册 500 个汉字，除了少数例外，每课 5 个汉字。第一册，即《华语拼字妙法》，包含最常用的汉字，动词优先。第二册是第一册的延续，第三册以《新约》为基础，第四册是掌握各种文理（书面语）的钥匙。

作者这样的安排是建立在自己的学习实践之上，作者在自己的汉语学习过程中，感觉到每课的内容不要太多，能够在一天内轻松学完比较好。万应远花了两年的时间，每天学习 5 个汉字，每周学习 5 天，一个月 4 周，一年 10 个月，这样，两年后就能通过全部 2000 个汉字的测试。

第一册《华语拼字妙法》全书共 100 课，除了 1—4 课讲解笔画之外，一共对 21 个汉字进行了部件分析，没有例词和例句。另有 6 课每课 6 个汉字，其余的 90 课每课均讲解 5 个汉字，因此，全书分析的汉字为 507 个。

《华语拼字妙法》全书包括序言、教授法刍言、课堂用语 27 句、正文 100 课、字目便查、常用量词表、214 个部首表。每一课的结构分为 8 个板块：汉字分析、短语和例句、印刷体和手写体汉字、短语和例句的英文释义、注释、合成汉字、作业，其中汉字分析部分内容包括部首、拆分部件、汉字、拼音、英译。每课篇幅为两页，翻阅方便，内容量少，适合一天学完。

第 1—4 课结构因为开篇而有所不同，每课由 4 个板块组成。这 4 课每课首先介绍了 5 个笔画，内容包括笔画的汉语名称、笔画、拼音（部分有）、部首序号或组合（部分有）、例字部首、例字笔顺及例字、例字拼音、例字英译，相当于其他课的汉字分析部分。作者这里介绍了 20 个笔画，其中有 14 个是合成笔画（com-strokes）。虽然没有罗列出所有的笔画，但足以满足各种实用需求。其次是本课例字的印刷体和手写体，两行书写，上下对应，这部分全书都相同。然后是介绍性说明，对汉字学习进行概括性说明，比如，作者认为写汉字非常重要，因此他建议学生一定要学会写，并且最好用中国的毛笔写。前四课的 20 个笔画能写出所有的汉字，作者认为，汉语没有字母表，但有写汉字的笔画，这些笔画就如同西方语言的字母一样，用它们可以组合成各种汉字。在开始阶段认真练习，能节约学生在汉字学习方面的时间。写汉字时的笔顺也是非常重要的，应该跟老师学习。另外，还要像中国人那样写汉字，比如，写横的时候，从左到右要微微向上，左边的竖要微微右斜，右边的竖要微微左斜等。最后的解释性说明部分，则针对各课的内容而有所不同。末尾部分也留有简单的作业。

二、汉字分析教学

万应远指出，汉语虽然没有字母表，但是有可以书写所有汉字的笔画。在他看来，笔画如同英语中的字母一样，同样都是构建汉字或英语单词的部件。因此就像英语中用字母拼写单词一样，在汉字学习中，可以用部件拼写汉字。我想这也是《华语拼字妙法》一书书名的由来。

韩步新、林仲贤的研究认为，汉字部件与英文字母具有一定的认知对应关系。汉字部件和英语字母在文字学和形体特征上具有 6 个方面的共同点：

（1）均为小于整字（单词）、大于笔画的一个结构层次。
（2）是单字的最小不可切分单位，但均可以一定数目形成具有独立意义的语言单位或可构成其他字的、有一定出现次数的组块。
（3）部件或字母总数远远小于单字（词）的数目。
（4）按约定俗成的发音、词义和连缀等规则组成整字。
（5）2—3 个部件的汉字最多；4—5 个字母的英文单词最多。
（6）日文假名、朝鲜文、越南文等的字母均由汉字部件形变而来，说明汉字部件可蜕变为拼音文字的字母。这是汉字部件和英文字母相对应的例证。

万应远的认识没有这么深入，但也基本上体会出汉字部件与英文字母在构形上的某些共同特征，因此，他采用汉字部件进行"拼字"。

书中列出 20 个笔画，其中 14 个他称为合成笔画（com-strokes），虽然并不是所有的笔画，但足够满足实际应用了。这二十个笔画分别是：一（横）、丨（竖）、丶（点）、丿（撇）、𠃌（横撇）、乀（捺）、乁（横捺）、√（踢）、亅（直钩）、乚（反钩）、乀（斜钩）、乚（一）、乚（横一）、く（折）、𠃌（上折）、𠃌（上折钩）、乚（下折）、𠃌（两折）、𠃌（两折钩）、𠃌（三折钩）。这种笔画分类与 19 世纪汉语教材中经常使用的永字八法不同，因为当时并不是所有的笔画都有一个确切的名称，并且不同的汉语老师可能给出的是不同的名称，作者列出的这些笔画名称是他认为最简单的，他还给这些笔画标出了号码，方便学生使用。

万应远在《华语拼字妙法》中选取了507个最常用的汉字进行分析，且尽可能将常用动词包括其中，共有184个动词。另有一些常用汉字也应该纳入其中，但因为篇幅有限，按照计划放入后续的系列教材中。在这507个汉字中，有404个汉字属于汉语国际教育用一级（初级）汉字（900个），约占总数的80%；77个汉字属于二级（中级）汉字，约占总数的15%；另外还有5%左右的汉字属于三级（高级）汉字或其他汉字，现在使用比例不太高，其中包含宗教类汉字，如耶、稣；旧时礼貌用字，如敝；旧时行政区域，如州；旧时工具，如弓、砚等。

对这本汉字教材中的507个汉字进行分析，将这些汉字拆分为120个非成字部件和298个成字部件，一共418个部件。这与《现代常用字部件表》中对3500个常用汉字拆分为514个部件相比，数量是很多的。这与作者的部件拆分原则相关。万应远将书中的汉字尽可能分析到完整的汉字，而不是分析到笔画。书中大约六分之五的汉字可以分析为两个完整的汉字，少数一些汉字不得不分析到笔画。因此在大多数情况下，万应远只是依照汉字的结构层次进行了首次拆分，没有进一步拆分出基础部件。如"謝"，拆分成"言+射"，没有进一步对"射"进行拆分。这与我们当今的部件拆分原则不同。当然万应远的这种做法会存在问题，一方面会导致部件数量多，另一方面也会存在拆分标准不一致等现象。另外，还有些拆分不合理据，大概只是作者主观臆断的结果。拆分错误的情况也反映出作者在汉字结构认识上的偏误。如：考，拆分为"老+丿"；母，拆分为"乚+㇆+㇀"；友，拆分为"厂+又"；着，拆分为"全+自"。

书中最后一个部分为合成字，展示了与正文中汉字具有相同部件的汉字，可视为前面部件分析汉字的延伸，学生通过这个部分，可以扩展学习具有相同部件的汉字，对于提高学生的识字量也大有好处。这些合成字总数为525个①，其中有少量和正文中的汉字重复，两部分汉字相加，全书提供了1052个汉字。

---

① 不同声调或不同词性的同一个汉字记为1个汉字。

三、万应远对汉字的认识

在课后注释中,作者对正文部分的汉字进行多角度注释,内容包括字源解释、字义说明、构字方式、语法解释、英汉对比、汉字的文化释义等等,虽然篇幅一般都不长,但内容十分丰富。

1. 汉字的构造

万应远反复提到,汉语是一种图画语言,他认为一些汉字给我们提供了一幅图画。如,在"早"字中,可以看到太阳在一条线的上方,就像太阳刚刚从地平线升起一样。这是一幅自然的真实的清早图景。

迟由犀(a rhinoceros)和辶构成,意思是"停下来"。一个又大又慢的动物随意溜达,是到达那里晚的一幅很好的图片。起,己(self)和走(walking)组成,是一幅展示起来、开始(rising up, beginning)的很好图画。睡,垂(dropping)和目(eyes),就是asleep,词语"睡觉"也是asleep的意思。哭和笑,也同样提供了一幅生动的图画,形象地展现了两种动作所传达的含义。问,门内有口是表达问问题这个概念的恰当图片。闻,门内有耳也是一个表达听这一概念的很好图片。

不过作者的解释并不完全正确,"早"字的下方为"甲",早期写法像"十",为皮开裂或东西开裂之意。"迟""起""问""闻"均为形声字,"睡""笑""臭"为会意字,并不是象形字。作者把这些汉字看成表达相应含义的图片,有不少自己主观臆想的成分。

作为汉字教材,作者对汉字的构造还是很重视的。除了对"图画"式汉字的介绍,书中还展现了会意字、形声字等的构造。会意字如:

"明"由部首"日"(the sun)和"月"(the moon)组成,意思是这个组合的自然结果。"看"由"手"(hand)遮在"目"(eye)上组成。"跌"很好地说明了汉字部件,没有给出读音,两个部分都对字义有帮助。

形声字如:"泡"很好地说明了一个汉字中部首表示意义,另一部分表示声音。注意"金"(gold),用于汉字中,表示任何金属制的东西。它是金字旁。

还有些形声字,作者仅仅是望字生义,进行牵强附会的解释。如:"江"由"水"(water)和"工"(work)组成。河流不是水工作,冲向海洋吗?

也有一些字,作者并不清楚其中的理据,而是作为问题提出,这些问题可能会造成对学生的误导。如：秋和冬两个字的结构以某种方式表示出这两个季节了吗？关于"季"，作者也提出如下问题：在什么意义上季节是谷物的儿子？表示 ocean 的汉字，洋，很奇怪，由水 water 和羊 sheep 组成，但是羊并不喜欢水。为什么呢？因为即使一点水对羊来说都是海洋吗？

2. 汉字的字义从具体到抽象

在所有语言中，词语都有主要的和基本的意思，很多词语，随着自然、逐步的发展，会产生其他的用法和意思，有时几乎是和原始意义相反的。汉字也是如此。对学生而言，在学习的初级阶段养成下面这个习惯是很有趣也很有意义的：从汉字的最初的或基本意义和用法发现汉字的用法和意义。例如，搁，意思是 to put, to place, to lay down，从这个意义出发，自然会产生 to delay, to hinder 的意思，和"耽"，原始意义为 to loiter, to delay, to hinder 连用，就是常用的有力的表达，耽搁。"病"从部首得到它的含义，从另一部分得到读音。它原始的意思是 sickness，当用于人的行为或情况时，很容易得出它的含义为缺点 faults。宽和窄，轻和重，是相反意义的很好的例子，这四个字都显示了具体概念表达出抽象意义的图片，如：宽 broad 变成大方的 generous；窄 narrow 意思是小气的 stingy；轻 light，不重要的；重 heavy，重要的。

另外，词语的比喻意义也是引申而来。"洗"也用作比喻义，如：悔罪改过是洗心之法。作者解释道：洗手是一个古老的习俗，用于表达以被迫的方式不想继续做一件事。Pilate 彼拉多在基督的审判中也使用它，Matthew 27：24. 它也用于英语中，很有趣地发现在汉语中有相同的用法，例如：自此洗手。这个生意不大好、我自此洗手不做了。

3. 汉字中蕴含的思想和来源

中国人认为所有的事物都起源于阳性和阴性，认为太阳和月亮是这两个起源的代表。"阳"是表示阳性的汉字，因此"太阳"是 the sun 的名称，"阴"是表示 the female principle 的汉字，因此"太阴"是表示月亮的名称。中国人对"天"和"地"的崇拜，源于它们作为阴阳二性结合制造万物。

另外，因为大米是中国食物的主要部分，因此，"吃饭"意思是 to eat a meal。中国人有一本古书叫《百家姓》，包括一百个姓，或许是从前人们所有的姓，因此百姓意思是 the people。也有些字词是值得思考的，如"我心里想"这样的句子中的"想"，表明中国人以前认为心脏是思想的中心。他们在这一点上是唯一的吗？

作为传教士，万应远更注意宗教词语的来源问题，他也指出了当时中国人没有基督的概念，汉语中必然也没有表达那些观念的词语，传教士选择最接近的等同词语，希望那个用法能够让他们增强表达基督观念的能力。"悔改"看来是一个表示 repent 相当好的表达。"悔"意思是 to regret，be sorry for，"改"意思是 change。合起来的意思是"后悔并改变"（regret that will bring a change）。"饶恕"是表示 forgive 的很好词语，但是"罪"远远不能表达基督概念的 sin。中国人认为"罪人"而不是"sinner"是一个政治的概念，而不是宗教的意思。"悔罪改过"是一个强烈的惯用的说 repent 的方式——为你的罪感到抱歉，并改正错误。"恩"，更通用的是"恩典"，当然不能期望它包含基督教词语 grace 中所有丰富的意义，但是它确实用于开始的一个很好的词，因为它的意思是 unmerited favors 不配得到的恩惠，被长辈赠给晚辈或者父母给予孩子的。

四、万应远的汉字学习观

1. 关注形似字

万应远称汉语是一种图画语言，这主要是从字形的角度而言。的确，这些图画一样的汉字对西方人汉语学习是一大困难，特别是形似字的辨识是他们的一大难点。针对这一难点，作者列出了形似字，提醒学生注意。

人、入、八	右、石	各、容	已、己、巳
恕、怒	名、各	谷、各	容、客
賓、實	天、夭	苦、若	渴、喝
记、纪	往、住	丢、去	楼、数
座、坐	找、我	末、本	

2. 提供异体字

出于实用的目的，作者还列出了汉字异体字，这是学生在实际应用中需要注意的。这些异体字的记录，对我们的汉字本体研究提供了很好的资料。具体如下：

《华语拼字妙法》初探

本字	异体字	本字	异体字	本字	异体字
一	丨、弌、壹	二	刂、弍、贰	三	川、弎、叁
十	、什、拾	八	亠、捌	冫	冰①
四	乂、肆	五	㐅、伍	六	亠、陆
七	亠、柒	九	㐅、玖	百	佰
千	仟	你	伱	回	囬、囘
會	会	裏	裡	萬	万
同	仝	吃	喫	臺	台
旁	傍	杯	盃	考	攷
聽	听	眞	真	佑	祐
國	国、囻	處	處,处②	幫	帮、帮
對	对	彀	够	勸	劝
強	强、彊	預	豫	體	体
望	朢	歡	欢、懽	還	还
很	狠③	禮	禮④、礼	算	笇
耽	眈	總	摠	擋	攩
實	寔	寶	寶⑤、宝	溫	温
曬	晒	净	净	濕	溼
掛	挂	剩	賸	縣	懸
難	难	畧	略	趁	趂
點	点	留	畱、畄	行	行
醫	医	往	徃	解	觧
風	凤	面	靣	软	輭

① 冫是这个字的部首,通常写作"冰"。在正文部分,冫作为汉字出现。
② 原文中本字處和异体字的處写法相同。
③ 很,有时写作狠。
④ 原文中本字和异体字中的禮相同。
⑤ 原文中本字和异体字中的寶相同。

3. 重视同义字词

作者指出，汉语的同义词非常丰富，认真学习它们在意思上的细微差别，能大大提高一个人对语言的知识和应用。因此，在书中作者非常关注近义字和近义词的辨析。学生应该养成找寻汉字意思上的细微差别的习惯，这不仅有意思，而且有意义。有些汉字的一个或多个用法是相同的，由这两个字组合起来的词语也是如此。比如："感"是 to feel gratitude in the heart（在心中感激）的意思；"谢"是 express thanks in words or by a gift（用语言或礼物表达谢意）的意思。在结构上的不同是否显示了意义上的细微差别？

又如"掉""落""倒"，意思都是 to fall。"掉下来"，to fall down by accident or by some unnatural means or force（由于事故或非自然的方式或力量掉下）从一个高处到低处（from a position above to one below）。"落下来"，to fall naturally, as rain, ripe fruit, flowers, leaves, etc（自然降落，如雨、成熟的水果、花、叶子等）。"倒下来"，to fall as of something that rests upon the ground, a house, a fence etc（东西掉下来，落在地上、房子上、篱笆上等）。

一个人运东西为挑，两个人中间运货物是"抬"；一个人带东西，不说如何运，就是"带"。

还有的以问题的形式出现，以引起学生的注意和思考。如：注意"买"（buy）和"卖"（sell）非常像，字形和语音都很像，区分它们的不同之处是什么？"寻"和"找"两个合起来和单独使用都常用于表示 to search, to look for。哪一个在你的地方更常用？它们不是完全相同，每个都有它专门的用处。

有些辨析是从汉字构造上进行分析的。如："看"由"手"（hand）遮在"目"（eye）上组成，"见"是"目"在"儿"上。根据结构的不同可以看出意思上的差异。"看"是一个表示 see 的更通用的词，更多用于用眼睛看，而"见"更多用于用心看，因此有更多感知、理解的意思。两个字一起用，"看见"表达完整的看见。"见"不常单独使用，但是常和其他动词一起使用，添加感知的意思，因此加强了意义。如：听见（to hear intelligently）。作者的分析还是很全面的。

另外，作者还关注了双音节词的异同，从多角度进行辨析。如：失去是lost，意思是不见了（gone）；失落，是 lost，意思是掉落了（dropped）；不见了也是 lost，意思是看不到了（out of sight）。有的近义字使用地域不同，如：老头儿和老头子，意思相同，但第一个多用于北方官话。"知道"大约等于

"晓得",但是较多用于书面官话和北方官话。有的语体色彩不同,如:起初、起头、起先,是三个表达 beginning(开始)的常用语,第一个更优雅,第二个在口语中更常用,第三个是以前的开始。

4. 关z注汉字的语用与文化

语言与文化密不可分,在任何教材中,都绕不开文化因素的教学。

"福"是很受中国人欢迎的一个字。他们把它写在门上,或者门前的影壁上(the screen-walls in front of their doors)。中国人非常注重礼貌、礼仪、礼貌,因此"礼"是他们最重要的汉字之一。它表示内在正确的人的恰当外在表现,不仅在语言上,而且在举止、姿态等方面。对于一些中国人的特有事物,也进行了解释。如:经折子是一个长条的窄纸,来回折叠,扇子式的,形状方便放进布袋里。用作一种收租、收账等的接收簿,在他的经折子的折页上写上给接收人的收据。作者提倡全面学习汉语,包括新词语。自强,self-strong,现在是中国人使用的非常常见、很受欢迎的词语,强调他们的国家从衰弱到自足的重要性,以及让他们自主,管理和控制自己事务的力量。

"贵"和"敝"在礼貌对话中使用很多,是为了提高他人的事情,贬低自己的,贵意思是 your or yours,敝是 my,mine or ours。

此外,一些惯用表达也值得注意。"the whole of life"的习惯表达是"一生一世"。在北方官话中,使用"一辈子"(all through life)。

5. 强调双语对比学习

外语初学者通常不可避免地依赖翻译进行学习,在学习过程中,也习惯性地和自己的母语进行比较。在必要的情况下,对比分析两种语言,对掌握目的语有不小的帮助。

万应远指出很多汉语和英语中的异同,并提醒学习者注意。他指出汉语和英语在计数方法上的异同。认识到一些词语在英语中很有意义也很必要,但在汉语中常常省略。如,动词 to be,还有连词和代词。还发现汉语经常使用几个不同的字来表达相同意思的词语,而英语中则使用相同的词,反之亦然。高,是空间上 high up 和身材上 tall 的常用词。他还注意到汉语和英语表达方向的顺序相反。"the compass"(指南针)叫作"point south needle","south of river"(河的南边)是"river south"(江南)。

在一些具体的字词上也进行了对照。他让学生注意在英语使用 Long 和 short 的地方,汉语使用"远近"——不同的看法。"远路"(a distant road)也

601

用于"远的地方"（a distant place），如：走远路必定工夫多、走近路不用多工夫，远路来的。"前"和"后"大体对应于英语中的 before 和 after，但是中国人的观点有时不同，如，书中已经读的是"前"（before），要读的是"后"（behind）。这在过去和将来事件中也是如此，过去的是"前"（before），将来的是"后"（behind）。这对应于 that was done before 和 this will be done after。有时作者还对中英文中哪个表达更确切提出自己的想法，如：中国人 sit（坐车）vehicles（骑马）。他们的语言在这一点上不是比英语更准确吗？"爱国"不是一个比英语词语"patriotism"更合适地表达这个概念吗？

五、对《华语拼字妙法》的评价

《华语拼字妙法》出版前已有其他外国人编写的汉字教材，不过万应远编写的这本汉字教材，并不是其他汉字教材的综合或再现，而是根据自身的汉字学习实践，在亲身测试的基础上，编写的可行性强的汉字教材。在100多年前，万应远就已经采用部件分析教学法进行汉字教学，是对汉字教学的有益尝试。事实证明，部件分析汉字教学法切实可行，效果颇佳。20世纪80年代，我国对外汉语界开始提倡部件分析教学法，《华语拼字妙法》可谓对外汉语教学中进行汉字部件教学的先声。不可否认，万应远在部件分析以及很多解释方面都值得商榷，也存在不少错误，但他的开创之功不可磨灭。

（岳岚　北京外国语大学中文学院副教授）

克罗地亚汉学与汉语教学的发展和管理

孟维亮　宋丽珏

摘　要：汉语教学管理是汉语海外传播机制中的重要环节，本文通过梳理克罗地亚萨格勒布大学孔子学院汉学及汉语教学的发展现状，其包括教学管理，外事管理，跨文化管理，提出针对不同的民族语言、不同文化背景、不同的国家政治以及不同的宗教信仰应采用"因地制宜"的管理策略提升教学效果，以管促教，以教促学，形成管理与教学的良性封闭教学环。

关键词：汉学　汉语教学　发展与管理

一、克罗地亚汉学与汉语教学发展的历史沿革

自19世纪50年代起，克罗地亚当地诗人 Josip Sever 就尝试翻译中国诗歌，同时在萨格勒布教授中文，追随其学习中文的大概有5—6位学生。其学生 Vladimir Cepulic 教授，先任萨格勒布大学电子工程系教授，后一直自学并跟随萨格勒布大学哲学院学习汉语，汉语功底十分深厚。2012年，Vladimir 教授在哲学院开设汉语课，讲授汉语和中国文化。克罗地亚主流中文教学是从19世纪70年代萨大哲学院设立汉语课开始的，在斯洛文尼亚一些汉学家的帮助下，汉学研究事业逐步发展。1979年，哲学院迎来了第一位中国老师，自此，中国政府每隔两年就会派遣中国籍的汉语教授前往萨格勒布大学哲学院进行汉语教学，同时引入中国文化的介绍。80年代，时任萨大的汉语教授酷爱太极，吸引了一批萨格勒布人学习太极，对中国传统养生文化产生了浓厚兴趣，继而产生了汉语学习动力。

2004年，中克签署教育文化交流协议，萨格勒布大学哲学院开设汉学系，

建立学科并招收第一批学生,学生人数大概是 20 个左右。自从 2006 年,学校与卢布尔雅那大学合作办学以来,陆续有来自卢布尔雅那大学的教授到萨格勒布授课。目前在汉语系设有中国籍教师两名,来自斯洛文尼亚的三个客座教授,两个研究助理和两位嘉宾讲师。平均每年度招收 20 名学生,自学年 2010 年起,招收学生数量达到 30 多名。

2012 年,随着中国实力的不断加强,"一带一路"沿途语言推广政策的"落地",克罗地亚萨格勒布大学孔子学院成立。至此,克罗地亚的汉语教学从零散的自发性学习转变到系统的独特性学习模式。孔子学院在不断结合本地实际情况的前提下,提出特色汉语教学模式。

二、克罗地亚汉学与汉语教学的现状分析

克罗地亚汉语教学机构主要为萨格勒布大学孔子学院及其在各个城市的教学点。萨格勒布大学孔子学院成立于 2012 年,成立 6 年以来,无论是师资队伍还是汉语学习学生数目都变得越来越庞大。本章节将从以下几个方面分析克罗地亚的汉语教学现状:

(一)教学机构及师资队伍

从 2012 年成立至今,萨格勒布大学孔子学院汉语教学点的数目以及开设汉语课堂的城市数目都有了极大地提高。汉语教学点的数目从最初的 4 个增加到如今的 34 个,汉语课堂开设城市从最初的 1 个增加到如今的 8 个,极大地扩展了汉语的学习范围和影响。

下列图二为萨格勒布大学孔子学院 2012 年—2018 年,每年汉语在学学生人数变化:

从图直观分析,我们可以看出,从 2012 年至 2018 年,短短的 6 年,汉语在学学生人数从最初的 200 人飙升到如今的 2600 人,是一个很大的飞跃,足以见得汉语学习在这里的火热程度。

除了汉语学习者人数的不断增加,为了满足更多汉语学习者的要求,国家汉办每年都增派了汉语教师到克罗地亚进行汉语教学。下列图三直观地展示了萨格勒布大学孔子学院 2012 年—2018 年汉语教师队伍的变化。

(二)教学内容的多样化

为了满足不同年龄段,不同教育背景,不同知识需求的汉语学习者的要

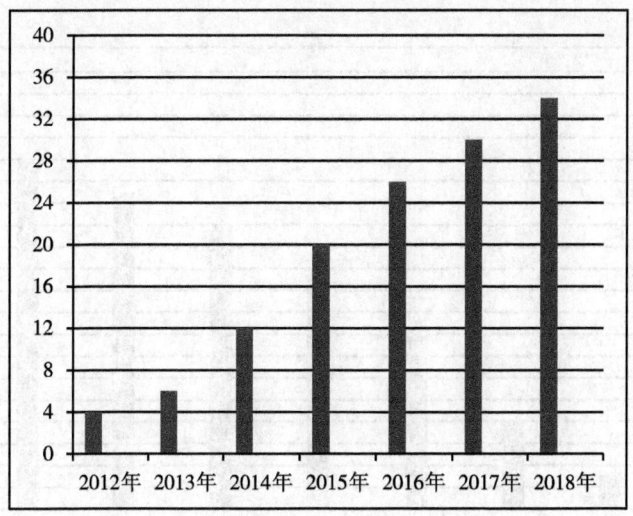

图一　萨格勒布大学孔子学院 2012—2018 年汉语教学点数目的变化

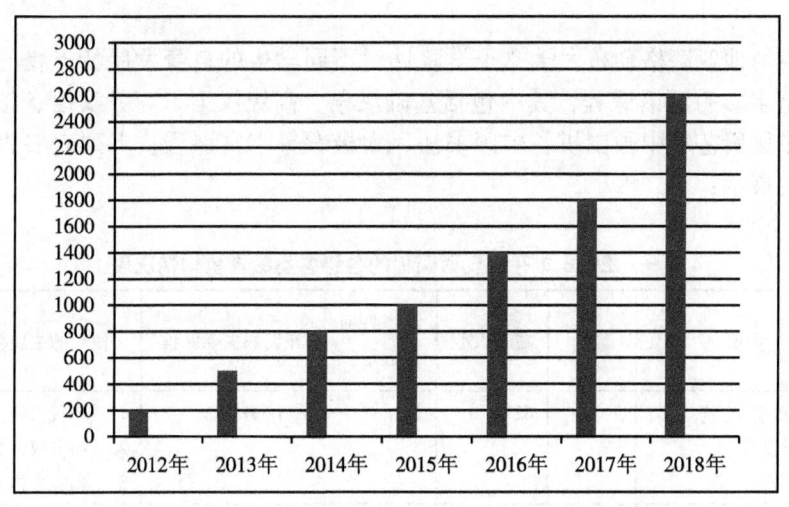

图二　萨格勒布大学孔子学院 2012—2018 年每年汉语在学学生人数变化

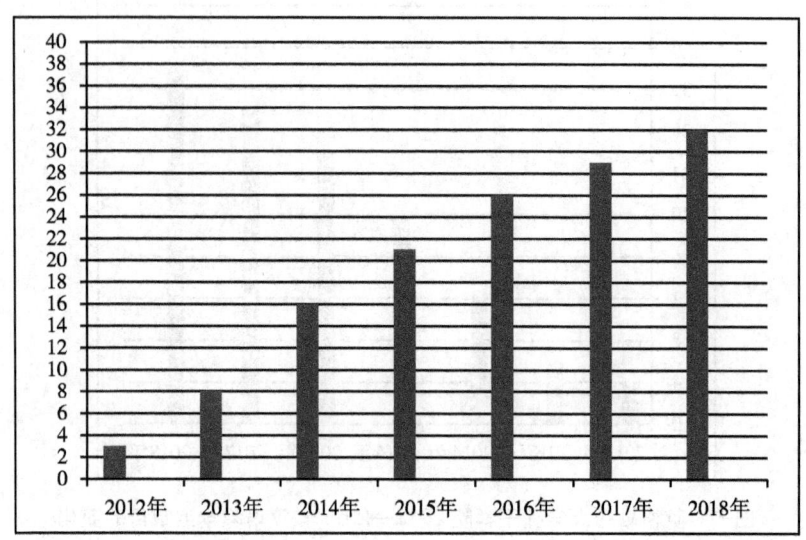

图三　萨格勒布大学孔子学院2012—2018年汉语教师数目变化

求,克罗地亚萨格勒布大学孔子学院针对不同学生的自身发展特点精心设计了丰富多彩的汉语课程,其中包括基础汉语、高级汉语、商务汉语、旅游汉语、中国厨艺、中国围棋、中国书法、太极拳等丰富课程,下列表一将给出详细的展示:

表一　2018年开设汉语课程的各级各类教育机构情况表

类型	数量	在学人数	汉语教师数量	开设的主要课程	使用的主要教材
高等教育机构(大学、学院等)	7	627	12	1.汉语教学	1.《当代汉语》 2.《商务汉语》 3.《赢在中国》
中等教育机构(初中、高中等)	14	856	8	1.汉语教学	1.《新概念汉语》 2.《当代汉语》

续表

类型	数量	在学人数	汉语教师数量	开设的主要课程	使用的主要教材
初等教育机构（小学等）	10	439	10	1. 汉语教学	1.《跟我学汉语》 2.《快乐学汉语》
其他（如培训学校、特殊教育学校等）	3	442	5	1. 中国厨艺 2. 中华围棋 3. 太极拳 4. 中国书法	1.《中国厨艺》 2.《中华围棋》

（三）汉学家对汉语教学的建议

1. 汉语教学不是简单的机械复制

克罗地亚汉学家尤拉克提出汉语教学不能是简单的机械复制，同样的教材，同样的内容，同样的教学方法。汉语教师应该"因材施教"。学生的年龄、教育背景、受教育需求等等决定了汉语教师在进行汉语教学时要灵活变通，根据学生的需求不断地去调整授课内容、教学方法，以满足不同学生的不同要求。

2. 汉语教学要重互动，不能单纯介绍

克罗地亚汉学家依兰认为，对欧洲人的汉语教学应深入浅出，其中的语法教学内容应是教学语法，而不是专家语法；制作图文并茂的课件，特别是使用PPT，能有效增强视觉刺激效果，帮助学生领悟，提高理解能力；课堂教学的互动环节很有必要，也非常重要。依兰还专门提出学科教学论的本性，即"教学论从学术性知识出发，将其转化为教师要教授的知识，进而到已传授的知识，再到学生获取到的知识，最后归属于学生自己运用的知识"。"互动"是关键，不可能是单纯的介绍，只有输入没有输出，做的是无用功。

3. 汉语教学应该兼容并蓄

作为汉学家，依兰首先是欧洲的汉语学习者和使用者。依兰认为，欧洲人的第一语言和汉语的关系较为疏远，分属不同的语系语族，她深切地感觉到欧洲人对汉字的敏感程度并不高。深谙中国语言文化精髓的依兰认为，汉语教师在汉语教学中，应该要采取兼容并蓄的态度，不断地去挖掘和了解学生学习的困难所在，在对症下药的时候要考虑的是欧洲学生的学习特点而非中国学生的学习特点。只有不断地创造出适合他们的学习方法,教材才能有效地帮助学生进步。

三、克罗地亚高等教育管理在汉语教学实践中的应用

(一)教学管理在汉语教学实践中的应用

在汉语学习规模日益扩大的今天,如何通过加强教学管理以保证教育质量,吸引更多的学生学习汉语,形成汉语教育的良性循环,进一步提升中国的国际声誉和地位,是孔子学院汉语教育必须面对的问题。下面将围绕克罗地亚汉语学习教学管理的重要性、特殊性以及萨格勒布大学孔子学院汉语教学管理的探索与实践展开讨论。

1. 教学管理在汉语教学实践中的重要性及特殊性

首先,从教学目标来看,汉语教师应致力于怎么让一个从未学过汉语的外国学生在最短的时间内能最快最好地学习、掌握好汉语。其次,从教学的主体来看,汉语学习者的年龄层次不同,文化水平不同,而且来自不同国家,有着不同的文化习俗、信仰、教育背景。这就要求我们在汉语教学中必须注重跨文化教学,以保证课堂教学顺利和谐地进行。第三,从教学内容来看,对外汉语教学虽然教的内容是汉语,难度一般跟中小学语文差不多,但是,国外学生学习基础的差异性、学习要求的多样性、学习时间的非连续性等特点决定其教学管理不能照搬中小学的语文教学管理模式。第四,从教学方法来看,中国人普遍认可的"勤学苦练"的学习方式,很多外国学生都不认可,他们对枯燥乏味的抄写、背课文之类的作业很反感,多数人喜欢快乐学习、探索式学习。如果我们一味按中国人的办法来教外国学生,会让他们觉得枯燥乏味,失去学习汉语的兴趣。

2. 教学管理在汉语教学实践中的探索与实践

教学管理最终的目标是实现优质、高效的教学服务。围绕这个目标,萨格勒布大学孔子学院在近6年的对外汉语教学管理实践中积极探索,更新管理理念和管理体系、完善管理制度、探寻教学活动、革新管理手段,为提高汉语教学质量做了很多努力和探索。

第一,更新汉语教师教学的服务意识。教育属于第三产业,是服务性行业。所以,教师与学生之间不仅仅是知识信息传播主体与接受者的关系,更

是教育服务提供者与消费者的关系。我们只有真正以学生为中心，转变重管理轻服务的观念，从学生成才、适应国际社会和职业需求的大目标出发，深入开展对外汉语教学改革，提供优质的服务，才能赢得生源，不断发展。第二，更新汉语教师教学的研究意识。对外汉语教学既不同于中小学的语文教学，也不同于高校的专业课教学。原有的经验主要在精英教学方面，不适应目前的汉语学习规模不断扩大、学习要求多样化等新形势。新形势下，从教学计划的制订、课程的设置、师资的配备到教学的运转等，都没有成熟的做法可以直接套用，需要一线管理人员和教师结合工作实际，发现问题，研究问题，逐步摸索出一套有效的管理措施。第三，更新汉语教师教学的国际意识。汉语学习者来自世界各国，其文化习俗、教育背景、学习习惯等都不相同。我们应该有国际意识，公平、公正地对待每位学生，尊重每位学生的文化习俗，不厚此薄彼。

正如上文所述，在汉语教学管理中，除了不断更新和提高汉语教师的服务意识、研究意识、国际意识之外，我们还应该更加关注对外汉语教学方法的更新和改善。对外汉语教学的目的是培养学生的语言交际能力，应该坚持以学生为中心的教学原则，坚持"精讲多练""重点反复""实操为主"的教学宗旨和教学模式。我们特别强调，在师生关系方面，学生是中心，老师是学生学习的引导者和帮手；在学习模式方面，突出启发式和研讨式；在学习评价方面，突出对学生实践能力的考察。与此同时，我们还不断组织教师讨论和反思最能提高学生学习效率的教学方法。

（二）外事管理在汉语教学实践中的应用

外事管理工作是一项政策性比较强的工作，在建立规章制度的时候，我们要加大政策性的支持，这样可以让外事管理工作的程序化和要求化更加规范。我们在进行外事管理工作的时候要秉承一个原则，叫作"外事工作无小事"。由于外事工作涉及一个孔院的形象风貌，因此，参加外事工作的教师工作人员不但要有较高的素质，还要有高度的责任心，在原则问题上要做到绝不含糊。我们在遇到具体问题的时候要灵活对待，坚持自律的原则，这样才能有效地提高外事工作的效率。

（三）跨文化管理在汉语教学实践中的应用

在进行汉语教学的过程中，我们的教学主体是来自不同国家，不同文化，不同信仰的学生，由于其背景的复杂性，更加体现了跨文化管理在汉语教学实践中的重要性。

1. 在汉语教学实践中影响跨文化管理的因素

由于影响汉语教学跨文化管理的因素是由文化差异特征体现的，而文化差异是不可穷尽的。在此，我们只能列举一些主要的因素：（1）不同民族的语言不同。语言是文化的一个重要组成部分，民族语言是民族文化的载体，承载着该民族文化的内涵。语言的差异会引起对文化的误解。（2）不同文化背景中人的思维方式不同，这是影响跨文化管理的一个重要因素。思维模式体现了民族文化的特性，同时又是很难捕捉的。几个具有不同文化背景的人一起经历了同一个事件，通过不同思维方式的处理，得到的结论可能是不同的。（3）不同国家的政治倾向不同，极大地影响了对其他文化的理解。国家和民族的政治体系的特殊性决定了其世界观和价值观的不同，这使得"交叉文化"管理变得更复杂。（4）不同的宗教信仰是影响文化融合的一个重要因素。不同的宗教信仰构成了民族文化的特质，是民族文化的一种重要形式的体现。例如：信仰伊斯兰教的学生和教师特别注重他们的宗教信仰对饮食上的要求，在请他们吃饭、出席派对时都要认真考虑对食品安排的问题，一不小心就有可能冒犯他们宗教的禁忌。

2. 在汉语教学实践中进行跨文化管理的方法

在对外汉语教学中，要真正做好跨文化管理，必须根据不同文化的特点采取一系列的步骤和方法，整合不同文化于一个管理体系中，建立起一套有效的、适合对外汉语教学的跨文化管理模式。（1）了解和掌握不同民族文化的习性和思维方式。要做好跨文化管理工作，就必须要了解我们的教学主体，并对他们的不同文化进行了解和分析，进行不同文化的对比，找出不同文化特征，掌握各文化之间的共性及差异。以便在跨文化管理中，针对不同的民族人士，采取不同的方式，发挥不同文化的长处，这将有利于减少由文化差异带来的矛盾和冲突，推进文化融合，继而达到合理、高效的管理效果。（2）在对外汉语教学跨文化管理工作中，要提倡尊重各种不同的文化。不同文化之间确实存在差异，"尊重"文化差异是对待异文化的态度，"认识"文化差异是理解异文化的实质。更重要的是，应将尊重并理解作为跨文化沟通的基础，在此基础上找到各文化间的共同点，并以此为契机发展各文化都能接受的、高效的汉语教学跨文化管理理念和管理模式。（3）提倡对异文化的包容。我们的对外汉语教师不仅要尊重自己的民族文化，同时也要包容其他文化，包容并理解与其自身文化相冲突的异文化的价值观，我们要在对外汉语教学中倡议一种各文化平等的理念，即不同文化的差异并不能说明文化的优劣，不能用自己民族的价值观去评判他文化。各个不同文化之间应该是互相平等、互相尊重和互相包容理解的。

四、总　结

本文通过阐述克罗地亚汉学与汉语教学的发展现状，将高等教育管理有效地融入对外汉语教学的实践应用中，其中包括教学管理、外事管理、跨文化管理，并针对不同的管理，提出了相应的管理策略，达到依靠管理促进教学，通过教学促进管理模式不断升级的相辅相成的关系。克罗地亚的汉学与汉语教学虽然发展势头很猛，但依然处于对外汉语教学的初级阶段，还需要进一步的研究与探讨。

（孟维亮　上海对外经贸大学，国际交流学院教师，
克罗地亚萨格勒布大学孔子学院中方院长；
宋丽珏　华东政法大学副教授）

·书评与信息·

评《诠释的圆环：明末清初传教士对儒家经典的解释及其本土回应》

蒋 硕

刘耘华教授的《诠释的圆环：明末清初传教士对儒家经典的解释及其本土回应》出版已逾十载，现在看来本书仍是在华传教士研究的一部力作，但是在笔者与本领域的研究者进行交流时，发现仍有不少学人对此书不甚了解，甚或不知此书的存在。因此，笔者认为重新介绍该书，使其得相关研究者所利用依然是一项有价值的工作。

一、主旨与理论

在明末清初入华天主教的研究中，总体上，学界在历史钩沉、文献发掘，以及文本阐释等方面的研究成果较多，而从哲学、思想史和神学的角度切入进行的研究则相对较少。本书的主旨正像书籍封面的内容简介所示，"是以明末清初传教士对儒家经典的诠释及其本土回应为基本线索，择取若干重要的儒学范畴、命题及传教著作作为分析的个案，试图揭示中西文化在相互遭遇之早期所发生的冲撞与反应的深层机理"。在处理明清中西文化交流的重大课题上，本书并没有运用历史学意义上的历时性研究方法，而是采用了共时性分析。不过具体到对儒家核心范畴和命题的分析时，作者又大体上对每一个概念做了历时性的阐释。该书主要运用了伽达默尔（Hans-Georg Gadamer, 1900—2002）阐释学作为理论基础，对传教士来华引发的中西文化相互理解进行了深入的研究，但是全书又并没有明显地套用阐释学理论或大段引用伽达默尔的论著，阐释学只是作为本书的背景，如本书的书名《诠释的圆环》就是化用自阐释学的核心概念之一：阐释循环，虽然两者含义不尽相同。

评《诠释的圆环：明末清初传教士对儒家经典的解释及其本土回应》

二、全书述评

本书导论《明末清初中西文化关系研究的若干问题》旨在提出问题，阐明本书立意所在，并进行了学术史的梳理。张西平在本书前言中说该书是"国内学术界第一本全面地从概念和思想的角度切入明清中西文化交流史的学术著作"。① 明末清初传教士对儒家经典的解释实际上由两部分构成：一部分反映在传教士所著述的中文书籍中；另一部分则集中体现于他们的西文翻译和著述，如传教士对中国经典的大量翻译实际上也是对儒家经典的一种解释。本书的研究对象是西学汉籍，而非传教士西文译著。在刘书之前专门讨论西学汉籍中儒家概念和思想的中外论著，我们可以找到的有：谢和耐（J. Gernet, 1921—2018）的《中国和基督教》（1982年），② 孙尚扬《基督教与明末儒学》（1994年），③ 以及何俊的《西学与晚明思想的裂变》（1998年）④ 等书，和以上著作相比，本书在讨论的广度和深度上无疑都超越了前人。

本书第一章《来华传教士的知识架构与诠释立场》介绍了来华传教士的特征：他们属于文艺复兴天主教，产生了基督教人文主义，他们将两希文明融合在了一起，是信仰与理性的整合。此外，本章还介绍了耶稣会的教育与知识构成，并重点讨论了明末来华耶稣会士艾儒略（Giulio Aleni, 1582—1649）用中文撰述介绍欧洲耶稣会教育结构的《西学凡》。但是本章对传教士教育的论述仍不免有简略之感，而且也只讨论了耶稣会的教育，缺乏对其他修会传教士知识结构的介绍，使后文中对方济各会士利安当（Antonio de Santa Maria Caballere, 1601—1699）的分析缺乏其教育背景的溯源。阐释学认为，任何理解都有前理解或阐释前结构，本章对传教士宗教教育和知识结构的考察，用意在理清来华传教士的前理解，并在其前理解的基础上探讨传教

---

① 刘耘华《诠释的圆环：明末清初传教士对儒家经典的解释及其本土回应》第2页，北京大学出版社，2005年。

② [法]谢和耐著，耿昇译《中国和基督教》（Jacques Gernet, *Chine et Christianisme: Action et réaction*. Paris: Gallimard, 1982），上海古籍出版社，1991年。

③ 孙尚扬《基督教与明末儒学》，东方出版社，1994年。

④ 何俊《西学与晚明思想的裂变》，上海人民出版社，1998年。

士与中国儒家思想接触后的期待视野。主要包括三个方面，即本体论：神学；道德论：伦理学；以及知识论：天体观、世界观和时空观。这就为下一步分析传教士对儒家核心概念的具体解释做好了铺垫。本书第二章讨论了传教士对儒家经典的阐释策略、方法和目的，指出他们从"补儒易佛"到最终"超儒"的宗教阐释目的。

本书的第三章《传教士视域中的儒学范畴》和第四章《传教士视域中的儒学命题》为全书重点。这两章分别对传教士视域下的儒家核心概念范畴和命题进行了分析。这些概念和命题可归纳为本体论：太极、理、性、心；道德论（伦理学）：仁/爱、孝/敬；政治哲学范畴：天命、君子、圣人，以及万物一体（天人合一）（此部分不仅讨论了儒家而且对道家思想做了较多的研究）、精气为魂和气化流行。文章主要分析了天、儒对儒家范畴和命题的解释之异，也就是传教士和儒家解释的不同之处。在理清其差异之处后，作者注意到了传教士对儒家核心概念的阐释生成，也注意到了儒家传统范畴、概念在传教士的解释中产生了含义生长。例如：

> 这一调和，不仅对儒家思想中的宗教成分进行了新的诠释与定位，而且还牵涉到对儒家思想中的本体本原论、天人关系论、道德实践论以及格物致知论（知识论）的重新解释……从而悄悄地使先秦儒学的思想重心发生了变化……使单个的儒学概念也发生了义理的迁移……儒学也同样对天主教义进行了置换、重释甚至褫夺。①

这样就形成了一种从传教士到儒家，再从儒家回到天主教教义的阐释的圆环。作者在分析儒家核心范畴、命题的解释时，运用了阐释学的重要概念——语言中介②。也就是说，传教士对儒家的解释往往是以儒学概念、词汇为重点的，而儒学概念/词汇的实质是一种语言中介。阐释学认为语言中介并不等同于概念的意义本身，也因此，传教士便可以在语言中介的"能指"下面进行"所指"的迁移与发挥（解释）。在书中对语言中介的概念，刘氏只

---

① 《诠释的圆环：明末清初传教士对儒家经典的解释及其本土回应》第 6 页。
② 参阅《真理与方法》下卷第三部分中关于阐释学意义上的语言本体论。[德] 伽达默尔著，洪汉鼎译《真理与方法》(Hans-Georg Gadamer, *Wahrheit Und Methode*, J. C. B. Mohr (paul Siekeck) Tübingen, 1986) 下卷，上海译文出版社，1999 年。

评《诠释的圆环：明末清初传教士对儒家经典的解释及其本土回应》

是点到为止，并没有展开论述。

在完成了对核心概念的分析后，作者在第五章《传教士对儒家经典的诠释：个案研究》中，从个案的角度，具体研究了索引派的三个案例，他们是白晋（Joachim Bouvet, 1656—1730）、马若瑟（Joseph-Henrg-Marie de Prémare, 1666—1736）和利安当（Antonio de Santa Maria Caballere, 1602—1669）。作者认为，索引派在传教士对儒家经典的阐释中具有典型意义。虽然利安当属于方济各会士，而且所处时间早于白晋等索引派，但是从解释方法、策略和效果等方面来看，仍可将其归入这一解释派别。

类似于冲击—反应模式，本书在最后两章，即《本土回应之一：入教儒士》和《本土回应之二：反教人士》里，分别研究了儒家和佛教对天主教传教士阐释的回应，亦可认为是对阐释之再阐释，从而形成了阐释的圆环的第二层意义。作者主要分析了中国人教儒士从两个方面，即科学信仰进路和宗教信仰进路对传教士儒家经典诠释所做出的再诠释。作者认为，入教儒士在皈依天主教后普遍产生了一种"新人"的身份认同或可称为"双重身份"，这使他们发生了"存在论的转向"。入教儒士在中国儒家与西方天主教的双重压力下形成的对中国儒家经典的解释发生了意义生成，亦即产生了"第三者"[①]。作者说到中国入教儒士"阳天阴儒……具有深刻的思想价值和文化意义"[②]。他们"以西释中"，"一方面执着于天儒之'同'，另一方面又不得不承认天主教的超性之异。承认超性之异使其对天主教有较为本真的理解，而天儒之'同'则使其往往以儒诂'天'，从而使天学之本义发生蕴含上的错位"[③]。随后，书中详细地对前文重点论述的太极、理、性、心、仁/爱、孝/敬、天命、君子、圣人、万物一体、精气为魂和气化流行等儒家核心范畴和命题的入教儒士之再阐释进行了分析。现特举"太极"和"理"为例，说明如下。

太极：在儒家视域下，太极为本体。但是传教士认为太极只是一种"元质"，是受造之物，"充其量只有物质层面的发生论意义，与本原、本体的含义毫不搭界。而入教儒士往往赋予'元质'幽深高妙之本源的意思"。如朱宗

---

① 关于入教儒士对中国儒家经典的解释所生发的意义生成，作者总结出了6点。参阅《诠释的圆环：明末清初传教士对儒家经典的解释及其本土回应》第358—359页。

② 《诠释的圆环：明末清初传教士对儒家经典的解释及其本土回应》第356页。

③ 《诠释的圆环：明末清初传教士对儒家经典的解释及其本土回应》第364页。

元在《拯世略说》以及刘凝在《觉斯录》中虽然"也认同'太极,最初之元质'之说,不过,这个'元质'太极同样不只是一种单纯而低级的质料"。而是"宇宙发生论意义上的原初之质料"。但是太极又"只能是一种形质,而包括太极在内的一切有形与无形之存在,都只能来自于天主上帝的创造"。① 下面我们再看入教儒士对"理"的阐释。

理:宋儒朱熹认为"天即理也"。"天"和"理"是统一的。但在传教士那里,"天""理"是二分的,"天"在"理"之上。入教儒士何世贞在《崇正必辩》中也将"天"与"理"二分,不过"理"虽然"出自天主,但是其内涵与传教士纯以依赖者视之、且偏重于个别之物的看法很不一样,此'理'实为流行充满天地之间的'天道'"。② 这样,入教儒士对儒家经典的解释一方面不同于传统儒家经典的说法,因为他们入教后已成为天主教徒,信仰天主教的思想。但另一方面,入教儒士也游离于天主教传教士对儒家经典的阐释,因为他们虽然入教了,但还保有儒士的身份,对儒家思想仍然认同。在这种两难或双重压力之下,入教儒士产生了双向的肯定与否定,进而对传统儒家经典,也对天主教教义发展出了新的意义生成。反之,作者在分析反教儒士和佛教人士的回应时则认为他们没有创造,只是沿用前说加以反对罢了。传统儒家、来华传教士和入教儒士三者对儒家经典的阐释可以用右边的图形加以说明。三者既有联系交汇与部分重合,但又各自区别悖立,具有独立性,甚至可以说是独创性。

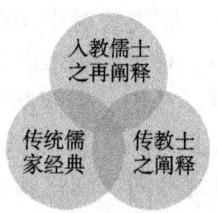

三、余　论

本书是刘耘华教授多年研究的成果,全书体大思精,结构全面完整,在同一论题中至今仍然难以见到同等水准的著作。不过书无完书,该作仍然有一些不足似可商榷。首先,本书在辨析儒学的核心范畴和命题时,基本是直接使用原典正文,而极少涉及儒家经典的注疏本。在讨论马若瑟时用了《十

---

① 《诠释的圆环:明末清初传教士对儒家经典的解释及其本土回应》第365—366页。
② 《诠释的圆环:明末清初传教士对儒家经典的解释及其本土回应》第367—368页。

评《诠释的圆环：明末清初传教士对儒家经典的解释及其本土回应》

三经注疏》等注释本已属罕见。然而，就我们目前所知，虽然传教士在著述时有所谓先儒、后儒之分，并攻伐后儒而主张回归先儒，但是实际上他们参考、使用了多种注疏、注释本。如果我们能进一步将传教士对儒学经典的阐释深入到注疏、注释本，则显然能够推进已有的研究。其次，传教士阐释儒学核心概念所依据的是其背后的神学理解（体系），比如阿奎那（Thomas Aquinas，1225—1274）的《神学大全》（*Summa Theologiae*）等。我们在阅读本书时常常感到，作者对儒家概念天主教阐释的分析通常只是阐明了"是什么"，而没有进一步研讨"为什么是这样"，也就是说，没有挖掘传教士阐释与其背后的天主教神学之间的联系。关于这种联系，我们甚至还可以也应该将传教士的神学背景追溯到耶稣会科英布拉（Coimbra）大学的诸教材上。再次，作者在导论的结尾处谈及，在当时，西方第一流的思想家如柏拉图、亚里士多德等人的思想都已在相当程度上得到了译介。但是，彼时"一流的中国思想家并没能理解外来文化"，并认为"这个问题具有重大的理论价值与现实意义"。[①] 关于这一点，笔者认为，当时中国第一流的思想家，如黄宗羲等是否没有在某些方面接受或受到传教士带来的西方思想的影响，还不应过早斩钉截铁地做出结论，这还需要更加深入的研究。最后，关于中国士人的回应部分，孙景尧先生在本书《序一》中提出："入教儒士和反教人士的'本土回应'，我总觉得可以再写一部专著，方能论述清楚，并可成为《诠释》一书的姊妹篇。"[②] 在本书出版差不多十年后，作者的一部续作《依天立义：清代前中期江南文人回应天主教文化研究》终于问世了，其书主要探讨了儒家士人对天主教的回应。不过笔者认为，关于佛教、道教对传教士的回应研究依然不多。例如，"轮回"是佛教的核心概念之一，也是自利玛窦（Matteo Ricci，1552—1610）以来就被来华传教士详加论述，并攻伐佛教的关键概念之一。但是，佛教的高僧大德及其信徒面对天主教咄咄逼人的攻势，对"轮回"是如何辩护与再阐释的？诸如此类的问题依然有待进一步研究。

（蒋硕　复旦大学历史学系博士生）

[①] 《诠释的圆环：明末清初传教士对儒家经典的解释及其本土回应》第16页。王定安在本书的书评中也附和了这种观点，参见王定安《文化交流的思想诠释评刘耘华著〈诠释的圆环：明末清初传教士对儒家经典的解释及其本土回应〉》，载《世界汉学》2006年第4期。

[②] 《诠释的圆环：明末清初传教士对儒家经典的解释及其本土回应》第8页。

经典诠释与谱系传承

——试评吴伟明教授的"德川易学"研究

吴光辉 刘玥扬

摘 要：作为中华文化经典之一，《易经》深刻影响到东亚的日本，尤其是江户时代形成了所谓的"德川易学"的谱系。香港中文大学吴伟明教授著述的《易学对德川日本的影响》（香港中文大学出版社，2009年）一书就阐述了这一谱系的历史背景、思想冲击、文化影响，全面梳理并确立了《易经》在日本被加以诠释、被树立为经典的过程。不过，这一著作在具有了典范性的研究价值的同时，亦对我们如今思索《易经》在日本的传播，尤其是《易经》在日本思想史框架下可以进行什么样的自我定位、究竟具有什么样的独特贡献之际，也具有了参考、反省或者批判的价值。

关键词：易经 德川易学 吴伟明 日本

作为全球化时代"中国文化走出去"的时代课题之一，以《易经》为核心的中国古典备受重视，出现了"国际易学"的时代潮流，也呼唤着秉持科学精神、科学方法和现代人文理念的易学研究。在这一宏大背景下，易学在中国、易学在东亚、易学在世界的研究格局逐渐得以形成。[①] 就此而言，香港中文大学吴伟明教授自1991年开始，不断累积、辛勤耕耘，先后撰写了英文著作 The I Ching in Tokugawa Thought and Culture（夏威夷：夏威夷大学出版社，2000年）、《易学对德川日本的影响》（香港：香港中文大学出版社，2009年）、《东亚易学史论》（台北：台湾大学出版中心，2017年）等系列著

---

① 李书有、伍玲玲《〈易经〉在中华文化中的地位及影响》，载《江苏社会科学》2001年第1期。

作与众多学术论文,成了国际易学研究的中坚力量。

作为基础研究,*The I Ching in Tokugawa Thought and Culture* 一书在出版之后,就得到了国际学术界的重大关注。而后,吴伟明教授改正补充、以中文出版的《易学对德川日本的影响》一书,更是以丰富的文献史料、跨领域的研究视角、严谨的研究框架而备受学人推崇。不仅如此,该书作为新论——《东亚易学史论》的前期研究,亦极具基础性、前瞻性的重大价值。

不过,令人感到遗憾的是,该书迄今为止几乎没有获得大陆学者的推荐,亦不曾出现带有拓展性的评介。基于此,本论拟就《易学对德川日本的影响》一书进行推介,展开批评,期冀以此为基础来重新探索日本江户时代,即所谓"德川易学"的谱系,并由此来探究这一学问对于我们如今把握与研究德川思想史、近世中日文化交流史、东亚易学史之际所具有的重要意义。

一、基本框架与核心内容

作为目前中国学术界为数不多的"德川易学"研究专著之一,吴伟明教授著述《易学对德川日本的影响》一书的目的,正如《导论》所言,旨在讨论以儒学为核心的中国学问对于德川日本的影响,尤其是探讨日本人"如何将它们本地化以为己用"[①] 的问题。换言之,该书的研究对象与其说是《易经》,倒不如说是日本或日本人,是研究日本或日本人如何将中国的学问,即以《易经》为代表的中国儒学为日本或者日本人所"利用"的问题。[②] 也就是说,日本人是如何借助"易学"这一工具,构筑起自身学术思想乃至学术体系的问题。

不仅如此,该书的目的亦体现在如何把握《易经》这部中国经典的问题意识之中。正如《导论》所指出的,《易经》不单是儒学经典,同时也代表了中国文化的"形而上"的学问或者"符号系统"。以此为基础,该书尝试通过审视德川易学的重建,去探讨"中日思想文化交流史的特色与意义"[③]。

---

① 吴伟明《易学对德川日本的影响》第 xi 页,香港:中文大学出版社,2009 年。
② 围绕这一研究,日本学者土田健次郎认为江户时代古学派儒学者伊藤仁斋(1627—1705)对于朱子易经的理解与把握带有了批判朱子学、树立自身学问的内涵。见土田健次郎《日本接纳〈易经〉的一个侧面——以伊藤仁斋的〈易经〉解释为中心》,载《河北民族师范学院学报》2015 年第 1 期。
③ 《易学对德川日本的影响》第 xi 页。

换言之，该书尝试突破所谓学问的范畴，站在一个"中国与日本"，即"近代国家"的立场去探讨东亚内部思想文化交流史的问题。不言而喻，中国的学问或者思想对于日本这一"国家"——以国民国家为目标的近代国家——是否具有真正的价值或意义，也就成为该书研究的潜在目的之一。

基于这样的思索或者目的，与大陆学者注重传播路径，强调历史影响，注重比较研究不同，[①] 吴伟明教授设定了历史发展、思想冲击、文化影响的基本框架，以《易经》在日本的传播与演绎为线索，重点考察中国经典《易经》传入日本之后的历史变迁与文化普及的问题、日本政治家或者学者面对《易经》的思想冲击对之如何加以利用或者改造的问题、"德川易学"在这样的历史背景下是如何被建构起来的问题。具体而言：

首先，第一至三章为"历史背景"。该书一开始就讲述了自上古信史时代（539—645）到近世（1603—1867）时期的一千年来日本易学的发展概貌。《易经》自六世纪传入日本，经历了上古时期的沉淀，在中世时期"佛儒一致"的口号下得以在大乘佛教的框架内成长起来，禅僧成为易学的主力，并借助易理来推动修行，故《易经》成为众多僧侣兼习的对象。这一时期的易学研究尽管走向了平民化，但是却缺乏一种独立性，只能依附于佛僧、公卿、神道家等"业余儒者"来治学，[②] 从而呼唤着"德川易学"的登场。

步入近世之后，易学自佛教之中解放出来，一跃成为显学，儒者也取代禅僧，成为易学的支柱。尤其是德川儒学三大门派，即朱子学、阳明学、古学更是将易学推向盛世，涌现出不少杰出的学者与优秀著作。到了德川时代中期，折中学派、国学、易占派登上历史舞台，为易学研究带来了新的生机与创意，使之逐渐地转向本土化。到了德川时代后期，面对来自西方学问的冲击，易学成为一大实学，带有经世济民、拯救文运的色彩。[③] 一言蔽之，到了德川时代，易学才获得真正的发展：一是令日本自身的儒学思想获得了理论依据；二是成为日本的本土化儒学得以产生的思想根源；三是成为日本面对西方冲击而提倡实用之学的思想武器。

---

① 参考史少博《日本对〈易经〉研究的路径》，载《世界哲学》2018 年第 3 期；曾晓霞《略论〈易经〉在日本的影响与传承》，载《人民论坛》2015 年第 5 期；瞿莎蔚、董可、王冰菁《王夫之和伊藤仁斋〈易经〉研究之比较》，载《燕山大学学报》2016 年第 3 期。

② 《易学对德川日本的影响》第 5、14 页。

③ 《易学对德川日本的影响》第 29、34、37 页。

其次，第四到七章为"思想冲击"。所谓"思想冲击"，也就是《易经》为德川时代带来的重要影响，其落着点在于易学对德川日本的政治、经济、神道、佛教的"冲击"。作为衡量德川政治的标尺，易学在德川政治思想史上扮演了重要角色。一方面，德川初期，日本学者通过《易经》赋予幕藩体制以合理化的依据；另一方面，到了德川后期，《易经》成为批评幕府专制、主张维新变法的思想武器。不仅如此，《易经》的阴阳五行说也成为德川时期的农学的核心理论框架，易理与占卜亦对德川时期的经济思想产生了重要的影响。作为对神道最具影响力的书籍之一，《易经》也扮演着一个极为重要的角色。德川前期，日本学者通过《易经》将神道加以儒学化；德川后期，以国学派为首的本土思想势力则企图将《易经》神道化，使之自儒学经典转化为神道文献。①《易经》既是佛、儒两教的思想桥梁，亦是彼此斗争的思想战场。德川初期，佛教呈衰落之势，地位不断下降。因此，佛教徒通过《易经》来支持佛、儒一致论。不过，儒者亦将《易经》作为根据来否定佛、儒一致论。也就是说，来自《易经》的冲击，深刻地影响到了德川时代的政治、经济、神道、佛教等各个领域，日本就在这样的"思想冲击"之下，构筑起了本土化的"德川易学"。

最后，第八到十一章的"文化影响"。作为吴伟明教授易学研究的重心所在，这一部分重点剖析了"德川易学"走向本地化的过程，即日本人是如何改造《易经》，使之融合到德川思想文化的框架之内的问题。在这一部分，该书重点剖析了易学在德川时代的科学、医学、军事与文艺四大领域呈现出来的影响，特别强调了易学的"实学"性格。第八章指出，德川时期的西学者通过《易经》尝试证明西方科学源自中国，并将西方科学移植到宋明理学的形而上框架之中。易理成为日本将西方科学合理化、本地化的工具。第九章指出，德川传统医学流派皆受到易理的影响，即便是西学者，亦利用《易经》来融合中西医学，易理在这一过程中扮演了极为重要的角色。第十章指出，易理是德川军事的理论支柱，亦是日本解释西式兵器原理，并使之合理化的工具。第十一章指出，日本传统的茶道、花道、净琉璃等文艺理论与美学实践皆与易理保持着极为密切的关系。② 一言蔽之，"德川易学"充分地发挥出"实学"的价值，成为日本接受西方学问的一大桥梁。

---

① 《易学对德川日本的影响》第58、71、73、80页。
② 《易学对德川日本的影响》第114、126、140、151页。

该书的基本框架与核心内容大抵如此。正如基本标题——历史背景、思想冲击、文化影响所示,该书涉及历史、思想、文化等多个领域的研究,站在一个"跨界"的立场来展开研究,因而具有了以《易经》为点,以"德川易学"为线,以整个"儒学"为面,以"东亚"为一体,环环相扣,纵横贯穿的叙事风格,故而亦成为研究《易经》、德川易学的不可忽视的一部著作。

二、问题意识与批评探讨

在研究"德川易学"这一主题之际,吴伟明教授曾提到自开始研究这一领域以来,受到了美国东亚研究学的熏陶,确立了独特的历史学研究方法,从而展开了两大基本问题的研究:第一是如何厘定《易经》的性质及把它放在中国文化或东亚传统的架构上来加以讨论;第二则是"德川易学"的研究在整个德川时代研究的定位与贡献的问题。这样一个问题意识是否得以实现?或者说这部研究著作的问题意识具有了什么样的新视角、新理论的创新价值?下文就此拟展开探讨。

首先,就如何厘定《易经》的性质及把它放在中国文化或东亚传统的架构上来加以讨论的问题而言,笔者认为至少涉及两大基本问题:一个是逻辑的问题;一个是理论的问题。所谓"逻辑"的问题,就是指德川时代的思想是否可以放在中国文化的架构上来加以讨论?将之放在中国文化的架构上来加以讨论,这一视角与放在东亚传统的架构上来加以讨论是否一致?若是将之放在东亚传统的架构上来加以讨论,那么这样的东亚传统究竟是什么?进而言之,若是确实涵盖了中国与日本,那么是否就可以称之为"东亚传统"?

不言而喻,置于中国文化的架构下来讨论,也就是将德川时代的思想视为了中国思想的延续。换言之,也就是将德川易学的"创新"限定在了作为中国思想的补充,或者只是在中国思想的大框架下进行的内部操作。如果是这样理解的话,那么无疑就颠覆了德川易学所具备的"创意性的改造"的价值与意义。事实上,研究者史少博曾提示过日本古今针对《易经》的研究路径:或是展开"讲读"方式;或是针对文本展开研究;或是针对《易经》分支"术数"展开应用研究,从而构筑起了作为中国文化之"延续"的一个多样化的研究形态。[①] 吴伟明教授亦是基于这样的事实,在该书的"结语"之

---

① 史少博《日本对〈易经〉研究的路径》,载《世界哲学》2018年第3期。

中强调了要"讨论日本人如何有创意地改造及利用《易经》",且试图展现"中日思想和文化交流的复杂性、互动性与活力"①。但是就该书的框架与内容而言,其确实是按照"延长线"的逻辑来展开叙述的,并重点落实了《易经》的原初意义这一着眼点。

这一问题也牵涉到之后的理论问题,即中国文化是否等同于东亚传统,东亚传统究竟是什么?就此而言,《易经》在日本得以不断传播与应用,故而形成了中国与日本之间的共通的传统。但是,与荻生徂徕创作的《论语征》传播到中国,并得到中国读书人的重视,从而实现了中日之间的双向交流不同,《易经》在日本的传播应该说更多地体现在日本单方向的摄取与应用。换言之,将之作为一个媒介来阐明东亚共同的文化传统,不得不说远离了历史的本来面目。尤其值得指出的一点是,该书超越了单纯的"文献"式的比较,将德川易学落实到"实学"范畴下的生活意识之中,带有了理论性的重大突破。但是即便如此,亦难以真正地解决所谓"东亚传统"的问题。

其次,围绕"德川易学"的研究在整个德川时代的定位与贡献的问题。在此,我们可以确认一点,即该书确立下来的"德川易学"的谱系这一范畴。事实上,该书不断深入到微观而具体的视角来展开研究,阐明了日本易学研究所经历的引进、吸收、解构、再创造的四个过程。明确的研究主旨、合理的论文框架、翔实的历史资料、细腻的文本分析,皆为我们从事日本思想史研究,尤其是近世思想史研究提供了不少启迪。尤其是该书确立的"德川易学"这一谱系,不同于百年前井上哲次郎确立的所谓日本朱子学、日本阳明学这样的范畴,具有了极为重要的理论意义。

之所以这么说,是因为这一范畴提示的是"德川"这一时间概念,而不是"日本"这一带有了民族主义或者国家主义色彩的空间概念。若是被冠以"日本"这一概念,无疑将会进一步引发中国与日本之间的比较研究,乃至所谓的"日本特质"究竟何在的问题——尽管这样的研究带有了极为重要的思想史的意义。因此,该书的一个突出之处,即在于在该书的第二章,吴伟明教授充分地运用了定量统计法,对德川时代日本易著的出版状况、中国易著的重版状况、中国易著的引进状况、日本易学的和式标点与注解进行了翔实细致的定量统计,从而构筑起了"德川易学"的谱系,将之展现在读者眼前。

---

① 《易学对德川日本的影响》第154、156页。

换言之，这一谱系之所以形成，事实上并不是通过该书所谓的德川思想史、近世中日文化交流史、东亚易学史的研究成果，而是借助了"统计学"的方法才得以实现。

就此而言，要确定"德川易学"在整个德川时代研究的定位与贡献，笔者认为绝不在于该书"结语"所提到的依照西方学者彼得罗斯高，或者森美奥山下提示出来的德川思想史的研究框架，反过来倒是可以相对独立地确立起以这一"德川易学"范畴为核心的新型思想体系。之所以如此，第一，《易经》在德川时代的研究与应用并不是儒者的专利，佛教徒、神道家、兰学者、国学家、政治家、科学家乃至文艺创作者亦是《易经》的诠释者。换言之，《易经》的研究与应用成为德川知识分子的共同文化事业。① 因此，以《易经》为中心，日本可谓是构筑起了一个新型的知识分子共同体。

第二，围绕《易经》这部经典，日本学者或直接移植一部分与德川政治现实没有冲突的思想，尤其是仁政、易简的思想；或将与德川政治现实不符的思想加以修改或删除，特别是"变卦"的变与革的观念；或是针对易姓革命的思想，有意地加以曲解，保留其辞，改变其意；或是刻意回避"尊王"与"霸王"一类的敏感概念；或是将忠孝之道发展成武士道与家族国家论，从而将中国观念引申及极端化；或将《易简》一类的部分中国观念与神道拉上关系。② 就这样，"德川易学"展现出以本土化为目标的深层内涵与重要意义。

第三，"德川易学"的树立，具有自身独特的理论支撑。就此而言，德川后期国学家平田笃胤（1776—1843）将《易经》重新定位，借此将中国古代的神祇、圣王皆视为日本神祇的化身，强调了日本的本土意识；"水户学"学者会泽正志斋（1781—1863）引用《易经》来评论日本神代史、政治、道德及国际关系，并通过《易经》申述民族主义的、神道主义的国体论。③ 换言之，"德川易学"通过不断解构来自中国的经典，从而脱离了中国易学框架，开始了谋求文化的觉醒、树立独立的自我、独创诠释《易经》的过程。不言而喻，基于这样的学问主体、学问内容、学问意识，"德川易学"也就得以构筑起来。

---

① 《易学对德川日本的影响》第 21 页。
② 《易学对德川日本的影响》第 44 页。
③ 《易学对德川日本的影响》第 85—86 页。

三、结　语

　　作为结论，回到"德川易学"的建构这一本质性的问题。作为儒学经典，《易经》代表了中国文化的"形而上"与"符号"系统。依据杨宏声的研究，《易经》在20世纪的西方取得了长足的发展，并具有了一定的规模。[①] 与之不同，《易经》在17世纪以来的德川时代，不仅为日本继承中国传统的朱子学提供了理论依据，同时也为日本宣扬民族主义的国学、神道的思想提供了理论依据，从而构成该书的重点，即"德川易学"的谱系。不仅如此，该书也将《易经》作为载体，展示并剖析了整个德川时期的可谓是"融合与共生"的文化性格，展示了这一时期解构中国传统、树立日本自我的历史轨迹，亦树立起了"中国—日本"这样的自他文化的对立框架。

　　不过，我们也必须指出一点，即就德川日本而言，中国应该说带有了双重性的内涵：一方面，中国是文明的典范，是一个令人怀念、感恩的文化故乡、一个乌托邦般的想象空间；另一方面，中国是文化的他者，是一个需要加以排斥、矮化、异化的他者，只有将中国他者化，日本才能脱离中国文化的窠臼，才能脱离以中国为中心的华夷秩序，真正地走向觉醒。不言而喻，这样的觉醒，也就是建立起以日本为中心的"新华夷秩序"。幕府末期"水户学"的国体主义即体现了这一点。

　　站在中国学问的立场，我们禁不住提出一个疑问，即日本德川时代构筑起来的"德川易学"，是否会歪曲《易经》的正统诠释？是否会曲解《易经》的核心价值？换言之，在审视与评价"德川易学"这一概念之际，作为追求真理的"正确与否"的问题，始终横亘在了第一阵线，而这样的第一阵线的问题却被消减在了是否可以独立地展开诠释，是否具有诠释的权力的所谓"主体性"的构筑之中，也就是将"真理的追求"转换为是否具有"审美的权力"的问题。唯有认识到这一点，或许才能真正把握与评价"德川易学"是否可以确立的本质之所在。

（吴光辉　厦门大学外文学院副院长、教授；
刘玥扬　北京外国语大学日本学研究中心博士生）

[①] 杨宏声《二十世纪西方〈易经〉研究的进展》，载《学术月刊》1994年第11期。

欧洲汉学学会第 22 届双年会综述

Jiagu Richter

成立于 1975 年、注册于巴黎的欧洲汉学学会每两年在欧洲一个城市举行一次双年会。双年会是该学会两年里最大的活动，会议讨论的议题十分广泛，既涉及考古、文学等传统的汉学研究，也跨越对当代中国政治、经济、外交等方面的议题。来自欧洲各国及其他国家的汉学研究人员在会上介绍他们汉学研究的最新成果、交流观点和信息、建立学术网络，可谓是欧洲汉学研究的盛会。学会自 1998 年开始举办双年会。过去的双年会分别举行于英国爱丁堡（1998）、意大利都灵（2000）、俄罗斯莫斯科（2002）、德国海德堡（2004）、斯洛文尼亚的卢比亚那（2006）、瑞典隆得（2008）、拉脱维亚的里加（2010）、法国巴黎（2012）、葡萄牙的科英布拉（2014）和俄罗斯圣彼得堡（2016）。第 22 届双年会于 2018 年 8 月 29 至 9 月 1 日在英国格拉斯哥举行。

一、本次大会的议题

本次大会共设 22 个专题，分别为：语言、汉语教学、翻译与汉语学习、现代文学、电影戏剧及表演艺术、艺术考古与物质文化、铭文和手稿、宗教、哲学、古代史、现代史、东西方交流、香港研究、政治、对外关系、社会学与人类学、性别平等研究、经济、法律、数字化人文研究、环境、文物收藏。列入演讲计划的论文 342 篇，但是在我主持的当代政治与历史的小组，有两人未到会，亦未提交论文。在所有论文当中，就艺术考古与物质文化专题提供的论文最多，有 40 篇，其次是现代史 39 篇、社会学与人类学 36 篇、现代文学 34 篇。有关中国当代政治的论文有 17 篇，关于中国外交和对外关系的论文只有 11 篇，而有关中国经济和法律的论文则分别只有 3 篇。论文的数量反映了欧洲汉学研究的特点和侧重点。

二、本次大会的特点——与全美中国研究协会年会的比较

1. 重视传统研究

中国国内对汉学与中国学的名称及学科定位曾有争议，现在该争议已经基本尘埃落定。一般说来，汉学可说是人文学科的中国研究，主要关注中国的语言、文学、思想、宗教和历史；而中国学则定位于社会科学的研究，主要是应用社会学、人类学、经济学、政治学等社会科学对近代以及现代中国的研究。也有人将其分别称为传统汉学和现代汉学，将中国学纳入现代汉学研究之中。西方国家的汉学研究起源于欧洲，直至20世纪欧洲在这个研究领域一直处于领先地位，并且一直重点关注传统汉学研究。冷战开始后，美国逐步后来居上，在汉学研究尤其是对当代中国的研究中占据重要地位。20世纪七八十年代后，欧洲开始重视对当代中国政治、经济及其他问题的研究，在学科设置、研究经费和人员配置等方面，当代中国的研究比例不断上升。然而，与美国相比，传统汉学研究议题仍然是欧洲汉学研究的侧重。本次大会的论文提交情况也反映了这个趋向。

2. 较少触及敏感问题

大会对提出议题没有设置任何禁忌，任何题目都可以涉及和讨论，但没有出现政治敏感问题及由此引起的冲突。本学会2014年在葡萄牙召开的双年会上，因组织者疏忽，会议文件中曾出现"中华民国"字样，与会的中国国家汉办提出抗议，会议主办方立即组织人力，一本本收回已发出的会议文件集，撤掉有关页码。今年未发生任何敏感事件，这也从另一个角度反映了欧洲国家汉学研究的情况。与之相对的是，全美中国研究协会年会则以讨论中国政治敏感议题称著，今年10月5至7日在美国马里兰大学举行的第60届年会就有"中共十九大之后社会经济、对外关系和两岸政策评估"等题目。

3. 议题较为分散

如上所说，本次大会共设23个专题，有342篇论文列入会议议程；上届大会的专题是21个，提交论文数是429篇；2014年和2012年也分别设立了17个专题。与此相比，全美中国研究协会年会今年的会议议程上只有6个专题，82篇论文；2017年为43篇；2016年25篇；2015年21篇；2014年

52篇。此外,全美中国研究协会年会还就每个专题安排一个圆桌会议,讨论相对较为深入、集中。而本学会双年会则议题较为分散,未设重点。这与年会和双年会的区别亦有关。此外,双年会组织较为松散,也有一些议题展示了该领域研究的最新成果,讨论也较为深入。

4. 台湾关注及对台湾的关注

台湾的蒋经国国际学术交流基金会一直是该学会的重要资助方,资助每一届双年会,并为该学会提供年轻学者奖(Young Scholar Awards)和查阅资料资助(Library Travel Grants)。但会议议程中并未出现较多与台湾有关的议题。本次会议的342篇论文中仅11篇来自台湾,内容主要集中于语言、文学、哲学、女性权利等方面。而全美中国研究协会的年会则更受台湾关注,除了众多台湾学者参加会议,会议的议程中较多有关台湾的议题,反映了台湾学界重美轻欧的倾向。与此可以一比的是,香港学者对这个会议较为重视,有21位学者在会上宣读论文,参加会议的学者则更多。

5. 俄罗斯的参与

本学会上届年会在俄罗斯圣彼得堡举行,许多俄国汉学研究人员参与会议。

本次会上,俄罗斯学者提交的正式论文15篇,参与的学术机构有7家,包括莫斯科国立大学、莫斯科城市大学、国家科学院、莫斯科莱蒙诺索夫大学、圣彼得堡国立大学、莫斯科经济学院、诺沃诺比斯克经济和工业工程学院,参与的学者更多。在交谈中感觉到,俄罗斯学者认为,俄罗斯在沙俄时期和苏联时期有研究中国的雄厚实力,现在应该在欧洲汉学研究中发挥较大作用,并在世界汉学研究中占据一席之地。此外,本学会一直致力于推动年轻学者参与汉学研究和中国研究,本次会上也有众多年轻学者、博士生出席并宣读论文。

三、大会其他议程

大会共有两篇主旨发言,第一篇为伦敦大学亚非学院教授 Starcey Pierson 的"中国的碎片:中国建筑遗迹19世纪在英国的破坏、确认和收集"。他介绍了19世纪下半叶英国收集中国建筑遗迹的情况,称这些瓷砖、瓦块和建筑装饰的收集往往与英国在华的军事行动,包括扫荡圆明园等相连。与欧洲古迹残骸的收集不同，这些收集往往与当时的暴行相关联，因此收集者与欧洲文物的收集有着不同的心理，收集行为也有着不同的含义。

第二篇主旨发言为格拉斯哥大学王亚平教授的"用新自由主义/儒家视角解析中国的城市化"。他指出，在过去三十年里，中国从农业社会快速向都市化发展，2017 年，总人口的 58.5%生活在城市，并在以每年 1%的速度增长。中国的城市化发展高度依赖等级化的管理，最初市场导向的工业化很快被政府导引的发展所取代，工作单位这个基本的城市社会元素依然存在并且更加发展了。这个发展也带来了很多如腐败、关系网、个人生活和城市建设标准化，缺乏个性等问题。新自由主义的经济改革思想开始了中国的发展进程，但中国城市化的成功和问题产生于西方市场经济思想与中国政治制度及文化的结合，仅用新自由主义的理论不能完全解释这些现象。而中国的政治制度和文化深深植根于儒家的传统。因此用新自由主义+儒家视角最能解释中国城市化发展以及所带来的问题。他并认为，中国的发展模式在东亚可能可以适用，但在其他地区是困难的。

两个发言中的观点均有新意，引起了与会者极大的兴趣和热烈的讨论。此外，大会还通过了欧洲汉学学会新一届理事会成员的选举，听取了财务负责人的财务报告，并听取了下届双年会（2022 年）举办方德国莱比锡大学有关会议地点、会议组织等相关情况的介绍。捷克 Olomouc 大学介绍该校情况，要求在该校举办 2022 年双年会。会上还举行了蒋经国国际学术交流基金会青年学者奖的颁奖仪式。

（Jiagu Richter　奥地利维也纳大学）

新时代的丝绸之路与中华文化海外传承

——"'一带一路'与中国故事国际学术研讨会"综述

徐 臻

现今我国倡议的"一带一路"是"丝绸之路经济带"和"21世纪海上丝绸之路"的简称。"一带一路"从历史的纵深走来,连接中外,融通古今,赋予古老丝绸之路以崭新的时代内涵。2018年10月26至29日,由中国中外关系史学会与浙江大学联合主办的"'一带一路'与中国故事国际学术研讨会暨中国中外关系史学会2018年年会"于浙江杭州隆重举行。本次会议共有国内外专家学者一百余位出席,就"一带一路"与中国文化的前沿和热点问题展开深入交流与讨论,提交论文百余篇。会议的主题包括:"一带一路"与中外人员往来;"一带一路"与海外的中国文物;"一带一路"与东亚汉文化圈;"一带一路"沿线国家的"中国故事";海外的中国民俗及民间信仰等涉及当下海外汉学研究的多个方面,兹将部分重要成果简介如下。

一、"一带一路"与中外人员往来

中国社会科学院万明研究员的《海上丝绸之路上的文化共性——以〈郑和锡兰布施碑〉为例》认为,丝绸之路沉淀了东西方文明相互交往几十年的历史轨迹,不仅是一个地理概念,而且已经扩展为一个历史文化的象征符号,构建起多元共生互动的中外文明开放系统。作者超越以往静止的、孤立的中外关系国别史或区域史研究的框架,以《郑和锡兰布施碑》为例,对海上丝绸之路的文化共生现象进行了探讨。马来西亚郑和学会会长吴会建的《解密:郑和》对郑和的诸多未解之谜进行了分析,认为郑和宝船让海洋融通,郑和精神造就了马来西亚的国家未来和华人世界的大同。浙江大学王勇教授的《大唐盛世与鉴真东渡》提出唐朝"文化疆域"的新概念，提倡激活海外的中国文化元素，认为鉴真赴日与他的佛教世界观、国际化视野以及唐朝崇尚道教等因素有关。

　　青年学者的研究中较有代表性的有：南京大学杨晓春的《中国古代开封犹太人来源问题补论》结合宋代和海外国家的关系以及印度犹太侨民聚落的一般情况，分析开封犹太教寺院碑文《重建清真寺记》，认为宋代开封犹太人最有可能来自印度西南部马拉巴尔海岸，时间则在北宋后期。北京语言大学陈晶的《唐代丝绸之路上的域外画家》讨论了分别来自于阗、粟特、狮子国（斯里兰卡）、新罗（朝鲜半岛）、日本的尉迟乙僧、康萨陀、金刚三藏、金忠义、圆仁等域外画家入华后的具体行程、交往活动和艺术实践，考察唐代中外文化交往中绘画领域的双向辐射及影响。

二、"一带一路"与海外的中国文物

　　国外学者的研究主要有以下两项：日本国立神户大学油井清光教授的《物质文化与文化交流——作为对现代丝绸之路研究的一大贡献》一文颇具理论高度，该文从物质转化与视觉转化的视角出发，指出多元文化中心的东西移动正是研究丝绸之路的重要性，文化交流的过程不仅是"在翻译中丢失"而是"在翻译中发现"；塞尔维亚贝尔格莱德大学 Ljiljana Markovic 教授的 *The Silk Road Heritage in the Balkans*（《巴尔干地区的丝绸之路遗产》）通过调查塞尔维亚丝绸生产的相关工业遗产，揭示了巴尔干地区的丝绸及丝绸工业是18世纪从亚洲输入，改变了当地人文化认同的历史真相。

　　国内学者的研究有：陕西师范大学韩香的《遣返与却贡——从中古西域贡狮境遇看贡赐贸易的一个侧面》通过对中古时期西域贡狮遭受的遣返与却贡的考察，探讨朝贡体系下贡赐贸易的多样性与复杂性，指出不等价交换带来的耗费与存在的问题；暨南大学马建春、许琳琳的《元代市舶贸易中贝币的流入及于云南地方的通用》讨论元朝因贝币流入出现的货币多元化现象与色目商人的关系，以及贝币输往云南后造成货币混乱；甘肃省博物馆赵喜梅、敦煌研究院杨富学的《甘肃省博物馆新入藏的几件中古织绣品及其所反映的东西方文化因素》通过纺织品上的汉字铭文断定其来自都兰吐蕃贵族墓，有明显的东西方文化交流的印记,体现出波斯萨珊王朝艺术的影响。

此类研究中还有不少青年学者的成果。厦门大学陈玲的《马可波罗"中国白"细考》认为马可波罗将德化瓷称为"中国白"体现出地域自然资源因素与人文因素的巧妙耦联;复旦大学邹振环的《沧溟万里有异兽:〈西洋记〉动物文本与意象的诠释》从历史学和博物学的角度研究珍禽异兽的献贡,揭示民间作家通过域内外动物的意象呼应祥瑞动物,以迎合传统王朝国家异兽瑞应的政治趣味;北京外国语大学黄晓星的《中医药在琉球的传播及其影响》认为中医药主要通过册封·朝贡活动、留学生、信函等方式传入琉球。

三、"一带一路"与东亚汉文化圈

从文化交流史的角度探讨东亚汉学是本次会议的焦点之一,提交的相关论文约占总数的30%。海外学者方面,东洋大学森公章教授的《对日本学界隋唐五代时期中日文化交流研究的回顾与展望》、关西大学松浦章教授的《清代中日文化交流史的回顾与展望》、大正大学榎本淳一教授的《从书籍交流的角度对日本学界的中日文化交流史的研究回顾与展望》共计三篇论文是日本相关研究领域的知名学者对本国研究的概要性介绍。韩国成均馆大学金卿东教授的《"老境忘怀履坦夷,乐天可作我为师"——白居易在朝鲜》一文指出,相对于当下的"韩流",在朝鲜文坛"汉流"形成的过程中白居易处于极为重要的位置。作者从朝鲜文人对白居易的认知、对白诗的模仿及和诗进行考察,梳理了白诗在朝鲜受容的过程及意义。牛津大学罗伯特·恰德(Robert L. Chard)教授的 Zhu Shunshui's Early Transmission of Confucian Ritual in Nagasaki(1660—1665)(《朱舜水在长崎的早期儒教仪式的传播(1660—1665)》)运用丰富翔实的史料展示了明清之际流亡日本的大儒朱舜水对儒学传播的贡献。

国内学者方面,内蒙古大学高建新教授的《唐朝中日文化交流的实物见证——正仓院藏唐琵琶面板上的丝路骆驼图案解读》对比日本奈良国立博物馆展出的正仓院密藏1300年的唐代琵琶面板上的骆驼与唐代骆驼的形象,考察了骆驼形象的东渐。北京外国语大学石云涛教授的《唐诗见证的中日关系与交流》将唐日史料收罗殆尽,系统梳理唐代中日交往活动中产生的所有诗歌。浙江工商大学张新朋教授的《〈诗经〉与东亚世界的沟通——以〈朝鲜漂流日记》所涉〈诗经〉为例》对《朝鲜漂流日记》所涉及的《诗经》文句和典故略加分析，根据运用的特点，认为朝鲜人对《诗经》的掌握十分娴熟，反映出朝方对中国传统文化的强烈认同。暨南大学刘永连教授的《从朝鲜汉文文献看东海与南海区域的沟通》就朝鲜半岛汉文典籍中所见海上丝绸之路东线的沟通问题做了探讨。值得关注的是，浙江大学和浙江工商大学的青年学者们报告了一组从"汉文笔谈"看近代东亚文化交流的研究成果。朱子昊的《朱舜水笔谈资料研究及其文学主张》、王连旺的《日本游记资料所见近代中日学术交流——以〈燕辽游记〉为例》、周妍的《近代中日学人的交流与碰撞——以胡适与诸桥辙次的笔谈资料为中心》、周俊杉的《由马建忠1882年首次访朝笔谈看晚清中日韩关系变化》等共计九篇论文在史料挖掘上颇见功底。

总之，本次"'一带一路'与中国故事"大型国际学术研讨会"使多学科的国内外学者济济一堂，突破了过去单独研究的壁垒与旧例。同时，也给了身处21世纪中国文化走出去大背景下的我们一个重要启示——优秀的中国传统文化是中国文化走出去的重要载体。习近平总书记在《在欧美同学会成立100周年庆祝大会上的讲话》中指出，要"多用外国民众听得到、听得懂、听得进的途径和方式，讲述好中国故事，传播好中国声音，让世界对中国多一分理解、多一分支持"①。我们要采用多种方式和渠道去激活沉潜于世界各国历史中的文化密码——中国传统文化，助力于新形势下的中国文化走出去，实现中华民族伟大复兴的中国梦。

（徐臻　西南交通大学外国语学院）

---

① 习近平《谈治国理政》第60页，外文出版社有限公司，2014年。